年譜初編

聶紺弩先生

張在軍—編著

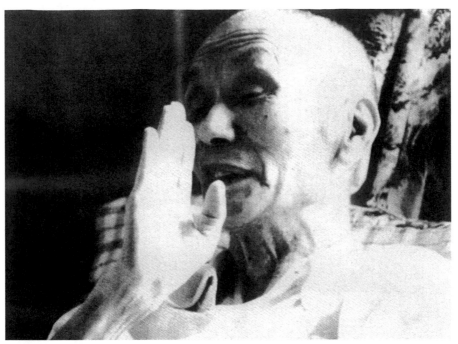
聶紺弩像／張在軍提供

聶紺弩雕像／項金國、余景學作，熊紅攝

致謝

　　某無師承，瞎打誤撞做學問，難窺堂奧不得法，幸有諸多熟悉的師友、不熟的微友給予鼓勵和幫助，計有朱正、楊崇道、劉再復、程義浩、陳子善、張培元、鄧基平、方竹、李甫清、陳予歡、謝泳、方瞳、張丹丹、龔明德、毛郎英、廖久明、任理、陳寶榮、鍾大成、王春海、劉軍、袁洪權、景李斌、鍾聲、莫學勇、申闋林、袁嬋、楊君清等等，他們或指導行文體例、或提供史料線索，或代為查找文獻，讓我感激不盡，在此一併致謝！

　　也感謝中國國家圖書館、廣東省立中山圖書館、上海圖書館、重慶圖書館、廣西壯族自治區圖書館、廣西桂林圖書館等機構，提供的免費或有償服務。

　　最後要感謝秀威公司。十年前我的第一本寫大學抗戰的書，承蒙不棄而結緣，現在這樣一部並不賺錢的年譜，他們也樂意接納，算是作者之幸、讀者之福。

尋漁樓主張在軍

序一／劉再復

在軍兄：

　　我們這裡又是瘟疫，又是山火，又是大雪，但是聶老（你稱紺翁）有靈，我終於收到你寫作的關於他的《年譜》了。聶紺弩是個偉大作家，他的人格，他的品質，他的精神，他的著述，都具有偉大性。可惜很少人能瞭解這一點。你很了不起，能認識他的偉大價值，三十年尋覓，十年整理，完成了《年譜》工程。在洛磯山下，我要向你致敬。我正在閱讀你寫的《年譜》，你和聶老畢竟是同鄉，加上你的至情至性，《年譜》編寫得格外明晰，條理格外清楚，資料紮實翔實，是部非常難得的好書。我非常願意為你題簽書名。只因剛跌倒，手受傷，過些天才能寫好。我已七十九歲，事事力不從心。但腦子還清楚，看到有人關注研究聶紺弩老先生，就興奮不已。

劉再復，於美國

2020年10月29日

（劉再復，華語世界知名文學家，被譽為「漂泊的思想者」。1941年生於福建南安，曾任中國社會科學院研究員、文學研究所所長。20世紀80年代末旅居美國，現任美國科羅拉多大學客座研究員、香港城市大學名譽教授、臺灣東海大學講座教授。作品已翻譯成英、日、韓、法、德等多種文字。）

序二／陳子善

　　張在軍兄的《聶紺弩先生年譜初編》要付梓了。大概由於我與聶先生有過交往，寫過紀念聶先生的文章（〈瑣憶聶紺弩先生〉，《傳記文學》2021年4月號），他要我寫篇序，卻之不恭，只能勉力為之。其實我並未專門研究聶先生的生平和創作，不是寫序的理想人選。

　　聶紺弩先生（1903─1986），筆名耳耶、二鴉等，早年投身左翼文藝運動，曾與魯迅有過交往和合作，編刊物、寫小說、寫新詩、寫劇本，尤以嬉笑怒罵的雜文著稱。1950年代以後從事中國古典小說的編輯和研究。1958年被錯劃成「右派」後，開始舊體詩詞的寫作，終以「散宜生詩」馳名海內外，使其後期的文學生涯更顯輝煌。無論在中國現代文學史還是當代文學史上，聶紺弩都是一個響亮的名字。

　　在軍與聶先生是同鄉，都是湖北京山人。聶先生是五四新文化運動培育成長的一代人。而在軍比聶先生小七十歲，至少隔了兩代。聶先生1986年逝世時，在軍還是個中學生。但他卻對聶紺弩其人其文產生了極為濃厚的興趣，他在本書後記〈三十萬言三十年〉中對自己走上聶紺弩研究之路做了深情而又詳細的交代。從中可以得知，在軍讀高三時，一個偶然的機會，在京山的一個小文具店裏購得一本聶紺弩《散宜生詩‧拾遺草》（史林安、侯井天編，京山縣誌辦公室1990年印）。這是他收藏的第一本聶先生的書，也從此開啟了他研究聶紺弩的漫漫征途。研究者和研究對象的不解之緣，就這樣開始了，確定了，我想，這不僅僅是聶先生是在軍故鄉先賢的關係，更重要的是，在軍在思想上、精神上和人生追求上都十分欽敬聶先生，立志為聶先生研究多做些事。

　　在軍的聶紺弩研究雖然起步較早，但他並不急於發表論文，而是扎扎實實地先做相關史料的搜集和整理工作，為此他作了充分的準備，聶先生在不同歷史時期出版的幾乎所有的著作，他都費心費力搜齊了。編一部聶先生的年譜，寫一部聶先生的傳記，這是在軍最大的心願。自2008年起，他著手編撰《聶紺弩先生年譜初編》，其間雖因別的研究專案而中斷了一段時間，但新冠疫情之後，他閉門著編，心無旁騖，終於大功告成。

　　在一些自以為有學問的人的眼裏，年譜只是史料堆積，按年編排而已，算不

上學術研究，近年甚至發生了以年譜為題的博士學位論文無法通過的學界怪事。殊不知編撰體例嚴密，表述精當的作家年譜，完全體現了編撰者的史見史識和學術功力，同樣對作家研究和文學史研究有所推動，甚至是十分重要的推動。綜觀在軍這部《聶紺弩先生年譜初編》，就至少有以下三個顯著特點：

一，這不是一部一般意義上的普通的現代作家年譜，而是在軍以所努力發掘的大量第一手史料，「有意」的或「無意」的史料（馬克·布洛赫《歷史學家的技藝》中語）為基礎，以記年體的形式，展示了聶先生獨特的跌宕起伏的一生，如聶先生自己所說的「所謂文章處處疵」，「月光如水又吟詩」（〈六十〉自壽詩），同時也折射了聶先生所處的那個複雜變幻的年代，所謂「以一滴水見大海」是也。

二，年譜在體例上有所創新。年譜共七卷，從聶先生的京山少年時期、黃埔時期、莫斯科時期、東京時期、上海左聯時期、全面抗戰（含武漢、臨汾、西安、皖南雲嶺、桂林等時期）、第二次國共內戰（含上海、香港時期）到共和國北京時期、北大荒時期，一直到他平反後的北京晚年。以空間的轉換和時間的推移來結構作家年譜，近年來其他年譜編撰者也有所嘗試，如子張兄編撰的《吳伯簫先生編年事輯》（2020年11月北京中華書局初版）。在軍這部聶紺弩年譜是又一部成功的例證。

三，在軍編撰《聶紺弩先生年譜初編》時，十卷本《聶紺弩全集》早已於2004年2月由武漢出版社初版。但他決不以此為滿足，而是對這部全集作了較為全面的校核，在年譜中補充了全集失收的聶先生佚文（包括雜文、時評、詩詞、會議紀要、編者語等）佚簡共近170餘篇，其中在軍獨立發現的佚文50餘篇、佚簡10多通。尤為難得的是，聶先生1923年時在新加坡《新國民日報》發表的4篇時評，也由在軍發掘出土。同時，在軍還糾正了全集所附錄的〈聶紺弩年表〉中的大量錯訛。凡此種種，都使年譜為聶紺弩研究的拓展打下了更為堅實的基石。

正如吾友謝泳兄所言，年譜是中國獨有的一種記述文體。而除了作品之外，作家年譜也是研究一個作家的必不可少的入門。但是，中國現代文學史上被稱為作家的寫作人不知凡幾，並非每個作家都值得編年譜、寫傳記的，而聶先生絕對值得編年譜、寫傳記，這是因為他的曲折坎坷的經歷，也因為他多方面的文學貢獻，因為他的《散宜生詩》等舊體詩詞的傑出成就，更因為他是一個性情中人，

一個雖不無缺點卻最終仍保持了獨立思考的大寫的人，值得我們從他的詩文中、從他的身上去進一步認識和探究。從這個意義講，在軍編撰這部《聶紺弩先生年譜初編》的目的應該已經達到了。

　　當然，《聶紺弩先生年譜初編》的問世，只是在軍的聶紺弩研究的第一個可喜成果。接下來，他還有許許多多工作要做，如更為完備的《聶紺弩先生年譜長編》的編撰、《聶紺弩新傳》的動筆……祝願在軍在聶紺弩研究上不斷取得新的進展。

　　是為序。

2021年7月27日於海上梅川書舍

（陳子善，1948年生，上海市人。華東師範大學中文系教授，《現代中文學刊》執行主編。長期從事中國現代文學史和臺港文學研究，尤其注重文學史料的搜集和整理，編訂周作人、郁達夫、梁實秋、臺靜農、葉靈鳳、宋淇、張愛玲等現代重要作家的作品和研究資料集多種。）

編例

一、本譜採用西曆紀年，並注干支。

二、本譜力求標明每項活動的具體日期，正文按年、月、日為序編排。凡無日可
考者，繫旬或月，一般放在旬末（月末），有些放在旬中（月中），是編撰
者大體能斷定之時間。無月可考者繫於該年之後，以「是年」標明。

三、本譜所標春夏秋冬四季，以陽曆2至4月（陰曆一至三月）為春，陽曆5至7月
（陰曆四至六月）為夏，陽曆8至10月（陰曆七至九月）為秋，陽曆11月至
翌年元月（陰曆十至十二月）為冬。

四、本譜遵循慣例以虛歲排序（譜主詩文中年歲虛實混用），如，聶紺弩1903年
（清光緒二十九年　癸卯）生，記為一歲，次年則為二歲。

五、本譜對譜主一般稱「先生」，引文稱謂照錄。記錄譜主活動，起首處省略主
語；對所涉及其他人物，一般逕稱其名。

六、譜主作品一般以寫作時間順序入譜，寫作時間不詳者，則按發表時間入譜
（譜主作品文末所署寫作時間頗隨意，謬誤逕改，並加說明）。一般注明初
次發表的時間、報刊，初次收入的著作集。

七、本譜記事，多事蹟發生在同日，首件事標明具體日期，其餘則署「同日」。

八、本譜在每年酌情編入一些背景材料，即與譜主有關的政治、軍事、文化、親
友等大事。

九、凡本譜正文內容須做簡要說明、考訂，則在相關條目下標明內容，且用
「按」字領起。凡引文內容須做簡要說明、考訂，則在引文中以括弧加
「按」字標明。

十、為行文及閱讀之便，本譜徵引資料在文末只是簡注書名和頁碼，詳細版本資
訊參見本書附錄中的主要參考文獻資料。同時為方便讀者，對於文中涉及的
有些人和事酌情加腳注。

十一、引文中明顯錯字，將訂正之字置於[ ]，異體字逕改。引文中無法辨識，
或原本闕疑，均以「□」代替。原引文中的標點符號，基本保持原貌。引
文如有刪節則標明「[……筆者略]」。

十二、本譜引用的譜主著作，主要依據武漢出版社十卷本《聶紺弩全集》，均照

原文引出，但一般不再標注作者。全集未收之佚文，酌情抄錄。

十三、本書編寫旨在為研究者提供一本切實可靠的工具書，因此從實際出發，實事求是地對譜主思想言行做客觀記錄，不妄加評論。

十四、本譜參考了謝翠瓊《聶紺弩年譜》，毛大風、王存誠《聶紺弩先生年譜》，費萬龍、許豪炯《聶紺弩生平年表》等部分研究成果，並將訛誤之處進行修訂。

十五、本譜打破慣例，特在目錄中劃分七卷，以便讀者更好地理解譜主生平大略。

目　次

卷二　國民黨員黃埔生

卷三　左翼作家新四軍

卷四　副刊編輯雜文家

卷五　右派分子吃遺產

卷六　運交華蓋作楚囚

卷七　特赦歸來一臥佛

卷一　山僻小城聶賢人

1903年

一歲

（癸卯）

1月28日（陰曆壬寅年臘月三十）　除夕夜，生於湖北安陸府京山縣城十字街聶家（今京山市新市街道鐘鼓樓路七－二號），屬於「地主階級沒落下來的封建腐朽家庭」[1]，或者說「城市平民」家庭。自稱是「定為迎春到人間」[2]。

聶姓，據《元和姓纂》卷十云：「衛大夫食采於聶，因氏焉。《史記》，軹人聶政，殺韓相俠累。漢潁川太守聶良，護羌校尉聶尚，又有聶壹。《吳志》，將軍聶友。石趙梁閔中書舍人聶熊，清河人。」另據光緒《京山縣志》記載，本邑聶姓名人有元肅政廉訪使聶戀、明成化年間貢士聶宏，至清代則有恩貢聶師古、聶善因、聶起琅（直隸州判）、聶大來（先生祖父），庠生聶良植、聶起瑛，廩生聶善修，名醫聶繼洛，勇士聶全福等。但在那小城裡，「本族是個小姓」，「親戚也很少」[3]。

京山城關的聶姓輩分排序為「良善繼起、大為國光、宜忠引導、世福齊昌」，先生是「國」字輩，故取譜名國校。乳名兆年，字干如（幹如），學名畤。

據傳，先生祖籍地是距京山城東二十里外的觀音岩陶家灣。[4]高祖曾在縣城西門「錦春」當鋪當夥計，後當管事，晚年自己也開了當鋪。至先生曾祖輩，當鋪生意紅火，遂在老家觀音岩購置田產，建造房屋。祖父聶大來，自小資質聰穎，飽讀經書，咸豐年間補恩貢，娶邑人曾憲德[5]之女為妻。

先生曾祖去世後，弟兄分家，聶家中落。大來分得城關十字街頭一棟三正四重的灰瓦房（以後又加蓋了幾間偏房）和觀音岩的部分房產土地。大來一生沒有

---

[1] 聶紺弩：〈檢討〉，《聶紺弩全集》第十卷（武漢：武漢出版社，2004年），第191頁。

[2] 聶紺弩：〈六十〉（四首之二），《聶紺弩全集》第五卷，第87頁。

[3] 聶紺弩：〈筆分・壽命・體格〉，《聶紺弩全集》第一卷，第394頁。

[4] 陶家灣：在湖北省京山市永興街道觀音岩村西南一公里處長荊鐵路邊，與汪林崗村一組、三組相鄰。

[5] 曾憲德（1822-1882），字峻軒。清道光二十九年（1849）拔貢，朝考授七品京官，任事工部。其文才深得曾國藩賞識。咸豐二年（1852）會試，充謄錄官。後歷任府同知、知府。十一年，升道員。同治五年（1866）五月，閩浙總督左宗棠奏請為興泉永道道員。任上，興辦學校，開設育嬰堂、孤兒所，頗有政績。九年，卸職歸里，纂修縣志、興建書院。著有《逖經堂文稿》、《閩南政績紀略》等。

功名，未能踏入仕途，經商亦不在行，生活每況愈下，但生有四男（長子平周，次子行周，三子漢周，四子玉周）二女。大來夫婦去世後，作為長子的平周（生父，先生謂「伯伯」）無力挑起這副重擔，只有不斷出賣田產。直至弟兄分家，平周、行周分得城關街面房子，漢周、玉周分得鄉村觀音岩房子。後來，漢周做廚子，玉周當農民，平周也窮困潦倒，只有老二行周（養父，先生謂「爹」）家境較好，尚能雇傭老媽和丫環。平周、行周、漢周、玉周兄弟四人，只有先生一個男丁，成為聶家的一根獨苗。

生父平周（1873-1914），聶家長子，人稱「大相公」。讀過幾年私塾，也畫得一手水墨畫。他有一副好嗓子，喜歡唱戲，所以一輩子都是「打圍鼓」（即唱戲）。並和幾個志同道合者一起組成一個業餘班子，逢年過節為街坊鄰居熱鬧一番，如遇到哪家紅白喜事，也會被請到家中助興。他一生不得志，年輕時曾販過煙土，但賠多賺少；晚年又在自家臨街的四間平房裡開了一個小煙館，賺點錢僅供自己消遣[6]。

生母張氏（1871-1905），係縣城私塾先生之女，光緒十六年（1890）左右與平周成親。「她出嫁以後，就一心一意地盼著『早生貴子』。她常常對人說，只要自己能夠生一個兒子，就是馬上死了都心甘。後來她真的生了一個兒子……。」（周健強《聶紺弩傳》，第4頁）

1月29日　湖北留日學生劉成禺、李書城等在東京創辦激進的革命刊物《湖北學生界》（後改名《漢聲》），以「輸入東西之學說，喚起國民之精神」為宗旨。

10月　孫中山抵達檀香山，著手恢復被保皇黨破壞之組織；旋赴希爐[7]發表演說，重建革命團體「中華革命軍」，並以「驅除韃虜，恢復中華，創立民國，平均地權」為誓詞。

11月4日　黃興邀集劉揆一、宋教仁等，在長沙西區保甲局巷彭淵恂家舉行祕密會議，決定組織反清革命團體，取名華興會。

---

[6]　參見聶國成等口述：〈聶紺弩的祖筆及家庭狀況〉，政協京山縣文史委編：《聶紺弩還活著》（北京：人民文學出版社，1990年），第33-34頁。

[7]　希爐，夏威夷第二大城。

1904年 二歲

（甲辰）

2月15日　黃興、宋教仁等在長沙正式成立華興會，黃興任會長。該會的政治綱領為：「驅除韃虜，復興中華。」

3月　京山縣儒學舉行最後一次縣試（歲試）。

7月3日　劉靜庵、宋教仁、呂大森、張難先、胡瑛、曹亞伯等人在武昌成立革命組織科學補習所，以補習文化、研究科學為名義，實行「光復漢族，革命排滿」的宗旨。

11月　蔡元培、龔寶銓等在上海正式成立光復會，蔡元培任會長。該會的政治綱領為：「光復漢族，還我山河，以身許國，功成身退。」

1905年 三歲

（乙巳）

是年　生母張氏病故，年僅三十五歲。張氏嫁到聶家後連生幾子均早夭，直至先生出生，才給聶家上下帶來一片歡樂。但張氏在生產時得了「落地紅」（即產後出血），長期病臥於床。死前她怎麼也放心不下還在繈褓中的先生，雙目不瞑。

生母去世後，家境愈加困難，平周既無本領謀生，更無條件續娶，遂將先生過繼給二弟行周（為臧）為子。平周自己則以開煙館度日。

養父行周（1879-1919），從小讀書聰明，卻未考取秀才，為此抱恨終身。清朝末年，憑著祖輩的一點聲望和本人的學問，做過縣裡的自治研究所所長，後因常食鴉片而遭罷免。辛亥革命時期，在其舅弟申國炬（1884-1911，留日學生，京山最早的同盟會員之一）和好友孫鐵人等人鼓動下，擁護孫中山，參加同盟會，從事革命宣傳工作，險遭清政府殺害。為了生活，他賣土產，開鞋鋪，但因缺乏經營能力和勤勞精神而告終。晚年主要靠「跑稅契團」來維持生活。

行周娶妻申氏（1881-1941），即先生養母（叔母）。申氏乃縣城大戶人家的女兒，其父子興，光緒年間貢生，家風甚嚴。申氏為申家三女，自小纏足，有一雙為時人讚美的「小金蓮」，同時亦能斷文識字。先生祖父在世時，聶申兩家門第相當，因此申氏嫁給行周。婚後憾未生育，遂將先生抱養，視如己出。申氏做事利索，生活簡樸，對人熱情，極喜熱鬧[8]。每天晚上紡棉花、做女紅之餘，愛看點閒書，如《再生緣》、《錦上花》、《二度梅》之類。

8月20日　中國同盟會（由興中會、華興會、光復會合併而成）在東京成立。會議推選孫中山為同盟會總理，黃興為執行部庶務。

9月2日　清廷發佈上諭，決定自明年起，所有鄉會試一律停止，各省歲科考試亦即停止。並令學務大臣迅速頒發各種教科書，嚴飭府廳州縣趕緊於鄉城各處遍設蒙小學堂。

11月　京山縣就儒學試院為校舍，創辦第一所官立高等小學堂。後又陸續增

---

[8]　參見聶國成等口述：〈聶紺弩的祖輩及家庭狀況〉，《聶紺弩還活著》，第34-36頁。

辦初等小學堂和高等小學堂。本縣興辦學堂以後，教學始用集中授課方式。初等
小學堂開修身、讀經、作文、習字、史學、輿地、算術、體操等科目；高等小學
堂在初等小學堂基礎上增開圖畫、理科、古文詞等科目。有些家長認為「官學」
（學堂）設音樂、圖畫、體育等課荒誤學業，仍然對私塾較為熱衷。

　　冬　京山人劉英、劉鐵和族弟劉傑一同留學日本，劉英入明治大學學習政治
經濟，劉鐵與劉傑入東斌學堂學習軍事。

1906年

四歲

（丙午）

是年　留學日本的劉英，在孫中山的影響下加入中國同盟會。

10月12日　吳奚如出生於湖北漢川縣田二河鎮吳家台一戶農家，本名席儒。

1907年 　　　　　　　　　　　　五歲

8月18日　共進會在日本東京成立。主要領導人是同盟會會員焦達峰、日知會會員孫武等。劉英是發起人之一。

是年　京山縣設勸學所，縣城開辦初等實業學堂。

1908年 六歲

（戊申）

是年　劉英從日本回國，在武漢與劉公、孫武等籌設湖北共進會。不久回京山，在永漋河以開「全盛美」雜貨店為掩護，建立祕密聯絡據點，結交劉佩卿、孫鐵人等社會名流，並積極活動，爭取清軍士兵，聯絡當地幫會，發動組織農民，利用家資籌備武器。

12月2日　宣統帝溥儀即位，定明年為宣統元年。隨即，清廷宣佈立憲預備。

1909年 七歲

（己酉）

是年　先生還未發蒙，卻明白了兩件事理：「一、錢是可以偷的，二、人是可以撒謊的。」（〈怎樣做母親〉，《聶紺弩全集》第一卷，第6頁）

是年　漢川縣遭受特大水災，吳奚如一家逃難到京山縣城落戶，靠開雜貨鋪維持生活。

先生回憶：「我們雖說同住在一個小城裡，但我住在東街，他住在西街。我家是本地的老住戶，他家是外縣來的，我家是讀書人家，他家是做小生意的，我又大他幾歲，雖說只幾歲，在小時候卻差得很遠，我們總沒有玩到一塊兒過。」（〈三嫂子〉，《聶紺弩全集》第六卷，第410-411頁）

4月　孫武、焦達峰等從東京回國後，在漢口租界設立共進會總機關，從事長江流域會黨活動。

10月　同盟會南方支部在香港黃泥涌道成立，著手發動廣州新軍起義。

1910年

八歲

（庚戌）

2月12日　同盟會在廣州依靠新軍發動的反清武裝起義，最後失敗。

2月25日（陰曆正月十六）　上學發蒙，先讀《三字經》，繼而學《論語》。由於身體瘦弱，不愛玩耍，更不敢與人打架，每打必輸，只有多讀書。

所讀學校是京山縣東關國民學校（即申家祠堂，今紫霄路華達酒店處），名義上是初級小學，實屬私塾性質，只有一個不同程度的混編班。教師是孫鐵人（鏡）和申先甫二人。那時，孫鐵人「以學校工作為掩護，在京山縣城區發展革命黨黨員」[9]。

下半年　下學期開始學寫作文，將〈子產不毀鄉校〉和〈天下有道則庶人不議〉並題作文得到老師稱許。

按，舒蕪多次感歎說：「聶紺弩在〈七十年前的開筆〉一文中所說的幼時開筆即將〈子產不毀鄉校〉和〈天下有道則庶人不議〉並題作文，其實並無此事，只是雜文筆法而已。」（王存誠〈聶紺弩致胡風信賞析〉，《新文學史料》2012年第1期）

是年　縣境共有高等和兩等（完全）小學堂五所，初等小學堂四十六所（含私立二所）。修業年限，高等小學堂三年，初等小學堂四年。

是年　縣高等小學堂改理科為格致，增手工、樂歌等課。因學堂初立，舊習難改，加上教師缺乏，理科和文娛體育課程多未開齊。《四書》、《五經》仍為文科主要教材。

---

[9]　孫希曙：〈紺弩與故鄉〉，《聶紺弩還活著》，第26頁。

1911年 九歲

（辛亥）

2月　開始上初小二年級，學《論語・先進》。大概這一年就能讀《烏金記》，並涉獵《聊齋》、《水滸》、《紅樓夢》等古典小說。

10月10日　武漢地區的革命團體文學社和共進會發起了一場旨在推翻清朝統治的兵變，也是辛亥革命的開端。史稱武昌起義，又稱辛亥首義。

10月15日　劉英、劉鐵率一千五百人在京山永漋河舉旗響應武昌起義，隨後進攻天門、鍾祥等縣，支援武漢革命軍。孫鐵人因隨劉英參加起義活動，東關小學由申先甫獨自任教。

同日　武昌起義後第一家革命報紙《大漢報》在漢口創刊，旋遷武昌。天門籍革命黨人胡石庵經營並任主編，宗旨是：「以言論造成民國，鼓吹共和。」該報暢銷各地，影響甚廣。先生後來曾在此報發表處女作詩詞。

10月中旬　跟隨大人們去北山「躲反」。及至回城，學校一度停辦，遂轉至聶家附近梧桐巷棲鳳祠（今新市街道東門路二十七號農機社區）汪覺非、鄧熾昌兩先生門下短暫就讀。主教汪覺非是前清秀才，縣內著名的「飽學之士」、「杏壇巨匠」，在城關威信很高。輔教鄧熾昌，前清貢生，也很有學問。

　「這學校是一種半私塾性質，下半天雖然講國文，算算學，上午卻完全讀經書。書的高下，是以經書分的。」（〈天壤〉，《聶紺弩全集》第六卷，第306頁）

12月29日　十七省代表會議在南京召開，公選孫中山為中華民國臨時政府大總統。

1912年

十歲

（壬子）

1月1日 中華民國正式成立，封建帝制始廢。

1月9日 教育部成立，立即著手對教育進行改革。不久頒佈《普通教育暫行辦法》，要求清末的各種學堂一律改稱學校。故，京山縣城官立高等小學堂改稱國民高等中心小學（中路高等小學校）。

3月4日（陰曆正月十六） 家裡為先生慶賀十歲生日，大宴賓客。因除夕日家家都忙過年，不能在那天宴客。

是年 重回東關小學復學，只是「從了旁的先生，同學的也換了一批，舊同學除了鍾山，只有很少的幾個人」（〈天壤〉，《聶紺弩全集》第六卷，第313頁）。

是年 縣初級小學設修身、國文、算術、遊戲、體操、圖畫、唱歌、手工等課；高等小學增中國歷史、中國地理、理科。

1913年　　　　　　　　　　　　十一歲

（癸丑）

2月5日（臘月三十）　除夕之夜，按母親吩咐到各個房裡上油，把燈都點得亮亮的，以求菩薩保佑來年順遂。母親一再叮囑不要把油潑了，否則兆頭不好。孰知夜裡老鼠害人，讓油壺躺在油灘裡了。這樣一來，「正在別人家『出天方』[10]，滿街的炮仗亂響的時候，母親為首，父親幫忙，把我掀在椅子上，打得像殺豬樣地叫。我的腿被打跛了，以致第二天還不能到親戚家裡去拜年」（〈怎樣做母親〉，《聶紺弩全集》第一卷，第9頁）。

養父大概是這兩年在雲夢縣法院做書記，一晃半年不寄錢回家，後因吸大煙而被撤職。

是年　開始上初小四年級。十歲之後，書也讀多了，除了《左傳》，還有六本「四書」，四本《詩經》。

「差不多每天晚上都要躺在煙鋪上背《古文觀止》給煙盤子那邊的父親聽；背了之後，就可以隨便拿那擺在盤子面前的糖食。」（〈酒船〉，《聶紺弩全集》第六卷，第55頁）。

在家時還經常看伯伯畫畫，感覺「畫畫是件玩錢的事」，「因為沒錢，一久就自然沒興味了」（〈「板」琴〉，《聶紺弩全集》第四卷，第219頁）。

是年　孫鐵人任劉鐵部祕書，起草檄文聲討袁世凱，義正詞嚴，震動武漢。事敗，赴日本學政治經濟。

---

[10] 舊時除夕夜交正子時，新年到來之際，人們燃香明燭，敬祀天地神靈和五方之神，稱為「出天方」。

1914年

十二歲

（甲寅）

1月中旬　以「每學期都是第一」[11]的成績初小畢業。

1月下旬（陰曆臘月間）　生父平周肺結核病逝，終年四十二歲。因其性格耿直，平常助人為樂，深得鄰里認可，葬禮也就十分熱鬧，不少圍鼓班的朋友們都來向他告別。

2月中旬　到城隍廟參加圍鼓班唱戲的朋友為伯伯「薦亡」，聽到第四齣戲《板琴》，忍不住大哭起來。

2月中下旬　升入京山縣立國民高等中心小學（校址在今城中路京山中學）讀書。當時校長查大勳（清貢生，查慧九之父），教師有查立夫（字大鏞，清秀才）、蔡中煌（清舉人）、金心舫（清秀才）、申心甫（清秀才）、易振東等。先生「天資聰穎，學習成績一直很好。在高小時，屢以作文優異獲得老師獎勵，同學們亦佩服他會寫文章，或戲贈矗賢人的雅號」[12]。又以矗幹如之名，與吳奚如、汪慰如（鏡秋）並稱「京山三才子」。

7月8日　中華革命黨在東京成立。

是年　孫鐵人在東京中華革命黨本部任職，襄助居正、田桐處理黨務。

---

[11]　矗紺弩：〈《腳印》序〉，《矗紺弩全集》第九卷，第103頁。
[12]　孫希暗：〈紺弩與故鄉〉，《矗紺弩還活著》，第26頁。

1915年　　　　　　　　　　　十三歲

　　是年　讀高小二年級。年紀在班上算是最小的，但卻是學校裡的高材生，已經不相信鬼魂什麼的，不願意做燒香磕頭的事，寧可挨雞毛撣子。結果養成了孤僻、怯懦的性格。

　　9月15日　陳獨秀在上海創辦《青年雜誌》（第二卷起改稱《新青年》）。該雜誌發起新文化運動，並且宣傳宣導科學、民主和新文學，後來深深影響先生的思想。

1916年　　　　　　　十四歲

（丙辰）

是年　讀高小三年級。

按中華民國教育部頒佈的《壬子癸丑學制》規定，整個學制分為三段，即初等教育、中等教育、高等教育。其中初等教育又分兩級：初等小學四年，高等小學三年。

1917年 十五歲

（丁巳）

　　是年　以「乙等」[13]成績在京山縣立國民高等中心小學畢業。當時縣城沒有中學，加上家境貧困，遂失學在家。整個高小，父母為先生讀書而花掉的錢，「從最初的一個到最後的，連學費，書籍，點心，一齊在內，也還不到一百串」[14]。

　　是年　孫鐵人返回上海，旋即南下廣州參加護法運動，任軍政府內政部僉事。

---

[13]　聶紺弩：〈《腳印》序〉，《聶紺弩全集》第九卷，第103頁。
[14]　聶紺弩：〈論我自己〉，《聶紺弩全集》第二卷，第321頁。

1918年

十六歲

（戊午）

　　高小畢業後無學可上，卻不廢攻讀。外祖父申子輿（養母申氏之父），是清末貢生，縣內飽學宿儒，家中藏書甚多，經史子集一應俱全，先生常往借書，苦讀不輟。曾自集對聯書寫在摺扇上，聯曰：「欲上青天攬明月，每依北斗望京華。」

　　孫希曙〈紺弩與故鄉〉：「縣城西街有位名叫陳海嶠的，年長他十幾歲，是縣內名教師陶可卿的學生，能寫詩詞及對聯，因見紺弩文筆不凡，便熱心地將詩詞格律及歷代名家的詩詞與他互相探討，紺弩由是喜愛寫詩詞，日益精深。」（《聶紺弩還活著》，第26頁）

　　按，陳海嶠為城關益大元商店管事。

1919年 十七歲

（己未）

　　春　無事可做，便幫衙門「跑團」（又稱「跑稅契」，即到鄉村收稅款）。

　　5月4日　北京發生一場以青年學生為主，廣大群眾、市民、工商人士等階層共同參與的，通過示威遊行、請願、罷工、暴力對抗政府等多種形式進行的民眾運動。

　　5月6日　《漢口新聞報》率先報導了北京學生舉行五四遊行示威的消息。

　　5月17日　武漢學生聯合會成立。

　　5月18日　武漢三千多名學生集中在武昌閱馬場，舉行第一次大遊行。其中有邑人董鋤平等。

　　5月底6月初　應邀參加由邑人查傳軾、張夢海等組織的「武漢學生聯合會京山分會」成立活動，響應北京五四新文化運動。會上推舉查傳軾為分會會長。

　　6月　養父行周因肺結核病去世，終年四十一歲。從此聶家生活水準一落千丈，便辭去了老媽和丫環，偌大的房子只有養母申氏和先生兩人。

　　10月10日　孫中山改組中華革命黨為中國國民黨。黨名加「中國」兩字，以區別於原國民黨。本部設在上海，下設總支部、支部、分部。孫鐵人在國民黨本部任職，襄助黨部部長謝持辦理海內外黨組織事宜。

　　是年　先生無所事事，幫地方選舉機構填寫選民登記冊，換取一點零花錢。

1920年　　　　　　　　　　十八歲

（庚申）

8月　劉師復《無政府主義討論集》由平民書社發行。

是年　受養父生前好友、同盟會員潘從先影響，開始瞭解孫中山及其革命思想。受新思潮的感染，慾與同學合謀離家出走，便私自跑到鄉下籌錢，未果。養母申氏為了拴住兒子，就將先生叔伯舅父申星恕之女申小姑接過來，強迫先生成了親。

是年　時在國民黨總部任職的孫鐵人致信家人，想瞭解各個學生近況。家人將先生、汪慰如和吳興泗等年輕人的文章寄去，孫鐵人看了十分高興，回信說有機會讓他們到上海讀書。吳興泗很快湊夠盤纏先行一步，而先生和汪慰如手頭窘迫，一時不能成行，焦急萬分。

孫希曙〈紺弩與故鄉〉：「紺弩曾將所寫詩詞投寄漢口《大漢報》，以此獲取稿酬⋯⋯[筆者略]。是時，我父親（即孫鐵人）在上海環龍路四十四號中國國民黨總部工作，胡石庵把《大漢報》每期都寄贈我父親。1920年，父親閱覽該報，見到署名聶國棫的詩，大為驚異，便對人說：此生頗有文采，但需要開拓視野，長養志氣，如長此伏處窮鄉僻壤，必致埋沒人才，乃寫信邀紺弩去上海。」

（《聶紺弩還活著》，第27頁）

徐城北〈聶（紺弩）翁詩探〉：「聶翁在辭世的前三四年，曾經花費半個月時間向我暢談他的經歷，每日談五六小時。談到幼年在老家京山上私塾的時候，曾經做過一些舊體詩，並且被同鄉拿到漢口的一家《大×報》上發表了。」

（《直上三樓》，第52頁）

1921年

十九歲

（辛酉）

5月5日　孫中山在廣州就任非常大總統，陳炯明任陸軍總長兼內務總長，但陳在政見上與孫愈來愈相左。

春夏間　邑人鮑佛田（慧僧）南下廣州，隨後奉孫中山命令，前往南洋在華僑中從事革命宣傳工作。

上半年　讀胡適白話詩集《嘗試集》，曾經「欣喜過一下子」，「後來就忘得乾乾淨淨了」（〈《女神》的邂逅〉，《聶紺弩全集》第四卷，第57頁）。

8月20日　《勞動週刊》在上海創刊，為中共中央所屬中國勞動組合書記部的機關刊物。

中共一大黨員、邑人董鋤平即為該刊編輯人員，他從孫鐵人那兒知道先生情況，曾往京山寄過〈共產黨宣言〉等進步書刊。

深秋　在老師孫鐵人及親友的幫助下，終於撇下養母和媳婦，與汪慰如離開家鄉。途經漢口，對什麼都感興趣，玩得忘乎所以，逗留月餘後才抵滬。又得孫鐵人資助，送進私立上海高等英文學校[15]讀書。

10月　《吳虞文錄》由上海亞東圖書館初版。

〈從《吳虞文錄》說到《花月痕》〉：「五四時代，有一本著名的小書《吳虞文錄》，是成都吳又陵所著，可說是回應魯迅的〈狂人日記〉及以這篇小說為中心的反封建的全部思想的。裡面〈吃人與禮教〉是直接宣佈受魯迅影響，其他非禮、非孝、非儒、非孔的文章則是當時以魯迅為中心的整個反封建思想的一個有力的組成部分……。不知這本小冊子的一般影響如何，我是深受了他的教益。」（《聶紺弩全集》第七卷，第585頁）

12月　共產國際代表馬林在廣西桂林會見孫中山，馬林向孫中山提出「創辦軍官學校，建立革命軍」的建議。

是年　吳奚如進京山縣立高等小學讀書。

---

[15]　上海高等英文學校：美國人1920年創辦，屬補習性質，分初讀科、中等科、正科。校址位於上海市嵩山路愷自邇路惟善里一號。

卷二　國民黨員黃埔生

1922年　　　　　　　　　　　　　　　二十歲

（壬戌）

1、2月間　學校放年假，回京山過年；節後返滬，住孫鐵人家。

在英文補習學校學了幾個月，卻「學不好」。甚至連一張五英鎊鈔票上的英文都認不全，鬧了不少笑話。幸虧孫鐵人懂得因材施教，開始考慮下一步的安排了。

5月6日　孫中山在廣東韶關誓師北伐。後陳炯明發動兵變，炮轟總統府。時在江西贛州開會的各路將領們，深感回師廣東一時已不可能，決定進取福州。

10月18日　孫中山任命許崇智為東路討賊軍總司令兼第二軍長（蔣中正為參謀長），黃大偉為第一軍長，李福林為第三軍長。後許崇智派孫本戎旅自福州赴莆田，何成濬為興永等屬前敵總指揮，助臧致平攻泉州。

秋冬　孫鐵人介紹先生加入中國國民黨，並安排前往泉州東路討賊軍前敵指揮部祕書處任錄事，月薪二十元。前敵總指揮何成濬是湖北隨縣（今隨州）人，該部隊有很多京山老鄉，如總指揮部參議王守愚，他對先生思想改變有一定影響；還有警衛隊長曹振武，後來多次幫助先生。

12月16日　何成濬與臧致平部攻占泉州，敗閩軍師長張清汝。19日，許崇智占泉州，臧致平占南安。

1923年

二十一歲

（癸亥）

上半年　繼續在討賊軍前敵指揮部祕書處任錄事，抄抄寫寫，有吃有住。頗值一提的是，為何成濬的祕書以何氏名義給孫中山寫過一封信。

泉州期間，第一次接觸郭沫若的詩集《女神》，開始對新詩產生好奇心。還有劉師復的《無政府主義討論集》使其愛不釋手，無政府主義思想的影響差不多有十年之久。

6月中旬（端午前夕）　由孫鐵人介紹，與汪慰如結伴同往吉隆坡投奔同鄉鮑佛田。先從泉州坐長途汽車到廈門（中途在晉江安海停下過夜），在廈門兌換了三塊新加坡幣，然後帶著一口箱子和鋪蓋捲乘坐三等艙位的輪船啟航。箱子裡面雖然裝著兩個人的東西，「但一點不值錢，幾本書和幾件衣服」（〈上岸〉，《聶紺弩全集》第四卷，第231頁）。

7、8月間　船到新加坡，滯留了差不多一個月。期間，擁護孫中山的《新國民日報》與擁護陳炯明的《南鐸日報》打筆仗，先生禁不住撰文反駁《南鐸日報》的觀點，在《新國民日報》發表，卻沒有稿費，還得靠鮑佛田寄錢維持生活。

8月22日　《新國民日報》發表時評〈質荷生〉，署聶幹如。《聶紺弩全集》未收。

8月23日　《新國民日報》發表時評〈替南鐸報效勞〉，署聶幹如。《聶紺弩全集》未收。

8月25日　《新國民日報》發表時評〈再質荷生〉，署聶幹如。《聶紺弩全集》未收。

8月27日　《新國民日報》發表時評〈荷生默認我底話了〉，署聶幹如。《聶紺弩全集》未收。

8月　魯迅的第一部小說集《吶喊》由北京新潮社出版。該書一出版就銷售一空，乃至先生一年後回到國內四處都買不到。

8、9月間　鮑佛田推薦先生到吉隆坡半山巴運懷義學（小學）當教員，教當地華僑子弟的國文。聘期一年，月薪七十元。汪慰如先在馬六甲一所夜校任教，

後到吉隆坡遵孔中學教書。

11、12月間   受到當地華民政務司的注意與傳訊，感覺「這是審問，只未用刑」，華民政務司高高在上，「我低低在下」，「在地底層」，遂生離意（〈華民政務司〉，《聶紺弩全集》第四卷，第253頁）。

年底   受仰光《緬甸晨報》總編輯鮑佛田之邀，轉赴緬甸接替被英國殖民政府驅逐出境的董鋤平編《覺民日報》。在報社資料室讀到群益書局出版的《新青年》合訂本，「開始涉獵些自然科學方面的譯品以及五四時代關於社會改革的文章，頗有點趨向於實用」[1]。最愛好讀吳虞（又陵）的文章，「雖然也不全懂，但每篇都好好地讀過」[2]。逐漸地變成擁護白話文，反對文言文了。

是年   孫中山改組國民黨，孫鐵人出任黨務部副部長、代理部長，整頓海內外國民黨組織。

---

[1]   聶紺弩：〈我與文學〉，《聶紺弩全集》第四卷，第115頁。
[2]   聶紺弩：〈讀〈在酒樓上〉的時候〉，《聶紺弩全集》第四卷，第150頁。

1924年

二十二歲

（甲子）

1月17日　王守愚病逝於廣州，葬在黃花崗。先生回國后，「曾隨詹大悲、張難先等革命前輩去望過他的墳」（〈《腳印》序〉，《聶紺弩全集》第九卷，第104頁）。

1月20日至30日　中國國民黨第一次全國代表大會在廣州召開。本次大會重新解釋了三民主義，形成了「聯俄、聯共、扶助農工」等重大政策，實現了第一次國共合作。孫鐵人作為湖北省六名代表之一與會。

1月24日　孫中山下令成立陸軍軍官學校籌備委員會，委任蔣介石為籌備委員會委員長。

1月28日　孫中山親自勘察校址，指定廣州黃埔島為陸軍軍官學校（簡稱「黃埔軍校」）校址。

2月4日（陰曆臘月三十）　中國除夕夜，在仰光《覺民日報》編輯部寫時論，思念母親和妻子，度過了第一個漂泊的年關。

3月19日　《嚮導》週刊第五十七期轉摘上海《新聞報》時評〈內亂之源說〉。先生後來在廣州可能讀到此文，對其觀點留下極深的印象。

春　因與《覺民日報》老闆發生矛盾而被開除，旋入《緬甸晨報》工作，一邊辦報，一邊等待時機回國。

3月27日　黃埔軍校舉行第一期新生入學考試。

4月6日　廈門大學校長林文慶在校慶三週年時發表「尊孔」演說，經過五四運動洗禮的學生們認為林氏思想迂腐，於是掀起一場持續數月、波及東南亞的學潮。

4月上旬　在緬甸報紙上撰文「拚命攻擊」印度詩人泰戈爾，認為泰戈爾「自己是個亡國奴，放下許多有用的事不做，做詩──總之，我竭力證明詩之無用，我是個文學否定論者」（〈我與文學〉，《聶紺弩全集》第四卷，第115頁）。

4月12日　印度詩人泰戈爾一行乘船抵達上海，開啟了中國之行。

4月26日　蔣介石登黃埔島，到校視事，親自手書和頒佈軍校章程。

4月28日　黃埔軍校第一期學生以考試成績擇優放榜。京山同鄉吳興泗（魯

濱）、劉明夏（禹平）被錄取，曹勖（勉青）落選。吳興泗、曹勖均為先生小學
同學。劉明夏為劉英之子。

5月1日　《廣州民國日報》登載由滬來粵投考黃埔軍校落選的曹勖等人呈
孫中山之〈考生請准收納〉文。文曰：「呈為遠道來學，進退失據，懇請原情准
予收納，以資造就，而達志願事。緣學生等自入黨以來，宣傳主義，奔走黨務，
責任所在，未敢稍懈。因此之故，為本省當道所嫉視，已屬有年。痛恨國賊之專
橫，久蓄投筆之志願。是以本黨創辦軍官學校，學生等聞之快慰，莫可名言。以
為從戎夙志，有機可償。遂不憚關山險阻，犧牲一切，毅然南來，爭先恐後。初
聞全國大會代表云：學生入校，得由各省代表保送，毋須考試；及抵滬上，知非
經考試，不得為正當手續。學生等在滬曾遵章報名，均已考試及格，並由上海執
行部頒給川資來粵。此始悉尚須複試錄取，方能入校肄業。居留旅館，到瞬已月
餘。今竟複試落第，學生等失望之餘，頗覺有家難歸，進退維谷，捫胸自問，感
慨曷極。茲忽聞軍校本定五百名額，今榜示錄取之數只四零八名，其餘九十二
名，留待我總理令送免試入校者。迫不得已，用特聯名呈請鈞座，本愛護青年之
心，施天地好生之德，俯念學生等不遠數千里而來，准將學生等三十人，立飭軍
校收納，以補餘額，而資造就。惶悚上言，不勝迫切，待命之至。」

5月3日　孫中山正式任命蔣介石為陸軍軍官學校校長。

5月29日、30日　廈門大學教職員、學生會先後致電校董陳嘉庚，要求撤換
校長。先生在報上撰文反對陳嘉庚，報館老闆害怕出事，遂將先生開除。恰好孫
中山對國民黨進行全面改組、實現國共合作之後，國內掀起新的革命浪潮，很想
回去看看。

6月　由仰光返回廣州，找在國民黨中央黨部祕書處工作的鮑佛田介紹工
作。鮑佛田、廖乾五雙雙勸導先生，找工作拿工資沒意思，不如去報考黃埔軍
校。軍校教務長何應欽出作文題目〈試論中國之亂源〉。先生一揮而就，一考即
中，為第二期學員。

6月16日　陸軍軍官學校在黃埔島舉行盛大開學典禮。後將此日定為校慶日。

7月7日　孫中山委任蔣介石為長洲島要塞司令。長洲要塞位於珠江中流，
為廣州東南屏障，也是海軍之重要防區。黃埔島占據長洲島之一隅，為軍校所在
地，故孫中山任命黃埔軍校校長蔣介石兼任要塞司令一職。

8月1日　黃埔軍校第二期學生進校。該期京山籍學生二人，即先生和曹勖。

8月14日　黃埔軍校舉行第二期新生入學考試。本期學生分批於是年8月、10月、11月入學，先生是首批入學者。因第一期學生尚未畢業，第二期學生先期編為第五、第六、第七隊，合編為第二總隊。當時存在著擴充軍校的緊迫感和在短時間內把軍校學生轉變為能征善戰的武裝力量的迫切要求，在資金不足和人手短缺的雙重壓力之下，第二期仍如期開學。

從第二期開始，軍校準備開始實行分科授課，由單一的步兵科擴編為步兵、工兵、炮兵、憲兵等五種，但實際上並未詳分。第二期學生受到的訓練相對多樣化，因為有了蘇聯援助和從商團繳獲的武器，軍事訓練正規了一些。但為期幾個月的訓練非常短暫，其間還被派去打仗。本期修業期本定為半年，後因各地學員隨到隨入校的原因，延遲修業期為一年。（《黃埔軍校年譜長編》，第45頁）

8月下旬　軍校增建校舍於黃埔長洲島上平崗、蝴蝶崗和海軍學校舊址一帶，成為分校，實為學生分區駐地。先生最初是在本校，「後來又搬到分校，即本校隔壁」（〈東南西北的年關〉，《聶紺弩全集》第四卷，第261頁）。

9月1日　軍校第二期學生陸續由上海、廣州各地考取，分批入校。

第二期學生學習科目從步科擴增為炮、工、輜、憲五科，先生和曹勖均屬步科。各科除陸軍禮節、軍隊符號、軍語、衛生學等一般軍事學外，在其所受學科、術科教育方面又有新的規定。軍校規定本期步科學生所受教育，仍為典範令、戰術、兵器、築城、地形、軍制、交通、陸軍禮節、軍語、衛生學等學術兩科，與第一期大致相同。

9月4日　孫中山在廣州組建北伐軍。翌日召開軍事會議，決議北伐。

9月12日　孫中山離開廣州赴粵北韶關大本營，督師北伐。

9月13日（陰曆八月十五）　黃埔軍校在大操場舉行全體官生中秋宴會，先生第一次聽校長蔣介石講話，題目是〈黨的生命就是黨個人的生命〉，說明黨員與黨的生命關係，黨員應該認定主義，不要認定個人。又說大家要以學校為家，跟老師同學做朋友，當他們是自家父兄一樣。聽到這番說教之後，先生對這位蔣校長不以為然，感到他「盛名之下，其實難副」。

10月7日　晚上，蘇聯軍艦官兵在軍校與師生舉行聯歡活動，校政治部挑選一些愛好音樂、戲劇的學生表演「話劇」。這種演出方式和組織很快成為建立校「血花劇社」的基礎。

10月9日　蔣介石接孫中山密電，令其棄埔島來韶，電曰：「我來韶之始，

便有寧棄廣州為破釜沉舟之北伐，今兄已決定廣州有如此危險，望即捨去黃埔一孤島，將所有槍彈並學生一齊速來韶關，為北伐之孤注。」

10月10日　上午九時，軍校舉行閱兵儀式，何應欽總教官任閱兵指揮。另有一批軍校學生參加廣州各界民眾慶祝「雙十」遊行。

10月30日　孫中山回到廣州。

11月　周恩來就任黃埔軍校政治部主任，除指導、落實政治部各項工作外，還代表中共廣東區委直接領導黃埔軍校的中共黨組織，發動黨團員的進步青年開展工作。不久，先生與周恩來相識。

11月3日　孫中山第四次到黃埔軍校視察。這是孫中山北上前夕應邀參加黃埔軍校一千五百名學員檢閱儀式，並講述北京政變之經過及本人北行之目的，勉勵學生「仿效俄國」。

11月11日　孫中山令廣州黃埔新軍改稱「校軍」。

11月13日　孫中山第五次也是最後一次蒞臨軍校。近晚離開時，全體官生列隊歡送。

11月17日　軍校第二期學生最後一批入校考試，錄取總計四百五十人。

11月27日　黃埔軍校在廣州北較場原湘軍講武堂舊址成立陸軍軍官學校分校，簡稱「省分校」。先生曾從本校搬到省分校受訓月餘。

約是年　先生家中妻子申小姑病逝，母親為此整日哭哭啼啼。

1925年

二十三歲

（乙丑）

1月1日　黃埔軍校特別區黨部正式提出「殺陳炯明」的口號，發佈〈誓滅陳炯明檄文〉，嚴正聲明：「革命軍與北洋軍閥不兩立……，今本校學生官長及教導士兵，莫不義憤填膺，誓滅陳炯明而後朝食。」（《青年軍人》1925年第一期）

同日　晚，為慶祝元旦，軍校學生為校教導團表演《還我自由》、《鴉片戰後》等劇。

1月2日　軍校學生首場表演新劇《革命軍》。

1月3日　蔣介石對第六隊（第一期）、第五隊（第二期）學生講演〈為什麼要革命〉，其中講道：「今天第五、六隊學生搬到北較場分校裡去，以後教育可以集團，對於管理上、教育上一切都方便了。……本校的特點優過別的學校的地方，就是在精神教育。第二總隊精神教育太缺，所以紀律太差，這是本校長同教職員應當抱愧的。我現在因為事務太多，時間太少，不能像對於第一總隊，至少每星期抽出一二小時來講思想、主義、軍紀、風紀，但是我的精神更縈繞於各位身上，不能須臾或忘了。……各位在學校裡，極要留心校訓『親愛精誠』四字，謹記勿忘。」

按，「第二總隊」即指先生所屬軍校二期學生。先生起初從黃埔本校搬到北較場分校，但當過年時，「又從北校[較]場到了黃埔了」（〈東南西北的年關〉，《聶紺弩全集》第四卷，第261頁）。

1月4日　軍校學生遷往廣州市北較場省分校，黃埔本校專駐教導團，校政治部隨學生遷往省城分校，留李之龍、賀衷寒等一小部人員設分部於黃埔島，負責教導團政治工作事宜。

1月6日　蔣介石編成《精神教育》付印，在北較場分校對官長學生講演。

1月17日　黃埔軍校學生隊第五、第六、第七隊改稱步兵第一、第二、第三隊。

1月18日　黃埔軍校政治部在周恩來領導下，組織成立業餘文藝團體「血花劇社」。先生是「血花劇社的一個『角』」，逢節假日要「演戲給『弟兄』們看看」（〈東南西北的年關〉，《聶紺弩全集》第四卷，第261頁）。

「血花」取自廖仲愷的「烈士之血，主義之花」兩句題詞。其意義在於動員廣大革命者為實現孫中山的新三民主義，不惜流血犧牲，用鮮血澆灌出主義之花。社團宗旨是「將革命的藝術來改造社會」，用革命藝術來實現孫中山的「喚起民眾」，提倡「藝術可以改造社會，藝術可以美化人生」。血花劇社開始在校內外進行宣傳演出，對本校學生士兵表演現身說法，後也走出學校，出演到省城市區，向民眾公開，寓教於樂，很受師生和市民的歡迎。

血花劇社隸屬於黃埔軍校政治部，社長由校長蔣介石擔任。蔣介石時常親臨觀看演出，屢次邀請劇社成員到他家中會餐。不過，劇社的實際領導是政治部主任周恩來，日常事務工作由劇社總務主任、共產黨員李之龍負責。

1月23日（陰曆臘月廿九，除夕）　夜，先生等一干學員受軍校校長、要塞司令蔣介石宴請。

同日　《蔣介石日記》：「晚宴校本部見習官及血花團同志，在司令部餘興，至十一時畢。得天下英才而教育之，樂何如耶。」（美國斯坦福大學胡佛研究所檔案館藏手稿本）

1月24日（春節）　軍校放假，和同學到集市上小酒館吃酒。

1月26日　陳炯明部進犯虎門，東江戰事又起。

1月29日　下午，軍校本部召開東征動員準備會議。

1月30日　上午七時，軍校集合各處及教導團入伍生隊官生，舉行東征軍總指揮就職儀式。東征軍總指揮蔣介石講明作戰責任，部署出發事宜。

同日　東征軍在粵軍總司令部召開軍事會議，通過三路進兵計畫：滇軍任左翼，由河源、老隆以趨興寧、五華，當林虎防地；粵軍任右翼，由海陸豐以趨潮汕，當洪兆麟防地；桂軍仍令圍攻惠州。

同日　軍校全體學生提出參戰要求，東征軍總指揮部令加入右翼。

1月31日　軍校全體師生在操場舉行東征討伐陳炯明誓師典禮。軍校第二、第三期學生即教導第一、第二兩團等單位，合組宣佈成立「校軍」。以校軍教導團一、二團組成東征軍主力，擔任右翼作戰。校軍由校長、校黨代表領導，周恩來為政治部主任。

2月1日　蔣介石到北較場分校出席特別區黨部黨員大會，做激勵第二期同學之沉痛演說，他說：「總理幾年來受叛逆陳炯明的氣，現在在北京病得要死。我們如果能趕快去把陳炯明打敗，庶可謂我們總理伸一口氣，醫好他的病。」第二

期學生請纓殺賊，堅決表示：「若不打倒陳炯明，我們誓死不回。」激昂之氣，聲淚俱下。大會遂決定第二期全體同志隨軍出發。（楊其綱〈一年來本校之經過〉，《黃埔潮》1926年1月1日）

同日　第一次東征開始，軍校教導團由長洲島乘艦向虎門集中，粵軍第二師及第七旅由廣九路向石龍前進，建國軍、滇軍、桂軍、湘軍等奉命出征，水陸並進。

2月2日　周恩來親率軍校政治部部分人員參加第一次東征。

2月3日　上午八時，校本部東征隊乘福安、永福兩軍艦，由黃埔長洲島出發。

2月5日　上午八時，蔣介石率部由東莞虎門乘船出發，中午抵厚街，傍晚入莞城。先生與二期全體同學編入校長蔣介石的衛隊，參與第一次東征。

2月9日　上午十時，蔣介石在東莞常平車站外對全體官長學生士兵訓話，題目是〈救國，救民與救大元帥〉，講革命軍出動經過及職責，告誡服從命令，愛護人民。並於常平車站發佈「向東江平湖進軍令」。

2月11日　黎明，東征先頭部隊開始出發。校本部於上午九時由塘廈乘車殿後，向平湖前進。

2月15日　東征軍強攻惠陽淡水城。蔣介石親赴南門外炮兵陣地督戰，指揮攻城。七時，炮兵開始轟擊，步兵繼之，奮勇隊又繼之，城堅不易拔。陳誠指揮炮兵第一連猛烈轟擊，摧毀城牆多處，掌旗兵奮勇當先，中路衝奪而入，左路緣梯以進。十一時，蔣介石率部入城。不久，敵援兵到達，雙方激戰至午後四時，敵潰向惠東平山。

作為總預備隊成員，先生「除了在淡水打過一次小仗」，「連追敵人都追不上」（〈讀〈在酒樓上〉的時候〉，《聶紺弩全集》第四卷，第152頁）。

2月20日　晨，東征軍總指揮部下令總攻惠東平山。十時，蔣介石率部出淡水城。

同日　孫中山於北京病危，聞黃埔校軍攻克淡水之訊息，深感欣聞，即命隨員電賀「校軍」。

2月23日　下午三時，蔣介石於平山白芒花發佈「分兵向海豐攻擊前進令」。

2月26日　陳炯明由汕尾逃至香港。

2月27日　十一時，蔣介石發佈「進占海豐令」，但道路崎嶇，敵情不斷，

未能按時抵達。晚八時半，蔣介石率校本部在梅隴鎮之田心圩宿營。十時，東征軍張民達師占領海豐；午夜十二時，校軍教導團抵達海豐宿營。

2月28日　上午九時，校本部由田心圩啟行渡河，十一時抵達海豐城。

3月1日　校本部留海豐休息。下午四時，海豐各界群眾在縣城的林祖祠和東征軍舉行聯歡大會，到會者千餘人。國民黨中央執行委員會組織部長譚平山、國民黨中央農民部祕書兼省黨部農民部長彭湃、校軍政治部主任周恩來發表演說。

3月2日　軍校政治部派吳振民[3]留海豐為本部代表，辦理一切黨務及宣傳工作，並協助農會訓練自衛軍；先生則派到離縣城五十里的汕尾[4]。

同日　廣州黃埔校部致函校長蔣介石，調軍校二期學生、共產黨員宛旦平、盧德銘去海豐協助農會訓練自衛軍。

3月3日　大隊開拔，留先生「和一兩個同學在（汕尾）當地住下，等候回（海豐）縣城工作」（〈鍾敬文《三朵花》、《傾蓋》及其他〉，《聶紺弩全集》第四卷，第273頁）。

同日　海豐農民舉行歡迎東征軍大會，大會宣佈恢復縣農會。此前，海豐縣於1923年1月建立過我國第一個縣級農會，但是當年8月就遭到解散。

同日　校本部調陳烈去海豐農會訓練農民自衛軍。

同日　晚上七時，國民黨海豐縣黨部舉行第一次會議。與會者有譚平山、吳振民、彭湃等。會上，譚平山提出《陸安日刊》收歸黨辦案，獲得通過。

3月7日　以黃埔軍校校軍為主力的東征右翼粵軍，克復潮安、汕頭。

3月上中旬　先生在汕尾後方辦事處，為「消磨日子」，就去住地附近看看潮州戲，後來在雜貨店買到一本《小說月報》（1924年5月第十五卷第五號），把其中一篇魯迅的小說〈在酒樓上〉連看兩遍。

「第二遍看完之後，我幾乎有點憤怒了。這不是一篇好文章，悲觀、頹傷、陰鬱，無論是作者和作者所寫的人，都沒有一點年輕人的發揚蹈厲的精神……。」（〈讀〈在酒樓上〉的時候〉，《聶紺弩全集》第四卷，第157頁）

3月10日　校本部致函海豐農會會長，詢查一切；致函吳振民，介紹宛旦平與之協同訓練農軍。

---

[3]　吳振民，原名吳志卿，浙江嵊縣人。黃埔軍校二期畢業生。1925年第一次東征後任海豐農民自衛軍大隊長。1927年任惠潮梅工農救黨軍總指揮，率隊北上，同年8月7日在湖南汝城戰鬥中犧牲。

[4]　汕尾，民國時屬於海豐縣轄鎮，1988年劃入汕尾市城區。

3月12日 校總理孫中山在北京病逝，享年六十歲。

3月13日 軍校後方獲悉孫中山逝世的通報，胡漢民令軍校下半旗，停止操課；為避免影響軍心，未告知東征軍前線，祕不發喪。

3月中旬 海豐縣召開各區農民代表大會，正式恢復縣農會。縣農會執行委員會行使會務，由彭湃任委員長。

3月16日 海豐農民自衛軍成立，同時設立農民自衛軍訓練所，黃埔軍校後方辦事處代表吳振民擔任訓練所教官。

3月19日 校軍隨校本部入駐五華縣城。

3月20日 《陸安日刊》報導：「陳炯明之住宅，費十數萬之金錢，兩年餘之時日，築成高樓三層，廣可數畝，工程殊大，為吾邑四十餘萬之平民，思欲一遊而不可得者，竟於日前失火，致召焚如，現在牆壁僅存，其餘一切，已化煙雲。邑中遠近居民，聞此消息，皆結隊成群，入內遊觀。自失火至今，雖為時已歷兩週，而遊人猶絡繹不絕……。」

3月21日 上午九時，蔣介石率部進入興寧縣城。下午五時，校部行營接留守廣州的胡漢民來電，始悉總理孫中山病逝。

3月22日 上午九時，東征前線校本部舉行望祭孫中山儀式。

3月25日 校本部發出通告，告知東征前線全軍，文曰：「頃接大本營留守胡電開：『得京電，我大元帥痛於本月十二日九時三十分在京逝世云。』嗚呼！我大元帥畢生為主義奮鬥，三民主義實為我大元帥之第二生命，只求主義實行，則我大元帥雖死猶生，此後繼志述事，惟賴我軍將士任之。……現在東江叛逆之主力為我擊破，而餘氣未清、逆首未得，本軍職在殺賊，更須鼓勇直前，消滅殘孽，湔雪黨恥，竭盡黨軍責任。庶幾，大元帥得以瞑目於九原，而我軍將士亦得不負我大元帥訓練黨軍、培植將士、實行主義、繼續生命之至意，望各共勉之。」

3月下旬 在汕尾幫助當地的國民黨第五區黨部舉行孫中山追悼會，具體工作是「寫傳單、挽聯、祭文及其他一應文字」，得到地方長官的稱許，並推薦給鄰區。恰好彭湃領導的農運工作需要人手，先生遂去了海豐縣城。

3月30日 第一次東征勝利結束。上午，校軍在興寧縣城北門外舉行追悼孫中山大元帥及陣亡將士大會。大會由何應欽唱禮，蔣介石讀誓詞、發表悼念演說，周恩來代表本校全體官佐士兵宣讀祭文。

　　3、4月間　受《陸安日刊》編輯李谷珍之約，開始以「聶畸」之名給該報副刊寫稿。也就是在這時，先生開始「接近了文學」。

　　4月2日　晚十時，軍校黨部開會，議決要案有：（1）留吳振民等仍在海豐服務，以利農民自衛軍組織，除請政治部主任周恩來報告校長蔣介石核准外，本校函知吳振民等人。……（6）本部將前方工作告結束後，轉回廣州活動。

　　4月12日至14日　海豐連續三天在林祖祠前舉行孫中山哀悼典禮。

　　4月12日　上午，海豐軍政界舉行孫中山哀典活動。

　　4月13日　上午，海豐紳商學界舉行孫中山哀典活動。產科學校員生二十餘人，陸安師範學校員生百餘人，一高小校百餘人，三高小校八十餘人，女子高小及女子國民學校八十餘人，工讀學校六十餘人，各國民學校員生共約九百餘人，商界約六百人，紳界百餘人，外界參加者約千人。

　　4月14日　上午，海豐工界舉行孫中山哀典活動。計有農民自衛軍、陸安報社工人、以及各行工人約在二千人以上。各鄉農民協會男女農民約二萬餘人，極其擁擠。

　　4月17日　《陸安日刊・詩歌》（第九號）發表新詩〈醒後〉，署聶畸。落款「淒風苦雨之夜於劫後的海豐」。初收花城出版社2016年2月版《聶紺弩集》下。《聶紺弩全集》未收。

　　4月20日　旨在培養農運幹部的海豐農民運動講習所（簡稱「海豐農講所」）正式開課，由彭湃任所長。海豐農講所講授內容有：《東江農民運動狀況》、《政治經濟學》、《帝國主義》、《社會科學》、《文學理論》、《革命文學》等，此外還進行軍事訓練。初定學習時間為半年。

　　作為講習所教官兼政治部科員，先生主講《新三民主義》，也教授軍事操典等課程。

　　參加農講所學習的學員四十二名，其中女學員七名。有一名陸安師範的女生敖少瓊，對先生產生愛慕之情，先生也對她產生「第一次愛」。

　　4月22日　上午九時，海豐縣教育局開聯席會議，以解決第一高等小學學潮遺留問題，涉及校長楊嗣震[5]有無掠奪教員鐘點等事宜。出席者：彭漢垣、彭

5　楊嗣震（1895-1927），湖北黃梅人。1917年東渡日本，與彭湃等同讀於早稻田大學。1922年應海
　　豐縣教育局長彭湃的邀請，到海豐縣立第一高小任教。不久，彭湃因組織「五一」大遊行被革去
　　教育局長之職。楊嗣震本也打算離開，因學生挽留才沒有走。1925年2月，參與廣東國民政府第一

澤、李勞工、吳振民、彭湃、李谷珍等。會議紀要刊於4月24日《陸安日刊》。

4月23日　《陸安日刊》以〈海豐農民運動講習所開課〉為題報導：「海豐農民協會，現以農民運動正在進行時候，不可無指導人才，以資訓練，特在準提閣創辦一農民運動講習所，彭湃君為所長，兼收男女學生四十餘名，一切膳宿費概由協會供應，聞已於新曆4月20日開課云。」（《不朽的豐碑》，第445頁）

4月26日　於農軍總部作〈革命與麵包〉一文，分兩次載《陸安日刊‧論壇》4月29日第廿一號、4月30日第廿二號，署聶畸。初收花城出版社2016年2月版《聶紺弩集》下。《聶紺弩全集》未收。

同日　晚上，參加海豐縣慶祝「五一」勞動節紀念活動籌備會議。（《陸安日刊》4月27日）

同日　海豐縣第二區各鄉農民協會代表，假座該區高小校舉行各鄉農民協會代表大會。赴會參觀者有農民運動講習所全體學生、農民自衛軍及總會執行委員長彭湃、宣傳組織部陳修等。

同日　七時，黃埔軍校本部前方人員抵達廣州北較場分校，結束東征戰役之行。

4月28日　下午，東征軍在汕頭總司令部召開會議，決議回師平定滇系楊希閔、桂系劉震寰的叛亂，以固根本。

4月底　國民黨中央農民部以海豐農民協會「成績卓著」，特電彭湃會長選派農民二十名，加入第四屆農民運動講習所。

5月1日　上午，海豐各界齊集橋東林祖祠前，舉行勞動節紀念大會，計到會者，有各行工會會員，共約四千餘人，縣屬各鄉農民協會會員，約二萬人以上，附城各校學生約百餘人。武裝赴會者，有農民自衛軍、農民運動講習所、陸安師範學校學生軍、縣署游擊隊、第一區警察，其餘各界參加者，人山人海，摩肩接踵。晚上，總工會、農民協會均演戲慶祝，農民運動講習所學生，亦演白話劇，藉以宣傳及助興。

5月4日至6日　彭湃和吳振民率領黃埔軍校學生十餘人，海豐農民自衛軍四十人，海豐農講所學生四十餘人，組成宣傳隊，全副武裝，前往陸豐調查摧殘農

次東征，在周恩來領導的政治部當科員。此後，楊嗣震被任命為陸豐縣教育局長。第一次東征勝利後，彭湃的三哥彭漢垣出任海豐縣長，他指示縣教育局聘請楊嗣震到海豐第一高小擔任校長。4月中旬，楊嗣震出任海豐一高校長。

運的縣長徐健行。徐氏聞訊潛逃。

5月5日　陸安師範「新生社」改組為「新學生社」，選舉陳振韜、李國珍、黎越廷、陳舜儀、林蔚深等五人為常委。

5月21日　東征軍奉命回師廣州，鎮壓劉震寰、楊希閔叛亂，先生繼續留在海豐。彭湃和蘇兆徵等積極發動農民、工人配合軍校學生作戰。

5月下旬　海豐第一高小校長楊嗣震隨彭湃回穗，校長遺缺由先生兼任。先生搬到學校住宿。

5月30日　五卅運動在上海爆發，並很快席捲全國。「五卅」運動的風暴，把先生同鄉吳奚如「卷送到了廣州」，後來考進黃埔軍校。

5、6月間　到海豐縣城三十里外公平鎮，拜訪當地的文學愛好者、小學國文老師鍾敬文等人。在鍾家住了一晚上，翌日回城。

6月5日　國民黨中央執行委員會決議，改組大元帥府為國民政府，建國軍及黨軍改稱「國民革命軍」。

6月7日　「海豐婦女解放協會」在準提閣正式成立，農講所學員彭鏗被選舉為會長，章行、高雲、莊啟芳、陳新、張威、敖瓊（少瓊）等幾名學員被選為執行委員。

6月23日　彭湃率領農講所學生在廣州參加遊行示威，聲援上海「五卅運動」。

6月25日（陰曆五月初五）　在龍山西側龍津溪畔準提閣（海豐農講所所在地）參加鍾敬文、馬醒、林海秋等人組織的紀念屈原端午詩會，並為詩會撰寫一聯：「悼三閭大夫慶詠端陽，論五月形勢謳歌農會。」海豐縣十多位文學愛好者與會。（央柳〈友誼的開端——聶畸與鍾敬文在海豐二三事〉，《海豐文史》1993年第十輯）

7月1日　軍校全體學生調回黃埔集中訓練，第二期學生繼續上課，主要有《戰術學》、《地形學》、《築城學》、《兵器學》、《軍制學》等。但是，先生此時應未回校，仍然留在海豐。

同日　國民政府在廣州成立。

7月初　海豐農民運動講習所學員提前結業，一半學員分配在本地各區充實農運幹部隊伍，另一部分分配到潮州梅州一帶開展農運工作。

7月5日　海豐縣農會在海城召開全縣第一次代表大會，出席大會的有一萬多

人。這次會議使海豐農運更加迅速發展，各協會的工作也更加活躍。

8月4日　黃埔軍校第二期同學錄告成，蔣介石為之作序，其中寫道：「本年四月下旬，余為第一期同學錄作序，曾詳序東江戰事，諸將生士奮勇作戰，視死如歸之情狀……。歲月如流，瞬逾三月，而第二期同學畢業期屆，又以同學錄索序於余矣，余今日之所期望諸同學同志者，固猶是三個月以前之期望也，此外更何言乎？……觀於楊希閔、劉震寰輩，距總理逝世未百日，即已變叛，愈信余前次所言，『不為信徒，便為叛逆；不為同志，便為仇寇』，絕非武斷。今日又為本校追悼沙基死難同志之日，執筆序此，尤悲愴不能自已。我同學諸君乎，念來日之大難，懍責任之愈重，中必永求為總理主義最誠實之信徒，已無諸同志最忠勇之同志，茲錄殆其左券已。」

按，先生此時應未返校，故二期同學錄未收錄其名。

8月17日　《廣州民國日報》消息：「海豐來電云……，日來陳軍餘孽，在海陸豐一帶，異常活動，欲運動軍隊危害政府……，懇我政府及各團體協力援助，俯念東江民意，克日出兵肅清東江餘孽，批瀝電陳，不勝待命之至。海陸豐農民協會叩佳（九日）。」

8月21日　黃埔軍校舉行第二期學生畢業試驗。

9月6日　下午，黃埔軍校於校本部大操場舉行第二期學生畢業典禮儀式。汪精衛出席典禮並做〈國民革命之意義〉的講演，軍校長官和黨政軍領導親臨盛會並講話。蔣介石致訓詞並召見優等畢業生並合影。是晚，血花劇社演劇助興。由於戰局緊張，第二期學生「本定為六個月而以隨征之故遷延達於一年之久」。

本期宣佈共計四百四十九人[6]畢業，其中步兵科共有二百三十三人，分為步兵第一隊一百一十六人，步兵第二隊一百一十七人；炮兵科有七十一人；工兵科七十七人；輜重兵科六十八人。不過，此四百四十九人名單中並無先生之名。蓋因先生與蕭人鵠、李友邦、覃異之四人，疑未參與畢業試驗，是為肄業。故，黃埔二期畢業或肄業學生總數為四百五十三人[7]。

9月8日　下午，蔣介石在軍校對第二期畢業生訓話，題目是〈提起朝氣，振作人心〉。其中講道：「今天第二期學生，有許多沒有准假而不回校的，他

---

[6]　中央陸軍軍官學校編印：《中央陸軍軍官學校史》第二冊，1936年，第88頁。

[7]　參見陳予歡：〈黃埔軍校第二期生研究〉，舒揚主編：《黃埔軍校研究》第三輯（廣州：中山大學出版社，2008年），第213頁。

們自以為已經畢了業，可以隨便自由了，這種地方，實在趕不上第一期學生守紀律。」

9月9日　上午七時，蔣介石再次對第二期畢業生訓話，題目是〈「堅持最後五分鐘」是一切成功的要訣〉。其中講道：「昨天我同第二期畢業生講話，有許多學生因為放假沒有回來，所以未曾聽到。這沒有准假而不回校的學生，是太不守紀律了，由這點上，就可以分出哪個學生是守規矩有希望，哪個是不守規矩沒有希望的。……你們現在所學的軍事學，實在說，還沒有到陸軍中學的程度，最要緊的，無論到什麼地方，關於軍事學的書籍，如四大教程、典範令等，不能丟開，要時時研究溫習才好。」

按，先生疑未回校。

9月中旬　中共中央開始選派莫斯科中山大學留學生的工作。

9月15日　陳炯明軍隊總指揮劉志陸在汕頭下達動員令，18日下達總攻擊令，分三路向東江西南部進犯。

9月22日　陳軍劉志陸部幾千人攻占海陸豐，李勞工被捕犧牲，被殺害的工農幹部和農會會員近百人。

9月27日　晚上，第一軍軍部召開第二次東征出師會議。

9月28日　國民政府中央軍事委員會任命蔣介石為東征軍總指揮。同日，東征軍總指揮蔣介石發佈「準備第二次東征出發令」：分三期出發。

9、10月間　自海豐回來，「在廣州失了業，正是上天無路入地無門的時候」[8]，被朋友「騙」到一支革命軍東征隊伍辦黨務，行軍數日後因情況有變而退回廣州。回到廣州，在邑人曹振武（曹勛的哥哥）家住過一個短時期。

10月1日　國民政府下達第二次東征討伐陳炯明行動令。下午四時，黃埔東征部隊舉行誓師大會。

10月6日　下午三時，蔣介石率部自廣州出發，開始第二次東征。

10月7日　國民政府蘇聯顧問鮑羅廷在廣州國民黨中央政治會議第六十六次會議上正式宣佈莫斯科中山大學成立。他建議國民黨選派學生到這所新學校去學習，這個提議在會上通過。會議同時成立了由譚延闓、古應芬、汪精衛組成的選拔委員會，鮑羅廷擔任委員會顧問。於是，廣州、上海、北京等地的選送工作迅

---

[8]　聶紺弩：〈邂逅〉，《聶紺弩全集》第六卷，第3頁。

速開展。

10月12日 《廣州民國日報》刊登消息〈選派俄國孫文大學留學生辦法〉，並首次刊登〈投考留學莫斯科孫文大學簡章〉。

> 頃奉政治委員會函開，擬定派往留學莫斯科孫文大學辦法如左：
>
> （一）在廣州選派一百五十人左右；
>
> （二）定期十月十二日開始報名，十六日截止；
>
> （三）定期十七日在中央黨部（舊省議會）考試；
>
> （四）報名者之資格：
>
> 　　（甲）中學畢業及與中學畢業有同等學歷者，
>
> 　　（乙）年齡三十歲以下，
>
> 　　（丙）體格須受檢查，
>
> 　　（丁）中國國民黨黨員。
>
> （五）考試取錄者每人盤費治裝費自備一百五十元，中央黨部津貼一百
> 　　元，共二百五十元。抵莫斯科入學後，一切費用皆由該大學供給。
>
> 　　凡欲留學該大學有右列資格者，請依時到中央黨部宣傳部組織部報
> 名，以備考驗為要。
>
> 中央黨部宣傳部組織部仝啟

10月17日 《廣州民國日報》刊登中央黨部宣傳部組織部啟事：「孫文大學招考日期原定本月十七日，現政治委員會以時間太迫，特改在二十日舉行，投考者祈注意。」

10月19日 《廣州民國日報》刊登社評〈智識之上中俄攜手──設立莫斯科孫文大學之意義〉（曙風）。

10月20日 參加莫斯科中山大學在廣東大學進行的招考。

10月21日 《廣州民國日報》刊登消息〈投考莫斯科孫文大學情形〉：「俄國莫斯科孫文大學，託國民政府在粵招考留學生，經於十二號起報名至十六號止，共報名約千餘人。除報名時問答不合格者不得與考外，其合格者，次第榜示三百八十餘人，著二十日在廣東大學考試。是日上午八時，監試委員陳公博親自到場。八時半，唱名發卷，九時五分鐘佈告。如首次取錄有名，複試時要攜帶黨

證，否則不准複考，並限至遲下午一時交卷。隨出試題，至少要答三條。茲並錄試題如下：（一）什麼叫做國民革命，（二）什麼叫做反革命，（三）什麼叫做帝國主義，（四）民族主義與世界主義，（五）國民革命與民眾運動。」

10月24日　黃埔軍校選送學生赴莫斯科留學，榜取十五人，續取二十四人，合計三十九人。

〈鍾敬文・《三朵花》・《傾蓋》及其他〉：「東征勝利了，我們黃埔學生回到廣州，不久碰到莫斯科中山大學招考留學生，我去投考，僥倖考取了。恰巧又是第二次東征，我們考取留學的沒有參與。」（《聶紺弩全集》第四卷，第279頁）

10月28日　上午參加莫斯科中山大學的口試。

10月29日　《廣州民國日報》刊登消息〈投考孫文大學口試情形〉：「投考莫斯科孫文大學學生，經政治委員會定於廿八日舉行口試。是日早九時前，第一次考試及格學生百餘人，已集合中央黨部聽候試驗，至九時半開始試驗，由農民部長陳公博、組織部長譚平山、商民部長甘乃光、宣傳部長毛澤東等四人，分堂主試，直至十二時半始試畢云。」

11月2日　鍾敬文收到先生書信，謂將赴莫斯科留學，遂作詩〈到莫斯科去啊〉寄贈。詩曰：「到莫斯科去啊，到莫斯科去啊！／那兒狂溢著革命的浪潮，／那兒怒放著自由的花朵，／雖非天堂，也遠勝這妖魔洞府。／……[筆者略]。／呵哦，神州革命之火勢將燃燒，／一切的條件已經準備完好，／只急等候那引導火線的健兒，／朋友，你將充當那健兒歸來引導！」（《鍾敬文先生百日祭：遺作詩文誦讀選錄》，第9-10頁）

11月23日　中國國民黨中央執行委員林森、謝持、鄒魯、張繼、居正等人以反對共產黨，在北京西山碧雲寺孫中山的靈前，召開國民黨一屆四中全會，考慮國民黨的去向問題和解決國民黨內的共產黨問題。此會稱「西山會議」，參加者後來被稱為「西山會議派」。

12月1日　《廣州民國日報》刊登消息〈留俄孫文大學生分期出發〉：「留俄孫文大學生現因西伯利亞鐵路車位限制未能全數出發，擬分兩期或三期。第一期六十名經由政治委員會指定各軍校學生三十名，其他三十名，李惠芳、葉景芳、李文琯、梁福文、馮潔芬、鍾琨瑜、徐瑩、岑廷藻、韋碧[輝]、黃甘棠、甄兆權、陳春圃、林柏生、陳復、馮聲南、唐君粹、梁振鴻、黃仲理、黃永偉、朱瑞、李琳、朱國楨、曾上、鄭仁波、廖化機、鍾其本、方陶、聶甘雨、楊華波、

丁祝華，聞將三四日內趁輪直赴符拉迪沃斯托克轉車去莫斯科云。」

　　按，「聶甘雨」即先生化名。符拉迪沃斯托克，舊名海參崴。

　　同日　《廣州民國日報》「留俄孫文大學通訊欄」刊登留俄同學問事處啟事：

一、頃奉政治委員會祕書處來函略云，第一批趁輪赴俄者只得六十名額，而志願首批出發者甚多。本會體察情形，特為之分配如下：（一）各軍軍校占三十名；（二）其他三十名除各軍軍校學生另函吳淡人同志轉告外，茲將其他三十名開列：李惠芳、葉景芳、李文琯、梁福文、馮潔芬、鍾琨瑜、徐瑩、岑廷藻、韋碧輝、黃甘棠、甄兆權、陳春圃、林柏生、陳復、馮聲南、唐君粹、梁振鴻、黃仲理、黃永偉、朱瑞、李琳、朱國楨、曾上、鄭仁波、廖化機、鍾其本、方陶、聶甘雨、楊華波、丁祝華。

二、同學中如屬第一批出發者，其相片最遲於今日十二時以前交到本處，以便趕辦護照。

……[筆者略]。

五、廿七日會議議決，中央黨部津貼一百元不領，另由各人交五十元補足作旅費，現擬此款可暫存不必交任何機關或個人。

六、將來欲由家匯款者，可由中央銀行匯上海Dalbank銀行轉莫斯科孫文大學某某，如電匯須書明Dalbank Shanghai For…… Sunyatsen University，Moscow

七、倘有以硬相片交來或交來軟片而只得一張者，請從速換交或補足。

八、刻又接政治委員會祕書處來函指定第一批赴俄各軍軍官學校學生三十名如下：黃鼎新、周愛、趙愚、陳道守、呂魁文、蕭愛賢、康澤、駱德榮、吳肅、王明道、彭文暢、吳魯、徐君虎、余楚帆、陳聲孚、余鶴、彭壽高、李焜、王覺源、鄧敦厚、張遠猷、楊振西、楊振藻、胡銘勳、周詠南、高雲裳、王佐才、吳國謙、溫忠、劉武琨。

九、刻又接鮑公館消息，輪船大概是星期四啟行。第一次赴俄各同學務須於明日內準備完竣行李，或可於明午先付船云。

　　按，「鮑公館」即鮑羅廷公館；「星期四」指12月3日。

　　同日　《廣州民國日報》刊登留俄同學問事處啟事:「留俄孫文大學同學請注意:(一)茲為討論籌備本校之黨部組織及學生會組織等問題,請同學諸君於本月廿七星期五日下午一時到中央黨部禮堂開會,幸勿放棄;(二)願趁第一次船離粵者,請於三日(由今日起)內到本問事處署名,以便分配。」

　　同日　《廣州民國日報》刊登消息〈俄京孫文大學之內容〉:「11月12號莫斯科通訊:現在孫文大學在積極籌備中,照目前預測,將來必有非常可喜之成績。該校董事會主席為著名之越飛博士,曾任俄國駐華大使,董事會會員則為該校校長拉突、普拉夫打報主筆卜哈連、克魯斯加耶夫人、職工聯合會執行部主席湯斯基,及其他名流。中俄兩國各社團及個人捐助者甚多,經濟方面甚為充足。校長拉突曾對記者言該大學宗旨在培養社會領袖人才,課程主要科為近代經濟思潮、近代世界史、蘇俄革命之經過及其意義,而中國之國民革命運動則更列成專科。各科教授大概取研究方式、鼓勵學生關於政治經濟及各種社會問題獨立之研究,及創造的著作各種成績,並於著名報章雜誌發表云。」

　　12月2日　《廣州民國日報》刊登啟事:「留俄莫斯科孫文大學同學諸君:現設問事處於中央執行委員會宣傳部,辦事時間除星期外每日由正午十二時至下午五時。陳春圃、林柏生、吳淡人、馮潔芬謹啟」

　　12月3日　《廣州民國日報》「留俄孫文大學通訊欄」刊登留俄同學問事處啟事:

> (一)昨奉政治委員會祕書處來函略謂,現據陳春圃林柏生同志等面稱,今天偕鮑夫人遄赴俄輪視察一遍,查船位只得二十四額,與前述能容六十人之說不符,雖船位尚覺安適並有餐室亦殊雅潔,但只可容納廿四人,應如何分配之處請指定見示以憑辦理等語。據此查此次孫文大學學生先後函呈本處,以種種原因要求先去甚多,此經指定第一次出發者六十人茲因船位不敷特再為詳細審查核定,即希轉知下開各生趁該輪出發為荷。計開:李惠芳、唐君粹、梁振鴻、黃仲理、康澤、黃鼎新、李秉中、吳淡人、黃永偉、朱瑞、朱國楨、葉景芳、高雲裳、楊振西、王覺源、楊振藻、陳聲孚、吳國謙、張遠猷、胡銘勳、董良史、方陶、丁祝華、李琳。

> (二)右項列舉各同學鑑,關於找換俄幣及出發各事,請於今晨上午十一

時到來妥商，幸勿延誤。明日正午十二時俄船起碇，明晨即須搭船。如何搭法，請於明晨八時前注意本通訊欄。行裝務須今日內準備完竣，船上餐食豐富，但各種食品亦不妨多備，尤以生果為佳。暖壺、面盆亦可攜帶，以便自用。有手影機者最好多備飛林，因在俄價格甚高也。

（三）今日下午三時廣東省黨部開會歡送。會後留俄同學全體與汪精衛先生、鮑代表及鮑夫人攝影以留紀念，各同學務希一律依時到會，另有重要事項須宣佈及討論者，各同學乞勿放棄為荷。

（四）鄭仁波同志鑑，各函均已收閱，請查連日《民國日報》及《國民新聞》本欄，便知一切。

（五）關於赴俄各事項逐日均在本欄發表，各同志間有以種種復贅旁支的問題函請答覆者恕難遵命。

（六）此次赴俄各同學（不論是否此次出發），護照均須於日內辦妥。有尚未交相片者，請於兩日內繳來，否則本處再不能負責矣。

同日　下午二時，中國國民黨廣東省執行委員會假中央黨部禮堂，舉行留俄同志歡送會。先由省黨部青年部祕書黎樾庭宣佈開會理由意義，繼由婦女部長何香凝演說，希望「今留俄諸同學負笈萬里，他日回國領導中國青年努力革命工作，完成孫先生及諸先生之志願，責任至重且大，望諸君勉力為之」（《廣州民國日報》12月14日）。

12月4日　《廣州民國日報》「留俄孫文大學通訊欄」刊登啟事：「今日離粵赴俄之船本有廿四客位，茲因須另讓一室與女同學□□二十二位合將名字從新登出如下：康澤、張遠猷、梁振鴻、李琳、馮潔芬、黃仲理、吳淡人、周詠南、楊振藻、王覺源、董良史、胡銘勳、朱瑞、丁祝華、朱國楨、李秉中、楊振西、高雲裳、黃鼎新、黃永偉、方陶、唐君粹。請上開同學於今日上午九時前集合天字碼頭出發為荷。」

12月9日　《廣州民國日報》刊登啟事：「日間俄船即到或可全體同去，各同學請一律於一日內準備妥當為要」，「第二批赴俄之船或過上海，各同學購置未備者可於上海得之」。

12月10日　《廣州民國日報》刊登啟事：「鮑公館消息，現有一湯氏號俄國

船已由汕到省，大約能容百餘人，三四天後即啟行，請各同學一律準備或能全體同去。」

12月11日　《廣州民國日報》刊登啟事：「俄船湯氏號大約五六日內啟行，行期確定後再報告」，「日前在中央黨部所照之全體攝影已曬好，同學欲取者可備價逕赴豔芳相館購取」。

12月13日　廣州《政治週報》第二期刊發署名子任（即毛澤東）的文章〈中國國民黨選派學生赴莫斯科孫文大學〉，說：「至孫文大學學生人數，聞第一次定額五百名，在廣東方面招一百五十名。現在業由國民黨政治委員會考取一百四十七名，從一千零三十人中選出，其方法分筆試、口試兩種，必兩種成績均優者方能及格……，以上共一百四十名，尚有七人姓名待查……。各生現準備放洋，分為數批出發，第一批日內即可登船，直放符拉迪沃斯托克。」一百四十人名單如下：

梁福文	梁幹喬	鍾樹棠	黃永偉	朱國貞	區就憲	鄒仕恬	林耀寰
劉泮珠	白　瑜	郭明生	朱　瑞	謝振華	龍其光	陳　復	陳璧光
林愛民	鄧公武	繆任衡	鍾其本	湯學海	梁少強	劉馬歐	黃甘棠
鄭重民	林　俠	林協文	葉恩溥	周學鎏	廖化機	邵頁昌	吳仲良
黃　發	李　琳	方　陶	聶甘雨	馮德恭	曾任良	陳正業	徐　康
沈苑明	馮聲南	陳造新	楊華波	張民權	翟榮基	林叔山	林道文
李文達	甄兆權	董良史	鄭　奇	董正興	李文琯	黃大鈞	董　煜
韓亮兼	鄭介民	楊家騰	梁振鴻	唐君粹	鄧文儀	馬維禹	劉慕強
徐　瑩	李惠芳	阮　篪	張任權	黃仲理	岑廷藻	張恕安	曾　上
黃毅民	蕭　豪	葉君好	劉達元	李彥良	黃永洪	黃　菊	黃文傑
張　星	劉福鑫	方　檀	羅　英	王志鴻	吳　魯	張引嵐	陸那傑
鄧漢鍾	鄭仁波	廖　開	鍾琨瑜	馮潔芬	韋碧輝	劉縵舒	黃鼎新
周　愛	趙　愚	陳道守	呂魁文	黃夷白	蕭愛賢	康　澤	駱德榮
吳　肅	王光樾	萬徐如	張元良	李冠英	鄭國琛	彭文暢	王覺源
陳聲孚	張遠猷	鄧敦厚	徐君虎	余　鶴	余楚帆	李　焜	彭壽高
楊振西	楊振藻	胡銘勳	周詠南	高雲裳	蔡日秋	段世援	陳海洲
潘新衛	段　平	王佐才	吳國謙	吳君實	陳志陸	黃昌光	溫　忠
賴芳廣	陳顯尚	張思南	劉武琨				

按，實際上1925年廣州首批招考錄取人數約一百八十名，再加上鮑羅廷特別推薦的要員子弟約二十名，總共約二百人[9]。

12月14日　莫斯科中山大學正式開課。前一日晚，教職員與學生特舉辦聯歡晚會。

12月15日　《廣州民國日報》「留俄孫文大學通訊欄」刊登留俄同學問事處啟示：

（一）頃接政治委員會祕書處來函，略謂日來各生函請先期赴俄者紛至迢來，茲為簡便計，應著前次所開之六十名額內未及趁第一批船出發之三十八人，一律搭湯氏號出發，希即轉告知照等語。查第一批出發者有二十二人，其餘之三十八人名字合再列下：吳國謙、聶甘雨、彭文暢、彭壽高、余楚帆、徐君虎、岑廷藻、蕭愛賢、鄧敦厚、曾上、王光樾、韋碧輝、溫忠、黃甘棠、吳魯、吳肅、甄兆權、葉景芳、余鸛、趙愚、陳春圃、陳復、陳聲孚、陳道守、鄭仁波、徐瑩、鍾其本、鍾琨瑜、馮潔芬、李焜、李文琯、梁福文、李惠芳、廖化機、林柏生、呂魁文、劉詠堯、駱德榮。上列諸君請於本日二時至五時來處報到，否則預補。

（二）湯氏號船定於十七或十八啟行前一日落船，上項有名字之同學請特別注意十六七日本欄所登之通告為要。

（三）湯氏號船約在上海停泊五天，同學之欲找換俄幣者於上海Dalbank當得之。

（四）船票購置及船上伙食費之交納可由本處代辦，其費即以中央黨部津貼之一百元項下支給，所餘若干容照攤還。至前通告請每人交五十元湊足旅費之議，暫不必交，由各人自行攜備，作到符拉迪沃斯托克時購車費之用。

……[筆者略]。

12月16日　《廣州民國日報》「留俄孫文大學通訊欄」刊登啟事：「湯氏

---

[9]　參見孫耀文：《風雨五載——莫斯科中山大學始末》（北京：中央編譯出版社，1996年），第28頁。

號船決定十七晚或十八清晨啟行，第二批離粵之同學請一律於十七日下午一時齊集嶺南大學碼頭出發，有電船預備，如遲不候。」「鄧敦厚同志具函自述以事不能趁第二批去，又吳國謙、吳魯、陳聲孚同志逾時不來報到，政治委員會奉諭以鄧文儀、黃夷白、張鎮、黃第洪頂補，合即通告，請上開四同志查照準備出發為荷。」

12月17日　和黃埔一期鄧文儀、三期王光樾等廣州選派的三十八名留學生，於嶺南大學碼頭出發前往符拉迪沃斯托克。

同日　《廣州民國日報》消息〈赴俄留學生第二批出發〉：「國民黨所招赴俄留學各生，其第一批赴俄者，將達符拉迪沃斯托克，現第二批係由陳春圃、林柏生二君帶領出發，定今日一時上船，五時開行，其行期約在明年一月五日即可抵符拉迪沃斯托克云。」

按，廣州選派的留蘇學生前後其實共有五批前往莫斯科。第一批出發的學員包括蔣經國、周天驄、胡世傑等二十二人，於10月25日啟程；第二批主要有左權、蕭贊育、劉詠堯等軍校保送生，共約三十人，在11月中旬出發；第三批包括康澤、王覺源、朱瑞等二十二人，於12月4日動身；第五批則在1926年7月出發，包括白瑜、劉舫西、鄭介民等人。先生和陳春圃、林柏生一行，實屬第四批留蘇學生。（據《留學與革命》，第172-173頁）

又，當時從中國到蘇聯去的路線有三條：一條是經滿洲里出境，但東北地區是奉系軍閥張作霖所控制，革命青年很難從這裡出去；一條是上海經海路到符拉迪沃斯托克，再換乘火車橫穿西伯利亞；一條是取道歐洲繞行，但行程更長，路費更貴，一般人難以承受。因此，先到上海，再乘船去符拉迪沃斯托克，就成了最方便的首選道路。

12月21至22日　先生一行所乘輪船在汕頭靠岸，停留兩天。恰逢蔣介石第二次東征駐節汕頭，遂請留蘇學生吃飯。

鄧文儀〈留學俄國的回憶〉：「當我們的輪船經過汕頭的時候，因為裝卸貨物，停留兩天，校長蔣先生，這時是東征的總指揮，正駐節汕頭，他請我們四十多個留俄學生吃飯，同我們講了很多話……。」（《六十年來中國留俄學生之風霜蹄屬》，第231頁）

12月下旬　輪船在上海靠岸補充給養，停留五六天時間，學生們自由活動。先生上岸後，逕奔孫鐵人家，小住了幾天，趁機逛逛上海灘。

1926年

二十四歲

（丙寅）

1月1日　先生所乘湯氏號輪船從上海起航前往蘇聯符拉迪沃斯托克，「在黃海舟中。看見的是同伴們在波濤洶湧裡嘔著病著，沒有一絲兒年的影像，──一個所謂的年關就這麼糊裡糊塗地度過了」（〈東南西北的年關〉，《聶紺弩全集》第四卷，第265頁）。

1月1日至19日　國民黨第二次全國代表大會在廣州舉行。大會決議接受「總理遺囑」，繼續堅持聯俄、聯共、扶助農工的三大政策；通過了〈彈劾西山會議決議案〉，指出其「舉動純屬違法，並足以危害本黨之基礎，阻礙國民革命之前途」，會議決定永遠開除鄒魯、謝持的國民黨黨籍，對其他一些人給以警告處分。

1月初　黃埔軍校第四期經考試陸續入學，截止本期招生。第四期學生由各地招考而來，前後七次招考計二千六百五十四人，超過前三期總和。先生同鄉吳奚如考入第四期。

1月5日　湯氏號輪船經過五天的航行到達符拉迪沃斯托克，然後再等候去莫斯科的火車。

同日　《廣州民國日報》「留俄孫文大學通訊欄」消息：「第一批赴俄同志已安抵莫斯科，第二批安抵符拉迪沃斯托克，請各同志戚屬放心。」

鄧文儀《留學俄國的回憶》：

> 由上海到海參崴，輪船行駛了一個星期，中間在朝鮮北部的清津停了一天。到海參崴之後，據說西伯利亞運輸忙碌，要等兩個星期，才有我們乘坐去莫斯科的車位，這時海參崴早已下雪了，我們住在小旅館內，除了到華僑開的中國飯館吃飯之外，沒有什麼地方好去，在這旅館內又悶得無聊，結果就常有些同學如同俄國人一樣，在街上走來走去，散步兼遊玩。（《六十年來中國留俄學生之風霜踔屬》，第232頁）

1月下旬　大約等候了十幾天之後，自符拉迪沃斯托克乘火車前往莫斯科。

火車經過西伯利亞，先生從車窗望見外面一望無際的雪的原野，「沒有颶風，也沒有飛雪，可是天色是愁眉苦臉的。大地一展平陽，似乎沒有什麼高低，甚至似乎沒有什麼遠近，只是一片白茫茫，白茫茫，使人睜不開眼」（〈追念〉，《聶紺弩集》下，第261頁）。

中途在西伯利亞重鎮伊爾庫茨克停留，先生和同學們下去觀光了一下。「車站上一片紅色，有紅旗，有紅布寫的標語，有大幅的列寧、史達林的畫像，有許多臉凍得通紅，手裡拿著鮮紅的花的少女出出進進，說說笑笑。雪的原野不見了，積雪上的棍棒的行列不見了，想像中的雪的森林更沒有影子。在車站上，西伯利亞正經歷著春天。我也正經歷著春天。」（〈追念〉，《聶紺弩集》下，第262頁）

2月上旬　先生一行坐了十幾天的火車，終於來到莫斯科伏爾洪卡大街十六號——中山大學。第一期中山大學留學生（即1925底、1926年初到校學生）總數為二百六十八人[10]，除先生（聶甘雨）之外，還有蔣經國、谷正綱、康澤、鄭介民、張聞天、王稼祥、伍修權、烏蘭夫、屈武、左權等人。

各批次留學生到達莫斯科後，首先進行體檢，其次編學號。李培之編為第一號，蔣經國為二十八號，烏蘭夫排在五十一號。先生學號不詳。

除了學號，每個學生在入學時又都起了一個俄文姓名，這是為了方便大多不懂中文的蘇聯教師方便。比如任弼時的俄文名譯稱是勃林斯基，陳紹禹（王明）的是戈魯別夫，鄧小平的是多佐洛夫，伍修權的叫皮達科夫。蔣經國也有個俄文名，叫葉利札羅夫。至於先生的俄文名已不可考，但因其專心文藝，不問政治，被同學們取綽號「托爾斯泰」。

莫斯科中山大學開學後，就正式編班上課。然而中國學生的文化程度參差不齊，有上過中學的，也有上過大學的或留過學的；有的有相當高的外語水準，有的卻只懂中文。這自然使編班有一定困難。當時編班不得不基本上按文化程度和外語水準來確定。許多不懂外語的中國學生編入中文班學習。例如，先生只會講湖北話，自然分在中文班。但是，中文班的蘇聯教員並不是用漢語，而是用俄語講課。當然配備有課堂翻譯。

3月12日　孫中山逝世週年忌日。晚上，莫斯科中山大學聯共（布）黨組織和中國學生聯合在學校職工會大廳召開了紀念會，緬懷孫中山的革命業績，宣傳

---

[10] 參見張澤宇：《留學與革命——20世紀20年代留學蘇聯熱潮研究》（北京：人民出版社，2009年），第175頁。

國共合作。聯共中央政治局委員托洛茨基、校長拉狄克和國民黨右派代表胡漢民、日本工人運動領袖片山潛等到會演講。參加者除中山大學師生以外，還有東方大學及其他機關、學校的人參加。

3月24日　北京《晨報》刊登〈莫斯科之中山大學〉，云：「莫斯科中山大學共有學生二百八十名，西歐方面中國學生亦有要求入學者。校中為供給學生書籍計，特設出版所一處。學生對俄文特別注意。除授課外，校中並組織參觀團，分別參觀蘇聯管理、工業、分配等機關，並參觀赤軍營壘，考察軍隊訓練狀況，及軍中官長兵士間之平等氣象。該校成立已近一週年，故最近校中師生皆忙於籌備慶祝事宜云。」

4月初　國民黨中央執委胡漢民在蘇聯致電廣州國民黨中央，稱：「中山大學校長拉狄克提議，該校應置於蘇共中央執行委員會和國民黨中央執行委員會的領導之下。」這一提案先後提交5月5日召開的國民黨中央政治委員會第一三九次會議，5月11日舉行的國民黨中執委第二十七次會議討論，並表示同意。5月15日，國民黨中執委致電拉狄克：「我們愉快地通知你，你的建議已被接受。」

5月9日　馮玉祥一行抵達莫斯科訪問，中國大使館全體官員，先生和莫斯科中山大學全體學生、留俄中國學生及俄國工人、商人等數萬餘的熱烈歡迎（《社會日報》5月11日）。

5月11日　馮玉祥和同行的國民黨駐國民軍黨代表徐謙一起訪問莫斯科中山大學，受到學校師生的盛情接待。校方還授予馮玉祥和徐謙「榮譽學生」稱號。

6月24日　早晨，在胡姓同學帶領下前往克魯泡特金墓、柴霍甫墓拜謁。

6月25日　早晨作新詩〈哀歌〉（又名〈克魯泡特金墓上〉），載12月17日上海《黎明》週刊第四十九期，署聶畸。

6月26日　於莫斯科致信鍾敬文（靜聞）、馬醒（雲心），署老大。《聶紺弩全集》未收。

7月至8月　莫斯科中山大學放暑假，在校方組織下，先生和第一期全體學生到市郊的塔拉所夫基（也譯作塔拉索夫卡）休養所休養兩個月。期間，在蘇聯訪問的于右任，到休養所看望中大學生。

8月　邵力子離開廣州赴蘇聯。作為國民黨駐共產國際的常駐代表、莫斯科中山大學理事會成員，他不僅到校視察，而且在校聽課。後來留在莫斯科，擔任國民黨駐中山大學代表。

　　8月中下旬　受先生的影響，鍾敬文為了尋求更充沛的思想滋養，來到了當時的國民革命中心廣州，為國民黨左派主辦的報紙《國民新聞》編文藝副刊，並向先生約稿。遂作新詩〈撒旦的頌歌〉、〈列寧機器〉和散文〈龍津溪畔〉等寄去，並評價鍾的文章說：「你的〈舊事一零〉我讀過了，……除了〈舊事一零〉以外，我還看了你其他的一些短篇。你的文章，沖淡平靜，是個溫雅學人之言，頗與周豈明作風近似。」（《驛路萬里鍾敬文》，第33-34頁）

　　下半年　先生「決心不學俄文了，回轉來看中文書」，研讀了胡適《中國哲學史大綱》、張慰慈《政治學大綱》、梁漱溟《東西文化及其哲學》等書，增長了學識，開拓了思路。

　　10月上旬　鍾敬文、劉謙初等人在嶺南大學發起成立革命文學團體「傾蓋社」，創辦《傾蓋週刊》，鍾敬文任總編，主要任務是選拔會員作品送往《國民新聞》副刊欄目「國花」刊出。不久，《傾蓋週刊》第一期發表〈我是幸福的〉，署聶畸；第二期發表〈夜話〉，署聶畸。[11]《聶紺弩全集》均未收。

　　11月　廣州《國民新聞‧國花‧傾蓋週刊》第三期發表〈莫斯哥之晨〉，署紺乳。《聶紺弩全集》未收。

　　11月7日　蘇聯十月革命紀念日。先生「和學校的隊伍一起，雜在百萬群眾的行列中，從紅場走過，從克林姆牆頭的紅旗下面走過，從列寧和史達林巨大的畫像下面走過，從列寧墓前的檢閱臺下面走過」，「僥倖走在比較靠檢閱臺的這邊，史達林就站在檢閱臺的正中間」，第一次看見史達林本人了，他舉著手向群眾回禮。先生和大家高喊：「十月革命萬歲，列寧主義萬歲！史達林同志萬歲！……」（〈追念〉，《聶紺弩集》下，第264-265頁）

　　12月17日　上海《黎明》週刊第四十九期發表〈謁克魯泡特金墓〉，署聶畸。此文由〈皇家墓園〉（靜聞、雲心信）和〈哀歌〉（新詩）組成。

　　12月31日　晚上和幾個同學參加新年晚會。先是看電影，完了就是舞會，卻不會跳舞，「我有一本書看，我在看杜思妥耶夫斯基的處女作──〈窮人〉」（〈東南西北的年關〉，《聶紺弩全集》第四卷，第268頁）。

　　是年　在莫斯科中大學習時，與遠在海豐的敖少瓊鴻雁傳書，「表達了許多難言的心聲，那思念，那癡情，與日俱增」（《聶紺弩自敘》，第221頁）。

---

[11] 參見王家鼎：〈傾蓋社與《傾蓋週刊》〉，《出版史料》第四輯，1985年，第112頁。

1927年

二十五歲

（丁卯）

1月1日　國民政府發佈命令定都武漢。

1月　用三日時間作〈東南西北的年關〉，由鍾敬文轉給其陸安師範老師、印尼《南洋日報》總編輯陳散尹，後收入該報六週年紀念特刊《椰子集》。

1、2月間　寒假期間，莫斯科中山大學組織學生去列寧格勒參觀冬宮和阿芙樂爾號巡洋艦。

2月初　列寧夫人克魯普斯卡婭到中山大學發表題為〈共產主義教育〉的演講。

2月9日　於莫斯科作新詩〈軍閥旗幟下的死者〉，載3月26日廣州《國民新聞・新時代》，署聶畸。

3月18日　廣州《國民新聞・新時代》發表〈詩譯中山悼列寧詞──譯自俄文〉，署聶畸。

按，此詩發表時末尾附有編者按語：「這本來是準備在紀念總理二週年那天發表的。不知怎的，實沒有做到。這誠然是自己一件極倒楣的事！現在可來不及了！然而，這首好詩是必要發表的，所以只好把他補登出來。好在不朽的文章決不是幾天的時間所能限制的，但對於作者譯者和讀者實在抱了無限的慚愧和歉仄了。」

3月20日　蔣介石策畫了反共的「中山艦事件」。消息傳到莫斯科中山大學，共產黨學生張聞天、孫冶方和其他同學感到十分憤慨，和國民黨右派學生展開了激烈的辯論。

3月21日　上海工人第三次起義勝利的消息迅速傳到莫斯科，在中山大學激起強烈反響。

4月8日　學校出版的中文週刊《國際評論》第二十七期刊發通訊〈上海占領後的蘇聯勞動群眾〉：

震撼全世界，使帝國主義者驚魂動魄，使一切無產階級與被壓迫的民眾，歡欣鼓舞的上海民眾暴動勝利，與革命軍占領上海的消息，傳至全

世界無產階級革命的中心的莫斯科來，全莫斯科的人民都如瘋狂的一般了……。自然，產生培養中國革命原動力的中山大學，得著這個消息，全校的空氣也陡然緊張起來！

三月二十一日十二時左右，這樣緊張的空氣，即充滿了全校，中文和俄文的佈告，碗一般的大字，已如下面揭示出來：

「頃據確息上海已被革命軍占領，特定於本日下午四時在俱樂部開慶祝大會。」

一時各同學革命情緒高漲，就在佈告上滿寫著中俄文的口號，如：上海無產階級萬歲！中國革命成功萬歲！等等。未至四時全校同學已齊集俱樂部，一片歡呼聲與鼓掌聲直如山崩地裂，新落成的俱樂部幾乎被震撼得崩頹下來！會完後即整隊遊行，一時全莫斯科街上佈滿了數十萬工人學生及一切勞動群眾，行至第三國際門首，當有多人講演，如第三國際各國代表及本校校長拉狄克等，無不慷慨激昂，淋漓盡致。我們遊行回校時復經第三國際，講演者仍繼續進行不斷，聽眾看見我們遊行隊伍齊拍掌歡呼打倒帝國主義、中國革命勝利、上海無產階級萬歲等口號，彼此相應，聲徹雲霄。直至十時餘，街上烏拉！烏拉！之聲，仍不絕於耳。第二日晚八時莫斯科職工會舉行慶祝大會，參加者更形踴躍，時有日本共產黨領袖片山潛等長篇演說，蘇聯民眾聽至中國革命勝利時，莫不鼓掌而呼，手為之熱。此實因他們都負有世界革命的使命，而中國革命之成功實是世界革命一部分之成功，則蘇聯民眾之所以如此狂熱興奮亦非意外之偶然現象。

（《莫斯科中山大學〈國際評論〉》，第368-369頁）

同日 廣州《國民新聞‧新時代》發表新詩〈雪海的窺望〉，署聶畸。

4月12日 以蔣介石為首的國民黨新右派在上海發動反對國民黨左派和共產黨的武裝政變，大肆屠殺共產黨員、國民黨左派及革命群眾，宣告國共兩黨第一次合作失敗。

4月13日 「四‧一二」事變的消息傳到莫斯科中山大學，引起極大反響。學生舉行集會聲討蔣介石，作為「革命叛徒」之子的蔣經國馬上做出了抉擇，他走上講臺嚴正聲明與蔣介石斷絕父子關係，並宣稱：「蔣介石已經結束了他的革命生涯。作為一個革命者，他死了。他已走向反革命並且是中國工人大眾的敵

人。蔣介石曾經是我的父親和革命的朋友。他已經走向反革命陣營，現在他是我的敵人了。」（漢口《人民論壇》4月24日）

中山大學全校師生大會一致決定給武漢國民政府發電報，電文說：「當前中國革命的發展引起了帝國主義及其走狗的反擊。假革命的蔣介石及其一夥違背了黨的原則和紀律，他們背叛了我們的革命，屠殺上海的革命工人，從而成為帝國主義的走狗。現在他們成了我們革命道路上的障礙。但是我們有信心，得到我們工人群眾和革命軍隊支援的國民黨中執委和國民政府，一定會勇敢堅定地進行反對反革命的蔣介石及其一夥的鬥爭。我們確信，我們會得到最後勝利。」電報的署名是「中山大學全體國民黨員和共產黨員」。會後就是示威遊行。

「四‧一二」事變後，蘇聯方面通知邵力子回國。邵力子離開莫斯科，國民黨在中山大學再無代表，預示這所學校國共合作的局面即將結束。

4月18日　蔣介石在南京建立國民政府，標誌著寧漢兩方正式分裂。

4月27日　《黃埔日刊》發表鄧文儀〈清黨運動的必要及其意義〉一文，辱罵蘇聯，辱罵共產黨。莫斯科中山大學中堅持革命立場的同學對國民黨右派勢力進行了堅決回擊。有人還把鄧的文章剪貼在學校的壁報上，標上了醒目標題〈請看中大同學敗類鄧文儀的反動嘴臉〉，並加上一段編者按語：「鄧文儀受了兩年的社會主義教育，而剛剛離蘇回國，便變成了另一副徹頭徹尾的反動猙獰面貌。在校的同學中是不是還潛伏有這樣的傢伙？大家應該警惕！」

5月5日　國民黨第二屆中央第八十八次常務會議，決議設立中央黨務學校（兩年後改為中央政治學校）。5月20日國民黨中央第九十二次常委會，任命蔣介石為中央黨務學校校長。5月24日任命戴季陶為教務主任，羅家倫為副主任，丁惟汾為訓育主任，曾養甫為副主任，又任命陳果夫為總務主任。

陳果夫在第一期畢業同學紀念冊序中闡述學校創立的時代背景和使命：「當斯時也，北伐之功未竟，黨務之糾紛迭起，在湘鄂贛則有共產黨之擾亂，為本黨心腹之大患；在長江下游諸省，則因黨務幹部人材之缺乏，使黨務不能隨軍事勢力進展，而空虛散漫之象以生。本黨至此，非毅然清共，不能挽回革命之危機；非鞏固黨基，亦無以達革命成功之目的，於是中央有設立本校之決議，蓋深信黨務較軍事尤為重要——欲造成革命之武力，不可無黃埔；欲推進黨務之發展，更不可無一般曾經充分訓練之黨員，充實各級黨部，鞏固本黨之組織。」

5月13日　下午二時，史達林應邀到莫斯科中山大學，向全體中國留學生談

中國革命問題[12]。先生「當時不知怎麼在糊裡糊塗過日子，連史達林要到我們學校來講話這麼一件大事，事先竟不知道」，那一天從外面跑回學校，感覺和平常有些不同，有點煥然一新的樣子，隔著很遠就聽見禮堂裡有人在講演。「我跑到禮堂去，一推開門，我大吃一驚，幾乎叫起來，那不是史達林麼！」「史達林，穿著就時令說顯得顏色太深的衣服，沒有戴帽子，濃黑的頭髮和鬍子發著閃光，高高地站在講臺正中，豐碑一樣地豎在那裡，動也不動，安靜而且從容不迫地用低沉的聲音講著話。聲音雖然低，我的座位雖然在最後，聽起來，卻每個字都清清楚楚。反是翻譯用很大的聲音嚷，嚷得滿頭是汗，卻只聽到一些模糊的嚷嚷。我的俄語很蹩腳，聽不懂史達林的講話，只有一些熟悉的單字闖進我的耳朵裡來：『中國』、『革命』、『農民』、『蔣介石』、『武裝政府』、『國民黨』、『共產黨』……憑這些單字，我知道他是在講著中國革命的問題。」（〈追念〉，《聶紺弩集》下，第266-267頁）

史達林認為，中國國民黨是「幾個被壓迫階級聯盟的政黨」；沒有國民黨右派的武漢國民黨是「中國勞動群眾反帝國主義鬥爭的中心」；「把蔣介石的政變估計為中國革命低落的人」是錯誤的。「事實上整個革命已隨蔣介石的改變而進入其發展的更高階段即土地運動階段」；現時，中共「不是退出國民黨，而是保證共產黨在國民黨黨內和國民黨黨外的領導作用」；「從前途看」要提出成立正規紅軍的問題，但在目前，「用新的軍隊，用紅軍來代替現在的軍隊是不可能的」（《史達林年譜》，第214頁）。

「大概一個鐘頭光景。史達林的話講完了，在熱烈的掌聲中，在幾個人的簇擁中，他離開了講臺，隨即離開了禮堂。我望著他的被遮住的部分背影，不免有些若有所失的感覺，因為沒有想到他這麼快就走。」（〈追念〉，《聶紺弩集》下，第267頁）

5月　略改舊作〈哀歌〉為〈克魯泡特金墓上〉，載1931年10月1日《蘇俄評論》創刊號，署聶紺弩。

6月5日　上海《北新》週刊第一卷第三十六期發表新詩〈捧掉一桿槍〉，署聶畸。

---

[12] 據史料記載，這次講話是蔣經國等學員寫信邀請史達林來做的，事先由學員討論提出十個要解答的問題。當場由張聞天、沈澤民、王稼祥、沈聯春輪流翻譯，持續約三小時。吳亮平記錄整理後，以〈和中山大學學生談話〉為題收錄在《史達林全集》中。

按，發表時文末落款為「四〇，八，一六，於俄國之普希金區」，疑為1927年（民國十六年）4月8日作，而「〇」為衍字。

6月9日　莫斯科中山大學的學生們以全校國民黨員的名義通過一項決議，敦促馮玉祥等繼續堅持革命立場。決議稱：「我們籲請武漢北伐軍總司令馮玉祥將軍、副總司令唐生智將軍並全體前線將士：最近武漢政府進行北伐取得勝利和帝國主義進行武裝威脅，表明只有在工人農民支援下作戰的革命軍隊才能成為帝國主義分子的可怕敵人。帝國主義的新工具蔣介石的背信棄義和慘無人道，只有促使人民更加革命，加強工農和國民黨政府的團結，使得中國革命更有勝利的把握，並加速帝國主義在中國統治的崩潰。武裝工人農民和在農村進行土地革命是中國國民革命勝利的唯一保證。」（蘇聯《真理報》6月10日）

6月10日　南京國民黨中執委通過張靜江提議，恢復西山會議派張繼、謝持、林森、鄒魯、居正等人國民黨黨籍。

6月16日　由於中國革命形勢的急劇變化，聯共（布）中央政治局決定將即將畢業的三十六名國民黨右派學生連同一年級的三十二名右派學生一起遣送回國，以避免他們對其他國民黨學生施加不良影響。遣送回國的通告公佈後，共有一百七十餘名國民黨學員提出回國申請。要求回國的國民黨學員人數之多超出了蘇方的預計，因此蘇方決定將國民黨學生分批遣送回國。先生作為國民黨學員，亦於6月底被遣送回國。

回國路線主要有莫斯科——符拉迪沃斯托克——上海、經由蒙古或中國東北回國和轉道歐洲回國三條路線，學生可任選；學校發給一張出蘇聯國境的車票，旅費三十盧布（約值三十塊大洋），剩餘款項自行籌措[13]。先生是選擇的第一條路線，和康澤等人一起坐船回國的，「在中山大學混了兩年，共產黨未吸收我入黨，我也沒有申請，就是證據。雖然我也不是康澤、谷正綱、鄧文儀那樣的反共分子。」（《聶紺弩全集》第四卷，第280-281頁）

7月7日　於符拉迪沃斯托克作新詩〈回到我的東方〉，載1930年10月3日南京《中央日報·甚麼週刊》第一期，署聶紺弩。《聶紺弩全集》未收。

7月8日　國民黨中央青年部部長丁惟汾向國民黨中央執行委員會提案：「據查莫斯科中山大學更名前原係孫文大學。該大學以國民黨旗號引誘我黨黨員及全

---

[13] 參見張澤宇：《留學與革命——20世紀20年代留學蘇聯熱潮研究》，第214-215頁。

國有為青年，該大學一再破壞本黨之主義與政策，假國民黨之名，行出賣本黨之實。吾人特昭告全世界譴責該校之陰謀並加以取締。而且，不准國內任何組織再派學生去莫斯科，俾使吾儕青年不再受欺騙。」

7月15日　汪精衛在武漢召集會議，宣佈停止與中國共產黨的合作。至此第一次國共合作正式結束。

7月中旬　先生從蘇聯回到上海，繼而去南京逗留。在通過國民黨中央審查委員會審查後，便分配至中央黨務學校工作，先後充當臨時指導員、訓育員。

7月26日　國民黨中央執行委員會正式聲明取締莫斯科中山大學並與之斷絕一切關係。從此，國民黨各級組織停止送學生去莫斯科。

7月　中央黨務學校舉行第一期學生入學考試，並先後於8月8日、9月19日分兩批開課。天津女師畢業的周穎（周之芹）報考被錄取，成為第一期學生，並對先生產生愛慕之情。

7、8月間　中央黨務學校訓育副主任曾養甫調往廣東，國民黨中央改派從蘇聯回國的谷正綱為訓育副主任，同時派吳挹峰為總務副主任。由於校長蔣介石無暇管理學校校務，教務主任戴季陶、訓育主任丁惟汾只是掛名，實際學校運作者乃陳果夫和三位副主任負責。在教導、訓育、總務三處中，唯有訓育處編制不同，另設有訓育員七八人，如康澤、唐健飛、賀揚靈等。他們專管考查學生思想、言行，並且指導和灌輸政治思想，同時還要管理學生生活，參加學生的學習會、思想會、生活會及其他各種活動。

8月13日　蔣介石發表下野宣言，宣佈辭去國民革命軍總司令職務，然後回奉化。

8月中下旬　直系軍閥孫傳芳麾下東南五省聯軍與北伐軍之間，在南京東北郊進行了一場著名的龍潭戰役。此役奠定了南京國民政府的基業。

8月25日　武漢國民政府遷往南京，與南京國民政府合併，史稱「寧漢合流」。

秋　在南京唱經樓到黃泥岡之間「東文補習夜校」，先生花四塊錢的學費學了一個月的日文。

9月14日　寧、漢、滬三方要員譚延闓、孫科、張繼、胡漢民等在上海達成協議，決定組織「中央特別委員會」，處理黨務。

9月16日　中國國民黨中央特別委員會在南京正式成立，並發表宣言，宣告

寧漢統一。

10月15日　南京國民政府援引國民黨中央特別委員會決議，決定西征，討伐唐生智。

10月　印尼南洋日報六週年刊《椰子集》出版發行，內收〈東南西北的年關〉和〈城下後〉（詩），均署聶畸。前文初收《腳印》，後文初收《聶紺弩詩全編・山呼》。

編者在〈卷頭語〉中說：「第三部分中……，聶畸先生的長詩〈城下後〉，歌詠兵事中的亂離，使人感到戰爭真是罪惡。」

11月22日　南京各界民眾團體舉行慶祝討伐唐生智的勝利大會，通過「打倒西山會議派」、「取消特別委員會」等議案。會上，中央黨務學校代表谷正綱發表演說，大呼打倒「西山會議派」、打倒特委會，以鼓動大會情緒。會後民眾舉行遊行，黨務學校學生走在最前列。當隊伍行至復成橋時卻遭桂系部隊阻擾，軍警開槍「至少擊斃二人，擊傷六人」[14]，女生周穎在這次慘案中腿部中槍。

先生在打倒唐生智的「那行列中吶喊過，歌唱過」，幾年之後，卻以「參加過那行列為羞恥了」，因為在參加的當時，「是無知的，甚至可說是無邪的」。（〈一種把戲〉，《聶紺弩全集》第二卷，第351頁）

同日　謝持日記：「南京由市黨部發起，在公共體育場開會慶祝西征軍討唐（生智）之勝利。有反對中央特別委員會之人，口喊『取消中央特別委員會』、『打倒西山會議派』等口號。黨務學校教職員學生及黃埔軍官學生，由上海來京四十餘人實鼓煽之。將散會，槍聲忽作，聞死傷不少。其時我與海濱適遊採石磯三臺洞，還蘭居京寓。忽得此消息，大驚悼。以為死傷者可哀，而黨國之不祥也。」（《謝持日記未刊稿》第五冊，第327頁）

康澤回憶：

11月22日上午，召開西征勝利慶祝大會，全部會場為我們所控制。在我們所安排的、借慶祝西征勝利作反特別委員會——西山會議派的運動，發表了演說之後，決議示威遊行，並推舉谷正綱任遊行的總指揮。遊行隊伍以中央黨務學校學生為前導，從會場——公共體育場出發，行至第一公園門

---

[14]　〈南京慘劇〉，《晨報》1927年11月26日。

前復成橋，有第七軍（桂系）的武裝部隊阻止，不准通過，並當即向遊行
群眾開槍。中央黨務學校學生熊強、周穎（女）等三人受傷，遊行隊伍被
迫解散。熊強以受傷過重，次日死亡。於是，中央黨務學校師生至為憤
慨，抬屍在南京市遊行，高呼打倒非法的特別委員會！嚴懲兇手！為死者
復仇！並成立南京各界「一一・二二慘案」後援會。上海、安慶、南昌亦
回應了。汪精衛、蔣介石先後在上海發表談話，譴責慘案兇手，對死者、
傷者表示關切。反特別委員會——西山會議派的空氣，擴大到各地了。
（《蔣介石的十三太保之一、「黨衛軍」魁首康澤自述》，第14-15頁）

11月23日　謝持日記：「中央特別委員會人數不足（在京委員不足者一
人），改開談話會。約潘宜之入席，共討論昨日對唐勝利大會槍殺案辦法。李委
員協和報告：據軍警報告，由在會場外河邊樹下船旁，有穿西服者先放冷槍，秩
序遂亂。軍警放空槍示威，而群眾中有放槍者，傷學生人民兵士軍馬，死者數
人。宜之言：有團附受傷甚重。然討論約兩小時，竟無結果，遂散。」（《謝持
日記未刊稿》第五冊，第328頁）

11月24日　南京各界組成「一一・二二」慘案後援會，參加單位有南京各區
黨部、中央黨務學校、學聯等。

11月27日　上海《正路週刊》第四期發表周穎負傷照片。

11月29日　國民黨中央執行委員謝持、張繼、居正、鄒魯、許崇智、傅汝霖
等發佈告全黨同志書，稱南京國民黨中央特別委員會係寧、漢、滬三方同志為統
一黨務而設立之臨時機關，有正常之歷史與存在之根源，不可隨意誣枉。

12月6日　西山會議派之國民黨中執委謝持、許崇智、鄒魯、居正、傅汝霖
等再度發佈告同志書，詳述南京國民黨中央特別委員會成立之經過。

12月8日　作〈所謂謝持等的提案〉，載12月10日《救黨特刊》第七期，署
聶紺羽。《聶紺弩全集》未收。

12月28日　南京國民黨中央特別委員會宣佈結束。

冬　作〈與李協和論黨爭〉、〈共產黨的宣傳機關——「西山會議派」〉二
文，均載《救黨特刊》，日期待考。

1928年 二十六歲

（戊辰）

1月4日　蔣介石抵南京，重新擔任國民革命軍總司令。

康澤回憶：「在蔣介石復職以後，我們暗中進行的反特別委員會——西山會議派的運動隨特別委員會的瓦解而告結束。我又回復到原來訓育員的工作崗位上了。」[15] 不久，康澤被蔣介石調到中央訓練部，繼而侍從室任參謀。

1月8日　南京各界千餘人召開「歡迎中央委員及蔣總司令大會」。大會通過提案十項，其中包括永久開除「西山會議派」人員國民黨黨籍；請中央全會立即拘捕「一一‧二二」慘案主從犯謝持、鄒魯等人。

2月2日至7日　國民黨二屆四中全會通過進行「北伐」的決議。

2月4日至7日　南京《京報》發表舊文〈東南西北的年關〉，署聶紺弩。

按，該文末尾署「1928年1月某日作於南京」，實為1927年作於莫斯科。

春　周穎向先生主動表白愛意，兩人墜入愛河，時常違反校規。於是，先生被調離中央黨務學校，轉任國民黨中央宣傳部總幹事。

4月7日　國民黨領袖蔣介石聯合馮玉祥、閻錫山和李宗仁發動對奉系軍閥張作霖的戰爭，即「二次北伐」。黨校部分學生也參加了這次戰爭，周穎便是其中三個女性之一，被分配在政治部做宣傳鼓動工作。

5月　上海《星期》週刊第六期發表新詩〈你怯懦的〉（又作為〈自拷〉第一節），署聶錡。

同月　中央通訊社遷至南京，先生調任中央通訊社副主任。此時開始和康澤「同住一個宿舍有幾個月之久」，「差不多每晚都談很久，他有什麼事都和我商量」，「他說我將來一定會當共產黨的」，「約定無論什麼情況之下都做朋友」（〈歷史交代〉，《聶紺弩全集》第十卷，第10-12頁）。

6月5日　留蘇同學刊物《黨基》（旬刊）在南京創刊。創刊號發表〈大日本對支那貧民問題之最輕便的解決辦法——日兵暴行之真憑實據的總算帳〉，署聶紺弩。

15　《蔣介石的十三太保之一、「黨衛軍」魁首康澤自述》（北京：團結出版社，2012年），第16頁。

6月15日 《黨基》第二期發表二文：〈無政府主義者與軍閥〉，署紺羽；〈麵包，怎樣略取呢？〉，署紺羽。

同日 南京政府宣佈「統一告成」，蔣、馮、閻、桂聯合的「二次北伐」勝利。隨著戰爭結束，周穎也重回學校。

6月25日 《黨基》第三期發表三文：〈時事述評〉，署紺羽；〈沙基在哪兒？〉，署紺羽；〈南京特別市黨委指導委員會有電〉，署紺羽。

6月 中央黨務學校第一期學生畢業。對於第一期學生的分配問題，蔣介石十分重視，視其為支撐和鞏固政權的重要骨幹力量，所以精心挑選，嚴格考核，以其對國民黨政權和蔣介石個人的忠誠程度為主要標準決定分配去向。按此原則，有二十人被認為是忠誠可靠的，分配到國民黨中央黨部任職，其餘的則分派回原籍各級黨部任職。周穎對安排她留校任俱樂部主任十分不滿。

7月5日 《黨基》第四期發表二文：〈問與答（通訊）〉，署紺羽；〈中國國民黨的以黨治國（上）〉，署紺羽。

7月15日 《黨基》第五期發表時事述評〈魯省黨部請取消政治分會〉，署紺。《聶紺弩全集》未收；〈編後〉，署紺羽。並開始代為主編最後三期。

7月25日 《黨基》第六期出刊，但無先生的文字，「蓋因彼時病甚劇，一切俱疏」。（〈黨基〉第七期「代郵」）

夏 海豐友人馬醒到南京，要先生替他找工作。「我是個最不長於給人找工作的人，只好替他找了一個不要錢的住處，再給他點伙食費，住著等機會。」（〈鍾敬文‧《三朵花》‧《傾蓋》及其他〉，《聶紺弩全集》第四卷，第275-276頁）

8月5日 《黨基》第七期（終刊號）發表〈中國國民黨的以黨治國（下）〉，署紺羽；時事述評〈京市黨指委總辭職〉和〈嚴智怡廳長畢竟痛快〉，均署紺羽，《聶紺弩全集》未收。

8月12日 上海《圖畫時報》第四八六期，發表周穎與同學李秀芝、黃山儂參加北伐宣傳工作隨軍抵達平津的戎裝照。

9月 鍾敬文自廣州到杭州工作，先生請假與之同遊蘇滬杭一帶。

11月 先生與周穎結婚[16]。

---

[16] 參見大久保弘一：《紅色中國》（東京：高山書院，1938年），第111頁。另有一種說法是1929年初。

　　是年　作新詩〈馬來的琴歌〉，載1930年10月15日南京《文藝月刊》第一卷第三期，署聶甘弩。初收《聶紺弩詩全編・山呼》。

1929年

二十七歲

（己巳）

是年　仍在國民黨中央通訊社工作。

年初　婚後接養母申氏到南京生活，但她不習慣在大城市生活，兩個月後又返回家鄉。因為靠老家僅有的一點田租難以維持生活，申氏便把靠街面的幾間房子租給別人，自己也常常為人家做點針線活補貼家用。

2月15日　於南昌江右公寓作新詩〈現制度謳歌（並序）〉（又題作〈雨花臺〉），載1931年5月1日南京《創作月刊》創刊號，署聶紺弩。

3月3日　作新詩〈插上一根草標〉，載1933年6月1日上海《論語》半月刊第十八期，署聶紺弩。初收《聶紺弩詩全編・山呼》。

8月30日　彭湃在上海龍華就義，年僅三十三歲。

9月9日　《新民報》在南京創刊。社長陳銘德是先生在中央社的朋友，因對國民黨中央通訊社的言論專制深感憤怒，遂與吳竹似、劉正華等人創立該報，其宗旨為「作育新民」。

12月1日　唐生智聯合宋哲元、劉文輝等七十餘人通電反蔣。3日，唐生智等通電擁汪精衛、聯張發奎。5日，唐生智通電就中國國民黨第二屆中央執行委員會所任命之「護黨救國軍第四路」總司令，聯合石友三發動反蔣戰爭，唐部即自鄭州南下，擬入湖北奪取武漢。先生希望唐生智占領武漢後能留在武漢辦報，從而脫離蔣介石。

12月　周穎以研究政治為目的隻身一人到東京留學，起初在東亞高等預備學校學習日語[17]。

年底　張友鸞應《新民報》社長陳銘德之請，出任總編輯。

---

[17] 參見大久保弘一：《紅色中國》，第111頁。

1930年 二十八歲

（庚午）

1月1日　楊虎城兩個旅自南陽襲擊唐生智軍總司令部，唐軍被攔腰斬斷，首尾不能相顧。很快唐部潰不成軍，唐生智通電下野。13日，唐化裝逃至天津租界，隨即流亡海外，從此失去軍權。

1月　先生趁著年假回京山老家探親，故意在武漢拖延時間，以觀時局。

2月7日　《武漢日報・副刊》第二二二期發表新詩〈卑怯〉，署紺弩。《聶紺弩全集》未收。

2月13日　《武漢日報・副刊》第二二七期發表新詩〈忠告〉，署紺弩。《聶紺弩全集》未收。

2月16日　《武漢日報・副刊》第二二九期發表新詩〈別後〉，署紺弩。《聶紺弩全集》未收。

2月27日　作新詩〈夜的凌遲〉，載3月20日《武漢日報・副刊》第二五六期，署紺弩。《聶紺弩全集》未收。

2、3月間　唐生智大勢已去，先生不得不返回南京，因逾假而受行政處分。不久，由副主任降為普通編輯。

3月2日　中國左翼作家聯盟（簡稱「左聯」）在上海成立。大會通過了左聯的理論綱領和行動綱領，選舉沈端先、馮乃超、錢杏邨、魯迅、田漢、鄭伯奇、洪靈菲七人為常務委員，周全平、蔣光慈兩人為候補委員。先生兩年後加入左聯。

3月28日　《武漢日報・副刊》第二六三期發表新詩〈獻致〉，署紺弩。《聶紺弩全集》未收。

4月　周穎成為日本早稻田大學政治經濟科的聽講生[18]。

夏秋間　和《新民報》文藝副刊《葫蘆》[19]主編金滿成發起成立甚麼詩社，

---

[18]　參見大久保弘一：《紅色中國》，第111頁。

[19]　趙純繼〈抗日戰爭前的南京《新民報》〉：「《新民報》最早的副刊名叫《葫蘆》，由金滿成主編。金係留法國的，有一種浪漫派的氣質。金編到1933年5月離京返四川，《葫蘆》遂改為《最後版面》，由卜少夫主編。」〔陳銘德等著《新民報春秋》（重慶出版社，1987年），第102頁〕馮並《中國文藝副刊史》載：「1929年冬天，陳銘德聘請邵飄萍的學生張友鸞為總編輯，報紙由四

成員多達百餘人。該社曾在《中央日報》上刊出《甚麼詩刊》，並出版單行本《甚麼月刊》。

此時，與金滿成、陳鳳兮夫婦同租住一間大房，先生謂這間房叫做「統艙」。

屈光《「甚麼」?》：

> 我原是國民黨秘密區分部的一員，公開後不久，就遇上了那場風暴，朋友們被捕，逃亡，失去聯絡，心情異常苦悶。偶然在報上見到「甚麼詩社」徵稿啟事，我以「長髮人」（不是現代時髦髮型，而是無錢理髮之意）署名，寫了一篇題為〈砸斷捆縛我們的鎖鏈〉的詩寄去。不久詩社來信邀我會見，接待的是紺弩和周穎大姐。見面時沒有寒暄，亦未問我姓名，他們就伸出手誠摯地說：「我們歡迎你！」從此我與「甚麼詩社」結下了不解之緣。之後，我又認識了金滿成、陳鳳兮、白虹等好友。
>
> 在編輯詩刊第一期前，對刊名進行過討論，提的名字不少，但有的火藥味太濃，有的附庸風雅，結果還是定名「甚麼」，意思是寫些什麼，自己知道，讀者也明白。於是，「甚麼詩社」的《甚麼詩刊》就誕生了。
>
> 在當時那滿目風沙的荒漠中，《甚麼詩刊》作者寫出了悶在心中不敢說出的話，尤以紺弩的詩被讀者重視。他文筆犀利，體裁獨特。但刊物剛出了第二期，就因為經費不足而夭折。（《聶紺弩還活著》，第49-50頁）

9月25日 南京《中央日報‧文藝週刊》第三號發表新詩〈望著我的王妃而歎息〉，署紺弩。《聶紺弩全集》未收。

11月15日 南京《文藝月刊》第一卷第四期發表新詩〈你不該拿走我的腿〉（後改作為〈一隻腿〉），署紺弩。

11月30日 南京《流露月刊》第一卷第五期發表新詩〈瑪麗亞娜的逃亡〉，署聶紺弩。《聶紺弩全集》未收。

開一張改為對開一張，出現了自己的綜合文藝副刊《葫蘆》。《葫蘆》中有對劉湘『文治武功』的歌頌，也有嘲笑國府達官貴人批評社會黑暗的內容。」（北京：華文出版社，2001年），第326頁

11月　周穎開始接收日本外務省文化事業部給予的每月七十圓的獎學金[20]，後來又獲河北省庚子賠款資助，由自費生轉成官費生。

---

[20]　參見大久保弘一：《紅色中國》，第111頁。

1931年

二十九歲

（辛未）

上半年　繼續在中央通訊社工作。經社主任余惟一介紹，為《新京日報》編副刊《雨花》，文章屢受國民黨中宣部祕書的檢查。

2月20日　晚上作新詩〈啊、啊、我殺了那個畜生〉，於重慶《新蜀報》副刊（金滿城主編）1932年7月29日、30日、31日連載，署紺弩。《聶紺弩全集》未收。

3月　南京《蒙藏週報》第六十四期、六十五期發表〈中山故事〉，署聶紺弩。《聶紺弩全集》未收。

6月1日　南京《創作月刊》第一卷第二期發表組詩〈自拷〉（你怯懦的、慚愧我有狂妄的想念、我咀嚼著我血淋淋的心），署聶紺弩。

7月2日　南京《中央日報·青白》第五〇一期發表新詩〈忘卻罷，朋友〉，署紺羽。《聶紺弩全集》未收。

9月10日　南京《中央日報·青白》第五三七期發表新詩〈懊傷〉，署紺弩。《聶紺弩全集》未收。

9月18日　夜晚，日本關東軍炮轟瀋陽北大營。次日侵占瀋陽，又陸續侵占了東北三省。日本的大規模侵略強烈地震動了中國社會，一個個群眾性的抗日救亡運動迅即在全國興起。先生在南京組織「文藝青年反日會」，發表宣言，散播傳單，指控政府；並在《新京日報》副刊上發表「停止一切內戰、聯蘇聯共聯工農共同抗日」的文章，受到當局監視。

9月25日　棄職逃往上海，想投奔共產黨。在湖北同鄉、地下共產黨人高樹頤的勸說教育下返回南京，但未回原單位上班。

10月1日　由留俄同學會主辦的《蘇俄評論》月刊在南京創刊。

10、11月間　從滬返寧後，躲在留蘇同學、中央社同事沈苑明家讀了很多書。但內心煩躁不安，仍然決定脫離國民黨。

11月　在沈家以《偉大的十年》一書做藍本撰寫介紹蘇聯文學的文章，即〈蘇俄新興文藝概述〉。由沈苑明拿去連載於《蘇俄評論》月刊1932年第二卷一期、第二卷五期，署伊葛。但此文並未載完。《聶紺弩全集》未收。

12月上旬　收到周穎來信，從上海赴日本東京，依靠夫人的留學生官費維持生活。

12月19日　楊玉清日記：「讀〈馬克思之歷史社會並國家理論〉……，聶騎君謂我好笑，此為予不能冷靜深沉之一大表現。蓋昔年環境之苦有以使然，縱不如意，亦不敢板起面孔來對人也。此後要做到少笑，要做到時然後笑。」（《肝膽之剖析》，第112頁）

按，楊玉清，湖北同鄉，時在日本早稻田大學攻讀政治學。聶騎，即先生。

是年　南京《新京日報・雨花》發表新詩〈你不懂，我懂！〉（刊期不詳）。《聶紺弩全集》存目。

卷三　左翼作家新四軍

1932年 三十歲

（壬申）

2月 東京左聯支書胡風介紹先生加入左聯。此前，經湖北同鄉方瀚（何定華）介紹認識胡風，兩人一見如故，從此成為莫逆之交。

3月 胡風、方瀚邀集先生、周穎、邢桐華、王承志共同建立「新興文化研究會」（簡稱「文化研」），由東京左聯領導。該會分為「社會科學」和「文學」兩分部，社會科學部分由方瀚、王承志負責，文學部分由胡風負責，先生和周穎、邢桐華等參與[1]。

5月1日 新興文化研究會油印刊物《文化鬥爭》創刊。

創刊號大約是為了擴大影響、引起更多中國僑民及留學生的注意，印上了「新興文化研究會書記局編輯」字樣。這樣有些誇大的稱謂，引起中國留學生「社會科學研究會」（簡稱「社研」）中少數人的不滿，藉此大肆攻訐，並在留學生中散佈流言，說他們是托派組織。散佈流言最強烈的是《科學半月刊》，因此「新興文化派」也起而論爭，針鋒相對地批判對方。

同日 東京《文化鬥爭》創刊號發表新詩〈懷蘇聯——讀胡著《莫斯科印象記》而作〉，署小六。《聶紺弩全集》未收。

按，《莫斯科印象記》，胡愈之著，曾在上海《社會與教育》週刊連載，上海新生命書局1931年8月出版單行本。

5月21日 楊玉清日記：「……與諸君共談會事。結果我提出退出動議。聶騎君謂於公於私，均為不可。並謂以單獨的個人言，我是一個完全無缺點的人。如果說要有缺點的話，那麼，就是在集團生活之下。我如離此組織，勢不能不參加其他的組織，這對我說是一個大的損失。……同時在座諸君均如其言。我聽了這番話，很感激諸君的厚意，尤其是聶君誠摯之言。」（《肝膽之剖析》，第120頁）

5月30日 東京《文化鬥爭》第二期「五卅紀念號」發表〈五四運動與中國資產階級的革命〉，署衣各。《聶紺弩全集》未收。

按，「衣各」、「綺割」均為先生在日化名「衣葛」之諧音。

---

[1] 參見姚辛：《左聯史》（北京：光明日報出版社，2006年），第57頁。

6月29日 與周穎夜訪楊玉清，做了一番交談。

同日 楊玉清日記：「頻年浪跡江湖，會的人也不算少而能共肝膽一致向前者終屬寥寥，惟聶君與光人，則我在武漢與南京以來之最好收穫也。」（《肝膽之剖析》，第121頁）按，「光人」，即胡風本名。

7月 東京《文化鬥爭》第四期發表〈社會科學研究會分會發抖了！〉，署綺割。《聶紺弩全集》未收。

7月29日 重慶《新蜀報》副刊發表〈啊、啊、我殺了那個畜生〉時，加「滿成按語」：

> 這裡很值得我們特別的捧場，也許別人會罵我們是自吹，是互相標榜，是甚麼甚麼……但這首詩放在報上，批評存在大家的筆下，即使吹，實在有很值得吹的理由……
>
> 紺弩，不但在四川不著名，就在他所住在的南京日本也是一個無名的人物。但他的詩，卻代表了一個真正新的階段。反帝國主義意識，絕對平民階級化的文句，詩的精力，詩的形體，……一切都合了我們新詩中的「理想作品」。
>
> 讀了這詩，我們感覺中國過去沒有一個夠得上說是新詩的詩人；讀了這詩，我們才感覺到那些不負責任的花兒，月兒，母親愛人的東西，通通可以燒掉，或者自己趕快藏在箱子裏不必再發表了。
>
> 自然，這裡當自得公正的說明。作者紺弩是我們的朋友，最難得的朋友；但是我們之所以成為朋友，和這一次我特別替他吹的原因是一樣：並不為他本人，而是為他的詩。否則，紺弩既川中讀（者）全不識，紺弩又無甚作品在某書局出售，所以白吹了又有何用？明白了這一點，證明我們介紹他的作品乃非為他而實是為我們的讀者也。
>
> 更需要說明的，便是這首詩是在我們所辦的《甚麼月刊》上發表過的。因為此刊物不幸竟不曾行銷到川中來，因此我們公開地轉載而且如上述的介紹了。如果能投合作者的口胃，我們行將介紹第二篇呢！
>
> 先選這一篇《啊，我殺了那個畜生！》作個樣本罷！

9月9日　重慶《新蜀報》副刊發表組詩《戀歌》（由〈機器〉、〈小黑人〉、〈便衣隊〉組成），署紺弩。《聶紺弩全集》未收。

9月26日　日本《國民新聞》以〈百餘名支那學生又潛伏活動，近期大揭發！〉為題報導，提及「新興文化研究會」。說：「他們以早、明兩所大學的學生為中心，建立了『新興文化研究會』的文化組織，以『文化鬥爭團體』之名繼續巧妙地進行祕密活動，早大的學生汪某、明大的學生金某是書記局員，提出了『打倒國民政府』、『打倒日本帝國主義』的口號，並對兩國國民進行鼓動……。」（近藤龍戰〈胡風研究札記（一）〉，《湖北作家論叢》1987年第一輯）

10月1日　新興文化研究會油印刊物《文化之光》創刊（原《文化鬥爭》被日本警察發現而改名）。創刊號發表先生二文：〈關於「民族主義文藝」的幾點史料〉，署夏綬鴛；〈答《科學》對《文鬥》第四期的批判〉，署綬鴛。《聶紺弩全集》均未收。

冬　留蘇同學孟斯根（十還）主編的《中華日報》文藝副刊《十日文學》創刊，先生頻頻投稿。

11月10日　《中華日報‧十日文學》第一號發表譯文〈高爾基的作家生活四十年〉（[日]秋田雨雀作），署聶紺弩譯。

11月20日、12月10日　《中華日報‧十日文學》第二號、第三號發表譯文〈藝術的內容與形式〉（[日]藏原惟人作），署紺弩譯。

11月21日　於東京作〈魯迅之時代及其作品〉，載12月20日《中華日報‧十日文學》第四號，署聶紺弩。

同日　譯完〈母親——製為電影的高爾基的著名小說〉，載1933年2月10日、20日《中華日報‧十日文學》第八號、第九號，署紺弩。

11月27日　於東京翻譯〈蘇聯文壇最近的理論鬥爭〉（[日]上田進作），載12月30日《中華日報‧十日文學》第五號，署聶紺弩譯。

12月初　胡風受日本反戰同盟派遣回國，向有關方面彙報反戰會議問題。

12月15日　杭州《小說月刊》第一卷第三期發表〈高爾基文壇生活四十年紀念在俄國〉，署聶紺弩。

12月下旬　樓適夷受上級委派出席遠東泛太平洋反戰會議籌備會，和胡風同船去東京。「文總」（左翼文化總同盟）領導陽翰笙指示樓適夷，順帶處理一下「新興文化研究會」與「社會科學研究會」之間的糾紛問題。後來，樓適夷以

「文總」代表身份找兩個團體負責人談話，化解矛盾，共同對敵。

　　12月26日　譯〈恩格斯論巴爾札克〉，載1933年6月21日《中華日報‧十日文學》第二十一號，署紺弩譯。

　　12月29日　於東京作〈「人與女人」——謹就正於「第三種人」〉，載1933年1月10日《中華日報‧十日文學》第六號，署紺弩。

1933年 　　　　　　　　三十一歲

（癸酉）

1月29日　樓適夷自東京回到上海。

2月5日　於東京作新詩〈床上的故事〉，載4月20日《中華日報・十日文學》第十五號。初收《聶紺弩詩全編・山呼》。

2月6日　翻譯〈文藝批評底基準〉（[日]宮本顯治作），載3月10日《中華日報・十日文學》第十一號，署聶紺弩節譯。

2月20日　日本無產階級文學的奠基人、日本無產階級作家同盟書記長小林多喜二，因叛徒告密在東京街頭被捕，遭警察嚴刑拷打致死。

2月28日　《中華日報・十日文學》第十號發表〈社會主義的寫實主義與革命的浪漫主義──蘇聯文壇的新創作口號〉，署聶紺弩。

3月3日　日本《國民新聞》報刊發消息〈華僑抗日團體中也有日本人參加運動！吉川仁被鳥居阪署檢舉出來！與日本共產黨有聯繫！〉。消息說：「根據檢舉得知，中華留日各界救濟國內難民聯合會以救援國內水災為藉口，吸收了七百多名會員，積極地進行抗日活動。首腦部設在神田區北神保町十號中華基督教青年會會館內，領導人東京醫專學生汪盛盟以及另外十九名成員已被各署拘留。警視廳外事科、亞洲股長山路以及中條警部等連日前往調查，查明領導人都是中國共產黨黨員，接受上海社會科學總聯盟的指示，與日本共產黨也有聯繫，他們企圖通過抗日運動，赤化在日的中國人……。」（近藤龍戰〈胡風研究札記（一）〉）

按，日本人吉川仁，不僅給華僑抗日團體提供自己的住宅做祕密印刷所，而且與日本共產黨也有聯繫。

3月7日　節譯〈機器與藝術〉（[日]藏原惟人作），載4月11日《中華日報・十日文學》第十四號，署紺弩。

按，4月10日〈本報十日文學啟事〉：「今日因鐵展特刊，本刊暫停一日，移明日出版，望讀者注意，特此啟事。」而該期《十日文學》出版日期仍署「1933年4月10日」，實為4月11日。

3月8日　「文化研」與「無產階級科學」兩個組織同時解散，並在「日本無產階級文化聯盟」的領導下，與日本人共同組織「日本無產階級科學同盟華僑

班」，並於是日發表〈成立宣言〉（《紅色中國》，第117頁）。

3月中旬　於東京最後一次觀看電影——美國派拉蒙公司拍攝的《暴君勒羅》。

3月12日　於東京作〈在日本帝國主義對文化運動高壓之下產出的一個老英雄〉，載3月30日《中華日報‧十日文學》第十三號，署聶紺弩。

3月15日　楊玉清日記：「赴聶君處，周穎女士留我午餐，乃留。」（《肝膽之剖析》，第134頁）

3月15日至4月15日　日本櫻花節，「欲問大和魂，朝陽底下看山櫻」。

3月15日　日本警察廳首先逮捕了反日中心人物習明倫等十七人。

3月16日　「社研」的漆憲章等二人被逮捕。

3月17日　「文化研」總務方瀚和淺川兼次被逮捕。

3月18日　清晨，住所遭日本警察搜查，查獲日共《赤旗》報追悼小林多喜二專號，並逮捕先生、周穎，以及王承志等四人，關押於早稻田留置場，刊物同時被查封。

為了躲過警察的酷刑，同時也為保護胡風，先生做了機智的口供：他只供出文學研究會開過會，談了些開會的瑣碎情況。胡風與日共領導人的關係，胡風、方瀚、王承志《赤旗》報三人小組，誰是「適代表」，反戰會議的活動等等，重要事件一點沒有暴露。當日本警察把先生口供拿給胡風看時，胡風心中的石頭落了地，他在先生口供的範圍內也做了口供：只承認在《文化鬥爭》上發表過文章，參加了文學研究會的活動，思想上反對日本侵略中國。這些內容，日本法律是無法對他起訴的[2]。

同日　胡風被日本警察抓走，關押在四谷警署。

3月24日　日本《國民新聞》報導：「調查的結果查明，被檢舉出來的華僑抗日團體一直在本國抗日團體的指揮下，與各國留學的中華留學生團體緊密聯繫，持續地進行著強有力的抗日運動。他們表面上組織合法的『中華留日救援國內難民聯合會』，在這個幌子下，共產黨員汪盛盟等把難民會的實權把握在共產黨的勢力下，煽動學生，籌集軍費，乘日本與支那國際關係動搖之機，動員留學生以搞學生運動為藉口，進行險惡的計畫。這些情況警視廳已向內務省、外務省

---

[2] 參見姚辛：《左聯史》，第59頁。

報告，決定給汪盛盟等人以驅逐出境的處分。」

3月25日　楊玉清被日本警察帶至富阪警察署，關進拘留所內，一連關了兩週。

楊玉清日記：

> 拘留所內的痛苦，是無以復加！以三疊席子，關著二十多人。至少的時候，也有十六七人。腳完全不能伸，睡更是談不上。蝨子成堆，我進去不幾天，也在身上看蝨子了！吃飯是三餐，但沒有什麼菜，尤其是早上，只兩片黃蘿蔔，一碗味噌。本來以我的身體，以我平時的生活情況，一進拘留所，就非病不可的。然而我力持鎮定，精神集中，吃睡如常，在兩週中，也逃過了這樣的難關，沒有發生意外的病痛。出獄之後，朋友們見我身體還好，莫不驚訝，大家的準備，是要我再進病院的呀！

> 在我沒有被捕以前十日的光景，已有同學二十餘人被捕。我被捕最遲，而釋放又算最早，以這樣說，總不能不算是不幸中之大幸！我被捕之後，朋友們各方為我設法營救。不但公使館、監督處出來為我講了一些話，甚至於早稻田大學也派了人至警視廳，至警察的家關說。被拘十餘日，朋友們送去的衣服，也更換過幾次，水果點心也吃過幾回，同房子的人們，對我很羨慕，好像我很特殊的樣子。

（《肝膽之剖析》，第135頁）

4月8日　楊玉清被釋放。

4月16日　胡風從四谷警署轉至郊外的中野警署，二十九天後又轉回四谷警署。

按，日本法律規定，警察的審訊期只有二十九天，過了二十九天，就得轉一轉拘留處，算是再逮捕一次。

5月1日　先生將手紙撕成一條一條的，在監獄席子上擺成「五一萬歲」字樣，作為紀念。

5月5日　楊玉清乘輪船由日本橫濱出發，9日抵達上海。

5月14日　左聯黨團書記丁玲在上海家中被國民黨特務祕密綁架。當時宋慶齡、蔡元培、魯迅、羅曼羅蘭等國內外知名人士發起成立了「營救會」。

6月5日至7日　楊玉清日記：「寫寄東京數函。寫紺弩、光人數友函，幾欲

淚下。」（《肝膽之剖析》，第135頁）

6月7日　日本內務大臣根據內務省訓第1505號文件宣佈，除方瀚、王承志外，包括先生夫婦在內的其他二十二人驅逐出境。

按，方瀚、王承志因為暴露日共身份，案情嚴重，直到1934年3月才被釋放。

> 調查結果顯示，文化研會的總務方瀚（早稻田大學學生）和同會成員王承志（早大學生）確實為日共黨員，因此立即被起訴監禁。其餘二十二人處置情況具體如下：
>
> 難民聯合會相關者（十人）：習明倫（東京工業大學學生）、汪成模（東醫學生）、徐文壽（工大學生）、褚師良（工大學生）、甘塵囚（工大學生）、袁鍾堃（日本大學學生）、郭兆昌（政法大學學生）、苗維清（東京高等師範學校學生）、關中也（明治大學學生）、張季飛（高師學生）
>
> 社研日本分會相關者（八人）：宗祖屏（明大學生）、胡載球（高師學生）、漆憲章（政法大學學生）、黃鍾銘（明大學生）、江圓裕（高師學生）、陳伯齋（工大學生）、王景炎（明大畢業生）、金書玉（鐵路教習所學生）
>
> 文化研會相關者（三人）：周穎（早大學生）、張光人（慶應義塾大學學生）、聶衣葛（準備入學）
>
> 其他（一人）：吳涵（東大農業科學生）
>
> （《紅色中國》，第122-123頁）

6月12日　夫婦倆與胡風等人正式被日本當局驅逐出境。

6月15日　回到上海，先住客棧，又暫住孫鐵人家。後在孫家認識了同鄉吳奚如。

6月16日　上海《申報》刊發〈留日學生被迫回國〉新聞：「我國留日學生習明倫、漆憲章、汪承漠、張光仁、徐文壽等十七人，於昨日下午五時三十分，被迫乘坐日船長崎丸輪抵滬，下輪後，即各自尋覓寓所投宿，茲將其被迫經過及抵滬情形等分誌如次」，「長崎丸靠泊匯山碼頭時，即有大批日探登輪，搜查返國之留日學生，手段異常嚴厲，比學生下輪搬運行李時，日探仍在旁監視，一若

匯山碼頭不在華土而在東京者，故當記者向返國學生探詢時，均礙於種種，始終未吐隻字，即返國學生名單，亦未曾詳悉，足見當時情形矣」。

「新聲社云：此次被逐回國學生，原有二十二人，尚有五人留神戶，須待今日由神戶乘箱根丸續至，計明日亦有抵滬，昨日共到十七人，計：徐文壽（工人）、苗景清（高師）、關中哲（工人）、宋明屏（明治）、黃仲銘（明治）、金禮先（不明）、胡祖承（不明）、周穎（早大）、聶衣葛（研究）、汪承漠（醫專）、汪景炎（明治）、張季長（高師）、張光仁（慶應）等。係十三日自神戶啟行，因途中遇霧，故遲至昨日午後五時十分始到埠。」

6月19日 午後二時，周穎在上海四馬路（福州路）中央西菜館主持召開記者招待會，控訴日本政府對中國愛國留學生的迫害（《申報》3月20日）。

不久，先生參加「上海反帝大同盟」[3]，常常一身兼任數個愛國組織的代表，全身心地投入反帝愛國鬥爭。

6月中下旬 由胡風起草，以「神國留學生被驅逐歸國團」的名義發表〈反日宣言〉。

6月下旬及下半年 應孟十還之請編《中華日報》之《十日文學》，每月可拿卅元編費，以此解決初到上海的生活費。（《歷史交代再補充》，《聶紺弩全集》第十卷，第72頁）

6月30日 《中華日報‧十日文學》第二十六號發表舊作〈插上一根草標〉，署聶紺弩。文末有編者附言：「本篇曾刊于《論語》，用字的的清朗，表現的質樸，遠非現在一般『四不像』詩所可望其項背；願天下有心人皆拋開駕鴛蝴蝶，登此善境，大家元氣回復，中國可救矣。因係本舍同人作品，故不憚在此重登一次，乃以廣宣傳之意也。」

7月4日 《西北文化日報》以〈被逐留日學生代表周穎返滬覆命，僑委會允盡力援助〉為題報導：「南京三日電：被日驅逐回滬留日學生代表周穎女士來京，三日向僑委會請求救濟，由樹人接見，允盡力援助，向交鐵兩部請求歸家免費，以免流離，周已返滬覆命云。」

7月20日 《中華日報‧十日文學》第二十四號發表〈電影與現實——從

---

[3] 上海反帝大同盟，1924年8月23日在上海成立。劉一清、施存統等十五人為首屆執行委員，號召不願受帝國主義壓迫者聯合起來共同戰鬥。1925年後因反段祺瑞政府被迫停止活動。1927年8月1日重新成立。1932年5月與上海民眾反日救國聯合會合併，洪靈菲任書記。

《現代一女性》說到《我們底生路》〉，署紺弩。

8月10日　《中華日報・十日文學》第二十六號發表譯文〈通訊員底資格及任務〉（[日]本莊陸男作），署紺弩譯。

8月21日　《中華日報・十日文學》第二十七號發表〈作家底威風——《文學》第二期社談底讀後感〉，署紺弩。《聶紺弩全集》未收。

8月　胡風出任「左聯」宣傳部長後，介紹先生參加宣傳部下設之理論研究委員會（馬克思主義理論研究委員會）活動，後又成為小說研究委員會成員。

8、9月間　與胡風出席法國作家巴比塞反戰代表團蒞臨上海的歡迎活動。

9月3日　於上海作〈暴君勒羅〉，載9月11日《中華日報・十日文學》第二十九號，署紺弩。

9月11日　《中華日報・十日文學》由旬刊改為週刊，但名稱仍舊，「因為十日文學四字已成為本舍舍名，不必另改」。「本刊以後除特約著名作家隨撰稿外，並請漫畫家、版畫家擔任插畫或連環圖畫。」（據〈十日文學舍啟事〉，《中華日報》8月31日）

9月17日　樓適夷在上海被國民黨特務逮捕入獄。

9月20日　上海《國際每日文選》第五十一期發表〈關於社會主義的寫實主義〉（[蘇]基爾泡慶作），署聶紺弩譯。《聶紺弩全集》未收。

9月25日、10月2日　《中華日報・十日文學》第三十一號、第三十二號，連載〈關於社會主義的寫實主義——駁盧那恰爾斯基在組委會第二次大會的報告〉（[蘇]基爾遜作），署紺弩譯。

10月10日、12日　南京《京報・復活》發表〈作家底威風〉，署紺弩。《聶紺弩全集》未收。

10月23日　《中華日報・十日文學》第三十四號發表新詩〈有一個乞丐〉，署紺弩；又載1934年1月廣州《民間週報》第四十四期，署紺弩。

10月27日　作小說〈兩條路〉，載11月15日上海《文藝》月刊第一卷第二期，署聶紺弩。初收1949年版《兩條路》。

11月6日、13日　《中華日報・十日文學》第三十六號、第三十七號發表譯文〈蘇聯演劇底方向與任務〉（[蘇]盧那恰爾斯基作），署紺弩譯。

1934年

三十二歲

（甲戌）

1月1日　上海《中華月報》第二卷第一期發表新詩〈一隻腿〉（由〈你不該拿走我的腿〉改作而成），署聶紺弩。

1月　邵荃麟出任上海反帝大同盟宣傳部長，4月被捕入獄，囚禁月餘。

4月　經莫斯科中山大學同學孟十還介紹，受《中華日報》發行人林柏生邀請，為該報創辦文學副刊《動向》，「相當於左聯的一個機關刊物」。另請貧病中的「左聯」作家葉紫做助編，不過「他會寫小說，但不是當編輯的材料。說是我的助手，其實他什麼事也不管，仍只管寫他的小說，等於我每月送他六十塊錢，連兩萬字也常常是我代寫」（《聶紺弩自敘》，第280-282頁）。

4月11日　主持的《中華日報》文藝副刊《動向》正式創刊，創刊詞〈頭一回講話〉，署編者。《聶紺弩全集》存目。

另外創刊號發表二文：〈追論京派海派什麼的〉，署耳耶；〈笑與幽默〉，署聶紺弩。

4月12日　《中華日報・動向》發表〈杜衡先生還往哪裡逃？〉，署耳耶。

4月15日　《中華日報・動向》發表二文：〈文壇洗冤錄〉，署耳耶；〈廢稿示眾〉（達伍〈吹毛求疵〉一文的「編者按語」），署編者。

4月17日　《中華日報・動向》發表〈《懷鄉集》的根本態度〉，署耳耶。

4月22日　作〈沒有人談歐陽山〉，載4月25日《中華日報・動向》，署耳耶。《聶紺弩全集》存目。

同日　《中華日報・動向》發表〈內容與形式不可分論〉（即〈藝術底內容與形式〉的第一段），署臧原作、耳耶譯。

4月23日　《魯迅日記》：「寄《動向》稿一。」

4月24日　《中華日報・動向》發表二文：〈新形式的探求與舊形式的採用〉，署耳耶；〈何謂形式？〉，署耳耶。

4月24日、25日、26日、27日、30日、5月1日、4日、6日、7日、8日、10日《中華日報・動向》分十一次連載譯文〈藝術底內容與形式〉（[日]臧原惟人作），署耳耶譯。

按，該文曾在1932年《中華日報‧十日文學》第二號、三號發表。

4月25日　《中華日報‧動向》發表〈關於歐查女士日記〉，署編者。《聶紺弩全集》未收。

4月29日　《中華日報‧動向》發表〈奴才與環境〉，署甘奴。

4月　鍾敬文與夫人陳秋帆一起，從上海到日本早稻田大學，開啟三年的留學生活。

5月1日　《魯迅日記》：「寄《動向》稿二篇。」

5月3日　《魯迅日記》：「寄聶紺弩信並還小說稿。」

按，這是先生的名字第一次在《魯迅日記》中出現。「小說稿」指先生短篇小說〈金元爹〉（又名〈鹽〉）。

5月4日　《中華日報‧動向》發表常庚（魯迅）〈論「舊形式的採用」〉，批評先生〈新形式的探求與舊形式的採用〉一文在內容與形式問題上機械的、反歷史唯物主義的觀點。

5月7日　《中華日報‧動向》發表〈藝術形式受什麼東西的規定呢？〉，署耳耶。

5月8日　《中華日報‧動向》發表〈從未來派說到大眾為什麼不懂新藝術形式〉，署耳耶。

5月10日　《魯迅日記》：「寄《動向》社稿一篇。」

5月15日　《魯迅日記》：「上午寄《自由談》及《動向》稿二。午得紺弩信，即覆。」

5月18日　由葉紫引薦，第一次拜見魯迅於內山書店。魯迅隨即邀請二人同往附近一家日式咖啡店暢談。

同日　《魯迅日記》：「遇葉紫及紺弩，同赴加非店飲茗，廣平攜海嬰同去。收《動向》稿費三元。得烈文信並還稿一篇，即轉寄《動向》。」

5月29日　作〈「蘇聯的何徐事件」及其它〉，載6月19日《中華日報‧動向》，署耳耶。

5月30日　《魯迅日記》：「下午寄《動向》稿一。」

5月31日　《中華日報‧動向》發表〈娜拉與現代婦女問題〉，署耳耶。

6月2日　《中華日報‧動向》發表〈道歉與立誓〉，署編者。《聶紺弩全集》未收。

6月6日　《魯迅日記》：「上午寄《動向》稿二篇。」

6月7日　《中華日報・動向》發表霍沖（魯迅）〈拿來主義〉，提出著名的「拿來主義」口號。

6月9日　《中華日報・動向》發表〈「土產」——「接儀」〉，署耳耶。

6月11日　《中華日報・動向》發表〈來函之類〉，署編者。《聶紺弩全集》未收。

6月19日　作〈為白話文敬告林語堂先生〉，載6月21日《中華日報・動向》，署耳耶。初收1937年版《語言・文字・思想》。

6月22日　《中華日報・動向》發表〈話跟話底分家〉（〈語言・文字・文章〉第一節），署耳耶。

同日　《魯迅日記》：「午得甘努信，晚覆。」

6月25日　上海《作品》創刊號發表譯文〈決心〉（小說），署窪川稻子作，紺弩譯。《聶紺弩全集》未收。

同日　《中華日報・動向》發表〈話跟文章底分家〉（《語言・文字・文章》第二節），署耳耶。

6月28日　《中華日報・動向》發表〈關於「文言文」底形成跟發展〉，署耳耶。

6月30日　《中華日報・動向》發表〈關於「白話文」底發生跟成長〉，署耳耶。

7月1日　天津《當代文學》第一卷第一期創刊號發表小說〈金元爹〉，署紺弩。初收1935年版《邂逅》。

7月2日　《中華日報・動向》發表〈開快車時候的一個備忘錄〉，署耳耶。初收1937年版《語言・文字・思想》。

7月4日　《魯迅日記》：「下午得耳耶信，即覆。」

7月6日　於上海作〈論封神榜〉（又名〈談《封神榜》〉），載10月20日《太白》半月刊第一卷第三期，署耳耶。初收1942年版《早醒記》。

7月上旬　作〈金聖歎底意識問題〉，載7月10日《申報・自由談》，署耳耶。初收1948年版《關於知識份子》。

7月20日　《魯迅日記》：「得耳耶信，下午覆。」

7月23日　《魯迅日記》：「收《動向》上月稿費九元。」

7月26日至30日　《中華日報・動向》五次連載〈大眾語跟土話〉，署耳耶。初收1937年版《語言・文字・思想》。

7月　上海生活書店出版的《文學》一週年紀念號特輯《我與文學》發表〈這算是我的懺悔錄〉（又題作〈我與文學〉），署紺弩。初收1943年版《嬋娟》。

8月4日　《中華日報・動向》發表〈擁護吳老將軍底「大眾語萬歲」——參看八月一日《自由談》〉，署耳耶。初收1937年版《語言・文字・思想》。

8月5日至6日　《中華日報・動向》發表〈擁護了吳老將軍之後〉，署耳耶。初收1937年版《語言・文字・思想》。

8月9日　《中華日報・動向》發表〈穿制服的文學家〉，署臧其人。

同日　《魯迅日記》：「寄紺奴信……。」

8月10日　《魯迅日記》：「得耳耶信……。」

8月10日、11日　《中華日報・動向》發表吳蕭的〈《動向》六月份論戰的總檢閱〉。文章結尾說：「最值得我們注意的，是文白和大眾語問題的展開討論，這個討論，到現在還沒有結束，七月份《動向》的篇幅，幾乎為這個論戰的文章所獨占，而且討論的也更具體深入了。如果有人，把這次論戰的文章，儘量搜集起來，加以有系統的敘述和嚴正的批判，這一定是很有價值的事情。」

8月12日　《魯迅日記》：「午後……，寄耳耶信。」

8月13日　《中華日報・動向》發表〈給葉籟士先生〉，署耳耶。

8月15日　《魯迅日記》：「寄《動向》稿二篇。」

8月16日　《魯迅日記》：「得耳耶信。」

8月17日　《中華日報・動向》發表葉籟士〈覆耳耶先生〉。

8月18日　《中華日報・動向》發表〈文學無用論跟文學不足道論〉，署耳耶。

8月19日　《中華月報》第二卷第八期發表〈藝術底將來〉（[蘇]佛里契作），署聶紺弩譯。

8月20日　《中華日報・動向》發表二文：〈關於電影跟土話跟拉丁化〉，署耳耶；〈為愚民政策捏一把汗〉，署臧其人。

8月21日　《魯迅日記》：「寄《動向》稿一篇。」

8月23日　《魯迅日記》：「午後寄《動向》稿一篇。」

8月28日　《魯迅日記》：「得耳耶及阿芷信。」

8月31日　《中華日報・動向》發表〈道統論〉，署耳耶。初收1948年版《關於知識份子》。

9月3日　作〈施蟄存先生好自為之〉，載9月7日《中華日報・動向》，署臧其人。

同日　作〈零碎話〉，載9月8日《中華日報・動向》，署耳耶。

9月7日　《魯迅日記》：「上午得紺弩信。」

9月11日　於上海作〈談雜文〉，載10月5日《太白》半月刊第一卷第二期，署耳耶。初收1942年版《早醒記》。

9月13日　作〈答霓璐先生底抗議〉，載9月15日《中華日報・動向》，署耳耶。

同日　作〈談梅蘭芳〉，載9月16日、17日《中華日報・動向》，署耳耶。

9月14日　《中華日報・動向》發表霓路〈對耳耶先生的抗議〉。

9月15日　作〈施蟄存先生底看法〉，載10月上海《新語林》半月刊第六期。

9月17日　《中華日報・動向》發表霓路〈再向耳耶先生抗議〉，文末有先生附言。

9月20日　上海《太白》半月刊創刊號出版，先生是特約撰述之一。

9月21日　《魯迅日記》：「寄《動向》稿一篇。午得耳耶信，附楊潮信，下午覆。」

9月25日　《魯迅日記》：「得耳耶信，即覆。」

9月26日　《魯迅日記》：「午後寄《動向》稿二篇。」

10月1日　天津《當代文學》第一卷第四期發表〈為市民〉，署小林多喜二著、紺弩譯。初收花城出版社2016年2月版《聶紺弩集》下。《聶紺弩全集》未收。

同日　《魯迅日記》：「得耳耶信，即覆，並附稿一篇。」

10月2日　周揚以「企」為筆名在《大晚報・火炬》上發表〈國防文學〉一文，首先將源於蘇聯的「國防文學」介紹到中國。

同日　《魯迅日記》：「晚寄《動向》稿一篇。」

10月4日　《魯迅日記》：「得耳耶信並徐行譯稿，即覆。」

10月7日　《魯迅日記》：「得耳耶信。」

10月15日　作〈從客串到下海：為大眾語敬告林語堂先生〉，載11月5日《太白》半月刊第一卷第四期，署耳耶；又載1935年2月20日《文學新輯》第一輯，署耳耶。初收1937年版《語言‧文字‧思想》。

同日　《魯迅日記》：「得耳耶所寄稿三種。」

10月16日　《魯迅日記》：「下午寄耳耶信並還稿一篇。」

10月19日　《魯迅日記》：「得耳耶信，即覆。」

10月21日　《魯迅日記》：「下午得耳耶及阿芷信。」

同日　魯迅致信孟十還：「由耳耶兄寄來〈譯文〉後記，即寄往生活書店去了，但開首處添改了一點——因為曹靖華和我都曾介紹過，所以他在中國，不算陌生人——請諒察為幸。」（《魯迅全集》第十二卷，第543頁）

按，「〈譯文〉後記」指蘇聯左琴科〈我怎樣寫作〉一文的譯後記，孟十還作。

10月26日　《中華日報‧動向》發表〈偉大的勝利〉，署臧其人。

10月29日　作〈論同音字〉，載12月14日《中華日報‧動向》，署耳耶。

11月2日　《魯迅日記》：「上午寄《動向》稿二篇。」

11月5日　作〈大眾語「決不是含有Giegixin（階級性）的」——黎氏短論檢討之一〉，載11月8日《中華日報‧動向》。初收1937年版《語言‧文字‧思想》。

11月13日　《魯迅日記》：「上午得耳耶信一……，午覆。」

11月19日　《魯迅日記》：「午後寄《動向》稿一篇。」

11月21日　《魯迅日記》：「得耳耶信並稿。」

11月23日　《中華日報‧動向》發表阿法（魯迅）〈罵殺與捧殺〉，反對文學批評的亂捧亂罵。

11月25日　《魯迅日記》：「午晴。寄《動向》稿一篇。」

12月5日　作〈一九三四年大眾語論戰回顧〉，載1935年1月8日《中華月報》第三卷第一期。初收1937年版《語言‧文字‧思想》。

12月8日　作〈棉褲〉，載1935年4月20日上海《木屑文叢》第一輯，署臧其人。

12月17日　魯迅致信蕭軍、蕭紅：「本月十九（星期三）下午六時，我們請你們倆到梁園豫菜館吃飯，另外還有幾個朋友，都可以隨便談天的。」（《魯迅

全集》12卷，第605頁）

　　按，「另外還有幾個朋友」，包括先生夫婦。

　　同日　《魯迅日記》：「下午寄谷非夫婦、紺弩夫婦、蕭軍夫婦及阿芷信，附木刻八張。」

　　12月18日　《中華日報》文藝副刊《動向》出版最後一期，然後停刊。先生說它「一直辦了八個月，出了二百四十多期，在當時就算是『長命』的了」。期間，《動向》先後發表了魯迅文章二十五篇；還有胡繩、周而復、歐陽山、田間，甚至張春橋等人都是投稿者。

　　同日　《魯迅日記》：「往梁園豫菜館定菜。」

　　12月19日　先生和周穎晚上去上海廣西路梁園豫菜館赴魯迅宴請，共同為來自東北的蕭紅、蕭軍洗塵。在座的還有茅盾、葉紫、許廣平和海嬰，胡風夫婦因事未到。

　　先生被蕭軍描繪成「臉形瘦削、面色蒼白，具有一雙總在諷刺什麼似的在笑的小眼睛，短髮蓬蓬」，「個子雖近於細長，但卻顯得有些駝背的人」（《人與人間——蕭軍回憶錄》，第256頁）。二蕭從此與先生成為終生摯友。

　　同日　《魯迅日記》：「晚在梁園邀客吃飯，谷非夫婦未至，到者蕭軍夫婦、耳耶夫婦、阿紫、仲方及廣平、海嬰。」

　　12月下旬　和周穎去蕭紅、蕭軍處探望。

　　12月26日　魯迅致信蕭軍、蕭紅：「周女士他們所弄的戲劇組，我並不知道底細，但我看是沒什麼的，不打緊。」（《魯迅全集》第12卷，第620頁）

　　按，「周女士」即周穎。「戲劇組」，指周穎所負責的左翼戲劇家聯盟的藝術供應社，專為演出提供服裝、道具。周穎曾建議蕭紅出去活動活動，可以到她的戲劇供應社看看，但蕭紅們不知底細，所以只好寫信詢問魯迅。

　　是年　作〈我對於小品文的意見〉，載1935年3月上海生活書店《小品文和漫畫》初版本。初收1948年版《關於知識份子》。

1935年

三十三歲

（乙亥）

1月21日　和周穎去蕭軍、蕭紅住處串門。問蕭軍為什麼不寫稿子去換錢，蕭軍說寫了也沒辦法發表。先生說：「你找老頭子（指魯迅先生）啊！他總有辦法……，你總得要生活下去呀！——老頭子介紹去的文章如果不是太差，他們總是要登的。太差的文章老頭子也不肯介紹的……。」（《魯迅給蕭軍蕭紅信簡注釋錄》，第138頁）

1月27日　作〈談《娜拉》〉，載2月5日《太白》第一卷第十一期，署周穎。初收1941年版《蛇與塔》。

同日　《魯迅日記》：「得耳耶信。」

2月4日　魯迅致信孟十還：「上月吃飯的時候，耳耶兄對我說，他的朋友譯了一篇果戈里的〈舊式的田主〉來，想投《譯文》或《文學》，現已託先生去校正去了。」（《魯迅全集》第13卷，第41頁）

按，「朋友」，指孟式鈞，河南人。當時他在日本留學，是「左聯」東京分盟成員。

2月5日　於北平作〈談《野叟曝言》〉，載3月5日《太白》半月刊第一卷第十二期，署悍膂。初收1937年版《語言·文字·思想》。

2月18日　於北平作〈再談《野叟曝言》〉，載3月20日《太白》半月刊第二卷第一期，署悍膂。初收1948年版《關於知識份子》。

2月20日　上海《文學新輯》第一輯（創刊號）發表二文：〈為大眾語敬告林語堂先生〉，署耳耶；譯文〈樸列汗諾甫批判〉（[蘇]阿里希莫甫作），署臧其人譯。

2月下旬　田漢在上海被捕，3月份解往南京。因患背疽，7月份經徐悲鴻等人保釋出獄就醫。先生在田漢入獄期間作〈枕頭〉七絕二首，曾寄與魯迅，魯迅閱後謂「不要幸災樂禍」。此詩為目前所知先生最早之舊體詩篇。詩曰：

一

天下人民本九流，時遷盜宅又燒樓。如何革命家田漢，羞與偷兒共枕頭。

二

四十年中公與侯，縱然是夢也風流。坐牢當往邯鄲坐，萬一盧生共枕頭？

2月 支持光華大學文學青年馬子華與「左聯」成員葛一虹、向思賡編左聯機關刊物《文學新輯》，以「耳耶」筆名供稿並為他們保存稿件。《文學新輯》僅出一輯即被禁止，後按魯迅指示將編餘稿件刊於胡風編輯的《木屑文叢》上。

2、3月間 丘東平從香港回到上海，對先生和吳奚如說：「我要到日本學軍事去，進士官學校，我要在那將要到來的民族解放鬥爭中，成為真正的軍人……。」（《丘東平研究資料》，第406頁）

3月9日 於北平作〈追記〉，載3月20日上海《太白》半月刊第二卷第一期，署悍膂。初收1937年版《語言・文字・思想》。

3月10日 作〈方塊字・別字・手頭字〉，載3月16日上海《新社會》半月刊第八卷第六期，署耳耶。初收1937年版《語言・文字・思想》。

3月19日 作〈蠻子氣開宗明義章〉，載4月20日上海《芒種》半月刊第一卷第四期，署聶紺弩。初收2009年華文版《一百年一百人：二十世紀中國雜文讀本》（南牧馬編）。《聶紺弩全集》未收。

3月 經在中共中央特科工作的吳奚如介紹，參加了中國共產黨。「最初，主要和吳奚如聯繫，以後，轉文委方面，與雪峰、周文兩同志聯繫，直到離開上海。」（《聶紺弩全集》第十卷，第25頁）

4月5日 上海《太白》半月刊第二卷第二期發表〈談阮玲玉底短見〉，署周穎。初收1941年版《蛇與塔》。

4月7日 作〈老子的全集〉，載1937年6月上海《工作與學習叢刊》第四期，署紺弩。初收1941年版《歷史的奧祕》。

4月19日 於上海作〈一根棍子〉（又題作〈邂逅〉），載6月1日上海《文學》月刊第四卷第六期，署紺弩。初收1935年初版《邂逅》。

5月初 加入中共月餘，黨組織交給先生一個「儘量利用國民黨的舊關係，打入他們內部」以「深入虎穴獲取軍事情報」的任務，要其投奔莫斯科中山大學的同學、時任四川參謀團政訓處長的康澤。

5月8日 魯迅第二次邀約先生夫婦，為其即將離滬餞行。

同日　《魯迅日記》：「邀胡風及耳耶夫婦夜飯於梁園。」

5月20日　上海《芒種》半月刊第一卷第六期發表〈蠻子氣誰有章〉，署聶紺弩。《聶紺弩全集》未收。

5、6月間　受黨組織委派前往成都找康澤「謀事」。此前，先生從日本回來在《十日文學》上發表文章，康澤看到後曾邀請先生去他那裡。但是，康澤知曉先生時下的身份，滯留月餘未果而被禮送至重慶，由別動隊長曹勖陪同至萬縣，再乘船返回上海。另據上海《黃流》月刊（7月）一卷二期「文藝新聞」：「前主編《中華日報・動向》的聶紺弩，於六月中旬離滬入川。據說去當教授云。」

　　　　從上海到重慶去找康澤，是事先取得了他的同意的。這同意不是直接取得的，是通過一個名唐健飛的轉詢的。我因為寫過那次拒絕他的信，轉不過彎來，所以托唐。唐也是留蘇同學，一同回國，一同任偽中央黨務學校訓育員，這時作實業部司長。一向很關心我的。我寫信給唐說，我現在想到康那裡去找工作，不知他的意下如何，請你打電報去問問。他回信說，已經打電報去了。再過些時來信說，康表示同意。這樣我才去的。……

　　　　到了武漢，住在曹振武家裡，大約三五天。曹那時作武漢行營（或綏靖公署）什麼長，大約如副官長之類。家在漢口東山里。

　　　　到了重慶，住在臨江門附近一個旅館裡。到過偽政訓處一兩次，和偽副處長（名字不記得）見過，他說康招呼過他，如有這麼一個人來，請給他找車子到成都去。請我在旅館等幾天，有便車就通知我。……

　　　　在旅館住了十多天，後來坐偽政訓處的大卡車到成都。車上由偽副處長指定一個科員或辦事員（忘記姓名）招呼我。車子一直開到偽政訓處成都駐地內面。

　　　　在成都住的那些日子裡，和周蕪然玩過望江樓及諸葛、杜甫古跡；和周到過一次偽侍從室，裡面應該有些熟人，為那幾個熟人而去的，但現在記不起名字來了，只記得蕭贊育和李毓九，都是侍從室秘書。一去，只碰見李毓九。李毓九當天晚上就請客，在座的有蕭贊育。……

　　　　到了重慶，康澤把我交給他的別動隊大隊長之後，我就同那大隊長離開偽政訓處了。那大隊長名曹勖，是我小時候的同學，在黃埔時同隊……在萬縣住了三四天，都是在「大隊長室」支的行軍床……[筆者略]第二天

　　我走了，搭的商船。

　　　　　　（〈歷史交代再補充〉，《聶紺弩全集》第十卷，第74—77頁）

　　6月5日　上海《文學界》創刊號發表周揚〈關於國防文學〉，正式提出「國防文學」的口號。

　　6月15日　上海《現代文學》第二期發表〈走掉〉，署聶紺弩。初收1935年初版《邂逅》。

　　年中　回到上海，先生一度任「左聯」上海滬西區大組組長，負責傳達「左聯」的指示和任務，組織光華等大學的活動，參加一些紀念節日的「飛行集會」等等。

　　7月1日　上海《文學》第五卷第一號發表左翼作家〈我們對於文化運動的意見〉。發表意見人有文學社等十七個團體，以及先生等一百四十八名作家。

　　此〈意見〉又在7月5日上海《太白》半月刊第二卷第八期、9月上海《青年界》第八卷第二號發表。

　　8月6日　《魯迅日記》：「得耳耶信。」

　　8月24日　魯迅致信胡風：「二二日信收到。我家姑奶奶的生病，今天才知道的，真出乎意料之外。」（《魯迅全集》第十三卷，第193-194頁）

　　按，「我家姑奶奶」戲指周穎。當時她擬去會許廣平，因病未往。許廣平也是周穎姐姐的朋友，故兩人關係較好。

　　9月13日　《魯迅日記》：「上午得耳耶信並稿。」

　　9月18日　夜作〈關於巴比塞〉，載11月10日上海《文藝大路》第二卷第一期（終刊號），署紺弩。《聶紺弩全集》未收。

　　9月29日　作〈林語堂底「扯淡」〉，載10月10日上海《文藝大路》第一卷第六期，署聶紺弩。《聶紺弩全集》存目。

　　9月　短篇小說集《邂逅》由上海天馬書店初版，列為尹康主編《天馬叢書》二四，內收〈邂逅〉、〈走掉〉、〈金元爹〉三篇小說。此為先生的第一部個人文集。

　　10月12日　《魯迅日記》：「得耳耶信。」

　　10月15日　上海《申報·自由談》發表〈關於知識份子〉，署紺弩。初收1948年版《關於知識份子》。

10月20日　上海《生活知識》半月刊第一卷第二期發表〈「愛智廬」──川遊雜記之一〉，署紺弩。初收1937年版《語言‧文字‧思想》，又收1948年版《關於知識份子》。

按，此文在《生活知識》發表時、初收《語言‧文字‧思想》又收《關於知識份子》時，文末均無寫作時間地點，而1949年版《二鴉雜文》收入時文末署「一九三四，五，六，上海」，存疑待考。

10月23日　《魯迅日記》：「上午得耳耶信，即覆。」

10月28日　《魯迅日記》：「得耳耶信。」

10月30日　作〈人間世一鬼間世〉，上海《漫畫與生活》月刊11月10日第一卷第一期（創刊號）、12月10日第一卷第二期連載，署紺弩。《聶紺弩全集》存目。

11月1日　《中華月報》第三卷第十一期發表〈家〉，署聶紺弩。該文又在北平《京報圖畫週刊》（12月）第十二卷第十三期起連載，署聶紺弩。

11月10日　上海《讀書生活》半月刊第三卷第一期載〈《八月的鄉村》〉，署紺弩。

11月16日　上海《時事新報》「每週文學」第九號發表〈天文家是「不為什麼」的麼？〉，署紺弩。初收1948版《關於知識份子》。

11月18日　致信魯迅。

11月20日　《魯迅日記》：「得耳耶信，午後覆。」

魯迅回先生信：「耳耶兄：十八日信收到。《死魂靈》昨已託書店送上，他們順路的時候就要送到報館裡去的。《漫畫與生活》單就缺點講，有二：一，文章比較的單調；二，圖畫有不能一目了然者。至於獻辭，大約是《小品文和漫畫》上取來的，兄無嫌[嫌]疑。我的文章，卻是問題，因為欠帳太多了，也許弄到簡直不還。這刊物，我一定做一點，不過不能限期。如果下期就等著，那可是──糟了。」（《魯迅全集》第十三卷，第255頁）

按，這是先生和魯迅幾十封書信中唯一倖存的一封。

12月10日　上海《漫畫與生活》第一卷第二期發表〈沒有青年的國〉，署紺弩。初收1948年版《關於知識份子》。

12月21日　上海《大眾生活》第一卷第六期發表〈上海文化界救國運動宣言〉（第一次宣言），有馬相伯、聶紺弩等三百餘人簽名。

年底　作〈一九三五年的中國語文運動〉，載1936年1月1日上海《改造》月刊創刊號，署紺弩。初收1937年版《語言・文字・思想》。

1936年

三十四歲

（內子）

1月1日　上海《中華月報》第四卷第一期發表二文：〈一年來的文化動態〉，署紺弩；〈有聲電影的將來〉，署清水光著、紺弩譯。二文初收花城出版社2016年2月版《聶紺弩集》下。《聶紺弩全集》均未收。

1月初　致函魯迅，說要辦一個文學刊物。恰好此時蕭軍、胡風等人也有這個願望。經魯迅和胡風、蕭軍、蕭紅、吳奚如、周文，及先生等一起商定，創辦《海燕》雜誌，由胡風負責組稿，先生聯繫印刷發行。

1月7日　魯迅致信徐懋庸：「《海燕》未聞消息，不知如何了。」（《魯迅全集》第13卷，第285頁）

1月11日　上海《禮拜六》週刊第六二三期發表〈文學上的所謂「翻譯年」〉，署紺弩。此文基本上是〈一年來的文化動態〉第五節中相關部分的延展。《聶紺弩全集》未收。

1月19日　《海燕》文藝月刊第一期在上海出版，署史青文主編。其實這是由魯迅主持，具體由先生等人編輯出版的。

同日　魯迅日記：「晚同廣平攜海嬰往梁園夜飯，並邀蕭軍等，共十一人。《海燕》第一期出版，即日售盡二千部。」（《魯迅日記》）

按，疑先生參與夜飯。

2月　根據形勢的需要，為了建立文藝界抗日民族統一戰線，「左聯」自行解散。

2月10日　上海《大晚報‧火炬》發表周立波短論〈希望於文學者們——反對謾罵要求團結〉。作者認為先生對鄭振鐸的批評有片面性，指出「應當促成中國作家的廣大的團結，為了民族利益，珍重一切胞藝術家的意見和勞作」。

2月20日　《海燕》月刊第二期出版，改署耳耶主編。該期發表短評〈大隱在朝〉，署耳耶。

按，《海燕》僅出兩期即被當局以「宣傳普羅文化」的罪名勒令停刊。

2月21日　魯迅致信曹聚仁：「奉惠函後，記得昨曾答覆一信，頃又得十九日手書，蒙以詳情見告。我看這不過是一點小事情，一過也就罷了。……《海

燕》雖然是文藝刊物，但我看前途的荊棘是很多的，大原因並不在內容，而在作者。說內容沒有什麼，就可以平安，那是不能求之於現在的中國的事。其實，捕房的特別注意這刊物，是大有可笑的理由的。」（《魯迅全集》第13卷，第316-317頁）

按，「一點小事情」，指《海燕》署「發行人曹聚仁」之事。

2月22日　《申報》刊登〈曹聚仁否認海燕發行人啟事〉。

2月29日　國民黨中央宣傳部以「一、抨擊本黨外交政策；二、宣傳普羅文化；三、鼓吹人民政府」等罪名，查禁《海燕》。

同日　魯迅致信曹靖華：「《海燕》已以重罪被禁止，續出與否不一定。一到此境，假好人露真相，代售處賴錢，真是百感交集。同被禁止者有二十餘種之多，略有生氣的刊物，幾乎滅盡了；德政豈但北方而已哉！」又致信楊霽：「頃接來函並文稿，甚欣甚慰。《海燕》係我們幾個人自辦，但現在已以『共』字罪被禁，續刊與否未可知，大稿且存敝寓，以俟將來。此次所禁者計二十餘種，稍有生氣之刊物，一網打盡矣。」（《魯迅全集》第13卷，第321-322頁）

3月1日　上海《中華月報》第四卷第三期發表〈假期〉（[日]小林多喜二作），署聶紺弩譯。

同日　《海燕》第二期再版。

3月22日　於上海作〈關於《世界文庫》底翻印舊書〉，載4月15日《作家》月刊第一卷第一期（創刊號），署甘奴。初收1937年版《語言・文字・思想》。

同日　魯迅致信孟十還：「《海燕》曾有給黎明出版的話，原因頗複雜，信不能詳，不過現在大約已經作罷。」（《魯迅全集》第13卷，第334頁）

3月　作〈從白話文到新文字〉，載6月《大眾文藝叢刊》，署聶紺弩。

同月　建議周而復、王元亨、馬子華等創辦月刊《文學叢報》，並以蕭今度的筆名列為主編之一，組織刊登魯迅和其他作家的文章。刊物問世後銷路很好，出了五期，8月被禁。

4月1日　上海《文學叢報》月刊第一期（誕生號）發表〈支那人〉，署聶紺弩。

按，該文又以《中國人》為題載同日出版的上海《中華月報》第四卷第四期，署耳耶。

4月2日　魯迅致信顏黎明：「你們要所要的兩本書，我已找出，明天當託書

店掛號寄上，並一本〈表〉，一本雜誌。雜誌的內容，其實也並沒有什麼可怕，但官的膽子總是小，做事總是凶的，所以就出不下去了。」（《魯迅全集》第13卷，第346頁）

按，「雜誌」指《海燕》第二期。

4月4日　作〈《國語運動史綱》〉，載5月上海《新東方》半月刊第一卷第二期，署紺弩。初收1937年版《語言・文字・思想》。

4月13日　《魯迅日記》：「上午……，寄耳耶信並稿。」

按，這是魯迅最後一次給先生信和稿子。

4月25日　馮雪峰受中共中央派遣，自陝北抵達上海，第二天移居魯迅家中。

4月27日　馮雪峰與魯迅、胡風商量提出「民族革命戰爭的大眾文學」的口號。

4月30日　作完〈國語羅馬字呢？中國新文字呢？——答黎錦熙：論拉丁化的中國字母〉，載6月上海《新東方》半月刊第一卷第四期，署紺弩。初收1937年版《語言・文字・思想》。

5月1日　上海《中華月報》月刊第四卷第五期發表〈別茲敏斯基底《悲劇之夜》〉，署蕭今度。《聶紺弩全集》未收。

5月7日　胡風如約去看馮雪峰，「他已於頭天晚上住進魯迅家三樓後樓了。他提到『國防文學』口號，覺得不大好，並說，漢年也覺得不妥當。後來知道，潘漢年是從蘇聯回來的，可見，他到魯迅家之前是見過潘漢年的。他要我提一個口號試試看。我想了想，提出了『民族解放鬥爭的人民文學』。他說，不如用『民族革命戰爭』，這是黨中央早已提出了的口號：『人民文學』不如用『大眾文學』」（《胡風自傳》，第57頁）。

5月8日　馮雪峰告訴胡風，口號確定為「民族革命戰爭的大眾文學」，魯迅也同意了，要其寫文章反映出去。胡風當晚作〈人民大眾向文學要求什麼？〉。

5月9日　胡風將昨夜寫好的文稿送給馮雪峰。

5月10日　馮雪峰將文稿還給胡風，一字未改，並說魯迅也看過了，認為可以，要其找個地方發表出去。胡風遂將文稿交給了先生。

5月下半月　上海《新東方》半月刊第一卷第三期發表〈「關於世界文庫底翻印古書」底原文〉，署紺弩。作者附誌：「本文在《作家》創刊號登出時，有許多重要處被勾去，致使論戰者及讀者均不能窺其全貌，特商得《新東方》編者

同意,將原文刊出。」

5月30日 於中國新文字研究會作〈給一本廈門話新文字小冊子作的序〉,載6月上海《新東方》半月刊第一卷第五期。初收1937年版《語言・文字・思想》。

6月1日 上海《文學叢報》月刊第三期發表舊作〈雨花臺〉(原題作〈現制度謳歌〉,小序刪除),署聶紺弩。

同日 《文學叢報》第三期上發表胡風執筆的〈人民大眾向文學要求什麼?〉,積極擁護魯迅提出的「民族革命戰爭的大眾文學」的口號。

6月7日 中國文藝家協會召開成立大會,茅盾、郁達夫、洪深、何家槐等一百一十人一起簽名參加這一協會。

6月15日 上海《夜鶯》月刊第一卷第四期(「民族革命戰爭的大眾文學」特輯)發表〈創作口號和聯合問題〉,署紺弩。初收1948年版《關於知識份子》。

6月 《從白話文到新文字》由大眾文化出版社初版,列為楊東蓴主編《大眾文化叢書》第一輯第二十二種,以單行本行世。全書分十一章:起頭、文言文、方塊字(威爾斯底意見、愛羅先珂底意見、杜威底意見)、語文問題、五四運動、白話文、國語統一運動、文藝大眾化和大眾語、別字 手頭字、新文字、收尾。

7月1日 先生與魯迅、蔡元培、柳亞子、巴金、田間、蕭紅等一百四十人在中文拉丁文化研究會發起的〈我們對於推行新文字的意見〉簽名運動中簽名。該簽名運動情況載上海《文學叢報》月刊第四期。

同日 上海《現實文學》第一卷第一期發表先生與魯迅、奚如、胡風等六十七人聯合署名的〈中國文藝工作者宣言〉,主張建立廣泛的統一戰線,堅持抗日救亡工作。

同日 上海《現實文學》第一卷第一期發表先生二文:〈創作活動底路標〉,署耳耶;〈十一週年〉(新聞影片腳本),署聶紺弩。前文初收1948年版《關於知識份子》。

同日 上海《文學叢報》月刊第四期發表小說〈冰條〉([日]平田小六作),署紺弩譯;此文又載1940年3月1日上饒《東線文藝》創刊號,署耳耶譯。

7月7日 作〈文章・語言・文字〉(該文第一、二節又分別作為〈從白話文

到新文字〉的第一、二節），載8月1日上海《現實文學》半月刊第一卷第二期，署聶紺弩。初收1937年版《語言・文字・思想》。

7月17日 蕭紅乘船前往日本。行前曾往先生住處話別。

7月 與張天翼（負責）、蔣牧良、胡風、吳奚如、尹庚等共同編輯《現實文學》。

7月25日 上海《光明》半月刊第一卷第四期發表徐懋庸〈理論以外的事實：致耳耶先生的公開信〉，回復先生〈創作活動底路標〉一文。

8月1日 上海《中華月報》第四卷第八期發表〈怎樣統一中國語言〉，署紺弩。

同日 《文學叢報》出版第五期被國民黨上海特別市黨部查禁（後於9月20日改名《人民文學》），先生又支持周而復、李勵文創辦《散文》，並介紹稿件。

8月15日 魯迅在《作家》上發表〈答徐懋庸並關於抗日統一戰線問題〉，主張作家應在「抗日」的旗幟下聯合起來，認為當時左翼的「民族革命戰爭的大眾文學」和右翼的「國防文學」這兩個口號側重點不同，可以在「抗日」的旗幟下並存。

9月前某日 於上海作〈父親〉，載9月5日上海《文學大眾》月刊第一卷第一期，署紺弩。初收1941年版《歷史的奧祕》。

9月2日 參與上海《小說家》第一次座談會，出席者蔣牧良、王任叔、李溶華、張天翼、陳白塵、周而復、歐陽山、奚如等。座談紀錄載10月15日《小說家》第一卷第一期（創刊號）。《聶紺弩全集》未收。

9月中旬 丁玲自南京到上海，住西藏路一品香旅館，馮雪峰和周文過來看望。馮雪峰告訴她，去陝北之事中央已同意，還要物色一個同行的人，做些準備，有什麼事和周文接頭。

9月17日 作〈《語言・文字・思想》自序〉，載1937年版《語言・文字・思想》。

9月18日 於上海作〈關於語言〉，載10月5日上海《中流》半月刊第一卷第三期，署紺弩。初收1937年版《語言・文字・思想》。

同日 又作〈又是關於語言〉，載1937年1月上海《語文》月刊第一卷第一期，署紺弩。後將該篇與上篇〈關於語言〉合為一篇，總題為〈關於語言〉，此

為第二節。

9月下旬　接到黨組織聯絡人周文的通知，讓其到一家旅館會見馮雪峰。

9月30日　受馮雪峰囑託，護送剛出獄的丁玲去西安。夜晚，丁玲喬裝打扮後由周文送至火車站，先生（改名聶有才）已在火車上等她[4]。行前約定：在途中遇見熟人就裝著是巧遇結伴而行，沒有熟人就假扮夫妻掩人耳目。

9月　語言問題小冊子《從白話文到新文字》由大眾文化社再版。

同月　萬人出版社初版《在塘沽》（奚如）刊登綠皮叢書一覽，有耳耶雜文集《起家集》（將出）。但此書未見出版。

秋　作小說〈酒船〉，署紺弩。載上海《小說家》月刊第一卷第一期創刊號。11月上海《每月文選》第一卷第二期轉載。初收1940年版《夜戲》。

10月1日　魯迅、郭沫若、茅盾、巴金、林語堂、包天笑等文藝界各方面代表二十一人，發表了〈文藝界同人為團結禦侮與言論自由宣言〉，號召停止兩個口號的論戰。

10月上旬　和丁玲到達西安，住一家小旅館，等候陝北蘇區同志來接頭。不久，商人裝扮的潘漢年從中共中央駐地保安[5]到來。他建議丁玲去法國做救濟工作，丁玲執意要去蘇區。

先生回憶：「（我）和她連在車上及在西安旅館裡，一共十三天。最後一天來接她的是潘漢年。」（〈關於馮雪峰〉，《聶紺弩全集》第十卷，第254頁）

10月10日　上海《禮拜六》週刊第六六一期發表〈雙十以前〉，署聶紺弩。初收花城出版社2016年2月版《聶紺弩集》下。《聶紺弩全集》未收。

10月15日　上海《小說家》月刊第一卷第一期創刊號問世。

10月中旬　從西安返回上海，途經南京時暫作逗留。

10月19日　魯迅凌晨病逝。先生在旅途聞訊兼程往回趕。

10月20日　上午九時，魯迅治喪委員會開始接待賓客瞻仰魯迅遺容。

10月22日　回到上海，與身懷六甲的妻子周穎一道參加魯迅出殯。

下午一時五十分舉行「啟靈祭」。敬禮後，由參加的三十餘人繞棺一周，而後由先生和鹿地亙、胡風、巴金、黃源、黎烈文、孟十還、靳以、張天翼、吳朗

---

[4]　王增如、李向東編著：《丁玲年譜長卷》上卷（天津人民出版社，2006年），第112頁。
[5]　保安中央駐地位於陝西省志丹縣城北炮樓山麓，1936年7月3日至1937年1月13日是中共中央所在地。1936年4月劉志丹犧牲後，保安縣更名為志丹縣。

西、陳白塵、蕭乾、歐陽山、周文、曹白、田軍等十六人扶柩上車，直至萬國公墓。

10月30日 參與上海《小說家》第二次座談會，出席者有蕭軍、沙汀、艾蕪、周文、蔣牧良、以群、歐陽山、張天翼、契萌、草明、王任叔、荒煤、聶紺弩、陳白塵、李溶華、周而復、張春橋、凡容、東平（丘東平有事早退）。座談紀錄載12月1日上海《小說家》月刊第一卷第二期。《聶紺弩全集》未收。

10月31日 作〈關於哀悼魯迅先生〉，載12月1日上海《小說家》月刊第一卷第二期，署紺弩。初收1948年版《關於知識份子》。

11月 作長篇悼詩〈一個高大的背影倒了〉，載1937年1月上海《熱風》月刊第一卷第一期（創刊號），署紺弩。初收1948年版《關於知識份子》。

11月6日 作小說〈旁聽〉，載1937年5月15日上海《文叢》月刊第一卷第三期，署紺弩。初收1940年版《夜戲》。

11月23日 作〈魯迅底錯誤〉，載1937年1月上海《熱風》月刊第一卷第一期（創刊號），署耳耶。

12月25日 女兒在上海誕生，取名「海燕」。

年底 參加上海文化界救國會，當選為委員。

是年 作〈新文字和大眾文學〉，載1937年版《語言・文字・思想》。

是年 應蘇州《吳縣日報・文學週刊》編輯高旅之約投寄詩稿。

1937年 三十五歲

（丁丑）

1月18日　作〈語言和文字底分家〉（又題作〈話跟文字的分家〉，作為《語言‧文字‧文章》的第三節），載2月1日上海《語文》月刊第一卷第二期，署紺弩。

1月中下旬　蕭軍與馬蜂（馬吉蜂）的約架，邀請先生充當見證人。

2月20日　於上海作〈把古書怎麼辦呢？〉，載4月1日上海《語文》月刊第一卷第四期，署紺弩。

3月1日　上海《熱風》月刊第一卷第二期發表〈請莫介紹稿件〉，署蕭今度。

同日　天津《時代生活》半月刊第五卷第六期，刊載「花邊新聞」〈聶紺弩與C夫人已有了愛情結晶品，據說將轉送給友人〉。

6月　語文問題論集《語言‧文字‧思想》由上海大風書店初版，內收〈文章‧語言‧文字〉、〈大眾語跟土話〉、〈談野叟曝言〉等文二十二篇，但先生在〈自序〉中說：「我很慚愧這本集子底貧乏，幸虧有『我底朋友』高荒先生底三篇文章——1.由反對文言到建設大眾語，2.白話文和大眾語底界限，3.怎樣前進一步？——夾在裡頭，才給與了不少的補救。這三篇文章，是討論大眾語的時候的最好的收穫；對於現在的新文字運動，那見解也還是完全適用。為了表示我對那見解的贊同和欽佩，特為和作者『情商』了，刊在這裡。」

6月27日　與茅盾、景宋、巴金、白朗、胡風、黃源、舒群、蕭軍、端木蕻良等一百四十人在〈上海文藝界反對《新地》辱華片宣言〉上簽名。

7、8月間　受葉籟士之托編輯《語文》月刊第二卷第一期、第二期，抗戰爆發之後該刊結束。

7月7日　盧溝橋事變爆發，全民抗戰開始。

7月10日　上海《自修大學》雙週刊第一卷第十三期發表〈瑪德里曲可不可以唱〉，署紺弩。

7月12日　西北戰地服務團在延安舉行成立大會，朱光代表中央宣傳部宣佈：丁玲任主任，吳奚如任副主任。這次會上確定了西戰團是一個半軍事化、以宣傳為主要任務的團體。西戰團成立了黨支部，吳奚如任書記，丁玲任宣傳幹事。

7月15日 延安各界舉行歡送西北戰地服務團出發前線晚會。

同日 上海劇作者協會在卡爾登劇院開會，夏衍提出，擴大組織，將其更名為「中國劇作者協會」，同北平、廣州、南京、武漢方面聯繫，動員全國劇作者參加。這為後來上海戲劇界救亡協會組織救亡演劇隊做了準備動員工作。

7月23日 作〈四聲是不是天然的存在〉（又作為〈四聲論及其他〉第二節），載8月1日上海《語文》月刊第二卷第二期，署紺弩。

7月25日 作〈四聲問題雜談〉（又作為〈四聲論及其他〉第三節），載8月上海《語文》月刊第二卷第二期，署耳耶。

7月28日 上海文化界五百餘人集會，正式成立上海文化界救亡協會（簡稱「文救會」），推舉宋慶齡、蔡元培、何香凝、茅盾、胡愈之等八十三人為理事。

7月29日 作雜文〈早該〉，載上海《新學識》半月刊第二卷第一期，署聶紺弩。《聶紺弩全集》未收。

8月5日 上海《新學識》半月刊第二卷第一期發表〈中國的前途〉，署聶奇。《聶紺弩全集》未收。

同日 上海《申報》第十九版刊登〈救亡演劇隊募款啟〉：「救亡演劇隊第一隊，業已決定於本月十日出發，開赴前線工作。同行者有馬彥福[祥]、袁牧之、陳波兒、曹藻、王貴、王震之、邱莉茜、陳凝秋、魏曼飛、崔嵬、宋之的、聶紺弩、伊明、李滌之、丁里、賀綠汀、黃楨亮等廿人。此行目的為慰勞與宣傳，經費已由中國劇作者協會及文化救亡協會徵集，但尚不敷支配，望各界人仕能慨然樂助，共策救亡工作是幸。捐款請寄本埠派克路卡爾登戲院售票處收轉救亡演劇隊可也。此啟。」

按，事實上由於多種原因，出發時間推遲，演劇隊員也有變動。

8月上旬 在某人家第一次見到青年木刻家曹白。

8月12日 胡風自上海致信梅志：「老聶參加了一個演劇隊，一兩天之內要到前線去了。」（《胡風家書》，第22頁）

8月13日 於上海作〈四聲論及其他〉（即〈四聲論〉、〈四聲是不是天然的存在〉、〈四聲問題雜談〉合篇）。

8月13日 中日雙方在上海開啟戰端，淞滬會戰開始。兩部交印的書稿《瘋子的散步》（文藝論文和雜文集）和《兩條路》（小說集），在戰火中丟失。

8月17日 　上海話劇界救亡協會率先成立，鄭伯奇任主席，歐陽予倩、洪深為副主席，馬彥祥任祕書長（後由于伶接任）。

8月20日 　上海話劇界救亡協會在卡爾登劇院召開緊急會議，當場通過了組織十三個救亡演劇隊的決議[6]。除第九隊因故未能組建，第十隊和第十二隊留滬工作外，其他各隊在短短幾天內完成準備工作，陸續奔赴全國各地，進行抗日救亡宣傳演劇活動。

由於當時緊張的戰爭形勢，容不得上海戲劇工作者多想，救亡演劇一隊首先組成。隊長是馬彥祥，副隊長袁牧之（後為宋之的），「其中隊員有陳波兒、袁牧之、崔嵬、程默、邸力、丁里、方殷、賀綠汀、黃文、李麗蓮、李農、劉白羽、馬英全、聶紺弩、歐陽山尊、潘奇、塞克、王光鼎、王貴、王蘋、王震之、王餘杞、朱嘉蒂等」[7]。上海救亡演劇隊一經成立後，就開始做出發的準備，「當時救亡演劇一隊是往西北方向走，他們的路線是南京——漢口——鄭州——開封——洛陽——西安，再到陝西漢中。路線是總隊定的。救亡演劇一隊的第一站是南京」[8]。演劇一隊成立的第一天，便「約法三章」：

（1）三個月為一期。三個月內不添人誰也不離隊。

（2）隊員一專多能，務要人人得用。演戲、唱歌、燈光效果、舞臺管理等人人都要搞。

（3）因經濟困難，每人一天發一毛錢伙食費，其餘全靠募捐。[9]

8月22日 　演劇一隊從上海出發，當天晚上到達南京。由於劇團經費困難，「國民黨中宣部部長邵力子先生慨然捐款四百元，抗日將領馮玉祥領導的黃河水利委員會也捐助了二百元，這是一隊的全部經濟家底」[10]。另外因為隊員們知道先生留蘇時的同學、國民黨要員康澤也在南京，隊委會、馬彥祥、宋之的等就商量著讓先生去找康澤，「一打聽，他在南京，找著了，他一面搖頭，一面還是寫了兩百元捐款」（〈歷史交代〉，《聶紺弩全集》第十卷，第13頁）。

---

[6] 游思靜：《抗戰初期上海救亡演劇隊研究（1937-1938）》（碩士論文，上海師範大學，2017年），第13頁。

[7] 游思靜：《抗戰初期上海救亡演劇隊研究（1937-1938）》，第14頁。

[8] 宋昭：《媽媽的一生：王蘋傳》（北京：中國電影出版社，2006年），第36頁。

[9] 何延、曾立慧、曲六乙：〈崔嵬傳〉，曲六乙：《乙亥集：曲六乙戲劇論文集》（北京：大眾文藝出版社，2007年），第517頁。

[10] 何延、曾立慧、曲六乙：〈崔嵬傳〉，曲六乙：《乙亥集：曲六乙戲劇論文集》，第520頁。

8月下旬　胡風出面邀請蕭紅、蕭軍、彭柏山、端木蕻良等作家商議籌辦一個文學雜誌，叫做《戰火文藝》。蕭紅說：「這個名字太一般了，現在正『七七事變』，為什麼不叫『七月』呢？用『七月』做抗戰文藝活動的開始多好啊！」蕭紅的提議得到大家贊同。第一期《七月》有啟事曰：「刊名《七月》，係表示我們歡迎這個全民抗戰的發動期底到來，別無深意。」上海《七月》是同人雜誌，週刊，暫時不付稿酬。

8月下旬　胡風陪同出獄的彭柏山找先生，周穎留彭住下來。8月24日胡風致信梅志：「友生回到上海來了，看樣子很好，不過生活頗成問題。」（《胡風家書》，第28頁）

按，彭柏山當時化名「陳友生」。

9月初　隨演劇一隊到達武漢。不久，周穎也自上海到了武漢。

到漢後不久，康澤託孟十還找先生去一家廣東館子喝酒，做一次交心長談。過了幾天，康澤派人送來一百元。又過了些時日，因無錢買書，請康澤用公款買了本《說文解字詁林》。

9月11日　上海《七月》週刊第一期出版。該期雜誌有啟事云：「除償還印刷、紙張、廣告費外，如收回報價尚有盈餘，當按照作者分配。」

同日　國民政府軍事委員會將第八路軍番號改稱為第十八集團軍，西北戰地服務團稱為十八集團軍西北戰地服務團（簡稱「西戰團」）。

9月中下旬　演劇一隊北上河南[11]，先生「因不會演戲，又不會寫劇本，未隨去」，留漢待命（〈歷史交代〉，《聶紺弩全集》第十卷，第25頁）。

9月18日　上海《七月》週刊第二期出版。

9月22日　丁玲率領西戰團從延安出發，徒步開赴山西抗日前線。

9月23日　作〈死的教訓〉，載9月26日漢口《大公報·戰線》，署紺弩。《聶紺弩全集》未收。

9月24日　日軍轟炸漢口、漢陽，造成七百餘人傷亡。這是日軍對武漢首次大規模轟炸。

9月25日　上海《七月》週刊第三期出版。胡風決定把《七月》移到武漢去出版。因為「商業聯繫和郵路受到阻礙，上海刊物很難發到外地去，作者又紛紛

11　上海演劇一隊1937年9月下旬到達開封，10月中旬抵洛陽，10月底到西安，12月下旬到達山西洪洞縣馬牧村八路軍總部。

離開上海」，「友人們覺得在上海停掉很可惜，希望在上海也同時出下去。但人力財力都照顧不過來，只好停掉了。同時函託老朋友熊子民在武漢辦理登記手續」（《胡風自傳》，第70頁）。

同日　胡風和端木蕻良乘火車離開上海。

9月28日　蕭紅、蕭軍乘火車離開上海去南京。

9月　雜文集《關於知識份子》由上海潮鋒出版社付排，因戰難遭損未印。

10月1日　西戰團東渡黃河，進入閻錫山統治下的山西活動了五個月。

同日　胡風自南京乘船抵達武漢。

10月2日　胡風日記：「夜，寫完日記，門外有人來，掀開簾子一看，一共四個：麗尼、紺弩、白朗、羅烽。上午給白朗的信已經收到，而且約了出我意外的麗尼和紺弩。他們籌出一刊物，有人願意負經費責任。談到十二時才去。」（《新文學史料》2016年第3期）

按，胡風當時借住漢口漢潤里四十二號同鄉好友、時在八路軍辦事處工作的熊子民家。

10月3日　胡風日記：「晨，到紺弩處，談了一會即回。在生活書店找人不著。」（《新文學史料》2016年第3期）

10月4日　胡風日記：「三郎、悄吟今天到此。在這吃過晚飯後，一道訪紺弩，談話不大興奮。」（《新文學史料》2016年第3期）

按，「三郎、悄吟」即蕭軍、蕭紅。他們到武漢後，暫居武昌小金龍巷。

10月5日　胡風日記：「下午……，同子民去看房子，不大好。過紺弩處，他依然無精打采。」（《新文學史料》2016年第3期）

10月6日　胡風日記：「晨，三郎來，說他們今天要搬過江了。去紺弩處，他說已在開始寫文章。」（《新文學史料》2016年第3期）

10月7日　胡風日記：「過紺弩處閒聊約一小時即返。」（《新文學史料》2016年第3期）

同日　胡風致信蘄春的梅志：「蕭軍夫婦已到，紺弩夫婦亦在，但周穎和小孩即下鄉去。」（《胡風家書》，第35頁）

10月8日　胡風日記：「夜，到紺弩處去，想著那裡寫文章，但不成，於是折回。」（《新文學史料》2016年第3期）

10月10日　胡風日記：「下午……，訪紺弩不遇。」（《新文學史料》2016年

第3期）

10月11日　胡風日記：「午飯後去紺弩處，他底稿子明天可送來。」（《新文學史料》2016年第3期）

10月12日　胡風日記：「晚飯後去紺弩處，文章已成，但無精彩，預備添一個附記發表。」（《新文學史料》2016年第3期）

10月13日　丘東平自濟南寄一個短篇給胡風，於信末附言：「聶兄均祈問好。」（《丘東平文存》，第314頁）

10月16日　與羅烽、麗妮合辦的文藝半月刊《哨崗》第一卷第一期在武漢出版。該刊只出版一期，第二期即被國民黨漢口黨部通知「不准印行」。第一期發表〈論是非〉，署紺弩。《聶紺弩全集》存目。

同日　《七月》在漢口復刊並改為半月刊，另行標注集（卷）、期。第一集第一期發表〈人與魯迅〉，署紺弩。

同日　胡風日記：「紺弩留條子，說《生活》兩個鐘頭銷去《七月》四百份，還有許多在等著要。」（《新文學史料》2016年第3期）

10月17日　胡風日記：「上午訪紺弩，他對《七月》似乎熱心起來了。同他一路到第七小學走了一轉，他預備明天搬進那裡。」（《新文學史料》2016年第3期）

10月18日　胡風日記：「晨八時，《大公報》來拿文章，被子民叫醒了。找紺弩，不遇。過書店，見有兩個十五、六歲的女孩子買《七月》。……夜，再找紺弩，又不遇。這人是永遠浮萍似的。」（《新文學史料》2016年第3期）

10月19日　胡風日記：「晨找紺弩，找來兩本翻版《魯迅文集》，找〈無聲的中國〉裡找到一條話，預備寫在白布上送到今天的紀念會去。」（《新文學史料》2016年第3期）

同日　下午三時，武漢文化界與七月社、哨崗社等團體在漢口黃陂路（今黎黃陂路）基督青年會舉行魯迅逝世週年紀念會，胡風、馮乃超、聶紺弩、蕭軍、胡繩、何偉、光未然等七人組成主席團，胡風致祭詞，蕭軍等講演。

同日　作〈遊呂菊芬〉，載11月1日漢口《七月》第一集第二期，署紺弩。同時收1941版《歷史的奧祕》和《蛇與塔》。

同日　彭柏山自上海致信胡風：「耳耶兄在那裡做什麼？他的太太和小燕，至今使我懸念著。請你代為致問。並且他有一張當票在我手邊，快要滿期了，究竟當的什麼東西，怎麼辦？讓他告訴我怎麼處理。」（〈彭柏山書簡〉，《新文學史

料》1984年第4期）

10月20日　送妻女回老家京山避難。「在家裡過了差不多一個月,會見過各種各樣的從前認識和不認識的人。」差不多每天都要和城裡一些「有面子的人」,「在一塊兒吃酒打牌,有時候,還抽鴉片煙」(〈寂寞的故鄉〉,《聶紺弩全集》第四卷,第330、331頁)。夫人周穎先後在京山國民中心小學執教,做婦女救亡工作。又,收養聶家親戚女兒申娟,幫忙照看海燕,直至次年九月。

10月21日　胡風日記:「紺弩留稿子一篇於子民處,說是已經回鄉,要玩幾天才來。」(《新文學史料》2016年第3期)

10月27日　宋之的自西安致信胡風:「老聶是否仍在漢,弟在汴在洛,均有信去,渺無覆音,殊悵悵。」(《新文學史料》2002年第2期)

11月1日　漢口《七月》第一集第二期出版。

11月8日　胡風日記:「五時過江,當夜乘長沙輪回蘄……,動身時得紺弩信片,即覆一信,希望他能快來。」(《新文學史料》2016年第3期)

11月14日　胡風日記:「上午,給紺弩信。」(《新文學史料》2016年第3期)

11月15日　周文致信胡風:「現在我們這裡的旬刊社(按,指《戰旗》旬刊社)已正式成立,准於十二月一日創刊。編輯人是:沙汀、張志和、葛喬、劉披雲、我。刊物的內容是綜合的。特別要請你們幫忙寫稿。現在給你寄上幾張特約的信,請轉蕭氏夫婦。其未填名字的,請你幫忙看看哪些朋友在漢口如紺弩、之的等,或者在別處你已知道的朋友,如田間、艾青等,幫填一起送一送。」(《周文文集》第四卷,第188頁)

11月16日　漢口《七月》第一集第三期出版。

11月19日　丘東平自武漢新四軍辦事處致信胡風,於信末附言:「聶兄及田間兄的地方請告我。」(《丘東平文存》,第317頁)

11月20日　胡風日記:「晨七時即被鳥聲唱醒,在花園中散步,心境甚好。覆劉白羽、荒煤、文若信,給紺弩信催寫文章。」(《新文學史料》2016年第3期)

同日　國民政府正式發表發佈移駐重慶宣言即遷都宣言,財政部、外交部、內政部及衛生署暫遷武漢。

11月21日　胡風日記:「給耳耶及徐卓英信。」(《新文學史料》2016年第3期)

11月22日　端木蕻良來到武漢,找到了小金龍巷二蕭住處。不久,先生在這裡與其相識。

同日　丁玲率領的西戰團達到山西省沁源縣，進行慰問演出。

12月1日　漢口《七月》第一集第四期出版。

12月6日　胡風日記：「上午，同二哥、M、曉谷過江。他們去買東西。訪宋之的，一道去找紺弩，不遇。下午，紺弩來，之的來，葛琴之愛人華崗來。」（《新文學史料》2016年第3期）

12月7日　胡風日記：「上午十一時到三郎等處，等紺弩來了就一同到館子吃飯，席上大談一通《水滸》、《紅樓夢》。……晚飯後，紺弩來，一道去訪董鬍子。」（《新文學史料》2016年第3期）

按，「董鬍子」即董必武。

12月10日　作〈記一個朋友的談話〉，載12月16日漢口《七月》第一集第五期，署耳耶。

12月12日　胡風日記：「二時，到青年會赴茶會……。散會回家時，紺弩在等著。」（《新文學史料》2016年第3期）

12月14日　胡風日記：「得曹白信及紺弩稿。」（《新文學史料》2016年第3期）

12月16日　漢口《七月》第一集第五期出版。

12月18日　胡風日記：「下午過江到『新燕』赴楊玉清之約，同席者有鄧初民、王達夫、紺弩等。」（《新文學史料》2016年第3期）

12月19日　武漢文藝界抗敵協會在漢口市黨部禮堂舉行大會，宣告成立，有七月社、婦女前哨社等八十二個文化團體參加。

12月20日　於漢口作〈失掉南京得到無窮〉（又題作〈懷南京〉），載漢口《七月》第一集第六期，署耳耶。初收1941年版《歷史的奧祕》。

同日　胡風日記：「到『七小』找紺弩，略談即回。」（《新文學史料》2016年第3期）

按，「七小」即先生所住地漢口第七小學。又據〈歷史交代再補充〉：「抗戰初期，我住在漢口一個小學裡打瘧疾，躺在床上發燒，糊裡糊塗覺得金亦吾去看過我，坐了一下就走了。」（《聶紺弩全集》第十卷，第92頁）

12月21日　胡風日記：「夜，……紺弩來，一道到三郎處談了些最近的情形。」（《新文學史料》2016年第3期）

12月24日　胡風日記：「晨起，……過江，訪紺弩。訪董鬍子，不在。……我想把《七月》停刊，但紺弩、子民皆不贊成，子民底意思是設法擴大，不要被

一二人所左右。」（《新文學史料》2016年第3期）

　　12月25日　養母申老夫人為孫女海燕舉辦了熱鬧的「抓週」儀式。小海燕在眾多的吃食、玩具、文具等雜物中，果斷地抓起一支筆，老夫人樂不可支。

　　12月27日　胡風日記：「訪紺弩來，他底文章還沒有成功。」（《新文學史料》2016年第3期）

1938年 三十六歲

（戊寅）

1月1日 漢口《七月》第一集第六期出版。

1月6日 胡風日記：「紺弩來，談到有黃埔系軍官請他辦日報。」（《新文學史料》2016年第4期）

同日 新四軍軍部在南昌正式成立，軍長葉挺、副軍長項英，參謀長張雲逸、副參謀長周子昆，政治部主任袁國平、副主任鄧子恢，下轄第一、第二、第三、第四支隊。同時，中共中央東南局在南昌成立，項英任書記。

1月7日 於漢口作〈母親們〉，載漢口《七月》第二集第一期，署耳耶。初收1941年版《蛇與塔》。

1月9日 陽漢笙借座蜀珍酒家邀請先生和端木蕻良、穆木天、王淑明、馬彥祥、馮乃超等二十餘人，就籌組文藝界抗敵協會一事非正式地交換了意見。

1月14日 山西臨汾民族革命大學在漢所錄學生啟程出發。

1月15日 彭柏山自上海致信武漢的胡風：「瞧吧：丁玲是在怎樣戰鬥著，奚如是在怎樣戰鬥著。對於他們，我的心，是虔誠地嚮往著。同樣，我也虔誠地嚮往著你。紺弩、蕭紅、端木、田軍、田間諸兄均此。」（《彭柏山文選》，第244頁）

1月16日 下午參加胡風組織的「抗戰以後的文藝活動動態和展望」座談會，並發了言。主持人胡風，與會者還有艾青、丘東平、田間、馮乃超、蕭紅、端木蕻良、樓適夷、王淑明，蕭軍因病缺席。這次座談會的記錄整理完成後，刊登在漢口《七月》第二集第七期，署艾青、東平、聶紺弩等。

同日 胡風日記：「到雜誌公司商談好合同內容即過江，路上遇見東平、紺弩。回家後，幾個人在等著，即開始座談會，到五時以後始畢。成績很好，但可惜紀錄不好。散會後到小館子吃飯，談了一些閒天。」（《新文學史料》2016年第4期）

同日 漢口《七月》第二集第七期（應該是第二集第一期，總第七期）出版。版權頁標注是1月16日出版，實際出版日期延遲至1月23日之後。

1月17日 李公樸擬就的〈民族革命大學創立綱領〉正式公佈。

　　1月18日　胡風日記：「晨起過江，知奚如來了。到『一江春』赴民族革命大學之午餐會，中途退席找奚如，會著了。同他一路找紺弩，不遇。過《新華日報》館，曉得發行部遭了搗亂，報紙上的啟事都登不出。報館的經理熊君，原來是奚如老婆底姐夫。一同到大同旅社以群處，等紺弩來後到『大三元』吃飯，以群夫婦請客。飯後奚如請洗澡，在澡堂感到又髒又悶，不舒服極了。」（《新文學史料》2016年第4期）

　　1月20日　國民政府第二戰區開辦的民族革命大學在山西臨汾正式開學。

　　1月22日　胡風日記：「晨，賴少其來，說是明天即到西北去。艾青、田間來，適夷來，奚如夫婦及紺弩來。編好了第二期《星期文藝》，交適夷帶去付印。一行人到外面吃飯，由田間請客。飯後，同奚如夫婦、紺弩回家，坐了一會兒，一同到蕭軍那裡，談了一會閒天。蕭軍想拖我和紺弩等一同到臨汾去，好像沒有《七月》一樣。端木則如有所待似地。」（《新文學史料》2016年第4期）

　　1月24日　胡風日記：「下午……，不在時臧雲遠來過，要我和蕭軍等去民族革命大學。晚，蕭軍夫婦及端木來。蕭軍是想去的，端木被拖著，結果還是決定他們先去。他們還拖艾青、田間去。」（《新文學史料》2016年第4期）

　　1月25日　胡風日記：「晨起過江，找紺弩，不在，到子民家吃午飯。飯後找奚如，說是過江來找我了。留字在子民處。……奚如來，說是希望我到臨汾去。但《七月》、M及小孩子，怎麼安頓呢？我看，現在是走不成的。紺弩來，他也因為老婆和孩子，難於決定。三人一道去飯館吃晚飯。」（《新文學史料》2016年第4期）

　　1月26日　胡風日記：「上午過江，同子民及紺弩、蕭軍等一行七八人到館子吃飯，中途加入了適夷、葉籟士。飯後，同蕭軍、紺弩訪董老及奚如。」（《新文學史料》2016年第4期）

　　1月27日　與蕭軍、蕭紅、艾青、田間、端木蕻良、李又然等人到漢口乘坐「五等鐵皮臥車」（蕭軍語），前往臨汾民族革命大學文藝系任教。胡風、馮乃超等人到車站送行。

　　「車箱裏一展平陽，桌椅之類，什麼也沒有。我們十幾個人，男女老少，開著一個毫無限界的聊鋪，一個挨一個地睡著，白天也就這邊一排，那邊一排，面對面地箕踞著。」（〈音樂牛談〉，《聶紺弩全集》第二卷，第283頁）

　　同日　胡風日記：「上午，蕭軍來。艾青同王春江來，忙著去山西的事。飯

後同M、曉兒到中正街照了相，正式三個人到照相館照相，這還是第一次。他們回家，我過江到漢潤里，蕭軍夫婦已來。說是紺弩已來過，要我去通知他開車的時間。於是趕到『七小』，但他已不在了。回到漢潤里不久，人齊了，到車站上去。是貨車，但學生們精神似乎很好，在車裡躺著唱救亡歌曲。蕭紅耽心那地方不好，她大概看不來這請教授坐貨車，而且開車時間都不準的待遇罷。今天蕭軍有些依依不捨之意，說是這次去臨汾如果弄得不好，將來做事就很困難云。馮乃超等也來送行。⋯⋯蕭軍夫婦、田間、艾青、端木、紺弩都走了，《七月》只剩我一個。」（《新文學史料》2016年第4期）

1月30日（陰曆除夕）　先生一行乘坐的火車在河南陝縣會興鎮發生出軌事故，短暫滯留。

晚上，大家「在膝蓋跟膝蓋的當中點起了幾支洋燭，破例地喝了酒，吃了饅頭大餅之類」，一位小姐忽然低聲唱起〈松花江上〉，接著幾乎全體都跟著唱了，先生「帶著微醺，漠然地聽著」，「有兩行熱淚，從眼角流到鼻翼邊了」。（〈音樂牛談〉，《聶紺弩全集》第二卷，第283頁）

2月1日　抵達陝西潼關，風大，不能渡河。

同日　漢口《七月》第二集第二期（總第八期）出版。

2月5日　午後，自潼關乘木船渡黃河到山西風陵渡，乘坐北同蒲線窄軌火車前往臨汾。

2月6日　早晨抵達臨汾。此前，臨汾發生了學生捉拿「托派漢奸」的「張慕陶事件」[12]，街上到處都是標語。田間回憶初到臨汾的感受：「臨汾！臨汾！一座北方的城，一座抗戰的城，一座年輕的城。我們初次相逢，格外感到熱氣騰騰。清晨，可以聽到一陣陣軍號聲。每天早上，我走到街上，便看到武裝起來的士兵，跑步前進，還唱著〈救國軍歌〉（塞克詞，冼星海曲）。有時我們佇立下來，一直到聽他們唱完。然而唱完一段以後，接著又唱另一段。」（〈田間自述（三）〉，《新文學史料》1984年第4期）

同日　晚上，民族革命大學舉行了歡迎會，歡迎到臨汾的教師和學生。

---

[12] 張慕陶（1902-1941），早年參加革命，加入中國共產黨，後任閻錫山的高級參議。抗戰爆發後，他鼓吹反對抗日民族統一戰線的主張，公開宣揚「國共合作是階級投降」等言論。1938年1月，被聘為民族革命大學教授。2月4日他去學校講課，被人認出後傳出風聲，說「托派漢奸」張慕陶到學校搞破壞抗日的活動，不明真相的學生們蜂擁而至，將其捉拿毆打，後被解送到西安行營，成為轟動全國的事件。

　　鹿野回憶：「2月初，在臨汾，由平津流亡同學會和『民先』隊部聯合組織的歡迎蕭軍、蕭紅、艾青、聶紺弩等人的會上，我才第一次同蕭軍、蕭紅見面了。」（〈一個真正的人〉，《蕭軍紀念集》，第142頁）

　　2月7日　蕭軍致信武漢的胡風：「在路上足足行了八天八夜，於六日才算到了臨汾。此次旅行不叫苦者人甚少。中間經了兩次警報，一次撞車，車廂雖然壞了三隻，同人等幸喜均平安，此應是上帝的保佑！撞車之處，名曰會興鎮，車上有炸藥（未燃），車後有橋樑，如果……則同歸於盡矣。……此地學校一言難盡，並沒有文學部門……。過些日子，我們也許到八路軍駐在地去參觀參觀。」（《新文學史料》2004年第2期）

　　同日　日軍土肥原師團發動對豫北的進攻。

　　2月8日至4月24日　廣州《救亡日報》連載《華北的烽火》，與沙汀、艾蕪、周文、舒群、張天翼等合作。

　　按，《華北的烽火》是抗戰初期問世的集體創作長篇小說。「這書裡的故事，包括有將士們的浴血抗戰，漢奸們的賣國求榮，民眾的憤慨，平津失陷前念九軍將領內部之不一致，宋哲元之惑於『能和』……，一大幅血淋淋的現實。」（茅盾《此亦「集體創作」》）全書共分四部分，從盧溝橋抗戰起，至平津陷落。每部二至三萬字。集體創作活動1937年8月在上海著手醞釀準備，有二十多位作家參加創作，1938年2月8日開始在廣州《救亡日報》（社長郭沫若、總編輯夏衍）連載。到4月28日，先後發表沙汀的〈前夜〉、艾蕪的〈演習〉、周文的〈怒火〉、舒群的〈爆發〉、蔣牧良的〈突破〉、聶紺弩的〈找「和平」〉、張天翼的〈左右為人難〉、陳白塵的〈全線總進攻〉、羅烽的〈反正〉等章。雖然以後未見繼續刊出，但這部小說在當時頗有社會影響，被譽為「抗戰以來，動員了全國優秀作家最偉大的一部集體創作」。

　　2月上旬　民大學生發起邀先生、端木蕻良、蕭紅、田軍、艾青、李又然、田間等召開「抗戰文藝座談會」，一面表示歡迎，一面也是向他們領教。「他們在談笑之間，都發表些意見。當時記下來的稿子，就在《鬥爭》上發表。我覺得這個座談會，實為《鬥爭》出版以來有意義的佳作，於是我們就約他們多開幾次座談會，他們也樂意的答應了。」（非非〈民族革命大學生活錄〉，《宇宙風》1938年第76期）

　　2月14日（陰曆正月十五）　元宵節，天晴月明。臨汾各界在臨汾體育場

舉行反侵略運動大會，民族革命大學師生整隊前往，每人都提著燈，會場有約
萬人。

2月15日　自臨汾致信武漢的胡風：「到此多日，已由蕭君函告想已察及。
一路之上據我觀察，端木情緒最劣，處事為人亦有問題。艾青、又然常在私人問
題上鬧糾紛，毫無較大眼孔。比較起來，蕭軍夫婦尚有做事能力及意志，且不涉
及私人恩怨，實為難能可貴者。現艾青、又然均被派負[赴]運城分校，蕭君亦擬
於日內赴運。我與端木及蕭夫人在此工作，惟前工作尚未分配，僅出席幾次課外
文藝活動指導，情形甚佳。我曾講一次新文字問題，亦似能得聽眾歡迎。日來正
從事學生文化團體合併及教授文化人等組織工作，以便對外發生影響。此地書籍
刊物太少。僅有《解放》、《新華》，往往一搶而空。我想，《七月》如有三兩
[百]份在此銷售，決無問題，望將此意通知書店為要。田間赴洪洞遊歷未返，在
彼處碰見老丁，我已囑其轉達你收到彼函之意，我等三數日或亦往洪一遊。此地
空氣較武漢為佳，日來正進行反奸運動，已將張慕陶拘捕送押，群眾正要求執行
極刑，惟彼在此有人緣，未知能否達到。再，老周已來漢否？我在此薪金極微，
恐僅三二十元，非彼出門自尋生路，家庭決無法維持，望你去函促其『出山』。
前存之廿元亦請交彼，並希格外為之設法，假如有此必要的話。《七月》近況如
何？望來信告知。武漢局面聞日趨緊張，不知確否？亦請見告。」（《聶紺弩全
集》第九卷，第180-181頁）

2月16日　漢口《七月》第二集第三期（總第九期）出版。

2月17日　蕭軍致信武漢的樓適夷：「二月六日我們到的臨汾。在這裡除掉
出席幾次民大同學們的文藝座談會外，還沒有上一次正式的課堂……。」（《蕭
軍全集》第十六卷，第220頁）

2月18日　田間自臨汾致信胡風：「前幾日我往萬林見丁玲，住數日，時間
消磨在談話中。我有意與服務團同行，丁玲尚未肯定，待來臨汾決定……，居此
諸兄生活初安定。」（《新文學史料》1995年第3期）

2月19日　端木蕻良自臨汾致信胡風：「此間工作尚好，學生水準甚高，對
來的七人觀念尚好，很有信慰之感。」（《新文學史料》2013年第1期）

按，「七人」指蕭軍、蕭紅、聶紺弩、艾青、田間、李又然和端木蕻良。

2月20日　西北戰地服務團在丁玲率領下，自洪洞縣萬安鎮抵達臨汾。民族
革命大學開會歡迎西戰團。丁玲和老熟人聶紺弩見面，並和蕭紅、蕭紅、端木蕻

良相識。

同日　胡風日記：「得紺弩信，說端木做人處事都成問題。……夜，覆紺弩。給梁夢回、李公樸，為恩進民大託他們關照。」（《新文學史料》2016年第4期）

按，「梁夢回」即梁縱武，「恩」是胡風的侄子張恩，胡風介紹張恩去民族革命大學讀書，託梁縱武和李公樸照顧他。

2月20、21日間　蕭軍等和民族革命大學的三個小團體──鬥爭社、突擊社、文學研究社，在北青獅子口蕭紅住所舉辦茶會招待丁玲，教授和學生坐在天井周圍的臺階上，丁玲站在天井中央的石臺上教大家唱〈游擊隊歌〉。蕭軍向大家介紹了丁玲，丁玲介紹了西戰團的二十位成員。丁玲請蕭軍、蕭紅分別講話[13]。

2月21日　反侵略運動的婦女日，民族革命大學在校本部禮堂召開會議，丁玲應邀參加。丁玲告知學生，明天西戰團到民族革命大學演出。

同日　日軍占領屯留、長子，向八路軍總部所在的安澤逼近。安澤距離臨汾七十多公里。

2月22日　西北戰地服務團在民族革命大學演出，有大鼓、評詞、話劇等，話劇演出尤為成功，現場氣氛非常熱烈。

2月23日　晚上，和蕭紅、端木蕻良到臨汾車站，準備乘車去運城，蕭軍送行，蕭紅與丁玲約好和西戰團乘一個車廂。西戰團弄到兩個車廂，先生和蕭紅、端木蕻良坐了上去。蕭軍託丁玲照顧蕭紅，丁玲建議蕭軍要打游擊就到八路軍去打游擊，去五臺山找八路軍。火車在零點左右開出。

2月24日　先生一行到達運城。

同日　民族革命大學決定成立藝術系，藝術系下設文學組，文學組只有蕭軍一人。通知學生準備行軍裝束。

同日　日軍飛機轟炸臨汾北部的洪洞縣城及周圍村莊，縣政府隨即撤離。

2月25日　閻錫山下令民族革命大學向晉西鄉寧移動。學校通知學生夜間一點出發。

2月26日　日軍占領臨汾東面的安澤縣城。

2月28日　日軍第一零八師團經由洪洞縣曲亭鎮，大舉進犯臨汾縣城。守軍

---

[13]　非非：〈在臨汾三團體歡迎丁玲的一個小小茶會〉，上海《迅報》1938年11月17日、18日。

決死三縱隊第九總隊退至浮山，臨汾淪陷。

2月底　西北戰地服務團在運城呂祖廟演出宣傳，運城的幾個文化團體開會歡迎。服務團本來計畫要在運城待一週，但晉南形勢惡化，於是決定提前離開運城。服務團公開說是回延安，實際是遵照中共指示去西安做宣傳工作。經過丁玲的鼓動，先生和蕭紅、端木蕻良同意隨西戰團去西安做宣傳。

2月　陶鑄從湯池指派京山工作委員會委員顧大椿，拿著先生和吳奚如的兩封信，拜會了兩人的黃埔同學、第五戰區鄂中游擊縱隊司令曹勖，略述聯合抗日之事。（孫希曙〈紺弩與故鄉〉，《聶紺弩還活著》，第28頁）

3月1日　凌晨，隨西戰團在運城乘坐火車前往風陵渡。為了打發火車上無聊的時間，先生和塞克、端木蕻良、蕭紅他們「作詩聯句玩」（《吼獅——塞克文集》，第559頁）。

西戰團去西安宣傳演出，需要新的切合現實的劇本，在火車上，先生和蕭紅、端木蕻良被丁玲「拉夫」，和西戰團團員塞克編寫一個話劇，四人你一句我一句，確定了劇本的人物和情節，服務團成員陳正清、何慧做紀錄，塞克在火車上分好了幕。

到達風陵渡後，下車乘木船渡黃河抵達陝西潼關，集體住在縣城棉花廠（潼關棉花機器打包股份有限公司）。

同日　漢口《七月》第二集第四期（總第十期）出版。

3月2日　晨，西北戰地服務團主任丁玲偕祕書高敏夫等四人，率先抵達西安打前站，隨後晉謁省市軍政當局[14]。至於該團成員先生等人，已在陝西潼關，不日將到。

同日　田間自潼關致信胡風：「我已在西北戰地服務團工作。最近，山西前線戰局緊張，臨汾據聞已失手而又奪回。民大同學已遷入山間。蕭軍兄與他們同行，耳耶、蕭紅、端木三兄則與我們同至潼關。日內轉西安，艾青兄則已赴西安。」（《田間詩文集》第六卷，第510頁）

3月初　潼關當局不允許西北戰地服務團演出宣傳，服務團只好在車站、城樓、房舍上畫抗日壁報，大多數時間開會學習。先生和蕭紅、端木蕻良作為隨行人員，沒什麼事，在潼關隨意走走，看了黃河、渡口和潼關城。

---

[14]　〈女作家丁玲等抵省〉，《西北文化日報》1938年3月2日。

3月4日 隨同西北戰地服務團全體團員四十餘人,由潼關乘火車抵達西安,當晚下榻女子中學(即陝西省立西安女子師範學校舊址)。住處沒有鋪蓋,沒有用具,大家在黑屋子坐了一夜。團主任丁玲告訴記者:「此次來陝工作承蒙軍政長官優渥招待,稍事休息後,即開始公演,並擬日內招待各界代表,報告過去工作情形,及此次來陝工作之計畫。」(《西北文化日報》1938年3月5日)

3月5日 西安《新秦晚報》消息:「西北戰地服務團全體成員共四十餘人,日前由潼關抵省,下榻女子中學,文學作家端木蕻良、蕭紅、戈矛、聶紺弩,青年詩人田間、戲劇家塞克等,亦隨行。」

同日 西安《西京平報》消息:「第×戰區總動員委員會,戰地服務團一行二十餘人,日前由潼關抵省,定日內赴陝北轉赴晉北戰地工作,省抗敵後援會,昨(4)日已令沿途各縣分別知照,並妥為協助。」

3月6日 早晨九時,陝西各婦女團體在西安女師大禮堂開會歡迎丁玲及西北戰地服務團[15]。下午四時,西北戰地服務團「為便利工作計」,特假西安青年會禮堂招待本省各界同人舉行茶話會,「出席各界代表達百餘人,情狀極為歡洽,關於今後工作討論極詳」[16]。

3月7日 自西安致信武漢的胡風:「我現在住在西安,和端木蕭紅住在一塊,我們又和丁玲住在一塊兒。艾青、又然也都住在西安。總之,我們都從臨汾運城出來了,只有蕭軍跟學校一同走了。除了他,請安心,我們都安全無恙。想他也會安全無恙的吧。……我們到西安已經好幾天,一到就想給你寫信,無奈住的地方沒有桌子椅子,做事很不方便。窗外正靠著鵝毛大雪,地上已經尺把深了。西安的街道很難走,自然不能出去。在屋裡推磨的驢子般地轉來轉去,轉一轉就望一望那外頭的白光,你說這日子過得無聊啵!我們本想到雪葦那裡去看看的,手續都辦好了,卻被雪阻住了。聽說時局一緊張,他們會喬遷,等雪晴了,路乾了,恐怕他們又走了。唉!如果真這樣,那是多麼遺憾的事喲,簡直不容許去看看我們所懷念的人,所嚮往的地方!」「有一個地方要我教書,丁玲要我到戰士服務團去。我呢,我想回武漢,因為我很想念我的孩子。教書和上服務團,都是沒有錢的。為了孩子,我想弄點錢,即使每月二三十塊也好。不過暫時沒有辦法,我現在連回武漢的路費都沒有。我的孩子的餅乾和白松糖漿一定早吃完

---

[15] 《西北文化日報》1938年3月6日。

[16] 〈西北戰地服務團昨舉行聯歡會〉,《國風日報》1938年3月7日。

了，她現在正在怎麼哭泣著要東西吃嘞！朋友，只要她不死，我不死，我總是會繫念著她，總有養活她的責任，總想好好地養活她的。因此，朋友，我和你打個商量，我現在沒有文章，打算寫的還沒有寫，孩子又等著要錢用，怎麼辦呢？我不是有一篇〈姐姐〉麼？你不是說在我的作品裡還算是好點的麼？因為以前的，自然於抗戰沒有關係，可不可以附帶用一下呢？我想，十幾期刊物中，只有一篇文章和抗戰無關，讀者不會過分地責備你的吧。我決定寄給你，用了，有了二三十塊錢的收入，我就大大地鬆一口氣了。你能夠允許麼？如果能，收到稿子之後就把錢寄給我的老婆去吧！為了孩子，我有權利要求你，也有權利要求讀者原諒的。我的心情很壞，不能寫下去了。」信末附言：「另外一張請加封寄京山小東門內余萬太老周收，因為如此可以省幾角郵票。」（《聶紺弩全集》第九卷，第181-183頁）

按，「雪葦」即劉雪葦，當時在延安。

3月上旬　周恩來從延安經西安去武漢，在七賢莊八路軍辦事處接見西北戰地服務團主要成員丁玲、聶紺弩、蕭紅和端木蕻良，並合影留念[17]。丁玲彙報了西北戰地服務團在山西的宣傳演出工作。周恩來說好長時間沒有聽〈送郎當紅軍〉了，丁玲立馬就站起來唱了起來。丁玲唱完後，蕭紅接著唱了一首〈五月的鮮花〉，七賢莊一片歡聲笑語[18]。先生原本和周恩來熟悉，這次在西安相見，周恩來建議他去延安。

3月10日　胡風日記：「下午及晚上，覆田間、丁玲、宛君、胡明樹、碧野、沈瑞芝、周行。給周穎。」（《新文學史料》2016年第4期）

3月11日　西安《西北文化日報》報導：「由丁玲領導之西北戰地服務團，自來西安後，每日均分赴各團體各學校之聯歡會講演及歌唱，並赴各學校指導歌詠，備受各地之歡迎。聞該團現又編定三幕劇《突擊》……，現正趕製布景及加緊排練中。」[19]《突擊》為塞克、端木蕻良、蕭紅和先生四人共同創作。該劇內容，「係描寫一鄉村被日兵強占後，該處村民都紛紛逃奔山中居住，嗣又以日兵百般蹂躪，不堪忍受，隨[後]都一致聯合武裝起來，向日本鬼子突擊」。（《工商

17　曹革成：《端木蕻良年譜》（瀋陽：春風文藝出版社，2020年），第57頁。
18　劉彤壁：〈情繫七賢莊〉，《周恩來在陝西紀事》（西安：陝西人民出版社，1998年），第228-229頁。
19　〈《突擊》將在本市公演〉，《西北文化日報》1938年3月11日。

日報》1938年3月15日）

同日 日機三十架分四批空襲西安，中國空軍飛機起飛迎擊。日機在郊外投彈十餘枚後，向東逃竄。

3月12日 蕭軍在晉西吉縣離開民族革命大學，計畫繞道陝北去晉北五臺。

3月13日 東京《朝日新聞》：「靈石攻略，日軍高橋部隊的武動，北支視察團出發，西安空中大會戰，擊止四機，支那機偽裝墜落後逃跑。」

3月14日 丁玲把《突擊》劇本遞交給陝西國民黨黨部審查，很快獲得通過。戲劇審查委員會來不及看劇本，就過來看了一遍預演。演出時，警備司令部來檢查團體登記證，因為西北戰地服務團是旅行路過的群眾團體而不予深究。

同日 日機正午時分侵襲西安，在西郊投彈，毀民房二十餘間。塞克說：「空襲警報來了就下防空洞，解除警報就出來還排戲，演員拿著劇本下防空洞裡讀。」（《吼獅——塞克文集》，第559頁）

同日 西安《西北文化日報》發佈〈西戰服務團定期公演〉消息。

3月15日 蕭軍在山西平渡關渡過黃河，進入陝北。

3月16日 先生參與編劇、塞克導演的三幕抗戰劇《突擊》在西安易俗社[20]第一次公演，「據該團主任丁玲談，原定公演三日，現因售出之票為數眾多，恐劇場屆時有擁擠之虞，特改為公演五日，至20日截止」。該劇每日兩場，日場為下午三時，夜場為七時半。（《西北文化日報》1938年3月16日）

同日 漢口《七月》第二集第五期（總第十一期）出版。

3月17日 西安《西北文化日報》報導：「西北戰地服務團《突擊》勝利了！昨晚首次公演成績極佳。觀眾抗戰情緒頓形濃厚，團員們就是一支突擊隊。」西安《新秦晚報》報導：「全劇自始至終均充滿緊張空氣，故博得觀眾之熱烈歡迎，該劇在此時演出，尤其在敵人認為將要淪為戰區的西安演出，實具有絕大意義云。」

同日 胡風日記：「得紺弩、靖華信。」（《新文學史料》2016年第4期）

3月18日 西安《工商日報》報導：「該團全體男女演員們的表情技術真是

---

[20] 西安易俗社原名「陝西伶學社」，是我國第一個集戲曲、教育和演出為一體的新型藝術團體。它是陝西同盟會會員李桐軒、孫仁玉等眾多熱心戲曲改良的社會各界知名人士，於1912年7月1日創建。該社以「輔助社會教育，啟迪民智，移風易俗」為宗旨，將文化教育、戲曲訓練、演出實踐結合起來，培養了大批戲曲人才，創作和演出了許多優秀劇目，對戲曲改良起到了示範作用。魯迅曾為該社題寫「古調獨彈」。

爐火純青別具作風，處處表現出深刻有力通俗透徹，一舉一動，都能把握住劇的核心，故演來極為緊張，無懈可擊……，道具燈光，以及古樹神鐘、樓頭殘月之等等佈景，無一不是盡美盡善……，預料該團五天演完後對於抗戰宣傳，收效定極宏大云。」

3月中下旬　在西安與上海救亡演劇一隊不期而遇，「雖然這時候，隊裡的熟人已經不到一半，談起來仍舊有不少的契闊」（〈心祭〉，《聶紺弩全集》第四卷，第14頁）。

3月20日　話劇《突擊》前後五日公演閉幕，「該劇劇情之深刻，演員技巧之熟練，典型人物之表現，可謂得到成功之演出，尤以開幕前歌詠隊之歌唱，具有特別之風格，極得一般人士之稱讚」（《西北文化日報》1938年3月21日）。

3月21日　話劇《突擊》公演勝利結束，大家都很高興，作家們和服務團的團員們結伴去蓮湖公園遊玩。下午五時，丁玲為酬答各界人士愛護西北戰地服務團之雅意起見，特於西安女中該團團部歡宴各界人士，「出席者有文化界各界名流等數十人，席間談飲甚歡，並由各界來賓及該團團員分別舉行歌唱跳舞等表演，七時許賓主始盡歡而散」（《工商日報》1938年3月22日）。

3月21日至25日、27日至28日　廣州《救亡日報》連載〈找「和平」〉（長篇小說《華北的烽火》第三部），署聶紺弩。《聶紺弩全集》未收。

3月24日　蕭軍在延安致信胡風：「我於三月二十日到延安，二月廿六日從臨汾隨學校退出，這近乎一月中盡在跑路和躲炸彈了。還算平安，居然到了此地。於此地大約停留一兩月左右，待蕭紅到此，再作行止。」（《蕭紅年譜長編》，第290頁）

按，蕭軍到達延安後，住進陝甘寧邊區政府招待所。

3月26日　漢口《新華日報》刊登消息〈西北戰地服務團在西安〉，稱：「西北戰地服務團，是抗戰爆發後幾個最先組成的戰地服務團之一……，最近因為塞克的加入，與聶甘弩、端木蕻良、蕭紅等常就近幫助他們，他們的工作更加活躍。塞克、聶甘[紺]弩、端木蕻良、蕭紅等四人給他們集體創作的編了一個劇——《突擊》，在西安上演。團員們因為過去都只是在鄉村裡工作，演劇只是一種口號式的鼓動，這次要在舞臺上演，不能不注意技巧，因此許多天來忙著排演，揣摩表情動作，已經有兩個晚上沒有睡。」

3月27日　上午，「中華全國文藝界抗敵協會」（簡稱「文抗」）成立大會

在漢口總商會召開。大會選出郭沫若、茅盾、馮乃超、夏衍、胡風、田漢、丁玲、吳組緗等人為理事。

3月底　丁玲帶王玉清去延安彙報情況，請示如何處理與國民黨的摩擦問題。周恩來原本建議先生去延安，丁玲要去延安，先生便與她同行。先生叫蕭紅也去，蕭紅不去。端木蕻良本想去，看到蕭紅的態度後也沒去。

3月28日　隨同丁玲、王玉清到達延安，住陝甘寧邊區政府招待所，遇見蕭軍。後來又在招待所碰見抗日軍政大學教員何思敬。

3月29日　聽毛澤東演講。毛澤東對陝北公學第十一至第二十隊發表演講，說：「有了人民、國民黨和共產黨的進步這三個條件，中國不會亡國。有人說地方太小了，好的地方已被敵人占去，即使抗戰也不行。然而我是頑固黨的最後勝利派，仍舊主張我們會勝利。王羲之說『大塊假我以文章』，豈只大塊地方可以做文章嗎？小塊也行。有人說中國亡了，我說不是全亡，城市亡了，鄉村未亡；大路亡了，小路未亡；白天亡了，夜裡未亡。抗日不僅需要大大發展共產黨，而且需要非黨布爾什維克，例如魯迅就是非黨布爾什維克。」[21]後來先生將此段話寫入〈毛澤東先生與魚肝油丸〉一文。

3月30日　蕭紅和端木蕻良自西安致信胡風：「胡兄：我一向沒有寫稿，同時也沒有寫信給你。這一遭的北方的出行。在別人都是好的，在我就壞了。前些天蕭軍沒有消息的時候，又加上我大概是有了孩子。那時候端木說：『不願意丟掉的那一點，現在丟了；不願意多的那一點，現在多了。』現在蕭軍到延安了。聶也去了。我和端木尚留在西安，因為車子問題。為西北戰地服務團，我和端木和老聶、塞克共同創作了一個三幕劇，並且上演過。現在要想發表，我覺得《七月》最合適，不知道你看《七月》擔負了不？並且關於稿費請先電匯來。我等急用，是因為不知為什麼時候要到別處去。……蕭紅、端木三月卅日塞克附筆問候電匯到西安七賢莊八路軍駐陝辦事處蕭紅收。」[22]

同日　漢口《新華日報·團結》刊登若望〈西北戰地服務團的《突擊》〉。文章說：「《突擊》是塞克、蕭紅、紺弩、端木蕻良集體創作的，實際上塞克在這上面的心血更多些，塞克是一位埋頭苦幹的劇作者，這次成功可以說是他

---

[21]　逄先知主編：《毛澤東年譜（1893-1949）》中冊（北京：中央文獻出版社，2005年），第50-60頁。

[22]　轉引自袁培力：《蕭紅年譜長編》（西安：陝西人民出版社，2019年），第291-292頁。

十年來從事戲劇運動的結晶。技術的純熟，排練的逼真，都證明了突擊是一部好戲。」

4月1日　陝北公學舉行第二期開學典禮，毛澤東出席並講話。疑先生一行參加了典禮。

同日　晚上，毛澤東、洛甫、康生、張國燾等出面設宴招待邊區文化人，包括丁玲、蕭軍、徐懋庸，以及先生等人。張國燾致歡迎詞，徐懋庸代表文化人發言，最後康生做了長篇講話，闡述黨的文藝政策，對蕭軍進行了不點名的批評。蕭軍中途退席。

同日　漢口《文藝月刊‧戰時特刊》第九期刊登了〈中華全國文藝界抗敵協會發起旨趣〉，發起人有田軍、端木蕻良、田間、白朗、艾青、茅盾、胡風、梅林、馮乃超、蔣錫金、聶紺弩、羅烽等九十七人。

4月4日　西戰團假西安南院門正聲劇社舉行第二次公演，連演出通俗節目大鼓書、小調、相聲、快板、合作、秧歌等。

同日　新四軍軍部由南昌遷至皖南歙縣岩寺。

4月5日　蕭軍接受丁玲勸說，願意到西安參加西戰團做抗戰宣傳工作，蕭軍和丁玲、先生離開延安前往西安。

4月5日、6日　西安《新秦晚報》連載若望〈西戰團演出之《突擊》〉，對《突擊》進行了全面評論。

4月7日　和丁玲自延安返回西安，蕭軍隨行，來到梁府街女子中學西北戰地服務團駐地。據蕭軍回憶：「1938年初夏，在延安我計畫要去『五臺』，當時不能成行，就隨同丁玲、聶紺弩一道到了西安『西北戰地服務團』。這時蕭紅也寄居在該團。」（〈側面‧我留在臨汾〉，《蕭紅書簡》，第247頁）

4月8、9日間　離開西安回武漢。

先生回憶：「到西安後，我還同丁玲到延安去打了一轉，回西安後不久，我就單獨回武漢去了。」（〈序《蕭紅選集》〉，《聶紺弩全集》第九卷，第71頁）

袁權輯注〈端木蕻良致胡風的二十一封信〉：「聶紺弩1938年4月7日從延安返回西安後，因思念妻女，獨自一人先去了武漢。」（《新文學史料》2013年第1期）

徐光霄〈憶詩友〉：「到西安不久，由組織決定調我到武漢《新華日報》工作，我就離開西戰團。聶紺弩、袁勃和我三人一同到了武漢。（《徐光霄（戈茅）詩文集》，第8頁）

《蕭紅年譜長編》：「聶紺弩大約是在本月10日左右離開陝西西安去湖北武漢……聶紺弩就和戈茅、袁勃一起去了武漢。」（第299頁）

4月10日前後　端木蕻良致信胡風：「我、蕭紅、蕭軍，都在丁玲防地，天天玩玩。紺弩一定帶去許多我寫不出來的消息。」（《新文學史料》2013年第1期）

4月16日　端木蕻良致信胡風，於信末特別寫上：「紺弩兄、周穎先生暨小寶寶問好。」（《新文學史料》2013年第1期）

同日　蕭紅和蕭軍徹底決裂。

4月中下旬　在武漢《新華日報》編《團結》副刊。

徐光霄〈我與文學〉：「1938年3月初，西戰團到西安，在八路軍辦事處的領導和安排下，組織演出和宣傳活動……不久，我和袁勃、聶紺弩被調到武漢《新華日報》工作。」（《徐光霄（戈茅）詩文集》，第8頁）

4月23日　胡風日記：「到中南飯店會到聶紺弩和周穎。」（《新文學史料》2016年第4期）按，周穎本在京山，大約先生寫信約周穎到武漢相會。

4月24日　胡風日記：「下午開座談會，是關於利用舊形式的。談得非常疲倦。」（《新文學史料》2016年第4期）

先生與吳奚如、胡風、吳組緗、歐陽凡海、鹿地亘、艾青、池田幸子諸人到會，座談圍繞文學舊形式的利用進行。座談記錄以〈宣傳・文學・舊形式的利用〉為題發表在漢口《七月》第三集第一期（總第十三期）上。但是座談會記錄將會議時間誤寫為4月26日。該座談記錄又載6月25日上海《文藝》旬刊第一卷第二期，署胡風、聶紺弩等。

4月25日　漢口《七月》第二集第六期（總第十二期）出版。雜誌版權頁上的出版日期標注是4月1日，但實際出版日期據胡風日記記載是4月25日。

本期發表先生〈延安的孟子〉（包括〈孟子〉、〈月夜的故事〉、〈小鬼〉），署紺弩；抗戰三幕劇《突擊》，署名塞克、端木蕻良、蕭紅、聶紺弩。此劇本是蕭紅讓艾青從西安帶到武漢給胡風的，胡風立刻安排刊登。

4月　於漢口作〈月夜的故事〉（又分別作為〈巨像及其他〉第三節、〈延安的孟子〉第二節）。收1943年版《嬋娟》。

5月1日　新四軍軍部遷離歙縣岩寺，5日至太平縣馬村。

同日　漢口《七月》第三集第一期（總第十三期）出版。

5月3日　胡風日記：「午飯後到紺弩那裡，他苦著臉，說《團結》無法編下

去。」（《新文學史料》2016年第4期）

　　按，先生在漢期間，由吳奚如介紹在《新華日報》編《團結》副刊，因不是純文藝性質，後請辭並要求到前線去。另據〈編第一個日報副刊〉云：「六個副刊中，《新華日報》的《團結》只編了十天，連當時當經理的徐邁進（十年浩劫中，曾在北京半步橋監號中與他談起）也不知道。時間太短，無話可說。」（《聶紺弩全集》第四卷，第285頁）

　　5月4日　蕭紅和端木蕻良離開西安，乘坐火車回武漢。

　　5月8日　母親節作〈寂寞的故鄉〉（包括：遺念、師尊、疤），載5月16日漢口《七月》第三集第二期，署弩紺。

　　按，該期《七月》雜誌版權頁注明是5月16日出版，實際出版日期為5月23日。又，此文發表時署「弩紺」，疑手民誤植。

　　5月9日　胡風日記：「晚上餞張止戈行，打電話約了奚如、紺弩等……，回家時，端木、蕭紅從西安來，於是一路到館子吃飯，還有鹿地夫婦。」（《新文學史料》2016年第4期）

　　5月14日　漢口《抗戰文藝》三日刊第一卷第四號「文藝簡報」消息：「蕭軍、蕭紅、端木蕻良、聶紺弩、艾青、田間等，前於一月間離漢赴臨汾民大任課。臨汾失陷後，蕭軍已與塞克同赴蘭州，田間入丁玲西北戰地服務隊，艾青、聶紺弩先後返漢，端木蕻良和蕭紅亦於日前到漢。」

　　5月16日　漢口《七月》第三集第二期（總第十四期）出版。

　　5月19日　國民政府當局棄守徐州，進入保衛「大武漢」時期。

　　5月20日　湖北宜昌抗敵劇團在宜昌演出抗戰三幕劇《突擊》，共演了五天。

　　5月22日　胡風日記：「下午紺弩來，昨天約好奚如等今天來吃晚飯，但終於不見人影，大概又是聽錯了。」（《新文學史料》2016年第4期）

　　5月26日　新四軍軍部遷移到安徽南陵縣土塘。

　　6月1日　漢口《七月》第三集第三期（總第十五期）出版。

　　6月8日　國民政府軍委會制定出〈保衛武漢作戰計畫〉。

　　6月15日　日本御前會議正式決定進攻武漢，並於18日下達第一一九號、一六一號命令，部署作戰準備方案。

　　6月16日　漢口《七月》第三集第四期（總第十六期）出版。

　　6月18日　胡風日記：「過江，到印刷所付稿，到紺弩處，到『新華』及

『大公』問油墨事。」(《新文學史料》2017年第1期)

6月25日　上海《文藝》第一卷第二期發表〈延安的孟子〉,署聶紺弩。

6月下旬　端木蕻良與蕭紅在漢口大同飯店舉行婚慶。

6月29日　胡風日記:「上午冒雨過江,到編譯室,到奚如處吃午飯。……同奚如找紺弩,不遇。」(《新文學史料》2017年第1期)

6月30日　胡風日記:「飯後紺弩來,他後天就要出發到安徽去了。」(《新文學史料》2017年第1期)

按,先生實際上是先回老家京山看望妻兒,然後再去安徽。

7月1日　漢口《七月》第三集第五期(總第十七期)出版。

7月2日　受周恩來指派去皖南新四軍軍部工作,臨行前到武昌小金龍巷看望蕭紅,勸她去延安,但她不想去。

7月初至8月上中旬　趁隙回故鄉探望女兒和在當地參加婦女抗日工作的周穎,逗留約一個月。其間參與主持孫鐵人夫人葬禮並寫祭文。

7月4日　日本下令變更華北方面軍及華中派遣軍的戰鬥序列,完成對武漢的攻勢作戰部署。

7月16日　漢口《七月》第三集第六期(總第十八期)出版。

7月19日　日軍三十九架飛機轟炸武漢。

7月22日　西戰團乘八路軍西安辦事處的汽車回延安。

7月23日　日軍開始向江西九江進攻。25日晚,中國軍隊全線後撤。

7月27日　丘東平在新四軍第一支隊部中致信武漢胡風,詢問:「聶、艾、田、蕭、端諸兄的情形怎樣?無時不在念中。」(《丘東平文存》,第326-327頁)

同日　晨,日軍占領九江城區。

7月31日　胡風日記:「得辛人、紺弩信,他們走了半個月,還只走到一半云。」(《新文學史料》2017年第1期)

按,「辛人」,指作家陳辛人。

8月1日　在延安紀念建軍節大會上,西戰團演出話劇《突擊》,受到讚揚。

8月2日　新四軍軍部由南陵土塘移駐涇縣雲嶺[23]。新四軍司令部及直屬單位、東南分局、新四軍軍分會設在雲嶺山下葉子河畔的羅里村及其東西約十五公

---

[23]　許多文章均謂新四軍軍部於7月1日移駐雲嶺,係誤。劉樹發主編《陳毅年譜》(北京:人民出版社,1995年)根據賴傳珠日記考證為8月2日。

里的十三個自然村內，司令部設在羅里村一幢地主宅院——種墨園內。

此後，新四軍軍部及其直屬隊即長駐雲嶺地區。剛改編時，全軍轄四個支隊、九個團，共一萬多人。軍長葉挺。副軍長項英，實際上是新四軍的政治委員，抗戰期間任中共中央東南局書記、中央軍委新四軍分會書記。陳毅任第一支隊司令，新四軍軍分會副書記。

同日 蕭軍自成都致信胡風：「老聶、鹿地池田他們將來怎樣呢？延安去了嗎？還是仍在武漢？曹白最近有信嗎？大約他是不容易離開上海了。」（〈蕭軍胡風通信選〉，《新文學史料》2004年第2期）

8月5日 第九戰區擬定保衛武漢計畫。武漢市民開始撤離。

8月上中旬 離開武漢，前往皖南新四軍軍部。

8月下旬 到達雲嶺新四軍軍部。最初任政治部宣教科科員，籌備並成立推廣拉丁化新文字工作領導小組，計畫培訓連隊文化教員，教授戰士新文字；後因社會上一般人都用漢字，覺得學習新文字用處不大，遂停止。不久調服務團創作委員，創作組成員還有辛勞（陳晶秋）、菡子（羅涵之）、林琳（林果）。

彭柏山夫人朱微明〈柏山和胡風及胡風事件〉：「紺弩是1938年春天（按，應為秋天）從延安調到新四軍的，在軍政治部宣教部當幹事，分管文藝，兼任軍教導隊的政治教員，給隊員們講授《論持久戰》和《論統一戰線》兩門課。紺弩是個有學問的同志，鬥爭經驗豐富，他的課講得生動極了，隊員們都很歡迎。」（《我與胡風：胡風事件三十七人回憶》，第140頁）

8月29日 日軍出動五十七架飛機轟炸京山縣城，城關民眾遭到空前的災難，民房被毀一千餘棟，死傷六千餘人，炸絕九十餘戶。先生的老宅也被炸了，母親與妻女倖免於難。之後，周穎同京山縣政府人員一同躲到縣北二十公里外的杜家沖（今楊集鎮三口堰村），並參加游擊隊。

8月30日 漢口《新華日報》刊登中央社消息〈敵機昨狂炸京山，死傷千餘人毀屋七百餘棟〉：「敵機在京山縣城，投彈二百餘枚（內燃燒彈甚多）。事後調查，炸毀民房七百餘棟，死傷人民一千餘人。截至下午六時止，房屋仍繼續燃燒。天主教堂亦被炸毀，神父炸死。現城內死傷人民除輕傷已出城就醫外，所有重傷及屍首，均缺人救濟掩埋，情狀甚為淒慘。」

9月2日 漢口《新華日報》刊登中央社消息〈京山民眾通電呼籲，四千人死傷敵機下〉。

9月6日 胡風致信梅志:「……前些時,京山被炸,死傷兩千多人,周穎母女住在那裡,縣城又很小,我去了一信,不見回音,大概凶多吉少。」(《胡風家書》,第69頁)

9月9日 漢口《新華日報》刊登潘琪(羅先珂)採寫的通訊〈京山被炸毀了〉。文章說:「整個的城市給毀滅了!從城南到城北,從東街到西街,所有的房屋,傾倒的傾倒了,燒毀的燒毀了,沒有一間能夠例外!……[筆者略]。一切的經過都太使人痛心了!整個的縣城就這樣被毀滅了!三千多同胞死的死,傷的傷,而更重要的是由此發現了許多潛藏著的危機!鄂中是保衛大武漢的後衛,萬一將來武漢淪陷,鄂中將是非常重要的軍事根據地。」

9月10日 胡風日記:「到奚如處,知京山被炸時周穎母女無恙。」(《新文學史料》2017年第1期)

9月11日 胡風致信梅志:「周穎有了消息,平安無事的。」(《胡風家書》,第71頁)

9月13日 胡風日記:「得周穎信。夜,到奚如處坐了一會,遇凱豐。覆周穎、雪葦。」(《新文學史料》2017年第1期)

9月17日 胡風日記:「得雪葦和丁玲底信,說延安有人對紺弩底〈延安底蝨子〉不滿云。」(《新文學史料》2017年第1期)

9月28日 胡風離開武漢前往重慶。

9月29日至11月6日 中共六屆六中全體擴大會議在延安橋兒溝召開,毛澤東代表中共中央政治局做了〈論新階段〉的政治報告和會議總結,闡述了抗日戰爭相持階段游擊戰爭的新形勢新特點新任務。

9月 於雲嶺作新詩〈不死的槍——獻給畫篇《不死的槍》底作者新波〉,載1939年1月1日上海《文藝陣地》半月刊第二卷第六期,署紺弩;另載1939年1月金華《青年團結》半月刊第一卷第六期,署紺弩;又載1939年2月28日、3月1日《華美晨報・浪花》,署紺弩。初收1949年版《元旦》。

10月19日 在新四軍軍部舉行的紀念魯迅先生逝世兩週年大會上,做〈紀念魯迅,發揚魯迅精神〉的報告。(吳強〈新四軍文藝活動回憶〉,《新文學史料》1980年第4期)

10月25日 當晚十點,侵華日軍先頭部隊進入漢口城區。26日侵入武昌,27日侵入漢陽,武漢三鎮全部淪陷。

10月 新四軍《抗敵報》主編張孤梅介紹彭燕郊認識先生，並「拜他為師」，「但因一直在駐地周圍做民運工作，很少有機會向他請教」（〈彭燕郊自撰年譜二種〉其二，《風前大樹》，第14頁）。

11月12日 新四軍桂林通訊處成立，吳奚如為主任。

11月 金衢特委書記汪光煥接浙江省委指示成立祕密的文化領導機構，並確定由駱耕漠、邵荃麟、葛琴三人組成中共浙江省文化工作委員會（簡稱「文委」），指定駱耕漠為書記，邵荃麟、葛琴為委員，機構設在金華。

12月3日 於雲嶺作〈巨像〉（又作為〈巨像及其他〉第一節），載1939年6月金華《文化戰士》半月刊第一卷第一期（創刊號）；又載1939年10月重慶《七月》第四集第三期，署紺弩。初收1941年版《歷史的奧祕》。

12月8日 蕭軍自成都致信胡風，問：「老聶到哪裡去了？」（《蕭軍全集》第16卷，第120頁）

12月20日 於新四軍服務團作小說〈過夜〉，載1939年1月20日《東南戰線》第一卷第一期，署紺弩。《聶紺弩全集》未收。

年底 黃源（團長）率領金華文化新聞代表團到達皖南訪問新四軍，代表團成員還有石西民、駱耕漠、汪瑛。

1939年 三十七歲

（己卯）

年初　東南局書記兼新四軍副軍長項英在雲嶺接見黃源一行，並帶領到各地參觀。

1月16日　日軍八目聯隊侵占京山縣城，在縣城設立維持會。

1月20日　在中共浙江省文委領導下，將《抗建論壇》、《戰時生活》兩刊合併，創辦《東南戰線》，作為浙江省委文委機關刊物。浙江省委文委書記駱耕漠、委員邵荃麟任正副主編。先生列為特約撰稿人。

1月22日　根據舊文〈過夜〉改為〈一夕談〉，載2月15日《抗敵》創刊號，署紺弩。《聶紺弩全集》未收。

該文附記：「這篇文章原名〈過夜〉，是一個朋友叫寫的。寄出後，覺得太粗率，即通知那朋友，叫他不要發表。現大加增改，與原來面目很有差別，差不多是另外一篇了。但要放在本刊發表的意思，並未通知那朋友，而且因交通問題，通知已來不及，恐原文還是被發表出來，故在此聲明：並非一稿兩投。」

2月左右　任文化委員會委員兼祕書，負責編輯軍部刊物《抗敵》的文藝部分。《抗敵》由軍部祕書長、文委主任李一氓兼任主編。這是一種十六開綜合性刊物，限於出版條件簡陋，只好不定期出刊。

2月2日　於「皖南軍次」作〈山芋〉，載6月上海《時論叢刊》月刊第三期，署紺弩；又載新四軍《抗敵》（期數不詳）。初收1940年版《夜戲》。

2月15日　新四軍軍部刊物《抗敵》創刊號出版發行。

2月23日　受中共中央委派，中共中央軍委副主席、新任中共南方局書記周恩來，借回鄉省親之名，從重慶繞道桂林，抵達安徽涇縣雲嶺新四軍軍部。

2月24日　新四軍軍部為周恩來的蒞臨舉行歡迎晚會，項英在會上向大家介紹周恩來和葉挺並致歡迎詞。周恩來代表黨中央、中央軍委和毛澤東，向新四軍指戰員致以親切慰問，並發表了題為〈新階段的新關鍵〉的演說。

2月28日　周恩來在雲嶺召開的新四軍幹部會議上，做〈關於統一戰線工作〉的報告，系統地論述了統一戰線的性質、特點、原則、方法及其發展前途。

2月　八路軍桂林辦事處主任吳奚如調離桂林，赴衡山「南嶽游擊幹部訓練

班」工作。

2、3月間　為陳毅充當紅娘，將其所寫情信交給部隊文工團演員張茜。

3月6日　周恩來給軍部和駐皖南地區幹部和教導總隊學員做報告。

3月8日　於屯溪作〈心祭〉，載6月14日金華《大風》週刊第九十五期。初收1941年版《蛇與塔》。

同日　於屯溪作〈聖母〉，載桂林《力報・新墾地》1940年5月1日，署紺弩。初收1941年版《蛇與塔》。

3月上旬　離開皖南新四軍軍部，到達浙江金華，同駱耕漠、邵荃麟編輯《東南戰線》雜誌。

3月上旬　周恩來在雲嶺的陳家大祠堂向近千名幹部做了題為〈目前的形勢和新四軍的任務〉的報告。這個報告講了兩天，主要傳達貫徹中共六屆六中全會精神，分析當前形勢和新四軍的任務。

3月12日　新四軍戰地服務團在雲嶺陳家大祠堂為歡送周恩來舉行文藝演出。先生參與準備的話劇《耶誕節之夜》，因礙於國共關係未能上演。

3月14日　周恩來離開雲嶺，乘竹筏沿青弋江踏上浙江的旅途，於18日抵達金華。

3月15日　於金華抄《嬋娟》。該文由九篇詩文組成，即：我的詩、英勇的日本空軍、老黑馬、夢、櫻花節、水邊、父性、天界、通訊員，分別載8月至9月金華《大風》週刊第一零四期、一零五期、一零六期、一零八期、一零九／一一零合期。初收1943年版《嬋娟》。

3月18日　於金華作〈黃牛〉（又作為〈物輿篇〉第一節），載1940年11月1日桂林《自由中國》月刊第一卷第一期，署紺弩。初收1943年版《嬋娟》。

3月20日　金華《東南戰線》半月刊第一卷第五期發表〈序《捧血者》〉，署紺弩。

按，《東南戰線》在出版第五期後被國民黨當局查禁。

3月22日　於金華作〈白兔〉（又作為〈物輿篇〉第二節），載1940年1月9日《前線日報》，署紺弩；又載1940年8月20日桂林《野草》月刊創刊號，署紺弩。初收1943年版《嬋娟》。

3月25日　金華《青年團結》第一卷第九期發表新詩〈憂鬱〉，署紺弩。《聶紺弩全集》未收。

3月　抗敵叢書編委會解散，菡子和林果離開，辛勞留下。恰逢王元化隨上海慰問團到達皖南新四軍軍部，遂與辛勞同住一院。

王元化回憶：「1939年初我隨上海慰問團到了皖南新四軍軍部，在服務團時，我被安排住在辛勞的那個院落裡……。這個院落很小，只有幾間屋子。一進院門，左右各有一間，辛勞住一間，另一間是聶紺弩住的。我去的時候，紺弩出差到金華了，要過一陣才回來。」（《辛勞作品集・捧血者》，序文第3頁）

同月　生活書店（重慶）出版抗戰三幕劇《突擊》單行本，封面、扉頁及版權頁署名塞克著，正文題目下方標明塞克、端木蕻良、蕭紅、聶紺弩合作。

4月2日　於金華作〈仔狗〉（又作為〈物與篇〉第三節，又為〈致生者、悼死者、不明者〉第二節），載1940年1月30日《前線日報》，署紺弩。初收1943年版《嬋娟》。

同日　於金華作〈沉痾〉（又題作〈蝸牛〉，又作為〈巨像及其它〉第二節），載5月28日金華《大風》週刊第九十三期，署紺弩。初收1943年版《嬋娟》。

4月5日　周恩來在金華會見駱耕漠、邵荃麟等人，對抗日文化工作提出意見。

4月　重慶生活書店出版《西線生活》（西北戰地服務團叢書之五），由西北戰地服務團集體創作。該書載有〈略談《突擊》的導演和演員〉，署聶紺弩。《聶紺弩全集》未收。

5月10日　胡風在重慶夜訪周恩來，談《七月》的出版經過，「又和他談起，聶紺弩願意在江浙一帶發行《七月》江南版，我則提出辦成《七月》的大眾版。他十分贊成，答應為《七月》幫忙，給了我不小的鼓勵」（《胡風全集》第七卷，第446頁）。

胡風還向來重慶的葉挺軍長提過，葉也表示可以。隨後致信先生，希望他能來渝負責《七月》大眾版，並與妻女團聚。（《胡風全集》第七卷，第504、451頁）

5月25日　於金華作小說〈風塵〉，載10月永安《改進》第二卷第一期，署聶紺弩。初收1940年版文集《風塵》（聶紺弩、王西彥等著），復收1949年版《兩條路》。

6月1日　中共浙江省委《文化戰士》在金華創刊，屬綜合性半月刊。社址在金華同升巷十號，先生任編輯兼發行人，生活書店發行。

創刊號一卷一期發表先生四文：〈論文化戰士——作為創刊的獻詞〉；〈關

於顧問〉，署編者；〈巨像〉，署紺弩；〈寫信容易寫文章難〉，署耳耶。除〈巨像〉外，其餘三篇《聶紺弩全集》均未收。

同日　上海文化勵進社出版文集《魯迅訪問記》（登太編），內收先生二文：〈創作口號和聯合問題〉（署聶紺弩）、〈創作活動底路標〉（署耳耶）。

6月16日　金華《文化戰士》半月刊第一卷第二期出版，發表二文：〈白鐵論〉，署耳耶；〈天界〉，署紺弩。前者《聶紺弩全集》未收，後者初收1943年版《嬋娟》。

按，該刊只出版了第一卷一、二兩期，因反汪而當月被禁。

6月30日　第三戰區憲兵隊查封了金華的生活書店和新知書店，書店同人都被趕了出來，朱希和愛人陳宜「只好住到酒坊巷荃麟家裡，和紺弩他們一起去睡地板了」（〈紺弩交卷了〉，《聶紺弩還活著》，第114頁）。

7月1日　日機轟炸雲嶺中村一帶，炸毀民房數千間及中村祠堂，炸死村民九人。

7月20日　蕭軍自成都致信胡風：「偶然在什麼報上看到紺弩，在江浙某處編一個刊物，不知你有確息否？周穎還是沒有消息嗎？念念！」（〈蕭軍胡風通信選〉，《新文學史料》2004年第2期）

7月　《七月》在重慶續出第四集第一期（總第十九期），同時改為月刊。該期「七月社明信片」欄刊登啟事：「有知道聶紺弩夫人周穎（之芹）母女底消息者，請火速示知為禱。」

同月　浙江省文委書記駱耕漠離開金華到皖南屯溪，省文委具體工作由邵荃麟負責。

8月　重慶《七月》第四集第二期（總第二十期）出版。

8月初　王西彥從湖南邵陽輾轉到達金華，受邵荃麟葛琴夫婦邀請吃晚飯，先生作陪。

同月初　與邵荃麟、葛琴等在金華發起組織成立「刀與筆社」，後於11月創辦《刀與筆》綜合月刊（主編萬湜思[24]）。

---

[24] 萬湜思（1915-1943），原名姚思銓，浙江桐廬人。集詩人、翻譯家、編輯、版畫家於一身。1930年開始詩歌創作，自編詩集《野花一握》。1931年進杭州師範學校，與同學組織白煤學社，宣傳進步思想，被學校開除。1938年來到金華，接編《大風》三日刊及《新力》。1939年底，與人合辦《刀與筆》雜誌，擔任主編。不久又擔任《浙江日報》副刊主編。在他短暫的生命裡留下了大量詩文、譯文及抗戰題材的版畫，馮雪峰稱他為「獻身於革命的新文藝工作者」。

8月上旬　從金華回皖南，旋即應陳毅之邀往江蘇溧陽江南敵後先遣支隊（新四軍一支隊）體驗生活，搜集寫作材料。

8月7日　彭柏山致信胡風：「老聶從金華回來，本已領好路費回重慶。過一天，我出外工作去了。不知他怎麼又跑到江南前線去了。現在聽說和白丁在一起。他這樣來來去去，在他也許覺得很自由，而我總覺得浪費精力，浪費時間。特別是他對我說要回重慶的理由那樣嚴正，而突然改了方向，使我非常難受呢！」（〈彭柏山書簡〉，《新文學史料》1984年第4期）

按，白丁即徐平羽，時任新四軍江南一支隊政治部宣傳科長。

8月17日　溧陽某村中作〈父性〉，載12月21日金華《大風》週刊第一一七期，署聶紺弩。

8月23日　作〈噩夢〉（又題作〈永遠地，永遠地……〉），又作為〈《嬋娟》題記〉之一，載12月20日金華《刀與筆》月刊第二期，署邁斯。

9月　在溧陽江南敵後先遣支隊，曾和丘東平、徐平羽一同上前線，三人換著騎兩匹馬。身邊沒有印刷品，他們為得到一本殘缺的《三國演義》，爭搶得不亦樂乎。

9月27日　中秋節作長詩〈收穫的季節——為魯迅先生三年祭作〉，載11月20日金華《刀與筆》月刊創刊號，署紺弩；又載1940年8月3日桂林《力報‧新墾地》。初收1949年版《元旦》。

10月　重慶《七月》第四集第三期（總第二十一期）出版。

10月2日　中華全國文藝界抗敵協會桂林分會舉行成立大會。

10月5日　青年作家葉紫病逝，終年二十八歲。

10月上旬　離開江蘇溧陽回皖南。

10月10日　丘東平在溧陽城外致信重慶的胡風：「我在這裡的生活情形紺弩同志可以告訴你一些，也沒有什麼特別的消息，只是身體很好，戰鬥的艱苦的生活顯然吃不了我，也沒有什麼疾病，彷彿這殺人盈野的戰場比上海東京還要衛生一些，這當然又是生活工作由規律的緣故，這一點可以告慰你們。紺弩兄我們本希望他不要回去，但他自己考慮的結果以為回去對於自己較為適合，如果是這樣，回去也應該贊成。遠祝你們有一個比較稱心如意的工作場所，遠祝你們開闢新的絢爛的天地！」（〈丘東平致胡風的信〉，《丘東平文存》，第328頁）

按，先生離開溧陽後先回皖南，然後去了金華，實際上未去重慶。

10月15日 彭柏山自涇縣致信重慶的胡風，云：「老聶明天動身回你那裡……。老聶一走，心裡卻感到異常的悲涼，好像看著他在荒蕪的沙漠上，一個人向著蒼茫的天際，低著頭，嚼碎著自己的心，慢慢地在摸索著他自己的路。然而這是我如此想著他的，也許如他所說我的一樣：我是不懂得他。但人與人老是這樣隔膜著，又有什麼法子呢？我贊成他離開此地，還是去年這個時候，他畢竟熬了一年，在他是痛苦的。現在他已經決定走，對於他是好的。這好，並不是他和我們永遠分離了，不。他是習慣於他自己的生活和習慣於使用他自己鬥爭我武器，在為光明而搏鬥。我曾經對他說：『我永遠要堅持在戰爭的最前線，堅持在群眾工作中，也許我從此默默死去，然而我已從鬥爭中完成了自己，那麼，我的藝術，也就此成功。』他呢？和我走著同一條路，他是將要從史詩中，從藝術創作中，在為人生服務，去完成自己。那麼，萬一叨天之福，我們還有相見之日，我們將在新的樂園中握手了。這是我的約言，但願這約言有實現之日。……另外，我們的像片一張，寄給你，作為紀念。」（〈彭柏山書簡〉，《新文學史料》1984年第4期）

按，「像片」係先生和黃源、彭柏山在皖南新四軍駐地湯村合影。

10月16日 乘船離開皖南。

10月17日 辛勞於皖南病中作詩〈渡船前——送紺弩兄〉，載紹興《戰旗》週刊1940年第八十四期。作者在第一節寫道：「我知道今天為何沒有晨霧，／那時怕遮掩了離別的面龐，／再珍惜的看一看吧！／誰知道相聚在那一年呢？／我是正在患病。／你又去得這樣遼遠！／在河邊，／竹篙已經提起，／你站立在渡船頭，／馬兒依在你的身旁。／別了，在小河口的河邊！」

10月19日 作〈「現在中國人為人的道德」〉，載11月20日金華《刀與筆》月刊創刊號，署耳耶。初收初版《高山仰止》。

10月20日 路翎自重慶致信胡風：「昨天周先生逝世三週年紀念，我和兩個朋友去，『一園』是九點半，聽到一位先生『黑格爾……現實……』的講演，聽到朗誦『走近十月的河邊，他停息了……』的紺弩先生的詩，聽到連續的拍掌，後來就跟著擠出來了……。」（《致胡風書信全編》，第5頁）

按，「周先生」即魯迅。

秋 桂林文化供應社成立。這是胡愈之按照周恩來的決策，代表全國救國會與廣西方面代表李任仁、陳劭先協議創辦的統一戰線的文化企業。

11月1日　福建永安《改進》第二卷第三期發表〈父性〉，署聶紺弩。

同日　丘東平致信重慶的胡風：「……紺弩回去了，一切由他告訴你吧，我的新女友頗好，謝謝。祝健康！歐陽山草明處曾託紺弩帶信去，望他們有來信。他們如何，非常掛念。」（〈丘東平致胡風的信〉，《丘東平文存》，第330頁）

11月15日　金華《浙江婦女》月刊第五期發表二文：〈創作口號及其它〉，署耳耶；〈櫻花節〉（又作為〈嬋娟〉第五節），署邁斯。後文又載1946年8月17日重慶《商務日報·茶座》，署蕭今度。

11月22日　於金華作小說〈夜戲〉，載12月14日金華《大風》週刊第一一六期；又載1940年1月重慶《七月》第五集第一期。初收1940年版《夜戲》。

11月　新四軍《抗敵》雜誌第一卷第六期出版發行。

12月　重慶《七月》第四集第四期（總第二十二期）出版。

12月7日　胡風自重慶致信彭燕郊：「老聶到金華後即把你的信航寄了來。至於明信片和小冊子，要等他到了這裡以後才能見到。」（《胡風全集》第九卷，第460頁）

12月8日　於金華作〈《此時此地劇運》補義〉，載1942年版《早醒記》。

按，《早醒記》及《聶紺弩全集》第一卷，此文末尾署「一九三八」，實誤。

12月13日　於金華作〈當編輯的時候，我怕……〉，載12月25日金華《作者通訊》（浙江省戰時作者協會主辦）第一卷第十期。《聶紺弩全集》未收。

12月15日　於金華作〈記周佛海林柏生〉，載12月20日金華《刀與筆》月刊第二期，署紺弩；又載上虞《戰鼓》週刊1940年第六十期，署聶紺弩。重慶《星期文摘》1940年第二卷第三期轉載，署聶紺弩。

12月20日　金華《刀與筆》月刊第二期發表〈我的金言〉，署耳耶。

按，此文又載1943年10月10月沅陵《長風文藝》第一卷四、五合期，署耳耶。

12月23日　於金華作小說〈弟弟〉，載1940年3月1日上饒《東線文藝》創刊號，署紺弩。初收1940年版《夜戲》。

12月下旬　胡風自重慶北碚給先生回信。

12月底　彭柏山於涇縣致信胡風：「昨天我從江南前線平安地歸來了……。這次回來，最難受的，是紺弩寫了一篇什麼文章，在《浙江婦女》上發表，聽說態度很不好，而且正是他離開此地以後寫的。因此，在一個會議上，被大聲斥責，其影響於此地文化工作者頗為不小，使我更為難堪。好在我有我自己的存

在，也就不聞不問，以淡漠的態度處之而已。」（〈彭柏山書簡〉，《新文學史料》1984年第4期）

按，先生在《浙江婦女》雜誌上撰文批評一同名高崗青年的錯誤文藝理論，項英以為先生批評了陝北的高崗，在會議上大加斥責。後經邵荃麟來皖南新四軍軍部時解釋清楚了，但項英並未在任何會議上澄清事實，事情就這麼不了了之。

年底　赴溫州做短暫逗留，會見中共溫州地方組織負責人和部分進步作家，傳達陝北、皖南戰地和本省各地的政治及文化資訊。

巻四　副刊編輯雜文家

1940年 三十八歲

（庚辰）

1月 重慶《七月》第五集第一期（總第二十三期）出版。

1月上旬 浙江省第三專員公署《戰旗》主編駱賓基從紹興到金華組稿，在國際新聞社金華分社辦事處與先生相見。先生贈駱自己所刻名章一枚，以備取稿費之需。

1月17日 蕭紅隨端木蕻良離開重慶，飛抵香港。

1月28日 中央革命軍事委員會新四軍分會副書記、新四軍第一支隊司令員陳毅和張茜在江蘇溧陽縣水西村結婚。

2月 金華《刀與筆》綜合月刊停刊，共出版四期。

2月2日 彭柏山自皖南致信胡風，丘東平於信末附筆：「紺弩兄諒已到你處了。」（〈彭柏山書簡〉，《新文學史料》1984年第4期）

2月底 彭柏山自皖南致信胡風，問：「紺弩聽說回重慶了？」（〈彭柏山書簡〉，《新文學史料》1984年第4期）

3月1日 多人合集《風塵》由永安改進出版社初版，列入改進文庫之四，署聶紺弩、王西彥等著。內收荃麟〈客人〉、聶紺弩〈風塵〉、葛琴〈繳卷〉、王西彥〈爐爐〉、丁乙〈金行長〉和〈工廠漫記〉。該書〈前記〉說：「這裡收集的六篇創作，都是在《改進》半月刊上登過的……，作者荃麟、葛琴、聶紺弩、王西彥諸先生，是文壇知名之士，用不著我們介紹；只有丁乙先生是陌生的投稿者。」

同日 江西上饒《東線文藝》（編輯殷夢萍、張煌）創刊，創刊號發表先生的小說〈弟弟〉和譯文〈冰條〉。

3月10日 民營報紙《力報》在桂林正式創刊，總經理張稚琴[1]，總編輯先後為歐陽敏訥、馮英子，社址江東社公岩。

張稚琴是個頗有生意眼光又有點進步傾向的人，他深知，要在桂林這樣的文

化城爭取讀者，需要有一個能吸引讀者的副刊，這個副刊必須由一位著名作家來主持，就託張天翼寫信請邵荃麟去。當時邵荃麟抽不開身，就竭力動員先生前往應聘。先生原來想應胡風之邀去重慶的，禁不住邵的勸說就應允了（《抗戰時期文化名人在桂林》，第285頁）。

3月15日　金華《浙江婦女》第二卷第二期發表雜文〈創作口號問題自檢〉，署耳耶。《聶紺弩全集》未收。

3月20日　丘東平致信胡風：「屢次從柏兄處看到你的信，也屢次鶴給你而沒有發出，我曾從郵局寄信與你，也曾託紺弩兄帶信與你。但你大約都沒有收到。沒有通訊或收不到信的事現在對於我已經沒有什麼了，因為長年都是沒有接到信，戰爭對於我似乎特別加重了味道……。紺兄回去後如何，希望你能夠把從柏兄信中所知道的告他一點，並希望他以後寫文章要小心，不要鬧無謂的糾紛。他的那篇文章的確很成問題。」

曉風編注：「『紺弩的那篇文章』，大概是指聶紺弩發表於《七月》二集×期上的報告文學〈延安的孟子〉。胡風認為它表現了在艱苦生活條件下的革命生活氣概，但它卻受到了『諷刺革命根據地』的責備。」（《丘東平文存》，第331-332頁）

3月　周穎帶著尚小鳳（先生表妹，俗稱三妹）、海燕從京山來到重慶，投奔其胞姐、北泉慈幼院院長周之廉，任保育主任。

同月　重慶《七月》第五集第二期（總第二十四期）出版。

3、4月間　彭燕郊離開新四軍，轉移到浙江金華。

彭燕郊〈他一生都是詩——悼念詩人辛勞〉：「就這樣我到了金華，又和他（按，指辛勞）重新聚首了，那是1940年的初夏（按，應為春）。看來他在金華生活得不錯，他和荃麟、葛琴，紺弩及和他同居的C女士、麥青住在一起，荃麟是個十足的忠厚長者，葛琴是個十足的賢慧主婦，紺弩為他的長詩寫了〈序〉，長詩就發表在荃麟主編的《東南戰線》上。他和紺弩還去過江西上饒和弋陽，演劇七隊在弋陽……。」（《新文學史料》2000年第2期）

春　中共中央東南局決定在浙江省文委的基礎上成立「東南文委」，由邵荃麟擔任書記，成員有夏征農、錢俊瑞、駱耕漠、馮雪峰等，工作範圍由浙江擴展到江西、福建一帶。

4月1日　福建永安《改進》第四卷第七期，發表對話錄〈行都一景〉，署耳

耶。《聶紺弩全集》未收。

4月上旬　秦似應夏衍之約,從藤縣前往桂林。從此留在桂林從事抗日文藝工作。

4月11日　桂林上午十一時許有空襲警報。

4月12日　下午有警報,日本偵察機一架侵入桂林,略事盤旋即去。

4月下旬　由金華抵達桂林。

4月28日　於桂林致信××兄云:「大禮收到。我已到桂。拙集如命辦理,但請將〈弟弟〉一篇亦抽去,爽興就小一點吧。稿費仍請寄××姊收。拙作容日內奉上。力報請寄一點短文來……。剛到,匆促之至,不及多談。烈文先生不另。敬頌撰安」(永安《現代文藝》第一卷第二期,第101頁)《聶紺弩全集》未收。

按,「××兄」疑為《現代文藝》主編王西彥。

4月29日　桂林八時半有警報,未幾解除。九時餘又有警報。

4月30日　歐陽敏納在《力報・新墾地》發表〈應有的尾聲〉:「本報發行五十二號,《新墾地》也編刊了四十二期,在本報未出版之前,《新墾地》即約定了聶紺弩先生,因為道路修阻,不能如期趕到,只得臨時決定,由本人於撰述社評之餘,暫時兼代,起初以為只有幾天,頂多十幾天,不料一等竟到了今日,這是《新墾地》的不幸,更是讀者的不幸。從明天起,《新墾地》由聶先生編輯了。明天是一個有意義的日子,《新墾地》能有正式負責的園丁,也是具有意義的事情,這是《新墾地》的幸運,更是讀者的幸運。在聶先生手裡,《新墾地》一定可以開出燦爛的花、結出堅實的果;本人於編完最後一期稿子的深夜,為《新墾地》這樣期待,更為讀者這樣祝賀。」

5月　重慶《七月》第五集第三期(總第二十五期)發表〈陽光的蹤跡〉,署紺弩。

5月1日　正式接編《力報》副刊《新墾地》,並在《力報》發表第一篇文章〈聖母〉,拉開了近兩年之久的《新墾地》這個文化陣地的序幕。

5月3日　辛勞於金華為詩集《捧血者》撰寫〈後記〉,說:「這部詩能夠寫出來,得感謝我已離開的那個軍隊,給我那麼多閒暇的時間,更感謝紺弩兄,那時候我們偶然地相逢,並且住在一個小房子裡,——我所以對紺弩的感謝加個『更』字,並不是因為他給我寫了序,而是因為在荒僻的山村中,他給我的慰解和鼓勵。」

5月11日　桂林上午十一時、正午均有警報。

5月12日　作〈莎士比亞應該後悔〉，載5月13日《力報・新墾地》，署紺弩。初收1941年版《歷史的奧祕》。

同日　於桂林作〈在汽車上〉（又題作〈汽車生活〉），分六節載貴陽《西南公路》週刊第一二二期、一二三期，1941年一二六期、一二七期、一二八期、一二九期。初收1943年版《嬋娟》。

5月14日　作〈兔與狐〉（又作為〈飛機的用途及其他〉第三節），載5月16日《力報・新墾地》，署紺弩。初收1941年版《歷史的奧祕》。

5月15日　《力報・新墾地》發表〈灰沙——在汽車上之七〉，署紺弩。初收1943年版《嬋娟》。

5月16日　桂林上午有緊急警報。

5月19日　先生邀宋雲彬等人去美麗川菜館，宋謂：「來客甚多，與夏衍等暢談。」（《宋雲彬日記》上冊，第101頁）

同日　作〈飛機的用途〉（又作為〈飛機的用途及其他〉第一節），載5月21日《力報・新墾地》，署紺弩。初收1941年版《歷史的奧祕》。

5月20日　宋雲彬日記：「午後五時進城，應夏衍之邀也。在東坡酒家小飲，商談出一專載雜文之期刊，座有王石城、秦似及聶紺弩。」（《宋雲彬日記》上冊，第101頁）

同日　《力報・新墾地》發表〈吃鱉的時候〉，署紺弩。

5月22日　作〈嚮往〉（又作為〈飛機的用途及其他〉第二節），載5月23日《力報・新墾地》，署紺弩。初收1941年版《歷史的奧祕》。

5月23日　丘東平自溧陽致信胡風：「從柏兄處看到你的信，你給我的信也看到了。你那邊現在如何，非常掛念。紺弩兄諒已到達你那邊了。……。」（〈丘東平致胡風的信〉，《丘東平文存》，第332頁）

5月25日　《力報・新墾地》發表〈從汽油節約說到張恨水〉（又作為〈汽油——藝術〉第一節），署紺弩；又載1941年4月7日貴陽《西南公路》週刊第一三八期，署紺弩。初收1941年版《歷史的奧祕》。

同日　《力報・新墾地》發表〈〈飛機的用途〉補遺〉，署紺弩。《聶紺弩全集》未收。

5月27日　《力報・新墾地》發表〈從張恨水說到墨子〉（又作為〈汽

油——藝術〉第二節），署紺弩。初收1941年版《歷史的奧祕》。

5月28日　《力報・新墾地》發表〈從墨子說到藝術什麼的〉（又作為〈汽油——藝術〉第三節），署紺弩。初收1941年版《歷史的奧祕》。

按，〈汽油——藝術〉，即〈從汽車節約說到張恨水〉、〈從張恨水說到墨子〉和〈從墨子說到藝術什麼的〉的合篇。初收1941年版《歷史的奧祕》。

5月29日　《力報・新墾地》發表〈飛機用途真補遺〉，署紺弩。《聶紺弩全集》未收。

5月30日　作〈關於幽默」〉，載5月31日《力報・新墾地》，署編者。

5、6月間　馮英子到《力報》工作，報社總經理張稚琴接風，先生等人作陪。

6月1日　《力報・新墾地》發表〈「莎士比亞後悔」以後〉，署紺弩。

6月10日　於桂林作〈記周佛海〉（即〈記周佛海、林柏生〉之一部分），載6月12日《力報・新墾地》，署紺弩。初收1941年版《歷史的奧祕》。

6月14日　作〈架橋者〉，載6月15日《力報・新墾地》，署紺弩。

6月15日　作〈為一個詩人我擁護憲政〉，載6月17日《力報・新墾地》，署編者。

6月　短篇小說集《夜戲》，列為《現代文藝叢刊》之一，由福建永安改進出版社初版。內收〈酒船〉、〈旁聽〉、〈山芋〉、〈夜戲〉、〈弟弟〉等文五篇。

夏　青年作者呆向真來到桂林，朋友們替她在衛生署醫療防疫隊找到了工作。不久，她寫了一篇揭露一個醫療隊長藉為人民謀福利之名，假公濟私，過腐化生活的小說，該小說在《新墾地》上以「胖實」的筆名（先生為其所取）發表出來後，觸怒了醫療隊長而被開除。

下半年　黃埔軍校第六分校（桂林奇峰鎮）教官馮濟華登臨報社，請先生前去當掛名教官，遭謝絕。

7月1日　於桂林改作小說〈姐姐〉，載8月25日永安《現代文藝》月刊第一卷第五期，署聶紺弩。初收1944年版《姐姐》，復收1949年版《兩條路》。

7月13日　《力報・新墾地》發表〈雪的曠野〉，署紺弩。

7月16日　《力報・新墾地》發表〈關於異小民族的藝術〉，署紺弩。

同日　《力報・新墾地》發表〈偶語〉，署耳耶。

7月24日　《力報・新墾地》發表〈幻象〉，署紺弩。

7月28日　下午三時，桂林市新聞記者公會在樂群大禮堂舉行成立大會，選舉了領導機構執行委員會。莫寶堅、孟秋江、張稚琴、夏衍等當選執行委員，谷斯範、聶紺弩、馮英子等當選為候補執行委員。

8月1日　為推動戰時文藝運動，文協桂林分會和中華全國木刻協會自今日起，在青年會大禮堂聯合舉辦暑期文藝寫作研究班。由歐陽予倩、夏衍、宋雲彬、艾蕪、陳閑、周鋼鳴、司馬文森、王魯彥、林林、吳曉邦、溫濤、新波、聶紺弩、孟超等十四人擔任主講。

同日　《力報・新墾地》發表〈市場上〉，署紺弩。

8月3日　下午，桂林文化界「假青年會舉行魯迅先生六秩誕辰紀念會，到文藝作家、漫畫、木刻及文化界人士百餘人，由司馬文森主席，宋雲彬報告魯迅先生生平，聶紺弩、溫濤、陳閑、林林、谷斯範等相繼演講，對魯迅先生之精神頗多闡發」（《新華日報》1940年8月13日）。

8月8日　作〈榮譽村〉，載8月9日《力報・新墾地》，署紺弩。

同日　《力報・新墾地》發表〈火〉，署紺弩。

8月9日　下午三時至五時，桂林八桂街八桂鎮公所舉行的文協暑期文藝寫作研究班第四次公開課上，先生主講〈語言問題與語言運動〉。（《救亡日報》8月9日）

8月19日　《力報・新墾地》發表〈沒有脊椎的人〉，署紺弩。

8月20日　由夏衍、宋雲彬、聶紺弩、孟超和秦似五人編輯的雜文刊物《野草》問世，這是當時國內僅有的以發表雜文為主的文藝月刊。創刊號上發表〈白兔〉，署紺弩。

8月23日　《力報・新墾地》發表〈關於歐陽予倩〉，署紺弩。

8月27日至30日　《力報・新墾地》發表〈《國家至上》公演後，一個看客的獨白〉，署紺弩。

8月　國民黨中央圖書雜誌審查委員會特派專員管舉先來桂視察工作。經過一個多月的觀察，在寫給中央圖審會的視察報告認為：廣西省圖書雜誌審查委員會問題嚴重，已不僅僅是它對中央政策是否執行，而是要從組織上進行徹底改造，撤換所有委員或職員；對在桂的共產黨和進步民主力量施加壓力，控制他們的活動；擴大國民黨中央黨義書刊的傳播，云云。

9月1日　尹瘦石自長沙到桂林，任廣西省立藝術館美術部技術員，後任研

究員。

9月4日　李濟深自重慶飛抵桂林，就任國民政府軍事委員會桂林辦公廳主任。在桂林，他利用各種形式大力宣傳抗日救國。

9月9日　作〈歷史的奧祕〉，載9月20日桂林《野草》月刊第一卷第二期，署蕭今度。初收1941年版《歷史的奧祕》。

同日　國民黨中央黨部給各省黨部下達取締中共刊物、搗毀其書店的密令。廣西當局執行該命令時，採取了變通做法，僅勒令共產黨領導的以及進步的書店和出版社限期關閉而不立即查封，給他們有化整為零、安排退卻的餘地。

9月14日　戲劇春秋社在廣西藝術館召開座談會，就《國家至上》（宋之的、老舍編劇）和《包得行》（洪深編劇）的創作和演出進行討論。座談會由杜宣主持，發言者有聶紺弩、歐陽予倩、夏衍、焦菊隱、司馬文森、孟超等。座談會紀錄載11月1日《戲劇春秋》創刊號。

同日　《力報・新墾地》發表〈美的追求者〉，署紺弩。

9月18日　作〈「確係處女小學亦可」〉，載9月20日《力報・新墾地》，署紺弩。初收1941年版《蛇與塔》。

9月20日　《力報・新墾地》發表〈信念〉，署紺弩。

同日　桂林《野草》月刊第一卷第二期出版。

9月21日　《力報・新墾地》發表〈狼狽和主后〉，署紺弩。

10月　重慶《七月》第五集第四期（總第二十六期）出版。

10月8日　於桂林作〈魯迅——思想革命與民族革命的倡導者〉，載10月15日南京《中蘇文化》半月刊第七卷第五期。初收1942年版《早醒記》。

10月13日　文協桂林分會假樂群社大禮堂召開會員大會。李任仁主席，討論一年來之工作，並改選了理事。艾蕪、宋雲彬、黃藥眠、夏衍、司馬文森、周鋼鳴、歐陽予倩、聶紺弩、孟超等十九人當選理事。晚七時繼續舉行文藝晚會，至十一時散會。

10月15日　作〈略談魯迅先生的《野草》〉，載10月20日《野草》月刊第一卷第三期，署紺弩。初收1941年版《歷史的奧祕》。

10月16日　文協桂林分會改選理事後，召開第一次理事會議，並推選常委。

10月19日　下午二時，文協桂林分會、中蘇文化桂林分會、中華全國木刻協會等文化團體組織的魯迅逝世四週年紀念大會在桂林青年會三樓禮堂舉行，二

百餘位文化界人士與會。由歐陽予倩主席報告，宋雲彬、曹聚仁、穆木天、聶紺弩、季平、韓北屏等人相繼發言。「紺弩先生說：魯迅先生告訴我們怎樣做一個人，使中國人像人，過人的生活，需要民族解放鬥爭。」（《抗戰時期桂林文學活動》，第195頁）

10月20日　桂林《野草》月刊第一卷第三期出版。

11月1日　孫陵主編的大型綜合性文藝雜誌《自由中國》在桂林復刊；復刊號又於1941年2月在香港再版。復刊號（新一卷第一期）發表散文〈黃牛〉，署紺奴（目錄署紺弩）。

同日　桂林《戲劇春秋》月刊創刊，田漢主編，歐陽予倩、夏衍、杜宣、許之喬編輯。

11月2日　下午二時，出席《戲劇春秋》編輯部舉行的「戲劇的民族形式問題」座談會，杜宣主持。參加座談會的還有歐陽予倩、夏衍、許之喬、黃藥眠、宋雲彬、易庸等。座談會討論了民族形式的原則問題，與會者普遍認為，民族形式不是固定的而是向前發展的。在戲劇的民族形式問題上，主要談的是舊瓶裝新酒的問題。先生說：「在武漢時，曾看過老舍寫的『舊瓶裝新酒』的〈忠孝圖〉，看過之後，覺得非常肉麻。可是我也看過歐陽先生編導的《玉堂春》、《桃花扇》卻並不感到肉麻。」「舊劇的形式，是在舊時代產生用來『表示』舊人物，舊生活習慣的東西；縱然改良，它的表現範圍，還是不夠寬廣。」（《國統區抗戰文藝運動大事記》，第161頁）座談會紀錄載12月1日《戲劇春秋》第一卷第二期。

11月4日　以《力報》記者身份參與桂林市新聞記者公會組織的「桂林市新聞記者南寧訪問團」，下午出發。其他團員還有嚴傑人（《廣西日報》）、白炯輝（《掃蕩報》）、丁明（《救亡日報》）、林珊（國際新聞社）、夏後坡（美國合作社駐桂記者）、石立人（戰時攝影圈）等，共七人。（《掃蕩報》1940年11月4日）

11月5日　於桂林作〈從沈從文筆下看魯迅〉，載12月1日桂林《野草》月刊第一卷第四期，署紺弩。初收1941年版《歷史的奧祕》。

11月12日　作〈飛機木刻號〉，載1943年版《嬋娟》。

12月　重慶《七月》第六集第一、二期（總第二十七期、二十八期合刊）出版。

12月1日　文協桂林分會舉行會員大會，改選分會領導機構。新任理事為艾蕪、夏衍、黃藥眠、宋雲彬、李文釗、聶紺弩、歐陽予倩、周鋼鳴、司馬文森、歐陽凡海、林林、陳蘆荻、孟超、馮培瀾、秋江、林山、莫寶堅、谷斯範、新波等十九人。並選出黃藥眠、馮培瀾、李文釗、宋雲彬、司馬文森、林林、周鋼鳴、艾蕪、歐陽予倩九人為常務理事。

同日　作〈胡風的水準〉。初收1942年版《早醒記》。

按，桂林《自由中國》1940年11月1日復刊號刊登〈第二期特大號要目預告〉，有〈胡風的水準〉一文，但查1941年7月15日出版的新一卷第二期並無此文。

同日　桂林《野草》月刊第一卷第四期出版。

12月6日　於桂林作〈怎樣做母親〉，載1941年1月1日桂林《野草》月刊第一卷第五期，署紺弩；又載1941年11月上海《文綜》月刊第二卷第三期，署紺弩。初收1941年版《蛇與塔》。

12月16日　貴陽《西南公路》週刊第一二二期發表〈司機——汽車生活之一〉（又題為〈在汽車上〉之二），署紺弩。初收1943年版《嬋娟》。

12月17日　於桂林作〈魯迅的褊狹與向培良的大度〉，載1941年1月1日桂林《野草》月刊第一卷第五期，署耳耶。初收1941年版《歷史的奧祕》。

12月23日　貴陽《西南公路》週刊第一二三期發表〈機器——汽車生活之二〉（又題為〈在汽車上〉之三），署紺弩。初收1943年版《嬋娟》。

12月27日　於桂林作〈從陶潛說到蔡邕〉，載1941年1月1日《野草》月刊第一卷第五期，署蕭今度。初收1941年版《歷史的奧祕》。

年底　駱賓基聽從馮雪峰建議，自浙東抵達桂林，先生等友人聞訊相迎。先生陪同拜見《救亡日報》總編夏衍，隨後帶至《自由中國》主編孫陵處，駱賓基即在該雜誌社暫住下來。

1941年 　　　　　　　　　三十九歲

（辛巳）

1月1日　桂林《野草》月刊第一卷第五期出版，發表先生三篇文章：〈魯迅的褊狹與向培良的大度〉、〈怎樣做母親〉和〈從陶潛說到蔡邕〉。

1月6日　皖南新四軍軍部直屬部隊，在葉挺、項英率領下北移到達皖南涇縣茂林地區時，遭到國民黨軍隊的突然襲擊。除少數人分散突圍外，大部壯烈犧牲，軍長葉挺被俘，副軍長項英、參謀長周子昆突圍後遇難，史稱「皖南事變」，是國民黨第二次反共高潮的頂峰。

1月8日　晚六時，桂林文協會文藝講習班假青年會舉行聯歡會，並邀請全體講師暨各界人士參加，到會二百餘人。（《救亡日報》1月9日）

1月13日　貴陽《西南公路》週刊第一二六期發表〈灰沙——汽車生活之三〉（又題為〈在汽車上〉之七），署紺弩。初收1943年版《嬋娟》。

1月17日　蔣介石宣佈取消新四軍番號，聲稱將把葉挺交付「軍法審判」。

1月18日　周恩來為《新華日報》題寫「為江南死國難者志哀」、「千古奇冤，江南一葉；同室操戈，相煎何急」的題詞，對國民黨進行聲討。

1月20日　貴陽《西南公路》週刊第一二七期發表〈預期——汽車生活之四〉（又題為〈在汽車上〉之四），署紺弩。初收1943年版《嬋娟》。

同日　八路軍桂林辦事處奉令撤銷，工作人員分批撤離。

1月25日　作〈《歷史的奧祕》題記〉，載2月1日桂林《野草》月刊第一卷第六期，署紺弩。初收1941年版《歷史的奧祕》。

1月27日　貴陽《西南公路》週刊第一二八期發表〈前車——汽車生活之五〉（又題為〈在汽車上〉之五），署紺弩。初收1943年版《嬋娟》。

1月28日　於桂林作〈婦女·家庭·政治〉，載1941年版《蛇與塔》。

1月31日　於桂林作〈蛇與塔〉，載2月1日桂林《野草》月刊第一卷第六期，署耳耶。初收1941年版《蛇與塔》。

2月1日　於桂林作〈絕叫〉，載1946年7月16日上海《清明》月刊第三期，署紺弩。初收1949年版《巨像》。

同日　桂林《野草》月刊第一卷第六期出版，發表先生二文：〈蛇與塔〉、

〈《歷史的奧祕》題記〉。

2月2日　於桂林作〈時間的啟示〉，載4月1日桂林《野草》月刊第二卷第一、二期合刊，署蕭今度。初收1941年版《歷史的奧祕》。

2月3日　貴陽《西南公路》週刊第一二九期發表〈阻礙──汽車生活之六〉（又題為〈在汽車上〉之六），署紺弩。初收1943年版《嬋娟》。

2月6日　於桂林作〈賢妻良母論〉，載1941年版《蛇與塔》。

2月11日　於桂林作〈母性與女權〉，載1941年版《蛇與塔》。

同日　廣西當局查封桂林生活書店，拘捕職員四人。新知書店及讀書、生活出版社被迫停業。

2月14日　於桂林作〈體貌篇〉，載1941年版《蛇與塔》。

2月15日　於桂林作〈擁護《忠王李秀成》〉，載12月15日桂林《野草》月刊第三卷第三、四期合刊，署澹臺滅闇。初收1942年版《早醒記》。

2月下旬　胡風致信周穎催先生從桂林過來接編《七月》。

2月23日　桂林《廣西日報》、《力報》、《自由報》等為共謀業務發展，特成立各報聯合會。

2月26日　馮雪峰在金華被國民黨憲兵逮捕。此前，國際新聞社金華分社已被查封。

2月28日　於桂林作〈韓康的藥店〉，載4月1日桂林《野草》月刊第二卷第一、二期合刊，署邁斯。初收1943年版《嬋娟》。

2月　介紹邵荃麟、葛琴夫婦進《力報》社工作。

3月　養母申氏在京山老家病逝，享年六十一歲。因值戰亂，未能奔喪，喪事由親友料理。

3月5日　於桂林作劇本〈范蠡與西施〉，載4月1日桂林《野草》月刊第二卷第一、二期合刊，署紺弩。初收1943年版《嬋娟》。

3月8日　於桂林作〈《蛇與塔》題記〉，載4月1日桂林《野草》月刊第二卷第一、二期合刊，署紺弩。初收1941年版《蛇與塔》。

3月13日　於桂林作〈裝腔作勢的男人〉，載4月1日桂林《野草》月刊第二卷第一、二期合刊，署耳耶。初收1942年版《早醒記》。

3月15日　香港民營《大公報》因香港淪陷遷桂林出版，總經理胡政之，總編輯徐鑄成，發行人王文彬。1944年9月12日停刊。

3月17日　周恩來找胡風談話，建議其到香港去。

3月20日　於桂林改舊作〈阮玲玉的短見〉。初收1941年版《蛇與塔》。

3月下旬　胡風夫婦到北溫泉紹隆寺保育院看望周穎，午飯後下山。

3月30日　胡風致信先生，告訴他自己可能快要離開重慶了。

4月1日　桂林《野草》月刊二卷第一、二期合刊出版，發表先生五篇文章：〈韓康的藥店〉、〈范蠡與西施〉、〈時間的啟示〉、〈裝腔作勢的男人〉、〈《蛇與塔》題記〉。

4月7日　於桂林作雜文〈《女權論辯》題記〉，載5月1日桂林《野草》月刊二卷第三期，署紺弩；又載《女權論辯》一書。

同日　迫於當局壓力離開桂林去重慶，邵荃麟接任《力報》主筆，葛琴接編《新墾地》。[2]

4月13日　蘇聯與日本簽訂在戰爭中相互保證中立的條約。

4月24日　胡風與先生見面，商量繼續編《七月》的事。

胡風回憶：「在重慶等待期間，見到了老聶。我給他介紹了幾個朋友，如路翎、阿壟等，並將重慶的存稿交給他，還有一些未清理的就交給了路翎，希望他們齊心合力將《七月》繼續編下去。」（《胡風自傳》，第159頁）

4月26日　由夏衍、聶紺弩、秦似等人主編的「野草叢書」開始陸續出版。列入叢書的作品有：夏衍的《此時此地集》，紺弩的《歷史的奧祕》和《蛇與塔》，秦似的《感覺的音響》，林林的《崇高的憂鬱》，何家槐的《冒煙集》和司馬文森的《過客》等七種。

4月　重慶《七月》第六集第三期（總第二十九期）出版。

5月1日　桂林《野草》月刊二卷第三期出版。

5月初　在重慶又見胡風，受託繼續編印《七月》。

彭燕郊回憶：「胡風去香港前，讓紺弩管《七月》編務，還請馮乃超幫忙。馮是大忙人，實際上全靠紺弩一人頂著，最後一期（七集一、二期合刊）是他經手印出來的。自在慣了的他，來信說：重慶這地方讓他吃很多苦頭，交通不便，跑一次印刷廠得花一整天。他終於想回桂林了。」（《那代人：彭燕郊回憶錄》，第55頁）

---

[2]　邵濟安、王存誠主編：《邵荃麟百年紀念集》（北京：文化藝術出版社，2006年），第462頁。

5月7日　胡風一家搭乘商車離開住了兩年半的重慶。對於自己不能在重慶繼續為抗戰盡力，他「有一種被逐的憤恨」。

5月12日　文協桂林分會召開常務理事會。

5月30日　端午節。中華全國文藝抗敵協會在重慶《新華日報》上發表〈詩人節緣起〉一文，確定五月初五日為中國詩人節。

6月1日　香港《時代文學》月刊創刊號（第一卷第一期）發行，由周鯨文、端木蕻良主編，時代批評社發行，時代書店總經售。創刊號內頁登有「特約撰述人」，共六十七人，其中按姓氏筆畫排列六十人，有丁玲、巴金、艾青、金人、柳無垢、許景宋、華崗、楊剛、宋之的、曹靖華、白朗、胡風、舒群、謝冰心、老舍、茅盾、夏衍、黃源、葉以群、謝冰瑩、周揚、許地山、黎烈文、聶紺弩等；用大號字另列出來七人，為戴望舒、蕭軍、蕭乾、蕭紅、蕭愛梅、羅烽、蘆焚。

同日　桂林《野草》月刊二卷第四期出版。

6月5日　胡風夫婦帶著兩個孩子來到香港。皖南事變後，為了對國民黨表示抗議，中共決定在重慶的文化人能走的都要離開，周恩來安排胡風（化名張成）去香港。

同日　晚上九點左右，日軍出動二十四架飛機分三批輪番轟炸重慶，空襲時長達五個小時，因為當時未及時對市民進行疏散，所以大量民眾擁向公共防空隧道中，在長時間的高溫和嚴重缺氧的情況下，同時又發生推擠踐踏，導致數千人窒息而亡，造成防空隧道慘案。

6月15日　由廣西圖書雜誌審查委員會改組而成的廣西省圖書雜誌審查處正式辦公，直屬國民黨中央圖書雜誌審查委員會，同時又接受廣西省政府的領導，為甲級審查處。

6月　雜文集《歷史的奧祕》由桂林文獻出版社初版，列入野草叢書之二，內收〈父親〉、〈巨像〉、〈歷史的奧祕〉、〈時間的啟示〉等文十五篇及題記一篇。該書〈題記〉說：「這一本是第四本，還是字數最多的。這本小冊子以抗戰以來所寫的雜文為主，也略用了幾篇以前寫的。」

同月　雜文集《蛇與塔》由桂林文獻出版社初版，列入「野草叢書之五」，內收〈蛇與塔〉、〈怎樣做母親〉、〈談娜拉〉、〈「確係處女小學亦可」〉等文十三篇及題記一篇。該書〈題記〉說：「把幾篇關於婦女的文章彙集起來，成

為一本小冊子，題曰《蛇與塔》，一面固然是因為裡面有一篇文章，用的是這個題目；一面也因為這題目，實在可以概括這本書。」

　　同月　多人雜文集《范蠡與西施》（聶紺弩等著）由桂林科學書店初版，列入宋雲彬、聶紺弩、孟超和秦似編野草文叢。收文三十五篇，其中先生的有：〈韓康的藥店〉（邁斯）、〈范蠡與西施〉（紺弩）、〈時間的啟示〉（蕭今度）、〈裝腔作勢的男人〉（耳耶）、〈《蛇與塔》題記〉（紺弩）。

　　同月　重慶《七月》第六集第四期（總第三十期）出版。

　　同月　新中國劇社在桂林創建成立，它是由李文釗、杜宣牽頭，許秉鐸、嚴恭、石聯星等來自演劇隊的成員和愛好戲劇的進步青年組成的民間職業劇團，實質上是由中共中央南方局領導的革命文藝團體。其中，劇社女演員石聯星，那時和先生「很接近或者應說親密」（〈歷史材料重寫〉，《聶紺弩全集》第十卷，第53頁）。

　　同月　彭燕郊來到桂林。

　　7月1日　香港《時代文學》月刊七月號（第一卷第二期）出版，自稱為「香港唯一巨型文學月刊」。該期雜誌刊有告示〈本刊特請海內外名家按期撰作以饗讀者〉，所列作家四十四人，有：丁玲、冰心、蕭紅、許地山、茅盾、夏衍、王任叔、靳以、馬宗融、方令孺、胡風、聶紺弩、許景宋、傅東華、曹靖華、蕭軍、鄭伯奇、馮乃超、姚克、黃源、蕭乾、戴望舒、宋之的、楊剛、翟詠徽、宋雲彬、葉以群、艾蕪、老舍、樓適夷、碧野等。

　　7月7日　紀念「七七」四週年，桂林民眾素食一天，並鳴禮炮默哀。

　　7月17日　胡風自香港致信路翎：「渝刊託了一個朋友，但直到現在渺無消息。我編好了三期，但到現在也一期沒有印出。老闆也不來隻字，莫名其妙。你的短稿，編進了兩篇或三篇，剩下一篇交給那朋友了。」（《胡風全集》第九卷，第183頁）

　　按，「渝刊」指《七月》，「朋友」指先生。

　　7月23日　胡風自香港致信彭燕郊：「昨日亦得弩信，云桂林在組織書店，要他來，《七月》在渝難繼續，他主張移桂，而且使該書店用全力經營此刊，不知你所說的和他所說的是否一個？我回信同意，但須他來桂。讓這個為一些人痛惡也為一些人寶愛的名字（七月）繼續存在，我是痛快的。這裡也在籌備刊物，也是這個名字，如桂刊能出，這裡就算海外版，稿件互用。」（《那代人：彭燕郊

回憶錄》，第55頁）

7月24日 丘東平在蘇北鹽城遭遇敵人掃蕩而殉難，時年三十一歲。

7月 胡風看望病重的蕭紅，「皮包骨頭，面無血色，後來不願而且也不忍再見了」（〈蕭軍胡風通信選〉，《新文學史料》2004年第2期）。

8月1日 香港《時代文學》月刊8月號出版（第一卷第三期），發表隨感〈天界〉（又作為〈嬋娟〉第八節），署紺弩。這期雜誌實際出版時期是8月下旬。

8月初 自重慶回到桂林[3]，接替被辭退的葛琴繼續主編《力報·新墾地》和她創辦的《半月文藝》；並介紹彭燕郊去做助編，又支持其主辦《半月新詩》。

〈歷史交代再補充〉：「第二次到桂林，真正的原因是因為石聯星在那裡。這件事周總理也知道，曾把周穎找來勸解，叫她要麼離婚，要麼好好共同生活，不要吵。她答應不吵。但一碰見總是吵，整夜整夜地吵，沒法再在一塊兒生活，因此到桂林去。」（《聶紺弩全集》第十卷，第83頁）

何滿子〈我和聶紺弩夫婦〉：「聶紺弩在桂林，和新中國劇社的一個女演員有一段羅曼史。由於我先認識周穎大姐，因此對紺弩的拈花惹草頗為不滿，更不滿這位女演員的行為。記得1944年桂林舉辦『劇展』時，紺弩已去重慶，這位女演員還絮絮叨叨向我大談紺弩。據新中國劇社的熟人告訴我，這女演員竟出格地給周穎寫信，要周穎把紺弩讓給她。簡直匪夷所思。……[筆者略]。由於我是知情人之一，紺弩和周穎對這『第三者』的事都不瞞我。但我是站在周穎這一邊的。」（《跋涉者》，第207-208頁）

8月4日 中午，日機二十一架侵入桂林上空，反覆三次投彈，炸毀房屋數百棟，死傷平民多人。

8月7日 於桂林作〈讀魯迅先生的《二十四孝圖》〉，載1949年版《二鴉雜文》。

8月9日 胡風自香港致信路翎，云：「雜誌方面，老闆一直不理，不知稿費寄了沒有？託付的友人來了一信，說下期已排好，但以後又無消息。請他們寄幾冊來也沒有影子，毫無辦法。過幾天再看罷。」（《胡風全集》第九卷，第185-186頁）

---

[3] 廣西師範大學主編《旅桂作家》下冊（南寧：廣西人民出版社，1989年）、萬憶等編著《廣西抗戰文化大事記》（南寧：廣西人民出版社，2015年）均說先生第二次來桂林時間為9月17日，存疑。

按，「雜誌」指《七月》，「友人」指先生。

8月10日　泰和《江西婦女》月刊第五卷第六期發表書評〈一個光輝的文獻：《女權論辯》〉（文階）。該文說，「這是半封建半殖民地性質的一本婦女問題爭論集」，又謂《女權論辯》係「聶弛[紺]弩編，桂林力報館出版」。

8月13日　胡風自香港致信路翎：「渝刊尚無確信來，老闆一直不理，稿費也不知發出了沒有？如在渝不能繼續，也許移桂出版。我幾次託他們寄幾本來，也渺無消息。」（《胡風全集》第九卷，第187頁）

8月15日　桂林《野草》月刊第二卷第五、六期合刊出版。

8月20日　鍾敬文抵達桂林。在桂林時，他說《野草》的「耳朵太多」（即先生的文章太多）。（《鍾敬文‧〈三朵花〉‧〈傾蓋〉及其他》，《聶紺弩全集》第四卷，第281頁）

8月23日　胡風自香港致信彭燕郊：「耳兄只來過一次信，又渺無消息，但從你們那裡來了許多傳說。桂版要出了啦，離婚啦。我看離婚是難的，十多年的患難夫婦，有孩子又有愛情。」（《胡風全集》第九卷，第465頁）

彭燕郊按：「紺弩那時因為和S的戀情跟周穎大姐鬧得很僵，曾聽說要離婚，後來經胡風勸說，紺弩明白過來了。」（《那代人：彭燕郊回憶錄》，第56頁）

8月26日　於桂林作〈魔鬼的括弧〉，載10月15日桂林《野草》月刊第三卷第二期，署耳耶。初收1942年版《早醒記》。

8月底　於桂林作七律〈無題〉，「詠七夕而實寓一羅曼史」（羅孚編《聶紺弩詩全編》）。

9月　重慶《七月》第七集第一、二期（總第三十一、三十二期）合刊出版後停刊。

9月11日　胡風自香港致信彭燕郊：「耳君沒有消息，情形怎樣一點也不知道，他這種吊兒郎當勁兒，我真領教夠了。刊事要他來才好辦。給你們紙版罷，又擔心『拔萃』的問題。這不比談國際問題的《世界知識》。」（〈胡風未刊稿一束〉，《新文學史料》2012年第3期）

按，「耳君」即先生；「拔萃」指檢查。

9月15日　桂林《野草》月刊三卷第一期出版。

9月17日　何家槐自柳州抵達桂林。不久，先生藉機敲詐葛琴請客為何接風，在××酒家飲茶，另有邵荃麟作陪。（《持故小集》，第292頁）

9月18日　胡風自香港致信先生，云：

接信知已抵桂。你赴渝原在求聞達，我及家兄曾抱熱望，不料又匆匆返此，初衷不遂抑或桂地另有發展，均在念中。行前亦與家兄有所商討否？我有五六信給你，除得一短簡外，渺無消息。即稿費與登記證事，曾專函兩次，不料還未辦妥。來函囑去信頂好寄城寓，但又不寫地址，於是只好仍寄鄉下。只云頂好，當非收不到之謂也。而同時桂地頻傳你私生活有某項變動，益使我惶惑。未必你行前未與穎君作別，或她連信都不轉給你麼？為什麼討論集編費收據你又收到了？（我給老闆三信，亦無隻字回音。）現在數事盼速告我：（一）友人題名錄即抄一份寄來，恐遺失，故煩抄，此對我非常迫切；（二）七集三、四事如何解決？編了還是沒有？你與老闆沒有接過頭麼？稿費及刊事使我非常難過，辛苦四年，卻弄成了這個扯爛污的收場，對作者、讀者都有愧的。刊、稿費、登記證等，只好設法去弄一弄看，不過乃超也是不高興弄這種非大業的無聊事的；還有（三）把凡海通信處即告我。我生活很窘，三個多月只得三十多元稿費，闊人們對我採的是凍結的辦法，只逼你寫幾百個千把字一篇的短文，每月合起來不夠抽劣等煙絲，所以，我擱淺在這島上，老婆兒女擱淺在孤島上；所以（四）那一百五十元，火速寄來救急罷，不，救命罷。刊事還在弄註冊，這實在氣悶，但數日內當有結果，據說無問題。紙版航桂，當無問題，但得具體辦法。難免「拔粹」，尊處得準備補綴的材料，而且，得採認真的商業做法，籌一點基本金。紙版每期算多少錢，作為這裡老闆對於桂店的投資，之類。這當然著手時再詳擬。還有，以你和漾兄為中心，組一桂地編輯聯絡站，積極地自動地為總站供稿、通信、提意見等。我已著手在幾處組織；還有（五）存你處之小說集《塔》和長篇《無火災地帶》怎樣了？（六）能寫些短文來麼？長的當然也要。

這次出資者為一華僑青年，據云資本可以盡需要的增加，而且專辦這一事業，而且目的不在發財。這是四年來（何止四年來？）沒有過的順利條件，弄得好，大的叢書和季刊、副刊等可實現。但近來受種種刺激（你的態度也是其一），實在想不幹了，一走了事。文豪們斷定我是想造宗派，而戰友又不把這當作一件小事，我何必苦苦地做惡人呢？就是想在這

個屁文壇上混，只要練習好裝媚臉，我也可以即刻做得成交際花的。那樣我就會在這裡活得很神氣。

以上望詳點覆我。我真佩服你惜墨如金，比較起來，我每月寫的信該有多少呀。恐怕是生成的苦命。而且，我五體投地地佩服你的文言信，無論什麼事，幾筆滑過了，簡練老到，我只有望洋興歎的。

宋、邵二公囑寫紀念文，我也答應了，但限期早過，寫不出。雖然立意早有了。翻翻他的書，不禁悲從中來，真如他所說的像抓著了一個火炭。告訴他們不要等罷，寫得出就寄，附得上就附上，附不上就留在下一期補白。紙完了，而且你也一定看煩了。

（《胡風全集》第九卷，第425-427頁）

按，「漾兄」即彭燕郊。「紀念文」指魯迅逝世五週年紀念文章。

同日　胡風自香港致信彭燕郊，云：「日前由宋公處轉一信，不知收到了沒有。廿四兩函，廿五日信，都收到。但卅一日的〈熱情〉卻沒有影子了。大概發出時濕掉了。刊事詳給度兄函。能編一詩集，很好，但望選一選。……。」信末補充道：「恐怕度兄又不會為這些事寫信，如然，煩你把那幾點問明他詳點告訴我罷。」（《胡風全集補遺》，第516-517頁）

按，「度兄」即先生（蕭今度）。

9月20日　文協桂林分會在樂群社舉行茶會，歡迎田漢、巴金、聶紺弩、鍾敬文、何家槐、楊晦、陳占元等作家來桂工作。（桂林《大公報》9月21日）

9月24日　於桂林作〈醃狗記〉，載10月15日桂林《野草》刊第三卷第二期，署紺弩。初收1943年版《嬋娟》。

9月26日　下午一時，《文化雜誌》月刊社在麗君路該刊編輯部，邀請部分作家舉行文藝座談會，討論《文學創作上的言語運用問題》，雜誌主編邵荃麟主持。參加討論者：艾蕪、紺弩、何家槐、葛琴、楊晦、鍾敬文、彭燕郊、荃麟、傅彬然、宋雲彬、杜麥青、羅嘉、王文彬等十三人。討論紀錄載《文化雜誌》1942年第一卷第五期。

10月5日　新中國劇社假桂林三明戲院舉行成立大會，到會黨政各方和文化界人士四十餘人。

10月6日　夜晚，參加桂林文化界團會。據10月7日《陣中日報》報導：「本

市文化界田漢、歐陽予倩、熊佛西、王坪等發起之慰勞湘北將士團會，於昨晚八時假桂東路三教咖啡館舉行團會，進行甚為熱烈而別致，到發起人熊佛西、田漢、程思遠、聶紺弩、王坪、陳子濤等百餘人，由程思遠氏致詞，詞畢，開始餘興。葉仲寅小姐、王□等表演歌唱、京劇及來賓談笑吟詩，極盛一時，當收入達三百四十二元，交《力報》王坪轉贈湘北前線將士作為慰勞代金云。」（〈桂文化界團會昨夜熱烈舉行，收入三四二元即匯前方〉）

同日　延安《解放日報》刊發「作家丘東平殉國」的消息。

10月8日　文藝生活社在美麗川菜館設宴招待田漢、巴金、靳以、何家槐、聶紺弩、鍾敬文等作家，漫談文藝創作問題。

10月10日　「國慶日」於桂林作〈《女神》的邂逅──壽沫若先生五十之二〉，載11月15日桂林《文藝生活》月刊第一卷第三期，署紺弩。初收1943年版《嬋娟》。

同日　胡風自香港致信彭燕郊：「直到現在未得今度兄信，真是無法可想。你為什麼不向他打聽一下，把那些事告訴我一下呢？本想得他信再去信重慶，但得不到，只好糊裡糊塗地去了一信。重慶有友人去書店探問，說是七集一二合刊也歸桂林出版了，而前天得呂熒，說你們二人有信給他，要他為桂版寄稿云。我不懂又是怎麼一回事。⋯⋯。」（《新文學史料》2012年第3期）

彭燕郊《憶胡風》：

> 胡風一直為這件事著急，我給紺弩寫信，也得不到回信。可這時卻已經有一些傳說，說《七月》七集一、二期已在桂林出版等等。我寫信要呂熒寫稿，他還以為是給《七月》，其實是給紺弩主持的《力報》副刊。香港那邊，「註冊還無法弄成」（1941.10.25）。港英當局規定，雜誌辦理註冊要交三千元港幣「保證金」。「刊事，註冊還無辦法，正在籌三千港紙去押，但馬上籌不出，正在設法中。真是嘔氣」（1941.11.17）。這時候，時間一天一天過去，有一件事越來越顯得重要：按當局的規定，雜誌脫期半年以上，「登記證」就會被吊銷。七集一、二期合刊是9月出版的，1942年3月底以前必須把七集第三期印出來。紺弩不在重慶了，只好找歐陽凡海，但「凡海又無回信，不知怎麼弄的，你也去信催問一下，餘兩期總要編出來才好」（同前信。餘兩期即七集第三、四兩期。《七月》不分

「卷」，分「集」，每集不是六期，是四期，和別的雜誌不同）。歐陽凡海也是個處於「地下」的人，不容易找到，幾乎無法聯繫。就這樣，沒好久，太平洋戰爭打響，三天功夫香港落到鬼子手裡，胡風和在香港的文化界人士一起，得到地下黨和東江縱隊營救脫險，於1942年3月。輾轉來到桂林，半年期限已過，《七月》就被宣佈為「自動停刊」。

（《那代人：彭燕郊回憶錄》，第56-57頁）

10月上旬　「為紀念魯迅先生逝世五週年作」作〈第一把火〉，載10月15日桂林《文化雜誌》第一卷第三期，署紺弩。初收1949年版《天亮了》。

10月15日　桂林《野草》月刊第三卷第二期出版。本期發表先生三篇文章：〈魔鬼的括弧〉（耳耶）、〈醃狗記〉（紺弩）、〈補白〉（蕭今度）。

10月19日　下午二時，文協桂林分會在三明戲院舉行魯迅逝世五週年紀念會。會上，由田漢報告了魯迅紀念會情況及魯迅與戲劇運動之關係，再由先生報告魯迅生平。

同日　於桂林作〈給戰死者〉，載12月15日桂林《野草》月刊第三卷第三、四期合刊，署紺弩。初收1943年版《嬋娟》。

10月25日　胡風自香港致信彭燕郊：「這以前，我給了你和度兄各一信，收到了沒有？得不著度兄隻字，我真莫名其妙了。……[筆者略]。餘二稿，交度兄酌用，或《野草》，或附刊，或不用……[筆者略]，註冊還無法弄成。近來窮愁潦倒，不成話得很。詩呀，詩論呀，如何寫得出？」（《胡風全集》第九卷，第463-464頁）

按，「度兄」即先生；「註冊」指在香港註冊出《七月》事。

10月26日　胡風自香港致信路翎：「現在，有事託你。一、附給周女士的信，你到那裡去交給她。地址離北溫泉還有三四里路。我有一袋稿子存在她那裡，叫她給你理一理，你把（一）東平的一篇長稿、（二）紙卷上寫有一個塔子的幾篇小說，拿來寄給我。……。」（《胡風全集》第九卷，第190頁）

按，「周女士」即周穎。

10月31日　重慶《新華日報》刊登消息〈作家丘東平在蘇北殉國，同時被難者五十餘人〉。

11月7日　於桂林作〈東平瑣記〉，載12月15日桂林《野草》月刊第三卷第

三、四期合刊，署蕭今度。初收1943年版《嬋娟》。

    11月8日   夜作〈記一個叫做托爾斯山的青年〉，載12月15日桂林《野草》月刊第三卷第三、四期合刊，署耳耶。初收1943年版《嬋娟》。

    11月10日   為〈記一個叫做托爾斯山的青年〉一文補寫〈追記〉。

    11月15日   晚八時半，桂林文化界一百多人在三教咖啡廳舉行郭沫若五十壽辰及創作生活二十五週年慶祝會，田漢、熊佛西、邵荃麟、宋雲彬、聶紺弩、伍禾、杜宣等人先後在會上發表講話，對遠在重慶的郭沫若表示祝賀（桂林《大公報》11月16日）。

    11月17日   胡風自香港致信先生和彭燕郊。

> 度、漾二兄：
>
>   前有二三信，收到了沒有？新詩（一）已收到，這確實是「湊」的，但每月兩張，要是不湊，也良難。無已，多登議論罷，但議論也不是容易發的。找愛詩的作者或讀者說些對具體作家作品的意見或感想也好，那是活的東西。當然，頂好能附加編者底批評。這次宗瑋譯的，毫無意思。舊詩譯，總還有詩情，但這裡卻什麼也沒有。孫君有一詩寄你，很好，收到了麼？我自己，詩當然寫不出，詩論也寫不出，真不知如何回答你們。
>
>   刊事，註冊還無辦法。現在想籌三千港紙去押，但馬上籌不出，正在設法中。真是嘔氣。日前，南洋公司託孫君編一叢刊，孫君來商量，我想，出一叢刊也好。《七月》能出，也可並行。以港桂兩地作者為中心，比《七月》廣一點，再分一些《七月》底稿子。不料孫君具體地與他一談，據說是送公等囑他辦的，而條件奇怪之至。寫在給宋公的信裡，你們也和宋公商談一下罷。
>
>   凡海又無回信，不知怎麼弄的，你也去信催問一下，餘兩期總要編出來才好。
>
>   芹無信來。郵局如寄刊物，《野草》之類文刊，都寄全份參考，如何？
>
>   近狀如何？
>
>   匆匆祝
>
> 健！
>
>   成十一・十七日

　　　　這裡有人要出童話，每本四五千字，外加插畫，能寫些麼？內地可以
先發表，這裡再賣給他。找人寫些，如何？

　　　　　　　　　　　　　　　　　　　　　　　（《新文學史料》2012年第3期）

　　按，「度」指先生（蕭今度），「漾」指彭燕郊，「芹」疑指周穎（周之
芹），落款「成」即胡風化名張成。

　　11月19日　下午，文藝生活社舉行「一九四一年文藝運動的檢討」座談會，
先生臨時有事未能出席。

　　11月21日　文協桂林分會在三教咖啡廳召開理事會，商量改選理事會等事宜。

　　11月22日　於桂林夜作〈夢讀天書記〉，載12月15日桂林《野草》月刊第三
卷第三、四期合刊，署邁斯。初收1943年版《嬋娟》。

　　12月7日　下午二時，文協桂林分會在廣西劇場舉行第二屆年會，五十餘人
到會。大會由歐陽予倩任主席，田漢致開幕詞。會上通過了〈為死難文藝工作者
募捐〉、〈敦請出版界提高稿費〉、〈經濟與各雜誌社取得聯繫〉等項決議。最
後選出艾蕪、田漢、邵荃麟、司馬文森、歐陽予倩、李文釗、宋雲彬、聶紺弩、
王魯彥、孟超、胡危舟、巴金、伍禾、彭燕郊、冼群等十五人當選理事，葛琴、
熊佛西、秦似、蘆荻、陳閑、杜宣、莫寶堅等七人為候補理事。

　　同日　日軍偷襲美國海軍基地珍珠港，宣告太平洋戰爭的爆發。

　　同日　周恩來指示將在港文化界朋友接至澳門或轉廣州灣或先赴廣州灣再集
中到桂林，同時分電南委、桂林統戰委員會，指示他們做好接收和轉運工作。

　　12月12日　下午二時，文協桂林分會在廣西藝術館召開三屆一次理事會，
到會的有：艾蕪、田漢、邵荃麟、司馬文森、歐陽予倩、李文釗、宋雲彬、聶紺
弩、王魯彥、孟超、胡危舟、巴金、伍禾、彭燕郊、冼群等十五人。會上推舉歐
陽予倩、田漢、李文釗、邵荃麟、王魯彥五人為常務理事。會並決定了分會各部
負責人名單：總務部是李文釗、胡危舟，組織部是司馬文森、伍禾，研究部是孟
超、邵荃麟，出版部是冼群、聶紺弩。

　　12月14日　延安文藝界舉行追悼丘東平大會，出席會議的有艾青、丁玲、歐
陽山、高長虹、吳奚如等七十餘人。

　　12月15日　桂林《野草》月刊第三卷第三、四期合刊出版。發表先生五篇
文章：〈東平瑣記〉、〈夢讀天書記〉、〈記一個叫托爾斯山的青年〉、〈擁護

《忠王李秀成》〉、〈給戰死者〉。

12月20日 於桂林作〈壁畫〉，載1942年1月桂林《中學生（戰時半月刊）》五十二期。初收1942年版《早醒記》。

12月25日 日軍占領香港。

12月 長篇童話《杜鵑花》列入荃麟主編的《文學創作叢刊》（第一輯十二冊）之一，將由桂林文獻出版社出版[4]，但未見出版，內容不詳。

是年 作舊體詩〈秋唱〉、〈綠宮題壁〉等。

---

[4] 參見楊益群：《桂林文化城概況》（南寧：廣西人民出版社，1986年），第75頁。另據《抗戰時期桂林文化城出版圖書目錄》：「《杜鵑花》（童話），聶紺弩著，文化供應社，1942年。」（《抗戰時期桂林出版史料》，第291頁）

1942年

四十歲

（壬午）

1月 雜文集《歷史的奧祕》由桂林文獻出版社再版。

1月4日 晚六時，文協桂林分會在廣西藝師班舉行新年晚會，到會百餘人。李文釗致開會詞，節目有熊佛西的文藝漫談，歐陽予倩伉儷唱崑曲、平劇，李文釗廣西民歌，韓北屏詩歌朗誦，田漢唱平劇，先生說笑話助興，晚十時許散會。

1月8日 於桂林作〈小雨點〉，載2月15日桂林《野草》月刊第三卷第五期，署蕭今度。初收1942年版《早醒記》。

1月15日 桂林《文化雜誌》第一卷第五期發表座談紀錄〈文學創作上的言語運用問題〉，署集體討論。先生參與其中並發言。《聶紺弩全集》未收。

1月18日 上午七時半，日機數架侵入桂林上空，投彈數十枚，致使多處房屋焚毀，多家商店化為灰燼。

1月20日 路翎自重慶致信先生並彭燕郊。

> 紺弩、燕郊兄：
>
> 　　你們底地址和近況我是從守梅兄那裡得知的。在這一長段沉悶的生活裡，我異常傾慕南方，傾慕你們底工作。因為不甘寂寞，就這樣向你們寫起信來，作這忸怩的初次訪問了。
>
> 　　張成兄（按，即胡風）底音訊大概還沒有吧。渝刊有一些稿子在我這裡，隔幾天當整理出一部分來寄給你們底將出世的刊物（按，指山水文藝叢刊）。燕郊兄底街頭詩和另外幾首短的，還是轉給渝刊海兄（按，即歐陽凡海）呢，還是直接寄給你們底刊，望告訴我。
>
> 　　有一個寫知識分子的三萬多字的短篇，隔幾天就可以弄好投給你們底刊物。張成兄曾說有我底一篇粉以前在渝時交給紺弩兄，不知在否？
>
> 　　我現在在這裡當小職員（按，路翎時在重慶國民政府經濟部礦冶研究所會計科做職員）。自然，這種生活你們是知道，不必需要我多說的。我也無法介紹我自己——詳細說起來，盡是一些難堪的臭氣。這附近的鄉鎮「笑話」很多，但因為本身的緣故，所以即使「笑」起來，或正確地說沉痛起

來，也無法「昇華」。臭氣的低氣壓太深沉、太重之故也。

很傾慕你們呢。願意幫助我，和我握手麼？

祝好！

路翎　一月二十日

（〈路翎致友人書信〉，《新文學史料》2004年第4期）

1月22日　蕭紅在香港瑪麗醫院病逝，駱賓基與端木蕻良一同將其葬於淺水灣。

2月2日　於桂林作〈廢話〉，載3月15日桂林《野草》月刊第三卷第六期，署蕭今度。初收1943年版《嬋娟》。

2月5日　夏衍、司徒慧敏、蔡楚生、郁風等人從香港脫險後安全抵達桂林。文協桂林分會定日內開會，歡迎由港來桂的文化人。

2月6日　於桂林作〈知父莫若女——一個美國紳士的側影〉，載3月15日桂林《野草》月刊第三卷第六期，署耳耶。初收1942年版《早醒記》。

2月9日　路翎自重慶致信先生並彭燕郊。

紺弩、燕郊兄：

郊兄底信收到了。在這樣的時候，能得到一點友誼，是極可貴的呢。

不要使我羞赧，逗引我底不良的願望吧。我是很年青的，在內部還有很多東西沒有能確定。我真切地希望你們能嚴酷地對待我底作品，——友誼，是在這上面建立的。這自然是用不著說的話；你們不會別樣的。

〈谷〉想必收到了。給批評來吧。

郊兄底〈綠草的夢〉、〈太陽上升〉，街頭詩等，另卷寄。

〈米〉沒有底稿，無法。渝刊由凡海兄負責，現在第一期已送審。給《詩墾地》的稿不怎麼多，他們用了一些了。田間底小詩有，當和另外一些隔幾天整理寄上，但艾青的卻沒有。

心緒很壞，每每在晚上，在「辦公」之後寫一點，但真能有什麼成績的時候卻少有幾個短篇，因為一定通不過，所以沒有重寫的意思。在港還丟了一個長篇，以後要重寫。只要F（按，指胡風）能平安健在，就好了。

你們底刊什麼時候可以出世？聽說要弄一個大一點的紀念東平的，不

知確否？

　　我住在這山谷裡，不常出去，世面見得少，聽見什麼文豪跳舞之類的事，總難怪要驚詫一下子的。你們那裡也很好玩吧。唉唉，有很多傢伙腳步是那麼重，跳得連這裡的厚笨的苦土山都震動起來了呢。

　　正在寫〈戀愛的小屋〉一篇東西，也是工人生活一類的，但覺得自己占的位置太大……，要能寫得像樣就好了。

　　哦，還另外寄了一卷有詩、有小說和稿子，你們收到了嗎？

　　這裡有人筆已經提好，準備寫F底悼文——而且大概因為不小心，已有一大團墨掉在紙上了，就像我上面塗的那墨團團一樣。但更其可惡的，是有人企圖F「死」得那麼乾淨，竟至於連一篇悼文也不能作。……

　　祝他活著而且在笑著吧。握手！

　　　　　　　　　　　　　　　　　　　　翎　二月九日

　　前次友人何劍薰提議替F籌款的事，守梅兄說你們已同意，那麼擬一個具體的辦法罷。假若我底〈谷〉能刊出來的話，我願意稿費就首先留作這個用。

　　　　　　　　　（〈路翎致友人書信〉，《新文學史料》2004年第4期）

2月10日　於桂林作〈回信〉，載5月15日桂林《野草》月刊第四卷第一、二期合刊，署紺弩。初收1942年版《早醒記》。

2月14日（陰曆除夕）　虛歲四十。桂林文友為先生祝壽，設宴於「國際飯店」，宴飲甚歡。

2月15日　桂林《野草》月刊第三卷第五期出版。

2月21日　於桂林作〈兔先生的發言〉，載5月15日桂林《野草》月刊第四卷第一、二期合刊，署水土。初收1943年版《嬋娟》。

2月23日　抗敵漫畫隊成員葉淺予、黃苗子、丁聰等人由香港抵達桂林。

3月2日　路翎自重慶致信先生並彭燕郊。

燕郊、紺弩兄：

　　〈谷〉是一月二十四日寄的，另外，〈綠草的夢〉、〈太陽上升〉和街頭詩等是兩個星期前寄的，都是掛號——一共寄上三卷或四卷稿子，但

你們怎麼只收到一卷呢？

這是很叫人喪氣的。四萬字，抄一份不太容易呢。現在只有找寄給一個朋友的另一份了——是在一個縣城裡，但一個月沒有收到回信，不知也收到沒有？假若重整旗鼓，是要延宕很久的。

莊湧，不知道他又到哪裡去了。他底詩，下降了一些，後來又在改變，現在還不知怎樣。

近來我在寫上回告訴過你們的中篇。寫成要在月底，抄又得費去一個月，寄出來，怕是很久以後的事了。

聽穆兄（按，指阿壟）說，他聽到兩個消息，一是F.和M.D（按，指茅盾）等已至廣西某處，一是渝刊已被吊銷出版證。前一個消息你們知道一些麼？

我現在在受著損害，但人是這樣的人，是沒有理由抱怨的。

在辦公室裡，寫得很焦急，下次再談吧。

祝好！

翎　三月二日

（〈路翎致友人書信〉，《新文學史料》2004年第4期）

3月6日　胡風一家自香港逃到惠陽、韶關，然後乘火車直達桂林，先生為其接風洗塵。

3月9日　茅盾夫婦、葉以群等人自香港脫險後，經惠陽安全抵達桂林。

3月11日　宋之的由香港脫險抵達桂林。

3月12日　路翎自重慶致信先生並彭燕郊。

度、皎（按，即彭燕郊）兄：

前後兩航信皆收到了。要告訴海兄的，由梅兄轉。短文和消息則已轉告了劍兄。

他底〈著魔的日子〉，是現成的。梅兄也定有現成的一兩個，但我卻弄不出來。丟失的東西無底稿，一時重寫不出。〈谷〉，出一本，是不是嫌太薄了呢？

一個月後當可寄出七萬字的一篇——現在正在改寫。

但無論如何，還是希望先有一個刊好些。渝刊的命運，現在正在不可知之列。存稿在我這裡的無多，而且多半還沒看。看了多少，就寄多少罷。天藍、艾漠……的詩都沒有；孫鈿有一篇，較長，田間底則很多；有一首長的，可惜原稿寄港失落，現在只有在戰區印的一半，無法公佈了。

短文，我寫不出。生活等不豐富之故也。歎氣則多得很，但那種文章，可惡！

籌款的事，如雜誌不出文章不能印，就束手無策了。這樣地鬧了一陣，假使無結果，真要在F面前愧煞。

半月文藝（按，指《力報》副刊的文藝專版），這裡看不到（我這裡是鄉下，離重慶有一百里），以後如若順便，望寄一張兩張來。

請給我對〈谷〉的批評！

握手！

寧　三月十二日

（〈路翎致友人書信〉，《新文學史料》2004年第4期）

3月15日　路翎自重慶致信胡風：「在桂林，有較好的出版條件，但桂林有人在幹；重慶，條件壞，所以沒有人幹，但幹是必須的。如若重慶也能夠活的話，你預備怎樣呢？我是說，假若今度兄籌畫的青鳥能夠飛起來的話，在重慶有一個營壘不是更好麼？但艱難的確很多。除去吃飯問題不算：渝刊取消了出版證，要幾乎重新下手；『官』多，印刷條件劣；書店老闆滑……。」「我近來寫得遲緩些，用守梅兄的話說，是蝸牛底一步又一步。改寫後的〈谷〉，在今度兄那裡，想你已見到了。這使我惶恐。……問今度兄，一個友人從合川寄的另一份〈谷〉，收到否？」（《致胡風書信全編》，第38-39頁）

按，「守梅」即阿壟。

同日　桂林《野草》月刊第三卷第六期出版，發表先生二文：〈廢話〉、〈知父莫若女〉。

3月22日　胡風自桂林致信路翎：「至於今度所說的，恐怕目前只能以叢刊的形式出現。他要我看稿，但我頂多只能從旁幫一幫。而渝刊的登記事，現在想請老闆交涉一下看。不成也沒有關係，我要用別的方式進軍，但我看也許可以交涉得好的。只要老闆用點力。事情壞在×君底手裡。」（《胡風書信集》，第50-51頁）

3月30日 路翎自重慶致信胡風:「渝刊不能出,即預備把〈棺材〉從海那裡拿來寄給你。〈谷〉,前信因為怕你疲勞,沒有提及,這次則請你在三耳兄那裡拿來看。」(《致胡風書信全編》,第40頁)

按,「海」即歐陽凡海。

3月 駱賓基經澳門、梧州,重返桂林;端木蕻良也自香港逃至桂林。

同月 雜文集《蛇與塔》由桂林文獻出版社再版。

4月5日 路翎自重慶致信先生並彭燕郊。

> 燕郊、今度兄:
>
> 上次的信收到,已託梅兄轉告海(按,指歐陽凡海)了。我們底東西,今後將一起交給成兄(按,指胡風)和你們。詩稿已不多,今天下午就去整理整理,能寄多少就寄多少。渝刊用,要等成兄來,是以後的事了,想成兄也是同意的。
>
> 我寫不出詩來,那次是心裡裝怪相,瞎塗的。
>
> 化鐵底詩,這裡附上一首。當然,這是不能用的。不過想用來孝敬剪刀將軍而已。
>
> 其他的,請見給成兄的信。
>
> 握手!
>
> 翎　四月五日
>
> (〈路翎致友人書信〉,《新文學史料》2004年第4期)

4月7日 鍾敬文率中山大學中文系文化考察團來桂林考察。

4月8日 於桂林作〈答林帆先生〉,載5月15日桂林《野草》月刊第四卷第一、二期合刊,署澹臺滅闇。初收1942年版《早醒記》。

4月中下旬 「青年節前若干日」於桂林作〈山城的「五四」〉。收1943年版《嬋娟》。

4、5月間 與胡風、彭燕郊、艾烽、米軍、盧華澤和朱谷懷等人一起商定南天出版社,主要出版胡風主編的《七月詩叢》和《七月文叢》。

夏初 由於受到特務點名威脅,與彭燕郊一起離開《力報》,一度失業,並復發瘧疾,得組織及時照顧,給予生活費每月四百元。

5月1日　下午二時，延安文化界人士假文抗作家俱樂部舉行蕭紅追悼會。

5月6日　於桂林作〈給鼠輩〉，載6月15日《野草》月刊第四卷第三期，署紺弩。初收1942年版《早醒記》。

5月7日　於桂林作〈早醒記〉，載6月15日《野草》月刊第四卷第三期，署蕭今度。初收1942年版《早醒記》。

5月8日　胡風於桂林致信彭燕郊：「請你約一約紺弩兄，下星期一（十一日），如有暇，你們一道下午到我處來坐坐，如何？」（《新文學史料》2012年第3期）

5月15日　桂林《野草》月刊第四卷第一、二期合刊出版，發表先生三文：〈兔先生的發言〉（署水土）、〈答林帆先生〉（署澹臺滅闇）和〈回信〉（署紺弩）；並載林帆3月21日於重慶所作〈關於「擁護忠王李秀成」——給澹臺滅闇先生的一封信〉。

5月19日　上午十時許，日機二十一架侵入桂林上空，在市西南郊投彈二十多枚，燒毀山林多座，茅草屋數十間。

5月30日　日機十七架侵入桂林上空，在市北門外投下燃燒彈二十多枚，燒毀民房一大片，死傷平民多人。

5月　於桂林作〈巨像及其他〉（即〈巨像〉、〈沉痾〉和〈月亮的故事〉的合篇）。收1949年版《巨像》。

同月　雜文集《蛇與塔》由桂林文獻出版社三版。

6月11日　清晨，日機九架侵入桂林上空，在西南郊投下十多枚炸彈，燒毀茅屋一大片。

6月12日　日機八架侵入桂林上空，在市區投彈數十枚後，遭中美空軍迎擊，其中四架日機被擊落。

6月15日　桂林《野草》月刊第四卷第三期出版，發表先生二文：〈給鼠輩〉（署紺弩）、〈早醒記〉（署蕭今度）。

6月18日　路翎自重慶致信胡風：「剛才又接聖門信，提及今度要把〈谷〉印單本入叢書，問我同意否？他底叢書是不是另是一個？我底意思是全部編成集子交你，所以不想同意。」（《致胡風書信全編》，第49頁）

按，「聖門」即阿壠。

同日　中午，文協桂林分會為慶祝詩人節，召集詩歌界人士在灕江上划船聚

餐,紀念詩人屈原。

6月20日　大型文藝雜誌《文學報》月刊創刊,孫陵主編,中國書店發行。第二期稿件送廣西省圖書雜誌審查委員會審閱時被沒收。1943年改出新一卷一期,由先生與駱賓基主編,遠方書店發行。

6月23日　路翎自重慶致信胡風:「三耳、彭,我還沒有去信。前信曾告你三耳要把《谷》印單本的事。他底叢書怎樣弄的?」(《致胡風書信全編》,第50頁)

按,「彭」即彭燕郊。

7月　雜文集《女權論辯》由白虹書店初版,署聶紺弩編,共收從文、何家槐、葛琴等人文章四十二篇,其中有先生〈女權論辯題記〉、〈婦女、家庭、政治〉、〈賢妻良母論〉、〈母性與女權〉等文四篇。

7月7日　於桂林作〈殘缺國〉(又題作〈《早醒記》題記〉)。收1949年版《天亮了》。

按,〈《早醒記》題記〉載1942年版《早醒記》。

7月24日　於桂林作〈探春論〉,載9月1日桂林《野草》第四卷第四、五期合刊,署紫晴。初收1949年版《二鴉雜文》。

按,《二鴉雜文》及《聶紺弩全集》收入時寫作日期均署「一九四一,七,六」,筆者據《野草》最初發表時所署日期。

7月27日　蕭軍於延安致信胡,云:「近來我卻很想念你、紺弩、曹白、柏山等人,但不知再相見於何時何地?」(《蕭軍全集》第18卷,第692頁)

7月30日　於桂林作〈彭燕郊的《第一次愛》〉,載10月10日桂林《文化雜誌》第三卷一期,署紺弩。初收初版《腳印》。

按,詩集《第一次愛》出版時,被檢查官抽去先生所寫序言。(〈彭燕郊小傳〉,《風前大樹》,第17頁)又,此文為「目前所見最早也最重要的」關於彭燕郊詩歌的評論,「這篇序言對彭燕郊的獨特藝術氣質和彭燕郊早期詩歌創作特徵的敏銳把握與犀利剖析,為彭燕郊研究樹立了一個最基礎而又紮實的座標點,可謂彭燕郊研究的奠基之作」(龔旭東〈彭燕郊研究的現狀與展望〉,《風前大樹》,第431頁)。

8月8日　改作小說〈鹽〉(由〈金元爹〉改作而成),載10月10日桂林《青年文藝》創刊號,署紺弩。初收1949年版《兩條路》。

同日　路翎自重慶致信胡風：「聽他（按，指阿壟）說，彭要離開《力報》。那些詩怎樣了？三耳底叢刊，望寄兩本給我們——是不是還在打牌！」（《致胡風書信全編》，第53頁）

8月10日　作〈夢〉，於南京《新民報・新民副刊》1946年10月10日至18日、20至22日連載，署紺弩。初收1949年版《天亮了》。

9月1日　桂林《野草》月刊第四卷第四、五期合刊出版。

9月6日　於桂林作〈讀〈在酒樓上〉的時候〉，載11月重慶《世界政治》半月刊第七卷第十四期；又載1945年6月25日桂林《文藝雜誌》月刊新一卷第二期，署紺弩。初收1948年版《沉吟》。

9月18日　於桂林作〈《嬋娟》題記〉（即〈噩夢〉，又題作〈永遠地，永遠地……〉），載1943年版《嬋娟》。

10月10日　葛琴主編的《青年文藝》創刊。

10月20日　作〈論蓮花化身〉，載1946年10月29日重慶《新民報・呼吸》，署紺弩。初收1949年版《血書》。

10月25日　胡風日記：「曉谷滿八歲生日，賓基、王女士、紺弩、荃麟、盛家倫來吃晚飯。」（曉風〈也來談談邵荃麟與胡風〉，《新文學史料》2014年第4期）

10月28日　於桂林作〈釋舅姑〉，載1943年1月10日桂林《文化雜誌》第三卷第三號，署紺弩。

秋冬　為文協桂林分會編《二十九人自選集》。

11月1日　桂林《野草》月刊第四卷第六期出版。

11月4日　作〈一秒鐘寫起的劇本〉，載12月1日桂林《野草》月刊第五卷第一期，署紺弩。

11月30日　雜文集《早醒記》由桂林遠方書店初版，內收〈早醒記〉、〈給鼠輩〉、〈擁護忠王李秀成〉、〈魔鬼的括弧〉、〈胡風的水準〉等文十五篇及題記一篇。

12月1日　桂林《野草》月刊第五卷第一期出版。

12月3日　下午一時，文協桂林分會在廣西劇場召開第四屆會員大會，到會員、來賓等七十餘人。首由田漢主席致詞，勉各會員認清目前文藝工作者責任，為反侵略戰爭而努力。省市黨政代表等致詞，希望桂市文藝工作者回應目前之文化勞軍運動，更希望文化工作者到軍隊去，教育士兵，提高士兵文化水準。繼由

來賓張映南、會員胡風等演說,及李文釗報告會務。並決議又田漢、胡風、聶紺弩、王魯彥等負責起草電文,向蔣委員長及前方將士,蘇聯史達林委員長、英美領袖及亞非盟軍將士致敬。最後是選舉產生第五屆理事會。會議選舉田漢、歐陽予倩、聶紺弩、宋雲彬、王魯彥、胡危舟、巴金、李文釗、邵荃麟、艾蕪、孟超、楊剛、周鋼鳴、胡仲持、秦似、司馬文森、熊佛西、伍禾、胡風、柳亞子等二十人為理事,穆木天、陳閑、駱賓基、韓北屏、端木蕻良、新波、杜宣等七人為候補理事,迄五時許散會。(桂林《大公報》12月4日)

12月21日　於桂林作〈廣「古有複輔音說」〉,載1943年7月重慶《中山文化季刊》第一卷第二期,署聶紺弩。

是年　胡風×月31日自桂林致信先生:

> 剛才匆匆幾句。你生了病,你又說過我不宜於訪你,那麼,還是寫幾句罷。文章沒有寫,一半是由於不曉得要馬上付稿,一半是由於主觀上的原因。
>
> 經過這一年和這次的事變,我有了深的反省,那結果是我的態度得有大的改變。直到今天,我自己還沒有十分弄出頭緒,但有一點卻是清楚了的:十年來,特別是戰爭後的五年,我(以及我們),並沒有作過真正的鬥爭。我痛切地看到了「文化戰士」們的愚蠢和罪過,我憎惡他們,因而也憎惡了我自己。我憎惡他們,而他們並沒有感到我的憎惡,那不就證明了我自己是應該詛咒的麼?我一向自以為不是和他們和平相處。但現在卻自己也不相信了。我真正地感到過問題的嚴重麼?我沒有得過且過,豬似地睡我的覺麼?不錯,我可以說在艱苦中努力過的,想創造一種風氣(當然談不上一定的成功目的),但我老實告訴你,這二十多天以來,我覺得非常痛苦。所以,這些時,我自己內部經驗著狂浪似的起伏。我看得清世界麼?我能夠做什麼?應該怎樣做?……退卻下來,無往不通,自然是一條路,但我無法做到。那麼,只有硬著頭皮,弄到成為一條過街的老鼠這一條路了。然而,怎樣做呢?我有這樣的能力麼?我現在就在一面摸索一面拷問自己。十年以來,我是很自信的,現在卻遇著了一個關。我無法說明,但你可以相信這是一個嚴重的試煉。
>
> 所以,這時候,一篇小論、一篇雜文,我是無法動筆的,我無法這樣

用心思。但我卻想寫，就是寫我的這心境。然而，談何容易？還沒有弄清楚。而且，應該說出多少？怎樣說？不過我是決定寫的，況且還有你在催稿。

　　對於你的工作，我現在只能說一點：認真，而且集中力量。聽燕郊兄說有人願出《半月文藝》，我想，如果報館弄得好，藉這個名字獨立出版，那就讓出叢刊的出版社出這個，如何？六七萬至十萬左右的半月刊，認真做，當是一個很大的工作，需要你全部的精力的。況且，還有《野草》這個應該支持的保有戰鬥意義的刊物。這好過叢刊，叢刊在營業上不容易成功，在今天，營業失敗即等於工作失敗。

　　　　　　　　　　　　　　（《胡風全集》第九卷，第427-428頁）

是年　應桂林遠方書店朱希之請，編了兩期《山水文叢》。每拉來一部稿子，可得編輯費三十元。（朱希〈紺弩交卷了〉，《聶紺弩還活著》，第118頁）

是年　短篇小說集《邂逅》由上海天馬書店再版。

是年　詩集《收穫的季節》由桂林詩創作社列入「詩創作叢書」出版，但未見出版，內容不詳。

是年　《抗戰時期桂林文化城出版圖書目錄》：「《杜鵑花》（童話），聶紺弩著，文化供應社，1942年」（《抗戰時期桂林出版史料》，第261頁）

　　按，此書似未出版。

1943年 四十一歲

（癸未）

1月1日　於文協桂林分會出版部作〈《二十九人自選集》後記〉。《聶紺弩全集》未收。

　　去年十月，文協桂分會同人協議出兩本書：一種是新作的合集，一種是近作的自選集。用意自然是表示一點同人們的感情的交融，但也想藉此為文協桂分會弄點收入。現在這自選集結起來了；合集大概同人都覺得為這個集子寫的作品非特別用力不可，所以除了茅盾先生交來一篇〈馬達的故事〉，駱賓基先生交來過一篇〈老爺們的故事〉，看見無人交稿，又收回去了以外，尚未收到別的稿子。我自己的敦促不力也是原因之一，同人們原是推我負責催稿的。

　　這本集子裡的二十幾篇文章，除了一兩篇是作者比較接近的友人代選的以外，都是作者自選的。有些作者的所在地離我們太遠，書函往還費的時日太多，所以一面代選，一面去信徵求同意，幸而回信轉來，還沒有表示不同意的。不幸沒有接到回信的雖然作品代選好了，為了慎重，這裡就都沒有收進去。編排次第，除分類外，則交稿先後和一般刊物排刊的慣例摻雜互用，如有不妥之處，該編者負責。有幾篇在編好送審之後交來的稿子，來不及編進去，「滄海遺珠」，遺憾得很，謹向作者及讀者道歉。

　　末了一句多餘的聲明：本書版權歸文協桂林分會所有。

（《二十九人自選集》）

同日　桂林《野草》月刊第五卷第二期出版。

1月　散文、雜文集《嬋娟》由桂林文化供應社初版，收〈醢狗記〉、〈范蠡與西施〉、〈韓康的藥店〉、〈嬋娟〉等文二十篇及題記一篇。

2月4日（陰曆除夕）　夜，與友人伍禾一起過生日。

2月8日　晨八時，日機六十架分三批侵入桂林市空，首批在西南郊投彈；第二批十六架跟隨而至，在同一地區投彈百餘枚；下午二時第三批二十六架，有十

二架在市區投燒夷彈、殺傷彈數十枚，並以機槍掃射，並散發傳單。

2月16日　廣西省圖書雜誌審查處會同省黨部人員，把上年查禁待毀的書刊14,677冊，及當年檢扣查禁書刊《論持久戰》、《大眾哲學》、《茅盾自選集》，以及先生《歷史的奧祕》等九十八種1,381冊，當場撕毀。

2月27日　日機五批侵擾桂林，在市空盤旋二小時後逸去。

2月　短篇小說集《夜戲》由福建永安改進出版社再版。

3月1日　桂林《野草》月刊第五卷第三期出版。

3月14日　胡風離開桂林赴重慶。在桂林整整一年，「心情是愉快的」（《胡風自傳》）。臨行時，胡風和先生「做了一次長談，最後希望他仍回重慶，並且還批評了他，說他對老婆孩子太不負責，太不關心，太自私」，聽了這些指責，先生「不敢分辨，只是『唔、唔、唔』地應著，一副慚愧的倒楣相」（梅志〈悼念之餘〉，《聶紺弩還活著》，第184頁）。

同日　桂林《力報》發表張稚琴〈本報三週年贅詞〉：「我們明白地認識到：民族國家在危難中，一切都感受到威脅，感受到危險，解除了民族國家的危難，一切就能安定、發展，而進入盡善盡美的境界。只要達到這目的，無疑的，絕對要驅逐日本強盜，驅逐這強盜，需下最大的決心，用死拚的功夫，進行長期的鬥爭，還有兩樣工作，一是軍事鬥爭，一是文化鬥爭。我們選定了文化鬥爭，作為打擊日本強盜的工具，所以，精神儘管痛苦，物資儘管窮困，還是往前走，往前動，絕不會忽然灰心，絕不會中途退縮。」

4月　桂林《青年生活》月刊第四卷二期發表〈豔遇〉，署紺弩。《聶紺弩全集》未收。

4月1日　桂林《野草》月刊第五卷第四期出版。

4月12日　《成都劇刊》第二十期發表〈天才的劇作家〉，署甘弩。《聶紺弩全集》未收。

4月20日　參加文協桂林分會舉行全國文協成立五週年紀念會。

4月28日　於桂林作〈懷曹白——作為「呼吸」的讀後感〉，載1944年6月桂林《青年生活》第五卷第一期。初收1948年版《沉吟》。

5月上旬　馮雪峰從浙南到達桂林，在邵荃麟處住約兩週。之後，前往重慶。

5月28日　柳亞子五十七歲生日宴會，桂林文化界假嘉陵川菜館祝賀，先生等百餘人與會。「瘦石即席速寫主客圖像，各人簽名於頭像旁。有的是席後補畫

的，惜未畫足百人。圖卷中存像者，有何香凝、朱蘊山、陳劭先、歐陽予倩、熊佛西、葉子、田漢、安娥、巨贊、宋雲彬、傅彬然、廖夢醒、聶紺弩、孟超、端木蕻良、朱蔭龍、任綺雯、李白鳳、彭燕郊、王文彬、方鎮華、符浩、王一凡、王羽儀、王小涵、周游……，以及柳亞子、鄭佩宜夫婦和他們的女兒無垢、外孫光遼。瘦石自畫像也在其中。」[5]後來先生為此畫題二絕：

文化城中文化頭，一時裙屐競風流。櫻都躍馬人何在？影倩宜興畫手留。

三十幾年興與亡，人間正道果滄桑。別來無恙諸君子，憶否誰曾共一堂。

按，詩中「櫻都躍馬」，是指「宜興畫手」尹瘦石為柳亞子夫婦所繪一張橫幅，圖中柳亞子夫婦雙騎於櫻花叢下，來弔朱舜水墓，預期抗爭勝利，他將躍馬東京。

6月1日　桂林《野草》月刊第五卷第五期出版。這是該刊在桂林出的最後一期，此後即遭封閉。

6月7日　下午，文協桂林分會在社會服務處舉行茶會，紀念詩人節和愛國詩人屈原，文藝界百餘人與會。

7月2日　於桂林作〈寄一個吉卜西姑娘〉，載1944年4月桂林《青年生活》月刊第四卷六期，署耳耶。

7月15日　楊玉清日記：「讀紺弩著《嬋娟》一書，內多描寫彼夫婦情感事。熟人讀之，最為親切有味。」（《肝膽之剖析》，第356頁）

7月20日　於桂林作〈柏拉圖的悲哀〉，載1944年12月重慶《民治》月刊第一卷二期，署紺弩。《聶紺弩全集》未收。

8月3日　作〈強者的道德〉（又分別題作〈論道德〉、〈道德一論〉），載1946年10月23日南京《新民報・新民副刊》，署紺弩；1946年10月27日重慶《新民報・呼吸》，署紺弩。初收1949年版《二鴉雜文》。

8月7日　於桂林作〈風車和騎士〉（由〈風車和騎士〉、〈驢的故事〉、〈遠見〉組成），載1944年1月10日重慶《文風雜誌》第一卷第二期，署紺弩。

---

[5]　陳邁冬：〈記百壽圖卷題詠〉，魏華齡、王玉梅主編：《陳邁冬詩文選》（《桂林文史資料》第三十二輯）（政協桂林市文史委編印，1996年），第249-250頁。

《聶紺弩全集》未收。

9月上旬　秦似到桂林的良豐道慈中學任教，12月被學校藉故辭退。

9月25日　由於廣西省政府查封了在桂林出版的將近二十種刊物，加之桂林市出版業的排版費、印刷費漲價，大多數文化人生活每況愈下。據《大公報》（桂林版）和《廣西日報》等報報導，一批文藝工作者為了生活被迫離開桂林。邵荃麟、葛琴夫婦和司徒慧敏去重慶，王西彥去湖南鄉間養病，秦似到良豐道慈中學任教，駱賓基去興安，伍禾到平樂，木刻家新波和鄭思到榴江，等等。留在桂林的文藝工作者已為數不多，而且多數生活在貧困之中，興旺的桂林文化城逐漸冷清下來。（《廣西抗戰文化大事記》）

9月25日、26日　《大公報》（桂林版）連續刊登署名寒流（曾敏之）的文章〈桂林作家群〉，詳盡地記述了留桂作家王魯彥、艾蕪、穆木天、彭慧、端木蕻良、田漢、安娥、歐陽予倩、熊佛西、巴金、胡仲持、周鋼鳴、司馬文森、蔡楚生、孟超和彭燕郊等人的貧困生活，以及他們在「秋風蕭瑟」中的打算。

該文寫到先生近況時說：「曾編《文學報》的聶紺弩，在貧困中還給瘧疾纏繞著。他常帶病隨友人到樂群草地會去品茗，雜文很少寫了。《早醒記》以後，他為生活陷入欲眠不得的窘境。然而，他有一種韌性，這韌性支持了他的文學事業。」

9月　為文協桂林分會所編《二十九人自選集》由桂林遠方書店出版發行。這二十九人是：胡風、李文釗、胡繩、巴金、艾蕪、張天翼、王魯彥、駱賓基、荃麟、司馬文森、孟超、葛琴、韓北屏、紺弩、洪遒、辛勞、麥青、伍禾、胡明樹、茅盾、夏衍、郭沫若、田漢、柳亞子、雲彬、秦似、宜閑、歐陽予倩、周鋼鳴。內收先生《夜戲》，署紺弩。

10、11月間　得段夢暉之助，從桂林前往重慶，終於與周穎母女團聚。剛到重慶沒有任何收入，時張道藩所主持的文化運動委員會，以特約名義給外地來的作家發「稿費」，每人每月二千元。事實上並不真要寫稿，真寫了稿還另付稿費。按當時的幣值，二千元已經不算多，不無小補而已，茅盾、馮乃超、馮雪峰等人那時都在「特約」之列。先生去見了一次張道藩，成了一名「特約」。這樣拿特約稿費，大約到1944年底。

11月11日　往楊玉清處會談，二人「已十年不見矣」（《肝膽之剖析》，第368頁）。

11月14日　楊玉清日記：「……趕回時則聶紺弩來而復去，蓋相約赴鄧初民先生處也。聶留條謂三時前十分到。彼未候我，實不信我也。汗流浹背，又復步至鄧先生處。相談時餘，留晚餐後一同赴一園觀《金鳳剪玉衣》一劇。」（《肝膽之剖析》，第368頁）

12月　桂林《青年生活》月刊第四卷第五期發表小說〈賺城〉，署紺弩。《聶紺弩全集》未收。

是年　《抗戰時期桂林文化城出版圖書目錄》：「《在路上》（小說），聶紺弩著，水平書店，1943年」（《抗戰時期桂林出版史料》，第316頁）

按，該書店責任編輯為彭燕郊，但此書似未出版。

1944年 　　　　　　　四十二歲

　　年初　在重慶暫住周穎工作的北泉慈幼院，並介紹共產黨人韓述志到該院任教。

　　1月　春節前，梅志帶女兒曉谷到慈幼院看望先生一家人，「看著他和女兒海燕和我的曉谷在一起玩得很高興，心想，他如果和家人常在一起，該是一個多好的父親啊」！（〈悼念之餘〉，《聶紺弩還活著》，第185頁）

　　3月　短篇小說《姐姐》由金重英譯成英文，列為「英漢對照文藝叢書」之一，由桂林遠方書店初版。

　　同月　雜文集《嬋娟》經國民黨中央圖書審查委員會審查後，以「詆毀現實政治」的理由被廣西書刊審查機關查禁[6]。

　　3月27日　於渝郊作〈無所謂怎樣寫雜文？〉，載1945年2月青年生活社初版《怎樣自我學習》，署聶紺弩。

　　4月4日　於重慶作〈輩份・壽命・體格〉。收1949年版《血書》。

　　5月3日　重慶文化界假百齡餐廳舉行茶會，中心議題是配合大後方興起的人民民主運動，商討言論出版自由等問題。當場推舉沈志遠等六人負責整理各種意見，起草〈重慶文化界對言論出版自由的意見書〉、〈重慶文化界為言論出版自由呈中國國民黨十二中全會請願書〉。簽名者有郭沫若、老舍、茅盾、夏衍、胡風和先生等七十八人。

　　5月20日至26日　國民黨五屆十二中全會召開。

　　6月19日　長沙失陷，衡陽告急。桂林隨即成立了城防司令部，並頒佈了第二次疏散令，限機關、團體、學校於7月5日前疏散。駱賓基和余所亞也同路轉赴重慶。

　　6月　同鄉查可恩（慧九）介紹進私立建川中學[7]擔任教職，並與故友朱希

6　參見〈抗戰時期廣西書刊審查機關送審被禁書目〉，龍謙、胡慶嘉編著：《抗戰時期桂林出版史料》（桂林文史資料第三十八輯）（桂林：灕江出版社，1999年），第537頁。

7　建川中學：校址位於重慶江北人和場。由幾位上海國立暨南大學川籍同學於1940年發起創辦，推兵役署署長程澤潤為董事長，並推選暨大教育系畢業生、兵役署主任秘書朱濤（崇仁）兼任校長。1952年，私立建川中學與私立復旦中學合併為重慶市十二中學。

同事。

7、8月間 作七律〈題《金石錄後序》〉。

8月8日 衡陽陷落，長衡會戰結束。接著，日軍從湖南、廣東及越南三個方面向廣西進攻，開始了桂柳作戰。桂林文化人紛紛逃離，彭燕郊也逃到重慶與先生晤面。

8月20日 作家魯彥因結核病逝於桂林，遺體葬於七星岩。先生後來作紀念文章〈懷『柚子』〉，載1945年1月15日重慶《藝文志》創刊號，署紺弩。初收1948年版《沉吟》。

8月 重慶《微波》月刊第一卷第一期創刊號發表〈我若為王〉，署紺弩。

按，該文又載1946年5月22日重慶《商務日報・茶座》，署紺弩；另載1948年8月28日香港《華商報・茶亭》，署紺弩。初收1949年版《血書》。

9月12日 廣西省政府發出第三次強迫疏散令，限桂林市民在14日正午以前全部撤離城區。

9月21日 桂林《力報》出版最後一期之後停刊。

11月1日 葉聖陶日記：「覆聶紺弩書，渠在渝將出一雜誌曰《藝文志》。」（《葉聖陶抗戰時期文集》第三卷，第173頁）

11月10日 日軍占領桂林。

是年 《新聞週報》第十三期發表〈「民族的聲音」等等〉。《聶紺弩全集》未收。

是年 作〈智人的心算〉，載1945年1月15日重慶《藝文志》創刊號，署蕭今度。初收初版《聶紺弩雜文集》。

是年 作〈明末遺恨〉，載1945年1月15日重慶《藝文志》創刊號，署耳耶。初收初版《聶紺弩雜文集》。

是年 作〈放心，不會被唾沫淹死〉，載1945年3月15日重慶《藝文志》第二期，署盛蜵。初收初版《聶紺弩雜文集》。

是年 掛名於張道藩主持的「文化運動委員會」，每月領取二千元薪水。

是年 《抗戰時期桂林文化城出版圖書目錄》：「《在路上》（短篇小說集），紺弩著，文人出版社，1944年」（《抗戰時期桂林出版史料》，第109、325頁）

按，桂林文人出版社由熊佛西負責，但此書似未出版。

1945年 四十三歲

（乙酉）

1月　胡風主編的《希望》創刊號上發表了胡風〈置身在為民主的鬥爭裡面〉和舒蕪〈論主觀〉兩篇論文。前者是胡風先後一系列關於現實主義的論文中帶有綱領性的一篇，強調作家的主觀力量在創作中的作用；後者則從哲學的角度宣傳主觀戰鬥精神等。這兩篇文章的發表，使進步文藝界內部在此前已開始進行的論爭更趨激烈與頻繁，引發一場曠日持久的論爭，直到1949年第一次中華全國文學藝術界代表大會召開才告一段落。

1月14日　於重慶作〈倫理三見〉，載5月重慶《文藝雜誌》月刊新一卷第一期，署紺弩。初收1949年版《血書》。

1月15日　與建川中學同事朱希合辦的綜合性文藝刊物《藝文志》創刊號出版，發表先生四篇文章：〈懷『柚子』〉（署紺弩）、〈智人的心算〉（署蕭今度）、〈明末遺恨〉（署耳耶）、〈中國學者的厄運〉（署邁斯）。

同日　在渝學田灣作〈諸夏有君論〉，載3月15重慶《藝文志》第二期。初收1949年版《血書》。

1月25日　楊玉清日記：「看各雜誌，紺弩編《藝文志》月刊，特購一冊讀之。此皆我昔年敬佩之友。」（《肝膽之剖析》，第412頁）

2月4日　葉聖陶日記：「又覆聶紺弩（《藝文志》編輯）、徐文珊（《文藝先鋒》編輯），二人皆來索稿者。」（《葉聖陶抗戰時期文集》第三卷，第208頁）

2月11日　楊玉清日記：「看紺弩所編《藝文志》，各文意義均極深刻。」（《肝膽之剖析》，第413頁）

2月19日　葉聖陶日記：「作文擬應聶紺弩《藝文志》之徵，得數百言，未完。」（《葉聖陶抗戰時期文集》第三卷，第213頁）

2月21日　葉聖陶日記：「續作前日所為文，得五百言。」（《葉聖陶抗戰時期文集》第三卷，第214頁）

2月中下旬　參加以郭沫若為首的重慶〈文化界時局進言〉（〈民主宣言〉）祕密簽名運動。

2月22日　《新華日報》、《新蜀報》等報刊發表〈對時局進言〉。文末附

錄聶紺弩等三百一十二位名文化界人士名單。

2月23日　葉聖陶日記：「續作前日所為文，又得三百餘言。」（《葉聖陶抗戰時期文集》第三卷，第214頁）

2月24日　葉聖陶日記：「續作昨文，又得數百言，完篇，題曰〈對於「讀書」的反感〉，即寄與聶紺弩，總算又了一債。」（《葉聖陶抗戰時期文集》第三卷，第215頁）

按，葉氏為《藝文志》所作約稿後因該刊停辦，而刊於先生主編之《真報》副刊6月22日第一期。

2月26日至3月3日　秦似參加了中共廣西省工委黃彰等領導的桂東南抗日武裝起義，起義悲壯地失敗，很多人犧牲了。不久，重慶等地的報刊出現了秦似夫婦遇害的報導。後來，又盛傳「秦似未死，現在廣西某縣獄中」，但被勒索十萬元贖金的消息。於是，先生等一批作家相繼在報刊發表文章，呼籲社會各界救援秦似。

3月　重慶《藝文志》第二期出版，並隨即停刊。此期發表先生二文：〈諸夏有君論〉、〈放心，不會被唾沫淹死〉。

4月30日　於重慶作〈論通天教主〉，載1947年3月9日重慶《新民報‧呼吸》，署聶紺弩；又載1948年7月27日香港《華商報‧熱風》，署紺弩。初收1949年版《二鴉雜文》。

5月1日　於重慶作〈論申公豹〉，載1946年11月6日重慶《新民報‧呼吸》；又載1948年7月19日香港《華商報‧熱風》，署紺弩。初收1949年版《二鴉雜文》。

5月2日　吳組緗日記：「……遇聶紺弩，與聶談其作品，以為〈姐姐〉一篇甚佳。」（〈吳組緗日記摘抄〉，《新文學史料》2008年第1期）

5月8日　路翎自重慶致信胡風：「幾天前，《坦白人自述》的作者和《早醒記》的作者到汸兄們那邊去講了一點演，由束君介紹認識，晚上就到我這裡坐了幾個鐘點，談的是文學。」（《致胡風信全編》，第109頁）

按，「《坦白人自述》的作者」即駱賓基，「《早醒記》的作者」即先生，「汸」即冀汸，「束君」即石懷池（束衣人）。

5月27日　宋雲彬日記：「為紺弩主編之《藝文志》撰一短文，即以此間《中央日報》社論題〈欣聞一項謠傳不確〉為題，盡諷刺之能事，頗覺滿意，即

用航空快信寄出。」（《宋雲彬日記》上冊，第136-137頁）

　　5、6月間　辭去建川中學教職，主編《真報》（社長趙則誠）副刊《橋》。該刊堅持反對蔣介石打內戰的辦報方針，受到周恩來的肯定。出版十幾期後約在11月份停刊。

　　6月6日　於重慶作〈頌中國古代的選舉〉。收1949年版《血書》。

　　7月　於渝郊作〈王止舟詩集序〉，載1946年3月21日重慶《客觀・副葉》第十七期，署紺弩。《聶紺弩全集》未收。

　　7月26日　於重慶通遠門作〈後悔〉，載8月15日重慶《新華日報・新華副刊》，署紺弩。初收1948版《沉吟》。

　　8月10日　日本政府通過中立國照會中美英蘇四國，將接受〈波茨坦公告〉。消息傳開，重慶全市一片狂歡。

　　8月15日　正午，日本裕仁天皇通過廣播發表〈終戰詔書〉，宣佈無條件投降。為慶祝抗戰勝利，全國即日起放假三日。

　　8月16日　〈上山〉脫稿，載1946年8月15日重慶《萌芽》月刊第一卷第二期。初收1949年版《巨像》。

　　9月1日　於重慶通遠門作〈狗道主義舉隅〉，載成都《華西晚報》（日期不詳），署紺弩；10月16日上海《文萃》週刊第二期轉載。初收1949年版《血書》。

　　9月3日　於重慶通遠樓作〈毛澤東先生與魚肝油丸〉，載1946年11月20日香港《野草》新二號，署紺弩。

　　9月18日　於重慶作〈毛遂〉，載貴陽《大剛報》（日期不詳），署紺弩；10月30日上海《文萃》週刊第四期轉載。初收1949年版《天亮了》。

　　9月27日　下午，周恩來招待重慶文藝界報告談判情況。

　　10月9日　《文萃》雜誌在上海創刊。該刊以「溝通內地與收復區的意志，傳達各方人士對於國是的意見」為宗旨，初為文摘性週刊，大部分是從重慶、昆明、成都、貴陽等地著名報刊上精選下來的，也有特約稿件。每週三出版。

　　10月10日　於重慶三十六計樓作〈闊人禮讚〉，載1946年3月16日重慶《商務日報・茶座》，署紺弩。初收1949年版《血書》。

　　10月19日　作〈小號兵〉，載12月22日重慶《客觀》第七期，署言邁。初收1949年版《巨像》。

10月20日　作〈哪吒〉，載1946年11月20日香港《野草》新二號，署紺弩。

10月22日　重慶《新華日報・新華副刊》發表〈乞師〉，署紺弩；該文又載1946年1月1日桂林《文藝生活》月刊光復版第一期，署紺弩。

10月24日　尹瘦石與柳亞子同在重慶中蘇文化協會文化之家舉辦「柳詩尹畫聯展」預展，先生「細細觀摩了尹瘦石的數十幅歷史人物畫……，當面讚道：『畫得都不錯，屈原畫得最好！』」（包立民〈聶紺弩與尹瘦石的詩畫之交〉）。

10月25日　於重慶作〈誤人父兄〉，載1947年1月1日香港《野草》新三號，署紺弩。初收1949年版《血書》。

11月1日　作〈你該回去了〉，載11月17日重慶《客觀・副葉》第二期，署紺弩。

11月2日　重慶《新華日報》發表陶行知詩〈停止內戰！〉。

11月3日　重慶《民主星期刊》第六期發表陶行知〈立刻停止內戰〉一詩，呼籲國共兩黨「立刻停止放槍，雙方各回原防，萬事和平商量」；警告雙方「誰再放第一槍，便是內戰罪犯」。

11月4日　作新詩〈命令你們停戰〉，載本月上旬《真報》某期，署紺弩；又載《客觀・副葉》週刊創刊號，署紺弩。

11月11日　重慶《客觀》週刊第一期（創刊號）出版，發行人張稚琴，主編儲安平，編輯為吳世昌、陳維稷、張德昌、錢清廉。

該刊設有兩個副刊，一為《副葉》，一為《珊瑚》，《副葉》由先生編輯。創刊號《副葉》發表先生二文：〈命令你們停戰〉（署紺弩）、〈孔聶斷簡〉（署聶子）。

11月12日　國父誕辰日於渝傷風樓作〈給亞美利亞的人民〉，載11月上海《民主》週刊第七期，署紺弩。

11月14日　上海《文萃》週刊第六期據《真報》選載〈命令你們停戰〉。

同日　重慶《新民報・晚刊》副刊《西方夜譚》首次發表〈毛詞・沁園春〉，並附加一段按語：「毛潤之氏能詩詞，似鮮為人知。客有抄得其〈沁園春・雪〉一詞者，風調獨絕，文情並茂。而氣魄之大乃不可及。」一時間山城轟動，迅速全國傳誦，數十家報刊跟進轉載，並不斷刊登唱和之作。

11月24日　重慶《客觀・副葉》週刊第三期發表〈欣聞秦似未死〉，署紺弩；又載1946年3月1日桂林《文藝生活》月刊光復版第三期，署紺弩。

11月25日　作〈從《封神演義》扯到佛朗哥〉，載12月1日重慶《客觀‧副葉》第四期，署紺弩；1946年1月1日上海《文萃》週刊第十三期轉載。

同日　作〈感謝與寄慰〉，載12月1日重慶《客觀‧副葉》第四期，署紺弩。

11月28日　於重慶三十六計樓作童話短劇《天亮了》，載1946年3月2日重慶《客觀》第十五期，署紺弩。初收1949年版《天亮了》。

12月2日　於重慶傷風樓作〈用不著警惕〉，載12月8日重慶《客觀‧副葉》第五期，署紺弩。

12月4日　國民黨軍委機關報《和平日報》刊出易君左和毛澤東〈沁園春‧雪〉。不久，先生依原韻斥之。

12月15日　重慶《客觀》第六期出版。

12月22日　重慶《客觀‧副葉》第七期發表〈傷風樓自語〉，署紺弩。

12月25日　作〈毛詞解〉，載12月29日重慶《客觀‧副葉》第八期，署紺弩。

同日　作〈韓青天〉。載1946年1月5日重慶《客觀‧副葉》第九期，署紺弩。

12月29日　重慶《客觀》第八期出版，先生在《副葉》編發特刊全文轉載毛澤東〈沁園春‧雪〉和柳亞子、易君左等的和詞。

1946年 　　　　　　　　　四十四歲

（丙戌）

1月1日　作〈帽子〉，載1月5日重慶《客觀‧副葉》第九期，署名耳耶。

同日　上海《文選》月刊創刊。創刊號頭條選載〈命令你們停戰〉，署聶紺弩。

1月4日　香港《華商報》正式復刊，並改為日報。

1月7日　於重慶作〈論青天大老爺〉，載5月15日重慶《商務日報‧茶座》，署紺弩；又載10月1日香港《野草》復刊號。初收1949年版《血書》。

1月8日　於傷風樓作〈論發脾氣〉，載1月12日重慶《客觀‧副葉》第十期，署紺弩。初收1949年版《血書》。

1月10日　國共雙方簽訂〈停戰協定〉。

同日　有中國共產黨和其他民主黨派參加的政治協商會議（舊政協）在重慶開幕。

1月11日　於傷風樓作〈關於八股〉，載1月16日重慶《民主生活》週刊第二期，署紺弩。《聶紺弩全集》未收。

1月12日　作〈談輩份〉（又作為〈輩份‧壽命‧體格〉第一節），載1月19日重慶《客觀‧副葉》第十一期，署紺弩；另載12月11日重慶《新民報‧呼吸》，署紺弩；又載1947年7月5日香港《野草》新四號，署邁斯。初收1949年版《血書》。

1月15日　作〈西餅論〉，載11月7日重慶《新民報‧呼吸》。初收1949年版《二鴉雜文》。

1月16日　於傷風樓作〈全或無〉，載1月23日重慶《民主生活》週刊第三期。《聶紺弩全集》未收。

1月19日　重慶《客觀‧副葉》第十一期發表〈黃帝的子孫〉，署耳耶；該文又載5月20日《商務日報‧茶座》。

1月20日　為紀念蕭紅逝世四週年於重慶作〈在西安〉，載1月22日重慶《新華日報》，署紺弩。初收1948年版《沉吟》。

1月22日　東北文化協會假中蘇文化協會舉行蕭紅逝世四週年紀念會。郭沫

若、茅盾、馮雪峰、胡風、楊晦、閻寶航、周鯨文、王卓然、潘梓年、聶紺弩、
駱賓基等八九十人到會，主席周鯨文。（《國統區抗戰文藝運動大事記》，第306頁）

　　同日　重慶《新華日報》為紀念蕭紅逝世四週年，在第四版發表了駱賓基
〈蕭紅小論〉、戴望舒〈蕭紅墓照片題詩錄〉和先生〈在西安〉等詩文。

　　1月25日　作〈上會〉（又作為〈兒時〉第二節），載2月9日重慶《客觀·
副葉》第十三期，署紺弩。初收初版《腳印》。

　　1月26日　重慶《客觀·副葉》第十二期發表〈蕭紅一憶〉，署紺弩。

　　1月29日　中蘇文化協會舉辦蕭紅逝世四周年紀念會，先生在會上說：「蕭
紅是天下第一美人，因為她能在人性中發揮出人的美來。」（上海《時事新報》1月
30日）

　　1月31日　歷時二十二天的政治協商會議閉幕。由於中國共產黨的努力和各
民主黨派的合作與鬥爭，終於迫使蔣介石簽訂了〈關於政府組織問題的協定〉、
〈和平建國綱領〉、〈關於國民大會的協議〉、〈關於憲章問題的協議〉、〈關
於軍事問題的協定〉等五項協定。

　　1月　《姐姐》由上海遠方書店再版。

　　2月9日　重慶《客觀》週刊第十三期出版。本期開始由吳世昌主編，儲安平
去職。

　　2月10日　為促使五項決議貫徹實施，由政協陪都各界協進會等團體發起，
定於本日上午在重慶較場口廣場舉行慶祝政協成功大會。是日晨，當參加大會的
群眾團體陸續進入會場時，李公樸、施復亮等人遭到預先埋伏的中統特務毒打。
郭沫若、陶行知、章乃器、馬寅初等和新聞記者及勞協會員六十餘人也被打傷，
史稱「較場口血案」。

　　2月22日　作〈德謨克拉西如是說〉，載3月11日、12日重慶《商務日報·茶
座》，署紺弩。

　　同日　國民黨右派指使暴徒搗毀重慶《新華日報》營業部，並毆傷在場的工
作人員。

　　2月25日　天津《魯迅文藝》月刊第一卷第一期發表〈和蕭紅在西安的日
子〉，署聶紺弩。

　　同日　作〈「六鷁退飛」〉，載3月2日重慶《客觀·副葉》第十五期，署
紺弩。

2月27日　夜作〈五六事〉，載3月6日重慶《民主生活》週刊第八期，署紺弩。《聶紺弩全集》未收。

3月1日至17日　國民黨在重慶召開了六屆二中全會。這次會議基本終結了自政協開始的戰後民主化進程，最終導致內戰戰火再起。

3月2日　重慶《客觀》第十五期發表童話短劇〈天亮了〉，署聶紺弩。

3月8日　於重慶作〈北邙——《人谷子》第一章〉（又題作〈鬼谷子〉），載6月1日、3日、4日《商務日報・茶座》。

　　按，此文亦載1947年3月13日至19日重慶《新民報・呼吸》；又載1947年7月5日香港《野草》新四號，署紺弩；另載1948年2月廈門《海濱雜誌副刊》第一期，署聶紺弩。初收1949年版《天亮了》。

3月9日　重慶《客觀・副葉》第十六期發表〈閒筆〉，署紺弩。

3月15日　於重慶作〈「向偉大的行列致敬」——題借某報論題為暴徒搗毀《新華日報》而作〉（詩）。初收1949年版《元旦》。

3月26日　香港《華商報・熱風》發表「重慶大霧中」所作新詩〈給臭蟲〉，署紺弩；又載10月22日南京《新民報・新民副刊》，署紺弩。初收1949年版《元旦》。

　　按，〈給臭蟲〉收入《元旦》時寫作時間署「一九四六，一○，二八，重慶」，存疑。

3月29日　於重慶作新詩〈駱駝〉，載11月27日重慶《新民報・呼吸》，署紺弩。初收1949年版版《元旦》。

3月　進陳國良主辦的《商務日報》社，任《茶座》副刊編輯。

同月　周穎由其姐介紹參加朱學範領導的中國勞動協會，擔任該會重慶工人福利社（位於江北貓兒石）主任。

4月1日　上海《文選》月刊第二輯選載〈闊人禮讚〉，署聶紺弩。

4月18日　搬至《商務日報》編輯部住下，並預先借支報社一萬元。

4月20日　重慶《客觀・副葉》第十八期，發表〈民主的消息〉（又作為〈我願〉的一部分），署紺弩；此文又載5月17日上海《民間》週刊第六期，署紺弩。

4月22日　《商務日報・茶座》發表〈奇異的人力車〉，署紺弩。

4月23日　《商務日報・茶座》發表〈紅樓人物列贊〉，署紺弩。

4月24日　《商務日報‧茶座》發表補白〈茶話〉（三則），未署名，疑為先生所作。

4月27日　《商務日報‧茶座》發表〈「妻」〉，署紺弩；此文又載9月重慶《現代婦女》月刊第七卷第五、六期，署耳耶。初收1949年版《二鴉雜文》。

4月　上海新知書店刊印中華文藝協會桂林分會編《二十九人自選集》。

5月1日　《商務日報‧茶座》發表補白〈茶話〉，署耳耶。

5月初　駱賓基去北培育才學校講課，順便看望住在回龍寺周穎處的先生，告訴文協將要開會選舉理事的消息。駱在育才學校上課一天，又返回龍寺住了一宿，第二天與先生一同下山。（《現代作家駱賓基》，第83頁）

5月3日　上海《民間》週刊第四期發表〈蕭紅一憶〉，署紺弩。

5月4日　《商務日報‧茶座》發表〈一種對女性的看法〉，署紺弩。

5月6日　《商務日報‧茶座》發表補白〈茶話〉，署編者。

5月10日　《商務日報‧茶座》發表補白〈茶話〉（含「民主時代」、「賢妻與孝女」二則），署紺弩。

5月14日　《商務日報‧茶座》發表補白〈茶話〉（題為「一解」），署紺弩。

5月15日　《商務日報‧茶座》發表補白〈茶話〉（二則），署今度。

5月17日　於嘉陵江邊作〈論反民主〉，載上海《新生代》（刊期不詳），署紺弩；6月27日上海《文萃》週刊第三十六期轉載，濟南《新華文摘》第二卷第一期再轉載。

5月26日　作〈論「民主低能說」〉，載5月28日《商務日報‧茶座》，署紺弩。

5月　西安《書報精華》月刊第十七期發表〈憶蕭紅‧在西安〉，署紺弩。

6月初　秦似祕密離開合浦，取道湛江、廣州到達香港。

6月3日　《商務日報‧茶座》發表〈月與影〉，署蕭今度。

6月14日　作〈我願〉，載6月17日《商務日報‧茶座》，署紺弩。

同日　作〈談《簡‧愛》〉，載7月15日重慶《萌芽》月刊第一卷第一期，署紺弩。初收1949年版《二鴉雜文》。

6月18日　晚上，參加中蘇文協與文協重慶分會假中蘇文協餐廳舉行的高爾基逝世十週年紀念會，並發言。（《陽翰笙日記選》，第464頁）

6月22日 《商務日報・茶座》發表〈兩狼山〉，署紺弩。

6月23日 為反內戰，上海人民和平請願團到達南京下關車站後，被預伏的大批國民黨特務團團圍住，分別擁於候車室和西餐廳圍攻毆打，團長馬叙倫、代表雷潔瓊等多人被打傷住院，史稱「下關慘案」。

下半年 開始與女作家呆向真「鬧男女關係」。（〈歷史材料重寫〉，《聶紺弩全集》第十卷，第47頁）

7月7日 於重慶作〈鄉下人的風趣〉，載1948年7月香港《時代批評・時代副刊》半月刊第五卷第一零三期。初收1949年版《血書》。

7月11日 中國民主同盟中央委員、雲南省支部負責人之一李公樸，在昆明被暗殺。

7月15日 中國民主同盟中央委員、西南聯大教授聞一多，在昆明被暗殺。

7月18日 武漢《新湖北日報・長江》發表〈石頭墳〉，署耳耶。

按，此文又載10月26日南京《新民報・新民副刊》，署紺弩；另載10月31日重慶《新民報・呼吸》，署紺弩；11月西安《書報精華》第二十三期轉載。

7月20日 作〈季氏將伐顓臾〉，載8月8日《商務日報・茶座》，署紺弩；又載10月1日香港《野草》復刊號。初收1949年版《天亮了》。

7月28日、29日、30日 《商務日報・茶座》連載〈致生者、悼死者、懷生死不明者〉，署紺弩。此文又載10月15日上海《清明》月刊第四期，署紺弩。

8月6日 清晨七時，國民黨重慶市總工會會同警察、保甲人員，強行接收重慶工人福利社，逮捕了主任周穎等三十八人送往來龍巷刑事警察處寄押。甚至，「周穎之女九歲海燕亦隨其母被拘，各方對此極為注意」（綜合《商務日報》8月7日、8日、9日新聞）。

8月7日 《商務日報・茶座》發表〈友誼〉，署紺弩。

8月8日 朱學範舉行記者招待會，介紹「八六事件」經過，引起廣泛社會反響。同日，經刑警處「篩選」，釋放了十六人，包括周穎在內的其二十二人當天押送林森路法院看守所。據悉，「周等在刑警處曾受審兩次，在看守所亦受審一次，依看守法規定凡在押人男性每日須做火柴盒若干，女性一日須做鞋底一雙，周對此頗感痛苦」（《商務日報》8月10日）。

8月9日 先生和幾個朋友去看守所看望周穎，發現她「人是消瘦了，態度倒是很安閒的」（〈記周穎〉，《聶紺弩全集》第四卷，第131頁）。

8月12日　朱學範決定舉行文藝界招待會。馮雪峰、駱賓基書寫請柬。當晚，駱賓基執筆起草了上海市文藝界致中國勞動協會重慶福利會的慰問信。

8月14日　下午，朱學範和顧錫章代表《中國工人》週刊社在上海四馬路大西洋西菜社舉行文化界招待會，熊佛西、安娥、臧克家、馮雪峰等六十多人出席。當晚郭沫若、茅盾、葉聖陶、周建人、許廣平、田漢等六十八位文化界著名人士送來慰問信。

8月16日　作〈對目前語文運動的意見──答上海語文週刊社問〉，載11月26日重慶《新民報·呼吸》，署紺弩。

8月17日　朱學範到南京找社會部長谷正綱、組訓司長陸京士據理力爭，要求釋放無故被押的周穎等勞協職工。

8月20日　晨作〈記周穎〉，載重慶《現代婦女》月刊第七卷第五、六期，署紺弩。初收1948年版《沉吟》。

8月24日　北平《一四七畫報》第五卷十一期，發表〈楊戩〉，署紺弩。《聶紺弩全集》未收。

8月27日　《商務日報·茶座》，發表補白〈人的弱〉，署今度。

9月1日　作〈論刺客〉，載10月23日重慶《新民報·呼吸》，署紺弩。

9月2日　宋雲彬致信先生：「在桂林曾接到你的信。那時候，封狼獗狗日眈視於我旁，連寫信都沒有興趣，而事實上我如列名為《野草》編輯，那時候於我是不相宜的。現在我已離開桂林，如政局不好轉，決不再回去了。前天看到上海寄來的舊報紙，才知道你的太太所遭遇的事情。現在已回家沒有？我不知道應該用什麼話來咀[詛]咒這可恨的時代。希望你能給我一次回信。昨天接秦似信，知道《野草》在港復刊。我已回他信，願列名為編輯人。我想將盡我的力量，替《野草》寫文章。我因妻病轉重，才到這裡來的。她的病雖重，如能靜養，還有好起來的希望。我預備在這裡住一個時期。再談。祝你好。弟雲彬。」

按，此信以〈雲彬來信〉載9月10日重慶《商務日報·茶座》。

9月10日　重慶《新華日報·新華副刊》發表〈「喪心病狂！」〉，署邁斯。

同日　朱學範在盧山晉見蔣介石，陳述「八六事件」經過，並提出釋放被捕人員、退還被占機構等要求。

9月13日　周穎於午夜釋放。

9月15日　重慶《商務日報》刊登消息〈周穎前晚釋放，定日內招待各報記

者〉：「上月六日被捕之勞協工人福利社主任周穎及失業工人王豐年於前晚七時許大雷雨之際，突被提訊。檢查官謂，二人今可交保，王豐年書面保證金百萬元，館保一家，周穎須現金五百萬元，始可開釋，隨即派人押同二人出外，分途找保。周即赴各友人處商洽，倉猝之際，現均無款可湊，旋回院，經數小時開說，始允以書面保證金及鋪保保釋，於午夜十二時出獄」，「記者昨走訪周女士於勞協職工臨時宿舍，見女士面色蒼白，略帶浮腫，其時慰問來賓甚眾，女士一一般勤致謝，頗形忙碌。據談：已定於日內招待記者，報告被捕及在押經過。」

9月30日　重慶《商務日報・茶座》發表〈駱賓基來信〉：「來信早收到，辛勞稿已交書店，並希望：捧血者序詩，早日寄來。如能在你這序詩前加以記憶之類的東西，尤佳。弟當草一後記之類的短文，如何？現在杭州改劇本之後，寫蕭的傳。你編的副刊，如可用此傳稿，當能抄一份寄上，稿費可由可羽支作旅費，望來示一提。又因宣傳，是需渝一月廿二日那張四週年紀念的報紙，因為那上你我兩稿文章，弟都未收存也。千萬找一找，早日寄下，萬謝萬謝。另《客觀》上有我寫的〈發表欲小論〉，也希能剪一份寄來。」

按，「可羽」即竹可羽（1919-1990），浙江嵊縣人，曾任桂林《力報》副刊校對等職；「四週年紀念的報紙」，指重慶《新華日報》為紀念蕭紅逝世四週年，於1月22日發表了駱賓基〈蕭紅小論〉和先生〈在西安〉等詩文；「〈發表欲小論〉」實為「〈發表欲望論〉」，載1月26日重慶《客觀・副葉》第十二期。

9月30日　作〈古時候的公務員〉，載11月20日香港《野草》新二號，署紺弩。初收1949年版《血書》。

9月　秦似開始籌畫《野草》復刊。按當時港英當局的規定，出版期刊須先繳納二千港元保證金方發給執照。因籌集款項困難，決定改用書本形式，以「野草叢刊」的名義印行。

10月1日　《野草》（不定期刊）復刊號在香港出版。為避開港英當局注意，最初幾期託名「上海野草出版社」發行，發行人方溪。

10月4日　在重慶《商務日報》社接見業餘作者、東北大學學生高柏蒼。高柏蒼經常以「余有虞」的筆名給《茶座》副刊寫稿。

10月8日　《商務日報・茶座》發表編後記〈「提貨」推薦〉，署編者，疑為先生所作。

10月上中旬　因在報上抗議逮捕周穎（時為全國勞協負責人之一）而招忌，遂離開《商務日報‧茶座》，由張白山接編。同時應陳銘德、鄧季惺之邀，為重慶《新民報》編副刊。

10月15日　作〈給夜鶯倆〉，載10月17日重慶《新民報‧呼吸》，署紺弩。

10月16日　重慶《新民報》副刊《呼吸》創刊，創刊號刊載發刊詞〈讓我們呼吸吧〉，署紺弩。

同日　作〈論童匪〉（又作為〈童匪‧女兒國‧裸體的人們〉第一節），載10月18日重慶《新民報‧呼吸》，署紺弩。又題作〈童匪猖獗〉，載1947年1月1日香港《野草》新三號，署邁斯。

10月18日　南京《新民報‧新民副刊》發表〈孔聶短簡〉（九則），署弩。

10月19日　重慶《新民報‧呼吸》推出《魯迅先生十週年祭特刊》；並發表〈《魯迅正傳》〉，署紺弩。此文又載11月12日廣州《捷報》第二期。

同日　作七律〈弔熊貓〉，載10月20日重慶《新民報‧呼吸》。

10月21日　作〈論女兒國〉（又作為〈童匪‧女兒國‧裸體的人們〉第二節），載10月22日重慶《新民報‧呼吸》，署紺弩；又載1947年1月1日香港《野草》新三號，署紺弩。

同日　南京《新民報‧新民副刊》發表〈孔聶短簡〉（一則），署紺弩。

10月24日　重慶《新民報‧呼吸》發表〈熊貓骨〉，署紺弩。

10月26日　作〈女子教育一文獻〉，載10月28日重慶《新民報‧呼吸》，署紺弩。初收1949年版《二鴉雜文》。

10月29日　南京《新民報‧新民副刊》發表〈星夜〉，署紺弩；此文另載11月5日重慶《新民報‧呼吸》，署紺弩；又題作〈往星中！〉，載11月20日香港《野草》新二號，署紺弩。

10月30日　重慶《新民報‧呼吸》發表〈人物描寫的一苦惱〉，署紺弩。

10月31日　重慶《新民報‧呼吸》發表〈石頭墳〉，署紺弩。

11月2日　於重慶作〈論拍馬〉（又作為〈人與非人〉的第一節，又題作〈人怎樣變成非人？〉）。初收1949年版《血書》。

11月3日　病中作〈給裸體的人們〉（又作為〈童匪‧女兒國‧裸體的人們〉第三節），載11月11日重慶《新民報‧呼吸》，署紺弩；又載1947年7月5日香港《野草》新四號，署蕭今度。

　　11月9日　重慶《新民報・呼吸》發表〈樂觀〉（又作為〈友誼〉的一部分），署紺弩。

　　11月11日　作〈論烏鴉〉，載11月12日重慶《新民報・呼吸》，署紺弩；又載1947年1月1日香港《野草》新三號，署紺弩。初收1949年版《血書》。

　　同日　南京《新民報・新民副刊》發表〈官〉，署紺弩。

　　11月13日　重慶《新民報・呼吸》發表〈偶感〉（又作為〈友誼〉的一部分），署紺弩。

　　11月中旬　於「破裂聲中」作〈論國是〉（又分別題作〈論時局〉、〈山徑〉），載11月15日重慶《新民報・呼吸》，署紺弩。

　　11月16日　重慶《新民報・呼吸》發表〈論肥胖〉，署紺弩；又載1947年7月5日香港《野草》新四號，署紺弩。

　　11月18日　作〈再論烏鴉〉（又作為〈論烏鴉・下〉），載11月20日重慶《新民報・呼吸》，署紺弩。

　　同日　中國勞協理事長朱學範公開發表〈反對排斥解放區工會出勞協和反對偽國民大會的聲明〉，隨即離滬赴港。聲明發表之後，勞協便與國民黨當局全民決裂，並將總部遷往香港。周穎也隨同前往。

　　11月20日　《野草文叢》新二號在香港出版，發表先生四文：〈毛澤東先生和魚肝油丸〉、〈哪吒〉、〈往星中！〉、〈古時候的公務人員〉，均署紺弩。

　　11月22日　重慶《新民報・呼吸》發表〈人怎樣變成末人？〉，署紺弩。

　　11月23日　重慶《新民報・呼吸》發表〈女性的名字〉，署紺弩。

　　同日　改抄舊作〈更夫〉，載11月25日重慶《新民報・呼吸》，署紺弩。初收1949年版《巨像》。

　　11月28日　於重慶大田灣作〈奇遇〉，載12月1日重慶《新民報・呼吸》，署紺弩；又載1947年9月上海《文匯叢刊》第四期，署紺弩。初收1949年版《天亮了》。

　　12月1日　於重慶作〈童匪・女兒國・裸體的人們〉（即〈論童匪〉、〈論女兒國〉和〈給裸體的人們〉的合篇）。收1949年版《血書》。

　　12月初　周穎從上海去香港，向胡風辭行。

　　12月5日　重慶《新民報・呼吸》發表〈末人一態〉（又作為〈官〉中的一部分），署紺弩。

12月11日　重慶《新民報‧呼吸》發表〈鄉愚〉，署紺弩。

同日　於重慶大田灣作〈林沖楊志合論〉，載12月13日重慶《新民報‧呼吸》，署紺弩；又載1948年4月10日香港《野草文叢》第九集，署紺弩。初收1949年版《血書》。

12月14日　重慶《新民報‧呼吸》發表〈論關羽〉，署紺弩。

12月15日　重慶《新民報‧呼吸》發表〈西班牙人有福了！〉，署紺弩。

12月19日　作〈「鄉愚」一解〉，載12月21日重慶《新民報‧呼吸》，署紺弩。

12月21日　夜作〈爭具文不迂〉，載12月23日重慶《新民報‧呼吸》，署紺弩。

12月24日　北京大學選修班女生沈崇，被美國海軍陸戰隊伍長皮爾遜等人施行強姦。先生後來作〈論沈崇的婚姻問題〉，對沈崇的不幸深表同情，對歧視沈崇的人嚴加譴責。

12月25日　女兒海燕十歲生日，卻只能和「三姆媽」一起過。

年底　作〈克利史馬史〉，載12月25日重慶《新民報‧呼吸》，署紺弩。初收1948年版《沉吟》。

1947年 四十五歲

（丁亥）

1月1日　《野草》新三號在香港出版。發表先生五文：〈論時局〉（署紺弩）、〈童匪猖獗〉（署邁斯）、〈論烏鴉〉（署紺弩）、〈女兒國〉（署紺弩）、〈誤人父兄〉（署紺弩）。

1月2日　與重慶文化界人士謝立惠、何其芳、艾蕪、孟超、力揚等一百餘人聯名發表宣言，表示「誓在全國有良心、有正義的各界人士，及可敬可愛的愛國青年之後，一致奮起，共同奮鬥」。〈宣言〉呼籲抵制美貨，驅逐美軍出境，要求廢除不平等的《中美商約》。

1月6日　參加重慶市大中學生一萬多人的示威遊行，被國民黨《新華時報》公開點名為「共匪」。

2月16日　重慶《新民報·呼吸》發表〈不刊稿示例〉，署「編者」。《聶紺弩全集》存目。

2月21日　作〈沈崇的婚姻問題〉。收1949年版《二鴉雜文》。

2月27日　重慶國民黨當局函達中共駐渝代表吳玉章，限令中共在渝人員及其眷屬於3月5日前一律撤離重慶，而且查封《新華日報》。

2、3月間　在中共的指導及其他民主黨派的支持下，本部設於重慶南溫泉白鶴林的西南學院正式開學。

西南學院是由湖北戰時鄉村工作促進會崇陽分會在老屋畈辦的抗戰學校，重慶私立農村合作函授學校，重慶戰時工商講習班，重慶私立實用會計專修學校，重慶市私立實用會計高級職業補習學校和重慶私立實用工商專科學校發展而成。

（吳藻溪《西南學院簡史》，《九龍坡區文史資料選輯》第2輯）

3月3日　重慶《商務日報·茶座》發表〈技藝之累〉，署紺弩。

3月8日　重慶《新民報·呼吸》發表〈文娟〉，署紺弩。

3月13日至19日　重慶《新民報·呼吸》連載〈鬼谷子〉（又題作〈北邙〉）。

3月19日　國民黨胡宗南部攻占延安。

3月21日　因3月16日《呼吸》刊登揭露國民黨兵擾民害民的雜文〈無題〉

（子于），編輯部被警備司令部派人占領，為此被迫離開新民報社，《呼吸》出最後一期後停刊。

4月21日　於重慶作〈一個殘廢人和他的夢——演莊子〈德充符〉義贈所亞〉（又題作〈德充符〉）。香港《大公報・大公園》1948年12月28日至31日、1949年1月3日至15日十七次連載，署紺弩。初收1949年版《天亮了》。

4、5月間　與孟超一起就任西南學院專職教授，講授《中國通史》；第二學期趕上鬧學潮，又告失業。

5月4日　上海學生紀念「五・四」運動二十八週年，上街進行反對內戰的宣傳，遭到國民黨軍警的鎮壓。各校學生立即罷課抗議，揭開了又一次全國學生運動高潮的序幕。

5月6日　於重慶作〈從〈擊壤歌〉扯到《封神演義》〉，載1949年版《血書》。

5月18日　國民政府頒佈〈維持社會秩序臨時辦法〉，嚴禁十人以上的請願和一切罷工、罷課、遊行示威，並授權各地政府可採取手段進行「緊急處置」。

5月20日　京滬蘇杭地區十六個專科以上學校的六千餘名學生，在南京舉行「挽救教育危機聯合大遊行」，並向「國民參政會」請願。遭到預先佈置好的國民黨憲兵、警察、特務的毆打，當場重傷二十一人，輕傷近百人，二十餘人被捕，史稱「五・二〇」血案。

5月22日　於重慶作新詩〈西班牙改為君主國〉，載1949年版《元旦》。

6月1日　重慶警備司令孫元良於前一天召集中統、軍統、憲、警各單位負責人開會，說：「6月2日共產黨利用學生遊行時進行暴動，我們的行動要搶在前面……。」6月1日這天，各單位分頭行動，逮捕的有大學教授、中學教員、學生、新聞記者、職員、銀行經理、書店老闆、工人、市民、民主人士，其中主要是學生。

「南岸的西南學院，學生二十六人被捕，有三人沒抓到，潘大逵、馬哲民、李文釗、羅克汀四教授一併被捕」[8]，先生也被列逮捕黑名單，因當時未在宿舍而倖免。

6月9日　重慶全市「大中學校六一事件後援會」宣告成立。

8　華彬清編著：《五二〇運動史》（南京：南京大學出版社，1989年），第189-190頁。

7月5日　《野草》新四號在香港出版，發表先生四文：〈鬼谷子〉（署紺弩）、〈談輩份〉（署邁斯）、〈論肥胖〉（署紺弩）、〈給裸體的人們〉（署蕭今度）。

7月8日　作〈再論申公豹〉。收1949年版《二鴉雜文》。

7月16日　平山《晉察冀日報》發表〈乏內戰〉，署聶紺弩。初收重慶出版社1992年初版《中國解放區文學書系·散文雜文編二》。《聶紺弩全集》未收。

7月20日　於南溫泉作新詩〈螢〉。收1949年版《元旦》。

7月21日　北平《一四七畫報》第十四卷第一期（第一五七號）發表鏘鏗〈評《夜戲》〉。

7月　中國人民解放軍晉冀魯豫野戰軍挺進中原。

8、9月間　「一方面特務報紙《新華時報》造了許多謠，另一方面西南學院也被迫停辦」，沒有職業了，準備離開重慶，委託《商務日報》社的朋友蔣閬仙幫忙買船票。（〈歷史材料重寫〉，《聶紺弩全集》第十卷，第47頁）

9月　香港文化供應社出版《創作小說選》，內收〈姐姐〉，署聶紺弩。

10月6日　《野草》新五號在香港出版。

10月底　走水路離開重慶，打算去香港。離開之時，找作者李石鋒借了部分路費。

11月　「從重慶到萬縣等船，花了十多天；從萬縣到宜昌等船，花去幾天，到武漢時，已花去二十來天」，到「漢口就沒有路費了」，暫住同鄉郭曙南的天南運輸公司。（〈歷史交代〉，《聶紺弩全集》第十卷，第27頁）

11月12日　周穎於香港參加中國國民黨民主派聯合代表大會。參加這次大會的有李濟深、蔡廷鍇、柳亞子、朱學範、何香凝等三十八人。（《團結報》1988年1月16日）

11月下旬至12月中旬　赴港的路費不足，遂回故鄉變賣房產，看望親友，瞭解養母去世情況。在京山逗留月餘。

12月1日　香港《野草》不定期刊本期開始改為《野草叢刊》（六）出版。

12月下旬　在武漢短暫停留，因形勢緊張，後轉長沙暫避。

是年　《歷史的奧祕》由桂林文獻出版社三版。

是年　周穎在香港任港九婦女聯誼會主席，並參加中國國民黨革命委員會籌建工作。

1948年 四十六歲

（戊子）

1月1日　中國國民黨革命委員會（簡稱「民革」）在香港創建，周穎任民革中央常委。

同日　香港《野草叢刊》（七）出版，封面題為《天下大變》。

1月　在長沙留蘇同學胡建文處逗留了一個多月，於年前返回武漢拿取房款（即穀子的期票）。

2月10日　春節。在武漢過了年，跟隨國民黨湖北省黨部委員陳良屏同赴廣州。

2月14日　香港《野草叢刊》本期開始改為《野草文叢》（第八集）出版，封面題為《春日》。本期發表〈春日〉（由〈致生者、悼死者、懷生死不明者〉部分章節組合而成），署紺弩。

2月下旬　在廣州與中共香港分局書記方方（方思瓊）取得聯繫。此時，周穎特從香港抵穗，接先生赴港。

3月初　輾轉抵達香港，作為家屬住在周穎的工作地點——中國勞協（九龍梭亞道十五號）的一間不足十平方米的房間。正式恢復了黨組織關係後，與以群（黨小組長）、張天翼、沈力群、孟超、樓適夷、力楊、蔣天佐等在同一黨小組參加活動。集中學習了馬列主義的一些基本著作，如《列寧主義問題》、《聯共（布）黨史簡明教程》、《列寧文選》等。

在港期間，擔任《野草文叢》編委，並為秦似主編的《野草》，以及《華商報》副刊撰寫雜文。又為香港新創刊的《文匯報》撰寫社論，還應羅孚之邀為《大公報》撰寫時論文章。

3月15日　晨二時於香港作〈自由主義的斤兩〉，載4月10日香港《野草文叢》第九集，署紺弩。初收1949年版《血書》。

4月10日　香港《野草文叢》第九集出版，封面題為《論白俄》，署紺弩。

按，〈論白俄〉（又題作〈論白華〉）發表時文末並無寫作日期，而初收1949年版《血書》時文末卻署「一九四八、四、二〇、香港」，疑誤。

4月15日　作〈有奶就是娘與乾媽媽主義〉，載7月香港《大眾文藝叢刊》第

三輯，署紺弩。初收1949年版《血書》。

5月4日　下午二時，中華全國文藝協會香港分會，紀念「五四」文藝節及慶祝協會成立十周年、港會復會二周年，在六國飯店舉行擴大慶祝。四十餘人與會，黃藥眠主席致開幕詞，周鋼鳴作會務報告，最後由郭沫若、茅盾、聶紺弩、鍾敬文等演講，改選理監事，並聚餐聯歡。新當選的理事有：黃藥眠、周鋼鳴、洪遒、茅盾、馮乃超、夏衍、荃麟、郭沫若、以群、鍾敬文、華嘉、黃寧嬰、司馬文森、胡仲持、周而復。候補理事有：瞿白音、聶紺弩、陳殘雲、孟超、林林。監事有：陳君葆、宋雲彬、歐陽予倩、王任叔、劉思慕、鄧民初、柳亞子。候補監事有：樓適夷、顧仲彝、默涵。（香港《大公報》5月5日）

5月29日　於九龍作〈論怕老婆〉，載6月20日香港《野草文叢》第十集，署紺弩。又載7月3日、10日長沙《新時代》週刊第三、第四期，署紺弩。初收1949年版《二鴉雜文》。

5月　辛勞遺著《捧血者》由上海星群出版社出版，列入森林詩叢。

按，此詩集出版時並未收入先生所作〈序《捧血者》〉。

同月　徐鑄成正式赴港籌備創刊《文匯報》。

6月6日　「詩人節前五日」於九龍作〈詩人節懷杜甫〉，載6月20日香港《野草文叢》第十集，署紺弩。初收1949年版《血書》。

6月17日　江漢獨立旅攻克京山縣城，國民黨軍五二師和縣府人員潰逃，新生政權建立。

6月20日　香港《野草文叢》第十集出版，封面題為《論怕老婆》。發表先生三篇文章：〈詩人節懷杜甫〉（署紺弩）、〈論娼妓〉（署耳耶）、〈論怕老婆〉（署紺弩）；兩篇補白：〈強與弱〉（署邁斯）、〈隔籬呼取盡餘杯〉（署邁斯）。

7月1日　周而復提議創辦的《小說》月刊在香港創刊。

7月4日　香港《大公報・大公園》發表〈懷重慶×溫泉×公橋碑〉，署王瓜。初收1949年版《血書》。

7月16日　襄陽戰役結束，國民黨第十五綏靖區中將司令官康澤被解放軍活捉。先生從報上得知此消息後作回憶文，兌現他1937年在武漢與康澤談話時答應幫他寫「傳記」的諾言。

7月20日　於香港作〈過海記〉，載1949年版《巨像》。

7月23日　於香港作〈血書——讀土改文件〉，載8月20日香港《野草文叢》第十一集，署紺弩。初收1949年版《血書》。

7月31日　於香港作〈記康澤〉，載8月20日香港《野草文叢》第十一集，署紺弩。

8月1日至22日　第六次中國勞動大會在東北解放區哈爾濱召開。周穎作為中國勞動協會代表參加大會。

8月13日　於九龍作〈在新加坡上岸〉（又題作〈上岸〉），載9月1日香港《小說》月刊第一卷第三期，署紺弩。初收初版《腳印》。

8月20日　香港《野草文叢》第十一集出版，封面題為《血書》。

8月25日　香港《華商報》副刊主編夏衍將副刊《熱風》改名為《茶亭》，並以「亭長」的筆名撰寫〈請大家來歇腳〉，提出：「在茶亭的牆壁上，有粗獷樸素的情歌，有對現實的諷刺，更多的是被壓迫者的呼聲。」

按，從名稱上看《華商報》似乎是一份商業報紙，但實為中國共產黨領導的綜合性刊物。

9月9日　香港《文匯報》正式與讀者見面。

9月17日　香港《華商報‧茶亭》發表〈天門——中秋節寫給我的女兒〉，署紺弩。

9月29日　於香港作〈論武大郎〉，分三次載1948年9月30日、10月1日、10月2日香港《大公報‧大公園》，署紺弩。初收1949年版《二鴉雜文》。

9月　雜文集《關於知識份子》，列為「文學者叢刊」，由上海潮鋒社重排初版，內收〈一個高大的背影倒了〉、〈關於哀悼魯迅先生〉、〈關於知識份子〉等詩文二十篇。

先生在〈《血書》序〉中說：「裡面有兩三篇採自一本叫做《關於知識份子》的小書裡。那本書，都是抗戰前寫的，出版時（一九四八）出版者未徵求我的同意，我不能負責，那不算我的書。希望書店能自動毀版。」

10月10日　周穎當選為中華全國總工會執行委員、候補常委。10月24日《冀中導報》報導：「本月十日召開的中華全國總工會第六屆執行委員會，會議上正式選出陳雲為全國總工會主席，李立三、朱學範、劉寧一為副主席。」執委會又選出常委十五人，候補常委六人。

10月14日　於香港作劇本〈獨夫之最後〉，載1948年香港《野草新集‧論肚

子》，署紺弩。初收1949年版《天亮了》。

10月中旬　魯迅逝世十二週年的紀念晚會，先生「第一次西裝筆挺、衣冠楚楚、笑容可掬地坐在香港酒樓會場入口處的簽字桌旁，笑迎著絡繹而來的文藝界人士」，並看著來賓們一一簽名，「令人忍俊不禁」（賴丹〈天門可登〉，《聶紺弩還活著》，第285頁）。

10月28日　李公朴生前的秘書王健受潘漢年和連貫指派，護送周穎等人乘「湖南號」貨輪北上，前往天津。

10月　散文集《沉吟》由桂林文化供應社初版，列入「文學創作叢刊」，內收〈記周穎〉、〈在西安〉、〈懷曹白〉、〈懷『柚子』〉等文十八篇。卷首以曹操〈短歌行〉作〈代序〉：「青青子衿，悠悠我心。但為君故，沉吟至今！……」

同月　《野草》被港英當局查封。

11月　香港《這是一個漫畫時代》發表〈論中國總統多系終身職〉，署紺弩。《聶紺弩全集》未收。

11月2日　下午，周穎一行順利抵達韓國仁川，但船不能進港，只能停在港外卸貨。5日，貨物卸完後，船開始航向天津。8日，抵達天津碼頭。然後通過秘密交通線進入平山華北解放區，參與籌備第一次全國婦女代表大會。

11月27日　於香港作小說〈天壤〉，載12月1日香港《小說》月刊第一卷第六期，署紺弩。初收1949年版《兩條路》。

11、12月間或次年初　作〈追悼〉，載1949年3月香港《野草新集·追悼》，署紺弩。

12月14日　胡風按照中共的指示，自上海到達香港。

12月20日　於香港作〈打倒爸爸〉，載1948年香港《野草新集·論肚子》，署耳耶。初收1949年版《血書》。

12月30日　於香港作新詩〈論元旦──為一九四九年元旦作〉，載1949年版《元旦》。

按，詩末署「1948，除夕前二日」，實乃「元旦前二日」。

1949年

四十七歲

（己丑）

1月1日　元旦於香港作〈《巨像》序〉，載1949年版《巨像》。

1月6日　胡風自香港達貨船北上赴東北解放區。

1月12日　中國婦女第一次代表大會籌備委員會在西柏坡成立，委員七十三人，常務委員二十二人。選舉蔡暢為主任，鄧穎超、李德全為副主任，張琴秋為祕書長，孫文淑、曾憲植為副祕書長。周穎被選為籌備會常務委員。

1月16日　香港《華商報·筆談》發表〈論行李〉，署紺弩。初收1949年版《血書》。

按，發表時文末未署時間，而《血書》及《聶紺弩全集》第一卷此文末尾均署「一九四九，二，一八，香港」，應該有誤。

1月20日　作〈由蕭軍想起的〉，載1月23日香港《華商報·筆談》，署紺弩。初收1949年版《二鴉雜文》。

1月22日　到達解放區的周穎與李濟深、沈鈞儒、馬敘倫、郭沫若等五十五名各民主黨派負責人和民主人士，聯名發表時局宣言，擁護中共八項條件。首次公開提出：「願在中共領導下，獻其綿薄，共策進行，以期中國人民民主革命之迅速成功，獨立、自由、和平、幸福的新中國之早日實現。」（香港《華商報》1月24日）

1月28日　生日於香港作〈我的某些文章和它們的寫法 —— 序《天亮了》〉，載1月31日香港《華商報·筆談》，署紺弩。初收1949年版《天亮了》。

2月3日　作〈人與非人〉，載2月7日香港《大公報·大公園》，署紺弩。初收1949年版《血書》。

2月10日　於香港作組詩《一九四九年在中國》，包括〈比喻〉、〈我們〉、〈日出〉、〈答謝〉，載3月香港《新形勢與文藝》（大眾文藝叢刊第六輯），署紺弩。初收1949年版《元旦》。

按，該詩「答謝」章第三節題為「給毛澤東」，因此先生成為第一個歌頌毛澤東的詩人。

2月12日　作〈音樂牛談〉，載2月14日香港《大公報·大公園》，署紺弩。

2月13日　香港《華商報·筆談》發表〈一九四九年如是說〉，署紺弩。初

收1949年版《血書》。

2月17日　於香港作〈論「親讀」〉，載2月20日香港《華商報・筆談》，署紺弩。初收1949年版《血書》。

2月21日　香港《大公報・大公園》發表〈三人坐〉，署紺弩。

2月27日　作〈禮貌篇〉，載2月28日香港《大公報・大公園》，署紺弩。初收1949年版《血書》。

2月　文集《天亮了》由香港人間書屋初版，列為《人間文叢》，內收〈第一把火〉、〈德充符〉、〈鬼谷子〉、〈天亮了〉等文十二篇。先生在〈序〉中說：「這本書的各篇，依照我自己的分類法，可分為這樣幾種」，即演義、故事、童話、寓言、劇本、小說。

3月　文集《追悼》作為《野草新集》（十二集），改由香港智源書局初版。收先生〈追悼〉，及江洪〈東北之春〉、秦牧〈殺楊貴妃之說〉、馬凡陀〈甲級戰犯和甲級魔術〉等文十六篇。後於1950年1月再版，改名《東北之春》。

3月4日　於香港作〈談嚴刻〉，載3月6日香港《華商報・筆談》，署紺弩。《聶紺弩全集》未收。

3月7日　香港《大公報・大公園》發表〈談「擬致」〉，署紺弩。《聶紺弩全集》未收。

3月8日　三八節於香港作〈《血書》序〉，載1949年版《血書》。

3月27日　《胡風日記》：「夜，市府在國民大戲院開晚會，歡送擁護和平大會的代表團和歡迎近日來平的民主人士……，在晚會上遇見了王朝聞和周穎。」（《胡風全集》第十卷，第46頁）

3月29日　於香港作〈《元旦》題記〉，載1949年版《元旦》。

3月30日　《胡風日記》：「周穎來，閒談了約二小時。」（《胡風全集》第十卷，第47頁）

4月1日　作〈魚水篇〉，載1949年版《二鴉雜文》。

同日　香港《小說》月刊第二卷第四期發表蔣天佐〈送別紺弩〉。文章結尾說：「紺弩走了，到新中國的新天地裡去了。祝福他的更有力的戰鬥！」

4月初　陳邇冬到達香港，先生和喬冠華、邵荃麟、端木蕻良、周鋼鳴、曾敏之、羅孚等為之舉行歡迎會。

4月4日　兒童節，於香港作〈迎駱賓基〉，載4月7日香港《大公報・大公園》，署紺弩。初收1949年版《二鴉雜文》。

4月5日　《胡風日記》：「周穎及一女友來。」（《胡風全集》第十卷，第50頁）

4月8日　《胡風日記》：「周穎來。」（《胡風全集》第十卷，第51頁）

4月11日　《胡風日記》：「周穎來閒談。」（《胡風全集》第十卷，第52頁）

4月15日　《胡風日記》：「楊華來，在周穎房間閒談了些時。」（《胡風全集》第十卷，第53頁）

4月21日　中國人民革命軍事委員會主席毛澤東、中國人民解放軍總司令朱德聯名發出〈向全國進軍的命令〉。

4月22日　於香港作〈一九四九年，四，二一，夜〉，載4月24日香港《大公報・大公園》，署紺弩。初收1949年版《二鴉雜文》。

同日　於香港作新詩〈渡江渡江渡江！〉，載《聶紺弩詩全編・山呼》。

同日　共產黨解放軍分中、東、西三個集團渡過長江，國民黨軍隊千里江防全線崩潰。

同日　《胡風日記》：「周穎來，她已得允許進華北大學。」（《胡風全集》第十卷，第56頁）

4月26日　《胡風日記》：「周穎來，她被許進華大學習去……。周穎引孟式鈞來，曾經在東京見過的，但已不記得了。」（《胡風全集》第十卷，第58頁）

4月27日　《胡風日記》：「周穎來。」（《胡風全集》第十卷，第58頁）

春　與夏衍、邵荃麟、胡希明同任《週末報》（總編馮英子）編委，並協助集資和撰文。

5月10日　於香港作〈《二鴉雜文》序〉，載1949年版《二鴉雜文》。

5月16日　《胡風日記》：「上午，周穎來，她已搬到華大學習去了。」（《胡風全集》第十卷，第66頁）

6月13日　於香港作劇本《小鬼鳳兒》，11月21日至12月29日分二十九次在漢口《大剛報・人間》連載，署紺弩。12月由上海新群出版社以單行本行世。

6月14日　於香港作〈《小鬼鳳兒》序〉，載1949年版《小鬼鳳兒》。

6月中下旬　和樓適夷、蘇怡作為香港僅有的三名代表，由港坐船北上，赴北京參加中國第一次文代會。先生帶了十二歲的女兒海燕同行。

6月25日　「中華全國文學藝術工作者代表大會籌委會」在平召開第七次擴

大常委會。會上通過了各代表團的組織及其負責人人選。計：平津代表第一團團長李伯釗、副團長周巍峙、賀綠汀、光未然，平津代表第二團團長曹靖華、副團長馮至，華北代表團團長蕭三、副團長田間、高沐鴻，東北代表團團長劉芝明、副團長塞克、呂驥，西北代表團團長柯仲平、副團長周文、馬健翎，華東代表團團長陸萬美、副團長張凌青、馮毅之，華中代表團團長黑丁，南方代表第一團團長歐陽予倩、副團長田漢、馮乃超，南方代表第二團團長馮雪峰、副團長陳白塵，部隊代表團團長張致祥、副團長賴少其。常委會並確定代表大會的祕書長為沙可夫、副祕書長為黃藥眠、陳企霞、沈圖，祕書處主任陳企霞（兼），宣傳處主任何其芳，聯絡處主任周文。（《人民日報》6月28日）

6月28日　《人民日報》發表短訊〈文代大會開幕前夕　郭沫若先生發表談話　說明大會的主要目的與任務〉。郭沫若說：「這次大會在人民解放軍即將獲得全面勝利的偉大時期中召開，這在中國文學藝術工作者，是富有歷史意義的空前盛大的會議。籌備委員會已決定邀請的代表共有七五三人；計老解放區代表四四五人（已抵平者三四七人），新解放區與待解放區代表三零八人（已抵平者二一三人）。這些代表中，包括了反對帝國主義，反對封建主義，反對官僚資本主義的文學藝術工作者各方面的代表人物。在過去，這些文學藝術工作者被國民黨反動統治分隔在兩個根本不同的地區裡，各自進行工作，絕大多數都經歷了堅苦的鬥爭和考驗，都有著相當的成績；而老解放區的文學藝術工作者，近幾年來更在毛主席的文藝方針下，在和工農兵群眾相結合的基礎上創造了許多範例。」

6月30日　中國文代會籌備會在中南海懷仁堂召開，茅盾報告籌備經過。

同日　毛澤東發表〈論人民民主專政〉。

7月2日　中國文學藝術工作者代表大會在中南海懷仁堂舉行開幕式。胡風作為主席團的一名代表致祝詞〈團結起來，更前進！〉。

7月3日　丁玲任文代大會主席，郭沫若作〈為建設新中國的人民文藝而奮鬥〉總報告。

7月4日　偕金滿城訪宋雲彬，「同往灶溫吃麵」。（《宋雲彬日記》上冊，第191頁）

同日　中國文代會第三日，田漢主席，茅盾報告十年來國民黨反動派統治區革命文藝運動，茅盾說明報告的主要精神在檢討過去工作。

7月6日　下午文代大會周恩來做報告，「自兩點半至七點半，整整五小時，

其間休息時間不及一小時也。五時半，周正作報告，毛澤東忽出現主席臺上，全場歡呼鼓掌再三，約十分鐘始息」[9]。毛澤東說：「你們開的這樣的大會是很好的人會，是革命需要的大會，是全國人民所希望的大會，因為你們都是人民所需要的人，你們是人民的文學家、人民的藝術家，或者是人民的文學藝術工作者的組織者。你們對於革命有好處，對於人民有好處。因為人民需要你們，我們就有理由歡迎你們，再講一聲，我們歡迎你們」。（《人民日報》7月7日）

　　7月7日　下午，中國文代會全體代表冒雨參加「七・七」事變十二週年紀念大會。

　　同日　《胡風日記》：「紺弩夫婦及小燕來。」（《胡風全集》第十卷，第86頁）

　　7月8日　文代會各代表團分別舉行小組會，討論大會報告，同時主席團召開第二次全體會議，由茅盾任主席。除對大會報告交換意見外。主席團經討論後決定：（一）按不同業務分文學、戲劇、美術、電影、音樂舞蹈、舊劇、曲藝等七個小組，推定各組召集人，負責召集會議，商討組織文藝各部門協會方案。（二）大會發言兩天：九日上午專題發言（事先印發提綱，各發言人只做補充說明），下午仍以各代表團小組為單位，討論大會報告；十日上午自由發言，下午各業務小組討論各協會的組織問題。（《人民日報》7月9日）

　　7月9日　文代會繼續舉行，沙可夫主席。是日日程為專題發言並邀請陳伯達講話，陽翰笙、柯仲平和丁玲補充發言。（《人民日報》7月10日）

　　7月10日　中國文代大會繼續舉行，周揚主席。除補充專題發言外，代表並自由發言，其中包括了部隊文藝工作者、電影工作者、平劇、曲藝界工作者、作家、詩人、文藝教授等共十四人。丁玲主持文代大會文學組討論。

　　7月11日　中國文代大會第九日，洪深主席，會議繼續自由發言，同時並請錢俊瑞同志作關於「蘇聯文藝界反對『世界主義』的鬥爭」的報告。

　　7月12日　中國文代大會繼續舉行，柯仲平主席。首由蕭三報告出席蘇聯普式庚一百五十週年紀念大會的經過。繼由中國人民解放軍軍委政治部副主任傅鐘報告「人民解放軍文藝工作」。

　　7月13日　宋雲彬日記：「紺弩伉儷來。」（《宋雲彬日記》上冊，第193頁）

　　7月14日　中國文代大會第十一日，陽翰笙主席。會上討論了中國文學藝術

9　海寧市檔案局（館）整理：《宋雲彬日記》上冊（北京：中華書局，2016年），第191頁。

界聯合會章程（草案）及選舉文聯中國委員會條例（草案）。並為聞一多先生死難三週年致哀。

下午五時，中共中央華北局、華北人民政府、華北軍區、中共北平市委、北平市人民政府等九個單位共設雞尾酒會，宴請文代會全體代表。北平市市長葉劍英代表這九個單位致歡迎詞，茅盾代表全體代表致答詞。（《人民日報》7月15日）

7月16日 上午文代會選舉委員。

7月17日 中國文代大會第十三日，曹靖華主席，選舉文聯中國委員會委員及繼續前日未完之提案討論。

同日 《胡風日記》：「下午，周穎來。」（《胡風全集》第十卷，第88頁）

7月19日 上午文代會閉幕式。文代會會期共十七天，中間有若干次休會，實際開會時間為十一天左右。同時中國文學藝術界聯合會正式成立。

7月20日 《胡風日記》：「紺弩來閒談。」（《胡風全集》第十卷，第89頁）

7月23日 中國文學工作者協會（中國文協）假中法大學大禮堂正式成立。

7月24日 中國文學工作者協會成立大會繼續舉行。艾青主席，首由馮至報告23日選舉結果，計選出委員丁玲、聶紺弩等六十九人，候補委員駱賓基等十六人（留有待解放區委員名額六人）。（《人民日報》7月25日）

7月27日 《胡風日記》：「周穎來。」（《胡風全集》第十卷，第91頁）

7月 短篇小說集《兩條路》，由上海群益出版社初版，列為「群益文藝叢刊」，內收〈姐姐〉、〈鹽〉、〈兩條路〉、〈天壞〉等文十篇。

同月 新詩集《元旦》，由香港求實出版社初版。此為先生的第一部新詩集，收〈論元旦〉、〈一九四九年在中國〉、〈收穫的季節〉、〈不死的槍〉等十首詩。

求知書店所寫廣告詞：「作者自己說：『當憤怒的時候，我叱罵了；當歡欣的時候，我歌唱了。』的確的，從這熱情洋溢，音響鏗鏘的字裡行間，充分表現了作者心情的歡欣愉快。詩人以火山一樣地爆發著熱情的火焰，在歌唱著新生的一切，可以說是時代的真實的記錄，是歌頌人民解放戰士的史詩。」

8月2日 下午五時，啟程赴東北解放區參觀。

8月3日 下午四時二十五分，與黃藥眠（團長）、陳中凡、蔣天佐、辛漢文、趙望雲、白楊、趙志誠等中國文學藝術代表大會代表三十人所組成的東北參觀團抵達瀋陽南站。東北文協劉芝明、塞克、舒群，及各文工團體代表三十餘人

到站歡迎。（《東北日報》8月4日）

8月4日　《東北日報》發表消息〈文代大會代表東北參觀團抵瀋〉，說：「參觀團擬在瀋休息一天後，即出發至各地參觀工業及文教建設的情況。」

8月上旬　到瀋陽《生活報》社看望老友趙則誠，並與報社的幾位主要負責人相見。聽說趙則誠過兩天要經北京回青島探親，便託其捎帶一封書信給周穎，後來因故未能帶到。

8月上中旬　到哈爾濱太陽島、長春電影製片廠等地參觀。

8月17日　在撫順參觀，遇見十多年未見的蕭軍，獲贈七律一首。

同日　蕭軍日記：

> 早晨我去會場（按，指撫順煤礦第一次勞模大會會場），忽然王新三告訴我有「客人來」，讓我去陪。原來是文代會參觀團來了，其中有聶紺弩，我們從西安一別，已經十一年不見了，他還不見老。我心情微微有些酸楚和興奮，但馬上就平靜下來。
>
> ……[筆者略]。
>
> 和他們還有勞模照了像，和老聶坐在樹下也照了一張像。
>
> 下午他們去參觀，我在會場偶有所感，竟為老聶寫了一首詩：
>
> 十年小別足風波，渭北江南兩地過；
>
> 侵鬢有絲心自在，低眉無那骨難磨！
>
> 漫漫長夜光初曉，凜凜霜晨寒正多！
>
> 松柏芝蘭期遠路，風風雨雨盡如何。
>
> （《蕭軍全集》第二十卷，第536-537頁）

8月18日　中午與蕭軍、張烈等人吃飯喝酒。並作〈答蕭軍〉：「人皆欲殺我憐才，伯氣縱橫鬢未摧。四十餘年何足數，奇書開卷第一回。」（《蕭軍全集》第二十卷，第538頁）

按，此詩《聶紺弩全集》未收。

8月中下旬　到鞍山、大連等地參觀。

8月　散文集《巨像》，由上海學習出版社初版，列為「紅星文藝叢書」（蕭金主編）第一輯第二卷，內收〈絕叫〉、〈巨像及其它〉、〈小號兵〉、

〈過海記〉等文十一篇。

先生在〈序〉中說：「這本小書，是我若干年來寫的『叫做』散文的東西。裡面的〈絕叫〉、〈永遠地，永遠地……〉、〈上山〉、〈山徑〉幾篇，或多或少地帶點寓言性質……。其餘各篇，大率淺直，無須說什麼。」

同月　雜文集《血書》，由上海群益出版社出版，列為「群益文藝叢刊」。該書分上下兩輯收文四十篇，其中上輯《禮貌篇》收〈論烏鴉〉、〈誤人父兄〉、〈禮貌篇〉等文二十二篇，下輯《血書》收〈我若為王〉、〈閹人禮讚〉、〈血書〉等文十八篇。

先生在〈序〉中說：「這本書是若干年來寫的被稱為雜文的結集。上輯是對某些論者好像不是很禮貌的批評……，下輯主要的是對於舊世界的政治現象和執政者的一些訕笑、諷刺、撻伐」，「〈血書〉是全書中比較用力的一篇，因並用作書名」。

同月　雜文集《二鴉雜文》，由香港求實出版社初版，列為「求實文藝叢刊」。該書分上下兩輯收文三十三篇，其中上輯收〈論申公豹〉、〈探春論〉、〈魚水篇〉等文十七篇，下輯收〈論怕老婆〉、〈西餅論〉、〈論娼妓〉等文十六篇。

先生在〈序〉中說：「在桂林的時候，出版過兩本小冊子：《歷史的奧祕》和《蛇與塔》。湘桂大撤退之後，似乎連那出書的書店都沒有了，書目自然早就絕版了。這本小冊子分兩輯，上輯《歷史的奧祕》，下輯《蛇與塔》。但並非那兩本原書的重版合訂。《歷史的奧祕》裡有幾篇刪去了，有幾篇收入另一本叫做《血書》的集子裡去了，剩下的只有六七篇；其餘的都是以後寫的。《蛇與塔》裡保存的篇數稍多，但也有半數是新加的。」

8月31日　中國文代會代表東北參觀團赴鞍山、哈爾濱、長春、大連等地參觀工廠、礦山，歷時一個月後返回瀋陽。是日，東北人民政府及東北文協在東北招待所舉行座談會，歡迎參觀團。首先由宣傳部長李卓然及劉芝明致詞歡迎，繼由參觀團黃藥眠發言，他說代表在各地蒙受歡迎，感到今後工作責任甚重，希望能就中蘇關係及東北文藝活動情況得到各方的意見。後由東北人民政府教育部副部長董純才、東北文協主任劉芝明分別報告東北教育及文藝活動狀況；李卓然則就中蘇友誼的歷史，蘇聯與東北的貿易協定以及發揚中國人民的愛國主義與無產階級的國際主義結合的問題做了詳盡的說明。最後由參觀團的黃藥眠致詞，

認為參觀團在東北參觀瞭解勞動創造世界，工人階級在經濟建設工作上的創造性與積極性，以及蘇聯對中國人民的幫助，對於參觀團有極大的教育作用。會畢，由東北人民政府及東北文協歡宴參觀團，並參加東北戲曲改造委員會演出晚會。（《東北日報》9月1日）

9月9日　瀋陽《戲曲新報》發表短評〈布景與象徵手法〉。《聶紺弩全集》未收。

同日　漢口《大剛報‧人間》發表方之行的書評〈介紹血書〉。文章說：「《血書》，是聶紺弩先生十多年來的雜文的結集。這裡應該是有著選集的意味，因為，我們過去在其他的集子中和零碎在報刊上看到而沒有被編進這本集子的雜文似乎還很多。」

9月10日　自瀋陽回到北京，住前門外留香飯店。

同日　《胡風日記》：「紺弩、周穎來。」（《胡風全集》第十卷，第104頁）

9月11日　《胡風日記》：「紺弩來，閒談了一小時以上。」（《胡風全集》第十卷，第105頁）

9月13日　下午二時，中國文聯主席郭沫若，副主席茅盾、周揚在中山公園來今雨軒招待新近抵平的各地文藝工作者及日前返平的文代大會東北參觀團。團長黃藥眠報告東北參觀歸來的感想：在東北四十天中，通過參觀哈爾濱、長春、撫順、鞍山、本溪、旅順、大連等地的工業建設，看到了中國工業化前途的光明遠景。（《人民日報》9月14日）

9月17日　《胡風日記》：「紺弩夫婦來。」（《胡風全集》第十卷，第107頁）

同日　《人民日報》發表消息〈全國文代大會代表　東北參觀團暢談觀感〉，說：「全國文代大會代表東北參觀團一行三十餘人於本月十日返抵北平後，已有部分代表南下。昨天記者特往訪了留平部分參觀代表，他們口頭或書面向記者發表觀感……。」

9月19日　《胡風日記》：「紺弩來，談周穎昨夜酒醉的情形。」（《胡風全集》第十卷，第107頁）

9月20日　《胡風日記》：「聶紺弩、蔣天佐來閒談。」（《胡風全集》第十卷，第108頁）

9月21日　周穎作為中國總工會候補代表，出席中國人民政治協商會議第一屆全體會議。

9月25日　《胡風日記》：「紺弩夫婦來。」（《胡風全集》第十卷，第109頁）

同日　中國文聯的機關刊物《文藝報》在北平正式創刊，創刊號發表〈參觀東北歸來〉的作家感想。

9月29日　陳毅、張茜夫婦邀請金滿成、陳鳳兮一家及先生在前門附近的四川飯店吃飯。

9月30日　《胡風日記》：「紺弩、周穎來，閒談到近二時。」（《胡風全集》第十卷，第111頁）

10月1日　早晨，夾在「華北文委會」隊伍裡，從東四牌樓走向天安門去參加中華人民共和國開國典禮。

下午三點，開國慶典開始。先生站在天安門廣場的群眾中間，「那廣場，一望無涯，是人的海、旗幟的海、星的海、文字的海、聲音的海。這海在奔騰、在洶湧、在震撼著大地、震撼著天，在咆哮、歡呼、跳躍……。成千、成萬、成十萬、成百萬的大大小小的紅旗、紅星、紅燈、紅字，在廣場上飄蕩，搖幌，交錯，流動，互相輝映，把天也染紅了，地也染紅了，人的心也染紅了，人的感情也染紅了」。「在禮炮的隆隆聲中，在毛主席宣佈中華人民共和國中央人民政府成立時的掌聲和歡呼聲中，在光輝燦爛，莊嚴美麗的五星國旗的徐徐上升中，我望見了天安門。那上面有著毛主席的巨大畫像，再上面有著畫圖裡的宮殿一樣的高樓，樓前排列著毛主席和別的人民領袖和政協代表們。那鮮紅的天安門城垣整體，似乎比什麼時候都更高，更大，更威嚴，更雄偉，並且還正在升高、擴大，不知要升高擴大到什麼程度為止。」（〈追念〉，《聶紺弩集》下，第267-268頁）

10月4日　《胡風日記》：「紺弩來。」（《胡風全集》第十卷，第112頁）

10月6日　《胡風日記》：「二時，參加駱賓基結婚禮。和適夷、紺弩夫婦在中山公園喝茶。七時，參加駱賓基婚宴，鬧酒。紺弩夫婦來，談到十二時半。」（《胡風全集》第十卷，第112頁）

同日　胡風於北京致信上海梅志：「下午，駱賓基和豐都時期的一個女學生結婚，在舊貨攤上買了一對調匙送他們，席上我說了最有趣味的話。晚上在他們住處喝酒，鬧到九點多鐘回來……。紺弩夫婦後回，帶來了一包梨子。招待所也送了兩個月餅和四個梨子。紺弩夫婦談到剛才才走。先談些別的，後來周穎問我們為什麼不發生問題，談到他們的關係，流了淚，說是，覺得和老聶一分開就會完的。朋友們都羨慕我們的關係。我說，我們是朋友，我不願傷害這一份從辛

苦中建立起來的寶貴的感情。老聶說，愛情發展到最高程度，就是這樣的。送他
們到草地上，看了看清麗的月色，我又一次想到你們今晚是怎樣過的。……」
（《胡風家書》，第112-113頁）

　　10月11日　《胡風日記》：「周穎和高樹一來，紺弩來，他今天去武漢。」
（《胡風全集》第十卷，第114頁）

　　按，「高樹一」即先生友人高樹頤。

　　10月11日、12日　《新華日報・南京版》副刊發表新詩〈山呼——為中華人
民共和國誕生而歌〉，署紺弩。初收《聶紺弩詩全編・山呼》。

　　按，此詩實屬〈論元旦——為一九四九年元旦作〉和〈一九四九年在中國〉
兩篇改作。

　　10月中下旬　應林路邀請到武漢任中南軍政委員會文教委員會委員。之前，
「黨本來派我到出版總署工作，我因為怕坐辦公廳，怕做行政工作，就寫了一封
信給胡愈之同志，不去了」（〈歷史材料重寫〉，《聶紺弩全集》第十卷，第57頁）。

　　在漢期間，參加紀念魯迅的活動，並發表講話。做航運生意的同鄉舊識姜斌
請吃飯，先生邀其一起去香港。

　　10月15日　香港《華商報》出版最後一期，翌日停刊。

　　11月26日　《胡風日記》：「周穎母女來。」（《胡風全集》第十卷，第127頁）

　　11月27日　文化部文物局局長鄭振鐸召開古典文學作品整理出版問題座談
會，與會者有鍾敬文、俞平伯、林庚等人。

　　12月10日　華南文藝界座談會在廣州新亞酒店舉行，文藝工作者百余人出
席參加，討論今後華南文藝工作方向。下午，先生應邀與會，並上臺講了幾分鐘
話，隨即離開。（耿庸〈紺弩片記〉，《聶紺弩還活著》，第293頁）

　　12月　劇本《小鬼鳳兒》由上海新群出版社初版，先生在〈序〉中說：「這
劇本獻給小說集《受苦人》的作者——孔厥。因為裡面的主要材料都取自他的名
篇〈鳳仙花〉、〈二娃子〉，和〈一個女人翻身的故事〉。」又說：「我沒有正
式寫過劇本，這是個學習的開始。」

　　12月26日　「耶誕後一日」作〈三嫂子〉，載1950年香港《文匯報》元旦增
刊，署紺弩。

　　年底　受中南局統戰部張執一指示，再返香港開展統戰和策反工作。

1950年 四十八歲

1月1日　香港《大公報·大公園》發表〈我們過的還是舊年〉，署紺弩。

1月7日　《胡風日記》：「夜，周穎母女來。」（《胡風全集》第十卷，第140頁）

1月10日　作〈嫖客和鴇母〉（又名〈談鴇母〉），載1月12日香港《大公報·大公園》，署紺弩。初收1950年版《海外奇談》。

1月15日　於香港作〈論黃色文化〉，載4月1日香港《文匯報》。收1986年2月北京三聯社重排版《蛇與塔》。

1月18日　於「天堂」作〈論開館子〉，載3月1日廣州《文藝生活》穗新第二號，署紺弩。

1月24日　於九龍作〈戰鬥與悲憫〉，載1月25日香港《文匯報》，署紺弩。初收初1950年版《海外奇談》。

1月26日　作〈論六個文盲衛士當局長〉，載1月29日香港《大公報·大公園》，署紺弩。初收1950年版《海外奇談》。

1月31日　於九龍作〈從桃色太子看舊中國〉，載2月4日香港《大公報·大公園》，署紺弩。初收1950年版《海外奇談》。

2月11日、12日　香港《大公報·大公園》發表〈晤對李鳳蓮——《從一個女人看兩個世界》的楔子〉，署紺弩。

2月25日、26日、27日　香港《大公報·大公園》連載〈烏金記——「小書呆子時代」之一節〉（又作為〈兒時〉第一節的一部分），署紺弩。初收初版《腳印》。

3月　劇本《小鬼鳳兒》由上海新群出版社再版。

3月5日　作〈論李達〉，載3月6日香港《大公報·大公園》，署紺弩。

同日　作〈字的省籍〉，載3月9日香港《大公報·大公園》，署紺弩。

3月7日　香港《大公報·大公園》發表〈徑賽〉，署紺弩。

3月8日　作〈擁護愛人〉，載3月10日香港《大公報·大公園》，署紺弩。

3月10日　作〈中國奴隸制度〉（又分別作為〈「中國奴隸制度」及其他〉

和〈由「中國奴隸制度」想起的〉的一部分），載3月12日香港《大公報・大公園》，署紺弩。

3月11日　香港《大公報・大公園》發表〈《光頭本紀》〉，署紺弩。

3月12日　作〈關於《光頭本紀》〉，載3月15日香港《大公報・大公園》，署紺弩。

3月14日　香港《大公報・大公園》發表〈論「南無阿彌陀佛」〉，署紺弩。

同日　作〈兩個比蒂葛拉寶〉，載3月16日香港《大公報・大公園》，署紺弩。

同日　周揚在文化部大禮堂向全京津文藝幹部做大報告，講的是接受遺產等問題，其中特別提到阿壟當時發表的兩篇文章，說這是「小資產階級作家『小集團』的抬頭，危害性等於社會民主黨」。這是第一次公開指名所謂胡風「小集團」。

3月15日　作〈氣死影評家〉，載3月18日香港《大公報・大公園》，署紺弩。

3月16日　作〈論霸王別姬〉，載3月19日香港《大公報・大公園》，署紺弩。

3月17日　香港《大公報・大公園》發表〈懷韶〉，署紺弩。

同日　作〈而今篇〉，載3月20日香港《大公報・大公園》，署紺弩。

同日　香港《大公報・大公園》發表讀者陳明斯〈對《光頭本紀》的意見〉。說：「我實在感到非常不滿，恐怕許多讀者都會有這種感覺」，希望「紺弩先生還是終止他的計劃吧」。

3月18日　於九龍作〈奧本浩先生的花園〉，載5月廣州《文藝生活》穗新第四號，署紺弩。初收1950年版《海外奇談》。

3月20日　作〈《北京旅行見聞》先序〉，載3月23日香港《大公報・大公園》，署紺弩。

3月22日　香港《大公報・大公園》發表〈我是有學問的人〉，署紺弩。

3月23日　於九龍作〈過海度週末〉，載3月26日香港《大公報・大公園》，署紺弩。

3月24日　香港《大公報・大公園》發表〈關於廣告〉，署紺弩。

3月25日　香港《大公報・大公園》發表〈論我自己〉，署紺弩。

3月26日　作〈「徒托空言」的時代過去了〉（又作為〈由一篇「社論」引起的〉第一節），載3月29日香港《大公報・大公園》，署紺弩。

3月27日　香港《大公報・大公園》發表〈論第一百零九條好漢〉，署紺弩。

3月28日　香港《大公報・大公園》發表〈社論三部曲〉，署紺弩。

3月30日　香港《大公報・大公園》發表〈拿證據來！〉（又作為〈由一篇「社論」引起的〉第二節），署紺弩。

3月31日　香港《大公報・大公園》發表〈打波地之夜〉，署紺弩。初收初版《腳印》。

4月1日　香港《大公報・大公園》發表〈先賞「反攻必勝論」兩記耳光〉，署紺弩。

4月2日　香港《大公報・大公園》發表〈「大陸數億同胞所共切望！」〉，署紺弩。

4月3日　香港《大公報・大公園》發表〈是之謂「至仁」〉，署紺弩。初收1950年版《海外奇談》。

4月4日　香港《大公報・大公園》發表〈仁與苛〉（又作為〈由一篇「社論」引起的〉第五節），署紺弩。

同日　於九龍作〈論「詩曰……」〉，載4月21日香港《大公報・大公園》，署紺弩。初收1950年版《海外奇談》。

4月5日　香港《大公報・大公園》發表〈「人民相率而遷移」〉（又作為〈由一篇「社論」引起的〉第三節），署紺弩。

4月6日、7日、9日、10日、11日　香港《大公報・大公園》分五次連載〈論「中國之大患」〉，署紺弩。初收1950年版《海外奇談》。

4月7日　作〈技癢篇〉（又作為〈語文七札〉第六節），載4月8日香港《大公報・大公園》，署紺弩。

4月10日　作〈《大樹王子》〉，載4月12日香港《大公報・大公園》，署紺弩。

4月11日　作〈「中國奴隸制度」及其它〉（即〈中國奴隸制度〉、〈由「中國奴隸制度」想起的〉合篇）。初收1950年版《海外奇談》。

同日　中央人民政府委員會第六次會議通過，任命先生為中南軍政委員會文化教育委員會委員。

4月13日　香港《大公報・大公園》發表〈羊和妓女和「相率而遷移」的「人民」〉（又作為〈由一篇「社論」引起的〉第四節），署紺弩。

4月14日　香港《大公報‧大公園》發表〈罵人者和他所吸的香煙牌子〉，署紺弩。

4月15日　香港《大公報‧大公園》發表〈《在崗位上》外序〉，署紺弩。

4月15至19日　作〈論萬里長城〉，分五次載4月16日至20日香港《大公報‧大公園》，署紺弩。初收1950年版《海外奇談》。

4月23日　香港《大公報‧大公園》發表〈反動派談言微中〉，署紺弩。

4月24日、27日　香港《大公報‧大公園》分二次連載〈反動到底的「底」到底伊於胡底？〉，署紺弩。初收1950年版《海外奇談》。

4月25日　香港《大公報‧大公園》發表〈江浙為賭及賭具發祥地說及其他〉（又作為〈語文七札〉第二節），署紺弩。

4月26日　香港《大公報‧大公園》發表〈論猴把戲〉，署紺弩。

4月28日　作〈論錢穆的「借箸一籌」〉，分三次載4月29日、30日、5月1日香港《大公報‧大公園》，署紺弩。初收1950年版《海外奇談》。

5月1日　中共中央發出〈關於在全黨全軍開展整風運動的指示〉。

5月3日　香港《大公報‧大公園》發表〈一種把戲〉，署紺弩。

5月5日　香港《大公報‧大公園》發表〈論中國人的喉嚨似乎特別容易發癢〉，署紺弩。

5月7日　於九龍作〈傅斯年與階級鬥爭〉，分三次載5月7日、8日、9日香港《大公報‧大公園》，署紺弩。初收1950年版《海外奇談》。

5月11日　香港《大公報‧大公園》發表〈由「中國奴隸制度」想起的〉（即〈「中國奴隸制度」及其他〉的一部分），署紺弩。

5月13日　香港《大公報‧大公園》發表〈紗巾〉，署紺弩。

5月14日　香港《大公報‧大公園》發表〈蔣經國的孝道〉，署紺弩。

同日　作〈喉嚨發癢的階級性〉，載5月16日香港《大公報‧大公園》，署紺弩。

5月15日　於香港作〈《天亮了》再版序〉，載5月18日香港《大公報‧大公園》，署紺弩。初收1950年再版《天亮了》。

5月19日　香港《大公報‧大公園》發表〈《一個下賤女人》裡的幾個方言字〉（又作為〈語文七札〉第五節），署紺弩。

5月21日　香港《大公報‧大公園》發表〈關於笑〉，署紺弩。

5月28日　香港《大公報・大公園》發表〈談「你當」〉，署紺弩。

5月29日　香港《大公報・大公園》發表〈蔣介石與氣節〉，署紺弩。

5月31日　香港《大公報・大公園》發表〈姓〉，署紺弩。

6月2日　香港《大公報・大公園》發表〈又關於笑〉，署紺弩。

6月5日　香港《大公報・大公園》發表〈論關羽〉，署紺弩。

6月6日　於九龍作〈茫然〉，載6月9日香港《大公報・大公園》，署紺弩。初收1950年版《海外奇談》。

6月7日　香港《大公報・大公園》發表〈語文札記〉，署紺弩。

6月14日　作〈關於頒佈婚姻法和封閉妓院槍斃萬惡領家的一些冗談〉，載6月16日、17日香港《大公報・大公園》，署紺弩。

6月17日　作〈談「喝飯」〉（又作為〈語文七札〉第七節），載6月19日香港《大公報・大公園》，署紺弩。

6月20日　作新詩〈失眠的貓頭鷹〉，首發6月25日香港《大公報・文藝》；又載7月8日香港《週末報》，署紺弩。

6月22日　香港《大公報・大公園》發表〈幾個用語的來源〉（又作為〈語文七札〉第三節「聞人和名流及其他」），署紺弩。

6月23日　作〈手和腦和創作〉，載6月27日香港《大公報・大公園》，署紺弩。

6月25日　朝鮮戰爭爆發。

6月28日　香港《大公報・大公園》發表署名「獵者」的〈香港名流〉。該文是讀〈幾個用語的來源〉的感想。

6月　彭燕郊離開北京，應聘到湖南大學中文系任教。

7月3日　於九龍作〈論悲哀將不可想像〉，載7月6日香港《大公報・大公園》，署紺弩。

7月7日　聯合國安理會通過第八十四號決議，派遣「聯合國軍」支援韓國抵禦朝鮮的進攻。

7月21日　於香港作新詩〈秧歌頌〉，載7月23日香港《大公報・文藝》，署紺弩。

7月下旬　以「總主筆」名義入香港《文匯報》，初去的任務是疏通各方面的關係，團結同仁，實現改版計畫，使版面更適合香港的一般讀者。每天撰寫幾

段「編者的話」在報上發表，但並不是編者。後邀桂林《力報》時的同事邵慎之（筆名高旅）入《文匯報》為主筆。

7月22日　香港《文匯報》一版「編者的話」發表〈把王老二的年朝兩頭過〉。初收1951年版《寸磔紙老虎》。

8月4日　香港《文匯報》一版「編者的話」發表〈「少女國」〉。初收1951年版《寸磔紙老虎》。

8月7日　香港《文匯報》一版「編者的話」發表〈笑話改成真話〉（作為〈笑話・漫畫・照片〉之一節）。初收1951年版《寸磔紙老虎》。

8月12日　香港《文匯報》一版「編者的話」發表〈戰爭與和平〉（作為〈「我們要和平！」〉之一節）。初收1951年版《寸磔紙老虎》。

8月18日　香港《文匯報》一版「編者的話」發表〈一幅漫畫〉（作為〈笑話・漫畫・照片〉第二節）。初收1951年版《寸磔紙老虎》。

8月19日　香港《文匯報》一版「編者的話」發表〈再次釋放納粹戰犯〉。初收1951年版《寸磔紙老虎》。

8月23日　香港《文匯報》一版「編者的話」發表〈眉頭一皺，計上心來！〉。初收1951年版《寸磔紙老虎》。

8月27日、9月6日、1951年1月11日　香港《文匯報》一版「編者的話」發表〈何謂侵略？〉。初收1951年版《寸磔紙老虎》。

8月　雜文集《天亮了》由香港求實出版社再版。封面重新設計，封面畫為黃永玉木刻〈普羅梅休士〉。內收〈第一把火〉、〈德充符〉、〈鬼谷子〉、〈天亮了〉等文九篇。

先生在〈序〉中說：「《天亮了》得有再版的機會，我應當寫幾句話在前面：首先，是把初版的最後三篇：〈毛遂〉、〈季氏將伐顓臾〉、〈獨夫之最後〉刪去了。……」

9月17日、10月21日、10月22日　香港《文匯報》一版「編者的話」發表〈自由與人權〉（由〈「聯合國在朝鮮為自由而戰鬥」〉、〈美帝將在朝鮮散發人權宣言〉、〈聯合國將在越南「為自由而戰鬥」〉等三節組成）。初收1951年版《寸磔紙老虎》。

9月21日　香港《文匯報》一版「編者的話」發表〈血〉。初收1951年版《寸磔紙老虎》。

9月23日　香港《文匯報》一版「編者的話」發表〈敲敲艾奇遜的門〉。初收1951年版《寸磔紙老虎》。

10月1日　香港《文匯報・特刊》發表〈天安門〉，署紺弩。

同日　下午四時，出席港九新聞出版界在西環廣州酒家舉辦的聯合慶祝首屆國慶節大會。大會選出新華社黃作梅、大公報費彝民、文匯報聶紺弩、週末報胡希明、商務印書館張子宏等十人為主席團，並推費彝民為主席團主席。先生在講話中說：「我們中華人民共和國是中國有史以來空前未有的真正為人民的國家，中國歷代思想家所理想的國家社會，已在今天的新中國實現了。」五時，大會完成，開始聚餐。餐後舉行遊藝節目。（香港《大公報》10月2日）

同日　作〈《海外奇談》序〉，載1950年版《海外奇談》。《聶紺弩全集》未收。

10月8日　《胡風日記》：「周穎與余所亞約到周穎處見面，並吃羊肉館子。」（《胡風全集》第十卷，第214頁）

10月13日　香港《文匯報》一版「編者的話」發表〈侵朝一動機〉。初收1951年版《寸磔紙老虎》。

10月16日　香港《文匯報》一版「編者的話」發表〈和平「不可理解」〉、〈和平就是侵略！〉、〈道不同不相為謀〉、〈「戰爭非不可避免」何解？〉、〈四分之一即百分之九十九以上〉（作為〈「我們要和平！」〉中間章節部分）。初收1951年版《寸磔紙老虎》。

10月23日　香港《週末報・今日隨筆》發表〈《白蛇傳》三人物〉，署紺弩。

10月25日　中國人民志願軍應朝鮮請求赴朝，與朝鮮人民軍並肩作戰。

10月　雜文集《海外奇談》由香港求實出版社初版。內收〈戰鬥與悲劇〉、〈論萬里長城〉、〈從桃色太子看舊中國〉等文十五篇。先生在〈序〉中說：「我不曉得把這些文章印成一本書，還有什麼用處沒有。只知道如果國內讀者看見了，一定會大吃一驚：世上還有人有著那樣的一些見解，也還有人批評那些見解！說不定會根本不相信。因此，把這本書叫作《海外奇談》。封面畫採自西遊記，聊以助興。」

11月1日　香港《文匯報》一版「編者的話」發表〈小豬到那裡，阿祖跟到哪裡〉（作為〈笑話・漫畫・照片〉第三節）。初收1951年版《寸磔紙老虎》。

11月5日　香港《文匯報》一版「編者的話」發表〈抗美援朝保家衛國〉。

初收1951年版《寸磔紙老虎》。

11月9日　香港《文匯報》一版「編者的話」發表〈其言多甘，其心必苦〉。初收1951年版《寸磔紙老虎》。

11月11日　香港《週末報・今日隨筆》發表〈何處是天堂〉，署紺弩。

11月17日　香港《文匯報》一版「編者的話」發表〈洋大人和中國農婦合影〉。初收1951年版《寸磔紙老虎》。

同日　於香港作〈關於雷峰塔〉，載11月25日香港《週末報・今日隨筆》，署紺弩。

11月24日　中國特派代表伍修權出席聯合國安理會。28日，伍修權在安理會發言，控訴美國武裝侵略中國領土臺灣的罪行。

11月26日　香港《文匯報》一版「編者的話」發表〈《浮士德與魔鬼》〉。初收1951年版《寸磔紙老虎》。

11月29日　香港《文匯報》一版「編者的話」發表〈「中國人民不反美」〉。初收1951年版《寸磔紙老虎》。

11月30日　香港《文匯報》一版「編者的話」發表〈「侵略」〉。初收1951年版《寸磔紙老虎》。

11、12月之間　作〈關於伍修權將軍〉。收1951年版《寸磔紙老虎》。

12月1日　香港《文匯報》一版「編者的話」發表〈華爾街的失策〉。初收1951年版《寸磔紙老虎》。

12月2日　香港《週末報・今日隨筆》發表〈魯智深斷片〉，署紺弩。

12月2日、5日　香港《文匯報》一版「編者的話」發表〈美帝的「最後」來何速也〉。初收1951年版《寸磔紙老虎》。

12月3日　作〈一種抗議書〉，載12月9日香港《週末報・今日隨筆》，署紺弩。初收1951年版《寸磔紙老虎》。

12月3日、12日、1951年1月18日　香港《文匯報》一版「編者的話」，發表〈麥克亞瑟晚景淒涼〉（由「東京的方步」、「飛朝又何為？」、「一個推測」、「光景如何？」、「餘生」、「『榮譽』與『舒勳』」、「挽留」等七節組成）。初收1951年版《寸磔紙老虎》。

12月6日　香港《文匯報》一版「編者的話」發表〈不怕不識貨，只怕貨比貨〉。初收1951年版《寸磔紙老虎》。

12月10日　香港《文匯報》一版「編者的話」發表〈「姑息」〉。初收1951年版《寸磔紙老虎》。

12月11日　於香港作〈感訃〉，載12月16日香港《週末報‧今日隨筆》，署紺弩。

12月14日　香港《文匯報》一版「編者的話」發表〈仇恨〉。初收1951年版《寸磔紙老虎》。

12月15日　香港《文匯報》一版「編者的話」發表〈兩種武裝〉。初收1951年版《寸磔紙老虎》。

12月16日　香港《文匯報》一版「編者的話」發表〈宣佈緊急〉。初收1951年版《寸磔紙老虎》。

12月17日、1951年1月10日、11日、28日　香港《文匯報》一版「編者的話」，發表〈杜魯門說〉（由「戰販理論標本」、「毀滅誰呢？」、「問杜魯門」等十節組成）。初收1951年版《寸磔紙老虎》。

12月20日　香港《文匯報》一版「編者的話」發表〈論狗娘養的〉。初收1951年版《寸磔紙老虎》。

12月22日　香港《文匯報》一版「編者的話」發表〈「無知的十五歲的孩子」〉。初收1951年版《寸磔紙老虎》。

12月30日　香港《週末報‧今日隨筆》發表〈噓！〉，署紺弩。

是年　作〈睦鄰篇〉，載1951年版《寸磔紙老虎》。

1951年　　　　　　　　　　四十九歲

1月2日　作〈世界主要語言中沒有中國語言〉，載1月3日香港《文匯報》一版「編者的話」。初收1951年版《寸磔紙老虎》。

1月5日　香港《文匯報》一版「編者的話」發表〈論如喪考妣〉。初收1951年版《寸磔紙老虎》。

1月6日　香港《週末報・今日隨筆》發表〈傅斯年死了〉，署紺弩。

1月11日　香港《文匯報》一版「編者的話」發表〈白宮前的婦女〉、〈「我們要和平」〉、〈「要和平！要自由！不願死！」〉（作為〈「我們要和平！」〉部分章節）。初收1951年版《寸磔紙老虎》。

1月14日　香港《文匯報》一版「編者的話」發表〈斥艾森豪〉。初收1951年版《寸磔紙老虎》。

1月18日　香港《文匯報》一版「編者的話」發表〈科學與政治制度〉。初收1951年版《寸磔紙老虎》。

1月19日　香港《文匯報》一版「編者的話」發表〈朕即聯合國〉。初收1951年版《寸磔紙老虎》。

1月20日　香港《文匯報》一版「編者的話」發表〈怎樣「對付」聯合國？〉。初收1951年版《寸磔紙老虎》。

1月21日　香港《文匯報》一版「編者的話」發表〈一天的消息〉。初收1951年版《寸磔紙老虎》。

1月22日　香港《大公報・大公園》發表〈沁園春・抗美援朝〉，署紺弩。初收1951年版《寸磔紙老虎》，作為序。

1月23日　香港《文匯報》一版「編者的話」發表〈美帝與臺灣〉。初收1951年版《寸磔紙老虎》。

1月24日　香港《文匯報》一版「編者的話」發表〈尼赫魯、狄托、亞阿十二國等等〉。初收1951年版《寸磔紙老虎》。

1月27日　香港《週末報・今日隨筆》發表〈毛柳沁園春〉，署紺弩。

1月29日　香港《文匯報》一版「編者的話」發表〈試驗原子彈〉。初收

1951年版《寸磔紙老虎》。

1月31日 香港《文匯報》一版「編者的話」發表〈殖民主義終結〉。初收1951年版《寸磔紙老虎》。

2月18日 香港《文匯報》一版「編者的話」發表〈兩個陣營，兩種聲音〉。初收1951年版《寸磔紙老虎》。

3月1日 香港《文匯報·副頁》發表〈春天不是用兵天〉，署紺弩。

同日 作〈論虛無主義〉（又作為〈天地鬼神及其他〉第一節），載3月3日香港《文匯報·副頁》，署紺弩。

同日 作〈《寸磔紙老虎》題記〉，載1951年版《寸磔紙老虎》。《聶紺弩全集》未收。

同日 劉火子於香港文匯報社作〈《寸磔紙老虎》序〉，載1951年版《寸磔紙老虎》。

3月3日 作〈死生亦大矣〉，載3月5日香港《文匯報·副頁》，署紺弩。

3月15日 香港《文匯報·副頁》發表〈為辛賜卿而寫〉，署紺弩。

3月21日 作〈論「素患難行乎患難」〉（又作為〈天地鬼神及其他〉第二節），載3月23日香港《文匯報·副頁》，署紺弩。

3月24日 於香港作〈天地鬼神及其他〉（即〈論虛無主義〉、〈論「素患難行乎患難」〉、和〈論天地鬼神〉的合篇）。

3月底 離港前去淺水灣弔蕭紅墓，作〈浣溪沙〉詞，載香港《文匯報》（刊期不詳）。

3月 雜文集《寸磔紙老虎》由香港求實出版社出版，內收〈睦鄰篇〉、〈論狗娘養的〉、〈朕即聯合國〉等文四十三篇。

先生在〈題記〉中說：「這裡的一些小文，是由為香港《文匯報》寫的「編者的話」的一部分，即專談美帝有關的問題的一部分，略加選擇整理而來的。」「書名得解釋一下。紙老虎大家都懂。磔音摘，分裂屍體之意，古有此刑。有的說是車裂，有的說是凌遲。我當作口語中的『千刀萬剮』解。寸磔者，因為是一些小文，只算東剮一小塊、西剮一小塊而已。」

4月初 人民文學出版社成立，馮雪峰出任社長兼總編輯。

4月 返回內地，到武漢參加中南區文教會議，並列席中南軍政委員會會議。「怕做行政工作，尤其是領導工作」，所以「不願做中南文藝學院院長及中

南文聯主席或副主席」（〈個人主義初步檢查〉，《聶紺弩全集》第十卷，第3頁）。

　　4、5月間　回到北京。「從香港回來，香港組織本來說叫我還回去一次，我也答應了。但我想，一切事都已完畢，還回去做什麼呢？沒有回去。後來香港組織反映回國，說我欺騙組織，我才知道我犯了這麼大罪。我到北京來也不是事先經過組織同意的。」（〈歷史材料重寫〉，《聶紺弩全集》第十卷，第57頁）

　　5月14日　《胡風日記》：「上午，周穎約到曲園吃飯，紺弩也從香港來了。」（《胡風全集》第十卷，第270頁）

　　同日　胡風自北京致信梅志：「今天周穎夫婦約去吃飯時，在館子裡碰見柯藍，他說要找我談談，並希望我回上海去。」（《胡風家書》，第218頁）

　　5月30日　宋雲彬《北京日記》：「聶紺弩來電話，約定後天來。」（《宋雲彬日記》上冊，第322頁）

　　6月2日　宋雲彬《北京日記》：「聶紺弩、鍾敬文來，飲酒暢談，甚快。」（《宋雲彬日記》上冊，第323頁）

　　6月　受社長馮雪峰之請出任人民文學出版社副總編輯，兼古典部（二編室）主任。

　　人文社創建之初，「二編室包括中國古典文學和民間文藝兩部分，起初由賈芝同志負責，不久就由聶紺弩同志擔任副總編輯兼管古典文學，而賈芝則去搞民間文藝研究會了」（樓適夷〈零零碎碎的記憶〉，《新文學史料》1991年第1期）。

　　9月18日　在一本咖啡色記事本第二頁寫下兩行話：「如果土改和你在一起，／我就暗暗地把你殺死！」署：「二鴉」（姚錫佩〈重睹紺弩先生〉，《新文學史料》2003年第3期）。

　　10月7日　《胡風日記》：「周穎約到她那裡和何封夫婦見面，喝酒吃飯後回來。」（《胡風全集》第十卷，第277頁）

　　10月23日　毛澤東在中國政協第一屆三次會議上提出有關知識分子改造的問題。

　　11月3日　晚上胡風來家，先生談自己的一種政治預感。胡風11月4日致信梅志：「昨天到老聶家玩了一晚。聽老聶說，今冬明春，會發動一個對我的攻勢。老聶也以為不是理論問題，他曾聽說我向董老（武漢時候）要求過高爾基的待遇云。你看，就是這樣暗無天日！」（《胡風家書》，第247頁）

　　按，「董老」指董必武。

同日　《胡風日記》：「到聶紺弩處，喝了酒，與他們夫婦打五百分到十二時過。」（《胡風全集》第十卷，第286頁）

11月17日　根據中國政協第三次會議關於改造思想的號召，中國文聯舉行第八次常委擴大會議，決定首先在北京文藝界組織整風學習，達到改造思想和改進工作的目的。

11月20日　致信周揚：「《水滸》原稿及校勘稿已取來，不知應交給誰看才好。我這幾天因趕旁的任務（注《秋白集》），無暇細看，隨意翻了一部分，還不能妄下評語。但對這本書的事，大體上已增加了一些理解，可以講講。……[筆者略]。聽說伯達、喬木兩同志都關心這件事，你是否可以和他們商量商量？我需要知道的：1.校勘本如何處理？2.我所提出的普及本辦法對不對？此外說句附帶的話：我很高興能做這工作。」（《聶紺弩全集》第九卷，第175-176頁）

11月23日　中宣部向中央寫報告，指出文藝工作存在的問題，決定在文藝界開展學習、整風。

11月24日　北京文藝界召開整風學習動員大會，胡喬木、周揚、丁玲分別講話。

12月1日　晚上，胡風來家談天，玩到十二時過。胡風12月2日致梅志信：「昨晚在老聶家玩到很晚。他異想天開，上次要我要求和毛談話，昨晚又提到這。在他看來，毛一定會見，而且只有和他談才有作用。他不知道，為了維持這一領域工作系統的威信，也許不會約見的。而且，如果寫了這樣的信，那文藝當權者們更要恨我入骨的。不是麼，約了父周，丁婆婆去年就表示了很不滿，現在也還時時暗示別人管不了許多的。」（《胡風家書》，第257-258頁）

按，「父周」指周恩來，「丁婆婆」即丁玲。胡風1949年10月27日致信周恩來總理請求約見的事情傳開後，丁玲對他越級表示「很不滿」。

同日　中共中央做出〈關於實行精兵簡政、增產節約、反對貪污、反對浪費和反對官僚主義的決定〉，把反貪污、反浪費、反官僚主義作為貫徹「精兵簡政、增產節約」這一中心任務的重大措施，要求普遍地檢查貪污、浪費和官僚主義問題。

12月2日　致信胡喬木，內容是彙報和請示有關整理出版《水滸》的問題。

12月5日　張天翼致信先生：「好久沒有見到你寫的東西，正在寫什麼呢？念念。最近在醫院門前舊書攤上，買到一本《春日》，大概是你在重慶時所寫。

一讀者說，讀你文章，如在欣賞『我們的拳師』在臺上表演。這說法倒不錯。現在『拳師』在練什麼拳腳呢？當然很想知道。我的病已好，但一則因館中無房子，二則同事也不歡迎我，所以只好以此為『公寓』……[筆者略]。九月中，我應出院了（實在還可以早些出），卻要我到澳門去住另一慈善醫院，我認為已無必要。但基於上述兩則，勢必要我自動辭職。我正打算返上海，事聞於費彝民先生，囑仍住原院，出院事再商量，住院費由他負責。有此一層，所以才住到今天，房子老嚴已給我想到辦法，決定明年元旦離院。費公素昧平生，我起初頗感奇怪，最近才知是你的關係，可是我還沒有與他見面，那麼，希望你寫信給老費，向他提到這件事，並致意吧，明年元旦，再寫信給你。」（《聶紺弩刑事檔案》，第353-354頁）

12月7日　胡風自北京致信梅志：「老聶給了我一本《毛選》。我有兩本了。你如果現在要看，我先寄一本回來。」（《胡風家書》，第261頁）

12月8日　中共中央又發出〈關於反貪污鬥爭必須大張旗鼓地去進行的指示〉。此後，一個大規模的「三反」運動普遍地開展起來。

12月15日　《胡風日記》：「到聶紺弩處打五百分。」（《胡風全集》第十卷，第296頁）

卷五　右派分子吃遺產

1952年

五十歲

（壬辰）

1月4日　中共中央發出〈關於立即限期發動群眾開展「三反」鬥爭的指示〉，要求各單位限期發動群眾開展鬥爭。

1月5日　周恩來在中國政協第三十四次常委會上做了〈「三反」運動與民族資產階級〉的講話，號召工商界積極參加「三反」運動。

1月10日　《文藝報》半月刊第一號發表社論〈文藝界應展開反貪污、反浪費、反官僚主義的鬥爭〉。

1月26日　毛澤東為中共中央起草了〈關於在城市中限期展開大規模的堅決徹底的「五反」鬥爭的指示〉。

2月3日　中共中央發出〈關於「三反」運動應和整黨運動結合進行的指示〉。整黨開展後，先生即開始檢查思想，並寫出萬餘字檢查材料。

3月11日　政務院公佈了〈關於處理貪污、浪費及克服官僚主義錯誤的若干規定〉。

5月25日　《長江日報》發表舒蕪檢討文章〈從頭學習在延安文藝座談會上的講話〉一文。接著，6月8日《人民日報》予以轉載，編者按中指出胡風的文藝觀是「一種實質上屬於資產階級、小資產階級的個人主義的文藝思想」。

6月6日　宋雲彬《杭州日記》：「覆聶紺弩信。」（《宋雲彬日記》中冊，第395頁）

6月30日　胡風自上海致信路翎：「宋說，聶奉命研究某某理論。他在香港時曾奉命研究過一次。此人一方面有正義感，另一方面，不甘寂寞，常常想抓點什麼衝出去。由於後一面，在港寫文章也奚落過某某派；由於前一面，上次在京時，曾為我設計怎樣防範詭計。以你自己的事為名找一找他，有無副作用？例如，和他談談，直接把文章寄去好呢，還是找一找馮？……」（《胡風全集》第九卷，第346-347頁）

按，「宋」指宋之的。

7月1日　左聯作家周文猝然離世，被定為自殺，黨內除名，直至1975年才恢復名譽。

7月19日　胡風應周揚「我們將討論你的文藝思想」的約請，從上海家中來到北京，住文化部招待所。

7月21日　《胡風日記》：「聶紺弩約到市場吃晚飯。」（《胡風全集》第十卷，第344頁）

7月24日　《胡風日記》：「訪紺弩閒談。」（《胡風全集》第十卷，第345頁）

7月25日　胡風自北京致信上海梅志，談及先生夫婦感情等問題。信云：

> 到此第二天，去周穎那裡。把老聶叫醒，談起來，晚上周穎打了他。關係非常彆扭。周要求熱愛，但聶愛不起來。周常要自殺。晚上周自己提出分開，聶說也好，周就打了他。這樣繼續了很久，離不行，合也合不好。後來周回來了，談談就冒出了眼淚。……[筆者略]。
>
> 昨晚到「社」（按，指人文社）裡（隔壁）老聶那裡，房裡坐著一個女的。沒有看清楚。閒談了二三小時。在他家裡，他說頂好不要公開討論，那對你對黨都是損失。昨晚沒有說什麼，但說，你住上海，總不放心，有人支持你，如柏山、雪葦云。可見，他們怕得多厲害。也可見，如果能妥協，那是非搬到北京不可的。所以，柏山底想法是行不通的。但不必對他談這些。──我知道，老聶奉命研究我，而且和羅蘭對看，說是我和羅蘭有相通之處云。但他自己說沒有看，迴避著。內心還是不贊成他們的，動搖得很。三花（按，指馮雪峰）想把他做工具，要他弄完了《水滸》再弄《三國》，完全成為書蟲。這樣，三花有成績可報了。──聶呢？做了副總編輯，也有點陶醉似的。
>
> （《胡風家書》，第280頁）

按，胡風當時所住朝內大街文化部招待所，鄰近人民文學出版社。先生與周穎分居，獨自住招待所，房間正在胡風隔壁。

7月29日　《胡風日記》：「訪聶紺弩，和他及鄭效洵到小館喝啤酒。」（《胡風全集》第十卷，第346頁）

8月3日　胡風自北京致信梅志：「『天下』『盤』給文學出版社了。老聶說的，似很得意。」（《胡風家書》，第286頁）

8月4日　《胡風日記》：「到紺弩處坐了一會。」（《胡風全集》第十卷，第

348頁）

8月14日 《胡風日記》：「紺弩引蕭軍來，一道到東安市場吃飯後，到蕭軍家，十時過回來。」（《胡風全集》第十卷，第345頁）

同日 胡風自北京致信梅志，談及先生與蕭軍是「兩種人物，兩種生活，得意者與失意者」。信曰：

> ……[筆者略]。
>
> 剛才到隔壁去混了一陣。先在老聶房裡。他被三花提出評為文藝幹部第一級，薪水一百六十萬。說，給六十萬他們（家裡之意），就過得很好，自己用一百萬。在社裡，一間臥房一間辦公室，用具一應俱全。不過，他加上一句，人也成為社裡了。此人還有一分「良心」，將抱著自卑心過溫飽生活過下去的。
>
> ……[筆者略]。
>
> 寫到上面，老聶引蕭軍來了。到東安市場吃了晚飯，又一道到蕭軍那裡。他自己租居一棟大樓房上面一間，家裡住在同一胡同另一處。他到北京一年，每天早上跑小市場，搜買各種小古董，裡面有很名貴的東西。房子裡各處擺的都是。他自己，寫廿八萬字的一個長篇，前天送人民文學出版社審查，要求出版。寫完後，寫信周揚，要求介紹一個工作，且提出了他能做的各種工作。結果由他挑選，到北京文物局古物組當研究員，已做了一個月左右云。他這門本事，是跑了一年小市場跑出來。談起來，還是那一副氣概，但怨氣沖天，如這部小說不能出版，就要大鬧一場，云。後來又到他家裡坐了一會，已有五個孩子，大的今年上中學。
>
> 兩種人物，兩種生活，得意者與失意者。這個文壇，就是這樣毀滅人的！
>
> （《胡風家書》，第290-291頁）

8月24日 《胡風日記》：「訪周穎，她夫婦出去了。」（《胡風全集》第十卷，第352頁）

8月29日 《胡風日記》：「訪紺弩。」（《胡風全集》第十卷，第354頁）

9月 樓適夷出任人民文學出版社副社長兼副總編輯。

同月　蘇北文聯根據中共蘇北區黨委宣傳部指示派丁正華、蘇從麟去興化施家橋、大豐白駒鎮等地調查施耐庵的家世、生平，歷時十天。後來寫成〈施耐庵生平調查報告〉在《文藝報》第二十一號發表。

9月2日　《胡風日記》：「與紺弩及其一友人到小館吃飯，又到北海喝茶。」（《胡風全集》第十卷，第355頁）

9月4日　《胡風日記》：「紺弩來，與他和黃源到東安市場吃飯。」（《胡風全集》第十卷，第356頁）

9月20日　《胡風日記》：「與紺弩在小館喝酒。」（《胡風全集》第十卷，第360頁）

9月21日　《胡風日記》：「到周穎處喝酒，駱賓基在。」（《胡風全集》第十卷，第360頁）

9月29日　《胡風日記》：「與黃源、紺弩、適夷到東安市場吃飯。」（《胡風全集》第十卷，第362頁）

10月1日　國慶日。胡風自北京致信梅志：「早上八時上車，八時半左右到觀禮臺，十時慶祝儀式開始，到下午二時稍過完畢……[筆者略]。會後，到周穎那裡（離天安門很近），睡了一會，喝酒吃飯，打了五百分回來……[筆者略]。後天是中秋，周穎約到她那裡，如不到嗣興家，當到她那裡過節了。」（《胡風家書》，第313-314頁）

10月3日　中秋節，約胡風一起去駱賓基家吃晚飯。

胡風自北京致信梅志：「老聶送條子來，約到駱賓基處吃晚飯。四點多去的，十點過才回來。周穎也要去的，但終於沒有去，也許臨時有事耽擱了。駱底老婆害了脊椎結核，綁著石膏，躺在床上不能動。到北京就醫，但山東既不放走，北京又無主子可投，頗有惶惶然的樣子。至於周穎，老聶說，還經常要自殺，身上常帶安眠藥片，前些時七哄八哄才拿出了四片云。這時代，壓著幾多人，也糟[塌]了幾多寶貴的力量呵！」（《胡風家書》，第315頁）

按，駱賓基時任山東省文聯副主席，1953年後調北京工作。

10月5日　黃源請先生和樓適夷、胡風吃飯，「請了六萬多元的客」（《胡風家書》，第317頁）。

10月13日　晚間，人民日報社徐放先行離開北京，坐火車轉汽車，於15日午前到達揚州，開展施耐庵生平事蹟調查。

10月中旬　人民文學出版社整理出版《水滸》。該書以清代最流行的經過金聖歎批改的七十回本為底本，由聶紺弩、張友鸞等人整理。這是四大名著中最先面世的一種。

10月17日至28日　徐放在蘇北文聯丁正華、興化縣人民政府文教科卞振聲陪同下，到淮安、興化、大岡、施家莊，施家三橋、白駒鎮，施家舍，安豐、海安等十多個地方訪問遺老和施家後人。

10月19日　《胡風日記》：「上午，到周穎家吃飯。」（《胡風全集》第十卷，第366頁）

10月22日　和胡風一起吃晚飯喝咖啡，並借錢三十萬與胡風。

同日　胡風自北京致信梅志：

> 下午有些悶，走出門去，遇見老聶也因為悶走出門來，於是一道到市場吃飯，又喝咖啡。二十五日他動身來上海，再轉蘇北去挖施耐庵底墳。因為，《水滸》出版，陳部長確定地說是施耐庵作的，寫在書前面的序言上，惹得一些《水滸》研究者譁然。這樣，就得去挖墳，希望挖出墓誌銘來，說是他作的，那陳就可以取勝了。事情就是如此。但不必與任何人說及。
>
> 　聶也許到家裡來玩的。今天向他拿了三十萬，說由你給他。他說，這就不好來看你了。我說，那我就不告訴她好了。他如來，看情形還他罷。
>
> 　……[筆者略]今天老聶說，中宣部成了一個負擔，許多事不能解決，云。從這裡也可以思過半矣。我說，這是中宣部人工挑起來的，我又有什麼辦法？他們以為一壓就什麼問題都解決了，知道壓不下，除了用無恥一下，使不出新花槍來，所以不得不拿出什麼不要兩敗俱傷的話來了。老聶說什麼許多事不能馬上解決，可見他們這一個攤子也是難以收拾的。……[筆者略]聶如來，也只問他，說你自己的話，也不要說我的情形和心情。你要知道，這是為真理打仗，不能隨便的。用你自己的意思說，那無論什麼都可以說的。
>
> （《胡風家書》，第327-328頁）

10月25日　中央人民政府文化部特派先生和中央文學研究所錢鋒、人民日報

社謝興堯、徐放等四人組成調查組，分批到江蘇有關地區調查有關施耐庵的歷史資料。先生首站到上海。

同日　胡風自北京致信上海梅志：「老聶如來了，儘量聽他的。表示你不在乎，告訴他，家裡賣東西還可以過十年。你要知道，愈表示沒有辦法人家會愈欺你的。」（《胡風家書》，第331頁）

10月下旬　為查找《水滸》資料順便到上海舊地重遊，看望胡風家人及其他老朋友。

在梅志陪同下到解放日報社（因申報圖書館已歸解放日報社）找社長兼總編輯、當年辦報時的投稿者張春橋查找資料。（《梅志文集》第四卷，第23-24頁）

歐陽敏訥〈憶《力報》〉：「他（指聶紺弩）曾到江蘇考察和研究施耐庵的身世等等，到上海時，當時擔任上海《新聞報》副總編輯的鄭拾風（桂林《力報》同事）給我寫信，說聶紺弩到了上海，正逢五十生辰，他辦了酒席為聶紺弩慶賀五十大壽。」（《桂林抗戰文化史料》第28輯，第213頁）

何滿子〈我和聶紺弩夫婦〉：「記得在1953年他因去蘇北探查《水滸傳》作者施耐庵事蹟真偽，曾經過上海，在復旦大學演講，大概他從『復旦』的熟人中得知我的下落，託人帶信給我，約我到他下榻的國際飯店見面。」（《跋涉者：何滿子口述自傳》，第208頁）

10月27日　《人民日報》按胡喬木指示發表短評〈慶祝《水滸》的重新出版〉。文章說：「在重印這部偉大的作品時，人民文學出版社得到了關於施耐庵的一些歷史材料。這些材料都說施耐庵曾著《水滸》。因此，人民文學出版社肯定這部作品的作者是施耐庵。但為了證實這些材料，並對施耐庵的生平作更詳細的調查研究，中央文化部已派專人前往有關地點進行更進一步的調查。這是一件很有意義的工作。」「《水滸》的校訂出版，是人民文學出版社研究和整理我國古典文學的成績之一。今後該社將陸續校訂出版《三國志演義》、《紅樓夢》、《西遊記》、《西廂記》、《儒林外史》等書。中國古典文學的研究、整理工作，是千萬人所期望的工作，是具有歷史意義和世界意義的事情。這一工作將使讀者比較順利地去學習我國古典文學，更好地繼承中國民族文學藝術傳統，來豐富我國新的文學創作。因此，《水滸》的校訂出版，是值得慶賀的。」

10月29日　徐放在揚州根據調查所得寫成〈在興化一帶調查施耐庵生平事蹟的初步情況〉。

11月1日　胡風自北京致信梅志：「老聶就是那樣，只好過著無可奈何的日子。三花開始哄著他，等他進去了，幹他一手，整黨時就狠狠地幹他一手，後來又打圓場，就是這樣恩威並施地想扣住這一個奴隸。意氣消沉了，只好這樣過奉公守法的日子。現在懂得了：這一線的頭子，就是這樣建立起自己的寶座來的。」（《胡風家書》，第334頁）

11月7日　於蘇州致信林默涵，云：「離滬時寄的信想已收到。現在我們在蘇州工作了三天，把應作的事都作了，準備明天到南京去。現在把經過報告一下：……[筆者略]」（據手稿影印件）按，《聶紺弩全集》未收。

11月10日　《文藝報》第二十一號發表劉冬、黃清江的〈施耐庵與《水滸》〉和丁正華、蘇從麟的〈施耐庵生平調查報告〉，並加編者按說「反映中國封建社會農民戰爭的偉大小說《水滸》，在中國人民中間流傳了數百年，然而它的作者一直尚未能最後確定。本刊前一些時候，收到了劉冬、黃清江兩人寫的〈施耐庵與《水滸傳》〉，其中提出了一些有關這個問題的新材料。雖然材料的來源沒有詳盡地說明，它們仍然是值得注意的。因此，本刊轉請有關方面設法在蘇北進行調查。九月，蘇北文聯派丁正華、蘇從麟到興化進行了十天的調查，並將調查結果寫成了〈施耐庵生平調查報告〉。這次調查發現了更多的新材料，但仍不夠充分和確實。中央文化部已派人赴有關地點進行進一步的調查」云云。

11月12日　上海《文匯報》以〈人民文學出版社派聶紺弩等前來華東調查《水滸傳》作者施耐庵的身世和事蹟〉為題刊發消息。說：「人民文學出版社為研究民族古典文學問題，於十月二十七日派作家聶紺弩及謝興堯、錢鋒等同志前來華東，從事《水滸傳》作者施耐庵身世及事蹟的調查工作，華東文學藝術界聯合會籌備委員會於十月三十日召開《水滸傳》作者問題座談會，到會者有宋雲彬、劉大傑、陳汝衡、洪瑞釗、鄭權中、趙景深、嚴獨鶴等對《水滸》作者問題素有研究的作家二十餘人，會議由華東文聯籌委會主任夏衍主持，在聶紺弩說明調查施耐庵問題的目的與意義之後，宋雲彬、趙景深、劉大傑、陳汝衡、嚴獨鶴等均相繼發言，對施耐庵歷史及與施氏有關的考證，提供了不少材料與調查線索。現聶紺弩等已赴蘇州、南京及施耐庵出生的蘇北興化縣與淮安縣城等地作實地調查。華東與上海市文聯並希望凡藏有與《水滸》作者問題有關材料的同志，將有關材料寄交華東文聯（上海巨鹿路六七五號）賴少其同志轉交調查組，用後負責交還。」

11月13日 於南京致信陸澹安。《聶紺弩全集》未收。

你寫的《水滸研究》上有一段說:《錄鬼簿》載施耐庵在何處云云。我們的印象似乎《錄鬼簿》上無此條。但此書有好幾種本子。不知你根據的是什麼本子,或者出於他書,誤記為《錄鬼簿》亦未可知,請你查查,函北京人民文學出版社為感。

你對於「王道生」寫的施氏墓誌及某人寫的小傳的見解,極正確,可佩。

(《澹安藏札》,第96頁)

11月14日 嚴獨鶴致函陸澹安,轉附先生信,探討《水滸》作者問題。函曰:

日前承枉顧暢談為快,且得益良多。大作〈關於水滸作者問題的研究〉交去後,極為諸同志所重視。茲接聶紺弩先生(此次南來研索施耐庵身世及著作之主幹人物)來函,即為轉上,一切請逕覆渠本人為荷。

(《澹安藏札》,第94頁)

11月20日 《光明日報》刊發消息〈人民文學出版社派聶紺弩等調查施耐庵的身世〉。

11月間 在南京與老友張友鸞晤面,並邀其到北京共事。

12月4日 《胡風日記》:「到周穎處勸說她到夜一時。」(《胡風全集》第十卷,第376頁)

12月5日 《胡風日記》:「給紺弩信。」(《胡風全集》第十卷,第376頁)

老聶:

想不到我給你寫信罷。

我去看老周,知道了你有信給她,我看了。我從你知道了一些情形,但想不到你會寫這樣的信。你知道她的心情,沒有想過這信會產生怎樣的結果麼?幾幾乎出了事!

我和她談了很多,也瞭解一些她的心情和你們間的情形。她的回信

很好，但過後一想，幾乎出事。我盡可能分析了她和你的心情。這兩年（？），實在弄得太不好了，所以發展到現在這樣。我以為，她現在明白多了，這就好，你們間可以好轉的。要兩方面都努力。很簡單，平常化起來。過去事，說清楚了就丟開算了。

你那封信，刺激太大，而且，不能離開了寫這樣的信的。她的信，我以為值得你好好想一想。我希望你現在的心情不太複雜，能夠好好想一想。

談了以後，我希望她的心情有改變，而且我覺得會有改變。那麼，問題在於你了。我希望你能改變，改變得平常化起來。要彼此努力丟開亂東西，舊東西，自然化起來，平常化起來，那就能化險為夷，化苦為樂了。你以為怎樣？現在，主要的在你，你要注意，千萬千萬！不能憑「感情」用事的。在她一面，憑我的努力，也會不憑「感情」用事。這樣，真的平凡的感情就出來了。

回來時，望先找我談一談，再即去會她。如找不到我，會到她時，要心情好，坦白，她說的話，你得承認的都要承認。感情不波動了，再談別的話。千萬千萬！

什麼時候可以回來？

我的事，尚未結束。如你所勸，寫了一篇東西。我是盡了我的努力。也許不滿足罷。日內還得開會談一談。談過了，我希望能夠暫時結束一下。我的光陰值不得愛惜，但把大家拖久了，實在不好。

匆匆

好！

胡風　十二‧五日

（《胡風全集》第九卷，第429-430頁）

按，「我的事」指有組織的對胡風文藝思想的批評活動。

12月6日　《胡風日記》：「得老聶三妹電話，到她那裡，聽她談了周穎情況。」（《胡風全集》第十卷，第376頁）

同日　胡風自北京致信梅志，談先生的夫妻關係問題。說：「前天，周穎來電話，晚上去她那裡。去得好，正好有一個多嘴者來告訴了她，說聶還在和重

慶那個女人往來。她氣得要命，一刻也受不了，幾乎馬上要自殺。我和她談到夜一時，知道了她和聶的一些情況，作了分析，這才勉強把她安靜了下來。這關係弄得很險惡，隨時有出事的可能。主要責任在聶，但她這兩年來，兩人在一起必吵，必打，聶又不得意，這就逼得聶無路可走，不得不又發生問題了。我主要地分析這一點。對她說有好轉的可能。但我看，這可能是很難說的。昨天寫了一信給聶。剛才她三妹打電話來要我去，吃過午飯就去聽三妹有些什麼話。盡盡心而已。——聶曾給她信提出殘酷的願望，她回信回得很好，聶應該想想的，但昨天那個拍馬的多嘴者一傳話，幾幾乎即刻出了事。」（《胡風家書》，第346-347頁）

按，「重慶那個女人」疑指作家呆向真。

12月18日　《胡風日記》：「到周穎處，喝酒閒談到九時過回來。」（《胡風全集》第十卷，第380頁）

12月19日　《胡風日記》：「給紺弩信。」（《胡風全集》第十卷，第380頁）

老聶：

昨天老周來電話，晚上去，又閒談了約三小時。上次信沒有寫清楚（本來信上也難寫清楚），我決不是向你說道理。二十年來，我寫的都是一點心情，現在被當作了「理論」，弄得不能脫身，我還能講什麼道理？

我說，能好起來，是就新的情況說的。我說，問題在你，是就現在你願不願好起來說的。昨晚談過，更刺中了她的心之深處。我是用我的心情說話，要從她的弱點甚至要不得的思想感情看這個問題。如果要你，非把那些和對你以前的記憶燒掉不可。如果不要你，也非燒掉不可。她悔從前沒有和我談，又說你為什麼不能這樣看。我說，即使老聶能這樣看，你也不會接受、理解的。談的時候很具體，複述不出來了。例如說罷：（一）你把老聶看得太高又看不起他，你把他逼得無路可走；（二）你抱著個人英雄主義，但這做法實際是看不起自己；（三）你要的實際是一個抽象的東西，越要越得不到；（四）世上沒有純潔的東西，只有燒過了、濾過了的東西才是純潔的，尤其是男女關係，等等。也不是這樣說空話，是就具體心情說到的。

她不是理智上同意，是心情上起了感應，也許是很深的感應。例如說：老聶從前的事，對我有什麼損失呢？……等等。她有一個朋友圈子，

老說她好，你不配她，這也妨礙了她。她知道那些話沒有碰到真處，所以不能和他們談什麼，但實際上又受了他們的影響。

我要她在你回來之前進一步清除感情上的障礙，到你回來的時候，完全把從前的燒掉，做到平平常常的態度，彼此感到無拘無束，以至感到親切、關切。從前的事不要談不想談，頂多當作笑話說句把。看這兩次的情形，可能做到這一步的。

我說的能夠好起來，是就這情況說的。我說問題在你，是：她這樣了，你的感情能接受否？你要求不要求得到這樣一個結果？更進一步說：你感情上是否在要求別的東西？如果有，那是真的呢，還是一種不得已的象徵式的東西？那對你有幸福呢，還是會帶來不好的東西？等等。

我以為，如果你需要老周如此，那麼，回來時，有可能得到的。問題是：她在這期間燒掉了過去，你也要燒掉過去。萬一（我說的是萬一），她又舊病復發了，那你就可以「自由」了，也就是非「自由」不可了。那時候，我相信再也用不著什麼挽回的努力了。

我的看法和心情是如此。希望你相信是真實的。

我的事，會已開完了。如你所希望，寫了一篇，但大家不要。會上提了許多意見，有些是我無法理解的。看來，很少希望了這一筆債，雖然我衷心地想還了這筆債。疲乏得很，但你放心，沒有什麼不愉快。

好！

風

十二・十九日

（來京五個整月）

（《胡風全集》第九卷，第430-432頁）

12月21日   《胡風日記》：「給紺弩信。」（《胡風全集》第十卷，第380頁）

老聶：

前信想已收到。昨天上午駱來電話，說老周病了。下午跑去，原來她收到了你第二信，支持不住，沒有去上班。她怪駱不該告訴我，但去了是有點好處的。談了一下午，她大半時間在流淚。她曾想到你回京前要求調

到外地工作。但知道這不可能，一是她將站不起來，她想像不出來離開了你怎樣生活，二是，她是衷心地愛著你的。而你要分開，完全是她的錯，把這個魔鬼趕掉了，就沒有離開的原因了。這十年來對你的磨折，完全是她的個人英雄主義，同時又小看了自己的錯誤。提到這，她已不是懂得了的問題而是痛入骨髓地感到了。我坦白地提到過：十年的拷問，任何人都忍受不了的。主要的，是這一點改變了她的整個精神狀態。她深刻地感到了：十年的磨折，除了逼出這個結果，再不會有其他的結果的。她深刻地感到了：十年來，她是讓舊東西、壞東西把好的東西埋沒了，把你磨折得太苦了。這理解，這以前已經模糊地有了一點，但這一次，經我一分析，你的信一遍，這才翻了一個底，大覺大悟了。她是有好的東西，對你是有真誠的愛的，這十年對你的磨折，除了這不能有任何解釋。當然，是用錯了，完全錯了。

她說：我也有好處，老轟也應該想一想。我說：你也應想他的好處。她說：我現在只完全想他的好處。據我看，完全是真的。

她一面流著淚，一面笑著說：老轟反攻了，飛機、大炮、坦克都用出來了，我曉得他還有原子彈；你告訴他，不必用了，已經完全垮了……。不是精神狀態完全變了，不能這麼純真的。附加一句：兩次談話，我完全分析她的錯誤，表示了對你的同情。照我看來，如果你對她沒有愛，這十年的磨折也是受不了的，無法解釋的。與別的女人的關係，照我看來，只是一種不由衷的狂亂的熱情結合，並非真的。請你相信我說的是我真的感覺，你也要檢查一下自己的感情。不管現在是不是有別的感情對象牽著你。我不要你做假，但你也要防一防以假亂真。我覺得，男女關係，看似簡單但並不簡單的。這十年的磨折是太大了的代價，但如果珍惜它，翻過來，那將變成幸福的源泉的。昨天，她光是痛恨自己，沒有一點心情想到你從前的那些事。

她不給你信了，你也不必再給她信罷。

回來了，有三種方式：

一、馬上見面，把過去完全燒掉，提也不提。萬一她忍不住要提，也是向你表白她自己的真誠的新的感情的。二、如果忍不住，大家痛快地互訴衷情。談一談，也就是燒掉。三、再萬一還不放心，就過一兩個月看

看，見不見面都可以，看看彼此的感情怎樣變化。

　　我不是向你講「道理」，也不是想做「和事佬」。你當然會理解的。
希望你回來時我還在這裡。我還有兩週左右罷。

　　祝

好

　　　　　　　　　　　　　　　　　　　　　　　　　　　　　　　　風

　　　　　　　　　　　　　　　　　　　　　　　　　　十二月廿一日

　　　　　　　　　　　　　（《胡風全集》第九卷，第432-434頁）

　　按，「駱」即駱賓基。

12月26日　致信沈毅力：「文化部沈、周部長轉來你給他們的信和附件都
看到了。關於施耐庵是不是興化人，是個重大的歷史和學術問題，須（需）要專
家們仔細研究。目前雖然還不能做結論，但興化白駒一帶發現的材料，大致是不
可靠的。劉仲書、徐彪如兩先生的著作，是附會其詞，不能發表的。我們並沒
有委託他們搜集材料，他們的著作裡也沒有材料，只有說是施耐庵和顧逖的兩
首絕句，也未指出出自何處，怎能算是搜集材料呢？著作不能發表，是沒有辦法
的事。不能發表的著作，無處可開支一筆稿費，這事，你在政府工作的人當然明
白。至於劉、徐原稿早已退回，並說明退回理由。其中或有辦事拖延，說明不夠
乃至其它缺點，請你代為解釋，也請他們原諒。至石泉先生的信，本是給你的，
留著無用，奉還。」（《水滸爭鳴特輯》，第18-19頁）

　　按，《聶紺弩全集》未收。

12月27日　《胡風日記》：「到周穎處閒談到十時回來。」（《胡風全集》第
十卷，第381頁）

冬　顧學頡、汪靜之先後調人民文學出版社古典文學編輯部任編輯。

是年　兼任中國文字改革委員會委員。

1953年

五十一歲

（癸巳）

1月1日　胡風「到周穎處吃晚飯，玩到十時」（《胡風家書》，第361頁）。

1月10日　宋雲彬《杭州日記》：「聶紺弩來信。」（《宋雲彬日記》中冊，第424頁）

同日　周穎下午去胡風處。

1月11日　宋雲彬《杭州日記》：「覆聶紺弩來信。」（《宋雲彬日記》中冊，第424頁）

1月17日　胡風自北京致信梅志：「老聶快回來了，但老周後天出發巡視工作，這一對夫婦真不知會弄成怎樣的結果。明天去看她一下。」（《胡風家書》，第369頁）

1月18日　《胡風日記》：「到周穎處，呂熒、駱賓基亦來。打撲克，晚飯後玩到十時過。」（《胡風全集》第十卷，第387頁）

1月20日　施耐庵身世調查組成員先後返回北京，歷時近三個月。但由於一些地區交通不便，在旅途上有些意外的耽擱，所以，實際工作的時間總共不過兩月光景。

調查組成員徐放說：「我們在蘇南、蘇北共走了近五十處地方，包括大、小城市和鄉村，接觸了二百多人。親自訪問了施家後人和一般農民，也訪問了那些熟悉地方掌故，鄉土歷史的耆老，並和對《水滸》及《水滸》作者有研究的人士進行了座談。」（〈再次調查有關施耐庵歷史資料的報告〉，《耐庵學刊》1985年第2期）

莫其康〈周恩來總理關心施耐庵身世調查追懷〉：「在中宣部副部長周揚和《人民日報》總編輯鄧拓、文化部部長沈雁冰的重視下，1952年秋至1953年春，由聶紺弩、謝興堯、徐放、錢鋒組成的中央文化部調查組奉命南下，在蘇北區黨委李守章、蘇北文聯丁正華、興化縣政府卞振聲、鹽城耆老周夢莊等陪同下，先後調查了興化城、淮安城、大岡鄉、施家橋、施家舍、施家莊、白駒鎮、安豐鎮等地，以及江陰、常熟一帶。所到之處，查閱了大量地方文獻，訪問了許多遺老和施氏後人，記錄了諸多民間口碑。調查工作得到廣大群眾的熱情支援和積極協助，獲得許多新的資料。『但因未見到過硬文物，結論大相逕庭。聶氏以為這些

史料皆不可信，徐放認為足可解迷。誰也說服不了誰，於是雙方調查報告均未好發表。』」（《博覽群書》2018年4期）

同日　《胡風日記》：「紺弩來（從調查施耐庵的揚州回來）。閒談，到東安市場喝咖啡，喝酒。」（《胡風全集》第十卷，第387頁）

1月22日　《胡風日記》：「陳卓猷來，紺弩來，一道到小館吃飯。遇盛家倫。與紺弩到盛家倫處坐了二小時。」（《胡風全集》第十卷，第388頁）

同日　胡風自北京致信梅志：「上海那些不冷不熱和猜疑的面孔，也以站在他們之上的心情去對付罷。例如P（按，指彭柏山），老聶回來談到，想拉老聶在上海主持劇院，云云。」（《胡風家書》，第371頁）

1月23日　宋雲彬《杭州日記》：「聶紺弩來信。」（《宋雲彬日記》中冊，第426頁）

1月26日　宋雲彬《杭州日記》：「覆聶紺弩、傅彬然等信。」（《宋雲彬日記》中冊，第426頁）

1月　張友鸞調人民文學出版社古典部小說組組長。張鈺說：「聶伯伯立即割愛，把準備自己完成的七十一回本《水滸》的重新整理工作，交給了父親。」（〈沒字碑尋白雪篇〉，《聶紺弩還活著》，第432頁）

2月1日　《胡風日記》：「到紺弩處，一道到他家。駱賓基來，玩撲克，吃晚飯，玩到十一時。」（《胡風全集》第十卷，第390頁）

2月5日　《胡風日記》：「訪紺弩。」（《胡風全集》第十卷，第392頁）

2月12日　《胡風日記》：「呂熒約同紺弩到東安市場吃飯。」（《胡風全集》第十卷，第393頁）

2月15日　《胡風日記》：「到老聶處，駱賓基、呂熒在。吃晚飯，打撲克，玩到十時過。」（《胡風全集》第十卷，第393頁）

2月17日　《胡風日記》：「上午，到紺弩處，午飯後出來。」（《胡風全集》第十卷，第394頁）

2月22日　《胡風日記》：「上午，過周穎家。紺弩未回去，其親戚招待吃午飯。」（《胡風全集》第十卷，第395頁）

2月23日　《胡風日記》：「訪紺弩閒談。」（《胡風全集》第十卷，第395頁）

2月26日　《胡風日記》：「訪紺弩。」（《胡風全集》第十卷，第396頁）

2月27日　《胡風日記》：「到紺弩處，打撲克到十二時半。」（《胡風全

集》第十卷，第396頁）

3月3日　《胡風日記》：「紺弩來，在這裡午睡。……與紺弩閒談，並和他到周穎處吃晚飯。」（《胡風全集》第十卷，第397頁）

3月18日　作〈追念〉。初收花城出版社2016年2月版《聶紺弩集》下。《聶紺弩全集》未收。

3月26日　《胡風日記》：「訪紺弩，還他三十萬元。」（《胡風全集》第十卷，第403頁）

4月4日　《胡風日記》：「吳奚如在聶紺弩處，約去閒談了一會。」（《胡風全集》第十卷，第405頁）

4月14日　《胡風日記》：「到老聶處，閒談到十時過。」（《胡風全集》第十卷，第407頁）

4月　牛漢調入人民文學出版社，任現代文學編輯室詩歌散文組組長。

5月1日　《胡風日記》：「與周穎到她家，吃飯，玩撲克，到十一時。」（《胡風全集》第十卷，第412頁）

5月　舒蕪自南寧調北京，任人文社古典文學編輯室編輯。

6月上旬　屈原逝世2,230週年紀念會在北京舉行，先生與會。

6月8日　《人民文學》第六期發表〈《水滸》是怎樣寫成的〉（又作為〈《水滸》五論〉第一節），署聶紺弩。初收初版《中國古典小說論集》。

7月15日　《文藝月報》第七期發表〈《水滸》的影響〉（又作為〈《水滸》五論〉第三節），署紺弩。初收初版《中國古典小說論集》。

7月　在中國社會科學院文學研究所古典文學組的會議上，鄭振鐸轉達周揚的指示：「及早把最流行的小說如《三國演義》、《金瓶梅》等，全面地介紹出來，即重新出版。」

8月7日　《胡風日記》：「與M在周穎家午飯。」（《胡風全集》第十卷，第431頁）

按，「M」即胡風夫人梅志。

8月9日　北京圖書館編印《《水滸傳》及其參考資料》，封面有「聶紺弩同志主講《水滸》是怎樣的一部小說」字樣。內收茅盾〈談《水滸》的人物和結構〉、張榮起編〈水滸傳現存版本目錄〉、〈參考資料選目〉。

9月7日　中央文學研究所（1954年2月改稱中國作家協會文學講習所）舉行

二期學員開學典禮。

9月23日　中國文學藝術工作者第二次代表大會上午在北京開幕。郭沫若致開幕詞。下午,中央人民政府政務院總理周恩來出席大會做報告。

9月24日　中國文學藝術界聯合會副主席周揚做了關於四年來文學藝術工作情況和今後任務的報告;華東、西北、東北、西南等大行政區代表報告了各區的文學藝術工作。

9月25日　上午,中國文學藝術工作者第二次代表大會宣佈休會後。下午,中國文學工作者協會召開的中國文學工作者第二次代表大會開始舉行。代表大會由丁玲致開幕詞,接著中國文學工作者協會主席茅盾在會上做了題為〈新的現實和新的任務〉的報告。

9月26日至29日　中國文學工作者第二次代表大會分成小說、戲劇電影、詩歌、古典文學、翻譯等十個小組進行討論。

10月3日至5日　中國文學藝術工作者第二次代表大會在3日下午復會。3日和4日,中央人民政府政務院財政經濟委員會副主任李富春,中共中央農村工作部副部長廖魯言分別向大會全體代表做了關於國家工業建設和農村工作的報告。

10月4日　中國文學工作者第二次代表大會上午繼續舉行了大會,邵荃麟就大會整個討論的經過做了總結發言。總結發言之後,到會的代表一致地通過了〈中國作家協會章程〉,將中國文學工作者協會改組為中國作家協會;會上還選舉了中國作家協會理事會。

中國作家協會主席團根據工作的需要,在1954年前設立有下列各種機構:

創作委員會,主任周揚,副主任邵荃麟、沙汀,下設小說散文組、電影組、戲劇組、詩歌組、兒童文學組、通俗文學組;

普及工作部,部長老舍,副部長韋君宜,創辦了《文藝學習》期刊;

古典文學部(古典文學研究委員會),部長鄭振鐸,副部長何其芳、聶紺弩、陳翔鶴;

外國文學委員會(國際聯絡部),主任蕭三,副主任戈寶權;

文學基金管理委員會,主任茅盾,委員鄭振鐸、許廣平、陳白塵等。

10月12日　《胡風日記》:「聶紺弩、蕭軍來。」(《胡風全集》第十卷,第445頁)

10月21日　《胡風日記》:「周穎來。」(《胡風全集》第十卷,第447頁)

10月27日　中國作家協會黨組召開會議，宣佈周揚為黨組書記、邵荃麟為副書記。

10月30日　完成為中央文學研究所撰寫的專題報告《水滸傳》（共四講）。

11月上中旬　受邀為中央文學研究所第二期學員講《水滸傳》。

11月　主持整理的《三國演義》由作家出版社（時為人民文學出版社副牌）出版。

12月　主持重新整理校訂和注釋的《水滸》（七十一回本），由作家出版社出版。這是根據人民文學出版社1952年出版的《水滸》（即金聖歎批改的七十回本為底本）校訂重印。

同月　中共建國後第一個排印本《紅樓夢》由作家出版社出版。此版本由汪靜之整理，俞平伯與啟功等曾先後參與校閱工作。

年底　由朱學範證明，先生與周穎離婚，並有三人簽字。「簽字之前，您曾對我談，離婚以後可以維持一種友誼，如雙方都覺得有復合必要，可以復合，您並願請客促成其事。我曾表示同意。因為您說的本來是一種極自然的道理。但您這意思，不應被誤解為維持友誼是一種條件，或某一方有要求另一方維持友誼的權利，尤其不能認為只要一方覺得有必要就可要求復合之類。」（〈致朱學範〉，《聶紺弩刑事檔案》，第342頁）

是年至次年　在報刊上陸續發表研究《水滸》論文，影響很大，先後被邀請赴北京、天津、上海、南京、揚州等地許多學校和單位作關於《水滸》的報告達五十多場次。

1954年 五十二歲

（甲午）

是年　應邀擔任《光明日報》社編委。

是年　致信朱學範：「……我不願意說周穎同志近來有什麼企圖，我只想向您和她聲明，我這一方面，不想維持什麼友誼，尤其不願復合。請您將此意轉告知周穎同志，並請將她近來給我的一封信退給她，我未看信的內容。又，那張離婚書上，您和周穎同志都只簽名而未蓋章，是否不蓋章也無深意，請您告訴我一下，並請詢問她的意見了之後告訴我一下。瑣事麻煩您，極為抱歉！」（《聶紺弩刑事檔案》，第342頁）

1月17日　《吳祖光日記》：「昨夜睡甚遲，今早起時已九時，艾青攜兒輩同來，鳳尚未起也。十時偕鳳至譚守仁處看病……[筆者略]。回家後聶紺弩來，艾青又來，同在苗子處午餐，又同到實驗劇場看川戲。全部《紅梅閣》，學生們演的，很好，尤以裴禹及丫環朝霞為佳。與沙汀、立波、艾青等同車回來。艾在森隆請我們晚餐。」（第30頁）

2月6日至10日　中共中央召開七屆四中全會，通過了〈關於增強黨的團結的決議〉，揭露和批判了高崗、饒漱石的反黨分裂活動。

按，高饒事件並未向社會公佈，只是向黨的高級領導幹部傳達。聽到這個傳達之後，先生將此黨內機密告訴了作為黨外人士的胡風，後來先生因此遭受審查。

2月27日　劉鶚後裔劉鐵孫來信：「紺弩同志：關於先祖遺著《老殘遊記》，事前經丁正華同志向我聯繫，其時我因心臟病正在醫院中，將此事擱置未辦，及至我由醫院回家休養後想起此事，開具辦法答覆丁同志，丁決定後我又病發復進醫院，本擬寫一此書的原委，一併寄奉，結果因病未能如願，反而牽延三個月之久，非常抱歉。原委只待將來再寫，將已成之工作寄奉，先請審查是否能夠出版為最重要問題。此書揭發清官的誤國誤民，為前所未有，描寫文字亦不亞於《儒林外史》，惟其中第九、十兩回，事涉神怪，現在發表是否合宜，另請考慮。至於我對計畫的錯誤，因病關係，錢數超過預算，但託人代辦未能用毛筆抄寫，這個問題如何解決，你處報銷是照我原信辦法詳細開立與否，亦請指示。我

意如果出版，我有版稅收入，此款仍請退還。再《水滸》、《紅樓夢》等書，大約因後代不明，根據可靠版本出版。此書我在反動派時代取得版權的，書商不能隨便出版，至於版稅多少，並不斤斤較量。特此奉答，請予答覆為荷。」（《聶紺弩刑事檔案》，第354-355頁）

2月　推薦「七月派」詩人莊湧調入人民文學出版社任編輯。此前，在東北人民大學（吉林大學前身）中文系任教的莊湧致信先生，請求介紹他進人文社工作。

3月1日　《光明日報》副刊《文學遺產》創刊。

3月6日　《吳祖光日記》：「晨去北大醫院看病，給藥甚苦。午後聶紺弩來，艾青來，在苗子處小坐，張仃、光宇、正宇、大羽均在。」（第40頁）

3月16日　《胡風日記》：「伍禾、聶紺弩來，一起到小館吃晚飯。」（《胡風全集》第十卷，第477頁）

3月27日　《胡風日記》：「聶紺弩來。」（《胡風全集》第十卷，第479頁）

3月29日　《胡風日記》：「伍禾、聶紺弩來。」（《胡風全集》第十卷，第479頁）

3月　王任叔（巴人）調任人民文學出版社黨委書記、第一副社長，開始對全社「大加整頓」，並選中古典文學室做試點。

4月2日　《吳祖光日記》：「整日頭痛。三時開憲法會，晚紺弩來晚餐，張友鸞、友鶴弟兄及王肇煙來。」（第46頁）

4月21日　《胡風日記》：「聶紺弩一道來吃晚飯。」（《胡風全集》第十卷，第484頁）

4月23日　《胡風日記》：「紺弩來。」（《胡風全集》第十卷，第484頁）

4月24日　莊湧因「反革命」罪被逮捕。作為其入職介紹人，先生被組織叫去罵了一頓，問：為何介紹反革命？先生只好低頭認錯。

據時任人文社黨組書記樓適夷1980年2月致周穎的信中說，莊湧所謂「反革命」罪，乃是起於一封「匿名辱罵黨與毛主席的信」（《莊湧和他的詩·莊湧年譜》，第251頁）。

4月26日　《光明日報·文學遺產》發表〈論宋江三十六人名單的形成——《水滸故事的發展》的一節〉，署聶紺弩。

4月27日　《胡風日記》：「紺弩、駱賓基來。」（《胡風全集》第十卷，第

484頁）

春夏間　將周汝昌從四川大學外文系調入人民文學出版社古典室任職，並贈周詩曰：「少年風骨仙乎仙，《三國》《紅樓》搲復搲。不是周郎出新證，誰知歷史有曹宣。」周汝昌時年三十六歲，相對先生而言為「少年」。

5月8日　《人民文學》第五期發表〈論《水滸》的思想性和藝術性是逐漸提高的〉（又作為〈《水滸》五論〉第二節），署聶紺弩。初收初版《中國古典小說論集》。

5月10日　馮沅君致信先生：「四月廿四日手書敬悉。承允將文學史稿在《文史哲》上發表，甚感。出刊後，當寄上，請指正，以後修改。雖無正式契約關係，但有一件事應該告訴您：此稿約十二萬至十五萬字左右，明年暑假可脫稿，青年出版社希望我們另寫一壓縮到三分之一（四萬多字）的字數的《文學簡史》，預定明年底交稿，您以為如何？」「詩史是一定要改寫的，但我們所以先改文學史，後改詩史，是有一個原因的。我們目前主要任務是教學，現在正開著文學史的功課，一面備課，一面改稿，教學與寫作結合比較容易。詩史的課程目前沒有設立專業的計畫，兩年以後才有，到那時結合教學來改詩史，比較方便。如果目前一面改文學史，另一方面卻改詩史，時間、精力都有所不及，所以我們的計畫是今明□□□改文學史，後年起方改寫詩史。詩史字數估計比文學史要多，可能在二十萬字以上。馮沅君。侃如附筆。」（《聶紺弩刑事檔案》，第358頁）

按，「文學史稿」即「《中國文學史稿》」，《文史哲》是年第七期開始連載，迄1955年第十二期止，長達十八期，被稱為「學術期刊史上也是一個創舉」。

5月16日　《胡風日記》：「聶紺弩來。」（《胡風全集》第十卷，第488頁）

5月20日　作〈個人主義初步檢查〉。初收《聶紺弩全集》第十卷。

5月24日　《胡風日記》：「周穎來。」（《胡風全集》第十卷，第489頁）

6月3日　《胡風日記》：「上午，周穎來。」（《胡風全集》第十卷，第491頁）

6月5日　天津《大公報》發表〈關於《水滸》的人物和故事〉，署聶紺弩。

6月6日　葉聖陶日記：「《光明日報》之副刊《文學遺產》之編輯委員會宴客，到者六十餘人，一半為熟人。」

按，疑先生與會。

6月23日　《胡風日記》：「周穎來。」（《胡風全集》第十卷，第495頁）

6月　《西遊記》由作家出版社出版。

7月5日　《光明日報》發表〈《水滸》的繁本和簡本——覆施明德的一封信〉（又作為〈《水滸》五論〉第五節）。初收初版《中國古典小說論集》。

7月7日　《胡風日記》：「紺弩引無恥和何劍熏來，即罵出門去。」（《胡風全集》第十卷，第498頁）

按，胡風日記和書信中的「無恥」均指舒蕪。

7月22日　胡風將〈關於解放以來的文藝實踐情況的報告〉（簡稱〈三十萬言書〉）親手交給中央文教委員會主任習仲勳，並請他轉呈毛澤東和中共中央。中共中央宣傳部因此向黨中央提出關於開展批判胡風思想的報告，認為胡風的文藝思想是徹頭徹尾的資產階級唯心論的，是反黨反人民的文藝思想。

在此前後，先生開始被審查與胡風等人的關係，但兩家之間仍保持正常交往。

7、8月間　山西大學中文系教授陳邇冬帶領學生進京採訪研究中國古典小說的專家學者，先生是其採訪對象之一。二人一見面，先生大喜過望，說：「我這裡正缺人手，尋你不著，你倒自己送上門來，焉能放你回去！」（《陳邇冬的編輯生涯》，《懷念集》，第298頁）

9月20日　《胡風日記》：「聶紺弩來。」（《胡風全集》第十卷，第514頁）

10月　代表人民文學出版社對該社擬影印的幾種照片向王古魯致送稿酬[1]。

同月　陳邇冬從山西大學調任人文社古典文學編輯，定居北京。

10月9日　《胡風日記》：「聶紺弩來。綠原來。聶紺弩又來，約去小館吃飯。」（《胡風全集》第十卷，第517頁）

10月16日　毛澤東寫下了〈關於《紅樓夢》研究問題的信〉，並將〈關於《紅樓夢簡論》及其他〉和〈評《紅樓夢研究》〉兩篇文章一併附上，給中央政治局的主要領導以及文藝界的有關負責人傳閱。信中說：「《武訓傳》雖然批判了，卻至今沒有引出教訓，又出現了容忍俞平伯唯心論和阻攔『小人物』的很有生氣的批判文章的奇怪事情，這是值得我們注意的。」不久，在中國文藝界和文化界開展了對「《紅樓夢》研究中的主觀唯心論」的批判。

10月18日　《胡風日記》：「聶紺弩、蕭軍、呂熒來。」（《胡風全集》第十

---

[1]　參見陳曉維：〈古典小說研究專家王古魯之死〉，《澎湃新聞網》。

卷，第519頁）

同日　中國作協黨組開會，傳達毛澤東〈關於《紅樓夢》研究問題的信〉。

10月22日　《胡風日記》：「周穎來。」（《胡風全集》第十卷，第520頁）

10月24日　參加中國作家協會古典文學部召開的《紅樓夢》研究討論會並發言。鄭振鐸主持會議。與會者還有茅盾、周揚、馮雪峰、邵荃麟、阿英、張天翼、俞平伯、王佩璋（俞平伯的研究生）、吳組緗、馮至、舒蕪、鍾敬文、王崑崙、老舍、鄭振鐸、啟功、楊晦、何其芳、藍翎等六十多人。

10月28日　《人民日報》發表〈質問《文藝報》編者〉的文章，嚴厲批評該報在轉載李希凡、藍翎文章所加按語中表現出來的對資產階級唯心論的容忍依從和對於青年作者的資產階級貴族老爺式的錯誤，矛頭直指馮雪峰。

10月31日至12月8日　中國文聯主席團和中國作協主席團先後開了八次擴大會議。就反對《紅樓夢》研究中的胡適派資產階級唯心論的傾向、《文藝報》在關於《紅樓夢》研究問題上的錯誤等問題展開了熱烈的討論，並檢查了《文藝報》的整個工作。會議由郭沫若、茅盾、周揚主持。先後在這八次擴大聯席會議上發言的，有馮雪峰、俞平伯、陳翔鶴、鄭振鐸、老舍、何其芳、翦伯贊、楊晦、譚丕謨、游國恩、聶紺弩、陳企霞、宋之的、于黑丁、臧克家、劉白羽、胡風、駱賓基、路翎、鍾敬文、吳祖光、孔羅蓀、黃藥眠、師田手、白刃、康濯、袁水拍、吳雪、李之華、丁玲、周揚、郭沫若、茅盾等三十多人。他們在發言中指出：俞平伯所著《紅樓夢研究》和他近年來所發表的一些關於《紅樓夢》的文章，是宣傳胡適派資產階級唯心論觀點的錯誤著作。這些著作歪曲了和貶低了我國古典文學作品的意義和價值，在群眾中間散佈了毒素。會議指出：批判《紅樓夢》研究中的資產階級唯心論，必須進一步展開對胡適反動思想的全面批判。同時，會議嚴厲地譴責了對資產階級思想的投降主義。（《人民日報》12月9日）因這次擴大會議在青年劇院樓上青年宮召開，俗稱「青年宮會議」。

冬　小「整風」，先生對蔣天佐（由文化部派來的，任人文社副社長）的批判「毫不含糊」（《我仍在苦苦跋涉：牛漢自述》，第251頁）。

11月4日　《人民日報》發表了《文藝報》主編馮雪峰的〈檢討我在《文藝報》所犯的錯誤〉。11月7日出版的《文藝報》第二十號予以轉載。

11月6日　《胡風日記》：「聶紺弩攜小燕來。」（《胡風全集》第十卷，第523頁）

11月10日　《文藝報》第二十一號發表〈論釵黛合一論的思想根源〉，署聶紺弩。收河南人民出版社1955年4月版《批判「紅樓夢」研究中的資產階級思想》（本社編）。

11月17日　《胡風日記》：「上午，文聯擴大會。黃藥眠刺了我，康濯實際上是反對我的意思，羅蓀、師田手、康濯否定了路翎。下午，繼續開會。袁水拍轟了我（及亦門），吳雪、李之華攻擊路翎，聶紺弩用無恥事攻我和路翎過去反黨，現在反黨。」（《胡風全集》第十卷，第517頁）

同日　胡風致信方然[2]，云：「為《報》，開了四次會做檢查。第二次、第三次，谷發言⋯⋯，但第四次，來了反撲，對谷和寧。改變了會議性質。賴掉寧提出的一些事實，使群眾混亂。還有，武器之一是提出了無恥問題。他反黨時和他是朋友，他向黨低頭後又痛恨他，云云。無恥上司聶提的。不到時間就匆忙散會。」（《胡風全集》第九卷，第73-74頁）

按，「谷」，指胡風自己；「寧」即路翎。

12月8日　中國文聯主席團、中國作協主席團聯席擴大會議結束，周揚總結發言〈我們必須戰鬥〉，包括三部分：（一）開展對胡適派資產階級唯心論的鬥爭；（二）《文藝報》的錯誤；（三）胡風先生的觀點和我們的觀點之間的分歧。（《人民日報》12月10日）

12月31日　《胡風日記》：「得周穎信。」（《胡風全集》第十卷，第534頁）

是年　開始深入研究《紅樓夢》、《三國演義》等古典文學名著，並陸續發表論文。

---

[2]　方然（1919-1966），原名朱聲。詩人，評論家。1955年受「胡風案件」牽連被捕，後含冤去世。

1955年

五十三歲

（乙未）

1月1日　《胡風日記》：「覆周穎。」（《胡風全集》第十卷，第535頁）

1月8日　《人民文學》第一期發表〈論俞平伯對《紅樓夢》的「辨偽存真」〉，署聶紺弩。

1月15日　毛澤東在周揚請示中宣部的一封信上做出批示：「應對胡風的資產階級唯心論、反黨、反人民的文藝思想進行徹底的批評，不要讓他逃到『小資產階級觀點』裡躲藏起來。」

1月20日　中共中央宣傳部向中共中央提交〈關於開展批判胡風思想的報告〉，要求在批判俞平伯和胡適的同時，對胡風的文藝思想進行公開批判。中宣部的報告認為：胡風給中央的報告是「很有系統地、堅決地宣傳他的資產階級唯心論的」，是「反黨、反人民的文藝思想。他的活動是宗派主義小集團活動」。報告還請求對胡風小集團中「可能隱藏的壞分子」「加以注意和考察」。

1月24日　《胡風日記》：「周穎與何封夫婦來，閒談到夜十時。」（《胡風全集》第十卷，第540頁）

1月26日　中共中央發出（五五）零一八號文件，批轉了中央宣傳部〈關於開展批判胡風思想的報告〉，要求各級黨委把這一鬥爭作為工人階級與資產階級之間一個重要鬥爭來看待。從此批判胡風文藝思想運動在中國展開。

1月30日　《文藝報》發表姚文元的文章〈分清是非，劃清界限〉，對胡風的一些文藝理論進行了嚴厲的批判。

2月5日、7日　中國作家協會主席團舉行第十三次擴大會議，決定展開對胡風的資產階級唯心主義文藝思想的批判。出席會議的有：中國作家協會主席茅盾，副主席周揚、丁玲、巴金、老舍、馮雪峰、邵荃麟，中國作家協會所屬各工作部門、各刊物編輯部的負責人和中國作家協會上海、武漢、廣州、重慶、瀋陽、西安六個分會的負責人沙汀、劉白羽、蕭三、陳白塵、聶紺弩、嚴文井、康濯、吳伯蕭、邵子南、曾克、鄭伯奇、胡采、草明、師田手、于黑丁、歐陽山、吳強、方紀和作家趙樹理、艾青、袁水拍等。（《人民日報》2月12日）

2月9日　《胡風日記》：「周穎來，晚上住在這裡。」（《胡風全集》第十

卷，第543頁）

2月13日　《胡風日記》：「周穎、駱賓基來。」（《胡風全集》第十卷，第544頁）

3月7日　《胡風日記》：「周穎、駱賓基來，玩到夜九時。」（《胡風全集》第十卷，第544頁）

3月18日　於北京作〈《紺弩雜文選》序言〉，載1955年版《紺弩雜文選》。

3月19日　《胡風日記》：「周穎來。」（《胡風全集》第十卷，第550頁）

3月21日至31日　中國共產黨召開中國代表會議，通過了〈關於高崗、饒漱石反黨聯盟的決議〉，決定開除高崗、饒漱石的黨籍，撤銷他們在黨內外的一切職務。

4月1日　《人民日報》發表郭沫若〈反社會主義的胡風綱領〉。

4月3日　《胡風日記》：「周穎來。」（《胡風全集》第十卷，第553頁）

4月4日　中共七屆五中全會召開，大會批准了黨的中國代表會議做出的〈關於高崗、饒漱石反黨聯盟的決議〉。後來先生「藐視法紀」，向胡風洩露了高饒事件的祕密（《我和反革命的關係及其危害性》，《聶紺弩全集》第十卷，第134-135頁）。

4月上中旬　在上海看望友人、時任上海市委宣傳部長的彭柏山，勸其「多加小心」，彭不以為然。（《我與胡風：胡風事件三十七人回憶》，第156頁）

4月23日　上午，在作家協會上海分會作〈批判胡風的反馬克思主義的文藝思想〉的報告，參加報告會的文藝工作者近二千人。4月25日《解放日報》對此進行報導。

同日　晚上，組織上找彭柏山談話，通知他停職檢查和胡風的關係。

4月25日　《胡風日記》：「周穎來。」（《胡風全集》第十卷，第556頁）

4月　《紺弩雜文選》由人民文學出版社初版，書分四輯：蛇與塔、狗道主義舉隅、殘缺國、第一把火，共收文五十篇。繁體字豎排。先生在〈序言〉中說：「像書名所表示的一樣，這本集子是我的《雜文選》，是在同志們的指導之下自己選的。這些文字多數是在解放以前寫的。解放後，只有在香港工作的時候，寫過一些」，「這裡的許多文章，不但讀者，就是自己看來，也已恍如隔世，不很懂得了，就是這個緣故。那麼，這些文章豈不也大可消亡了麼？因此，我很懷疑有出這本集子的必要」。後因先生受審查，該書停止發行。

5月上旬　到杭州做批判胡風文藝思想報告會兩次。宋雲彬「曾笑語聶：『君過去不亦十分欽佩胡風乎？』彼答謂『過去思想落後……』，並連說『落後落後』，相與一笑而罷」（《宋雲彬日記》中冊，第525頁）。

按，宋雲彬日記並無先生到杭州的確切日期記載，但其5月7日的日記載：「上午學習時間作報告提綱。下午二時三刻同林辰夫、吳繺、宋丞赴杭州二中，作批判胡風文藝思想報告，歷三小時始畢。」（《宋雲彬日記》中冊，第510頁）

又，冀汸〈1955年，開始是這樣的〉：「年初，紺弩在杭州的時候，在杭女中（第十四中）大禮堂舉行過一次『批判胡風文藝思想』專題報告會……紺弩的語氣和態度非常樂觀，好像只等檢討一發表，問題就結束了。」（《冀汸文集・回憶錄卷》，第270頁）黃源曾致信樓適夷說：「57年（按，應為1955年）他（按，指聶紺弩）來杭州，我請他在大會堂作報告，離杭後，他就被打下去，從此不知音訊了。」（《黃源樓適夷通信集》上，第310頁）

5月7日　《胡風日記》：「周穎來。」（《胡風全集》第十卷，第558頁）

5月9日　毛澤東讀到一疊關於胡風的材料，斷定胡風和他的追隨者組織了「反黨集團」，命令成立專案組立案調查。隨即，中央指定宣傳、組織、監察、公安等部門負責人組成五人小組（組長為中宣部部長陸定一，副組長為公安部長羅瑞卿），負責領導清查「胡風集團」的工作，辦公室設在公安部文化保衛局。同時中宣部派林默涵、劉白羽、何其芳、張光年、郭小川、袁水拍等人到胡風專案組負責審閱「胡風分子」的來往信件和文稿，公安部負責對胡風等人的審訊和調查工作。

5月上中旬　在中國文聯組織下，和楊晦、胡可到江西各地參觀訪問。順便應江西省文化局局長石凌鶴和省文聯副主席時佑平之邀，向江西文化知識界做〈關於中國古典小說中的現實主義精神〉學術報告；還在南昌觀看了三場「不看字幕無法聽懂」的贛劇：西廂、梁祝、木菊。之後，南昌某中學教師王文英攜帶文稿，先後兩次拜訪先生求教。

5月13日　《人民日報》發表署名舒蕪的文章〈關於胡風反革命集團的一些材料〉，並加毛澤東撰寫的編者按語。按語說：「從舒蕪文章所揭露的材料，讀者可以看出，胡風和他所領導的反黨、反人民的文藝集團是怎樣老早就敵對、仇視和痛恨中國共產黨的和非黨的進步作家……，假的就是假的，偽裝應當剝去。胡風反革命集團中像舒蕪那樣被欺騙而不願永遠跟著胡風跑的人，可能還有，他

們應當向黨提供更多的揭露胡風的材料。隱瞞是不能持久的,總有一天會暴露出來,從進攻轉變為退卻(即檢討)的策略,也是騙不過人的。檢討要像舒蕪那樣的檢討,假檢討是不行的,路翎應當得到胡風更多的密信,我們希望他交出來,一切和胡風混在一起而得有密信的人也應當交出來,交出比保存或銷毀更好些。胡風應當做到剝去假面的工作,而不是騙人的檢討。剝去假面,揭露真相,幫助黨徹底弄清胡風及其反黨集團的全部情況,從此做個真正的人,是胡風及胡風派每一個人的惟一出路。」

同日　《人民日報》發表胡風〈我的自我批判〉。

同日　人民文學出版社召開相關會議,對牛漢進行「說明」,希望他能認識問題,與胡風劃清界限。會議由王任叔主持。

5月14日　《胡風日記》:「周穎來。」(《胡風全集》第十卷,第559頁)

5月15日　《胡風日記》:「與周穎閒談,玩撲克。」(《胡風全集》第十卷,第559頁)

同日　清晨,新文藝出版社編輯耿庸作為「胡風分子」,被上海市公安局拘捕。

5月16日　傍晚,中國作家協會領導人之一劉白羽和幾位便衣公安人員對胡風家裡進行了搜查,並將胡風和梅志先後帶走,分開關押。從此,整整十一年兩人再也沒有見過一次面。

周揚曾向康濯透漏一個「祕密」:「主席講,胡風是要逮捕的。不過他是全國人大代表,必須經過人大常委會批准以後才能逮捕,這件事已經同少奇同志和總理商量了,還得等幾天才能辦妥。」(《殉道者——胡風及其同仁們》,第229頁)

5月17日　中共中央書記處召開擴大會議,討論關於胡風問題。

同日　公安部報請中國人大常委會批准將胡風拘留。

同日　清晨,何滿子作為「胡風分子」,被上海市公安局祕密拘捕。

5月18日　第一屆中國人大常委會第十六次會議,通過決議取消胡風人大代表資格,並批准逮捕胡風。公安部部長羅瑞卿簽署了逮捕令。

同日　新華社播發消息:「新華社18日電:全國人民代表大會常務委員會在5月18日舉行第十六次會議。會議通過決議,準備在7月間召集第一屆全國人民代表大會第二次會議。會議並決定通知全國人民代表大會代表,6月20日以內,抽出時間到原選舉單位的地區、原籍或其他地區進行視察。會議還決定了其他事項。」

按，這一則不引人注目的消息，最早透漏了胡風案件最初的處理情況，拘捕胡風是這則消息中的「其他事項」之一。

5月19日 彭柏山在上海家中被當作「胡風分子」逮捕。之前，上海市肅反委員會五人小組組長石西民去北京出席中國肅反會議。會後，毛澤東召見石西民。石說，上海沒有胡風分子。毛澤東很不高興，緊接著說道：「上海不是有一個彭柏山嗎？」[3]

5月下旬 先生一行赴井岡山、瑞金等地參觀訪問。「瑞金一地在文化上尤為閉塞。城內有兩個中學，學生兩千人，教師近百，因為沒有電燈，都沒有看過電影，也沒聽過廣播，除了少數在別處看過聽過的以外。見聞之狹隘可想。書店除了技術工具之類，幾乎沒有一本屬於精神糧食的。如是等等，不及備說。因為是瑞金這樣一個地方，我們看了這種情況，感到非常難過。又，黨的工作似乎也作得不很好，如一個中學，學生一千五百，老師六十，其中只有一個校長是黨員，是從外面調來的，這情況繼續了幾年之久。跟想像中的革命聖地，未免太不同了。」（《名家書札與文壇風雲》，第121-122頁）

5月24日 《人民日報》刊登〈關於胡風反革命集團的第二批材料〉。

5月25日 中國文聯主席團、中國作協主席團舉行聯席擴大會議，討論胡風集團反革命活動問題，並一致通過決議：開除胡風的中國作家協會會籍，撤銷胡風所擔任的中國文聯委員會委員、中國作家協會理事會理事、《人民文學》編輯委員等職務；建議有關機關撤銷胡風的中國人民代表大會代表的職務，對胡風的反革命罪行進行必要的處理。

5月30日 於盧山致信周揚：「我和楊晦、胡可等同志由文聯組織作對井岡山、瑞金等處訪問的事，想已知道。現已過一週，完成了兩處之行，擬赴盧山遊覽三五天，順便整理一下所得的材料之後，即轉湘訪問主席故鄉，約六月中旬可返京。這次訪問，由於文聯事先未瞭解誰是黨員及一行有幾個黨員，以致同行的人中本來可成立一小組的也未成立，對各地黨組織無任何介紹，對文化局及文聯等也未介紹黨的關係，造成工作上的若干不便。請在有便時，告文聯負責人，在別的組出發時，應注意一下。……[筆者略]。」「在報上看到關於胡風的兩批材料，真令人髮指。給舒蕪的信，以前曾聽舒蕪口頭談過一點點，這回看

---

[3] 彭小蓮：《他們的歲月》增訂本（上海：華東師範大學出版社，2011年），第30頁。

見文字，印象自大不同。但第二批材料則更惡劣。胡風問題，自看到他〈報告〉之後，我便認為一定有政治背景，不然就簡直不可理解。看到這兩批材料後，更加強了這一認識。……[筆者略]。」「從上海開始，一路『報告』而來，都是關於胡風的，杭州作過兩次，江西做過三次。但現在卻不能報告了：既已宣佈為政治問題，屬於理論性質的辯論，就引不起聽眾的興趣了。想寫一點記胡風過去的文字，不知寫不寫得成，也不知還有什麼用處沒有。幾年以來，總想回故鄉去一次，瞭解一下解放後的地方情況，但一直找不到恰當的機會。前些時，曾給雪峰同志一信，想趁此次到湖北時，請假繞道回去一次，可以比專去省許多時間，說明他的回信寄到武漢，不知結果如何。見到雪峰、任叔諸同時[志]，請問一聲。如果未蒙批准，而您覺得可以批准，就請對他們說一下。如果您也認為不應批准，那就什麼也不必提了。」「近一兩年來，覺得有些什麼要寫，有些問題要研究，對於古典文學和馬列主義，似乎都找到了些少的竅門，自信可以寫點什麼出來。我的工作，當然不能算是繁重，但總有些事，耽擱不少時間，很想能夠解脫一點。但因為自己的能力有限，怕得不到信任，一直不敢向組織提出來。偶然和荃麟同志談到，他表示相當同意，認為至少可以請半年寫作假。這意思，未向別人提出過，現向您提一下。您是否可以考慮，和雪、任、適等人商量：最好是全部解除職務，作職業作家；或者作特約什麼；或者從現任工作中減除一部分可以減的工作；或者請假若幹時。關於職務的減輕，雪峰同志屢有表示：找到一個可以分擔或代替的，我就可以不管。其實，我雖然管也並未管好，特別是紀律、計畫之類的問題。自然想得到您一點指示，恐怕您沒有功夫寫信，而且這也不是什麼要緊的事，盡可俟回京後面談。但萬一回信，請由于黑丁同志轉。衷心的敬禮！」（《名家書札與文壇風雲》，第121-124頁）

　　按，《聶紺弩全集》未收。

　　5月　莊湧一案調查結果出來，所謂匿名信並非他所寫，他背了黑鍋。正準備釋放時，又碰上「胡風反革命集團」案發，在胡風家中抄出一封莊湧的信，專案組遂將莊湧定為「骨幹分子」繼續關押。

　　6月10日　《人民日報》再次公佈「胡風反革命集團」第三批材料，在中國開展「肅清胡風反革命集團」運動。

　　6月上旬　從江西緊急召回。因受左聯介紹人胡風（其時被定為「反革命分子」）、入黨介紹人吳奚如（其時被定為「叛徒」）的牽連，加上個人歷史和社

會關係複雜，被「隔離審查」十個月之久[4]。

潔泯《和紺弩熟識的歲月中》：

> 1954年批判胡風，到1955年初，胡風文藝思想問題逐漸變成了「胡風反革
> 命集團」問題，凡所謂「胡風分子」大都銀鐺入獄。紺弩與胡風交往素
> 好，信函往返也不少，但又查不出什麼「反革命事蹟」或暗語來。不過
> 胡風分子不可漏網，當年紺弩的被審查是難以避免的，誰叫你認識胡風又
> 彼此寫過這麼多信呢？當時紺弩正出差在江西，參加一個會，北京審查名
> 單上有他，人又不在，只得去電報催促他說「有急事速回。」我當時是支
> 部書記，自然，要經手此事，我到北京車站去接他。他劈頭就問：「有什
> 麼要緊事催我回來？」我說回去再說。到出版社後我告訴他，因為胡風的
> 事，組織上要審查一下他這方面的問題。他便不再言語。當時出版社主持
> 日常工作的是王任叔，王任叔說他對此事不知原委，胡風問題由文化部黨
> 組直接抓，因此不必同紺弩見面談什麼了。這樣，我就陪同紺弩去文化部
> 見了陳克寒，陳把他留下，以後他就有一個很長的時間處於隔離審查中。
>
> （《懷念集》，第123頁）

6月15日　《人民日報》發表趙樹理〈胡風集團哪裡逃〉。

6月25日　撰寫〈歷史交代〉，共分九個部分：「一、參加革命工作以前；
二、在日本的時候；三、上海時期以及和康澤的來往的終始；四、和谷正綱、卓
衡之的來往；五、和曾養甫的來往；六、見過一次張道藩；七、從重慶出來的路
上；八、在香港的一件事；九、整個略歷及在香港的幾件事。」初收《聶紺弩全
集》第十卷。

6月26日　撰寫外調材料〈關於黃若海〉、〈關於彭燕郊〉。初收《聶紺弩
全集》第十卷。

同日　撰寫〈歷史補充〉。初收《聶紺弩全集》第十卷。

6月　駱賓基因胡風問題受牽連，開始接受審查，持續一年之久。

---

[4]　王培元：〈聶紺弩：「我將狂笑我將哭」〉，《在朝內166號與前輩魂靈相遇》（北京：人民文學
出版社，2007年），第39頁。

6月底至7月中旬　撰寫〈歷史材料重寫〉，共分七部分：「一、胡風問題；二、康澤問題；三、谷正綱問題；四、張道藩問題；五、曾養甫問題；六、從重慶到香港的經過；七、姜斌問題。」初收《聶紺弩全集》第十卷。

7月1日　中共中央發出〈關於展開鬥爭肅清暗藏的反革命分子的指示〉，肅反運動開始。

7月2日　宋雲彬日記：「馮賓符為余言，聶紺弩已被宣佈為胡風分子。聶在桂林時十分欽佩胡風，余常與之『抬槓』，然一九四五年以後，聶似與胡風鬧翻，曾為余言胡風作風如何惡劣……，初不料聶果為胡風分子也。語云『人固不易知，知人亦非易』，信然信然。」（《宋雲彬日記》中冊，第524-525頁）

7月9日　中共上海軍事管制委員會貼出的第01747號佈告，宣佈上海共逮捕十七人，包括賈植芳、任敏、張中曉、耿庸、王戎、何滿子、羅洛、王元化、彭柏山、李正廉等。

此外，這一時期北京被捕的有路翎、牛漢、徐放、綠原、謝韜、劉雪葦、杜谷等人；天津被捕的有阿壟、魯藜、盧甸等人；南京被捕的有化鐵、歐陽莊等人；杭州被捕的有冀汸、方然等人；湖北被捕的有曾卓、鄭思、伍禾等人；湖南被捕的有彭燕郊等人。

7月14日　中國作家協會向中央遞交〈關於對胡風反革命集團及其他暗藏的反革命分子進行鬥爭的報告〉，8月10日毛澤東在報告上批示：「此件很好，發給你們參考，並可轉發各單位仿行。」

同日　中共中央宣傳部辦公室向中國各級機關印發一份「黨內學習材料」，即〈肅清胡風反革命集團和一切暗藏的反革命分子〉。這份文件共分七個部分：

一、胡風反革命集團的被揭露是全國人民在為肅清暗藏的反革命分子的鬥爭中所取得的一個重大勝利。

二、胡風集團的反革命性質和被揭露的經過。

三、胡風反革命集團的「綱領」和「理論」。

四、胡風集團反革命活動的幾個特點。

五、反對右傾，提高警惕，為揭露和肅清一切暗藏的反革命分子而鬥爭。

六、要展開對一切暗藏的反革命分子的鬥爭，必須提高對暗藏反革命分子危害的認識，堅決反對和克服革命隊伍中的右傾麻痺思想。

七、必須大張旗鼓地在全國人民中，特別是知識分子和幹部中進行肅清暗
　　藏的反革命分子的教育和鬥爭。

（《我所親歷的胡風案》，第115頁）

7月20日　撰寫〈補充材料〉，說：「反省了許多天，最近才反省出一點
道理來了，我發現我才是真正的胡風分子，比任何胡風分子還要胡風分子一
些。……[筆者略]。我是盲目地崇拜胡風，是胡風的精神上的俘虜。在二十多年
中，我一定散佈了許多胡風的影響；沒有一個時期，真正在精神上可以完全除開
胡風的，包括和他不講話的那幾年。我似乎並未走進文壇，走進的只是胡風派，
額角上似乎雕得有『胡風派』三個字。」初收《聶紺弩全集》第十卷。

7月25日　撰寫〈歷史交代再補充〉，共分六部分：「一、從東京到上海；
二、和康澤來往部分的補充；三、在桂林；四、重慶一事；五、從重慶到香
港。」初收《聶紺弩全集》第十卷。

7月　從揭批「胡風反革命集團」發展成為「肅清一切暗藏的反革命分
子」，兩個運動合二為一，中央五人小組擴大為中央十人小組。

8月　對古典室小說組長周汝昌做書面工作指示。《聶紺弩全集》未收。

周汝昌同志：

小說組同志目前工作稍閒，請考慮作下列數事：

一、搜集近來發表的關於小說的論文，編成一書。

二、搜集「五四」以來的同樣論文，編成一書。

三、把《兒女英雄》、《老殘》、《三寶》、《三俠五義》，等分看一
　　遍，提出意見。

四、把馮雪峰同志談《水滸》文章讀一次，準備業[餘]學習發言。

如何細分，組內自己討論。

紺弩

（《紅樓無限情：周汝昌自傳》，第202頁）

9月10日　作〈致陳克寒、戈矛[5]的信〉，談和康澤之間的關係等問題。初收

5　陳克寒，時任文化部副部長、黨組副書記；戈矛（徐光霄），時任文化部辦公廳主任。

《聶紺弩全集》第十卷。

　　9月　相關領導向胡風專案組人員口頭傳達公安部六條內部政策。

1. 與胡風直接經常接觸，直接參與胡風有計畫的向黨的文藝領導思想進攻，在一個小地區若干胡風分子推崇的小頭子。

2. 餘叫一般分子，僅對於有的在胡風問題上不很嚴重，但其他政治歷史問題嚴重的也作為一般分子。

3. 一些受胡風分子影響較深者，包括偶爾同胡風與胡風分子通訊、求教、崇拜的人。

4. 與胡風有直接、密切的關係，與胡風思想一致，積極寫作，一貫宣揚胡風思想，為胡風出謀畫策。或某地方的小頭目，應作為骨幹分子。

5. 凡與胡風骨幹分子密切，擁護胡風主張，參加活動但與胡風無直接關係與胡風出謀畫策，應作為一般的胡風分子。

6. 與胡風集團分子沒有直接關係或者有若干聯繫並不密切。但其思想上，觀點上與這些人是一致的甚至說謊言和發牢騷，但沒有謾罵、誣衊我們黨的寫作，應作為受影響分子。

（《我所親歷的胡風案》，第267-268頁）

　　10月5日　中宣部下發〈關於糾正揭露胡風分子的文章中的缺點的通報〉。

　　10月25日　中央發出〈關於肅清暗藏的反革命分子的運動在群眾已經發動之後必須注意保證運動健康的指示〉。

　　12月　撰寫〈我和反革命的關係及其危害性〉、〈檢討〉等材料。初收《聶紺弩全集》第十卷。

　　12月29日　撰寫〈追溯我和康、谷的關係〉。初收《聶紺弩全集》第十卷。

　　是年　撰寫〈三十萬字和猖狂發言〉、〈曹和江〉、〈兩個鬼影〉、〈王國和政策〉等交代材料。初收《聶紺弩全集》第十卷。

　　是年　先生夫婦領養吳奚如八歲長女吳丹丹[6]。

---

[6]　吳丹丹並非吳奚如親生女，實際上是老革命李松濤（建國初期曾任東北松江省文教局長）之女。聶紺弩去世後，其墓碑由吳丹丹以女兒身份所立。九十年代初期，吳丹丹與丈夫移居挪威。

1956年 五十四歲

（丙申）

1月14日　致信人民文學出版社辦公室主任徐達：「『《水滸》照片一部分存在資料科，但其中尚欠四五張，請代為找齊，送還向達同志。』我託陳啟明替我向你談幾件事，他記下來，請你看或和你面談，其中有些條有批語，不知是你寫的還是他記的。其中有一條是上述的一段話。這段話，看來看去，不知何解。因為我並未向向達借過《水滸》照片。有一二專拍馬屁的傢伙，看見我在研究《水滸》，自己去向向達借了來給我參考，很可能。但我忘記了。即使有此事，也只是那些照片中的一小部分，決不是全體。即使是全部，這事與社何涉？與資料科何涉？為什麼要留在資料科？難道我不能向人借東西，不能有東西，不能自己還？請解釋。我的東西，滴水不漏，全在我的寢室裡。如有一二本不在寢室，也是二編室的人拖去了。我的寢室，我失掉所有權已久，裡面經過幾次翻動，都是社幹的，也都與你有關。那裡面有東西不見了，我想社應負責。既然有幾張照片不見，就請你設法查一查，最好找到。但無論找到與否，也應把那些東西全部先交給我，如果有幾張是別人的，再由我還給他。並且請把現存在資料科的給我送來，因為正是這幾天急於要用。不但急於要用這些照片，並且急於想向資料科借幾種《水滸》：1.貫華堂本；2.漢宋奇書；3.《水滸》續集；4.百廿四回本《水滸》（或稱《第五才子》）。《水滸》之外，還想借兩種排印本《金瓶梅》，一種《三遂平妖傳》。最好能於一兩天之內給我送來。這些書，都只略翻一下，至多一個月即可送還。如有的已被他人借出，則有幾種借幾種。此外，還有一事，也許不關涉什麼具體問題，只是請留心考察一下。在鬥爭時，王利器說，容與堂本照片有一部分不見。這事是否屬實？這次又有人說照片不見，恰好和王說相合。前次你說有什麼《水滸》抄本等等，合起來看，裡面是否有故意為難之處，這為難究竟是私是公？這種事，瞭解一下，對於做行政工作，也許不是無用的。擴大了說，假如現在真正徹底瞭解一下二編室情況，把所謂『獨立王國』加以一番解剖，我想也當是有用的。糧票、油票請囑總務科不要忘記寄來。如果能提前寄來更好，因為每次總是近月底了，有些趕急。應該還有一部分書未送來。我曾記下記起的幾種書的名字，一時不知攪到何處去了，找到了當送上。薪水調整問

題及選集稿費問題，請告訴一聲：如何處理。敬禮！」（《聶紺弩全集》第九卷，第197-198頁）

1月14日至20日　中央召開知識分子問題會議，周恩來做了〈關於知識分子問題的報告〉。報告首次提出，知識分子已經成為我們國家的各方面生活中的重要因素，他們中間的絕大多數知識分子已經是工人階級的一部分。毛澤東在會議最後一天講了話，號召全黨努力學習科學知識，同黨外知識分子團結一致，為迅速趕上世界科學先進水準而奮鬥。

1月21日　致信徐達：「今天打電話給你，說你開會去了。《水滸》照片，至今未見送來，至盼。這些照片，與那些整套照片，完全不相干。那些照片是公家的，各裝在各的木箱裡。這是在寫字臺的抽屜裡的，是我私人向人借的，即向王重民、劉修業夫婦借的（也許王、劉是從向達那裡拿來的，我不知道）。但也不止這一部分。還有一部分是王古魯、王利器送給我的。無論是怎樣，都應先交給我，再談其他。我現正急需用。我正式提出向社暫借款五百元，以度年關。這筆款，在雜文或小說集的稿費裡扣除均可。請在一兩日內送來，並請勿用郵匯，因取款手續麻煩。在郵局看來，是本社匯給本社人，甚為奇怪。附帶說說，雜文稿費怎麼辦呢？我還要幾種書，能批贈麼？1.《警世通言》；2.《古今小說》；3.《西遊記》；4.《元人平話五種》；5.《〈紅樓夢〉討論集》；6.《中國通俗小說書目》。敬禮！」（《聶紺弩全集》第九卷，第199頁）

2月初　撰寫〈致黨支部的信〉。初收《聶紺弩全集》第十卷。

2月3日　補充〈致黨支部的信〉。初收《聶紺弩全集》第十卷。

4月17日　先生摯友、劇作家宋之的因患肝癌去世，年僅四十二歲。

4月25日　毛澤東發表〈論十大關係〉講話。

4月28日　毛澤東在政治局擴大會議上提出「雙百方針」。5月26日，陸定一在中宣部報告會上作題為〈百花齊放，百家爭鳴〉的講話，對這一方針做了全面闡述。

5月24日　撰寫〈對支部大會決定的意見〉，表示「支部大會決定開除我，我認為是正確的」，同時「覥顏希求黨給我一個最後機會，考察我一個時期，在那時期，我仍然不夠黨員程度，就證明我無可救藥，實行支部大會的決定，也不算遲。削除黨齡，給最低職位，最繁重的工作，最嚴格的管束，我都樂意接受」。初收《聶紺弩全集》第十卷。

6月6日　鐵道兵農墾局在黑龍江省密山縣成立。

7月25日　宋雲彬日記：「上午赴東總布胡同看傅彬然，彬然要看醫生去，我就同朱光暄一道去看胡愈之……。從愈之家出來，再到彬然那裡。坐了一會，彬然從醫院裡回來了。他在門口碰到聶紺弩，聶告訴他：『老宋在你家裡呢。』原來，聶因為有胡風分子嫌疑，一直在東總布胡同十號隔離反省，就住在彬然家的後面一個院子裡，我在彬然家裡高聲談話，他是聽得到的。現在他大概沒有什麼問題了，可以自由出入了。」（《宋雲彬日記》中冊，第567-568頁）

8月9日　撰寫〈關於周穎的發言〉。初收《聶紺弩全集》第十卷。

8月16日　丁玲致中宣部黨委會信：「第九次、第十次、第十一次會上，嚴文井、張光年等同志先後提到我歷史上與反黨暗流有關，需要檢查歷史。張光年更一連串引用了胡風、路翎、謝韜、方然、牛漢、聶紺弩等的供詞，說我的獨立王國通到『胡風反革命集團』去了！」（《丁玲年譜長編》上卷，第336-337頁）

按，中國作協黨組擴大會第九次、第十次、第十一次，分別在1955年8月13日、15日、16日舉行。

9月　何滿子被定為「胡風反革命集團一般分子」釋放，旋進入古典文學出版社任編輯。

11月10日至15日　中共八屆二中全會在北京召開。毛澤東在會上宣佈，黨準備在明年（1957年）開展「整風運動」，整頓三風：一整主觀主義，二整宗派主義，三整官僚主義。

12月5日　《人民日報》刊登短文〈蕭紅墓近況〉，係由香港《大公報》陳凡來信摘編而成，反映了香港淺水灣蕭紅墓被破壞情況，並呼籲：「當年的『生死場』，而今已成為祖國建設繁榮之地，也應該接蕭紅回去看看了吧？」

是年　蕭反運動後，先生「很長時間，都有著情緒」，不願同任何人往來。偶爾來往者也都是二三十年代的老朋友駱賓基、何封、向思賡等。

1957年

五十五歲

（丁酉）

2月　組織上做出結論和處理，說先生「長期以來，在政治上搖搖晃晃，思想上極端自由主義，生活上吊兒郎當，對組織紀律極端漠視，毫無原則和立場，以致在政治上敵我不分」，給予留黨察看二年處分，撤銷副總編輯職務。[7]

同月　中國作家協會廣州分會致函中國作家協會，建議將蕭紅骸骨遷葬國內，後經中共中央宣傳部口頭同意，中國作協批覆廣州分會由該分會派人將蕭紅骸骨遷回廣州安葬。

2月27日　毛澤東在最高國務會議第十一次擴大會議上做〈關於正確處理人民內部矛盾的問題〉講話。講話稿修改後在6月19日《人民日報》發表。

2、3月間　人文社魯迅編輯室編輯楊霽雲到家中看望，表示慰問。

3月6日至13日　中央召開中國宣傳工作會議，傳達討論了毛澤東〈關於正確處理人民內部矛盾的問題〉講話。毛澤東到會講話，強調要繼續貫徹執行「雙百」方針。

4月27日　中共中央發出〈關於整風運動的指示〉，要求在全黨重新進行一次普遍的、深入的反官僚主義、反宗派主義、反主觀主義的整風運動，以適應社會主義改造和社會主義建設的需要。

5月2日　《人民日報》發表〈為什麼要整風〉的社論，號召廣大群眾幫助共產黨整風。

6月2日　上午，馮雪峰託樓適夷約先生到他家吃午飯，這是反省結束後與馮第一次會面。「他（按，指馮雪峰）說在肅反期間，我似乎對他不滿，覺得他沒有幫我的忙，其實他暗中幫了忙的。他和王任叔都曾向文化部黨委提過書面意見，主張不開除我。此外他說曾和邵荃麟商量，介紹我到各地去旅行一次，寫出點東西來。我的小說集可以出版。」（〈關於馮雪峰〉，《聶紺弩全集》第十卷，第257頁）

下午，往陳企霞家。「陳一見我，表示很熱情，說曾向人打聽我的情況，幾次想到我家去看我等等。並說只有一點對我不滿，即我恢復了自由很久，沒有聽

---

[7]　王培元：〈聶紺弩：「我將狂笑我將哭」〉，《在朝內166號與前輩魂靈相遇》，第40頁。

見我講過話。我問，我要講什麼話。他說關於自己的肅反問題的。我說這問題已經解決了，中央批准了對我的處分。這處分我既然還有點小意見，我相信黨會給以平反的。他說平反是平反，問題是我該鬥爭。我問，我該向誰鬥爭。他說這也是難，你們社裡沒有鬥爭對象。順便他又告訴我，為我的事，王任叔還和誰拍過桌子（即王認我不是反革命。拍桌子是我現在安上去的，原話是什麼記不清，大概是鬧彆扭之意。至於那誰是誰，他沒有說，我也沒問）。他問我從何處來。我說從馮家。他問馮對我的問題如何看法。我說他主張我多寫點東西。他說這是二十年又是一條好漢的辦法，馮一向如此。」（〈關於陳企霞〉，《聶紺弩全集》第十卷，第261-262頁）

從陳企霞家裡出來，接著到張友鶴[8]家去。「因為我要六點到政協禮堂去看戲，要在六點之前吃晚飯。那天星期天，我估計館子裡人多，不容易按自己的時間解決，就想到到他家去解決。同時也看看我給他的〈筆記之筆記〉發表情況如何，稿費來了沒有。另外，雪峰說介紹我出去旅行，書可出版再版，我很高興，有點得意洋洋，想和他談談這種得意。再就是楊霽雲曾到我處去過，也趁此回看他一下……[筆者略]。此外自然談到過我將旅行的事，問〈筆記〉的事，後來就是王珩、林辰來寒暄了一陣，再就是他家熱的現菜現飯好了，我一個人吃了，他給我叫了三輪，我匆匆走了。」（〈關於和某些人的來往〉，《聶紺弩全集》第十卷，第274-275頁）

6月3日 上海《文匯報‧筆會》發表〈武則天四大奇案〉（《舊小說偶介與或評》之一），署聶紺弩。

6月4日 上海《文匯報‧筆會》發表〈「十五貫」兩種〉（〈舊小說偶介與或評〉之二），署聶紺弩。

6月4日至20日 作《筆記之筆記》系列五篇：〈藝術與非藝術〉、〈「兩世緣」與「借屍還魂」〉、〈王荊公〉、〈死算生〉、〈身外身〉。所載報刊不詳。

6月5日 上午，中國國民黨革命委員會中央小組舉行擴大會議。中央委員

---

[8] 張友鸞（1907-1971），安徽安慶人。著名的校注家，報人。1953年，張友鸞應聶紺弩之邀，到人民文學出版社古典文學編輯室任職，不久他又推薦弟弟張友鶴作為特約編輯，參與古典文學的編輯和選注工作。張友鸞參與了注釋《水滸》、《紅樓夢》和《三國演義》的工作；而弟弟張友鶴則是校注了《唐宋傳奇選》、《鏡花緣》、《官場現形記》、《二十年目睹之怪現狀》和《聊齋誌異》的會註會校工作。

周穎認為：共產黨內有些重大問題被鎖在「保險櫃」內，必須內外夾攻才攻得出來。周穎在發言中聯繫郵電部的實際情況提了一些意見。她說，這次郵電部的同志們揭發了很多問題，這些問題我們都不知道，有些問題，比如某些領導同志作風不民主，家長式的領導問題，我認為早就應該在黨內揭發出來的，為什麼一直沒有揭發呢？難道黨員同志不知道嗎？難道黨員同志就沒有意見嗎？不是的。我認為這是由於黨內的批評和自我批評，特別是自下而上的批評不開展，黨內民主沒有很好發揚的關係。黨內民主發揚不夠，勢必影響到黨外也不能很好的發揚民主。周穎又說，過去歷次運動中都是共產黨員打衝鋒，現在共產黨員為什麼「坐陣以待」？她要求共產黨員「立即出馬」。她還認為，共產黨內有些重大問題被鎖在「保險櫃」內，這些問題必須黨的負責幹部出來揭發，必須黨內外夾攻才能攻得出來。（《人民日報》6月6日）

　　6月8日　毛澤東為中共中央起草黨內指示〈組織力量反擊右派分子的猖狂進攻〉。同日，《人民日報》發表社論〈這是為什麼？〉，一場反擊資產階級右派進攻的鬥爭，在中國展開。

　　6月22日　上海《文匯報‧筆會》發表〈蜃樓外史〉（〈舊小說偶介與或評〉之三），署聶紺弩。

　　7月1日　《人民日報》發表了毛澤東撰寫的社論〈文匯報的資產階級方向應當批判〉，使得轟轟烈烈的反右運動進一步升級。

　　7月9日　毛澤東在上海幹部會議上作題為〈打退資產階級右派進攻〉的講話。

　　7月22日　埋葬在香港淺水灣的蕭紅骨灰發掘出土。

　　7月26日　國務院第五十五次會議通過〈關於國家機關工作人員參加整風運動和反對資產階級右派鬥爭的決定〉，號召「凡是進行整風的單位，所有工作人員，都應當積極地參加這一運動和鬥爭」。

　　7月28日　《人民日報》發表社論〈反右派鬥爭是對於每個黨員的重大考驗〉。

　　8月3日　香港文化界人士在九龍紅磡舉行蕭紅骨灰返穗送別會，香港《文匯報》發表葉靈鳳〈蕭紅墓發掘始末記〉。

　　8月4日　中國作協黨組舉行第十一次擴大會議，在對丁玲、陳企霞進行批判的同時，開始批評馮雪峰。

　　8月15日　廣州市文化藝術界在別有天殯儀館舉行蕭紅遷葬悼念儀式。儀式

完畢後，隨即將骨灰安葬於廣州銀河公墓。

8月16日 《人民日報》就反右派鬥爭發表社論〈使鬥爭深入，再深入！〉。

8月17日 撰寫材料〈關於馮雪峰〉。初收《聶紺弩全集》第十卷。

同日 撰寫材料〈關於到礦業學院去〉，談有關胡建文及周穎之事。初收《聶紺弩全集》第十卷。

8月18日 撰寫材料〈關於陳企霞〉。初收《聶紺弩全集》第十卷。

同日 撰寫材料〈關於和社內幾人的來往〉，談與金滿成、顧學頡、李易、張友鸞及陳啟明等人往來之事。初收《聶紺弩全集》第十卷。

8月27日 《人民日報》第1版通欄發表〈馮雪峰是文藝界反黨分子〉的報導。

9月 馮雪峰被文化部黨組定為「右派分子」（1958年初「定案」）。

9月11日 《人民日報》刊登消息〈連續施放毒箭攻擊黨的領導 周穎原是康澤的密友胡風的親信 郵電部職工正對這個兇惡的右派分子進行說理鬥爭〉，說：「周穎（女）是民革中央委員及北京市委委員，現任郵電部勞動工資處的處長。這個右派分子，在今年4、5、6月份，在以所謂幫助黨整風的幌子下，向黨進行了猖狂進攻。在郵電部、社會主義學院、民革中央、民革北京市委，以及她所在的郵電部勞動工資處的座談會上，無中生有、顛倒黑白，對黨、對黨的領導、對社會主義制度，連續施放了一系列極其兇狠的毒箭。」「郵電部反右派鬥爭開始以後，她不但沒有老老實實交代自己的反動言行，反而跑到北京礦業學院一個熟人家裡躲了一個星期；回到郵電部以後，至今仍是吞吞吐吐沒有徹底交代。根據郵電部的工作人員和民革郵電部支部成員們初步揭發的材料，不但周穎本人是個反黨反社會主義的右派分子，在她的周圍還有一批同謀者，她在社會主義學院向黨進攻的發言稿，就是她和她的丈夫聶紺弩共同草擬的。這些同謀者至今也像周穎一樣並未徹底交代。」

9月20日至10月9日 中共八屆三中全會召開，著重討論了整風運動和反右派鬥爭的方針政策和具體部署等問題。

9月23日 撰寫材料〈關於和某些人的來往〉。初收《聶紺弩全集》第十卷。

11月10日 撰寫〈檢討〉，包括：「一、我和王任叔同志的關係問題；二、在二編室的工作問題；三、替周穎改文章問題；四、結論；五、附錄。」初收《聶紺弩全集》第十卷。

「結論」中說：「一年多以來，我買了幾千塊錢的書，其中主要的是舊小說，共搜長篇約三百種，和短篇集一起，近千種。看了長篇近二百種，短篇不計。寫了近百條札記，抄了一百幾十篇序跋，抄了幾十種短篇的目錄（這些東西，一條條看，都毫無意思，合起來再分門別類的看，卻可以發現許多道理），寫了近二十萬字的正式文章，主要的是研究《聊齋》，約十萬字，尚未完稿。對於我國的舊小說，和以前限於被稱為古典小說的有限的幾種比起來，和現有的小說史之類的書所提供的材料比起來，要廣闊得多，也真有許多始料所不及的收穫，有許多新的意見要發表。因此，在舊小說方面，我有滿懷信心做一個又紅又專的專家，而不是只搬材料、不管馬克思主義的那種專家。為了這，我覺得我還不算太偷懶。儘管這樣一個專家，比之於科學上的專家，是不值什麼的。惟其是現在，我覺得我做古典文學整理工作，要比以前減少許多愧色。我可以做研究工作，也可以做編輯工作，甚至也可以做組織工作、行政工作。我願意拿起我的筆，用馬克思主義去分析舊小說。如果組織要我放下，我也願意放下，去做任何程度的自我改造。特別做一個在組織紀律方面，在生活、工作方面，在任何時候、任何場合，都對自己保持著嚴格要求的布林塞維克的自我改造。敗仗要不止一次地打，才能學會打勝仗；錯誤要不止一次地犯，才能學會不犯同樣錯誤，少犯他種錯誤。失敗是成功之母，今天犯了反黨錯誤，對於一個黨員說，當是犯罪，只要我能自我改造，也會轉化為它的對立物，成為捍衛黨的利益的戰士。」
（《聶紺弩全集》第十卷，第303-304頁）

11月28日　撰寫〈最後全面檢查材料〉，包括三部分：「一、言行；二、思想；三、改造。」初收《聶紺弩全集》第十卷。

是年　撰寫材料〈關於宗派主義〉。初收《聶紺弩全集》第十卷。

是年　整風中夫人周穎（時任郵電部勞動工資處處長、「民革」中央委員）正在社會主義學院學習，因參加鳴放，談了「肅反」擴大化問題（涉及其老友胡風、駱賓基），成為「反右」鬥爭對象。先生雖在本單位未有任何言論或行動，但因替周穎的一份報告做過修改，也被牽連成為「反右」鬥爭對象。後作〈代答兼贈三妹〉述及此經歷：「信天翁與白頭翁，孰是歪風孰正風？此種心胸此時代，不愁豎子不英雄。三人大笑空前古，二白之間介一窮。畫虎明朝驚變犬，幾年天際數歸鴻。」

是年　王任叔任人民文學出版社副社長兼副總編輯。

1958年 五十六歲

（戊戌）

年初　周穎被定為「右派分子」，雖降職降薪仍有工作，依然是中國政協委員。

1月11日　人民文學出版社整風領導小組〈對右派分子聶紺弩的處理結論〉所列「主要反動言行」是：在整風中兩次幫周穎修改發言稿，「攻擊、誣衊污蔑黨的肅反政策」；同張友鸞、金滿成等右派分子時有來往，「向他們煽風點火」；還認為「胡風不逮捕也可以打垮」；反右派鬥爭開始後，仍繼續攻擊黨說：「磕頭求人家提意見，提了又說反黨、反社會主義……，這近乎騙人，人家不講一定要講，講了又大整」。這個「處理結論」還寫道，聶紺弩「一貫不老實，開始完全否認其反黨言行，直至其他右派分子交代後才被迫承認，但至今尚在抵賴、詭辯，拒不簽字，毫無悔改誠意」（《在朝內166號與前輩魂靈相遇》，第40-41頁）。

舒蕪〈平靜的日子不平靜〉：「把聶紺弩這樣級（別）的幹部打成『右派』，不是王任叔（巴人）一個人有權決定了；但在決定過程中，他起了關鍵性的作用，卻是不爭的事實。所以聶紺弩有這樣一首詩：……（引詩略）明明把王任叔比做陷害林沖的高俅。『臉刻黃金印』，比喻戴上『右派』帽子。」（《舒蕪口述自傳》，第267頁）

1月20日　於北京作〈檻房雜記〉。初收初版《腳印》。

2月　中共人民文學出版社支部通過「開除馮雪峰出黨」的決議。

3月　中共中央成都會議之後，十萬官兵進軍北大荒。鐵道兵農墾局與黑龍江省虎林縣、饒河縣合併，實行黨政企合一的管理體制。

3月25日　中央各部和軍委各部「右派分子」，從北京出發到北大荒八五〇農場雲山畜牧場勞動改造，包括尹瘦石、黃苗子、丁聰等友人。

4月　馮雪峰被撤銷人民文學出版社社長兼總編輯職務。

春夏　首都文化界的「右派」們開始一批批集合去北大荒勞動改造。在人民文學出版社，掌權的副社長王任叔說：「紺弩歲數大了，不必去了。」但先生明白：繼續留在北京，日子不會好過。北大荒雖居漠北，但右派成堆，管制興許鬆

弛。空暇時可以看點書，甚至寫點東西。於是申請前往。（徐城北〈百事輸人我老牛〉，《報告文學》1986年11期）

牛漢回憶：「王任叔在送聶紺弩到北大荒之前，在後二樓開了一個會，劉峴也在，雪峰沒有參加。聶紺弩在會上說，我一生非常信任雪峰同志。我當年在蘇聯待過幾年，蘇聯的鬥爭十分兇，後來事實證明，『右派』不一定不革命，『左派』不一定真革命。如若雪峰同志是右派，我也願成為右派，他是左派，我也是左派，堅定地追隨他。」（《我仍在苦苦跋涉：牛漢自述》，第251-252頁）

7月25日　經過解放軍轉業官兵三個月苦戰，黑龍江省密林縣至虎林縣的密虎鐵路正式通車，全線一一四公里。一年後，先生長期往返於密虎線上。

7月27日　先生自北京出發，「帶著兩大箱書（大字本『毛選』一部、馬列著作若干、文學書籍寥寥），也帶著他的苦惱、幻想和熱誠」[9]，前往北大荒。

吳丹丹〈一束小白花〉說：「父親到北大荒，是他主動要求去的。單純的父親，真誠地認為應該到最艱苦的環境中去，脫胎換骨，勞動改造。不管家裡人和朋友們如何勸阻，六十歲的老父親，固執地到了冰天雪地的北大荒。」（《聶紺弩還活著》，第449頁）

7月30日　到達黑龍江虎林縣境內的北大荒八五〇農場四分場第二隊勞動改造。先生時年五十六歲，是八五〇農場勞動改造的近千名中央單位「右派」中年齡最大者。

鄭加真〈聶紺弩與北大荒歌〉：「1958年7月27日，聶紺弩與其他的老右們乘坐火車離開北京，30日到達虎林，然後分配到八五〇農場四分場二隊。正是八一建軍前夕，這位早過了知天命之年的老人就磨刀霍霍，隨大隊人馬下地割麥子了。」（《虎林軍墾之光》，第555頁）

軍委總軍械部「右派」楊崇道：「（聶紺弩）1958年7月27日從北京出發，30日到八五〇農場四分場二隊勞動改造。」（《一份「陽謀」災難的民間檔案》，第12頁）

尹廋石告訴侯井天：「1958年7月27日離京，8月1日與老聶同車到虎林，分到隊裡，休息一天即割麥。」（《聶紺弩舊體詩全編注解集評》下，第491頁）

8月2日　休息一天。

9　徐城北：〈百事輸人我老牛──聶紺弩在北大荒〉，《報告文學》1986年11期。

8月3日　參與割麥勞動。後有〈張藎臣代割麥一律〉、〈贈答組長張藎臣〉寫割麥場景。

夏　在四分場二隊參加各種勞動，「出於對老年人的生理疲勞，抬挑不靈，行動遲緩等方面的同情」，先生得到王觀泉、羅熾晶等青年男女的照顧與尊重。

9月　轉入四分場第五隊勞動。

9月13日至20日　中共中央宣傳部召開文藝創作座談會，提出文藝工作各方面也要爭取「大躍進」，放「衛星」。

10月　某日荒原著火，全隊立刻傾巢出動，看到哪裡有火就往哪裡跑。一小時後，荒火基本撲滅，大家都疲憊不堪。先生後有〈嘲胡考並贈宋國英〉、〈調胡考〉等詩記其事。

同月　中秋後，年輕強勞力進山伐木，先生轉入四分場第五隊參加積肥和修水利。

同月　何滿子被打成「右派分子」後，被處管制三年，全家遷往寧夏中衛。

11月　因燒炕不慎失火，被懷疑故意破壞，後以「反革命縱火罪」關進虎林監獄，但關押兩個多月後釋放。

是年　中央國家機關和軍委各部送往北大荒勞動改造的「右派分子」共計一四一七人，其中先生所在的八五〇農場九二五人。文化部先後送八五〇農場勞改者凡一二一人：

1.文化部機關：楊角、張曉非（女）、焦勇夫。
2.藝術局：尹瘦石、辛若平。
3.電影局：趙超群、韓淵（女）、李興文、呂林。
4.文化局：陳地、蔣詠荷、梁福榮、羅忠恕、胡允立、屠楚材、王清輝。
5.中央樂團：陳永田、舒風、閻啟明、龔明賢、張家駒。
6.中央民族歌舞團：梁遠榮、孫順驤、白音圖。
7.中央實驗歌劇院：王大可、王桐綱、婁剛、謝雄飛。
8.北京人民藝術劇院：孫澤均、文燕（女）。
9.中國青年藝術劇院：梁文華、包容。
10.故宮博物院：于善浦、徐琴久、喜野（喜他哈拉野）。
11.中國歷史博物館：金玉海。

12. 出版局：王耀光、唐砥中、邵吾康、曹九湘。

13. 出版社：沈湘川、張彪、李志強、郭烽明、李新泉、侯德麟、李易、張學廉、黃仁清、彭體澤、聶紺弩、高恆、楊錫九、吳道弘、王志民、安毓英、史毓華、張士信、伊刻、王樹貴、王定遠、張啟亞、王復加。

14. 人民畫報社：黃苗子、丁聰、呂向全、劉有聲、孫承武、徐培基。

15. 北京電影製片廠：李景波、管宗祥、郭允泰、張瑩、劉宗、田莊、陳敏凡（女）、陳瑞琴（女）、錢瑋。

16. 新聞電影製片廠：王少明、張樸、李定遠、孫士峰、李長慶、張奉奎、袁桂臣、劉治邦、鄭光澤、劉士國、楊吉昆、莽瑨、馮英、閆廣浩、孫自納（女）、文樸新（女）、韓大禔、宋永源、胡玉甫、胡文元、馬連起。

17. 《大眾電影》：劉柏年。

18. 書店（國際書店和新華書店）：王振瀛、俞位倫、黃文興、高國淦、王林、張岸久、邵亞民、韓明德、劉斌德、王光浩。

19. 圖書館：梁思瑞、陳芷荃。

20. 文化部下屬單位不詳：王瑞山、秦志遠、楊家鵬、汪守本、陳洲、稽壽康、李義、劉秉往、張世傑。

（《一份「陽謀」災難的民間檔案》，第1-26頁）

1959年 五十七歲

（己亥）

1月 《北大荒文藝》創刊，由鐵道兵農墾局政治部出版。

1月25日 侯井天《北大荒「勞鍛」日記》：「宿《北大荒》文藝編輯室臨東西大街路北的獨間空屋，翻閱茅盾、巴金的書，來北大荒第一次在電燈光下讀書。與一老者共宿（老者即聶紺弩，息事寧人，當時不敢寫實）。」（自牧主編《日記雜誌》第四十六卷，2008年）

按，先生此時應在虎林看守所，如何與侯井天共宿？存疑待考。

2月7日（陰曆除夕） 生日之際，周穎手執中國政協開具的介紹信，攜帶一箱熟食到虎林看守所看望先生。後有〈六十贈周婆〉詩曰：「搖落人間六十年，補天失計共憂天。浮家湖海餘心跡，報國襟期逐口禪。爾我一生曾九死，夫妻不老證何緣。寒荒萬里獨探獄，恰是今宵三載前。」（《聶紺弩全集》第五卷，第88頁）

周穎走後，虎林監獄對先生重新審判，結果是「判刑一年，緩期執行」，旋即獲釋歸隊。

2月中旬 八五〇農場各隊普遍號召、動員也是命令人人寫詩。其中先生所在四分場第五隊分配寫詩任務是六萬首。

2月13日 六分場第五隊侯井天日記：「晚上隊裡讓我在職工大會上發言，鼓勵大家寫詩。在五天內寫一千首，向虎饒縣黨代會獻禮。我即興朗誦：向黨獻禮獻什麼，躍進扁擔挑詩歌；一把撒上虎林鎮，滿城爭說看焰火。要當詩人有何難，革命幹勁就是膽；渾身汗水渾身詩，一晃腦袋出百篇（分場黨委指出：五隊創作數字為六萬首）。」（《日記雜誌》第四十六卷）

2月14日 侯井天日記：「上午收集詩，寫在大紅紙上貼出去，造聲勢。」（《日記雜誌》第四十六卷）

2月20日 侯井天日記：「早起一個多小時，坐在被窩裡剪詩，並寫了幾句，早飯前貼在大食堂，並向大家朗誦了幾首……[筆者略]。下午上工一個小時後下工貼詩，貼到了二時許。十九日全隊夜戰的詩二百四十五首。」（《日記雜誌》第四十六卷）

2月27日至3月5日　中共中央在鄭州舉行了政治局擴大會議（即第二次鄭州會議）。毛澤東在會上說：「文化、教育、體育事業只能一年一年地發展，寫詩也只能一年一年地發展。寫詩不能每人都寫，要有詩意才能寫詩。有詩意的人才能寫詩，你讓我在鄭州寫詩，我的詩跑到九霄雲外去了。無詩意，怎樣寫詩呢？你不是冤枉人家嗎？叫每個人都要寫詩，幾億農民要寫多少詩，那怎麼行？這違反辯證法。」

3月4日　作〈北大荒歌〉。

3月25日　雲山畜牧分場曾慶延[10]日記：「中午吃飯的時候，張連長作了關於突擊寫詩的動員，號召每人在最近一週內寫出三十首以上的詩來。晚上小隊開會時研究了這個問題，但有的同志對此甚為冷淡，強調不會寫，不願報具體指標。老吳有點火了，說：寫詩也是領導的指示，必須要堅決執行，這還應該作為今後評比的條件之一。我也表示同意老吳的看法。當時我們的態度可能有些不好，會後他們都找到張分隊長那裡去告狀，說我們小隊長扣大帽子。張隊長並不贊同他們的意見。事後又找老吳和我詢問這事的經過。他說，對寫詩的態度說明了政治熱情的高低，如果還有不同的看法，明天開會辯論一番。我很同意他的意見。」（《北大荒日記1958-1959》，第56頁）

3月27日　曾慶延日記：「寫詩的高潮形成了。勞動時、上下工的路上、就寢前，大家都在談詩、寫詩、讀詩。小隊決定今天放出『日產詩百篇』的衛星。到夜裡九點，已超額五篇完成。前天會上的『死角』不願被孤立，也悄悄動手寫起來了。晚上場部本來有電影——《她愛上了故鄉》，因腳疼，這片子又不怎麼吸引人，沒去看。在家寫詩，一天共寫了二十首。過去未完成的構思，在今天都『逼成』了。」（《北大荒日記1958-1959》，第56頁）

3月28日　曾慶延日記：「天下雨，風也不小，不能上工，隊部決定利用這時間寫詩。同志們坐在炕上，一個個拿著筆，皺著眉頭苦思。有時想出一首好詩，便朗讀起來。大家聽到妙處，都哈哈大笑起來。連長、施工員各個屋裡走，報告個人和各小隊寫詩的進度。一會兒說：『某某某完成三十首了。』一會兒又說：「全連有二千多首了！』搞得真是熱火朝天。」（《北大荒日記1958-1959》，第57頁）

10　曾慶延，詩人曾卓之弟。因受哥哥「胡風集團案」的株連，被定為五類「右派」，1958年3月底送到黑龍江密山縣八五〇農場雲山畜牧分場勞動。

3月 參加積肥勞動。

同月 王任叔任人民文學出版社社長兼總編輯。

8月2日至16日 中共中央在廬山舉行政治局擴大會議和中國共產黨第八屆中央委員會第八次全體會議，簡稱「八屆八中全會」。亦即第一次廬山會議。

8月7日 中共中央發出了〈關於反對右傾思想的指示〉，要求「必須抓緊八、九兩月，鼓足幹勁，堅決反對右傾思想」。並說：「反右傾，鼓幹勁，現在是時候了。機不可失，時不再來。」

8月24日 毛澤東寫信給劉少奇，提出在國慶日前後為表現好的「右派分子」摘掉帽子。信中說：「關於全國四十五萬右派分子分期分批摘帽子的問題……，請你提向常委和書記處討論一次，由中央發一個指示，在國慶十週年時機，根據確有改變的情況，給第一批改好了的右派分子，摘掉四萬五千人左右的帽子，即百分之十，對於教育右派分子，一般資產階級、知識分子，民主黨派成員，將大有作用，他們會感到確有前途。對於目前反右傾、鼓幹勁也甚有利。摘去帽子後，舊病復發，再次、三次……，右傾，也不要緊，給他再帶[戴]上右派帽子就是了。」

9月17日 中共中央發佈〈關於摘掉確實悔改的右派分子的帽子的指示〉，決定在新中國建立十週年的時候，摘掉一批右派分子的帽子，人數「以控制在全國右派分子的百分之二十左右為好」，並許諾今後還將分批分期摘掉右派的帽子。

秋 農場機車晝夜開荒，隊長安排先生送飯，晚上遇狼，有驚無險。

10月 調至農墾局《北大荒文藝》編輯部，與畫家丁聰等共事，經常乘小火車奔波於虎林的編輯部和密山的印刷所之間。

11月2日 中共中央做出〈關於摘掉右派分子帽子的人員的工作分配和生活待遇的規定〉。根據中央指示，中國第一批共摘掉了約四萬五千名「右派分子」的帽子，並對他們都恢復或重新安排了工作。

11月11日 黨沛家接到回京的通知，與先生電話告別。

11月 鐵道兵農墾局改名牡丹江農墾局，屬國家農墾部領導。局領導機關設在密山縣城。

12月5日 《人民日報》刊出了〈中央國家機關和民主黨派中央機關摘掉一批確已改好的右派分子的帽子〉的消息。

12月8日　中宣部召開中國文化工作會議，認為修正主義、資產階級思想仍然是文藝上的主要危險。

是年　女兒海燕與摯友郭曙南之子郭力結婚，先生收到報喜電報後邀丁聰、黃苗子下館子慶賀了一番。不過三年後，兩人因兩地分居、性格不合而離婚。

1960年 五十八歲

（庚子）

1月3日　中國各地第一批二萬六千多名「右派分子」摘掉帽子。

2月1日　尹瘦石從八五〇農場調到北大荒畫報社從事創作。

3月　王任叔被定性為「反黨反社會主義分子」，撤銷黨內外一切職務。

4月　根據中科院的建議，毛澤東正式宣佈全面停止對麻雀的捕殺，將麻雀從「四害」（蒼蠅、蚊子、老鼠、麻雀）名單中移除，重新加入了臭蟲。

5月下旬　端午期間，《北大荒文藝》編輯部人員外出勞動，黃昏歸來時在一片蘆葦叢中撿到一窩野鴨蛋，「正穿稠密蘆千管，奇遇渾圓玉一堆」，「數來三十多三個，一路歡呼滿載歸」（〈拾野鴨蛋〉，《聶紺弩全集》第五卷，第30頁）。

6月　中國第三次文代會前夕，中央書記處意見，保留理事的右派分子可以參加會議，有的仍可選為下屆理事。身處黑龍江的先生和丁聰、丁玲都接到參會通知，但先生和丁聰商量的結果是不回北京，丁玲卻要回去。

同月　牡丹江農墾局黨委宣傳部成立生產隊，與尹瘦石、吳祖光、丁聰等參加勞動，種植水稻、蔬菜。

7月　崔嵬率領電影《北大荒人》攝製組到北大荒拍攝外景，先生與其晤面。

同月　尹瘦石為先生作〈蘇武牧羊圖〉，先生作題畫詩。

7月22日至8月13日　中國文學藝術工作者第三次代表大會在北京舉行。郭沫若致開幕詞，陸定一代表黨中央和國務院致祝詞。周揚、茅盾分別做了〈我國社會主義文學藝術的道路〉、〈反映社會主義躍進的時代，推動社會主義時代的躍進〉的報告。

9月17日　中共中央批准了中央統戰部、中央組織部〈關於右派分子工作的幾點意見的報告〉，提出1960年要摘掉百分之十五至二十的「右派分子」的帽子，並指出對「右派分子」不能與「地、富、反、壞分子等同起來」。

深秋　與《北大荒畫報》社尹瘦石、張作良等人有「魚酒之會」。

10月18日　中共北大荒八五〇農場黨委下發通知，摘掉四十六名（軍隊）右派帽子。

11月8日　宋雲彬日記：「下午二時半，赴府右街中央統戰部參加座談會。

被邀者皆最近被摘去右派帽子者，約十六七人，余所熟識者惟葉篤義、董渭川、黃紹竑、李俊龍、周穎、劉王立明、譚惕吾、王葆真、金寶善、李伯球、梅汝璈、錢偉長等十二人而已。座談會由平傑三副部長主持，謂今天歡迎各位回來（回來者，回人民隊伍來也），不妨大家談談感謝云云……。最後平傑三發言，謂限於時間，為發言者可改為書面發言云云。又提三點，勉勵大家：一曰接受教訓，繼續改造；二曰努力工作，對工作與勞動當堅持盡力而為，量力而行的方針；三曰言行一致。」（《宋雲彬日記》下冊，第734-735頁）

11月25日　《人民日報》發表消息〈中央國家機關和各民主黨派中央機關又一批確有改悔的右派分子摘掉帽子〉：「新華社24日訊　中央國家機關和各民主黨派中央機關根據1959年9月16日中共中央、國務院關於確實表現改好了的右派分子的處理問題的決定，最近又摘掉一批確有改悔的右派分子的帽子。這一批被宣佈摘掉右派帽子的有：黃紹竑、劉王立明、錢偉長、王葆真、董渭川、宋雲彬、李俊龍、李伯球、譚惕吾、鄧季惺、樓邦彥、葉篤義、徐誦明、崔敬伯、王寄一、周穎、金寶善、駱介子、萬枚子等二百六十多人。」

11月30日　中共北大荒八五〇農場黨委下發通知，摘掉一二七人（國家機關）右派帽子。

12月　《北大荒文藝》停刊。直至1979年1月復刊。

冬　離開北大荒返回北京。後作〈歸途〉詩兩首，其一曰：「雪擁雲封山海關，宵來夜去不教看。文章信口雌黃易，思想錐心坦白難。一夕尊前婪尾酒，千年局外爛柯山。偶拋詩句凌風舞，夜半車窗旅夢寒。」（《聶紺弩全集》第五卷，第167頁）

按，關於先生如何能夠回京，有著不同說法。其一，《聶紺弩全集》第十卷附錄〈聶紺弩生平年表〉中說：「全國政協開常務會時，張執一向周恩來反映了周穎瞭解的北大荒『右派』勞改的情況，促成流放北大荒的『右派分子』得以全部回京。」其二，劉保昌《聶紺弩傳》則在此基礎上補充了有關周恩來的態度，說張執一發言時，「剛好周恩來總理在座，他問，哪些人身體不好年紀太大？張執一就舉聶紺弩為例。總理一聽也覺得十分意外，他還不知道聶紺弩作為『右派分子』被『發配』到北大荒的事情」。其三，寓真在《聶紺弩刑事檔案》中引聶紺弩自己對朋友說的話是：「我是怎樣回來的呢？是張執一提出的，他與老夏（夏衍）商量過後，在一次國務院的會議上提出來說，有一些人在北大荒勞動，

年紀太大不適應，可以回來，比如聶紺弩，他故意在總理面前這樣說，他想只要
總理不置可否，他就有辦法立刻讓我回來。誰知道總理說了一句『聶某人自由
散漫慣了，應當讓他多吃些苦有好處』，這一說，事情就擱起來了。過了一個時
期，和我很熟的一個局長向張執一提起我的事，他去找老夏商量。老夏說，要他
回來容易，馬上能辦，可是回來之後工作不好擺，回『人民文學出版社』不好，
放在『文聯』也不好，大家都是熟人，眼瞪瞪地看著他，對他不好。張執一說，
只要他回來，工作方面我來安排。這樣我才回來，張把我安排在政協，並且替
我打算，叫我寫個研究計畫，在家做研究工作。由他拿我的計畫給齊燕銘、夏衍
看，他們同意，也批了。」（《聶紺弩刑事檔案》，第88頁）

1961年

五十九歲

（辛丑）

　　是年　回京後住西直門半壁街二十五號郵電部宿舍。年近花甲，沒能再回人文社，身份工作無著，復得老友張執一之助，安排在中國政協文史資料委員會任文史專員，直至1967年1月。因無具體工作，承在北大荒農場作詩的餘緒，開始認真學詩；鍾敬文、陳邇冬等老友常為家中座上客，一同談詩唱和。從追憶北大荒生活和感恩贈答開始，集中創作了一批以七律為主的舊體詩。

　　1月14日至18日　中共八屆九中全會在北京舉行，通過了對整個國民經濟實行「調整、鞏固、充實、提高」的八字方針。

　　4月　嚴文井以中國作家協會書記處書記身份兼任人民文學出版社社長兼總編輯。

　　5月29日　與香港友人高旅恢復通信，謂「多年未見，亦未通信，念念……[筆者略]。現已回京半年多，在家寫作，等將來出版，生活也還好，稍稍寂寞一點兒」，並託其買「幾樣藥」及「五百字裝的小稿紙」（《聶紺弩全集》第九卷，第203-204頁）。

　　5月30日　宋雲彬日記：「晚，赴政協，參加聯絡委員會召集之茶話會，遇聶紺弩夫婦，看了湖南木偶皮影戲，甚佳。」（《宋雲彬日記》下冊，第768頁）

　　6月1日至28日　中宣部在北京召開中國文藝工作座談會（即「新僑會議」），會議討論了〈關於當前文學藝術工作的意見（草案）〉（即〈文藝十條〉）。

　　7月10日　致信高旅，謂「近知某項藥物為禁品，處方箋亦無用。有一個辦法，託人帶。但一般人不行，須觀光團之類……[筆者略]。反正不急，有則帶之，無則不帶」，「稿紙收到五卷……[筆者略]。稿紙極好，大小、字數、顏色均佳」云云。（《聶紺弩全集》第九卷，第204頁）

　　7月18日　致信高旅，再談稿紙及處方箋問題。

　　7、8月間　致信高旅，云：「《文匯報》准進口麼？能否設法寄一份給我。其實，新聞方面於我用處不大，能寄則寄，不能寄也就罷了。近幾年來，看了許多舊小說。寫了《水滸》研究的文章廿萬字（已發表七萬、《聊齋》研究八萬

字，均未發表。計畫從明年一月份起開始寫一部小說史之類的書，說是說三年完成，恐未必能如期完成。前幾年，搜集了舊小說二百餘種，因動手遲，最初還猶猶豫豫，所以搜得不多。現在則簡直無可搜集了。香港沒有舊書店，有幾個舊書攤，也沒有什麼書。如果有工夫，去找找，替我找一些，說不定可找到我沒有的。最好是刻本，其次是晚清石印本，再就是民國石印乃至排印本均可。但書要是晚清以前的人著的。至於熟知的《三國》、《紅樓》、《施公》、《彭公》之類，當然不要。總之，越偏僻越少人知的越好。越帶地方性的越好」，「我說的欲望，主要的是香煙、煙草之類，其次是吃的，糧食和肉類的製成品至上，其次什麼都好。可寄則寄，可帶則帶，不必一時，不必很多，如斯而已。」（《聶紺弩全集》第九卷，第206-207頁）

8月1日　〈文藝十條〉下發各地徵求意見。

8月20日　孟超新編崑曲《李慧娘》在京公演，好評如潮。

8月21日　致信高旅，謂：「發表文章的事，大概快解決了。不過我不想寫什麼短文，麻煩多，對此事也越來越沒有興趣了。也不想寫什麼連載之類，我的文章都不適宜於連載。我說快解決了，是根據近來傳達的〈文藝十條〉說的。照十條看來，將有一個大解放。對我個人將不止是解決發表文章之類的問題，勢必至解決更多得多的問題。」（《聶紺弩全集》第九卷，第207頁）

8月28日至9月11日　中央統戰部、中央組織部和中央宣傳部共同召開了第一次「全國改造右派分子工作會議」，提出1961年摘掉「右派分子」帽子的比例一般不要低於百分之三十，並根據中央關於改造右派分子工作由各級黨委統戰部門主管的指示，成立了由統戰、組織、政法、宣傳、文教等部門組成的「改造右派分子工作領導小組」，在統戰部設立了「領導小組辦公室」負責日常工作。這一年，中國有近十萬名「右派分子」摘掉了帽子。

9月5日　致信高旅，談香煙、奶粉等物質購買事宜，並附〈即事〉舊詩兩首，「自謂尚沖淡」（《聶紺弩全集》第九卷，第209頁）。

9月15日　致信高旅，並「錄詩幾首呈正」。

9月26日　致信高旅，云「十六日信及詩均收到。罐頭也已取來，並於中秋節吃去一罐……[筆者略]。奶粉內人甚喜，她有胃病，不時須送點東西進去，有用之至。惟白糖則暫滯冷宮，先此亦有友人送國產白糖一公斤，又配給古巴糖一斤，均未開封，一時尚輪不到此公也。看你信，好像準備長期抗戰，我看大可不

必。麵粉和大米之類，千萬不要，糧食基本上夠了，所缺為零食點心之類，有無無關宏旨。油類（動植）和肉類，有點問題，此外不缺什麼。以後有便託人帶一兩件「四半刁[襯]衫即可，不要寄」。「看信上的話，你把我的情況想得太窮，其實不是那麼回事：除了沒有高級待遇，錢也少了一些外，別的都一樣。我有幾千塊錢存著，公債也不少，目前夫婦收入（按，指每月）共二百六十元，女兒自己負擔有餘，哪裡會窮！問題是有錢沒東西買，又不能寄給你」，「附詩兩首博一笑」（《聶紺弩全集》第九卷，第210-211頁）。

同日 《人民日報》公佈首都「魯迅先生誕辰八十週年紀念大會」主席團名單。

9月29日 寄高旅手摹甲骨拓片一則。

秋 人民文學出版社通知先生「摘掉右派帽子」。

10月1日 崑曲《李慧娘》參加國慶十二週年的天安門彩車。

10月5日 致信高旅，勸其結婚，謂「獨身對身體不一定好」，「遲婚自有好處，但現在實為大好時光，五十以後便索然矣」。又說：「我學舊詩，是在無聊之際，君當無意於此。但君詩實有善於眼前事物隨採入詩之長。如有意為之，略加格律化，便不可及。我則頗不擅此，倒喜捨眼前事物而採現成詞句或視句中需要何物，隨之而行。故所謂即事亦非完全即事。例如所謂『西向三間屋』，亦意在成詩，並非住屋真西向且僅三間也。我住的屋子是所謂司局長級幹部宿舍，洋樓，樓上，共一廳三房，一廚房一衛生間。人口少，勉強夠住，惟書擺不開、廢物無處放為恨耳。我的家庭，以前當屬於頭等的。一家四口，三人拿工資共六百元左右。現在是差些，也還不錯。不然，哪能替別人養女兒。」最後，「錄近作〈題尹瘦石在北大荒為繪小影〉一首呈正」，並附〈古今小說九詠〉。（《聶紺弩全集》第九卷，第212-214頁）

10月21日 致信高旅，云：「十四日信及流年均收到。所云由廣州寄來之物，為時已久，迄無消息，豈被『默』收耶？油類甚佳，全家歡喜，四斤亦不少矣。不知何時可到。老余曾說回港後定給寄五公斤豬油來，並云，五公斤則寄的付稅，較省；不足此重，則需收件人付稅，較費，云云。又云可製成罐頭，寄時頗方便。似此，今年過年及作虛六十大慶時，可有油吃矣。」另附舊詩十餘首。（《聶紺弩全集》第九卷，第215-216頁）

10月27日 致信高旅，云：「日前曾抄拙十餘首奉上，想可先此函到達，

今又抄數首呈教。」又說：「近忽又想寫小說，不作或少作舊詩，不知前途如何。」（《聶紺弩全集》第九卷，第220頁）

11月2日　致信高旅，附新作兩首。信云：「聽說香港豆豉不錯，價極廉，稅亦不多，請寄點來。郵局之物尚未去取，尚有廿來天的限期也。前說賤造今冬明春將轉好運，你不信，說最早亦在明年下半年，照最近形勢看來，你說為是。有時暗中自笑：好像自己是什麼大人物，運命竟與世界形勢有關。」（《聶紺弩全集》第九卷，第222頁）

11月7日　致信高旅，云：「論詩大札讀後極快，所指短處痛切。未經指出，茫然無覺，指出深知此病之源。五六年來，諸事顛倒，感情思想拘滯抑塞，旁皇不知所之，自讒自挖，為之太過，不免矯飾，致形之於詩。然非此際遇，我亦無意為詩。所謂一利一弊也。其實近來已較好，〈贈白丁〉諸作，均成於初歸時，此當已蒙察及。但邇來亦有一病，因學詩不免看了些前人集子，有熟語濫調危險，當力矯之。囑用好紙好墨好印書一小幅，倉卒難辦，遲日當可報命。然具此三好，非好詩好字不可，此則遲日亦難報命也。」（《聶紺弩全集》第九卷，第223頁）

11月13日　張友鸞、舒蕪同時宣佈「摘掉右派帽子」。

11月21日　致信高旅，云：「正想寫信給你，又接到你論詩的信。想寫信，是要告訴你一件事：我的問題已經解決，是『今冬明春』說的開端。」「你說贈答之類可收文件。自是正論，但一時尚未能收。我的詩，是我有一部分時間，想瞭解一點我國古典詩內容和方法的副產品。過去作國家出版社古典負責人，作協古典部長，由於自己無知，也給人製造了一些口實。因之，趁有機會涉獵時，想做點準備，以免以後再度尷尬。此外，我也真想在技術上多少學點本領，萬一有需用時，不至去抱技術上的佛腳。再，這幾年來，感情上也不可能完全正常，不免要發抒發抒，不管如何發抒都好。為了學本事，同時也發抒一點鬱積，暫時還不免感恩贈答一番。至於你說的那種大幹，還不是今天的事，題材一大，篇幅一多，就吃力不討好，本事還未到家。當然，也不能等本事完全怎樣的時候，也沒有那種時候，不過目前還不行。有人說，我對於詩正在由外行變成內行的過程中，我同意這看法。一旦從外行解放出來，從必然變為自由，我會大幹一番的。這還只是就技術方面說，若就感情說也還須更健康、更充沛一些。」（《聶紺弩全集》第九卷，第224頁）

11月　曾訪文懷沙，作七律〈調懷沙新婚〉。

同月　馮雪峰被摘去「右派分子」帽子，繼續在人民文學出版社做編輯。

12月8日　致信高旅，謂「好紙好墨好印事，一時還辦不到。本想等黃永玉歸來（他到雲南少數民族找畫材去了），他什麼都有，不料他竟誤期了，先寫好兩張，不行，以後再講」云云。（《聶紺弩全集》第九卷，第225頁）

12月上中旬　致信高旅，云：「油已取回。豆豉已收到。我的詩，自己完全不知好壞，你說末兩句小氣，大概是真的。據寫作過程說，八句詩，我往往只會作六句，有時只會作四句（起聯也勉強），末兩句多數是湊上去的。你說末兩句不好，與過程恰合。但你只一般地說，沒有舉例，我還是不解哪些小氣，哪些不。我很怕你指的是『一角紅樓千片瓦』之類，那就與我所能理解的相反了。很希望你把那些小氣的一一舉出來，無論對不對，對我都很有用。」「舊詩是個背時貨，不經過憂患之類，不有和社會肉搏之處，很難可人意。近來看清人集較多，王士禛、袁枚、趙翼、張問陶、郭麐、胡天游，全不行。無他，無生活、無思想而已，感情平淺而已。錢謙益、宋琬，初期亦不佳，一出問題，詩就好了。查慎行一入詞林一得意，好句就少了。厲鶚稍例外，亦無生活，詩卻較好。但例外什麼時候也有的，而且他在科名上也是不得意者。另一種例外也有，吳偉業之流，有憂患之類，但怕死，自少真情。所有這些人的詩，都不及王夫之兩句：『六經責我開生面，七尺從天乞活埋。』這兩句是錢鍾書為我贈他詩，謂我詩可與此二句相當而為我誦出的。這是高帽子，且不管它。就這兩句，是以上諸人都作不出的。因此，我以為你的詩即使在形式上取得了自由，也不一定就百事大吉了。我擔心你的生活太平淡。思想、見解，都會超過前人，這是沒有問題的。憂患之類，不一定直接成詩，詩亦不必直接寫憂患，而是有了憂患，才更深地激動感情，才想到作詩，才讀人詩較易感受，才容易發抒一點哪怕與憂患本身遠隔遙遙的東西。所謂形式上的自由，也不可一概而論，有時好像更能運用舊形式了，其實正是套上了新枷鎖，而且甚至大家亦未能盡免。」（《聶紺弩全集》第九卷，第227-228頁）

12月15日　致信高旅，云：「中秋未食之另一罐頭，近已吃了，遠不如前次好吃，前次只加了一斤黃豆芽，鮮美油多，這回窮兇惡極地放了些東西，大上其當。友人缺冬衣，我亦因在東北丟了一箱衣物，無法支援，不知你有無破舊衣褲絕對無用者。以理度之，久客香港之人，縱有剩衣，亦不合華中禦寒，不過聊為

問詢而已。」（《聶紺弩全集》第九卷，第229頁）

12月28日　致信高旅，云：「豆豉已快吃完。扣肉、奶粉、花生、油，全家歡迎。赤豆則差些。黃永玉已歸，已談及到他家去寫，但未約定具體日期。他剛歸，甚忙，消停消停。」「你前說叫不寫某種詩，近來越想越對。回看那種詩，是無意思。惜此中心理過程很微妙，難以筆墨出之。但你說我本內行，卻是不對的。所謂內外行，不是指平仄聲韻之類，主要的當指有無創作實踐。別人說我外行，也不過說我未經常作，其次是讀的不多，不夠熟練。半年以來，我看了幾十種詩集，通過所謂『感恩贈答詩千首』的過程，自己也覺得比較順手一些，懂得別人說的什麼並知道它的好壞一些了……[筆者略]。你說〈琵琶行〉之類是好詩，無問題。但那種詩恐非我所能。目前還只懂得說點意見，狀物寫景之類還很差，對於景物的觀察力還很不夠。一個成功作品，是思想、感情、能力和時代精神各方面的統一結合的成果，這在現代比古代要難得多。我目前處於閉關自固的情況中，沒有客觀事物的刺激，更談不上。你把我看得太高了。」「罐頭，從上次經驗看，大概舊年前可取到。生油還未吃，豬油很好看，但不香，不知何故。」（《聶紺弩全集》第九卷，第230-231頁）

是年　作舊詩約一百六十多首，其中寫北大荒生活勞動的詩約百首，如〈集體寫詩〉（七首）、〈搓草繩〉、〈鋤草〉、〈挑水〉、〈削土豆種傷手〉、〈推磨〉、〈遇狼〉、〈放牛〉、〈清廁同枚子〉、〈拾穗同祖光〉、〈排水贈姚法規〉、〈伐木贈李錦波〉、〈張藎臣代割麥〉，等等。

1962年 {#六十歳}

六十歲

（壬寅）

　　1月13日　致信高旅，云：「關於我的詩，你的意見很對，特別是整體觀念，對於我的益處很大。我向來寫文章之類，總只把意思說完就算，不懂文章作法，也不願去管，所以文章不能成大氣候。後來被弄得非寫論文不可，寫論文可害怕寫結論部分，因為意見已完，作結論就無異重複，每次都有不能終篇之感，皆因無組織、無能力、無全域觀點之故。作詩本為自遣，根本不懂作法，過去根基也淺（過去曾有時搞搞新詩，對舊詩很有看不起或厭惡之意），懂得的只是平仄和通常格律，拗體之類現在還不懂。我作詩，就是湊句湊對，湊成了，看可以表示什麼意見，然後找題目。當然是說經常情況，並不是說從未先有題後造句的事。因此往往只有頸腹兩聯尚可觀，首尾隨便安上，安上後就很少考慮。以為這樣就完事了。本來可以完事，不肯完事的不是我，而是別人。比如你，就把我看得很高，其至談到『傳』的問題。我作了無聊的應酬，你就覺得於我的品格之類有關，不願意。那兒麻胡[馬虎]了，又覺得就詩論詩，不能『傳』，又不願意。這些都與我自己對自己的看法和作詩的本意大相逕庭。但你是不是對的呢？完全對的。品格與傳且不談，既然作詩，就該作得像詩一點，好一點，不要遊戲三昧。這要求完全應該，朋友就是如此作法。我對別人也曾表示過這種意見。那麼，好吧，就來認真地學學作詩。像以前最初胡亂寫文章，後來逐漸認真起來此我對你對我的期望，無限感謝。」「你又說我練過字，跟說我對於詩是內行一樣，這要讓我發笑了。我何嘗練過字，何嘗對於詩內行。當然，比之於初中學生，要算練過，內行。我跟你寫這寫那，固然有老來筆跡留於友人處之意，也頗有小孩子好玩的心情在內。但對於我的字竟有人用『入化』字樣來表示，真是荒唐。以前有人說我是才子，我一向不信，近來才覺得大概是有點才氣之類。因之很後悔以前太自卑或自暴自棄了。今後真要努努力，詩，以及別的。」（《聶紺弩全集》第九卷，第235-236頁）

　　1月11日至2月7日　中共中央召開「七千人大會」。這次會議的主要目的是：總結經驗，統一認識，加強黨的民主集中制，切實貫徹調整國民經濟的方針。

　　2月2日　致信高旅，云：「廿四史不知何處可買，又如何寄去，俟打聽好後

再報。鴻翔兄所允之油並未寄來。他有家庭負擔而無外快，不必問，且未必不有人勸他不必和我打交道，更不可使他為難。豬油、花生米最受歡迎，餘可暫免。兩肉罐頭函已到，通知單尚未到。但已有上次罐頭，我又有新規定的兩斤肉、一斤蛋、一斤糖（每月），又有街道供應每人幾兩肉、一斤半魚，及其他零碎小東西，年總會過得不錯的。」「買到一本《創業史》及《共產黨人》各一部（很不好買），如需要可給你寄來。」（《聶紺弩全集》第九卷，第238-239頁）

按，信末署「元月廿八日」，實為陰曆正月廿八日，即西曆2月2日。「鴻翔」，即香港《文匯報》總經理余鴻翔。

2月3日   陳邇冬、尹廋石「來舍小飲」，「即贈一首：破屋三間生意濃，亂山十里足音重。立春除夕明朝至，畫伯詩豪此夜逢。遼嶺雲深千尺雪（尹歸自東北），延河水滿一帆風（陳自延安歸不久，且以『千山縮腳讓延河』句蜚聲）。主人醉倒寒林畔，笑指白楊喚赤松。」（《聶紺弩全集》第九卷，第240頁）

2月4日（陰曆除夕）   值虛歲花甲，吳祖光有詩「詩人家住北京城，六十依然是小生」云云。

自作〈六十〉四首，其一云：「六十一生有幾回？自將祝酒瀉深杯。詩掙亂夢破牆出，老踢中年排闥來。盛世頭顱羞白髮，天涯肝膽蕿雄才。藏書萬卷無人管，輸與燕兒玉鏡臺。」（《聶紺弩全集》第五卷，第86頁）

2月16日   致信高旅，云：「春節好。似乎很久未接到來信了！商務本廿四史尚無端倪。聽說和平畫店有沈尹默字賣，想去看看，如有可買的，當買一幅送你。」（《聶紺弩全集》第九卷，第239頁）

按，信末署「元.一二」，疑為陰曆正月十二日，即西曆2月16日。

2月24日   致信高旅，謂「前幾天寄了一張尹默的條幅，報紙捲的……。今日寄出《淵海子平》等書四種，未掛號。上次你寄來的兩罐頭尚未接到王大人通知。豆豉收到了。廿四史已託人打聽，尚無回報」云云。（《聶紺弩全集》第九卷，第240-241頁）

3月2日   周恩來在廣州國家科委召開的科學工作會議和文化部、劇協召開的創作座談會共同組織的大會上，做了題為〈論知識分子問題〉報告。

3月8日   致信高旅，云「三月一日信收到。數月前曾收到一卷日本紙，豈竟忘告耶，抑另有所謂月宮殿紙耶」，並附七律五首。（《聶紺弩全集》第九卷，第243頁）

3月15日 致信高旅，云：「婦女節函收到。詩有打油與否之分，我以為只是舊說。作詩有很大的娛樂性，吸力亦在此。截然界線殊難畫，且如完全不打油，作詩就是自討苦吃；而專門打油，又苦無多油可打。以爾我兩人論，我較怕打油，恐全滑也。君詩本澀，打油反好，故你認為打油者，我反認為標準。又，我認為澀者，並非意思難懂，而在字句彆扭，亦即未照格式鍛鍊。」（《聶紺弩全集》第九卷，第244-245頁）

3月16日 致信高旅，云：「詩自謂好者人似不覺，反之人所讚者，自亦不知。」（《聶紺弩全集》第九卷，第245頁）

3月 自選自編舊體詩集《馬山集》（七律四十首），署名「疳翁」，有約二百字小序。序曰：「古有牛山四十屁，此冊亦近四十首，題詠投贈，於人於物，頗傷於馬。其有牛者，蓋偶然矣。故題曰馬山，以馬懷沙云。」此集當年未出版，只有手稿本一小冊贈文懷沙。

同月 尹瘦石為先生繪肖像，先生作〈題瘦石為繪小影〉，尹又作〈老驥伏櫪圖〉相贈。

4月8日 致信高旅，謂：「君詩實大有進境，亦指規格言，掌握了這一件事，便好辦，將從必然到自由矣。」「羅要拙作，〈詠小說〉可給，其餘可選擇一下，可憑鈞裁，凡無關宏旨者不妨與之。」又說：「有梁國韶者在桂時曾與之同住一處，兄或曾見之，今在港，即前託到灣仔附近找找之人。他來信說很寂寞，因經商，無人可談話，想介紹與兄，不知可否。此人亦不健談，話亦不太好懂，老實善良人也。尚有文化，不善畫，但別人畫好後頗能刻，刻字尤佳。」（《聶紺弩全集》第九卷，第246頁）

按，「羅」指羅孚。

4月30日 致信高旅，云：「京中報紙偶登舊詩，多堪覆瓿，無君此等作也……[筆者略]。贈答詩有時惟被贈人最解，他人讀之則需加注。」「順詢『求實』尚存否，情況如何？東西均已取回，藍紙者一到便取，好極。油、肉、花生等，均可過幾個月，如再寄請買阿華田及奶粉。連日計畫為你寫點什麼小文章，總是寫不出，一事無成。關於北大荒的詩，有卅餘首，整理好後當並呈。」（《聶紺弩全集》第九卷，第248-249頁）

同日 中央批准〈關於當前文學藝術工作若干問題的意見（草案）〉（即〈文藝八條〉）。

5月 梁羽生作客北京，先生「挾圍棋來訪，一局未終，即因臨時有事作罷」（〈京華猶剩未殘棋〉，載《筆不花》，第142頁）。

6月 得邵荃麟幫助，開始在陳翔鶴主編的《光明日報》副刊《文學遺產》上發表研究《聊齋志異》等古典小說的系列論文，並獲得較高的稿酬以解決生活困難。因作〈自遣〉詩曰：「偶從完達赤松遊，得道歸來鳥鼠秋。我馬既黃千里足，春風不綠老人頭。他人飲酒李公醉，此地無銀阿二偷。自笑餘生吃遺產，《聊齋》《水滸》又《紅樓》。」（《聶紺弩全集》第五卷，第89頁）

6月4日 致信高旅，云：「偶檢故紙堆，發現幾條短筆記，今奉上。可用則用，能用幾條就幾條，題目和署名都可隨意處理。用後剪一份寄我，不用者退回。」（《聶紺弩全集》第九卷，第249頁）

6月24日 《光明日報‧文學遺產》發表〈林嗣環抄襲金聖歎的文章〉，署聶紺弩。

7月5日 致信高旅，云：「近因忙於他事，未作詩，亦未與你寫信，致歉……[筆者略]。前又來信云，國內報紙發表文章時可通知，今將《文學遺產》一份寄上。」（《聶紺弩全集》第九卷，第252頁）

7月22日、7月29日、8月19日、12月2日 《光明日報》連續發表〈讀《聊齋志異》〉（又題作〈漫談《聊齋志異》的藝術性〉，含七節：以《林四娘》做比較、《聊齋志異》的畫龍點睛與畫蛇添足、對話、化腐朽為神奇、奇想、文章從矛盾中出來、向題材追索作品所需要的東西），署聶紺弩。初收1981年上海古籍版《中國古典小說論集》。

7月26日 中央統戰部起草了〈關於右派分子工作幾個問題的報告〉，進一步提出為錯劃右派分子平反的問題。

8月3日 致信高旅，云：「你忙些什麼呢？我以為你在戀愛問題咧。這事從某詩曾洩漏一下天機外，並未見下文，何故？寄〈挽劉〉一律請斟酌處理。劉事，祖光、永玉已知。黎公一向未見，錢公亦見不著，未告。你提起買東西，我還是需藥，去年買的因分量關係（醫生以為我是青年）等於白費。今將單奉上，貴則兩瓶，賤則多幾瓶。」（《聶紺弩全集》第九卷，第253頁）

按，「劉」，即劉芃如（1919-1962），成都人。據梁羽生〈記劉芃如〉說：「他是英國留學生，專攻文學，中英文造詣都很好，德文和意文也懂得一點。回國後曾任四川大學外語系講師，一九五零年南來香港，從事新聞工作，最

初是在《新晚報》做翻譯，後來擔任英文雜誌《東方月刊》的總編輯……。他是因飛機失事死的，一九六二年七月十九日，他應阿聯邀請，參加阿聯建國十週年紀念，飛往開羅，中途失事，機毀人亡。」（《筆・劍・書》，第85-87頁）

8月　作〈創造簡字與創造成語〉。

9月上中旬　致信黃苗子，云：「苗兄：得一詩，題曰〈題黃苗子畫蘇武牧羊圖〉。兄自未畫，至希畫之以實吾詩。即終不畫，則我自為『吟草』加此一題耳，詩曰：神遊獨到貝加湖，酹酒追呼漢使蘇。北海今宵飛雪矣，先生當日擁裘乎？一身胡漢撐奇骨，千古人羊僅此圖。十九年長天下小，問誰曾寫五單于！專此呈教，順候吟安！弟紺弩敬上　中秋前夕。」（《聶紺弩刑事檔案》，第398頁）

按，《聶紺弩全集》未收。

9月12日　下午，某人向公安機關遞交十頁內容的檢舉報告，主要是針對毛澤東反右的不滿言論。報告開頭如下云：

> 我昨天去找了聶，與他「暢談」了一陣。
>
> 下午，我帶了一瓶酒先去找向思廣，向看到有好酒，欣然同往聶處。我打算約聶外出，如果他不願外出，那就去他家裡喝。去時，聶一人在家寫詩。我提出了邀請，聶很乾脆地答應了。傍晚時，到西苑餐所後，聽聶的安排，在露天座裡喝酒，等到晚八點吃夜宵。於是第一次買了火燒、炸蝦、豬肝、蛋捲、腐竹等喝酒。我一直沒有主動提出什麼。等到酒乾了半瓶之後，聶已酒酣耳熱，他單刀直入地展開了一場反動的談話。向思廣在旁邊不時幫腔，興致非常好。再加叫了兩樣冷菜，聶更要吃熱菜，又叫了。直談到夜宵上市以後。
>
> 吃完夜宵後，步行到動物園附近，聶叫了人力車，同往他家，在那裡又聊了一陣。
>
> 一個晚上我得到了一點東西，破去不少鈔，總算起來在二十元以上了。茲將他的談話，盡最大可能真實地記錄下來。
>
> （《聶紺弩刑事檔案》，第54-55頁）

9月14日　致信高旅，云：「兄前云發〈十詠〉事曾有周折，不知何狀，事後尚有其他事否，反響如何？如事麻煩，以後發表文字用任何兩字作筆名均可，

不必死抱賤名兩字也。又〈十詠〉錯字很多,一歎。」(《聶紺弩全集》第九卷,第254頁)

9月24日至27日　中共八屆十中全會在北京舉行,毛澤東在會上強調階級鬥爭必須年年講,月月講,天天講。

9月26日　致信高旅,云:「近曾讀韓、蘇二集,對古詩略有所窺,知兄詩有大家風也。奉上藥單,能買幾瓶即幾瓶,以〈十詠〉稿費為準,何時帶來均可。而今年國慶亦已到矣,去年我謂今冬明春必轉好運,君謂必須至今年下半年,今已其時,以天時地利人和推之,好運在望矣。」(《聶紺弩全集》第九卷,第253-254頁)

9月　友人黨沛家去家中看望先生,談及北大荒時有一次吃西瓜,甘甜之極,意猶未盡,先生贈詩〈涼宵獨抱大西瓜〉。

10月　到武漢看望董鋤平、高朗夫婦,及吳奚如、伍禾等友人。並遊長江大橋,臨東湖瞻仰屈原像,作〈九日江橋攬勝〉、〈雨中瞻屈原像〉及贈友詩。

11月1日　致信高旅,云:「因到武漢去玩了一下,現始歸。臨歸時曾寄詩幾首給你,今又補寄若干首,餘者竟免寄矣。小姐愛彈鋼琴,提此不知何意,豈謂鋼琴與愛情有何衝突乎?京中有文懷沙者,年逾五十,結婚不到一年。新娘亦鋼琴家,年僅廿餘。豈閣下手段有問題乎?此事尚以速為妙,惜不能就近為君參謀。」「近來生活已逐漸不很狼狽,不必太介介也。尹瘦石希望得一種日本山馬筆,鳩居堂製,說對畫畫極有用,須大中小各一二枝,允畫馬一幅為贈。他的馬,徐平羽謂好過徐悲鴻者也。又前寄之日本紙,尚剩小半,已送給他,他千恩萬謝,而過去我已糟蹋了不少了。」(《聶紺弩全集》第九卷,第255-256頁)

同日　又一信致高旅:「茲介紹梁國韶兄趨訪,請將胡藏《石頭記》交梁兄攜去,另向出版處發函購寄我。因我有國內印本,且暫時尚不需要也。又:前數年之容與堂本《水滸》被何人買去?聽說近又發現一種,索價三萬,兄知其事否?」(《聶紺弩全集》第九卷,第256-257頁)

11月28日　致信高旅,云:「兄婚事變化,聞之甚惜,然此事最不可勉強,所謂塞翁失馬也。我不知對方為何如人,以意度之,年齡太差,恐是一問題。以兄年資,不應找太年輕對象,因往往彼此不相理解,甚至無話可說,而主要的則在知識水準。京中有文懷沙、孫師毅、薩空了、戈寶權,均擁少年豔妻,似極可羨。然又似禁不起風吹草動,劉尊棋、尹瘦石均因事而離昏[婚]。一般說,對方

水準，對自己的瞭解和敬佩，實至重要。不知此事於香港社會能求之否？聞高朗亦未結婚，不知何故？」「我詩圓熟，自亦有覺，此為危境。初時惟恐不圓熟，近則惟恐圓熟，最怕像柳亞子，近於滑矣。現尚不知何以矯之，俗語、新語似尚不足以辦此也。聞謝無量先生詩甚好，惜未之見。有一二人往來，各有所長，然亦不過爾爾。詩需有朋友，尤要知道其詩。我雖作詩，實不大解人詩（其實亦何嘗解自己詩），因之得友之助處甚少，殊可歎也。」「瘦石近赴哈，約下月中旬返京，筆、詩均未交他。此人畫尚有技術，思想工夫似均未到，似尚未能自成一家，尊意云何？兄云之胡藏脂本《石頭記》，此次未託人帶來，亦一憾事，否則我可將文學出版社本帶給梁君矣。」（《聶紺弩全集》第九卷，第258-259頁）

12月4日　致信高旅，云：「前曾詢香港曾有一容與堂本《水滸》，究被誰買去？近聞又有一部，索價甚高，不知確否？此事未見回答，不知何故。又，研究《水滸》之萬餘字文章有法發表否？」（《聶紺弩全集》第九卷，第260頁）

12月21日　致信高旅，云：「筆、紙、詩、信均收到，惟藥未見。趙公曾函告：藥未買到。我原以為是閣下未買到，看來是託趙公買而未買到。但總是未買到。此亦不急之物，暫不談他。有一篇談金聖歎的文章，長萬餘字，有法發表否？隨便用什麼名字均可。有辦法就寄來。《《紅樓夢》新證》，已託人找，如找不著，尚有向他本人開口之法，大概不至落空。此書看看也可，無大意思！黃胄畫要麼？我有一張，是永玉送的，可轉送給你。此公比瘦公高明。我對此等事興趣不大，捨不得花裱工錢，可謂俗矣！我喜歡鍾敬文字，曾託他給閣下寫一張。據云曾試過一下，浪費了幾張紙。此公字可說很差，但有特點或個性，幾十年來就如此，一看便知是他的，而其差勁，前無古人，並此無同者，故可喜。當再催之。」（《聶紺弩全集》第九卷，第260頁）

是年　作舊詩約八十多首，近半為贈答詩，如〈奉贈高旅〉、〈答鍾書〉、〈遊園贈敬文〉、〈贈雪峰〉等；其次為詠懷詩，如〈釣臺〉、〈琴臺〉、〈九女墩〉、〈魯肅墓〉等。

1963年 六十一歲

（癸卯）

1月初　致信高旅，云：「前問容與堂本，是聽說幾年前已被文學研究所買去了。我要知道這件事是否確實。如果確實，則現在港的書，是另一部。我有文章要談這個本子現在何處。至於本子的特點，我已知道了。」「詩真不可以寫，一正式寫給人時，問題就出來了。例如〈六三元旦〉已是正式寫的第五張了，但寄出之後，又想起『豔福今宵處士家』的『宵』字無道理，應改為今『年』，這才與元旦與賀年之意關切。此事很苦惱，糟蹋紙張，尤可惜。」「我知道你功敗垂成已不止一次了。裡面當有複雜微妙非外人所能理解者，但是否有由於你總有羞怯因而坐失機宜之處？這種事不但處士，就是老手也會有的。女性總是勇敢的，不過她不說，只是用種種方法來表示。你要把她想得太高潔，認為不一定是表示，而不敢行動，就失掉機會了。我總算有點經驗，但即使是最早行動時，已不知失去多少次機會，事後成為笑柄。這道理很淺，你當早已知道，但知道，用處不大，要幹，勇敢！這是元旦贈禮。對於你，不算不道德吧！一笑。」（《聶紺弩全集》第九卷，第263頁）

1月18日　致信高旅，云：「將由廣州寄給你一包書、一卷稿，因兩次都把辦事處地址丟了，只好寄到廣州友人，託他打聽位址了，從廣州再寄一次。書，內有《新證》一本是陳邇冬的，他還要的，裡面折疊處，不可弄平，候弄到他本再寄你，你把他的寄還。另黃冑畫一張是寄你的，脂本一部請轉給阿梁。你說寄一部胡藏本給我，何以未見來，豈阿梁不要就不寄了麼？稿子是整篇，三萬多字，其中中間兩節可各自單獨發表。不能都發表，發表一節也行，題目你可任意改變，但上半年要刊出，因上半年或稍晚，就要出書也（書名《水滸五論》，得廿萬字）」，「寫了關於《紅樓夢》詩四首（還要寫），抄呈。想在紀念曹君時在港報發表一下（俟都寫好後和前十詠中之一一齊），名字隨便……[筆者略]。」（《聶紺弩全集》第九卷，第264頁）

1月24日（陰曆除夕）　虛歲六十一，足歲六十。鍾敬文有〈祝紺弩六十誕辰〉詩曰：「往事迢遙四十春，少年肝膽劇相親。而今文苑論交誼，首數戎裝怪異人。」並注：「紺弩當時的舉止談吐，頗多與當地青年所習慣的不同，因此我

們背後叫他『怪人』。」（〈悼念紺弩同志〉，《為了民謠的旅行》，第149頁）

1月27日　新年初三。黨沛家自瀋陽到北京給先生拜年。

2月11日至28日　中共中央在北京舉行會議，討論了關於在城市開展「五反運動」（反對貪污盜竊、投機倒把、鋪張浪費以及反對分散主義、官僚主義）、嚴格管理大中城市集市貿易和堅決打擊投機倒把等問題。會上，毛澤東介紹了湖南開展社會主義教育運動及河北保定地區「四清運動」（清理帳目、清理倉庫、清理財物、清理公分）的經驗，提出「階級鬥爭，一抓就靈」，督促各地注意階級鬥爭和社會主義教育問題。

2月28日　致信高旅，云：「久未給你寫信，因忙於看《紅樓夢》及脂批及別的材料，屬於抱佛腳之類。曹君紀念事我不瞭解，以意度之，時間問題與準備工作有關，太大的其他深意恐怕沒有。今年紀念是壬午說的勝利，壬午除夕即一九六三也，紀念事計年不計月日；又，以陰曆計今年癸卯，癸未說亦勝利矣。兩說均勝，天下太平。」信末附言：「『凱鵝』何義？祖光曾問我，我亦不懂。寄出《世說新語》一部，收到後請轉給阿梁。」（《聶紺弩全集》第九卷，第265-266頁）

3月　某日，張友鸞到訪，適逢黨沛家在座，先生介紹二人相識，談笑甚歡。

3月29日　中共中央批轉文化部黨組〈關於停演「鬼戲」的請示報告〉，報告中首先點了孟超新編崑劇《李慧娘》的名。

4月25日　致信高旅，云：「很久未給你寫信，原因是在抱佛腳，寫一篇《紅》文，長十萬字，分六論：情節論、人物論、主題論、藝術論、脂批論、續書論，可說是專為答覆你信上所提：《紅樓夢》好在何處、如何好法問題的。現主題論已寫完，前三論得五萬字，正開始寫藝術論。本應寫完了再寫信給你，因怕你掛念，只好抽出一點『寶貴時間』來寫幾行。收音機可買，由你相機處理。『紅唱』已作了十餘首，容後呈教。聽見友鸞說，你報曾有信給他徵稿……。又邇冬曾詢你通信處，我未告訴他，只說寫報館即得，不知有信給你否？給祖光信已轉給他，但至今未見到他，主要的是我未出門。你詩越寫越好，思考方法已屬昌谷，可羨。」（《聶紺弩全集》第九卷，第266-267頁）

5月2日至12日　毛澤東在杭州召集有部分政治局委員和大區書記參加的小型會議，即杭州小型會議。在這次會議上，毛澤東指出：「階級鬥爭、生產鬥爭和科學實驗，是建設社會主義強大國家的三項偉大革命運動，是使共產黨人免除官

僚主義，避免修正主義和教條主義，永遠立於不敗之地的確實保證，是使無產階級能夠和廣大勞動群眾聯合起來，實行民主專政的可靠保證。」

5月6日　上海《文匯報》拋出了梁壁輝的文章，對廖沫沙的〈「有鬼無害」論〉和新編劇《李慧娘》進行政治批判，說後者是「反黨反社會主義的大毒草」。

6月20日　致信高旅，寄近作三首，另附〈紅樓人物八詠〉，「如認為可發表，則於七月發表之，但不署賤名為要」（《聶紺弩全集》第九卷，第268頁）。

6月24日　致信高旅，云：「十五日信收到。上次託趙公帶物之事失策，並影響下次，殊奇。其次同行者有姚宗乃、賈夫人，均文匯人；兩人都熟，姚公以前就替我買過藥，而您卻恰好託趙公。又那次大公人物，我全碰著了，其中陳文統最熟，他又有錢，出稅之類全可負擔而不在乎，甚至只要知道此事連藥錢也可出。所謂多人在宴會碰見，是碰見大公人及羅夫人，因大公辦事處請客，我碰上了。大千吳公說，回港後當打聽近來有何新藥，當與姚公商買。您可問問姚公，交錢與他。又似乎說，目前藥物好寄，亦可託姚公打聽打聽。」「《紅樓夢》文已寫好六萬字，本為《文學遺產》寫，寫至中途，《文學遺產》暫停，發表問題落空，故擱了兩個月。您處如可發表，當將『主題論』約兩萬餘字整理出來奉上。但此種文字，終不適於日報，且不想因我之故使您有何不便之處。前《水滸》之文，我看定有此種情況也。」（《聶紺弩全集》第九卷，第269-270頁）

7月　因寫詠貓詩被舉報。舉報材料云：「全國政協文史資料委員會專員聶紺弩，最近又寫了十多首『詠貓』的詩，內容半屬反動，半屬色情，從這些詩可以看出，他仍堅持資產階級立場，反對社會主義。現將詩中反動性較明顯的選錄幾首如下：……[筆者略]。」接到報告，相關負責人批示曰：「聶這個人要注意觀察。」（《聶紺弩刑事檔案》，第91-92頁）

8月11日　國務院副總理陳毅在阿英、黃苗子等人的陪同下，參觀了「曹雪芹逝世二百週年紀念展覽會」預展，並出席了座談會，與沈雁冰、王崑崙、邵荃麟人等一起座談。

8月17日　致信高旅，云：「前時曾云買收音機事，近意可作罷，蓋此物市上雖無賣者，而兒童亦能自製。何封之子正讀初中，曾製一具放於書包中帶來帶去，資料費不過幾元，且以手電池為準，無缺乏動力之虞。則我何必買一花錢多而有電池問題之物！所存之款曾託姚宗乃兄買藥，並囑需款則向兄取，不知姚兄

曾向兄提及否？又去年阿梁曾寄一棉短外套來，此物大佳，兄可向梁問得品名，照樣買中、小號各一件，託人帶穗寄來，因海燕、丹丹均眼熱也。此非急事，今冬辦到即得。尊作〈寶玉〉詩似偏，人或捧到天高，致成話柄，然尊意迴謂《紅》書毫無反封意義矣。」（《聶紺弩全集》第九卷，第270-271頁）

8月17日至11月17日　由文化部、中國文聯、中國作協和故宮博物院聯合主辦的「曹雪芹逝世二百週年紀念展覽會」在北京故宮文華殿舉行。這是有史以來，最隆重、規模最大的一次曹雪芹紀念活動。值此之際，先生潛心撰寫《紅樓夢》研究文章，本為《光明日報》副刊《文學遺產》所寫，因其停刊，未得發表；同時作詠紅樓人物組詩。

9月23日　致信高旅，云：「藥收到，稅八元餘。記得尊函似說為二盒，而寄件則僅一盒三針。找信不到，姑算誤記。此藥甚佳，國內亦有售者，但無此大單位，僅什一或伍一耳。醫生說一次百單位即可，此則須三星期打一次。故尊處有便則寄，記起則寄，不必當一回事也。姚宗乃兄如買有他種藥索款，乞與之！」（《聶紺弩全集》第九卷，第271頁）

9月下旬　秦似赴北京大學進修漢語音韻學，直至翌年七月結束。進修期間，多次探望先生和夏衍、宋雲彬等友人。

10月14日　致信高旅，云：「久未有所陳述，因妻病耽擱也。前兄為算命，謂今年我當失妻，並勸離家若干時日，但時似為上半年，此說未驗。但妻於本月初即病頗劇，今已見好，想今年不會死矣。藥除郵寄者外，共收到三盒，又女裙一條，此皆月初所當告者，遲遲至今為歉。中秋前曾作〈壽雪峰六十〉詩四首，今抄呈賜正。」（《聶紺弩全集》第九卷，第272頁）

11月13日　馮亦代五十誕辰，先生有詩慶賀。

馮亦代〈緬懷聶紺弩〉：「我五十歲時，他曾經在我慶壽的冊頁裡題過一首詩，寫完了笑著說『塗鴉！塗鴉！』這首詩並沒有在他詩集裡出現，也許寫得匆匆他自己不滿意。可惜這本冊頁已被『文革』革掉了，我癡想或許有一天會在故書堆裡突然出現，這是我不釋於懷的企念。」（《龍套淚眼》，第426頁）

11月16日　夜晚致信羅孚，云：「聽說你來了，別提多麼高興！上一個多月，陳凡、黃茅諸兄說你要來，從那時就盼起，誰知你來了許久，還是未見著。上次嚴慶澍兄來了，我也未見著，真是遺憾。你很忙麼？是否可約個時間見見？我住的郵電部宿舍，電話『六二〇一四一』。是公用電話，在門房裡，而我的住

處則在最後一層，打時，須等很久才能接到。如果先期約，寫信更省事，先日發，次日定可收到。當然，我還可到賓館去碰碰機會。十多年未見，總應爭取見見才好。現在只作見不著的打算。有兩件事問問：給港報寫點文章，寫什麼，怎樣寫，是否寄給你便成。我現在很閒，可以寫。由此而派生的問題，你能否在京預支一點稿費，那怕五十元也可以。匯給我或留到潘際坰兄處均可。有許多話，許多感情，許多精神上的東西似的，寫出來卻仍是這種鄙事，物質的！存在決定！」（《聶紺弩全集》第九卷，第169頁）

11月22日 致信羅孚，云：「抄詩百餘首（包括〈北大荒吟〉五十六首），大部分當是可發表的，由你仔細審定。有幾張是給別人的，你如覺得可以發表，也不妨發表。發表時，不要在一個地方（特別不要都在《文匯》），不要用一個名字。隨便用什麼名字都可以。發表東西太多，別人眼紅，說不定也會出問題的。另《紅樓》文半篇，約五萬餘字。不必全發表，能發多少，就發多少，能怎麼發就怎麼發，拆成一小段小段，另加題目也可以，也是隨用什麼名字，怎麼改，都可以。如有辦法，我就接下半篇。另外，我還想寫《聊齋》、《金瓶梅》等書的，也想寫各種舊小說的，也想寫舊詩話，不過那只好等一等了。一切由你決定，花點時間好好看一遍，動動手，感謝。」（《聶紺弩全集》第九卷，第170頁）

12月12日 毛澤東在中宣部文藝處編印的關於上海舉行的故事會材料上，寫下批語：「許多共產黨人熱心提倡封建主義和資本主義的藝術，卻不熱心提倡社會主義的藝術，豈非咄咄怪事。」隨後中國文聯及其所屬各協會開始整風。

12月24日 致信高旅，云：「曾寄《野草》詩，收到不？日前有名呂聲洋者，在九龍託人由深圳寄一法蘭絨西褲，不知是你或阿韶所為，已收到。倘係韶，遇見時為我道謝。呂聲洋似亦曾見之名，但不知為何人。《杜秋》二部，由中國新聞社寄者已收到，尚未看。香港印刷真大進，可羨。屬祖光之一部，改日當送去。今寄〈六四元旦奉贈〉一首，專此奉達。」（《聶紺弩全集》第九卷，第275頁）

是年 作舊詩約五十首，如〈紅樓夢人物〉、〈水滸人物〉、〈雪峰六十〉、〈挽高樹頤〉等。並自編手抄詩集《北大荒吟草》（多種）贈友人，其中一種收七律四十三首。

1964年

六十二歲

（甲辰）

2月1日　晚間，向思賡等友人來訪。談到中法建交，云：「中法建交這一幕，遠因還是導源於前幾年我們的生產實在太差，赫魯雪夫一看和你們合作不但對他不利，而且可能把他拖下水，因此決定拉緊美國，扔掉我們。現在看得出來，不到社會主義就不知道資本主義的『優越性』，事情說來好像荒唐，可是事實就是那樣擺在面前，你不學資本主義制度，不依靠資本主義國家你就不行。明白這個道理，為什麼法國和我們一拉就上，就清楚了。固然法國的目的也很清楚，是藉我們來同美國較一手，我們是藉法國來打開缺口，擴大我們在資本主義國家的影響。」（《聶紺弩刑事檔案》，第368頁）

2月6日　致信羅孚，云：「自兄去後，曾奉上字條給兄與唐公，不知收到否？昨於潘公處領得《新晚》十二首詩稿費四十八元，但不知是哪十二首，又未審何以未於預支費中扣除，悶之。前奉退之畫兩幅，務請設法賣掉。此畫主窮極，望款如望餐，曾幾次催問也。又拙稿有無辦法較多發表，念念。近月來很少作詩，亦未寫什麼，但練字而已。練了幾月，毫無進步，慚極。徒花去紙筆字帖費之資。此皆兄要我寫字所引起，如將來字有寸進，當專函感謝。但此時則惟怪兄多事而已。」（《聶紺弩全集》第九卷，第170-171頁）

2月12日（陰曆除夕）　六十一歲生日。李健生、黨沛家前來祝壽，喝酒閒聊至深夜。

2月23日　致信高旅，云：「接兄談《秋娘》書信後，似未回信，今又接譯詩，愧愧。譯詩甚佳，惜未來兩『哦』『哦』與前此體制上有不調處。又《秋娘》中王播最後行止前面似看不出，亦似一病。此書曾借與四五人讀，凡讀過者均激賞，亦足告慰也。舊年前曾有一字幅寄韶，後又去一信，均未見回，有便希問問，因收到與否較有關係。又羅斯福處亦未見來信，有兩畫託賣，乃受別人託者，其人急如星火，見羅時亦乞問問。兩問均須來信告知。近無詩，寄韶者係一古體，如到兄可一觀，且與兄亦有關也。」（《聶紺弩全集》第九卷，第275-276頁）

按，「羅斯福」，對香港友人羅孚的戲稱。

3、4月間　致信高旅，云：「右〈送人南尋洪楊遺跡〉四首，錄呈慎兄一

笑。韶兄字幅未收到，甚糟。三十韻長幅通共只作過二首，既出口有關，亦不必抄與兩兄看矣。棉衣亦未收到，不知何故，冬令已過，可不復念之矣。」（《聶紺弩全集》第九卷，第276-277頁）

4月4日　吳祖光為先生南下餞行。作〈謝祖光烤肉之餞〉詩曰：「欲往梁山尋我句，遽來宣內把君觴。潭深千尺歌尤好，酒滿三巡肉更香。明日甲辰寒食節，主人武進吳祖光。江南趕與春同住，回味今宵意定長。」

按，1964年為甲辰年。

4月15日　致信高旅，云：「我將於十九日赴穗一遊。可有廿日左右在粵境逗留。兄如無事能來一晤，其佳可想，然如有不便，亦不必來。我等天真爛漫，旁觀莫名其妙，殊無意味也。前託問羅公畫款事，請再告之：如款可墊，則通知辦事處黃克夫同志交我似便，通訊處為『解放北路省文史館胡希明轉』。又韶兄所云之棉衣，迄未收到，請告之。《秋》書人人叫好，我又回想，主角心理過程不夠，尊意云何？足下胸中真有十萬甲兵，可羨，可佩！」（《聶紺弩全集》第九卷，第277頁）

同日　致信羅孚，云：「前曾[致]公一函，未見何書惠答，忙耶？懶耶？其他故耶？前託售郭君之畫，據邵公傳言，兄云畫雖未售，款可先墊，果爾，請通知黃克夫同志，令其交我，我將於二三日內赴穗，最遲月底前當到貴報辦事處，一訪黃公也。匆匆，不盡所言。」（《聶紺弩全集》第九卷，第171頁）

4月19日　離京南遊。20日至廣州。

4月22日　於廣州致信高旅，云：「我已抵穗兩日，住華僑大廈，但明日當即搬出，因租金太貴也。我將往中山海陸豐佛山等處一遊，遊後北返，此外無他事。前函不知已達否？所云要件，為向羅公詢：某君畫價，可否由穗辦事處交我，如可，則請即辦。此事，離京時已有信給渠，今不再去信，由兄一詢即得。此來無他幸，惟欣與兄及韶兄相距已少五千餘里矣。此意希便中告韶。」（《聶紺弩全集》第九卷，第277-278頁）

4月下旬　在廣州與曾敏之、胡希明、陳蘆荻等文友相聚，探望同鄉查慧九等人。先生「悄然南來，卻不忘記去銀河為蕭紅掃墓」（曾敏之），並作五首律詩悼念蕭紅。

5月6日　於廣州致信高旅，云：「我係個人旅行，並無集體，亦無固定時間地點，但最多不擬超過一月。日內即將往海豐一行，三數日即歸，歸後尚擬逗留

數日，北返期將在月中左右，此後將赴武漢，並作鶉衣歸故里之舉。又將往皖魯兩省，省宋江分臟臺及蒲松齡周旋狐鬼處、二妞高歌處，全時約兩三月。此乃個人申請，組織批准給資。真殊遇也，餘再。」（《聶紺弩全集》第九卷，第278頁）

　　5月8日　於廣州致信高旅，云：「友人查慧九有意向貴報投稿，我囑其逕投無慮……[筆者略]。請多予幫助，此乃臨老入花叢之作，與我輩油腔滑調者當有不同，應刮目相看也。」（《聶紺弩全集》第九卷，第279頁）

　　5月9日　致信高旅，談蕭紅墓詩稿修改，說：「改後似較佳，尊意云何？」（《聶紺弩全集》第九卷，第280頁）

　　5月上中旬　到海豐縣參觀紅宮、紅場及龍津溪畔的彭湃烈士紀念館（彭湃故居）；拜見彭母周鳳老太太，並與之座談合影，題詩題詞，一起回憶大革命往事。「母云我當初到其家時，代[戴]墨鏡，與眾不同，故尚記得。我曾獻壽一詩，今俱忘矣。彭母並令其孫（時為縣長）設家宴請我，有一當年農運講習所學員作陪。」（《聶紺弩全集》第九卷，第302頁）

　　又前往梅隴鎮馬福蘭村訪丘東平故居拜見丘母。還遊覽了汕尾漁港，參觀漁民新村。

　　5月14日　在海豐舊地重遊，題詞如下：

> 三十九年我曾在此工作，及見彭湃、李谷珍、吳振民、楊其珊、李勞工、林甦等先烈革命雄姿。今日回憶，如在眼前。而新海豐，新中國之偉圖與當年篳路藍縷斬荊被棘之況，迥不相同。撫今追昔諸先烈之豐功偉績，實令人景仰。
>
> 　　　　　　　　　　　　　　　聶紺弩（原名畸）題
> 　　　　　　　　　　　　　　　一九六四年五月十四日

　　〈拜謁革命壽母彭太夫人留念〉：「風雲龍虎彭三傑，宇宙光榮母一家。吾意已成兒子志，此心猶著鳳凰花。何因九十人稱老，不信滄桑鬢定華。革命功敦仁者壽，孫曾建國棗如瓜。」

　　又作〈訪丘東平烈士故居（三首）〉，其一云：「英雄樹下沒花開，馬福蘭村有草萊。難兄難弟此牆屋，成龍成虎各風雷。才三十歲真雄鬼，無《第七連》也霸才。老母八旬披鶴髮，默迎兒子故人來。」（《聶紺弩全集》第五卷，第123頁）

6月　回故鄉京山省親，逗留十來天，起初下榻縣人民政府招待所，以後又寄居在張鑫醫生家裡。期間，縣委副書記、縣長柴鴻祿、副縣長賈福長以及其他領導幾次去看望先生，並陪他到城關各處參觀訪問。

空閒之餘，看望兒時同學余承先、鄧學儒、鄧以彬等人，一起吃飯；還與世交張任偉同遊惠亭水庫，並陪釣至日暮方歸。

6月27日　毛澤東在〈關於全國文聯和各協會整風情況的報告（草稿）〉上寫下批語：文藝界各協會和它們所掌握的刊物的大多數，十五年來，基本上不執行黨的政策，「最近幾年，竟然跌到了修正主義的邊緣」。文化部和中國文聯及其所屬各協會再次進行整風。

7月初　到武漢，然後回京。此次南下歷時兩個半月。原計畫往皖魯兩省尋訪《水滸》中的歷史古蹟，未能實現。

7月10日　去金滿城家下棋。

7月11日　中午有朋友到訪，先生說：「這次出門，主要到廣州、海豐一帶去了一趟，回來經武漢，回到故鄉京山縣，江南一帶都沒有去。」看了先生新寫的幾十首詩，友人問還寫什麼沒有，先生說啥也不想寫，後來說計畫寫一本小說，以家鄉的歷史為中心，叫做《城史》。友人問：「有階級鬥爭沒有？」先生一本正經地說：「從頭到尾都是階級鬥爭，那是不含糊的。」友人：「這就行了，不然通不過。」（《聶紺弩刑事檔案》，第425-428頁）

7月15日　致信王其力，云：「王子大鑒：接手書極慰。在哈工作當比在虎好得多了，但夫人五好之後是否和您在一處工作？如在一處就六好了。次公子降世可喜可賀，託我取[名]任務光榮。長公子何名尚未知曉，倘先得知，可作參考也。您怕怪否？如不怕怪，可名『者滅』或『者除』。現正反修，精神上一切東西都當除去，封建東西姑以『王者』二字為代表，均應除之滅之，意極淺而字面極怪，料無人相同，尊意如何？我四月中旬起，曾到廣東、湖北兩省去旅行過，歸來尚未半月，共耗時兩月半，用去公費數百元，私費更多，身體粗健。頗欲知王覺情況，倘有所聞，務請見示。」（《聶紺弩全集》第九卷，第128頁）

按，「哈」指哈爾濱；「虎」指虎林縣。

7月中旬　自北京給京山友人張任偉（家佑）寄去宣紙書寫的四張條幅，為其自作七律。其中一首是為張任偉所作，詩曰：「惠亭水庫水如煙，家佑先生一釣懸。人若遍臨天下水，魚都潛在水中天。手提半簏千斤重，口糊全家塊把錢。

君去八旬今尚遠，怎知西伯不尊賢。」（《聶紺弩全集》第五卷，第177頁）

8月11日　致信高旅，云：「接兄書後又多日，想把黃永玉處弄清楚了才寫回信，不料去兩次信均未見覆，去過一次又不在家，當是相攜避暑去了，只好等將來再說。兄倘能於國慶來京一晤，實大喜事，區區女棉衣事不足道也。談象徵詩文讀過，論自佳，嫌少耳。金碗之喻極確且趣，然五四時人何能解此？學象徵詩者實不解中國詩，中國詩不經此四十餘年新思想之薰陶，其封建氣確不可向邇，故須兩面論之。近想寫點能在港發表之短文，其一為〈舊小說獵奇〉，其二為〈讀王介甫詩小記〉，各約三兩萬字，分作一二千一小段，不知尊處許填空否？南行一次，公家報銷四百元，私人所費近是，不有佳作何以卒歲！近日將赴西安一行，開有關文字改革的會，因我尚為委員也，月底前當歸。平生遇見兩大難事：一圍棋，一練字。世上未有如此兩事進步之慢者，且不知對此兩事少壯時何以都毫不經心，真大怪也。少壯不努力，老無一技長，餘生寂寞，非國家養我，厥狀不知何似矣，良可歡笑！」（《聶紺弩全集》第九卷，第281-282頁）

8月17日　以中國文字改革委員會委員身份赴西安參加「普通話教學成績觀摩會」，擔任評比委員，十餘日後回京。周有光回憶：「紺弩同志和我都是『普通話推行委員會』的委員，一同擔任『評比委員』工作，每天同住同吃，有如同校同學，朝夕談笑，滿屋春風。」（《聶紺弩舊體詩全編注解集評》上冊，第233頁）

8月中下旬　在西安遊覽驪山華清池、乾陵等地，復成〈華清池〉、〈沒字碑〉等詠史詩。又感念當年同至西安又同遣北大荒而仍滯留東北的丁玲，成詩曰：「廿七年前未看碑，千樹萬樹寒鴉飛。兩人敧傍泮水立，一葉輕浮雙影迷。從此風雲隔鴻爪，也曾霜雪滿征衣。今朝定買右軍帖，借卜伊人歸不歸。」三月前的5月5日，丁玲、陳明有信致農墾部副部長兼東北農墾總局局長張林池、東北農墾總局副局長王正林：「關於組織上調我們到北京的決定，你們一定知道了。最近農場的同志通知我們說，因為北京還沒有找好宿舍，所以農墾部的調令至今未來，要我們繼續等候命令。」（《丁玲年譜長編》下卷，第436頁）

8月底9月初　周有光到訪。先生作〈有光枉過〉詩曰：「驅炎雨過晚涼天，好客登樓月在先。誰主誰賓茶兩碗，鶩頭鶩腦話三千。愁君學博心多累，恨我平時見每偏。倘有幽花同此座，不知今夕是何年。」（《聶紺弩全集》第五卷，第72頁）

9月13日　致信高旅，云：「得兄書時適得斯福一書，關於寫稿事已與談及，他說國慶前後將來京，更可面談，若爾時兄能同來，更當奇樂，此等美事

不知將遭造物忌否。給斯福信中曾繫一詩，末二句云『香港有羅斯福在，降高血壓可敲渠』，囑其帶降血壓藥來也。兄如來亦不妨帶一些，但此藥非我自用，家中有人需用也。又聞港可買得日本製毛筆，能帶大小各一二枝來甚佳。請記住，兄如自來則帶藥、筆、咖啡，如不來則亦已耳。又我需帶詩與韶兄，兄覺有人可託否？此事曾提及，未見回答，且韶之地址一時遺忘，亦請見告。如斯福來兄不來，想還來得及與之商談關於我投稿事，惟《紅傳》不可寫，此理暫不宣。」（《聶紺弩全集》第九卷，第282頁）

9月14日　致信高旅，云：「六日信收到，看罷，哈哈大笑，恰好是你說的那幾位，一位不差，目前無法碰到，料程公也無法碰到，豈不有趣！但程公與吳公有舊，想會碰見也。其實您報有定庵，羅公報有仁美，不必另轉，前已談及，豈又忘耶？昨曾上一函，想先此到矣。」（《聶紺弩全集》第九卷，第283頁）

同日　又致信高旅，云：「男女短衫褲之類，託人帶是到穗，似不甚難，如稍煩則可免也。又日本二玄社出版之《右軍尺牘集》曾見及，頗覺其前之二三墨蹟不惡，此物國內無售者，聞港地易買得，固不妨試一探尋也。此亦非必需或急需物，我向行雲流水視之，君亦如是可也。」（《聶紺弩全集》第九卷，第283頁）

9月　尹瘦石應先生之請作《蕭紅像》。

同月　《文藝報》第八、九期合刊以編輯部名義發表了〈「寫中間人物」是資產階級的文學主張〉的論文，並附有一份經過整理的邵荃麟在大連會議上「鼓吹」寫中間人物的發言材料，對邵荃麟發起猛烈攻擊。

9月30日　致信高旅，云：「我已從西安回京，忽收到從穗寄來衫襪、咖啡等物，想係韶兄所為，請務必轉告物已收到，並致謝意，因將其乍菲道門牌遺忘，不能寫信表示也。又去年寄彼之詩，是否始終未到？我很懷疑曾遲日到達也。渠寄之咖啡甚好，不用煨煮，且少量即得，本月底料有人來京，帶此物來即可。然奢望者，則為兄數年未返國，此次當可輪到，果爾，屆時不知與兄相見樂作何狀耳。永玉去人來信云，果有衣物，尚未去取。又倘兄又不來，則請告知來人可否帶詩（即贈韶詩）。在西安時曾往碑林買《聖教序》拓本，心有所卜，得詩一首……。」（《聶紺弩全集》第九卷，第284頁）

9、10月間　給廣州的友人查慧九寄詩兩首，即〈步酬查九寒齋題壁〉、〈除夜懷查九〉。

10月　有感於一個老文人的滑稽事，極其鄙夷地作詩道：「真服先生勇，當

場敢自摑。知非蘧伯玉，痛哭賈長沙。老豈無肝火，罪緣有嘴巴。從知深意在，摑己即摑他！」（《聶紺弩刑事檔案》，第281頁）

10月7日 致信高旅，云：「衣及信同時收到，聞程公已碰見陽公，是我之猜測有未中處。棉襖極合身，好極！斯福兄有信來，說秋冬之際來，是其來期當在十一月。兄知其十一月份會來否？如不來，則所謂筆與藥與咖啡由他辦者，將如何辦，曾有所聞否？不過他自有神通，不必懸慮也。」「前紙寫就後曾外出，恰逢大公潘公，云斯福託費公帶來之藥在渠處，並同到渠寓取回，惟筆與咖啡未提及，想是並未託帶也。潘公又云，斯福今年不會來京，明年一二月或可來，那麼關於寫文章事，我自與斯福商之，兄不必問也。其實不必商，渠云任何文章皆可，只恨我無心及此耳。」（《聶紺弩全集》第九卷，第284-285頁）

10月10日 致信羅孚，云：「已於潘公處取得藥片兩瓶，此款最好能於稿費中扣除。然欠預支費已多，此話殊難出口，奈何奈何！至今思之，所謂預支稿費者，實質亦敲索性質，真慚愧煞人也。今又有新事煩瀆：緣有某君為舊日同事，因我故失業，生活問題不待言，我囑其學撰小文，或可投尊處或邵公處發表一二，倘能月得稿費二三十元，生活便可解決。渠亦欣然願作，惟苦未見尊處刊物，不明所尚，又不長於作一二千字一篇短文。近東塗西抹，得若干段交我，我見之無一是處。方今天下似無處可用，此等物事今照樣奉閱，自無幸用理。但若此而得我公訓示，心竅忽開，未嘗不可因此而找出生路，如何之處，尚希揮墨如土是幸。前拙句改『惜墨如君定屬儒』如何？一笑。」（《聶紺弩全集》第九卷，第171-172頁）

10月18日 上午，與登門造訪的友人交談，說：「你知道現在文化界問題誰最嚴重嗎？最初我還以為是陽翰笙、田漢，都不是。原來在半年前，陳毅在上海有個報告，提到有些人黨齡很高、『比我還高』，他們在藝文方面也做過些事情是好的，可是他們最近完全不按中央的政策辦事，這種人不管資格多老是要開除的。初以為是搞陽、田，後來才知道不是，現在最嚴重的是邵荃麟，原來前年邵用作協名義召集一次北戴河的會，參加的有周揚、茅盾他們幾個人，提到寫中間人物的問題，周揚也講了話，認為可以寫，邵、茅又作在大連開了一次作協的會就提出來，事情被上頭知道了，大發脾氣說這不是完全和延安藝文座談會的主張唱對臺嗎？事先也沒有關照，事後也沒有報告，於是周揚他們就把事情向邵荃麟一推，這樣，邵就嚴重了。」（《聶紺弩刑事檔案》，第100-101頁）

10月20日　晚上，與黃苗子夫婦、黃永玉、王遜等人到江西餐廳吃飯，為黃苗子參加「四清」送行。飯後到和平餐廳喝咖啡，談藝文描寫問題，極力稱讚姚雪垠《李自成》寫得好。

10月31日　下午四時，與友人在家閒談，說：「邵荃麟的事情公佈了，你看見嗎？屁那麼小的事搞得那麼大，好傢伙！人家是多少年痛苦經驗中得出來的意見，是談文藝創作，你卻把他拉到政治上來，這有什麼道理呢？事實是如此嘛，英雄人物總是由中間人物發展下來的，你不寫中間人物就沒法子搞更多的文藝創作，這是文藝界多少年來的經驗。好，這就給你扣個帽子，把個胡風拉出來與你相提並論。這不是邵荃麟撿起了胡風的刀子，而是他們撿起對待胡風的刀子來對待邵荃麟！我在北大荒有一次曾經考慮過，胡風這個人真是聰明，他有許多看法是很尖銳很透徹的，他早就說過你們要糟糕的，你們將來會自相殘殺！想起來真是慚愧，我就沒有這個預見，在許多問題上我就沒有他看得深遠。……」（《聶紺弩刑事檔案》，第102頁）

11月16日　晚，在京城莫斯科餐廳與友人小聚。先生說：「五七年左右真是個黃金時代，吃的東西什麼都有，而且每家館子有每家館子的特點，現在呢，都一樣了。文章也是如此，剛解放時有些報告文學寫得真好，有真感情，現在呢，不敢寫。曹禺在解放前的劇本可以說寫一個成功一個，解放後是寫一個砸一個，沒有辦法。現在沒有人帶著真感情寫東西的……。」「我想，魯迅如果不死，會好一些，論地位他在郭沫若、李濟深之上，他應當有宋慶齡的地位，副主席再掛一個科學院之類的名義，他可以不寫文章，他的性格也決不會像郭沫若那樣，這就有個可以講實在話的人。現在不是，都是唯命是從的，都是唯恐馬屁拍不上的，所以有現在這個局面。」「這幾年文藝界什麼成就都沒有，有什麼東西呢？有《東方紅》吧。有好多事情資本主義國家是不幹的，《東方紅》單是演員夜宵費每晚得花四千塊錢，不要說不收門票，就是收門票也收不到一萬塊，夠開銷嗎？……」（《聶紺弩刑事檔案》，第104-106頁）

11月　委託東北農墾總局的郭力（郭曙南之子），給丁玲送去自印的詩集《三草》。後來此事在「文革」中受到追查。

11、12月間　多次和友人談作詩寫字。「現在沒有人寫文章了。我自己只能寫些罵人的文章，解放前後我在香港寫了些罵美帝、罵蔣介石的文章，自己覺得還行。但是老寫老罵也就罵完了。……現在我沒有辦法寫文章，因為不能寫人。

我最近詩也不做，只好寫字。我們這些人文章寫得多了，人家說你這篇文章寫得好已經引不起刺激，但如果有人說你字寫得好有進步，就感受興趣，因為過去沒有這個榮譽。」「杜甫最好的詩是安史之亂後，流離失所的時候做的。沒有一段失意生活，詩做不好，我自己對此有深切體會。一個詩人，一個書法家，都需要有一批朋友和周圍捧他的人。寫字，如果沒人捧也不能成為書家。解放後的沈尹默，就是由於我在出版社的時候老請他寫封面，其他人看了覺得好，也都請他寫，成為風氣，一時就聲譽高起來。」「中國文化也真怪，做詩，寫字，如果你沒有閒，那就搞不好；有閒，沒有一批朋友也搞不好；有了朋友，沒有圖書字畫的收藏，看得不多，也搞不好。因此，封建文化是一整套的，這個東西第一沒有用，第二不可能有那種條件，於是它就沒落。……我相信總有一天，有一個文化上的高潮，寫字、做詩好的人都能吃得開，但也許到那時我們都看不見了。」

（《聶紺弩刑事檔案》，第397、399頁）

12月5日　致信高旅，云：「元旦將屆，例當獻禮，有瘦石畫蕭紅像、邁冬書拙作弔詩條幅，已裱好，並另題拙作一首。本擬由潘龔倩人帶至羊城轉奉，因潘龔及省港同人勢必開看，不知於兄有無不便之處？請來函告知。無何不便，即照上述辦法帶奉，如有不便，則俟明春斯福來京開會時託其帶奉。所謂另題一首，今錄奉，題目太長且有兄不圖之處，蓋不得不然，否則以此物奉贈，師出無名矣。至傳作否，隨兄意，兄當自有勝業，不必為此也。」（《聶紺弩全集》第九卷，第285頁）

12月11日　下午，與友人交談。友人談到前幾天《人民日報》發了一篇關於批評《早春二月》的文章，該文說《早春二月》內容是反動的，因此說「藝術性很強」這句話都不對。先生接住說：「『藝術性越強，內容反動就越應該反對』，這有什麼理由呢？文藝這東西很細緻的，不可能由你簡單地提出一句話來就做了定律。我做過研究嘛，藝術性和內容有統一性，《水滸》、《紅樓》這些作品它的內容和藝術性是統一的。《水滸》、《紅樓》的內容也不是資產階級的，而是封建的，它帶有封建糟粕，它是由甲封建反對乙封建，是彼勝於此，而不是離開了封建社會的局限，因此從內容說也有反動的一面，那麼你就反對它的藝術性？再說有些小說極個別的也有內容完全反動而藝術性強的，比如《蕩寇志》之類，但是它不起影響嘛，你反對它有什麼用，還不是抬高了它，大家都知道《水滸》，知道《蕩寇志》的人就不多嘛，有什麼害處呢？什麼是反動，什麼

不是反動，也不能呆板地看。科舉制度是反動的，可是在唐代初期它是從士族門閥制度中開闢了一條挽救封建制度危亡的路，是把寒族士子引到政府中來的良好辦法，特別是武則天時代，科舉取士收到了很好的效果，所以也不能籠統地說科舉制度就是完全反動的。這兩年沒人敢說話，你一提什麼，他就拿馬列主義出來堵住了。最近很多人感到不安，叫人感到窒息，越來越覺得沒話可說。」「政治標準放在第一位，藝術標準放在第二位，這本來可以。可是現在除了那個第一位之外就沒有第二位了，誰都不敢提這個第二位，結果只有一個第一位，這叫提倡藝術呢，還是摧殘藝術？我是不看報，最近有人到我這裡來說，《人民日報》登出一篇不是批楊獻珍，就是批周谷城的文章，怎麼看怎麼不通，看來看去不能自圓其說。他說登出像這樣水準的文章是《人民日報》的恥辱。我反正見了這些題目都不想沾一眼。」（《聶紺弩刑事檔案》，第106-107頁）

12月26日　致信高旅，云：「信收到。拍照之類太煩，不值如此。畫已送《大公》辦事處潘公，他可交費公，由費公帶交給承勳或直接給你。費公我未見，亦不想見。畫內還另一張瘦石馬是給吳瑞歧的。你如不識此公，可將物交姚宗乃君轉。」（《聶紺弩全集》第九卷，第286頁）並附〈元旦寄慎之　有序〉、〈元旦寄慎之　並序〉。

按，信末署「廿三」，應為陰曆「十一月廿三日」之省，即西曆12月26日。

12月　公安機關內部簡報以〈聶紺弩反對文藝界整風，惡毒攻擊毛主席〉為題，編報了先生的言論。有關部門領導批示道：「聶紺弩其人，有反動歷史，又是右派，是文化方面值得注意的人物，要繼續深入控制。」「要繼續瞭解聶的情況，並調查他的歷史，做好處理的準備工作。」（《聶紺弩刑事檔案》，第60頁）

是年　作舊詩約五十首，如〈蕭紅墓上〉、〈漁民新村〉、〈有光枉過〉、〈悠然六十〉等。

1965年

六十三歲
（乙巳）

1月2日 上午，文化部出版局的王次青到家中賀年，贈送兩盒帶過濾嘴的中華牌香煙。先生非常高興，留其吃中飯。王次青邀先生夫婦到下午去其家打橋牌。戴浩和向思賡也先後到了王家，晚上王次青做東，在四川飯店吃喝暢敘。

1月14日 中央工作會議結束。經過毛澤東改定的〈農村社會主義教育運動中目前提出的一些問題——中共中央政治局召集的全國工作會議討論紀要〉（總共二十三條，後稱〈二十三條〉）交會議討論通過，並以中共中央名義印發全黨。

1月17日 數友人同在四川飯店晚飯，與吳祖光談文懷沙、赫魯雪夫等人。

1月24日 中央發佈〈二十三條〉，中國城鄉「社會主義教育運動」更大規模展開。

1月 作詩〈答邁冬託向人乞蘭〉。

2月初 鍾敬文參加「四清」後返京，找先生談話，勸其燒詩。

又作〈鍾三四清歸〉詩：「陌上霏微六出花，先生歸緩四清誇。忙中腹爛詩千首，戰後人俘鬼一車。青眼高歌望吾子，紅心大幹管他媽。民間文學將何說，斬將封神又子牙。」（《聶紺弩全集》第五卷，第51頁）

2月6日 與某人有一番關於燒詩的對話。對某某人說：「我的詩燒了。這是我燒詩的詩（進書房看他新寫的條幅：『自著奇書自始皇……』）。聖人之跡息而詩亡，詩亡而後《春秋》作。但是，我燒了詩，詩亡了，我也不作《春秋》。餘生不是從此沒有可消遣的，一天可以用酒醉他一場。我們『人賤』，不是受歡迎的人物，就沒有權利做詩。」某某當即表示：詩燒了可惜，希望他起碼把那幾首關於《水滸》和《紅樓夢》的詩留下來，這種無傷大雅的作品抄下來沒問題。先生說：「你真要，我可以抄給你，我還記得。不過，《水滸》、《紅樓》的詩，人家要挑起來也成問題。拿那首寫林沖的詩來說，人家問你『英雄臉刻黃金印，一笑身輕白虎堂』是什麼意思？『臉刻黃金印』不是指戴『右派』帽子嗎，你怎麼答覆？再問你『白虎堂』指的是什麼，你怎麼辦？所以要有問題都有問題。」（《聶紺弩刑事檔案》，第82頁）

2月8日　晚上與張友鸞、黃苗子等一起在江西餐廳吃飯談詩。飯間，先生說他已經把詩稿燒了，並且作了一首燒詩的詩。張說：「聽說了，而且聽說這首詩還不許人抄。」先生說：「當然，抄更不好，抄了傳出去，人家問你為什麼燒，這不是又一條罪狀？」先生接著說：「真不想再做詩了，這東西越做越好，越好就越成問題。我細算了一下，這幾年做的詩、寫給別人看、別人贈詩做了答詩或者有贈而別人不答的，總共有五十多人，這樣傳開去就不得了，所以就決定不寫。」張說：「古人所謂『詩窮而後工』，窮不一定是沒有錢的窮，更主要是『途窮』之窮，窮了什麼都不能做，只好做詩，當然越做就越窮，越窮就越工，就越不好拿出去。」先生又說想寫好字，張說：「字寫得太好也不行。」先生笑：「吾生不有，亦後何有，這就只好四大皆空了。」飯後，同去吳祖光家。

（《聶紺弩刑事檔案》，第83頁）

2月15日　張友鸞託先生轉請尹瘦石作畫，作為酬謝，請尹吃飯，並約先生及周紹良、陳邇冬、黃苗子一起作陪。飯後同到黃苗子家打撲克，先生和張、周三人一直玩到凌晨，先生輸了十幾元錢，說不幹了。張、周匆匆散去，先生謂無法回去，遂就黃家沙發而眠。

2月27日　某友人下班後來家拿取先生贈送的一包豆豉和一塊臭豆腐，順便借走一本《蜃樓志》和一本《蜃樓外史》。

晚上，在家中同某某談起鍾敬文時說：「老鍾這傢伙膽子非常之小，他極力勸我燒詩，說了很多，最後甚至於說，如果不燒，簡直是無所逃於天地之間似的。」某某說：「你呀，不燒也無所逃於天地之間！」先生說：「可不是嘛！」

（《聶紺弩刑事檔案》，第83頁）

3月1日　《人民日報》正式宣佈《李慧娘》「是一株反黨反社會主義的毒草」。

3月2日　中共中央書記處召開會議，會上對文化戰線開展的錯誤批評提出批評。鄧小平指出：現在有人不敢寫文章了，新華社每天只收到兩篇稿子，戲臺上只演兵，只演打仗的，電影哪有那麼完善？這個不讓演，那個不讓演。那些「革命派」想靠批評別人出名，踩著別人的肩膀上臺。並指出要趕快剎車。但是他的意見未能生效。

3月23日　晚，在家同友人喝茶，說：「我從北大荒回來後，熟人、老朋友抖起來的（意即得勢），我看到的是四個人，夏衍、張執一、徐平羽、邵荃麟，

現在只有一個徐平羽沒事，其他全垮下來了。再說這些人其實也不算怎麼抖，革命這麼多年，腦袋隨時懸在半空中，頂多當個把副部長，這算不得怎麼樣吧，連我也算當過個把副總編輯又算什麼呢？但是垮起來卻垮得很徹底。」某友人說：「你這四大皆空倒也乾淨。」先生說：「可不是，現在輪到我好了，一無所有，既沒有資格做當權派，已連個鳥也沒有，已經是渣子了，在我們這些人身上搞不到什麼油水了，那就不會作為被整的對象，一無社會影響，二無任何本錢，這還不清淨。」（《聶紺弩刑事檔案》，第110-111頁）

3月26日　致信高旅，云：「衛生衣已收到，謝謝。據吳公來信，似有咖啡同寄，但其中卻無此物，寄單中亦未注明，不知何故，請代詢吳公為感。又我所需之咖啡，乃一種雀巢牌者，吳公所寄亦非其物也。畫幅不知到否？吳公書謂在辦理手續中，早知如此，實不必多此一舉，贈吳公畫尤冤，因渠在羊城自有住處也。韶兄想未見及，半年前曾有書致彼，未見回信，倘晤及時便中為致問訊之意。近來有何著述，未見提及，甚念，因在彼中無此不知何以為生也。」（《聶紺弩全集》第九卷，第287頁）按，信末署「二月廿四日」為陰曆。

春　與女兒海燕到公園賞花，觀看牡丹、芍藥，並成一絕，詩曰：「三十六宮萬點霞，玉環飛燕共乘車。何來白日紅樓夢，貧賤人看富貴花。」（《聶紺弩全集》第五卷，第124頁）

4月7日　中共中央發出〈關於調整文化部領導問題的批覆〉，免去齊燕銘、夏衍等在文化部的領導職務。

4月10日　晚飯後，與向思賡等友人攀談，說到「四清」運動，中央下發〈二十三條〉，安定人心，運動開頭那種緊張空氣過去了，穩得多了；並談到最近彭真報告講得很清楚，運動主要是對黨內走資本主義道路的當權派。先生說：「〈二十三條〉出來當然是好一點，但是什麼當權派我也不信，田漢、荃麟這些是真正的當權派嗎？我看未必，再說孟超這麼一個可憐得很的人也算是當權派拿來整一頓，這還不是鬼話！現在有許多事情別人不敢說話，周總理做報告指責田漢說，田漢寫賈似道，今天誰是賈似道呢？我就是賈似道，這是公開報告，有人聽著的，這樣誰敢說話寫東西？一方面又鼓勵反抗精神，《水滸傳》的農民英雄應當歌頌了吧，可是《水滸》這些梁山英雄是反對蔡京、高俅、童貫的，今天又是誰？這一問你受得了嗎？所以就是不叫人說話。林默涵報告裡還說夏、田、邵他們是個集團，這更駭人聽聞。」某友人說：「這不會的，誰不知他們平常談不

在一起。」（《聶紺弩刑事檔案》，第112頁）

4月30日　黨沛家將回雲南，到先生家告別。周穎拿出兩張「政協」發的勞動節遊園票，要黨陪同先生遊園。

5月1日　勞動節，與黨沛家等人同遊頤和園。因不時有人要查遊園證，導致遊興全無。

5月8日　下午，和某友人到莫斯科餐廳吃飯。喝過兩杯啤酒之後，先生說：「有八個人公佈了是修正主義，陽翰笙、田漢、邵荃麟、夏衍、齊燕銘、陳荒煤和瞿白音是小的，另外有一個告訴的人記不得了，我認為是孟超，他說孟超還挨不上。」某友人說：「荃麟這次也算上了，這個人本來是很穩的。」先生說：「這和穩不穩沒有關係，隨你是什麼樣的人，遇著了教條主義都沒有辦法，政治是不可以理喻的。」（《聶紺弩刑事檔案》，第113頁）

同日　與他人一起晚餐，餐後閒談，先生說：「鍾敬文好久沒有來了，他怕我做詩牽累到他，這傢伙膽小，如果不是他一回來就勸我不要寫詩，我的詩也不燒了，這叫庸人自擾。」（《聶紺弩刑事檔案》，第83頁）

5月14日　我國第二次核試驗成功。先生好友、北伐將領陳銘樞對國家科學技術的發展十分興奮，在民革中央為慶祝核試驗成功的座談會上，心臟病突發去世。

5月20日　上午，民革中央為陳銘樞（字真如）舉行公祭儀式，先生前往祭悼。同事陳邇冬問：「陳真如生前讓你到家裡來，你怎麼不來？」答：「到他家裡要寫會客單，我就不願意。」陳邇冬說：「陳真如說過，你的許多高論都可以入《世說新語》。」（《聶紺弩刑事檔案》，第132頁）

6月2日　致信高旅，云：「你曾說收到畫後會來信，何以至今數月信尚不來？幸從吳瑞歧君來信中得知畫已收到，否則將誤會矣。今有懇者，羅斯福來京，曾託其帶詩一首（〈友誼篇〉）給梁韶兄。但封面未寫，因又將其門牌忘卻了。請兄設法使稿能達到韶手（或將韶址告羅，或通知韶往羅處取，或其他法）。此詩作了幾年，曾寄過兩次，韶一次云未收到，二次未回信。故今託羅帶去，最後又須臂助也。乞先與羅一商。今年二少作詩，字亦懶寫，春間曾過公園看過一兩次牡丹、芍藥之類，此等事前所未有，故一奉告。幾年前，兄來函索字，於前年九月開始練之，今將二年，字幾依然故我，生平所遇二難事：寫字與圍棋耳，奈何奈何。」（《聶紺弩全集》第九卷，第288頁）

7月15日　致信高旅，云：「久不得兄書，不知何故。港中友人忽均不作書，如斯福公竟不答任何渠所責無旁貸之問題，千方百計亦不能得其片語隻字，真咄咄怪事！記得曾託發一信，已發出否？又有陳君者，曾在《新晚》投稿，發表過多篇，今年未見給酬，曾函問高公，亦無答。兄知其故否？又陳想向《文匯》投稿，曾託向兄道及，兄就文論文可也。弟狀如恆，如[除]頑健外，無可告。」（《聶紺弩全集》第九卷，第288-289頁）

7月中下旬　致信黃苗子，云：「本星期五（廿三）午後六時半，在大同候光。你請，我請，或各請各，互相請，臨時再談。尊詩改後大佳，渾然一體，且道出一歷史奧祕，真合作也！惟原唱韻改，則變成我之所作都有撲空之處，奈何奈何！……聞邇翁近已入院就醫，豈贊公太過，有以致歟！」（《聶紺弩集》下，第324頁）《聶紺弩全集》未收。

7月20日　曾任「國民政府代總統」的李宗仁和夫人郭德潔從美國回到北京，周恩來總理到機場歡迎。李宗仁在機場宣讀聲明，表示要為完成祖國統一做出貢獻。

8月1日　外孫方瞳出生。

8月4日　數友人來家一起吃晚飯，飯後，話題從北大荒談起，談到馬列主義。先生說：「你知道嗎，北大荒從前那些頭頭全都垮光了，從王某人起都換下來，他們現在什麼都沒有了，組織部長最有權，犯的錯誤最嚴重，主要是浪費大量資金，生產沒成績。我們在那兒的時候就知道嘛，叫你去伐木、挖溝、割草，天天讓你勞動，但是從來沒有人想到這些勞動力花下去應當得到什麼結果。他們不懂得什麼叫經濟，就懂得這些人空下來就會造反，所以拚命讓你忙……。他們體會社會主義要經歷長的時期是在於知識分子，是要改造知識分子的問題，我們體會的是這些根本問題不能解決。」「現在存在兩個問題，一是不懂藝術，除了毛，他懂得舊詩詞，其他人什麼都不懂，個別人只懂京劇。毛懂得詩詞，但不懂世界文學，他是五四時代的人物，所以現在保存下來的都是五四時代的人，俞平伯、馮沅君、陸侃如、章士釗這些人都能過安靜生活，就是因為毛知道這些人。在黨內懂得世界文學的人，是田（漢）、陽（翰笙）、夏（衍）、邵（荃麟），現在全都完蛋了。第二，不懂民主。毛主席和魯迅，有共同的地方，也有不同的地方。在民族思想上，魯不如毛，魯迅對中國民族的估價是很低的，他自己本身就不大看得起中國人，毛公是有民族自信的；可是民主主義思想，毛不如魯，

魯迅平日很強調民主。現在提起民主好像就是資產階級思想,這是錯的,一方面也知道自己缺乏民主,也拿民主來做號召,八月一日的文章題目就是〈中國人民解放軍的民主傳統〉,這是因為沒有,所以故做宣傳,所以不是不知,知道了故意加以掩飾而已。」「馬克思、恩格斯指出了人類的前途,但是馬恩列對於許多問題沒有解決,封建主義、資本主義過渡到共產主義是個異常曲折的道路,也許開始走歪了的是史達林。論理,當然是遵循馬恩的道路走,可是具體到行動,就是說當了最高的統治者,就有如何鞏固自己的問題,這個問題是為集體還是為個人?這個界限很難劃得清。但是為了鞏固,他不能不搬用過去那一套,甚至他本來反對的沙皇曾經用過的那一套。馬克思、列寧都沒有預見到封建主義、資本主義的陰魂怎樣滲進革命最高領導的意識當中去借屍還魂。現在黨的工作、組織路線,反帝反資的方向,都是對的,主義沒有錯,問題在於領導人,在於封建主義、資本主義的陰魂在借屍還魂,在領導之間借屍還魂。」(《聶紺弩刑事檔案》,第121-123頁)

8月7日　致信高旅,云:「久不見來書,令人大惑。偶與人談看相算命之事,以兄所算例實之,其人聽後即追問何人何地,堅託請為他算一個。推辭不掉,只好將他八字寄上,希兄暇時一算,倘無暇或不願算,請於來信時帶一筆,說不算就行。八字為『乙未、己卯、庚午、己卯』,另一命則其新添一孫,六五年七月一日(陰陽曆未說)早晨一時。老者能活幾歲,小者能否養得?以直言為佳。」(《聶紺弩全集》第九卷,第289頁)

8月11日　致信高旅,云:「杜集有〈舟中苦熱遣懷呈楊中丞通簡臺省諸公〉,看來此中丞職位似不低,因思尊著《秋傳》秋娘亦呼中丞,其職位似不高,秋娘去工部為時不遠,而中丞一稱似頗不同,豈內外男女之分耶?知公必有據,有暇請一告,老懶已成痼疾,未翻任何書,故有此愚問。幸宥,幸宥。我於八一添一外孫,附告。此一第三代也。」(《聶紺弩全集》第九卷,第289頁)

8月19日　晚,和某友人閒聊說:「香港出版了小說《杜秋娘》,像這樣一個有才能的作者,他知道中國現代人的生活比知道唐代人的生活肯定多得多,可是他不能寫現代人的生活,只好寫唐代人的生活,因為寫現代人的生活犯忌諱,所以不得不厚古薄今,這種厚古薄今是不得已的事情。寫正面人物、英雄人物是從古以來寫不好的,《三國》寫劉備、關雲長都寫得很不成功,《水滸》寫宋江寫得失敗得很,寫張飛、曹操不作為正面人物處理,也不把他們作為英雄,《水

滸》中的林沖、李逵、魯智深這些人物和張飛、曹操一樣都不是頂尖的人物，都寫得非常生動，比起劉、關、宋江這些人物不知高出多少倍。讀《三國》會覺得作者把曹操寫成了一個真英雄，而劉備卻是個土偶人，老拖著眼淚鼻涕的可憐蟲，『天下英雄唯使君與操耳』這句話簡直與劉備不相稱。這不是什麼人提倡或者作者主觀想寫就可以寫出英雄人物來的，我命令你寫一個英雄人物出來，這是笑話。」（《聶紺弩刑事檔案》，第113頁）

8月23日　致信高旅，云：「覆信收到。尚憶在最近兩函之前，即斯福君由京返港之時，曾有一函請兄詢問斯福所辦我託之事，並未提及，不知何故？且斯福亦不來信，欲問之事至今猶懸而未解，殊悶人也。我之外孫係八一誕生，我並無請兄算命之意。古人云：不疑何卜，我無得失心，至其前途與我料無關涉，又何問焉！至某君之孫，陰曆、陽曆問題猶未解決，因見著他時忘記問他也。近來除讀法文外，寫何作品？此為大事，未見談及，故問。」（《聶紺弩全集》第九卷，第290頁）

9月23日　和友人談論李杜，云：「李白並不是怎麼了不起的詩人，少年人喜歡他的天才橫溢，其實生活體驗不深。杜甫就不同，像我們這樣的人越到老就越愛讀杜，人生的體會深了就會發生共鳴。杜甫最好的詩還是安史亂後流離失所的時候做的，沒有過一段失意生活，詩做不好，我自己對此有深切的體會。」（《聶紺弩刑事檔案》，第275頁）

秋　和蕭軍一道看望呂熒，被呂熒誤認為是來抓他的人而拒之門外。

10月11日　晚上，同友人在書房關起門來聊天，談寫詩，談時政。

先生說：「我們的失敗主要是內政問題，三年災荒，三面紅旗，暴露了一切弱點，你這個社會主義都不能解決人民最基本的吃的問題，那你這個社會主義的好處在哪裡呢？蘇聯也是從我們的三年災荒看出問題來，所以敢於放棄和我們聯盟，敢於不要一個鄰近大國……[筆者略]。今天有許多新的問題是社會主義時代，列寧以後的時代無法解決的問題。一是為什麼建成了社會主義社會的國家，中國、蘇聯在內，都無法解決國內的生產問題和糧食問題？二是為什麼擁有原子彈的帝國主義國家，在自己絕對強大的時候都不使用原子彈？不管是什麼國家的馬克思主義，能夠運用正確理論來解決這兩個問題，他就是當代最偉大的馬克思主義者，他的理論就可以指導全世界前進。」（《聶紺弩刑事檔案》，第126頁）

10月29日　晚上，同張友鸞、龔之方等友人在「五芳齋」吃晚飯。席間有人

說到「徐放已經出來了」，先生說：「怪呀，他既名『徐放』為什麼先放呢？他應當後放才對呀！」晚飯後到和平餐廳喝咖啡。先生談到：「國際的情況不好，現在聽說又要轉過來扭轉國內的空氣，開始用擴大統一戰線的方法來緩和知識分子的感情。把李宗仁拉回來，大搞孫中山生日的紀念等等，現在據說中央許多領導人都知道有問題，想法子要扭轉……。剛才說徐放出來了，其實不只徐放，胡風也早就打算讓他出來，潘漢年他們都出來了，胡風為什麼不出來呢？說他是反革命，但是從他所有的事實來看，沒有一點可以說是反革命的理由。進去既然沒有理由，那麼出來又借什麼理由呢？這就很難了，所以胡風一直無法出來，大家也不敢提。其實現在的問題不是什麼李宗仁、孫中山可以挽回得了的，問題不在這裡，問題在於對知識分子的問題，現在把所有革命的知識份子全都趕出外頭，這是致命之處。工人、農民這些都好辦，你可以隨便搞掉，命令他們怎麼樣就怎麼樣，知識分子就不行。過去我們從來都沒有對工作對生活感到疲遝，最困難的時候我也覺得幹起來有勁，原因是有個理想。現在呢，好多人都是幹一天算一天，你叫我怎麼辦就怎麼辦，你叫我幹這個我就幹這個，你叫我下去我就下去，你叫我『四清』我就『四清』。其實『四清』搞出什麼名堂呢？一點都不解決問題，相反的暴露了許多嚴重問題，知識份子原來不瞭解的，現在就更不清楚了，原來農民問題一點都沒辦法。林巧稚就說到農民連六分錢一支的眼藥水都買不起，你想，解放了十六年農村還是這樣的情況，你幹的什麼工作？」（《聶紺弩刑事檔案》，第127-128頁）

11月2日　晚上，與張友鸞、周紹良等多人，合請香港《大公報》來京的陳凡在聚豐園吃飯。席間，先生說：「我託你辦一件事好不好？」陳問：「什麼事？」先生笑道：「給我到『香港商務』搞個編輯做做。」陳笑：「兄弟人微言輕，此事不見有效。」先生又說：「你說說看嘛！」陳笑：「說說可以，只怕商務方面當作耳旁風而已。」（《聶紺弩刑事檔案》，第62頁）

飯後，先生被立時舉報，相關機關認為有「叛逃」危險，遂加強監控。

11月3日　致信陳邇冬。云：「蘭事主人每不在家，須得當以報且恐言之不成或成而非心願，故踟躕中。不知兄與谷公關係如何，倘由渠言之或較好也。」（《聶紺弩全集》第九卷，第161頁）

11月6日　上午，與友人到莫斯科餐廳吃飯，飯店冷冷清清的，兩個服務員在門口談天。先生說：「像這樣一個餐廳虧多少本！奇怪，商業部門就可以不

管，要是在外國早就關門大吉了。這裡的服務員是來享福的。社會主義可以幹活，也可以不幹活，一樣拿錢，老闆大，賠得起，可是養成了許多新的寄生階級。過去沒有經過社會主義，幻想得很美，現在身在其中才發現有無數問題。記得列寧說過的，資本主義有許多優點，是列寧說這話。資本主義最大的缺點是剝削，剝削別人當然不好，但許多制度我們要學。你看從前上海人做生意對待客人的態度，和現在店員的態度，誰是真正在服務⋯⋯。」（《聶紺弩刑事檔案》，第128頁）

　　午飯間又同友人談老子和莊子，說：「我現在深深體會到『為無為』這話有深切意義，老子叫人『為無為』，就是要做到順任自然。知識分子應當幹什麼事，就叫他幹他的，不要去打擾他干涉他，不要一天到晚指揮他命令他幹這個、幹那個，不能幹這個、不能幹那個，他自然能寫出好的作品來。你不是搞文藝的，可是偏要對文藝問題出許多主意，寫書記要寫成都是英雄都是神，可是寫出來群眾不愛看，他媽的世界上沒有這種書記，毫無缺點的人物你怎麼寫？康生說，你們為什麼都搞到古典那裡去了呢？其實為什麼，不是很簡單嗎？現代的東西不能搞，一搞就錯，越是現代的題材越不能搞，你寫毛、周，你敢寫？寫一筆都有無數人給你指手畫腳，所以只好搞古典的東西，使現代文學開倒車。其實，一件作品只要它對社會主義有好處，為社會主義目的對頭了，管他中間人物、英雄人物，都可以寫。把人物分開幾類，這是中間人物，那是英雄人物，然後辯論什麼能寫什麼不能寫，這是無益的辯論，自找麻煩嘛！所以兩千年前的老莊是哲人，他叫人『為無為』才可以有為。吳祖光同我說過，打開《人民文學》，沒有一篇作品要得的，沒有一篇作品可以稱得上文學，這一句很沉痛，值得有些人深思的。」（《聶紺弩刑事檔案》，第114頁）

　　11月10日　上海《文匯報》發表姚文元的〈評新編歷史劇《海瑞罷官》〉一文，揭開「文化大革命」的序幕。

　　11月26日　北京市高級人民法院判處胡風有期徒刑十四年。十年已經過去，還有四年監外執行。

　　12月6日　晚間與人閒談，談論《文匯報》幾篇關於《海瑞罷官》的文章。

　　先生說：「現在一切是非都沒辦法說⋯⋯，現在是誰也不敢、不想寫文章，就是怕這個（沒有是非講）。老舍說，他現在寫一百字就頭痛，他不寫了。吳晗、老舍，這些還不說，夏衍、田漢、荃麟、胡風、艾青⋯⋯，這些人一個一個

地弄垮，這些人都不讓寫，人家是幾十年的老革命，這些人都不讓寫，吳晗這些
又有什麼可談呢？寫歷史都不讓寫，現代的更有什麼能寫呢？姚文元這個人我非
常討厭他。本來嘛，把清官、貪官、好官、壞官一律抹黑，都是封建統治階級，
這就沒有歷史，也沒有誰推動歷史前進的問題。你說人家寫謝瑤環、寫海瑞就是
反對『大躍進』，反對『三面紅旗』，這不得了哎，這就是封人家的筆！你以後
可以拿任何作品來判決任何作家犯罪，可以判決吳晗，也可以判決聶紺弩！文藝
作品有影射時事的事例，歷史上很多，但也有絕不牽涉時事的，這是個文學史的
普通常識，不分青紅皂白的一律指為以古諷今，這有什麼公道？你可以問田漢，
也可以問吳晗，但是你不能憑人家的作品你就下結論！」（《聶紺弩刑事檔案》，
第136頁）

又與友人談到北大荒，說：「現在沒辦法，當局對於內政的許多問題都還
不覺察，都還執迷下去。比如說北大荒不宜於大規模開發這個問題，這是很清
楚的。開荒，開了許多生荒，沒辦法種，反而損害了土地，開了荒，用拖拉機播
種，都無法收割，用人收割割不多，損失了，連種子錢都收不回。這其實是三歲
小孩都知道的事，偏偏要這樣幹。伐木也一樣，幸好伐木的人都不真照計畫幹，
三個人一組，找個偏遠地方躲下來睡覺，到時候胡亂伐兩棵回去報就是若干若
干方。如果真的都照計畫幹，那個浪費就大得驚人，伐好了運不出，爛在原地，
浪費了人力物力，造成了無比的消耗，這叫做建設？一切事情都是這樣，上下蒙
蔽。」（《聶紺弩刑事檔案》，第128頁）

12月上中旬　致信黃苗子，云：「一、伊帖請帶賞拜見。二、祖光有意請吃
毛肚，請與之約好後以信通知我，我便自去。三、歪詩兩首呈政。四、祝好！」
（《聶紺弩集》下，第325頁）

按，《聶紺弩全集》未收。

12月15日　夜晚致信黃苗子，云：「有蕭離者，住和平里，囑我同兄往他家
玩。又有謝鶴羹者，住香山，亦囑同兄到他家去玩。兄倘有興有暇，請賜知，我
願陪往。又祖光兄請客事，何日實現，有所聞否？毛肚已開堂，在絨線胡同，如
光兄處尚須稍候，我輩何不自往。我之電話偶一打之，未嘗不可也。」（《聶紺
弩刑事檔案》，第142頁）

按，謝鶴羹，應為謝和賡。此信《聶紺弩全集》未收。

12月22日　約人一起晚飯，飯間談話主題是莊子，先生說：《「莊子·內

篇」第一篇就是〈逍遙遊〉，是什麼意思呢？就是要求自由，要求打破枷鎖。這就很清楚，什麼人才有這種要求呢？」（《轟紺弩刑事檔案》，第141頁）後又說到：「近年來神經病的人很多……，而且多數神經病人都是政治原因。問題確實很多，現在是靠人的覺悟來生存，物質條件這樣差，生產搞了十幾年搞不好，你就靠一個覺悟活下去？這叫做自欺欺人。弓弦不能拉得太緊，這是古人早就說過的了，拉弓拉得緊有許多可能發生的情況，拉緊了以後就鬆了勁兒，第二次就沒法拉了；再說，拉緊就有斷的可能；第三，拉緊了也有失手的可能，一失手，弓弦就把胳膊都打斷。可現在的情況是硬把弓弦拉得緊而又緊！」（《轟紺弩刑事檔案》，第129頁）

　　是年　作舊詩約十幾首，如〈贈浩子〉、〈邇冬出院〉、〈鍾三往「四清」〉等。

1966年 六十四歲

（丙午）

1月初　胡風回京候審。

1月11日　致信高旅，云：「中丞材料，似應注入書中。前日尹瘦石來，已將《杜秋》著取去，讀後想當有以報命。據云故宮藏有元人繪杜秋像，後書杜司勳詩，惟現已祕藏，不肯展出，無法臨摹矣。又黃苗子亦來，云渠有法將故宮此畫攝影，惜此時最有法之人出外四清，一時不能歸耳。似此假以時日，似亦有以報命也。但我並不迷信古人。我近閱漆園著作，讀過十幾家注批之類，除訓詁派本只在賣弄其《說文》知識，原不求解文意者外，覺無一人真懂漆園者。故元人所繪杜秋，乃元人所理解之杜秋，未必尊著中人物，費事太多，縱能攝出亦未必配合。但我亦不迷信今人。眼前之例如瘦公者，腦中幾無任何創意，除畫柳亞子偶有成功處外，無一可取。兄昔曾囑我勸其學詩，最為得竅，惜此公與詩最為無緣。職是，我對杜秋像蓋不甚樂觀云。尊著《困》早承賜讀過，並已略陳意見，大致謂在尊作中最富現實主義特色，能抓住一個時代特徵，我實喜愛，惟間有惟恐讀者不懂而故作嚕囌重複之處。不料兄連此事一齊忘之，足見拙見之不足造成印象矣。除夕將屆，擬作〈除夕奉懷〉一首：問題端在幾篇詩，三問王倪四不知。上月曾來半封信（主要問題且聽下回分解，故云），今宵定賣歷年癡。寥天一鶴誠高矣，香港九龍要慎之。畫杜秋娘誰更好，先生筆是尹公師。」（《聶紺弩全集》第九卷，第290-291頁）

按，信末署「十二月廿二」，實為陰曆，即西曆1966年1月11日。

1月15日　周穎因胃病在家，先生為其煮蛋花湯喝。有友人來訪，閒談時事。

> 周穎：最近北京的備戰空氣十分濃厚，不但每個幹部要在機關挖防空壕，把許多人累得要命，日常工作也放下不搞了，還規定讓大家討論機關要不要保留，不必保留的機關都解散，年老的就退休；還有的機關保留下來有無必要待在北京，或整個機關遷移，有些幹部就調動，把機關精簡，或有些人調到地方去，弄得人心惶惶。每隔一個時期就製造一次緊張空氣，老實講，這些辦法我不同意，也不瞭解

為什麼隔一個時期就折磨人一次，叫人不得安生？現在誰也不知道自己明天怎麼樣，照理說，要把國家生產搞好，也得讓人家有個安靜的時刻來做做研究工作，總是搞得你心煩意亂，安定不下來，人人都無法安於自己的職業。

先生：人家是不要搞生產，一九五八年以後生產就已經垮了，一直到現在都沒辦法，大家餓著肚子搞什麼生產呢，機關除了軍事機關和政權機關之外，都可以不要，要有什麼用呢，不解決他們要解決的問題。

周穎：我們國內的情況，用句老話說就叫軍人當政，這兩年所有機關的領導都換了軍人，連文化部長都換了軍人。

先生：按照馬克思主義的主張，一個社會主義國家怎麼可以天天講打仗？馬克思主義和黷武主義是背道而馳的兩回事。蘇聯主張和平，主要是贏得時間來搞生產建設，沒有大量豐足的生產，談什麼共產主義，主張和美國有一定限度的接觸，原是不錯的，全世界的生產只有美國是先進的，可以在經濟上利用和美的接觸，吸取那些優秀的技術來促進蘇聯的生產，這並沒有錯。

周穎：卡斯楚說得很對，現在是中蘇兩大國爭權奪利，卻犧牲了古巴、越南這些小國。

先生：中國這一手是很厲害的，蘇聯的領導人現在最傷腦筋的也在這裡，就是把全世界的共產黨都分裂為兩派，有的掌權的是親華派，有的掌權的是親蘇派，但是總的還是兩派，這可是便宜了誰呢，便宜了帝國主義。

（《聶紺弩刑事檔案》，第143-145頁）

1月17日　宋雲彬日記：「寫信給聶紺弩。」（《宋雲彬日記》下冊，第951頁）

1月18日　致信高旅，云：「除夕將屆，詩已作過，只好寫此拜春節耳。尹公已將所畫秋像送來，作畫經過已見渠函。我看不如上題之杜司勳詩的字好，字確不錯，像臉多出一塊，臉設色、衣著無色，均屬缺陷。此公曾云為你畫瘦馬圖，至今未成，胸中無此物也。每作一畫，幾乎均與我意想相左，無法可施，起初對之頗存希望，今逐漸將希望打消，反正其所畫馬亦不減於悲公，斯亦足矣，

何須更曉曉為！另紙能轉韶兄則轉之。專此頌安。尹畫日內當寄出。」（《聶紺弩全集》第九卷，第291頁）

1月下旬　胡風約先生夫婦來家晤面，徵求是否去四川的意見。兩家人熱熱鬧鬧吃了一個晚餐。

1月30日　宋雲彬日記：「紺弩來信。」（《宋雲彬日記》下冊，第953頁）

2月4日　與張友鸞、周紹良、黃苗子等在「恩成居」晚飯，然後漫步到東安市場。其間，談到《海瑞罷官》。周、張都說：「現在動輒得咎，古典文藝不能搞。歌頌海瑞固然可以說是借古諷今，批判海瑞也可以說是借古諷今，為什麼在這個時候單單拿出一個海瑞來批評？《膽劍篇》，說實在的，我們就反對在那個時候來演出，越王勾踐是亡國的，我們的國家剛建立，方興未艾，為什麼拿臥薪嚐膽來比喻我們今天呢？這不是借古諷今嗎？」先生說：「你們這些都是皮毛之見，海瑞、包公不是吳晗第一個提出來的，第一個提出的是這位（豎起大拇指），他不過是聽了上頭的指示寫成劇本、寫成文章而已。當時上頭提出來是因為底下亂七八糟，貪污弄權的太多，主張有些清官去進行調查整頓。所以吳晗如果在學術上批判的話，他承擔了，那就沒有問題。問題在於他那篇檢討，觸及了廬山會議的祕密，這就問題大了，這就構成嚴重的問題了。廖沫沙的『有鬼無害論』從哪裡出來的呢？正是從何其芳的〈不怕鬼的故事〉套出來的，何其芳也不敢大膽冒提倡封建迷信的險，他也是根據上頭的指示……。《膽劍篇》也不是曹禺的意思，是上頭的意思提倡艱苦建國，就把臥薪嚐膽提出來嘛。要不是有這一點保證，今天可以有一千篇文章發表出來批判曹禺。」（《聶紺弩刑事檔案》，第144-145頁）

2月15日　胡風由梅志陪同離京赴成都，繼續監外服刑。動身前的一個晚上，先生「親自來送別，並書贈條幅一張，詩云：『武鄉涕淚雙雄表，杜甫乾坤一腐儒。爾去成都兼兩傑，為攜三十萬言書。』以後就只有書信來往了，並且他的每封信都附有詩作，而胡風也是每詩必和」（梅志〈悼念之餘〉，《聶紺弩還活著》，第188頁）。

梅志《胡風傳》：

　　胡風要M打電話告訴老聶夫婦，已決定去四川，並很快就走。當天晚上，聶一人來了，是表示送行之意吧。老聶和胡風談了很久，分析了當前

的一些情況。他看問題很深，也敢大膽說出自己的看法，但他又學會了謹慎，不再像過去懶散灑脫了，簡直成了一個有修養的思想家！他從紙包裹取出一幅他親筆書寫的條幅。字很漂亮，看得出很有功底，可惜紙不太好。詩是這樣的：「武鄉涕淚雙雄表，杜甫乾坤一腐儒，爾去成都兼兩傑，為攜『三十萬言書』。」這使得胡風很是感動，他們又談起了詩。他又送給胡風一套俞平伯校的《紅樓夢》八十回本及好幾本他搜集的《紅樓夢傳奇》、《紅樓圓夢》等，意思是希望胡風好好研究《紅樓夢》。

快11時，他們才情深意摯地分手告別。胡風夫婦站在門前的陽臺上，高個的老聶在春寒料峭的深夜，穿著一件黃色風衣，獨自在行人稀少的路上彳亍走著……

（《梅志文集》第三卷，第472頁）

2月18日 晚上，與友人在飯間說：「張友鸞最近情緒不好，不想出來。他是被通知不讓給香港寫稿子了，他說一共有四人，其中有一位教授，不知是誰，他說是龔之方告訴他的。香港稿費從十二月份起，也由每千字十元改為五元，所以友鸞意興闌珊。」（《聶紺弩刑事檔案》，第295頁）漫談時先生又說道：「現在農夫也不好當。從前的農夫向地主納了地租之外，那塊地怎麼種，他有完全的權利，他有種地的本領可以完全自由地施展在那塊土地上。現在的農夫一點權利沒有，叫你種什麼你就得乖乖地種什麼。種了之後，全部被人拿走，結果自己一無所有，這樣的制度是沒有辦法搞生產的。連賣菜的也不好當。過去賣菜，他知道這條街道住些什麼人，他們的胃口喜歡吃什麼，到時就販進什麼菜來供應客戶，自己賺點小錢，安樂生活。可是現在呢，你沒有選擇貨色的自由，上級分配什麼你就賣什麼，你用不著去瞭解顧客的胃口，因為你瞭解了也無法供應。你拿很少的一份薪水，就坐著等分配工作和指定學習，你不做比做好，可以少犯錯誤。這樣，賣菜的也就無所施其本領，積極性也發揮不出來。這是個自由問題。」「現在主要的是人的權利問題、自由問題，也是莊子提出的逍遙遊，現在人們要求那種逍遙的境界。莊子高就高在他藐視一切，自己找到這個境界。現在社會是相反的，天天在『鑿渾沌』，這樣鑿，不到七日，渾沌就會死的。」（《聶紺弩刑事檔案》，第146-147頁）

2月20日　下午到和平里蕭離（原《大公報》記者）家，談北大荒，談文懷沙。

3月3日　致信高旅，云：「尹公之畫已交龔之芳君，於有便人時帶交穗辦事處，據云日內尚無機會。此事本可早了，因尹公之意以不折疊為佳，故不便郵寄。龔君又離京過年、探親等事延誤多日，有勞懸盼，至歉，至歉！」「某公寫紀念《海燕》文章讀過，是亦有心人也。此刊封面版式設計，乃區區臨時所為，當日迅翁及同人均甚稱讚，今某公文亦頗感興趣，是我平生大事一件。但我自覺不錯者，則為《熱風》封面設計，而第一期配色尤佳，似曾有人口頭道過，以非名刊自無文字涉及者。」「五四後新詩，其佳者確在文學上闢一新境界，此與學外國詩頗有關係。至今新舊異體並存，實為兩物，各不相能，而舊詩終以難為通俗，通俗太過，又已不成其為舊詩，故雖有大力，亦不能使之重歸文學與小說、戲劇同科。新詩則儘管有不可人意者，卻終為文學形式之一。其中原因非一，可談者亦多，惜無人談之耳……[筆者略]。目力日差，寫字看書都不能持久，可恨！」（《聶紺弩全集》第九卷，第292-293頁）

3月4日　晚上，友人黃某到訪。先生說：「下午出門，找這個找不著，找那個出去了，最後到陳邇冬那兒坐一會兒，回來路上碰到儲安平，到他家殺了一盤棋，人家要吃晚飯，只好回來了。」然後又說：「昨天打電話你不出來，我一個人到莫斯科餐廳吃晚飯，吃完了碰到黃藥眠，他同我談起，要找十個大家都認識的人，第一次由他請客，在廣東酒家吃一頓作為聚餐的開始，以後便每月一次，各人出錢。意思是年紀老了，又沒有什麼事可做，所以找點兒吃的，大家聚聚的意思。他問我有什麼熟人，我提出一個鍾敬文，一個你，一個陳邇冬，你有沒有興趣參加？」黃某說：「可以呀，大家出錢，一個月不過兩塊錢的事。」（《聶紺弩刑事檔案》，第148頁）

3月5日　約鍾敬文在中國書店見面，繼而到虎坊橋湖北餐廳吃中飯。鍾拿出他寫的一首〈參觀收租院泥塑展覽〉詞讓提意見，先生說：「這首詞只寫你參觀後的感想，沒有提到泥塑的藝術性，美中不足。」鍾說：「我這是政治掛帥。」先生說：「本來現在要歌頌的就是政治，就是共產黨毛主席的英明。大家看『收租院』也是看政治，誰在真正提倡藝術？誰是真正為欣賞藝術去看展覽的？這種人不多，當然你是少數人中之一。我看，今後任何藝術形式不要，掛上『政治』兩個字，就有人看半天。」（《聶紺弩刑事檔案》，第148-149頁）

3月8日、3月22日　河北省邢臺專區隆堯縣、寧晉縣分別發生六點八級、七點二級的大地震。兩次地震死亡八千多人，傷三萬八千人。時先生女兒聶海燕、女婿方智訓[11]均在邢臺參與「四清」運動，幸而無恙。

3月14日　與人閒談，說：「鍾敬文這個人很怕事，連同我們往來都怕，勸我不要做詩，連我拿詩給他看他都怕。其實怕有什麼用呢？你什麼都不動、不寫，好了吧，可是人家都會給你算舊帳，把你的舊作品拿出來批，還不是一樣倒楣！」（《聶紺弩刑事檔案》，第84頁）

3月28日　致信高旅，云：「尹公所畫之秋像，不知龔公已帶至尊處否？念念。茲有給梁韶兄信一紙，因忘其居處門牌，只得寄兄託發，有煩之處亦已多矣！謝何勝云兄近有何小說發表，甚念，來函未見提及，尤覺歉然。我則老態日顯，無事可作，固無可悲，亦無可樂，故無法也。」（《聶紺弩全集》第九卷，第293頁）

4月4日　致信高旅，云：「大札收到，適瘦公在此，順便將兄意告之。兄將結婚，此乃大喜，不知何故延誤至今。函中對夫人諸多稱述，然不如寄一雙照。拙著久擬出版，後因方針之類有所變更，致受影響，然非我一人如此也。平生出書運氣極壞，故亦慣之矣。前抄杜詩並非善本，亦未全抄，不過類編其有關政治者。此為自習之事，抄後則不免思有評隲，因無實用，散懶已慣，故復閒擱。近抄《莊子》，覺較杜詩更饒興趣，且有前人所不知之見，頗思發抒，因此而從事涉獵先秦一切著作，及《史》、《漢》以下諸所謂子書之類，而偶有會心則欣然忘食。十年前博覽馬列主義經典諸書，曾有此境。少壯不學，老始親書，古人所謂秉燭夜遊，自娛之外，尚復何用！偶思孫吳韜略之類，倘於軍事教育之前知之，當別是一番光景，因復自笑。詩亦偶作，迄少佳句，且覺有數事為詩所引起，故亦懶抄呈。兄既提及，他日或為抄奉。小外孫已八月矣，家中因之增加樂趣不少。」（《聶紺弩全集》第九卷，第293-294頁）

4月10日　中共中央批准〈林彪同志委託江青同志召開的部隊文藝工作座談會紀要〉。〈紀要〉說建國以來文藝界「被一條與毛澤東思想相對立的反黨反社

11　方智訓，黑龍江哈爾濱人，中國歌劇舞劇院作曲家，代表作品有箏曲〈南海漁歌〉（1975年）等。據趙青回憶：「創作組成員……，另一年輕人叫方智訓，音樂學院畢業，在民樂隊演奏揚琴，很聰敏，會作曲，我們都叫他『小和尚』（他是我院舞蹈演員聶海燕的丈夫，『文革』中自殺身亡）。」（《我和爹爹趙丹》，北京：崑崙出版社，1998年，第200頁）

會主義的黑線專了我們的政」，並聲稱：「要堅決進行一場文化戰線上的社會主義大革命，徹底搞掉這條黑線。」

5月4日至26日　中共中央政治局擴大會議在北京召開。會議批判了所謂彭真、羅瑞卿、陸定一、楊尚昆的「反黨錯誤」，並決定停止和撤銷他們的職務。

5月16日　中央政治局擴大會議通過了毛澤東主持起草的指導「文化大革命」的綱領性文件〈中國共產黨中央委員會通知〉（即〈五・一六通知〉）。通知要求各級黨委奪取文化領域中的領導權，號召向黨政軍文各界的「資產階級代表人物」猛烈開火。

5月19日　宋雲彬日記：「下午四點後，鍾敬文、黃藥眠、聶紺弩先後來，請他們吃了頓豐盛的晚餐，聊閒天，直到八點，他們才同雲裳、阿莊一道出去，分別回家。」（《宋雲彬日記》下冊，第971頁）

5月28日　中央文化革命小組成立，組長陳伯達，顧問康生，副組長江青、張春橋等。這個小組逐步取代中央政治局和中央書記處，成為「文化大革命」的實際指揮機構。8月底，江青代理中央文化革命小組組長。

5月31日　根據〈五・一六通知〉的要求，陳伯達率領工作組進駐人民日報社奪權，掌握報紙的每天版面，同時指導新華社和中央人民廣播電臺的對外新聞。

5月　始於1963年的社會主義教育運動（即「四清」運動，「四清」是清政治、清經濟、清組織、清思想）結束。

6月1日　《人民日報》發表社論〈橫掃一切牛鬼蛇神〉，提出「破除幾千年來一切剝削階級所造成的毒害人民的舊思想、舊文化、舊風俗、舊習慣」的口號，預示「文化大革命」即將展開。之後，先生被兩次抄家。

8月1日至12日　中共八屆十一中全會舉行。8日，全會通過〈關於無產階級文化大革命的決定〉（即〈十六條〉）。

8月18日　毛澤東接見紅衛兵。「文化大革命」全面發動，大串聯開始。

8月24日　中國文聯副主席老舍不忍屈辱，自沉於北京太平湖。先生寫了「周文老舍都成鬼，漢武秦皇轉笑人」，這是他被捕入獄之前留下的最後文字。

8月底　陳邁冬被人文社「紅衛隊」抄家，後隔離審查，定為「現行反革命分子」。

9月23日　抄錄七首舊詩致胡風，並附言：「抄作暫止於此，暫時彼此亦不

必以詩互惠。日前楊山人兩詩，實下走擬偽造歷史，不圖公似信之，一笑。又，周公曾[言]告老遷蓉，今成笑談矣。」（《聶紺弩致胡風信》，《新文學史料》2012年第1期）

按，楊山人，唐代人，名字不詳，李白有贈楊山人詩數首；周公，指周穎。

9月 胡風夫人梅志被通知離開成都，去了偏遠的勞改農場。

10月1日 致信胡風，云：「今年為魯叟卅年忌，年初便聞將有盛大紀念，近來此說反寂。或此或彼，均不與我輩事，自可不問。但我卻想起一段懸案，欲請閣下決之。前在申時，有人出魯作《野草》詩相示，據云《野草》一書原為舊詩若干首，後始就詩意改寫為語體文，文成而詩廢矣。彼蓋從近魯者如許、茅諸公處抄出，所抄亦非全豹。我所見者僅九首，乃轉抄六首於初版之《野草》中。……然因之不免書籍狼藉於地，使久已失蹤之原本《野草》忽從灰堆中躍出，偶然檢視，卅年所抄之六詩巍然尚存。大喜過望，再三環誦，愈覺不似魯詩。今抄呈閣下，或能辨之。」（《新文學史料》2012年第1期）

按，「魯叟」指魯迅；「許、茅」即許壽裳、茅盾。此段情節係假託，非事實。

10月 青島嶗山縣中學生陳繼明（博州）到北京「串聯」，在第十六中學被查抄的書刊堆中撿得文懷沙所失先生《馬山集》。先生至死也不知道這本小冊尚在人間。

11月4日 致信胡風，云：「長信收到。如此絞腦汁，與病體大不相宜，甚悔弄此小玄虛，致兄大耗精力，罪甚罪甚！」「致穎公書已交出，此公忙於外孫事，已到焦頭爛額不茶不飯之境，何時作答彼自不知，我亦不敢問，兄亦不必望也。家中人身體均好，惟三妹似得怔忡症，腦筋不大管事，可慮。望兄靜養，倘得好轉，千乞見告。此候痊安！」（《新文學史料》2012年第1期）

按，「穎公」指周穎。

11月8日 致信胡風，試解「某君詩」。按，其實為先生所作〈血壓〉二首之二，可能從其他途徑為胡風所知。（《新文學史料》2012年第1期）

12月9日 中共中央發出〈關於抓革命，促生產的十條規定〉（草案）。

是年 作舊詩約二十幾首，如〈金臺〉、〈贈胡風〉、〈風懷〉、〈血壓〉等。

卷六　運交華蓋作楚囚

1967年 六十五歲

（丁未）

1月1日 《人民日報》、《紅旗》雜誌發表社論〈把無產階級文化大革命進行到底〉。

1月5日 上海《文匯報》發表上海工人革命造反總司令部等十一個所謂「造反派」組織1月4日發出的〈抓革命，促生產，徹底粉碎資產階級反動路線的新反撲──告上海全體人民書〉。由此掀起反革命的「一月風暴」、「全面奪權」的浪潮。

1月上中旬 預見暴風雨將臨，兩次書囑胡風焚信毀詩，自己也將胡風信札燒毀。並作〈全撕某詩稿〉云：「風雨倘來某在斯，只愁無地著君詩。令人不作三公處，是爾吟安一字時。疾視衷悲天地窘，浩歌狂熱鬼神嗤。誰曾崔女情書讀，我當晴娘扇子撕。」（《聶紺弩全集》第五卷，第210頁）

1月13日 中共中央、國務院頒佈〈關於無產階級文化大革命中加強公安工作的若干規定〉。因其內容分為六條，所以簡稱〈公安六條〉。其中規定凡是「攻擊污蔑偉大領袖毛主席和他的親密戰友林彪同志的，都是現行反革命行為，應當依法懲辦」。

1月24日 致信胡風，云：「詩文事如隔世，乃修養上一大飛躍，淺人自難臻此。但覺不吟不飲何以卒歲，無詩無句寫信何為？胸中自有相思樹，不假鄰園郭橐駝，開花結果，乃逢一於此事如隔世之人，奈之何哉！此得書後久稽作答之故也。然世有返老還童之說，修養境界當亦時有進退，惟思有日兄退回舊境，把臂重逢，傾囊千詩，相與掀髯，當是老至大樂。此時且復忍此悶悶。」「拙狀頑健如恆，老妻亦好。外孫活潑頑皮，會說會走，見書報之類便扯，想異時不致更作書呆，惟恐其或作批評之作耳。一笑。京中久無雨雪，日來奇暖，川西氣候當較佳。匆此奉覆，頌雙福！」（《新文學史料》2012年第1期）

1月25日 深夜，在東直門外新源里家中以「現行反革命」被逮捕，投入北京功德林第二監獄。案由：「犯有現行反革命罪，惡毒攻擊社會主義，惡毒攻擊文化大革命，惡毒攻擊無產階級司令部，書寫了大量反革命文章。」因無正式法律手續，故家人很長時間不知去向。

吳丹丹《一束小白花》：

　　我永遠也忘不了那一天，一九六七年一月二十五日。已經是深夜十一點多鐘了，窗外黑漆漆的，北風呼呼地吹，我蜷縮在溫暖的被窩裏看大仲馬的小說《基督山恩仇記》。父親、母親、姑姑都在他們自己的房間裏，大家都沒睡。這天夜裏格外的靜，靜得令人不安。突然，「砰、砰」，幾下沉重的敲門聲劃破了靜寂，嚇得我心驚膽戰，我趕緊將書藏進被窩，兩名趾高氣揚的員警已經走進來，和父親開始了對話。

　　「有人抄了你們家嗎？」一位較矮壯的員警還算客氣地問。

　　「抄過兩次。」父親不卑不亢地回答。

　　問：「抄走了什麼東西？」答：「沒拿什麼。」

　　一問一答，很是和平。母親和姑姑站在旁邊，我躺在被子裡，看著眼前的一切。

　　突然，外面又闖進來兩名員警。立刻，屋裡員警的態度也變了，他們「唰」地立起來，一位瘦高個兒聲色俱屬地說：「聶紺弩，根據你的反革命罪行，你被捕了。」同時，他以極快的速度亮出一副手銬，無情地銬上了父親的雙手。另一名員警拿出一個夾子，翻到其中一頁，讓父親在拘捕證上簽字。父親極鎮靜地從沙發上站起來，走到桌邊，用銬著的右手簽了字，他什麼都沒問，也沒去看拘捕證上寫的是什麼。母親、姑姑、我都沒說話，我們好像還沒反應過來，到底發生了什麼事。

　　一名員警命令母親為父親打點鋪蓋，接下來就是他們搜查父親的書房。還是那位瘦高個兒，從父親的房間裡出來，沖我吼道：「你起來，我們要搜搜你的床！」

　　「你們都在這兒，讓我怎麼起床呢？」我心中只有一個念頭，就是父親被捕了，此時和父親離別，不知何年何月才能再見面。那時，我根本忘了什麼叫害怕。

　　聽了我的回答，瘦高個兒瞪起了眼睛。矮個兒員警看了看我，揮揮手，四名員警押著父親走了。

　　（《聶紺弩還活著》，第451—452頁）

　　2月中旬　在懷仁堂召開的兩次政治局碰頭會議上，譚震林、陳毅、葉劍英、李富春、李先念、徐向前、聶榮臻等，對「文化大革命」的錯誤做法提出了強烈的批評，同林彪、康生、陳伯達、江青、張春橋、謝富治等進行堅決的鬥爭，被誣稱為「二月逆流」。

　　2月18日　接受公安局第一次審訊，口供云：「我寫詩發過牢騷，這些詩被人民文學出版社和政協紅衛兵抄去了，我也燒了一部分。主要是對自己的處境和別人的處境不滿，指的是胡風、馮雪峰。」（《聶紺弩刑事檔案》，第42頁）

　　5月14日　北京市革命委員會發佈毛澤東批准的〈重要通告〉，主要內容是：必須堅決執行毛主席關於「抓革命、促生產、促工作、促戰備」的指示；嚴禁打、砸、搶、抄、抓；不准破壞國家財產，不准參加外單位的武鬥；停止外出串聯，等等。

　　5月17日　接受公安局第二次預審，口供云：「我是一九六二年回京的，以後有來往的有黃苗子、戴浩、向思賡、陳邇冬、鍾敬文、蕭軍、王次青等人……。」（《聶紺弩刑事檔案》，第43頁）

　　5月22日　《人民日報》發表社論〈立即制止武鬥〉。社論指出：近來出現一股武鬥的歪風必須堅決煞住。

　　7月13日　接受公安局第三次預審，口供云：「在我劃『右派』以前對毛主席沒有什麼不好的看法，總覺得自己不『右』，對劃為『右派』想不通。我在文藝界對周揚、王任叔有看法，但我懷疑毛主席領導的這次運動是否正確，我懷疑毛主席是不是搞個人崇拜。是毛主席在搞個人崇拜，不是別人在搞，我沒有材料根據，我認為他偏重於搞個人崇拜。我沒有什麼根據，只是從我個人的遭遇而想到的……。我對毛主席的身體健康是有懷疑的，我看到謝、胡到中國訪問時和毛主席照的照片，照片上看毛主席身體不怎麼好。聽到宣傳毛主席身體健康，我認為沒有必要，沒有必要拿毛主席身體健康做宣傳。」（《聶紺弩刑事檔案》，第43-44頁）

　　7月17日　接受公安局預審，口供云：「我自己有不少的民主主義思想已很久了，我以這思想看待毛主席、社會主義和無產階級專政，都是錯誤的、反動的。由於我被劃為『右派』以後，我領會了被無產階級專政的滋味，更覺得民主是可貴的……。我只知道要民主，而沒有認識無產階級專政的重要性，防『修』反『修』問題，通過學習，我認識到我是不當權的走資本主義道路的當權派。我

的看法全部錯誤和反動，我要很好地改造自己。我聽人家說，在『文革』中，林彪和江青談戀愛，有男女關係問題，後來我也對別人講過。我和誰講記不清了。……」（《轟絀弩刑事檔案》，第44-45頁）

7月22日 江青在接見河南群眾組織代表時，提出了「文攻武衛」的口號。23日的上海《文匯報》公開刊登了「文攻武衛」的口號，此後各地武鬥事件急劇升級，陷入了「全面內戰」的混亂局面。

10月14日 接受公安局預審，口供云：「……我給戴浩講過一個故事，漢朝時，大臣晁錯向漢武帝建議將各地方權力集中到中央來，漢武帝果然這樣做了，後來引起各地方造反，漢武帝將晁錯給殺了。我編過這個故事。主要攻擊了無產階級司令部的領導人，是反革命性質的問題。」（《轟絀弩刑事檔案》，第45頁）

10月17日 中共中央轉發毛澤東7月至9月視察華北、中南和華東地區時的談話紀要，認為「全國無產階級文化大革命形勢大好」。

1968年 六十六歲

（戊申）

4月3日　上海市委原宣傳部長、「胡風一般分子」彭柏山在河南農學院被打死。

先生直到十多年後自監獄釋放出來才聞知此事，遂作〈挽柏山〉：「山外青山樓外樓，人生禁得幾拳頭。《崖邊》報導蘇區景，想是反蘇錯報仇。馮唐易老老彭難，何似當初美孔顏。八百歲時一回馬，再活八百亦等閒。」（《聶紺弩全集》第五卷，第117頁）

5月19日　毛澤東在〈北京新華印刷廠軍管會發動群眾開展對敵鬥爭的經驗〉上做出批示。批示說：「文元同志：建議此件批發全國。在我看過的同類材料中，此件是寫得最好的。」

5月25日　中共中央、中央文革小組發出〈轉發毛主席關於北京新華印刷廠軍管會發動群眾開展對敵鬥爭的經驗的批示的通知〉，發起了又一輪大規模的運動。

9月4日　已經在「牛棚」被關押一年多的黃苗子被正式逮捕，關進功德林第二監獄。

9月5日　截止是日，二十九個省、市、自治區先後成立了革命委員會。

9月7日　《人民日報》、《解放軍報》發表社論〈無產階級文化大革命的全面勝利萬歲！〉，說「全國山河一片紅」，「是奪取文化大革命全面勝利進程中的重大事件」。

12月22日　友人伍禾去世。

同日　毛澤東發出「知識青年到農村去」的指示，掀起知識青年上山下鄉的熱潮。

冬　從北京功德林監獄連夜轉移至半步橋第一模範監獄，轉移路上跌倒，鼻破血流。在獄中與三十年前的老友徐邁進意外相遇，並分在同一個號子。同號十幾人中有七名高級知識分子，如巨贊、梅洛、徐邁進等。

徐邁進《囚徒一曲憶紺弩》：

　　一九六八年的冬天，一個寒風刺骨的夜晚，北京功德林監獄的看守突然通知我們收拾東西，說是要給我們「換個地方」。沒有人知道為什麼要換地方，也沒有人知道換到哪兒去。大家只是默默地將自己不多大的包裹打點好，在黑洞洞的槍口下，排著隊，提著自己的包裹，同樣默默地上汽車，一、二十個「犯人」一輛，在刺刀的寒光下，駛向無人知曉的地方。

　　汽車開了很長時間，幾次減速，幾次又加速，最後終於停了。「犯人」們依次下了車，出現在我們面前的一座黑魆魆的大樓，在昏暗的天空下，只有每個窗戶裏，放出疲憊的亮光。

　　大樓共有四層，我被送進二層的一個「號子」。「號子」裏已經有不少人，三三兩兩，分散在過道兩旁的炕板上。過道在房間的正中，只有一少寬，兩旁的木制炕板一直頂到牆，炕有半個小腿高。過道的裏端，有一片暖氣，暖氣上方是釘有鐵柵欄的窗戶，暖氣前面有一個黑漆漆的鐵桶，是給「犯人」出恭用的。

　　我看看那些先到的人，大都年紀很輕，其中只有一個老頭。臃腫的冬裝裏著他瘦骨嶙峋的身軀，清癯的面龐上，竟然斑斑點點地佈滿著血跡。號裏的人正在問他，為何搞成這樣。他回答說，轉移時，在功德林曲折的路上，被別人亂堆在地上的行李絆倒了，碰破了鼻子，所以流血不止。這老人的容貌和聲音是那樣熟悉，我情不自禁的走前幾步，在昏暗的燈光下看清了，我輕輕叫了一聲：「老聶，是你！」他點頭應聲道：「是，怎麼你也來了？！」

　　我和紺弩初識是一九三五年冬天……[筆者略]現在，我和老聶分在一個號子中，相對默坐在炕板上。獄中的生活磨煉著我們，一日兩餐，大多是窩窩頭；放兩次茅（上廁所），「犯人」們稱之為「兩飽」（實際上餐後仍然饑腸轆轆）、「兩茅」。如果放茅以後要解手，就只有用鐵桶對付。在這樣的日子裏，老聶的身體被煎熬得很瘦弱，每頓飯吃得很少，餘下的部分都分給年輕人吃了。我們嚼著苦澀的果子，心在流淚、在流血，又默默地咽著苦果；我們只能從早到晚互相對視著，失去了暢談的自由。

然而，我們是相知的，他沉著、堅定、樂觀，蘊藏著不折不撓的堅強意志……

（《聶紺弩還活著》，第108—110頁）

1969年

六十七歲

（己酉）

是年　繼續在半步橋監獄「服刑」。在獄中，先生進餐很少，以致身體十分瘦弱，並曾患肺炎兩三個月，透視七次，不能走路，靠獄友背負就醫。但精神仍很好，與徐邁進組織年輕人學習《毛澤東選集》，時常做解釋，語言生動，嬉笑怒罵。

3月5日　呂熒在北京清河農場凍餓中逝世，終年五十四歲。

3月26日　丁玲寫證言筆錄，向造反派交代五年前先生和她之間的傳書者。這份證言稱：「一九六四年十一月我因事住在佳木斯農墾局招待所。此時曾經有一個穿黃衣服、個子較高的女孩子交給我一本小書。……我回來打開一看，是一本用曬圖紙曬出來的小詩集，都是舊詩，寫的都是北大荒農場生活。看到其中有自嘲的詩，還有一首是寫胡考的詩。我和陳明便猜這本詩是誰寫的。從詩的內容，和陳明曾聽人說過，聶紺弩、胡考等都到過密山改造。我們判斷可能是聶紺弩等的。但是誰給我們的，或是誰替聶紺弩給我們的，我們就猜不出來。」（《丁玲全集》第10卷，第322頁）

按，丁玲故意把男（郭力）說成女，把成人說成小孩，保護了郭力與先生。

4月1日至24日　中國共產黨第九次中國代表大會在北京舉行。大會通過的黨章，把林彪作為「毛澤東同志的親密戰友和接班人」寫入總綱。九大後，「文化大革命」即進入「鬥、批、改」階段。

6月9日　中央軍委副主席、國務院副總理兼國家體委主任賀龍遭迫害致死。

先生〈挽賀帥〉詩曰：「洪都見崢彈痕牆，更訪洪湖繫馬椿。叱吒風雲天變色，蕩平階級地留創。是誰仇敵誰朋友，不死沙場死鐵窗。安得菜刀千百把，迎頭吹向噬人幫！」（《聶紺弩全集》第五卷，第113-114頁）

10月5日　馮雪峰、舒蕪等隨人民文學出版社全體人員，離開北京，翌日到達湖北咸寧文化部「五七」幹校勞動。

10月18日　解放軍總參謀長黃永勝發佈加強戰備的〈林副主席第一號令〉，先生當即由北京押送至山西臨汾第三監獄。在這次疏散時，與老友徐邁進分手。

解晉途中，曾與北京市政協祕書、北京工藝美術學院教師包於軌同拷。後

有〈解晉途中與包於軌同銬，戲贈〉，詩曰：「牛鬼蛇神第幾車，屢同回首望京華。曾經滄海難為淚，便到長城豈是家？上有天知公道否，下無人溺死灰耶？相依相靠相狼狽，掣肘偕行一笑哈。」（《聶紺弩全集》第五卷，第80頁）

　　12月　陳邇冬在幼子陪同下，離京前往咸寧「五七」幹校勞動改造。

1970年 六十八歲

（庚戌）

1月　胡風由成都看守所被送至大竹縣四川省第三監獄，並宣佈加判為無期徒刑，不准上訴。從此身心受到更大摧殘，以致精神產生錯亂。

4月初　丁玲在黑龍江鶴崗市寶泉嶺農場被北京軍管會逮捕，連夜押至北京秦城監獄。從此在單人牢房監禁達五年之久。

4月20日　先生由臨汾監獄轉押至稷山看守所。由於年紀較大，只做些推水車澆菜園子的輕體力活。更多時間細讀馬列著作，回憶北大荒時期詩作，並作了不少新詩，「密密麻麻地寫了一本詩集」。其中作〈武漢大橋詩〉三十餘首，悉被搜去，後憶得十餘首發表。

在看守所，仍與包於軌同號，碰到一些歷史典故之類的事情，便向其請教。又認識二十多歲的獄友劉羽，經常談天說地下圍棋，結為忘年交。

8月23日至9月6日　中共九屆二中全會在廬山舉行。

11月16日　中共中央發出〈關於傳達陳伯達反黨問題的指示〉，首先在黨的領導機關開展「批陳整風」運動。

1971年 六十九歲

（辛亥）

是年 繼續在稷山看守所關押。

4月 獄友劉羽被釋出獄，回到北京。之後，稷山看守所調來新所長蘇步雲，他給犯人購置了一些馬列書籍，先生組織獄友進行學習。並在獄中精讀《資本論》數遍，寫了許多眉批和讀書札記。

6月10日 邵荃麟病死獄中。

夏 獄友包於軌病死於稷山看守所監房。之後，先生和班組中最年輕的李世強成了無話不談的好朋友。曾作小詞鼓勵李世強讀書，詞曰：「曹公大句矜烏鵲，輸了甲兵，贏了歌行。子詠星稀我月明。周郎神火船江畫，何處後生，勝過先生。竟遣東風嫁戰爭！」

夏 馮雪峰被當作老弱病殘遣送湖北丹江口勞動。

9月13日 中國共產黨中央委員會副主席、中國共產黨中央軍事委員會第一副主席、中華人民共和國國防部部長林彪及其妻子葉群、兒子林立果等人，外逃途中機毀人亡。這一事件的發生，客觀上宣告了「文化大革命」理論和實踐的破產。此後，周恩來在毛澤東的支持下，主持中央日常工作期間，使各方面的工作有了轉機。

1972年

七十歲

（壬子）

1月6日　中央軍委副主席、國務院副總理兼外交部長、新四軍老領導陳毅元帥病逝。噩耗傳來，偷寫悼挽詩一首：「世間何物謂之癌？百戰功高挽不回！絕代風流詎焉止，人生七十夭如哀。江山故宅思文采，淮海豐碑偉將才。噩耗雷驚難掩耳，楚囚偷寫弔詩來。」（《聶紺弩全集》第五卷，第113頁）

1月22日　接受公安局預審，口供說：「哪年我忘了，陳毅給我們傳達了高崗叛黨問題，後來我把這情況告訴了胡風。胡風從監獄出來以後，我到他家找過他。」（《聶紺弩刑事檔案》，第45-46頁）

2月14日（陰曆除夕）　在獄中逢七十（虛歲）生日，作自壽詩，其一曰：

死灰不可復燃乎？戲把前程問火爐。敗絮登窗邀雪舞，殘冬戀號待詩除。卷中兵哲人填鴨，夢裡葷蔬獺祭魚。七十衰翁觀世界，從心所欲矩先逾。

（《聶紺弩全集》第五卷，第96頁）

7月中旬　委託看守所幹事買了十來本馬恩列斯著作，以後又陸續得到了十來本。這些著作是：《馬恩文選兩卷集》（內《共產黨宣言》等著作十餘種）；馬克思《資本論》（卷一）、《政治經濟學批判序言和導言》；恩格斯《反杜林論》、《費爾巴哈論》、《自然辯證法》；列寧《唯物主義和經驗批判主義》、《帝國主義論》、《國家與革命》、《叛徒考茨基和左派幼稚病》；史達林《列寧主義問題》、《論蘇聯經濟問題》、《辯證唯物主義與歷史唯物主義》。

李世強〈途窮罪室　童叟無欺〉：

在將近四年的時間裡，老聶不僅把幾十本馬列著作讀了幾遍，而且把《資本論》一至四卷精讀了四遍，並做了幾十萬字的學習筆記。更為難能可貴的是，老聶以他在學習獲得的新知識、新理論和新方法，把他過去所從事的古典文學研究作了全新的、更為深刻的審視，寫下了二三百萬字的評論文章。……[筆者略]。後來，老聶又寫了一首詞〈沁園春〉給我，精

彩地描述了我們這一段學習的情景，以及他所達到的境界，詞云：

馬恩列斯，毛主席書，左擁右攤。覺唯心主義，抱頭鼠竄；形而上學，啞口無言。滴水成冰，紙窗如鐵，風雪迎春入沁園。披吾被，背《加皮塔爾》，魚躍與淵。

坐穿幾個蒲團，遇人物風流李四官。貙難鳴狗盜，孟嘗賓客；蛇神牛鬼，小賀章篇。久想攜書，尋師海角，借證平生世界觀。今老矣，卻窮途罪室，邂逅君焉。

詞中所說的《加皮塔爾》，即《資本論》的英文音譯。

（《聶紺弩還活著》，第395-398頁）

7月25日　王任叔病逝。

8月　陳邇冬准予退休，由咸寧「五七幹校」返回北京。

9月15日　中國政協機關軍事代表室將周穎致周恩來的信件抄轉北京市公安局。說：「國務院辦公室信訪處轉來周穎給總理的來信一件，信中她愛人聶紺弩於一九六七年一月被捕，其原因至今不知道。迫切希望作出結論，並允許她和子女見聶一面。現將來信抄轉你們，周穎及其子女能否同聶紺弩會面，請研究決定後告訴我們，以便答覆她。」（《聶紺弩刑事檔案》，第199頁）

10月1日　馮雪峰由丹江口回北京，安排在人文社魯迅著作編輯室工作，但是只准他在家看稿。

12月3日　上午十時，在稷山縣看守所接受北京市中級法院審判員的審理。

審理公安局控告反革命犯聶紺弩一案

開庭時間：十時〇分

開庭地址：山西省運城地區稷山縣看守所

受審被告人姓名：聶紺弩

性別：男

年齡：七十一歲，一九〇三年一月二十八日出生，屬相虎

家庭出身：破落地主（城市平民）

本人成分：自由職業

民族：漢

宗教信仰：無

籍貫：湖北省京山縣

住址：西直門內前半壁街三十五號

文化程度：大學

工作機關、職務、級別：全國政協文史資料委員會工作人員，行政十三
　　　　　　　　　　　級，原九級

參加過什麼黨派團體：一九二三年參加國民黨

曾在何時何地受過審判和法律處分：一九五七年劃為「右派」，一九六一
　　　　　　　　　　　　　　　　年摘帽

家庭成員：妻周穎，退休，原全國政協委員；女聶海燕，歌舞劇院工作

問：你何時到公安局？

答：一九六七年一月二十五日。

問：為什麼？

答：犯了罪。

問：哪方面？

答：主要是污辱偉大領袖毛主席，我對被劃為「右派」不滿意，主要是對
　　機關領導不滿意就表現出來，對毛主席也有傷害的地方。

問：以什麼形式表現的？

答：我做了些舊詩，詩中包含了對毛主席不敬重的地方，在下放到北大荒
　　時我歌頌勞動，同時說明這麼多勞動好的人都劃為「右派」，認為毛
　　主席有不民主的地方。

問：（出示證據）是你寫的吧？

答：是。

問：為什麼寫這些？

答：我以前並不會做詩，情緒壞了就開始學做詩，對個人不自由不滿意，
　　有時候就用詩表現出來。

問：你接觸的人有哪些？

答：就二三人，都是右派，有吳祖光，黃苗子，感到這些人懂得我的心
　　情，說得到一起。還有陳通冬、師大的鍾敬文，還有戴浩……

問：接觸中散佈了什麼觀點？

答：在「文革」初期自己不懂得，不理解，認為毛主席搬起石頭砸了自己
　　的腳。還說過劃右派，等於在人的臉上刻了字。

問：用歷史人物比喻過嗎？

答：說過如《水滸》上（林沖）的面上刻字一樣。

問：對黨的民主怎麼看法？

答：把劉（少奇）和彭羅陸楊（彭真、羅瑞卿、陸定一、楊尚昆）都說成
　　是反革命，不理解，我們這些人都認為毛主席站在黨之上，不民主。

問：對毛主席還有哪些看法？

答：我對毛主席有埋怨的地方，認為毛主席不民主，沒有為我申冤，但同
　　時也認為毛主席很偉大，領導這麼大的國家。

問：你對毛主席身體說過什麼？

答：聽別人說過。說江青的話，也是聽別人講的。

問：你用講歷史攻擊過現實嗎？

答：我講過唐太宗肚量非常大，這不是什麼好意思，也沒有攻擊毛主席的
　　意思。

問：你講過《聊齋》故事嗎？藉以諷刺現實。

答：我研究過《聊齋》，我是搞古典小說的，談論過，沒有進行攻擊。

問：公安局找你談你交代的都是事實吧？

答：是事實。

問：以前你交代的材料有沒有要補充的？

答：都是事實。

問：對你的問題怎麼認識？

答：自己有反動思想，我對毛主席是犯了罪的，我對「人民文學出版社」
　　的人過去有意見，現在認識到不是他們，主要是我走向了反動。我現
　　在的精神面貌與在北京關押時不一樣了，因為想通了，所以精神也
　　好了。

問：（政治教育）判你刑有什麼說的？

答：沒什麼說的，我的罪都是事實。

　　　　　　　　　　　　　　　　　　（《聶紺弩刑事檔案》，第38-42頁）

冬　將一些詩稿囑託獄友李世強藏好將來帶出去。

李世強〈途窮罪室　童叟無欺〉：「怎麼帶呢？……苦苦思索了好幾天，我終於想出了一個好辦法。我對老聶說：『我來個一藏二背三抄。第一，最好帶出你的原稿，把它縫在我的棉襖裡；第二，為了防備萬一檢查出來，帶不出去原稿，我就先背下來，我的記憶力還可以，不是給你背過那麼多古詩嗎？你的詩我也能背，況且情感相通，保證背得更熟；第三，防止萬一忘了或背錯，可以先抄下來。我這裡有支很硬的鉛筆，用它在書的空頁裡抄寫，用力大一點，寫完後再擦掉，留的印跡會很清楚，卻不容易發現。最後就只有拜託幸運之神了，雖然它早已拋棄了我們。』老聶聽得不斷點頭，撫掌稱妙，把我大大地恭維了一番。」
（《聶紺弩還活著》，第401頁）

是年　外孫女（海燕之女）方娟出生。

1973年

七十一歲

（癸丑）

是年　繼續在稷山看守所研讀馬列著作，常常倚被而坐，默誦詩詞。特別努力回憶北大荒諸作，回憶不起來的則重作。

1月23日　臨近春節，吳祖光所在河北靜海「五七幹校」的「五七戰士」紛紛請假回城，「那天夜晚獨流河畔大雪紛飛，北風呼嘯，原來住了六個人的房間只剩我一人獨自。一覺醒來，久久不能入睡，……忽然想起紺弩，不知他在哪裡？」[1]信手寫下四句：

鏡裡衰顏非故吾，豈堪從此老江湖？獨流大雪紛飛夜，紺弩紺弩可在無？

2月1日（陰曆臘月廿九）　周穎和丹丹一行到北京半步橋看守所探望先生未果，留下一紙書信。

老聶：

你好！明天是陰曆（臘月）三十日，正是你的生日。六年來，每到這天，我們更加思念你。今天我和丹丹、她愛人來看你，極其希望能見你一面，但未獲允許，只好留下此信給你，祝你一切安好，身體健康！丹丹他們是回來探親的，兩週後就要回去，希望在她們離京返回之前，能得到看你的機會。

我和三妹仍住鄉間原處，一切甚好。三妹這一年來雖病過兩次，現已好，勿念。小方瞳仍住我們這裡，在附近小學，下學期就二年級了。這孩子很聰明，功課也不錯，只是有些調皮。他已七歲多了，很懂事，身體發育也很正常。她的妹妹已四個多月了，還在我們這裡，長得很好玩，都說比方瞳好看，可方瞳不愛聽這話。家中自有這小東西來，熱鬧多了，只是給我們添了不少麻煩。小小的房間，擠進兩個孩子，也真夠受的。海燕產

---

[1]　吳祖光：〈「哲人其萎」〉，《聶紺弩還活著》，第211頁。

後多病，一直不好，在治療中，小方出差去了，他們在部隊的鍛鍊還未結束。

往年國慶日你都向家中要東西，不知為什麼去年國慶日你什麼都沒有要呢？為此我們一直感到不安。我們很希望得到你的信，幾個字也是好的，不知可否收到。當然我們更希望能夠見到你。

祝你好！通信處仍是西四大拐棒胡同二五號，這是丹丹愛人家。

（《聶紺弩刑事檔案》，第193-194頁）

2月2日（陰曆除夕） 七十週歲生日。

3月10日 中共中央做出〈關於恢復鄧小平同志的黨的組織生活和國務院副總理的職務的決定〉。

5月上中旬 給周穎寫回信。家人終於在時隔六年之後得到先生的準確行跡。

5月20日 周穎致信周恩來總理。

總理：您好！

我是周穎。為了我愛人聶紺弩的問題，我幾次寫信麻煩您了，現在又來麻煩您實出於無法可想，只有再次懇求您幫助和指示。

昨天收到聶紺弩自山西稷山縣看守所寄來一信，知道他確已由北京半步橋看守所移押外地。由他信中，知道他這幾年學習很努力，收穫很大，還要我寄些馬列的書和毛主席著作，也提到他的身體不大好，我當然也更加希望能看看他。為了探望問題，我曾寫信給有關部門請求幫助，可是至今沒有一點消息，一直沒有獲得探望老聶的許可。為此我很焦慮不安，以致病倒，這封信就是在我病中寫給您的。現在我既已知道聶在稷山，希望即日就能前去探望的心情，您是會理解的。

我聽說中央有精神，可以請求探望在押的親屬。我也知道許多在押人的家屬，確實得到探望的許可，有些人還不止一次探望了他們的親屬。總理，我知道您很忙，但我的心您是會理解的，萬般無奈，只好請求您幫助我早日前往山西探望老聶。

至盼！至感！

　　此致敬禮，問候鄧大姐好！

周穎上
（《聶紺弩刑事檔案》，第198-199頁）

　　5月　稷山縣看守所致函北京市中級法院，要求加快案件審理。報告稱：
「我所代押犯人聶紺弩，現年七十二歲，入獄七年有餘，因年齡大，身體弱，加
之我地條件較差，儘管特殊優待，但是仍不斷發病，目前雖沒有什麼大的疾病，
如果繼續下去，怕要出問題，況且我所正在清理積案，為此望你們儘快對聶犯問
題速作處理，為荷。」（《聶紺弩刑事檔案》，第200頁）

　　6月25日　北京市公安局軍管會收到稷山縣革命委員會保衛組機要公函，即
看守所報告的內容。

　　7月31日　《馮雪峰日記》：「下午周穎來。她的學生段宣懷（江蘇人），
在山西稷山教書。」（《馮雪峰全集》第七卷，第298頁）

　　8月24日至28日　中國共產黨第十次中國代表大會在北京舉行。大會堅持
「無產階級專政下繼續革命」的錯誤理論，肯定九大的政治路線和組織路線「都
是正確的」。

　　8月27日　撰寫〈思想改變過程〉，由六部分組成。文末寫道：「我還要學
習，還要看書，要看許許多多的書，要把全部馬列主義毛澤東思想的書，要把馬
列主義毛澤東思想應用到業務上去，要用業務來證明馬列主義毛澤東思想的正確
偉大，要發展馬克思列寧主義毛澤東思想。」（《聶紺弩刑事檔案》，第183頁）

　　12月1日　撰寫〈學〈南京政府向何處去〉的一點小結〉。《聶紺弩全集》
未收。

　　　　南京政府向何處去？
　　　　現在，這早已不是什麼問題，歷史早已回答了。南京政府的歷史行
　　為，不是在它做出來了之後才看出的，毛主席早就看出了。
　　　　從毛主席的一系列的著作中看，所謂南京政府，對於它的來蹤去跡不
　　是瞭若指掌嗎？它一定會怎樣的，它也真的怎樣了。現在會怎樣呢？這又
　　是可以未卜先知的，現在的「南京政府」，即臺灣（蔣介石）政府也一定
　　要滅亡的，很快就會全部覆沒，不管採取什麼形式。中國人民一定要解放

自己的領土臺灣，反人民的反動勢力一定沒有好下場。

　　怎樣把這篇文章和今天的形勢，以及我們自己聯繫起來呢？第一，今天的中國比南京解放以前的中國，不知強大多少倍，鞏固多少倍。那時中國反動派如果還有跑到一個小地方，藉美帝餘威，僥倖苟延殘喘於一時的可能，現在則根本沒有這種可能了。第二，今天的中國在世界的地位，和二十幾年前的地位大不同了，那時美帝是世界反動勢力的頭子，中國在世界上還沒有顯出它是世界無產階級革命的領導力量，以及第三世界各國與帝國主義、社會帝國主義鬥爭的領導力量，所以出現了一個臺灣，如果在今天，根本就不會有什麼臺灣政權的出現。

　　至於在押犯人，那就更不得聯繫，這些人中，包括殺人犯在內，有一個是和南京政府殺人不眨眼的劊子手，職業的帝國主義走狗或賣國賊，殺了成千成萬十萬百萬乃至更多的中國人民的嗎？難道有一個投靠蘇修美帝或已經投靠過的嗎？因此，儘管這些人中有人抗拒改造，不肯交代，違犯監規，不肯學習，頑固無知，在某種意義上類似「南京政府」，但既已在押，也勢難亂說亂動，不易發生什麼「向何處去」的問題。那麼，到何處去呢？哪裡也不去，在監號。在監號裡遵守監規，認罪伏法，改造思想，學習馬列毛澤東思想，無論改造得怎麼困難，也只能這樣。不過主動改造，改造得好，改造得快，問題也改變得快，解決得容易，精神面貌會大不相同，但這算不得什麼聯繫，因為它是本來如此，不說自明的。

（《聶紺弩刑事檔案》，第190-191頁）

1974年 七十二歲

（甲寅）

1月18日 毛澤東批發中共中央1974年一號文件，轉發了由江青主持選編的〈林彪與孔孟之道〉（材料之一），開始了「批林批孔」運動。

1月24日和25日 江青等在北京連續召開在京部隊單位和中直機關、國家機關的「批林批孔」動員大會。江青等人打著「批林批孔」的旗號，在大會上發表煽動性演說，對周恩來、葉劍英等中央領導同志進行不指名的攻擊。

2、3月間 周穎和曾在山西法院工作過的友人朱靜芳[2]，一同前往稷山看守所探監。通過山西高院張法官介紹，稷山看守所所長給予熱情接待，讓她們在該所住了三天，並且法外開恩，允許先生夫婦相見，盡情暢敍。

5月8日 北京市中級人民法院下達（中刑反字第178號）刑事判決書。

> 現行反革命犯聶紺弩，男，七十一歲，湖北京山縣人，破落地主出身，自由職業者成分。原係全國政協文史資料委員會工作員，住本市西直門內半壁街三十五號。一九五七年定為「右派」分子，一九六二年摘掉右派帽子。一九六七年一月二十五日，因現行反革命罪被逮捕。
>
> 聶犯頑固堅持反動立場，對黨和社會主義制度極端仇視。經常與一些「右派」分子大肆散佈反動言論，極其惡毒地誣蔑無產階級司令部，攻擊黨的各項方針政策和社會主義制度，妄圖推翻無產階級專政，復辟資本主義。並大量書寫反動詩詞，為反革命分子胡風、右派分子丁玲等人喊冤叫屈。
>
> 經審理，上述罪行證據確鑿。
>
> 聶犯一貫堅持反動立場，屢教不改，猖狂地進行反革命活動，罪行實屬嚴重，應予嚴懲。茲根據《中華人民共和國懲治反革命條例》第二條、

---

[2] 朱靜芳，女，1923年出生於南京一個名醫家庭。1940年就讀江淮法學院，1942年在蘇皖地區投奔新四軍，任蘇皖邊區高等法院推事。後擔任武漢市人民法院婚姻組長、山西省高級人民法院審判員等職。1959年被錯劃為右派，並下放江蘇淮安農村。1979年1月，山西省法院予以改正，重回省法院民庭工作。1988年離休。2014年，以九十一歲高齡加入中國共產黨。

第十條第三款及第十七條之規定，依法判處現行反革命犯轟紺弩無期徒刑，剝奪政治權利終身。

如不服本判決，可於接到判決書的第二天起十天內，向本院提出上訴狀及副本，上訴於北京市高級人民法院。

（《轟紺弩刑事檔案》，第35頁）

5月15日　接到北京市中院判處「無期徒刑，剝奪政治權利終身」的判決書，遂從一號監房搬到三號監房。

5月23日　因不服判決，提出上訴。看守所工作人員即傳先生談話。談話紀錄如下：

問：轟紺弩，什麼時候給你宣判的呢？

答：我記得今天是宣判後的第九天了。

問：你當時說上訴不？

答：說不上訴。

問：現在呢？

答：上訴。

問：為什麼？

答：主要一點，我向政府表示一個態度：判決書上說我妄圖推翻無產階級專政、復辟資本主義，我如果不上訴，就承認我推翻無產階級、復辟資本主義了，不論怎麼說，我從來沒有這個意思，在我的著作、通信、詩詞，自己寫的材料、口供裡邊，都不會有一個字證明我是這樣想推翻無產階級專政的。這件事不能一個人做，我和想推翻無產階級專政的人或組織無任何關係，與我來往的人，到現在我還沒有發現有一個是想推翻無產階級專政、想復辟資本主義的。因此，我覺得判決書上這兩句話不能成立。

問：判決書上說你經常和「右派」分子散佈反動言論，有這事嗎？

答：我劃為「右派」後，不是「右派」的人不和我來往，我只好和一些「右派」的人來往了。

問：你為胡風、丁玲等人鳴冤叫屈了嗎？

答：沒有。我給他們寫過詩，說他們是人才，屈才了，他們會做事，會對
　　國家有貢獻。

問：這不算鳴冤叫屈算什麼？

答：也算鳴冤叫屈。

問：你攻擊無產階級司令部，攻擊黨的方針政策和社會主義制度，這些是
　　否有呢？

答：我上訴就不提這些。

問：你承認有這些？

答：承認。

問：那麼，你攻擊無產階級司令部、攻擊黨的方針政策和社會主義制度，
　　這是幹什麼？還不是妄圖推翻無產階級專政嗎？

答：這是邏輯推理，不是事實。動機和效果，是兩回事，有時是一致的，
　　有時不一致。我所說的，是不是會產生推翻無產階級專政的效果，我
　　還沒有體會到。

問：不能讓你產生推翻無產階級專政的效果，如果產生了這個效果，無產
　　階級專政不存在了，被你推翻了，誰還把你關起來？所以也就不存在
　　今天這個談話。

答：對。

問：上訴，我們不干涉，你還可以寫上訴書，但你這個錯誤觀點，我們要
　　批判你。

答：我要寫上訴書，就寫我上邊說的。

問：現在給你紙，你寫好了，我們給你轉到北京市高級人民法院去。

答：好的。

筆錄宣讀，記錄無誤。

聶紺弩（簽字）

一九七四年五月二十三日

（《聶紺弩刑事檔案》，第205-207頁）

5月24日　遞交書面上訴書，陳述了四條理由，八頁，約三千五百字。

同日　稷山縣公安局看守所將上訴書寄給北京市高級人民法院，公函云：

「我們接到罪犯聶紺弩判決書後，就馬上向其宣讀，並提出該犯是否上訴，該犯當庭多次提出不上訴。我們將宣判筆錄和送達回證，一併郵到北京市法院。時隔九天半，該犯突然提出上訴。現將該犯上訴狀本郵去，請你們儘快研究並來函通知我們。」（《聶紺弩刑事檔案》，第211頁）

5、6月間　稷山看守所房屋翻修，臨時轉至新絳縣看守所關押。

7月1日　中共中央發出〈關於抓革命、促生產的通知〉。

9月29日　中共中央為原軍委副主席、國務院副總理賀龍平反，恢復名譽。

10月4日　毛澤東提議鄧小平任國務院第一副總理，「四人幫」對此很不滿，製造藉口對鄧小平進行攻擊。

10月9日　北京市高級人民法院派員到稷山審訊。「審訊提綱」內容如下：

一、說明我們是北京市高級人民法院的，問他的上訴理由。

二、問明他的歷史，歷史問題，受過什麼處分及其原因。

三、問明他的犯罪事實：1、講政策，要求態度老實。2、有哪些誣衊偉大領袖和毛澤東思想的言論，和誰講的，何時何地？如：什麼黨內不民主，獨裁，搞個人崇拜，比晁錯，比歷史上的皇帝，說什麼把帝王那一套跟馬列主義結合起來，對張國燾、王明、彭德懷、彭羅陸楊、吳晗等垮下來有什麼言論，什麼排擠有能力的人、資格老的人。3、還誣衊哪些中央領導同志，如江青同志、周總理等。4、怎樣誣衊三面紅旗、社會主義制度、無產階級專政？5、怎樣誣衊「文化大革命」和「反右」鬥爭？6、怎樣誣衊我們「反蘇修」和支援越南問題？7、怎樣為胡風、丁玲叫屈？8、寫了哪些反動詩詞？9、對我國革命怎麼看，你說的怎麼要「變」？10、對文藝革命怎麼看，海瑞，謝瑤環？11、和哪些人一起散佈反動言論？

四、批判教育，針對他的上訴理由批判。1、上訴無理：反革命言論就是推翻無產階級專政的輿論準備；你的言論中就有反對我們的社會主義制度、讚揚資本主義制度、反對無產階級的言論。2、批判他一貫反動，大肆誣衊偉大領袖，攻擊社會主義制度，罪行很嚴重，讓他低頭認罪，老實改造。3、動員他撤訴。

審訊之後，先生表態：「今天聽了你們的談話，對自己的罪行有了

明確認識。從前認為自己不是沒有犯罪,而是沒有這個程度,原以為自己
不是要推翻無產階級專政,今天聽了審判員說的這些內容,覺得自己思
想是極其反動的。因此,今天我撤訴是非常樂意的。」並當場寫下〈撤訴
書〉:「我願撤回我的上訴書,認罪服判。」

(《聶紺弩刑事檔案》,第212-213頁)

10月17日　北京市高級人民法院出具刑事裁定書,主文內容如下:

> 聶犯思想極端反動,經常與一些右派分子大肆散佈反動言論,惡毒地誣衊
> 無產階級司令部。攻擊黨的方針政策和社會主義制度,妄圖推翻無產階級
> 專政,復辟資本主義,並大量書寫反動詩詞等。經北京市中級人民法院於
> 一九七四年五月八日以(七二)中刑反字第一七八號刑事判決,判處現行
> 反革命犯聶紺弩無期徒刑,剝奪政治權利終身。聶犯以空口否認妄圖推翻
> 無產階級專政,復辟資本主義的動機為理由,向本院提出上訴,在本院審
> 理時,聶犯表示認罪服判,提出撤銷上訴。經審查,原判正確,准予聶紺
> 弩撤銷上訴。特此裁定。

(《聶紺弩刑事檔案》,第213-214頁)

10月底　轉送至臨汾山西省第三監獄正式服刑,臨走之前贈詩李世強:「難
事逢輕當為重,黴時鬥短不如長。勘破浮雲未了事,何須夜趕嫁衣裳。」(《聶
紺弩還活著》,第402頁)

在第三監獄編入「老殘隊」。該隊也要參加點勞動,主要是在廚房洗菜、削
土豆、刨冬瓜之類。

12月12日　周恩來在公安部一則反映在押人員思想動態的簡報上批示,要求
公安部開列全部戰犯名單,以便在四屆人大會後特赦。

12月23日　周恩來到長沙向毛澤東彙報工作,毛澤東說:「還有一批戰犯,
關了這麼多年,建議把這批人釋放。」

冬　周穎委託駱賓基請茅盾向周恩來總理申訴先生冤情,自己也先後給周恩
來、鄧小平等領導人寫信申訴。

1975年

七十三歲

（乙卯）

1月8日至10日　中共十屆二中全會在北京舉行，會議選舉鄧小平為中共中央副主席、中央政治局常委。

1月13日至17日　第四屆中國人民代表大會第一次會議在北京舉行，大會任命了周恩來為總理、鄧小平等為副總理的國務院組成人員，挫敗了「四人幫」的組閣陰謀。會後，周恩來病重，鄧小平在毛澤東的支持下，實際上開始主持中央日常工作。

2月11日　春節。臨汾監獄周姓看守，「買了許多醬牛肉，把聶老叫到他房間裡，鎖上門給他吃」（劉羽《在稷山縣看守所》，《聶紺弩還活著》，第384頁）。

2月25日　公安部向中央提交了〈關於第七批特赦問題的報告〉。兩天後，毛澤東做出批示：「一個不殺」，「都放了算了，強迫人家改造也不好」。

3月17日　第四屆中國人民代表大會常委會舉行第二次會議，討論了周恩來根據黨中央、毛澤東的指示提出的關於特赦釋放全部在押戰犯的建議。會議決定：對全部在押戰爭罪犯，實行特赦釋放，並給予公民權。這個決定由最高人民法院執行。這次特赦釋放的戰犯共二百九十三名。至此，在押的戰爭罪犯全部處理完畢。

4月5日　蔣介石於臺北病逝，享年八十七歲。不久蔣經國繼任國民黨主席。

夏　獄友李世強釋放出獄，「靠了我佛慈悲，我總算不辱使命，把詩稿終於帶出來了，回京後馬上交給了老聶的夫人周穎」（〈途窮罪室　童叟無欺〉，《聶紺弩還活著》，第402頁）。

夏　周穎自北京致信南京朱靜芳：「老聶永遠也不會回來了，他已移到臨汾第三監獄服刑了，我計畫到臨汾找一間房子，住在那裡，永遠陪伴他……。」（朱靜芳〈回憶聶紺弩出獄前後〉，《人物》1995年第2期）

8月7日至12日　周穎再次在朱靜芳陪同下，到臨汾第三監獄為先生之解脫奔走，監禁條件始得有所改善。「他再也不用去木工車間勞動了，還專門給他一間單人囚室，佈置了床鋪桌椅，擺上了他要的紙墨筆硯和書，開飯時有犯人把飯送到房間。」（朱靜芳〈回憶聶紺弩出獄前後〉，《人物》1995年第2期）

朱靜芳還與舊日同事楊孔珍監獄長及其夫人、獄政科長彭元芳磋商,以先生年老體衰為由,希望能爭取減刑和保外就醫,以求生還北京。

8月14日 毛澤東在同北京大學中文系教師蘆荻談話中講到:「《水滸》這部書,好就好在投降。做反面教材,使人民都知道投降派……。金聖歎把《水滸》砍掉了二十多回。砍掉了,不真實。魯迅非常不滿意金聖歎,專寫了一篇評論金聖歎的文章〈談金聖歎〉。《水滸》百回本、百二十回本和七十一回本,三種都要出,把魯迅的那段評語印在前面。」隨後,北京、上海等地很快大量出版了《水滸傳》的一百回本、一百二十回本、七十回本、金聖歎批語的七十四回本(影印)、一百回的大字本等。

江青、姚文元等利用毛澤東的評論,在報刊上掀起一場「評《水滸》運動」,影射攻擊要求糾正「文化大革命」錯誤的周恩來、鄧小平等中央領導人。

9月2日 致信馮雪峰:「我想買一本《資本論》第四卷第三冊,即《馬恩全集》第廿六卷第三冊。這部書的四卷二冊以前的各卷冊都讀到了(一卷讀了十遍,其他都在兩三遍以上),惟有這最後一冊買不到,你或適夷兄是否可以買到?真買不到,是否可以借到,看完兩三遍後還他?此外,請找一本現在出版的哲學講座之類(不是哲學史,不是中國哲學)的權威本!《資本論》第四卷,即《剩餘價值學說》,是近幾年來才整理出來的,幾十年前,考次基曾把它偷工減料參加己意,當作自己的著作出版過,記得商務印書館曾出版過一種《剩餘價值》,作者『柯祖基』,如果能找到這本書參看一下,當是大樂。又大革命時代,曾出版過一本博洽德編的《通俗資本論》(譯者李季?)如果能找來參證一下,該能得多少啟發!各書找到後交周穎寄來!廿年前,你叫我專研馬列主義。這願望,現在才得到若干程度的實現。近幾年來,不唯讀了《資本論》,這就不必囉梭了。你想我的心情多麼愉快。祝好,祝全家都好,小明長成了一個怎樣的美少年啊!」(《聶紺弩集》下,第337-338頁)

按,末句係先生誤記。雪峰之女雪明才是「小明」,他想像中的「美少年」,應是雪峰之子夏熊。此信《聶紺弩全集》未收。

9月4日 山西省第三監獄致函北京市高級法院:「聶犯來我監改造時間較短,同時該犯在思想改造上還存在有差距,勞動表現一般,在監規紀律方面表現不夠好。入監以來沒有寫過改造日記,在以前寫過學習筆錄,後來一段時間也不寫了。所以法院要該犯的改造日記,無法提供。」(《聶紺弩刑事檔案》,第19-20頁)

9月9日 毛澤東在公安部黨的核心小組〈關於清理在押國民黨省將級黨政軍特人員的請示報告〉上做出批示：「建議一律釋放。本地不能轉業的，轉別地就業。如何，請酌處。」鄧小平副主席批示：「擬照主席批示，由公安部照辦。即（四項）的一○九人，也予釋放。縣團以上的三千多名，也照此原則辦理。」

10月11日 胡喬木致信華國鋒：「國鋒同志：附上聶紺弩之妻周穎（原在郵電部工作，現參加市政協學習）寫的關於聶被捕時間、服刑地點和北京市高級人民法院對聶的裁定書一份。據周稱：聶何以被捕判罪，她和他至今仍完全不解，所以說罪名並非事實（或基本不是事實）。聶曾企圖上訴，即被有關方面採取不停頓的審問方法使之疲勞不堪，不得不表示認罪，撤銷上訴。以上情節似乎與常理不合，但均不知是否屬實。據裁定書，聶原任政協文史資料編輯。據所附材料，聶原住西直門內半壁街三十五號，周現住地安門東不壓橋新門牌十四號。望轉有關同志查詢一下。」（《聶紺弩刑事檔案》，第221頁）

按，周穎給周恩來、鄧小平等領導人所寫申訴信，通過胡喬木批轉給當時主管政法工作的華國鋒，華國鋒做了批示。其時，因林彪垮臺，北京市高級人民法院遂研究從原定罪狀中減去「誣衊林彪」一項，將無期徒刑改為有期徒刑十五年。但受反擊右傾翻案風的政治風雲影響等因素影響，改判的判決書因故一直未能發出，先生本人直至逝世亦不知曉。

10月16日至25日 最高人民法院、公安部和統戰部聯合召開了各省、市、自治區公安、法院、統戰、民政四個部門的負責人會議，傳達、學習了毛澤東9月9日的重要批示和黨中央的指示。會議認為：「將在押的原國民黨縣團以上黨政軍特人員一律釋放，安置就業，是毛主席的改造罪犯政策的勝利，是國內外鬥爭形勢發展的需要，是完全正確的，必要的。……另外，在勞改單位中還有一批刑滿就業的原國民黨縣團以上黨政軍特人員，遵照毛主席批示的精神，也應作相應的轉業安置。」

10月29日 最高人民法院、公安部、中央統戰部出臺〈關於寬大釋放在押的原國民黨縣團以上黨政軍特人員的實施方案〉。

10、11月間 根據中央對國民黨黨政軍特人員「一律釋放」的指示，山西省成立了釋放安置領導小組，下設清理工作辦公室。除中央核定的以外，對其餘六百九十二名原國民黨縣團以上人員，省委委託省法院、省公安局共同審定。

11月3日 北京市委書記吳德傳達毛澤東對清華大學黨委副書記劉冰的指控

信的批示，這封信指控了該校黨委書記遲群、副書記謝靜宜，由鄧小平轉交毛澤東。毛澤東在信上批示：「我看信的動機不純……，他們信中的矛頭是對著我的。我在北京，寫信為什麼不直接寫給我，還要經小平轉。小平偏袒劉冰。」以傳達這個批示為起點，開始了所謂「批鄧、反擊右傾翻案風」運動。

11月17日　山西省稷山縣看守所致函北京市高級法院：「代押犯聶紺弩在我所幾年來，通過學習，思想有很大的轉變。其表現，每日從早到晚認真地讀毛主席著作、馬列著作，有的讀了幾遍，有的讀了十幾遍，並寫了不少學習收穫和心得。」「聶犯確係寫了不少收穫和心得，但因管教人員變動，大部材料找不到，現找到一份可作參考。同時有兩份同號犯人對聶的學習情況的證明材料。在所（其他方面）表現也較好，從不違犯監規。」（《聶紺弩刑事檔案》，第19頁）

同日　稷山縣看守所同號羈押「罪犯田國榮」為先生撰寫〈證明材料〉，說：「我來到稷山縣看守所兩年多的時間，其中有一年四個月的時間和聶紺弩住在一個號裡，我看到他年歲很大，但他那種學習精神是很充沛的，也是很少見的。他每天從早到晚都在孜孜不倦背書和寫筆記，他在看書時拿一支紅藍鉛筆在他看過的每一本書上劃著一道道記號。每天晚上睡覺前，他就一個人獨自念念背著一些重要的詞句……。」（《聶紺弩刑事檔案》，第185頁）

11月20日　毛澤東要求鄧小平做出肯定「文化大革命」的決議遭到拒絕後，決定停止讓鄧小平統管全面工作，讓其「專管外事」。

12月1日　山西省對寬大釋放人員分別集中於太原西峪煤礦（監獄）和太原石渣廠（勞動教養場所）進行學習。由負責人講明集中學習的要求，學習內容包括葉劍英接見被特赦人員的講話、華國鋒關於普及大寨縣的講話、喬冠華在聯合國大會上的發言等。

12月15日至18日　繼3月份「特赦」全部在押戰犯之後，各地司法機關先後召開寬大釋放大會，對在押的原國民黨縣、團級以上黨政軍警特人員一律釋放，並給予公民權。山西省約七百名有關人員釋放，而先生作為「現行反革命」不在其內。

1976年

七十四歲

（丙辰）

1月8日　中共中央副主席、國務院總理、政協委員會主席周恩來逝世。

先生出獄後作〈哭周總理〉：「於無聲處響驚雷，天下嗚呼慟哭誰？總理今朝登假去，斯民卅載沐恩來。掀天揭地平生事，救死扶傷歲暮哀。祖國山川傷瘦瘠，化吾身骨作肥灰。」（《聶紺弩全集》第五卷，第112頁）

1月14日　北京市高級人民法院致市革委會〈關於處理周穎為反革命犯聶紺弩申訴案件的報告〉。報告說：

> 我院再次對聶犯的案件進行了審查，認為：原審法院認定聶犯思想極端反動，經常與一些右派分子大肆散佈反動言論，惡毒攻擊無產階級司令部，攻擊黨的方針政策和社會主義制度，大量書寫反動詩詞，幻想變天，並為反革命分子胡風、右派分子丁玲等人喊冤叫屈，罪行屬實，證據確鑿，本人亦供認。經報市革委批准，判處其無期徒刑，剝奪政治權利終身是正確的。周穎的申訴，完全是無根據的為聶犯翻案的行為，應予駁回。
>
> 但是，我們考慮：聶犯於三四十年代在文化界有一定影響，現已監押八年多，尚能認罪伏法，有一定的悔改表現，又因年老體弱，中央統戰部李金德同志也曾提出「別讓他死在獄中」的意見。擬將聶犯從無期徒刑改判為有期徒刑十五年。准其監外就醫。聶犯現關押在山西省，屬該省公安局管理的犯人，監外就醫問題請公安部通知。出獄前對聶犯進行守法教育，對周穎也進行必要的教育。
>
> 以上情況，均與公安部交換過意見。
>
> 經調查瞭解：周穎的戶口在朝陽門外大屯花嚴廠村十四號（係農民的房子）屬大屯派出所管界，有一個女兒聶海燕現在中國歌舞團工作，住宣武區南華東街二號。故聶犯監外就醫須送回北京家中。
>
> （《聶紺弩刑事檔案》，第222-223頁）

1月31日（春節）　馮雪峰因肺炎引起併發症在首都醫院去世，享年七十三

歲。馮雪峰沒有留下遺囑，只是在彌留之際，痛哭流涕地一再表示希望能讓他回到黨的隊伍。

2月3日 毛澤東任命華國鋒為代總理，主持全面工作。

2月16日 下午，馮雪峰追悼會在八寶山革命公墓舉行，「到一百餘人，有茅公、葉老、胡愈老、張仲實、姜椿芳、李一氓、左恭及文藝界舊友多人（據說周揚也到），儀式只有默哀，向家屬慰問，瞻仰骨灰箱，箱上有白字姓名、生卒，並題『詩人、作家，一生堅信共產主義』（不知是誰所題）見了下面兩行字，衷心激動，亦足慰老友一生矣」（樓適夷）（《黃源樓適夷通信集》上，第244-245頁）。據駱賓基回憶，先生女兒聶海燕和丈夫方智訓，邵荃麟女兒邵小琴也都趕來了。

2月25日 華國鋒總理主持召開各地方、軍區一把手會議，傳達了〈毛主席重要指示〉，指出：根據毛澤東的指示，開展對鄧小平的點名批評。

3月24日 同鄉好友、高小同學查慧九病逝。

4月5日 北京天安門廣場爆發反對「四人幫」、否定文革的群眾性非暴力反抗的抗議運動，史稱「四五」運動，亦稱「天安門事件」。

4月7日 中央政治局根據毛澤東的提議，通過〈中共中央關於華國鋒同志任中共中央第一副主席、國務院總理的決議〉和〈關於撤銷鄧小平黨內外一切職務的決議〉。

5月20日 最高人民法院、中央統戰部、公安部聯合發出〈關於繼續清理在押的原國民黨縣團以上黨政軍特人員的通知〉。〈通知〉說：「最近，各地經過複查，又發現在勞改犯中還有一批漏掉的和當時反動職務沒有核實的原國民黨縣團以上黨政軍特人員；刑滿留場就業人員中也有一批這類人員，沒有清理安置。為了貫徹執行毛主席的指示，對這類人員仍應按照去年清理工作會議精神和〈實施方案〉的規定，繼續進行清理安置。另有一些解放後陸續派遣進來、被判刑勞改的國民黨特務（縣團以上），也可參照〈實施方案〉的規定，予以清理。至於近期（1970年以來）犯現行罪的，應按正常程式處理，不列入清理範圍。」

5月 老友孟超去世。先生有〈挽孟超〉詩曰：「獨秀峰前雁幾行，卅年分手獨超驤。文章名世無僥倖，血寫軻書李慧娘。」（《聶紺弩全集》第五卷，第116頁）

7月16日 在親友呼籲下，經姚文元批示，馮雪峰追悼會低規格舉行。茅盾、葉聖陶、胡愈之、楚圖南等三百餘人，默默地鞠躬誌哀。

8月　女兒海燕因不堪忍受政治上的歧視和打擊，撇下一對兒女，服毒自殺。一週之後，海燕的丈夫方智訓也自盡。當時尚年幼的方瞳則被送到牡丹江其二叔家附近上學。

夏秋間　山西「繼續清理（國民黨）縣團（以上）人員（犯人）」共五十六人，其中第三監獄（臨汾）的名單是：「縣團九名：王文厚、梁靜庵、聶紺弩、黃養農、祁永昌、王萬乘、許國棟、洪錫星、儲棋松。」另據朱靜芳回憶：「臨汾監獄本有八名這類人員特赦，內有一人在這期間病死，所以補報了聶紺弩，實際特赦的仍是八名。」（《聶紺弩刑事檔案》，第29頁）

9月9日　中共中央主席、中央軍委主席毛澤東逝世。

9月20日　在特赦國民黨黨政軍特人員查漏過程中，先生始得列入名單，並於裁定書中得到「寬大釋放，並予以公民權」。

> 山西省高級人民法院裁定書（1976年度刑他字第398號）
>
> 　　聶紺弩，男，73歲，漢族，北京市人。因現行反革命罪於1974年被北京市高級人民法院判處無期徒刑，在服刑期間，有悔改表現，現決定寬大釋放，並予以公民權。
>
> 　　　　　　　　　　　　　　　　　　　　　　1976年9月20日
> 　　　　　　　　　　　　　　　　　　　　　　山西省高級人民法院（章）

9月25日　收到釋放通知，火速函告北京周穎與鍾敬文，作為「雙保險」。周穎得信後迅即由戴浩陪同，親赴山西迎接。

10月6日　以華國鋒、葉劍英、李先念等為核心的中央政治局，採取斷然措施，對江青、張春橋、姚文元、王洪文實行隔離審查。「文化大革命」的十年內亂至此結束。

10月10日　自山西第三監獄獲釋，周穎趕至臨汾相迎。

同日　中央兩報一刊發表社論〈億萬人民的心願〉，透露「四人幫」下臺的消息。

10月26日　樓適夷致信黃源：「……還有聶紺弩，在『文革』中莫名其妙地被捕，還判處了無期徒刑，關在山西。現在明白，因為他罵了臭妖婆。現已釋放，他妻子上山西接他去了。真是血債累累，罄竹難書。」（《黃源樓適夷通信

集》上，第301頁）

11月2日　回到北京，駱賓基、戴浩等人到車站迎接先生夫婦，並合影留念[3]。

11月3日　牛漢和舒蕪前來看望。

11月初　某個晚上，邵荃麟之女小琴、駱賓基之女小新相約看望先生。

11月上旬　鍾敬文夫婦、樓適夷等老友到家中看望。

11月11日　樓適夷致信黃源：「聶紺弩寫詩罵江青，在『文化大革命』初即被捕，判了無期徒刑，關在山西，坐了十年牢，現已放出回京，我同他已見過面，他還是老樣子。」（《黃源樓適夷通信集》上，第307頁）

11月14日　黃源致信樓適夷：「老聶下次碰到時，代我問好。57年（按，應為55年）他來杭州，我請他在大會堂作報告，離杭後，他就被打下去，從此不知音訊了。『他還是老樣子』，真是經得起的。」（《黃源樓適夷通信集》上，第310頁）

11月16日　樓適夷致信黃源：「老聶很健康，還想設法進魯迅研究室工作，正在活動，不知能成否？他的愛人說：『還可以工作二十年！』真是雄心壯志。」（《黃源樓適夷通信集》上，第311-312頁）

冬　獲釋歸來，畫家余所亞贈詩一首：「憶君常下淚，君回淚乏垂。咫尺如千里，藍橋約會誰？灧江風雨夜，嘉陵煙霧隨。相逢皆病老，幸嗟暮禽歸。」（〈灧江風雨情〉，《聶紺弩還活著》，第206頁）

12月5日　中共中央發出通知：「凡純屬反對『四人幫』的人，已拒捕的，應予釋放；已立案的，應予銷案；正在審查的，解除審查；已判刑的，取消刑期予以釋放；給予黨籍團籍處分的，應予撤銷。」

12月21日　手錄〈挽雪峰前輩〉四首寄舒蕪。

12月27日　七律〈管兄以詩見贈賦答〉寄舒蕪，並附束，云：「某事未展一籌，因拙夫婦均覺如真進行，不好意思處正多也。君言王一平副主任發言，始終未見。如蒙枉顧，乞帶來一閱！（鄰近均無《人民報》）拙句博笑。君先後各詩均大言炎炎，非力所能及，故未奉和，恕之！」（《聶紺弩全集》第九卷，第372頁）

年底　北京市高級人民法院決定宣佈由無期徒刑改判十五年有期徒刑的判決書，而先生早已經釋回京。北京高院得悉此事，發函山西方面詢問原因。

---

[3]　王培元：〈聶紺弩：「我將狂笑我將哭」〉，《在朝內166號與前輩魂靈相遇》，第45頁。

卷七　特赦歸來一臥佛

1977年 七十五歲

1月 北京市公安局朝陽分局民政科通知：1月起，每月在街道居民委員會領取生活費十八元。因此作〈無題〉詩曰：「今甫得盤苟日新，行看天下四時春。詩尊杜甫工窮苦，文羨桐城遠俗倫。富果能求策吾馬，醯焉或乞假諸鄰。家貧人謂塵生甑，無甑何來甑上塵？」（《聶紺弩全集》第五卷，第284頁）

1月1日 致信舒蕪：「尊函收到，承關心鄙事，極感。所謂不好意思，就是我本來沒有這樣好，而乘機會去圖謀非分之物，即使成功也可羞，況不成功則未必不反有害乎？兄謂我為無雜感為大誤，並謂以雜感入詩開前賢未到之境，云云，未免過高。雜感實有之，不但今日有，即十年前也有，所以我認我所經歷為罪有應得，平反為非分。至於以感入詩，目前尚未臻此。假我五年，八十以學詩，或可得其一二乎！所以我覺尊作為大言炎炎，我不過小屁沾沾，正因未能以感入詩耳。但桀驁之氣亦所本有，並想以力推動之，使更桀驁，而兄謂非所敢望，真反語矣。」又問：「兄用之稿紙，弟素極愛，不知倚兄大力，可向社購得若干札否？或兄知何處有同樣小稿紙出售否？」（《聶紺弩全集》第九卷，第373頁）

1月5日 致信舒蕪：「惠書收到，多謝關心至意，關於實事以後面談。所論詩意，鄙意度之，均前人所不齒者，一為以文為詩，二為野狐禪，即人謂袁枚為通天神狐醉後露尾之意。但我亦不以為羞，不知其可羞。本不知何者為詩，何者為文，更不知何者為正法眼藏。再讀書卅年亦未必能知，也就只好如此了。但兄謂有所謂『聶體』者，真使我大吃一驚，不知所謂『朋輩』果是何人。我詩不成體統，竟招致如此不成體統之論，笑煞天下詩人墨客乃至非詩人非墨客矣！大概我兄行文所至，筆先意到，不會真有此也！至於論文意亦與論詩相近，雖自稱為尊意，亦未必可信，恕我只姑妄聽之。」（《聶紺弩全集》第九卷，第374頁）

1月9日 致信臨汾山西第三監獄管教科幹事李春華：「離臨汾時未見著您，未得面別，甚以為憾。回京後覺體大衰，動即而喘，一連幾月，未越大門一步。茲有兩事為懇：1.您看過我的筆記之類，那些東西，本覺無甚用處，故未向您討還。今調養數月，覺恢復健康很有希望，那些筆記也有變為有用可能，故請您將它們發還給我，至少把大部發還。特別是有關舊小說之類的。2.去年八月，曾為

我作過一次透視，但其結果並未告訴我。您可否向醫犯李樹元、王懷瑛問問（主要是心臟和肺部），將其結果要來給我。此事對我調養關係極大，重作透視有許多麻煩也。兩事，後一事是無理要求，久蒙關注，故敢冒昧，特致敬禮！」信末附言「又：如寄一本字帖給賈連城（醫犯），可得准許否？」（《聶紺弩全集》第九卷，第142頁）

1月11日　致信舒蕪：「前信計達。幾日未見回示，心中有些皇皇，因回思詩題似很不恭也。兄前信所說，頗使我半信半疑，但又亟願真有此事。請想想，若真有人問海外東坡，詩真有聶體，文真五十年有此一家（不管是第幾家），我該何等飄飄然！何況生掛吳劍乎？」「我有很多弱點。其最大者為沒有學問，六十餘年前一小城小學生，怎會有學問？我對魯、胡及兄均有特殊敬意，無他，兄等有學問也。此事本未瞞兄，兄亦未被瞞。但由此派生一事：我不懂欣賞。不愛看人家的文章，看亦懂不透。因此，做批評家和編輯都不夠格，儘管我自愛東塗西抹且似真有嗜痂者。因此，我很狂妄：小學生而成了文人；也很謙虛：有人真比我有學問。自大亦自卑。此事想兄早已洞察，但仍一吐，為兄知我論我之助。此亦對兄前函所論半信半疑之根本原因也。兄自作及介紹他人作，我很少提及，我實少看而看亦不甚懂，懂亦不能評也。」「川省有位馬識途部長，不知何人把他的名字和我聯上了，說我認識他，以致有人託我介紹給他。我本不識，更無介紹之意。這樣一來，反而想知道一點什麼了。兄如對這位部長有所聞知，請以相告，越詳越佳。」（《聶紺弩全集》第九卷，第375-376頁）

1月16日　致信舒蕪：「九日信收到。十二日信也收到。本來來信說，『明日』下顧，因風改期；現在卻說『天寒路遠』，不知何時了。夫天寒或有之，路則並未變遠，理由已百分之五十不存在了。則君之來或尚有一半希望乎？」「我說我不會欣賞，不善評論，乃至不愛看長篇原稿、看不懂等等，乃我實情，有此自知，故對別人作品少發議論，不發亦望人不為怪。但並不因此而不愛別人詩詞短篇，尤非不愛別人議論，例如兄對〈焚稿〉之議論，乃就密司林之事而來，出我意想之外，實甚佩且愛。我雖無踏在林屍上以成己之高之意，如君必欲墊之，我亦不甚反對，各行其是耳。如曰我不善評人，故亦不喜人評己，此則大誤，至云不喜獎己則又大誤而大大誤。此次失掉君對拙作壽某老詩之論，則其明證，我甚嗒焉！」「我不會欣賞主要指藝術造詣和淵源之類，如錢鍾書所談者，至於其他，則又不無淺見。例如君詩，某些首，君自謂為寫給別人看者。用前些時人的

話說，當即載道者；其不為給人看的則為言志者，只限於我們所談的小場合。我喜歡言志的。就我自己說，慟哭古人，如哭馬二先生，則欣為之。至於大人物，則覺我如哭之，實不成體統，如老鼠之哭老虎然。故對君作亦保我游夏地位。至於商山詩當係另一景況。如另一馬二先生，吾無以名之，名之曰『有恥且格』正是他家孔老二的話。魯公有言，畫家無畫鼻涕、大便者，不但不潔，且無定形也。如欲畫之，當出大力，運大筆，作大畫，僅與他皓同視，未免大材小用矣。至於侍讀侍講之類，其中未必不有屬於另一方面之可憐蟲者，如區區之在這方面然。此皆我之臆說，不必問與尊意同否也。或詠之，或不詠，兩可。」（《聶紺弩全集》第九卷，第376-377頁）

1月22日　致信舒蕪：「你談的詩真好，〈焚稿〉也好，〈放牛〉也好，聽起來真像樣，似乎去唐宋名家也不很遠了，有這回事麼？我真疑心說的古人，現在的詩人有這麼好的麼？如果是今人，那也是別人，不能是你說的那個。」「你記得什麼小說說：啄木鳥在樹外面用嘴刮幾刮，樹裡的蠹蟲就自己出來給牠吃。你也是啄木鳥，談談這首詩、那首詩，我的詩蠹就自己要出去給你看。現又抄五首（想練練毛筆字，筆太禿，不成。買新筆，要錢又要跑路，不免青黃不接）。」（《聶紺弩全集》第九卷，第378-379頁）

1月底　知曉愛女自殺真相，連夜作〈驚悉海燕之後再贈〉：

> 願君越老越年輕，路越崎嶇越坦平。膝下全虛空母愛，胸中不痛豈人情？
> 方今世面多風雨，何止咱家損罐瓶。稀古翁嫗相慰樂，非鰥未寡且偕行。

舒蕪在此詩稿後附言：「聶紺弩先生惟一的愛女海燕，1976年9月因家庭糾紛自殺。一個月後，紺弩先生自山西監獄獲釋回京，周穎夫人沒有將愛女的噩耗告訴他，編了各種理由，掩飾她未在京、無音訊的緣故，直到1977年1月間，紺弩先生知道了真相，當夜寫成此詩。大約即在那之後才二三天，我去看他，他便默默地遞過一張紙，上面錄了此詩，什麼話也沒說。我將此紙珍重保存，作為他就這一不幸事件寫給我的信。」（《聶紺弩全集》第九卷，第382頁）

2月2日　致信舒蕪：「廿三日信及附時賢時作均收到。尊論以我文得力於莊，至少未洽，我自己知道與莊無關。我有兩次和莊發生關係，一次是寫〈德充符〉，除了這篇中有申徒嘉是瘸子和所亞可以聯上之外，什麼也不知道。另一次

是批評俞平伯，說他顛倒是非是學的莊子，並謂莊學在仕何時代都是反動的，陳企霞深為反對，幾至不同意發表這篇文章。陳公之論且不管，我的意見實是瞎蒙，根本沒有懂得莊公對是非黑白的意見。我對莊子發生一點興趣，是從北大荒勞動回來後，喜其把勞動人民地位抬高，看不起闊人（看不起闊人這一點我很有同感），但對其哲學還是一竅不通的。這回回來，因在裡面看了一些馬列主義書，對莊的根本思想能有些瞭解，始敢一窺其全豹。可見說我得力於莊子是何等與實際情況不合。」「那麼你的文章是從哪裡來的呢？自以為得力於什麼呢？先生，首先問，我寫了什麼文章呢？就像你所說的〈德充符〉、〈鬼谷子〉（冬兄贈詩也提到）又哪值一提呢？其次，所謂文章是否一定都有淵源、家數、家法、師承、義法以及諸如此類的寶貝，又要做怎樣的努力才算學了，怎樣表現才算得了力呢？錢鍾書能一眼看出某人所作出自某人，據我的經驗，也只是信口而出。他說我的詩得力於黃道周，真是鬼話。明末姓黃的我知道一個黃周星和他的一首詩，就是你介紹的那一首，後來又在民[明]末遺民集中碰到過（還碰到幾個桐城老鄉）。至於黃道周，遠不如李卓吾、金聖歎那麼熟悉，幾乎連有沒有此公也不知道。錢公真是讀了一肚子詩，裝滿了一肚子統緒之類，見到誰的詩就能立刻看出它像誰的什麼，這自然是一種本事，但要以之論盡天下，卻會很危險的。比如說文天祥繼承杜甫優良傳統，這種話說了等於沒有說，但如有老實人真去尋味這傳統，那就坑人了。」「我是個小學生，加上一兩年私學，關於作文，讀過《古文觀止》、《東萊博議》、《張太史精選闈墨》（記得一題：謝安登治城悠然遐想有高世之志論）、《東社讀史隨筆》（關於秦始皇焚書坑儒的歌頌，第一次是從此書看到的），這是我最初的基礎……。關於這之類，隨便談談大概很有趣的，而且是海內孤本，但是慢慢來吧……[筆者略]。」附錄〈贈周大姐〉七律兩首（《聶紺弩全集》第九卷，第379-380）。

　　2月4日　致信舒蕪：「我詩不值一和，和了使人慚愧。兄詩自佳，但自稱聶體，再三玩味，亦不知此體何在，只好罷了。但『萬瓦飛』真奇句也。經您一說，我確有點自以為……了。因憶及林庚白自謂詩比老杜還高。我也看過一下林詩，自亦不錯，但未見就高過杜甫，甚至未必高過柳老，別人就不必談了。既然別人可以自高自大，我又何妨暫時自高自大一下？這幾天，把一部大字《潛研堂詩集》送到廁所去了。當我有時搞點訓詁時，我很佩服十駕齋，但亂翻詩集時，卻未發現《潛研堂》有什麼值得注意之處。不特此也，如經亮吉評過的乾嘉詩人

們的詩，我看的也不算少了，依我看來，那些詩都大可不作，這一點他們沒有一個趕得上老杜。老杜的忠君思想無論現在怎樣不值一錢反以為累，但他的詩是應該作、必須作、作得好的。林庚白自謂時代不同，所以高過老杜，而不知他自己恰恰是時代落伍者。……諸如此類想法，使我看不起許多詩和詩人，要送進廁所的東西還不少也。」「說這幾天搞點別的是把老、莊、列三家放在一路看了一遍，頗想談談，不知您處有什麼現成書可借否？有現成高見可見教否？我又想學學啄木鳥來啄您隱藏的蠹蟲了。拙見：老是統治書，道即黑格爾之絕對理念，貫徹於全書各點。無為、無不為是主要治術，一切都是統治立場。莊的物出於道、有出於無，是老的；但有很多發展，有的是和老相反的。老的無為是統治的；莊的無為是被統的、臣民的，並發展為無用之用。不材終天年，召號不做官，不與統治者合作。而且提供許多下層的、工藝的、殘廢的、有智慧的人物，說他們比統治階級高明……。反正一下說不了，就慢慢來吧。總之希望有學問的像您這樣的人給我一些幫助。這不會變成侍讀、侍講幾黑幾花吧。這些時也略略明白了一點，您那兒是個詩站，您是站長，調度著各路詩車。這也好。您年輕，腦筋靈活，精力旺盛，恰好榮任斯職，說不定將會對中國前途大有裨益也。答魯白先生三首也順便請站長調度一番。」（《聶紺弩全集》第九卷，第383-384頁）

2月10日　致信舒蕪：「短箋收到。不知用什麼話可以安慰你，只希望久經滄桑的人，會自行節制哀思。死者已矣，生者還要活下，也許越有用越活，越活越有用。」又附言：「有暇枉顧一談，或排除傷感之一法。」（《聶紺弩全集》第九卷，第384頁）

2月　「春之第三日」致信廣東友人馮伯恆：「得惠示多日，因忙於其他鄙事，遲答希諒。〈漢磚歌〉乃我輩中之〈石鼓歌〉，堪羨。三公見贈之作自佳，感愧感愧。渠云查老如何，是否此公已故？請轉請三公確告，因我正苦[於]無法打聽也。回京後大姐勸贈朱老一詩，因之酬答了幾次，現將其中自嘲句改為單純自嘲，共五首，今抄呈一笑。此五首毫無區劃次序之類，可以刪去其一二三四乃至全部，也可增加一二乃至無窮，反正不望作格律教本或反面教本，只好讓他[它]去了。另三絕附呈，借博兄與三公暨其他友好一笑。」（《聶紺弩全集》第九卷，第130頁）

2月20日　黎丁（姜牙子）到新源里看望先生，之後同往探視病中的阿英。這是重獲自由後首次出門訪友。

2月23日　致信陳邇冬夫婦：「先後收到惠賜詩詞，謬獎滋愧。冬詩展讀時，適有客人在座，靜聞夫婦、黎丁、常任俠諸公均曾共賞，我獨自按韻擬和未成，卻得答謝幾人贈詩一首。今抄呈。和冬痕跡猶可見也。」（《聶紺弩全集》第九卷，第161-162頁）

3月1日　致信陳邇冬夫婦：「前函計達，尊詩前有常公自抄去。今又有舒公來函要代抄。已抄好尚未發出。想無礙。近日作贈周詩二首，亦頗自得。舒公則估價太高，論時竟提及微之、易安、放翁。舒公對拙作時有論許，所論瑕瑜互見。瑕，溢美過甚；瑜，道得著說得出，對我頗有教益。今將拙作及管見一併奉呈以博一笑。兩公曾見到秦公否？秦公近著《現代詩韻》一書，蒙寄賜兩冊。我對詩韻無甚理解亦少興趣，幾月來尚未寫回信。倘兩公與之會見，望代致歉意說人越老越懶，真無法也。」（《聶紺弩全集》第九卷，第162頁）

3月2日　致信舒蕪。

　　二月廿八日信收到。

　　一件趣事：周婆經常反對我做詩，認為天下最無意思的事是做詩，做了還寫給人看就更無意思，一有機會就發表這種高論，和別人談話時還故意高聲朗誦，以示取瑟而歌之意。及到作了贈詩給她看時，她卻很高興地看了，一點平日那種不屑一顧的樣子都沒有，甚至還指手劃腳說這句好，這裡好，總結：「不錯，有意思！」還有哩！「把它寄給誰看看吧。」誰字竟包括著閣下。

　　事情沒有完。昨上午收到來信，她問：「他說甚？」我說：「贈周詩好。」「真的麼，怎麼說？」「你看！」她正在掃地，丟了掃把來準備看，但是戴上眼鏡之後，卻沒有真看，隨即取下，又去掃地作別事，而且整個下午都沒有看。我想，她對詩固不甚愛，對談詩的信就更無興趣了。這下午我寫了兩封信，有便便發出了。晚上我已上床了，她忙了好一會，端著茶，拿著眼鏡，來到書案前找你的信說：「現在來欣賞欣賞老方對於詩的管見吧！」「管見」二字確是她說的。我說：「看你不愛看，已把它寄給陳邇冬去了！」「我哪裡不愛看！上午我想等少停一下沏杯茶慢慢看吧，但沒等稍停，就做飯，隨後有人來了，一直沒有斷……。現在正好來看，而……。他說什麼？……。」我把管見用口頭說了一遍，她一面聽，

　　一面說：「他怎麼知道這麼多，說得這麼有條理！」但最後卻將了我一軍：「不是他真這樣說而是你摻了水的！」

　　　　現在明白這封信的意思了吧，請你把你的管見重述一遍（不必加多），以見我並未加水也未加油醋之類。

　　　　　　　　　　　　　　　（《聶紺弩全集》第九卷，第385-386頁）

　　舒蕪按：「聶老晚年給我的六十多封信，都是近人書札尺牘慣用的文言半文言，僅有這一封是純粹的白話，寫得起伏跌宕，風趣幽默，把他們二老『斜日恩情』充分寫出，實在是好信札，好文章。加上工整秀麗的《靈飛經》體的毛筆字，也可以看出寫信時的良好心情。」（方竹編《憶天涯》，第153頁）

　　3月8日　致信舒蕪：「兩函均收到，詩論周讀甚喜，未說將何以獎功，但亦談不到加罪，其心情當可於下次見兄時表之，屆時定可看出也，我想。……[筆者略]」「用公條理腦子替我想想，老莊所謂道、天、聖人各有幾種，兩公之間有何異同。不必翻書，想想即得。有時想到列子的天論很可貴，憂天之天很近科學，雖歸結為不可知論。補天更好，竟說天還有缺需人補之，竟把老、莊、儒、墨天論尤其是〈馬蹄〉中的天論推翻了。但移山靠天帝，奴性。」「莊子與他書最大不同是有了許多手藝人庖丁、匠石、輪扁、梓慶、工倕、黐工、漁夫、牧童；殘廢人介者、兀者、無趾、駝背、無唇、瞽人；至於子來、子輿、子祀等為勞改對象尤明，還有強盜或奴隸起義頭頭……。所有這些，都不是偶然的，大膽說，這些人都是奴隸。現在，卻是書中的主人。比一切帝王黃帝堯舜禹湯文武都高，高得不可以道里計，這是春秋戰國社會關係的反映，是奴隸制瓦解過程中的反映，是與史籍所載卞和、莫干、雞鳴狗盜抱關、擊柝、屠夫、賭徒之流都以家庭奴隸（食客）之類的身份或形式登上政治舞臺的事相呼應的。從這一點鑽進，再把什麼天道無為、全德養生之類的理論融會一下，應有些與人不同的收穫，務請教益！」又囑：「如擬枉顧，星五不可來。」（《聶紺弩全集》第九卷，第387-388頁）

　　3月20日　致信馮伯恆：「久疏音問，歉甚。三流兄南歸時，曾託以二事：一、轉一信給羅承勳兄，他說他可直接交到，不必轉託曾敏兄。二、買幾盒『救心丹』，他說廣州有此物，他可以要到，不必花錢。但他一去之後，杳無消息，二事如何，無從說起。又曾託他帶一本小冊給你，大概也未交到，請向他催問一

下，結果如何，給我一信。我連他會寫信來，也不存希望了。」（《聶紺弩全集》第九卷，第132頁）

按，「三流兄」即胡希明。

4月4日　致信舒蕪：「今晨作酬劉一首，遍覓劉公地址不獲，只好再煩我公。看來對我說，詩站之設，很有必要。高明之家鬼瞰其室出於何書？年與齊不齊，齊與年不齊，何解？出《莊》何篇？記性之壞可笑如此。錢鍾書公夐（此字王獻之也不會寫）乎遠矣，得如我公十一百一亦不可得。吾難如之何也已！」（《聶紺弩全集》第九卷，第389頁）

同日　致信馮伯恆：「另兩紙書二絕，一呈兄，一請轉三公。兄云：港報有拙作發表，我無所作，亦未投稿，不知何報、何人所為，兄能將其報見示乎？有人曾見港報談我，我亦未見，兄有所知否？能將其文或文意見示尤佳。兄前曾謂我為『名士』，閉門家中坐，背後有人談，被談者毫無所知，其『名士』之煩惱乎？」（《聶紺弩全集》第九卷，第132頁）

4月5日　致信舒蕪：「〈有酬〉料已收到。這已成了一個規律：稿未寄時，懸之國門千金不能易一字；才一寄出則百病叢生。……[筆者略]。原件如已寄出，以後設法改正；如未寄出請退還，並將劉之住址再告，我改寫後自寄。又，請將談莊子信退還，以備他用。如兄要自留，則可退還後，我抄留一底或由兄抄一附本，以便彼此各有一份，何如？」（《聶紺弩全集》第九卷，第389-390頁）

4月9日　致信舒蕪：「組詩有難處：每首當各有與他首截然處，此意從鍾敬公處得來，頗有實用。尊作以三為勝，亦即此意之證實。又既用韻，又還加其他桎梏，所謂捆打，即好，亦惡作劇也，此法不敢苟同。話說回來，首首要各不相同，又要有共同處，不然何以謂之組詩？有形、無形一根線穿住幾顆珠，線自重要。若說無此線自亦成珠，但是散珠，不是串珠，那是另一問題。其實一首之內，句與首的關係也如此，不必詞費。凡此皆拙腐而不卓也。末技小道，聒而不舍，不計兄之齒之冷暖矣。……[筆者略]。」「我事戶口已登上，乃星五下午戶工同志來家俯就而成，但生活費則尚須向另處接洽，苟有四十元，則三公不足易吾之介，平反於我如浮雲。至於上書稿尚待把經歷填上，此事非我公莫屬，否則不似一人手筆矣。張公未再來，且味某日談話，有向胡繩公身上推之意。張公對我本無深知，但胡公亦然。我又別無有地位之知友，故深歎我公之胡不早顯要也。」（《聶紺弩全集》第九卷，第391頁）

同日　北京市高級人民法院〈關於不再對反革命犯聶紺弩改判的報告〉：

> 我院於一九七六年一月報請市革委會，對反革命犯聶紺弩從無期徒刑減為
> 有期徒刑十五年，准其監外就醫，已經市委批准。由於批鄧、反擊右傾翻
> 案風運動，我們對聶犯減刑案有意推遲宣判。同年十月，「四人幫」揪出
> 後，我們又重新對聶犯的罪行進行審查核實，原認定聶犯惡毒攻擊偉大領
> 袖毛主席和社會主義制度等罪行屬實，原決定減刑也是正確的。正擬去山
> 西對聶犯宣判減刑決定時，發現山西省公安局於一九七六年九月二十五日
> 已將聶犯按國民黨縣團級人員釋放回京。當時並未通知我們。鑒於以上情
> 況，我們意見：聶犯已經釋放，再宣判減刑已無實際意義，故擬承認山西
> 公安局的決定，不再按減刑辦理了。
>
> 　　　　　　　　　　　　　　　　（《聶紺弩刑事檔案》，第223頁）

4月10日　鄧小平針對「兩個凡是」的錯誤觀點寫信給中共中央，明確指出：「我們必須世世代代地用準確的、完整的毛澤東思想來指導我們全黨、全軍和全體人民，把黨和社會主義事業，把國際共產主義運動的事業，勝利地推向前進。」5月3日，中共中央轉發了這封信，肯定了鄧小平的正確意見。鄧小平對「兩個凡是」的批評，開了全黨解放思想的先導。

4月13日　致信舒蕪，談「莊公」和「老子」，「拉拉雜雜寫了這一些，希望引玉，從尊處得到更大的有益的教誨。我真要做啄木鳥了」（《聶紺弩全集》第九卷，第394頁）！

4月15日　致信馮伯恆：「兄及三公詞詩諸稿，這之前某月某日華翰也曾收到。大概恰在病中，故未覆，後即忘之，罪甚罪甚！我病最可怕者為痔，故曾進城就醫，在城內住了兩禮拜始歸，今已暫癒。氣喘腿軟之病仍舊。兄詞與詩均佳，詞似更好，但我卻不敢贊一詞。覺兄越作越好，越作越真。越作越好我不反對，越作越真，決不贊成。舉例明之。如賞牡丹，賞了還作詩，像真的一樣。有寄託，別有懷抱，連嫖妓亦可。否則，值得一作麼？因此，我不願與人談詩，而私謂詩詞之類，只可玩票，不可下海。這只是指我這種胸中無物的人。至於真正詩人詞客，那是專業，不在話下。不過我對之沒有敬意。」「末了請打聽兩個人：《新晚報》羅承勳、《文匯報》邵慎之。1.尚在否？2.尚在原處工作否？

3.現在住處，通訊處，通訊方法。（4）其他。好了，寫到這裡告一段落。」
（《聶紺弩全集》第九卷，第133-134頁）

　　4月18日　致信舒蕪，「先說詩」，再「說莊事」。

　　4月下旬　致信舒蕪，談作詩之對仗。

　　4月22日　山西省最高人民法院回函北京市高級人民法院：「你院來函已收
到。關於釋放聶紺弩，並給予公民權的問題，我院是根據清理原國民黨縣團人
員的指示，給予寬大釋放的。至於原判罪惡事實，請你院查聶紺弩的原檔案為
盼。」

　　4月29日　致信舒蕪，談詩技及生死問題。

　　5月中旬　鮑昌為編魯迅年譜事宜登門拜會。

　　5月　經舒蕪介紹李慎之與先生見面。

　　6月上中旬　致信舒蕪，談台靜農詩題跋事。

　　6月13日　致信馮伯恆：「前些時克明兄來要給照相，只好讓照。過些時寄
洗兩底片來，並留下一張，只好讓留。他又說，應寄一張給伯恆，有來有往也。
那就寄吧。凡此皆被動之事，無可無不可。人老了，坐在家裡，忽有人來給照
相、討照片、討詩、討墨寶，事也不少。但倘迷信，或圖吉利，這個老人的心情
是不會太寧靜的，因為來討什麼的人心裡有一種不好明說的意思。我還不至於
[如]此神經衰弱，只處於被動狀態中，無可無不可。」（《聶紺弩全集》第九卷，第
134頁）

　　6月17日　阿英去世，先生作七律〈挽阿英前輩〉：

　　　　普羅文學有批評，不始他人始阿英。中國共產黨同志，晚清小說史殊名。
　　　　胸羅萬卷輕標點，眉冷千夫傲甲兵。我本遊魂歸幸早，及於病榻拜先生。

　　同日　王匡致電張光年詢問先生下落，張請他問問人民文學出版社。（《文
壇回春紀事》上，第22頁）

　　6月19日　致信舒蕪，談台靜農詩題跋事，並「附談幾句閒話：詩人都舊，
並好用干支紀年，邇、苗均不免此，其餘附庸風雅者更不必談。兄無此病，但兄
詩亦不甚新。兄胸中自有馬列，正可馳驅疆場，俯視萬類，不知何處一向未達
也。……[筆者略]。匆匆不盡，病後體力猶衰，只好聽之。」（《聶紺弩全集》第

九卷，第400頁）

6月20日　致信舒蕪：「我擬著一中國古典小說史，或以三、紅、金、水、儒、聊……為題，作一整體論著。此事，前曾發表文章共約卅萬言，未刊稿十餘萬言，均被抄沒。且十年來在獄研讀馬恩著作，觀點大有改進，故需重寫。其餘對古典哲學、語言學方面亦擬有作，不列入整個計畫，云云，如是方免於光要飯吃也。」（《聶紺弩全集》第九卷，第401頁）

7月9日　上海師大魯迅著作注釋組成員陳子善等人拜訪先生，先生談「大眾語」和「舊形式的採用」的討論及《海燕》停刊等。

7月11日　致信舒蕪：「李公信已看及，我受到很大震動。原以為我根本不會作詩，或所作根本不是詩。謂為詩者，不過友朋之間，無可直說，偶然面諛而已。讀此信，知你不但對我說而且對別人說，不但說是詩，而且是……，雖亦溢美，總非面諛。而且別人據說也同意，另一別人甚至謂為中國之這個那個，更謂若干年後必傳，這在我們總是無法證明的事，想當在四五次文化大革命之後，且不管它。這個那個亦非妙事，不過說明我將被放或重進失掉的好東西（中國無放逐，放逐亦重進而已）。總之，都非面諛。這就使我想於這方面振奮一下。因思平生有兩次『大作』，一為〈北大荒吟草〉，均歌頌勞動者，邁公諛之為『鋤鍬文字氣干霄』，略近百首，包括〈放牛〉，當更為中國之什麼，亦即法庭所謂『發洩』者。舊曾奇怪何以謂之發洩，今見某公中國之某某之說，乃始有悟：我之歌頌，人則謂發洩也。此物已束之法院檔案中，當儘量憶得，以求尊教。其二，在失掉的好地方，曾改舊添新，成〈武漢大橋〉卅餘首，曾抄以示人，其人了不措意，謂僅一聯可取。旋被搜去，亦未念之。今思是亦有可憶存之處，憶之三日，僅得十餘首。」（《聶紺弩全集》第九卷，第401-402頁）

7月14日　上海師大魯迅著作注釋組成員陳子善等人再次拜訪先生。

8月5日　致信廣西人民出版社《辭源》修訂組秦似。《聶紺弩全集》未收。

　　秦似兄：

　　一部十七史，從何說起？

　　數月前蒙贈大著《詩韻》二冊，尚未拜讀，即被人搶去。可見此書定有銷路。但我因尚未看，無話可說，失去給你寫信的由頭。我久想寫信給你，聽說你有事要來，不如等你來後面談。有許多事寫信談不好，面談則

三言兩語可決。但你至今未來。

　　我又不想、不願、不敢寫信。十餘年前，你到家找我下棋，一次我略及我的杞憂，你厲聲說：「這不用你擔心！」我才明白你我共同語言已少，就下棋吧。後來你連棋也不來下了，我也未覺遺憾。現在給你寫信，假如你的見解和心情還和十多年前一樣，又有什麼寫信的必要呢？

　　按照十多年以前又以前的關係，先談幾句廢話吧。我在裡面十年，所幸有許多時間看書，馬恩全集讀了一大半，其中最大的《資本論》，四卷六大冊二百五十萬字，一卷讀了十遍，其餘各卷至少三遍，《反杜林》和列寧的唯物主義經驗……各讀了二十五遍，其它不提。這些書一看下來腦子真是大大改變了，包括對以前你說我研究《水滸》是學究式，宋之的說我講古典小說不能引經據典的意見的理解。關於這些以後詳談。

　　去年九月被寬大釋放，月領生活費十八元，現依周穎為生。家中三妹周（按，疑為「同」字之誤）海燕相繼死去，靠古稀老嫗燒飯及料理一切。她同我一樣有喘病，我不但喘而且大失走路能（如果是單人房，恐已成啞子）力，一點不能幫忙理家。而我們又都越來越老，前途不堪設想。因此有求於你，這是信的本題。

　　有個女的名叫申娟，五十多歲了，在南寧化工廠工作。她是我的表任女，也是義女、養女之類。她的丈夫名「李劍（健建？）秋」是黨員，在廠內當科長。據申娟說，他們感情不合已分居十幾年，屢次提出離婚，不知何故，男的總不同意。告到法院，法院向廠裡瞭解，廠負責人總聽李劍秋的，因之一直批不准。這事，早由周穎函告翰新同志，翰新亦曾出力，但也無效。似乎還有別人幫忙，也都無效。據說其所以無效，是因為幫忙的人都不是有地位的黨員。就是說如果有一個有地位的黨員出來，情況就大不相同了。因此就想到你。又想這事於你太風馬牛了，所以遲遲未寫信。但她們如果離婚了，於我和老周大有好處。她自由了，退休之後，就可來京和我們一塊生活。我們有了這樣比較年輕的人在一塊兒，晚年就好過得多。這又是終於寫這封信的理由，不用說，動機是不純的。如果你念過去幾十年的關係，覺得此事不妨愛[礙]，和有關方關[面]談談，不是完全無法、完全無人可找，那就請插插手看，這事翰新比我知道得更多，請與之商談商談。如果完全無法幫忙，當然只好作罷。

關於別的，只一句話，只要你無顧慮，肯和我通信，我們會有暢談一切的機會。

祝好！並問翰新好！

申娟愛人的名字，可和翰新對證一下，我記不清了。

紺弩上　八月五日

周穎附候。

回信寄北京東外新源里西九樓三單元33號

（《新文學史料》2016年1期）

8月10日　致信舒蕪：「請於最近約紹良兄枉過一次，不必在星日。來時請將拙稿帶下，因還有好多修改也。拙稿在我處已看過兩遍，想攜歸後又看過一遍，那麼，請將看過印象講講。固當舉其大者，但小者亦不可放棄，且越瑣細越好。不但此也，你對別人說某詩是絕世奇詩，有何奇處，似未道及。又慎公說別開生面、獨闢蹊徑，何處有所謂獨別，亦至今未解。你能說說更好，而最好是形之楮墨。」「你那天說如果有我這多經歷，也可寫出多少詩來。我恍然[知]你的根本缺點了。自己渾身是寶而無所感知，不以為寶，看見別人的一兩點破銅爛鐵倒以為奇之又奇，欣羨不已。別的不說，關於勞動經歷，說不定你更豐富。」

（《聶紺弩全集》第九卷，第405-406頁）

8月25日　致信向思賡，談弔王瑩詩的修改問題。

9月　《聶紺弩雜文選》由香港爾雅書業公司初版。

按，實為人民文學出版社1955年版《紺弩雜文選》的翻印，未經先生授權。故正文內容與人文版完全相同，只是封面重新設計，一山書屋總發行。

10月10日　致信黃苗子：「你稱我為詩伯，伯者霸也。現在國際反霸甚烈，我若被認為霸，雖只是詩霸，也可能導向處境不利。此外也和實際不合。我詩一片適風喬繩愈言，未足云詩，況於霸乎？以後請不如此。……[筆者略]。」「代請韓公贈畫實獲我心。尹公來，說韓公畫戲文極佳，曾見其虹霓關云云。尹公亦云韓在保定，不知其為青少中老，我公其知之乎？忽然想到：韓畫固神，若問，何以不以之畫社會主義革建而畫封建落後之物，其將何以為經濟基礎服務乎？此事極關重要，甚至是文藝界的致命問題，未見人談及，自亦覺極難談，固廣大艱深，難以開口也。我嘗覺公、我、祖光、瘦、邇乃至永玉，固均屬落後分子，但

實皆高知，並不反社，有時抑且歌社而並不違心，且今之我國孰為歌社標本，而歌社之作（不僅美術）似很少如韓畫之動人者。又，韓畫似不大眾化，而此欣賞之小眾，所見非錯。想來想去，不知如何是好。何時枉顧，願一傾之。以求大教。」（《聶紺弩全集》第九卷，第357-358頁）

按，「一片適風喬繩愈言」意指「一片胡言」；「韓公」，即畫家韓羽。

同日　致信舒蕪，云：「在接此片之前，恰有一信給苗公，說拙作題畫詩，如只一首（第二首）便夠便好。第一首實為蛇足。但已寫上，無可奈何！我有意作絕句，只是今年事，在這之前，已深知此事之難。張慧劍說，作一絕句需兩包煙捲，作一律只需一包；三流說絕句需才氣。自知煙捲缺乏，才氣更缺乏，只好知難不進。……[筆者略]。我與苗信還涉及文藝形式（舊瓶新酒）、建與基等問題，旋寫旋忘，惜不能為兄一一重述之。但其意或可面及也。」（《聶紺弩全集》第九卷，第407-408頁）

同日　又致信舒蕪：「十日曾發一信，答明信片也，今帶上《咄堂贈答草》編，請大力斧削、推敲、提意見。此卷暫時還拿不出去，你有公主、長公主之類，樂意寫幾千字，不甚在乎，將你認為可留者抄一份留在你處，亦佳。但不必外傳，至少儘量少外傳。稿託劉羽兄帶上。你可以介紹劉羽去見苗公，看看韓羽的畫麼？此畫若尚在你處，那就更好了。」（《聶紺弩全集》第九卷，第408-409頁）

10月17日　舒蕪代擬申訴信致鄧小平。鄧小平批示：「請中央統戰部復查，提出意見。」

鄧副主席：現在謹將我遭受迫害的經過向您陳述如下：

我在「文化大革命」初期，1967年1月25日被北京市公安局逮捕，當時沒有說明逮捕的理由。在北京市半步橋看守所關押五個月後，才開始對我進行審問，要我交代有無攻擊中央首長的言論。經過多次審問，最後審判員才明確地要我回答：「是否對江青和林彪說過他們之間的男女關係的話？」直到這時我才明白我被捕的原因。我承認曾聽別人議論過，而我也說過類似的話。當時我是因為對江青在三十年代的生活情況有所瞭解，同時對於她和林在「文化大革命」初期的互相勾結、互相吹捧有所不滿，所以聽別人說他們有曖昧關係，我也相信，因而也說同樣的話。

我承認了以後，就沒有對我再進行審問。1969年間，將我從北京押往

山西臨汾、稷山兩地關押。到1974年5月間，稷山看守所向我宣讀北京市中級人民法院1974年5月8日對我的判決書，以「極其惡毒地誣衊無產階級司令部，妄圖推翻無產階級專政，復辟資本主義」的罪名，判處我無期徒刑。我當即向北京市高級人民法院提出上訴。兩月後，該院派來兩名工作人員對我進行重新審問，他們說：「我們對你重新審問，看你的態度，態度不好還可以加重處理，如果你撤銷上訴就不審問了。」在這種壓力下，我撤銷了上訴。同年10月間，被送到山西臨汾第三監獄服刑。直到1976年9月25日，監獄負責人突然通知我，由山西省人民法院將我作為「國民黨黨政軍特縣團級以上人員」，並同其他具有此種身份的人一起寬大釋放。

我自被捕直到釋放，失去自由整整九年八個月。於1976年11月1日回到北京，由北京市公安局朝陽分局通知：從1977年1月起，每月在街道居民委員會領取生活費十八元，生活當然極其窘困。

現在我有幾個請求向您提出：一、撤銷北京市法院對我的判決。二、在有關研究、編輯、出版部門能儘早給我安排工作。我還能為社會主義文化事業做一些工作。今後擬重寫有關中國小說史的研究著作，並計畫寫中國哲學史的研究文章。三、發還在「文革」中抄去我的文稿、書籍及存款一千三百元。

聶紺弩謹呈

1977年10月17日

（《聶紺弩刑事檔案》，第225-226頁）

又據黨沛家〈懷瘦石〉：「他（按，指尹瘦石）曾對我說：有一次他去看老聶（紺弩），得知平反問題還沒解決，於是他便把材料交給鄧小平同志的女兒（在北京畫院的同事），請她幫助轉交小平同志。她問父親：知道這個聶紺弩嗎？小平同志說：曉得，曉得，作家嘛（莫斯科中山大學同期同學）。立即批轉北京市委，問題很快就得到瞭解決。」（《人生隨筆》，第154頁）

10月27日　上午，蕭軍在先生出獄後第一次到寓所看望，「他人雖變得瘦弱可憐，而精神尚佳，不減當年。他以手抄詩稿示我，其中有贈蕭紅及我諸詩，當時錄而存者。」（《人與人間：蕭軍回憶錄》，第259頁）

10月31日　中共中央發出第四十三號文件，決定恢復中宣部，任命張平化

為部長，規定中宣部的主要職責是在黨中央的領導下，掌管新聞、出版的方針政策。

11月24日　致信陳邇冬：「尊作《三臺詩》讀之嚇倒，疑為七絕而非七律：將毫無關係之三事聯為一詩一絕也；一用雙簧一聯喝破古今，二絕也；前半為政治事，後半為精神事，若即若離，天衣無縫，三絕也。如此數去，雙手所不能盡，何止七絕？死馬故人或活馬新人之理，在人人心裡，至在人人口頭，淺極熟極，甚至童稚亦能言之，因現實舞臺，時時在演，但上下幾千年，縱橫幾萬里，人口幾十億，今日今時乃由此人此詩，一口道盡，讀者乃嗤之以鼻曰，此何足道，一百年前我所茹而未吐，不恰為此語乎！——此真藝文絕境。有人著書闡發平凡的真理，不知是此意否，如是，尊詩又其一例。人生幾何，能作幾詩，若此詩者，能得幾首，想作者心中得意也！謹此馳賀，餘不多言。雙簧一詞，詩中未見。然無此詞，尊論何能透闢！今坦以詩枉教後，想贈兄一詩，意謂：詩夫詩妻詩兒詩女詩翁詩婿，一團活火，燃之以詩，想此本非詩意，故至今未成。述之供笑。一家吟安！」（《聶紺弩全集》第九卷，第163頁）

12月7日　「大雪」之日致信黃苗子：「尊索韓畫來何遲也？人為浩子索者已來兩幅矣。有詩為證：題韓羽畫紅須綠臉圖：『嚇得三魂少二魄，聊齋陸判夜臨門。秋風落葉紅須動，何處一燈辨夢痕。』浩子在此時詩作未好，渠去後，不寐始成。並寄邵慎之一首：『定因風雨故人懷，萬版秋娘入夢來。好夢千場猶恨少，相思一寸也該灰。老夫耄矣人誰信，微子去之跡近哀。』（舊句：『比年元旦年例吟詩，首寄香江杜牧之』）合併錄求教正下括下遺二句：『君在天南我天北，拔天柯幹兩樗材。』」（《讀信札記》，第368頁）

按，《聶紺弩全集》未收。

12月10日　中共中央任命胡耀邦為中央組織部長。胡耀邦經過大量切實的調查研究，打開了平反冤假錯案，落實黨的政策的新局面。

12月24日　致信舒蕪：「《海上花》中一男角名××齋者，近有詩詞集問世，讀之，毛骨悚然。終身勝業在窺視權勢者有何定止以入詞詩借博一睞，於是昭之天下曰：某公厚我，厚我遂享大名，天下亦簞食壺漿以迎詩師。但我忽發奇想：想改《咄堂贈答》應緩印為應疾印，微示與此公對著幹之意，且亦因此而有自命不凡之意。故希兄早日對《咄》集形成總體意見，以資精神憑藉。又，劉君云什麼是必然的，與慎公云文藝復興論似皆一路貨，我於劉，則為某種對象，於

慎，又被稱為先驅或中國的什麼仁尼琴，此事可怕。若謂中國發展工農業不可避免要採取些什麼生產方式，採取方式仍不失為社會主義，如美國曾復活奴隸制仍不失為美國，並未使美國真回到奴隸制，理亦易解。何以均不採此說？」（《聶紺弩全集》第九卷，第407頁）

1978年

七十六歲

（戊午）

1月9日　致信光明日報社文藝部黎丁：「您寄的貴報收到，謝謝！那天，勞您找敝寓找到半天，未及暢談，您又走了。真是抱歉之至！您是認識朱希（執誠）這人？知他何在麼？您似乎曾說，您在舊書攤買到拙著若干種？不知究有幾種。我除《兩條路》、《血書》、《沉吟》外，都沒有，您可以借或贈給我麼？如只可借，借用之後，定當奉還。六幾年（六一－六三？）曾在貴報《文學遺產》上發表過談《聊齋志異》文章若干篇，本曾剪貼保存，但滄桑後，已不知何在。倘貴報歷年均有存者，可否請您轉借來抄齊後奉還？或由您請人抄寫，我出抄費亦可。」（《聶紺弩全集》第九卷，第445-446頁）

2月3日　致信舒蕪：「適有一機會，將《贈答》原稿交給別人了。此乃匆促間事，其中次序取捨全未解決，故想借重你的抄本用幾天，請於除夕上午帶來。據說《雜文選》港中有翻印本，甚至還有別書的印本，他可以找幾種寄來。並說，有人談我，問我於我有何利害，如有害，他可控制。看來談者似即他本人。我答以無害。他或者還會談下去，我想他會寄一些來有意寫點什麼嗎？他或可發表。但此事未談過。」（《聶紺弩全集》第九卷，第410-411頁）

2月6日（陰曆除夕）　七十六歲壽辰。舒蕪作七律〈蛇年除夕紺翁七秩晉六〉二首以賀。

2月9日　致信黎丁：「春節好！春節街上人多，交通成問題，所以您沒有下顧。您不下顧，所云可以借閱或借抄的東西自然都談不上了。前些時，端木有信自東北來，說是您談到我並告以通信處，我還未寫回信，就把他的原信和通信處搞丟了，真是抱歉。他似乎說春節後可回京，也不知是否。我近日身體因喘和痔瘡很覺不適，但尚無他病，甚堪告慰。」（《聶紺弩全集》第九卷，第446頁）

2月19日　致信高旅：「幾月來，見過余羅二公，也談過幾句，對兄事或避或不詳，故知者幾等於零。我擔心你的生活。羅說你能很好地生活，有自己的房子。看來你可能成為巴爾札克似的人物。這使我寬心大放。」「前所寄詩如有存者，乞檢還，頗想看看舊日心情。寄敏之、三流或羅，想均可轉到。又，港地聞有拙著，倘買得到，乞賜一二種。」「我患喘及他種老人病，都不算重。有一近

百歲人，需用中藥『救心丹』，他我均無法自買，你如有此力，乞買多少，託余羅二公轉給我，無力也就罷了。韶公尚在港否？住何處？老所想和他通信。敬頌時好！結婚未？巴爾札克結過婚沒有的？」（《聶紺弩全集》第九卷，第295頁）

2月25日　致信上海師大魯著注釋組，云：「記得尊組似是復旦，今稱師大，豈復旦改併師大乎？寄來打印稿，看過。改了一些，今奉還。前接一信問某某等何年出生，人多，我不盡識，更不知其生年，故未即覆，乞諒。敬禮！聶紺弩　二月二十五日　改寫時因病耽誤時日，甚歉。」（陳子善〈瑣憶聶紺弩先生〉，《傳記文學》2021年第四期）

按，因注釋組的訪問紀錄油印稿粘貼在復旦大學的稿紙上，以至先生誤以為復旦已併入上海師大。此信《聶紺弩全集》未收。

3月10日　致信黎丁：「承寄拙作抄件收到，感極感極！凡倩人做事可致酬報者均好辦，勞與酬相抵也，無法酬報者，永不當忘，是以難矣！兄曾云，尊處藏有拙著幾種，可以借閱若干時，不知何時可。甚念。」（《聶紺弩全集》第九卷，第447頁）

4月5日　中共中央批准中央統戰部和公安部〈關於全部摘掉右派分子帽子的請示報告〉，即中共中央（1978）十一號文件，決定全部摘掉右派分子的帽子。

4月6日　中共中央組織部就先生問題致函北京市中級人民法院：

> 原全國政協文史資料委員會工作人員聶紺弩於一九七四年五月被你院定為現行反革命分子，判處無期徒刑，被關押整九年八個月，七六年十一月釋放回京。現聶紺弩來我部申訴，認為對他判刑是完全沒有理由的，是林彪反黨集團和「四人幫」對他的迫害，要求撤銷原判，予以平反。他並要求歸還關押期間所寫的文稿。現將他的申訴材料轉去。請你們認真對待他的申訴，從速予以覆議，應把一切誣衊不實之詞推倒，恢復名譽，切實落實黨的政策。我們已與全國政協聯繫，對聶紺弩目前生活上的困難，請他們酌情予以照顧。對聶紺弩的覆議結果，請及時通知本人，並告我們。
>
> （《聶紺弩刑事檔案》，第224頁）

4月14日　高旅收到先生未署日期之信簡：「某日信已收到，幾天精神欠佳，稽覆乞諒。斯福兄事不必介意，各人處境不同，有不得不爾者。他對我幾乎

從不寫信，但來京時則來看我，託事則有辦有不辦。這樣也很難得。十年前曾寄一長詩給音兄，一直不知他收到未，見時代問問。如曾收到又保存著，我很想看看。」「《聶××雜文選》，一山書屋印行，即人文版復製，七七年八月出，買一二冊寄來（已有人寄過一本，收到了），不然寄廣州粵文史館胡希明轉亦可。此外一山書屋何人所開，所出《新文藝從[叢]書》尚有何人何書，請打聽打聽。此外聞報上有人談我，且有我的什麼發表，我都不知，如有所見，也可剪寄我一閱。我多年積累的問題，近似接近解決。但我已老病，好處亦不甚多。」（《聶紺弩全集》第九卷，第296頁）

4月28日　致信高旅：「四月廿二日信收到，港中出版界事藉以略知，但胡文史處無信來。此人與斯福異曲同工，不肯寫信，我當函詢。乃公究何日來？來了總會知道一些事。蔣公已世[逝]，張公近況待詢。」「近聞港報有我的東西發表，不知何物；有人談我亦不知誰談，想均斯福所為，但不見告，無從詢知，悶悶。」（《聶紺弩全集》第九卷，第296-297頁）

同日　致信梁國韶：「一部十七史從何說起？梁琛病故多年，老所健在，婚後生一子，名小紅，已十五六，另有一大女兒廿幾，為妻與前夫所生，已婚，都住在一處，故其家中不免小有矛盾，但不傷雅。我和他很少見，見則必談到你，他住東四、四條十五號，可給他寫信。他搞木偶戲，不知有無成就，畫畫似小有名氣，並似有在港發表點小文章之類。我尚在，但喘病和植物神經紊亂，不太嚴重，但纏綿已久，怕冷怕熱，尤怕演成中風，故不能出門。我本懶，藉此留連床榻，臥治天下。老妻亦在，我年七十六，妻七十一。我無收入，妻有退休費，勉可生活。生活問題也許不久可解決，因為積累的問題一解決，此事不成問題，而積累的問題近似有解決之望也。此外無親人，女兒海燕已死，養女丹丹下放到故鄉工作，已婚，並生子，頗能關心二老。猶憶十多年前曾寄贈長詩一首，始終未知收到否？如曾收到，又尚保存，請抄給我看一下，如有他作呈教者，亦請抄示，或將原件寄我。」（《聶紺弩全集》第九卷，第359-360頁）

按，「梁國韶」為先生在桂林時期結識的文學青年，後定居香港。

5月6日　中央批准中國作家協會恢復工作。

5月11日　致信高旅：「姚、吳兩公來，知你是拂袖而去，則所謂『微子去之』，用得很恰，其實我不過對對子而已。有一天，姚琦來看我，我向她提到你，並問當年情況，她不肯多說。我說你至今尚未結婚，她甚惋歎。她已白髮蒼

蒼,行動亦作老太太狀矣。但身體精神似尚好,無災無病,在新華社工作。姚、吳未帶書來,但郵寄了五本,有兩三種是偷印的,其他是舊版。尚有《海外奇談》、《二鴉雜文》二種,未找到。可感也。姚說東西都是余公帶的,未提你。吳亦說,見不著你。自你去後,起初碰見尚點頭,後來頭亦不點。看來兩人在一塊時,都不敢說和你有較近的關係。這是行規,是則斯福所云云,亦不足怪。」
(《聶紺弩全集》第九卷,第297-298頁)

同日 《光明日報》發表特約評論員文章〈實踐是檢驗真理的唯一標準〉。

5月17日 致信上海謝蔚明:「十二日信收到,謝謝關懷。你在滬會見芳藻、鑄成諸人,極堪羨慕,恨我老病在家,臥治天下,不能與舊友一面,京中諸友且然,況外地乎?……諸君對我關心,亦當感謝。我輩識與不識,交均泛泛,其中緣故,心照不宣。簡而言之,江湖使人易忘,涸轍使人情長也。」(《聶紺弩全集》第九卷,第440頁)

5月20日 中國社會科學院文學研究所所長陳荒煤就先生工作事宜,致信中國政協祕書長齊燕銘。

> 燕銘同志:
>
> 　　我所許覺民同志受周揚同志委託,去看望聶紺弩同志,據說現在尚未分配工作,每月僅給生活費十八元,且因哮喘臥床。說你曾經說要安排他到政協文史資料室工作,不知能否早日解決?這個人是黃埔二期的學生,一直還是跟黨走的。五七年因其妻周穎問題牽連劃為「右派」,後又受「四人幫」迫害打為反革命。現「右派」都已平反,實在應儘早安排部分工作,發揮其一技之長!也許你忙,忘了此事,特此告知此情,希能早日解決他的問題。
>
> 　　　　　　　　　　　　　陳荒煤　五月廿日晚
> 　　　　　　　　　　　(《聶紺弩刑事檔案》,第228頁)

5月26日 齊燕銘在陳荒煤信件上做出批示:「先要北京市高級法院解決他的政治問題,然後安排為文史資料委員。」

5月27日至6月5日 中國文學藝術界聯合會第三屆中國委員會在北京舉行第三次會議,宣佈中國文學藝術界聯合會、中國作家協會、中國戲劇家協會、中國

音樂家協會、中國電影工作者協會和中國舞蹈工作者協會正式恢復工作。《文藝報》立即復刊。這是粉碎「四人幫」以後文藝界舉行的第一個大型會議。

5月29日　致信高旅：「廿一日信收到幾天了。前由胡公轉寄剪報三次都收到了。竟未題及，足見腦力之差。此次詩影令我感激涕零，能將此種廢物保存到今，足見故人情深，『刻板』攝影，更自可貴。兄云，尚有小部分，將如法炮製，真不知說什麼是好。『吳公』即羊璧，想兄知名不知姓也。兄云之湘求，我亦曾費思索，想即龍公。解放前印之書，尚有《海外奇談》、《二鴉雜文》二種。倘能找到，真大樂也。」「兄與姚婆事，今經兄言乃大悟，兄之高誼，令人敬服，想姚婆至今，未必解。我亦不擬向之提及。事已至今，言之徒亂人意。所亞曾兩次得少女之愛，其一次是在重慶，其人白小羅，頗美好，所公偷哭十餘次，終峻拒之；另一次在京，其對象住周穎處，最後被所公拒，痛不欲生，終離京他去。人皆不解如此美人何以被殘廢人所拒。兄誼正與此相同。後所公與一年長保[姆]小腳文盲且帶一成年女兒的人結婚，終日相對無言，所公自得其樂，毫無他意。故知此公內在深邃，非凡夫可測，拙作〈德充符〉幸非妄作矣。所公生一子已十餘歲，健步如飛，所公常笑其非己所出。」又：「十餘年前經兄手在《文匯報》（？）連載過一篇論《水滸》的文章，現在連題目也記不起了。我將寫信去請羊璧查。」（《聶紺弩全集》第九卷，第298-299頁）

6月3日　老舍骨灰安放儀式在北京八寶山革命公墓舉行。

先生〈挽老舍〉詩曰：「《駱駝祥子》我曾耽，《茶館》何人不講談。君以一屍諫天下，世驚虎吼躍龍潭。」（《聶紺弩全集》第五卷，第114頁）

6月23日　於北京作〈我在《文匯報》工作時的一點回憶〉。收團結出版社1998年版《聶紺弩自敘》。

7月7日　秦似作〈回憶《野草》〉，載《新文學史料》1979年第2期。

8月18日　應香港方面邀請，作長文〈一個文字改革工作者的話——為紀念三聯書店成立三十週年作〉，體力、腦力均消耗甚大。文載生活‧讀書‧新知三聯書店香港分店12月版《生活‧讀書‧新知三聯書店成立三十週年紀念集》。

9月5日　致信高旅：「八月十八日信收到幾天了，因失眠症發，竟日精神頹靡，不敢握筆，稽覆甚歉。一向沒有怎麼失眠，這回是因寫了一篇文章，題作〈一個文字改革工作者的話〉，為三聯書店卅週[年]作。不久可能在港發表，稿寄出後，至今已十幾天，均未睡一夜好覺。本來血壓低（70-124），寫稿之後，

常頭暈，加以天氣壞，苦雨，頗覺不適，再加感冒，就更狼狽。」「你想寄錢給我，看了有點發笑。我正愁你無法存活，想託夏衍與金堯公商量。前問你願否回《文匯》，你似不願。我又曾問四維，他說你自力更生，可以過。這樣，我心裡一塊石頭才放下。只要可以混，就不必去找罪受了。這回說想寄錢給我，就證明四維的話。我看信後，很高興。錢不必寄，香煙、咖啡也不必要，如有熟醫生，向他請教一下，有什麼治喘（補腦、升壓）的特效藥，適於老人用的，買一點。再同余公商量，在『十一』前帶來就很好。不然再一兩瓶救心丹也行。」「龍公寄的書已帶到京，是《從白話文到新文字》、《雜文選》、《血書》、《小鬼鳳兒》等四種。《二鴉[雜文]》和《海外奇談》還是沒有。碰見龍公時，請代道謝。你曾建議，叫徐公介紹我給習公，到南方去工作。這建議是不能實現的！徐公自裁多年，其次我已不能工作（上班之類），也不能寫東西。再，我的問題還未解決。問題不解決是什麼也談不上的，而真解決了問題的人，迄今尚無一人。等著瞧吧，絕望之為虛妄，正與希望相等，好像又是魯迅的話。」「子平說我能活七十二，今已超額幾年，足見子平不足信，但別的事卻頗有可信者。在內中與巨贊談及此事，他欣然願子平給他推算一下。他說他是戊申十月六日未時，但又說屬馬或屬羊，他本以為他屬猴，後又發現新材料，證明屬馬或羊，不妨參詳若哪年最近於一個大僧家，那就是了。他本叫不告訴是誰，看能說對多少。但事情已如此麻煩，不如奉告，較省事些。他又說近廿年中新興科學（控制論）頗有研究星象之趨勢。關於此事，一竅不通，無發言權，不知你有所聞否？」（《聶紺弩全集》第九卷，第299-300頁）

　　按，「四維」即羅孚。

　　9月17日　中共中央轉發中組部、中宣部、統戰部、公安部、民政部〈關於全部摘掉右派帽子決定的實施方案〉，即中共中央（1978）五十五號文件。文件指出，對於過去錯劃了的人，要堅持有錯必糾的原則，做好改正工作。

　　9月27日　致信高旅：「兩信都收到。法師的子平還未交給他，因他久未來，我亦不知其近況如何。我近況不佳，腦暈，不耐寫字、看書、下棋、作詩……，這都由寫了一篇關於文字改革的文章，長一萬字，費腦過度而致。此文或將在香港發表，為三聯書店卅週[年]而作。遵命寄相片一張，太小，但無別種。這已照了一兩年了（我已回京快兩年了）。」（《聶紺弩全集》第九卷，第301頁）

　　按，「相片」為先生與周婆合影，並附文字：「稀古嫗翁相慰樂　非鰥未寡且偕行　旅兄存念　耳耶一九七八年九月廿七日」（據香港中央圖書館特藏文獻編委會編《高旅文庫目錄》）

10月21日　中共中央統戰部副部長、政協中國委員會祕書長齊燕銘病逝。

10月22日　致信高旅：「不知何故，羽公至今無消息。關於程公的信，我已附轉給夏公，他恐怕不會回信，因眼力差也。過幾天，可託人去問。我腿力差，不能走，更不能擠街車，故未去訪過他。」「聽人說當代女詞人沈祖棻（你知其人麼）近死去。因汽車撞到電竿上了，可惜可哀。」「你說沒有訪東平故居詩，今抄奉。原六首，後因其中兩首與他身份不合，改作挽陳帥用了。今俱抄奉。」「人都忙得昏天黑地，斯福公也忙得不可開交，上次來京，也未枉顧。積累的問題一件也未解決，寫信去問，也不回信。想叫人去問問，但非其選，別的人又不識，識者也忙，真無法。」（《聶紺弩全集》第九卷，第301-302頁）

11月　《新文學史料》第一輯（創刊號）發表〈浣溪沙‧淺水灣弔蕭紅墓〉、〈紅墓五首〉，均署聶紺弩。因〈紅墓五首〉之二、三、五首字句有誤，該刊1979年第二輯重新發表。

11月11日　中國政協副主席朱蘊山致信中共北京市委第一書記、北京市革委會主任林乎加，提出請北京法院「迅即將聶紺弩的冤案平反，取消原判」。林乎加批示：「老作家，抓緊查處。」（《聶紺弩刑事檔案》，第227-228頁）

　　乎加同志：

　　　　知道您主持北京市的工作，我很高興和歡迎。向您反映一件至今未得平反的冤案，請您指示改正。著名左翼作家聶紺弩，從三十年代起，就在魯迅先生領導下，從事左翼文藝運動。抗日戰爭期間，在周總理和陳毅同志領導下，進行黨的文藝工作。解放前，他的各種作品，特別是大量犀利的雜文，宣傳黨的主張，歌頌黨的事業，揭露帝國主義和國民黨反動派的黑暗，啟發人民的覺悟，在全國特別是國統區，起過很大影響。解放後，在香港任《文匯報》總主筆，一九五〇年調北京任「人民文學出版社」副社長兼古典部主任，一九六〇年調全國政協文史資料委員會。但是，到了「文化大革命」初期，僅僅因為他和別人議論過林彪和江青的私生活，就被北京市中級人民法院逮捕，定為「現行反革命」，判處無期徒刑，前

後關押十年，直到一九七六年才被當作「國民黨縣團以上人員」，寬大釋放。他現在七十七歲，年老多病，每月僅從街道上領取十八元生活費，非常困難。這樣一個對革命有貢獻的老作家，沉冤不得昭雪，生活不能安定，晚年精力不能為社會主義文化事業作出貢獻，實在是國家的損失。關於這個問題，中央組織部已批轉全國政協由齊燕銘同志負責解決，並已交李霄路副祕書長辦理。現因燕銘同志逝世，紺弩的問題仍未解決。我和紺弩數十年知交，對他很瞭解，故特向您反映，請你指示北京市法院，迅即將聶紺弩的冤案平反，取消原判，為幸。

此致，政綏！

朱蘊山　一九七八年十一月十一日

（《聶紺弩刑事檔案》，第227-228頁）

11月16日　新華社報導，遵照中共中央關於全部摘掉右派分子帽子的決定，各地黨委已經給最後一批右派分子摘掉帽子。

11月17日　《人民日報》發表社論〈一項重大的無產階級政策〉。社論說：「黨中央決定，自今年四月起全部摘掉右派分子的帽子」，「目前，摘帽工作已經全部完成」。

11月19日　周穎代筆致信黎丁：「刊有拙作讀《聊齋志異》的《文學遺產》，都已找得，不必費心抄寫了，如已抄寫，當然感謝，不管抄了多少，請寄給我好了。勞心之處，無限感戴！你似有拙作雜文集數種，不知有《海外奇談》這本否？如果有，請費大力將它找出，借我一用，因其用甚急甚大也。」周穎附言：「有空來玩，老聶近不太好，但也不要緊，勿念。我代寫是好玩，並不是老聶病得不能動筆了。」（《聶紺弩全集》第九卷，第447頁）

11月20日　樓適夷致信黃源：「社裡現在抓緊研究聶紺弩問題，聶已病不能起，爭取能在他生前解決，然後研究雪峰。」（《黃源樓適夷通信集》下，第129頁）

11月22日　黃源回信樓適夷：「老聶病，有便請代問好。我和聶交不深，但無論如何不是反黨分子，是跟黨走的，是黨內的自由分子差不多，而處境如此，我們這些不得意的人，同情也無用。」（《黃源樓適夷通信集》下，第131頁）

12月6日　致信高旅：「關於信箱的信收到，頗難記，不如大廈。端公處，周穎婆去過，據說，近有某公到港工作，已將所請事與之談好。但周婆是一種妙

人，究竟誰到港工作，所談係程公事，是你事（如落實政策，你當回社），她都未弄清，等於未去。」「下次有便帶一支初中學生用的電子電腦來，聽說只需一二十元港幣，太貴則不必。」（《聶紺弩全集》第九卷，第304頁）

12月18日至22日　中國共產黨第十一屆中央委員會第三次全體會議在北京舉行。全會確定了解放思想，撥亂反正，把全黨工作的重點轉移到社會主義現代化建設上來的戰略決策。

12月23日　回信丁言昭，說：「〈在西安〉最早發表在重慶《新華日報》副刊上，是蕭紅的週年紀念日。後來收在我的一本散文集《沉吟》裡，這本書是文化供應社出版，這出版社久已沒有了，當已絕版。大圖書館可找到。聽說香港有商人偷印本，要買，就麻煩了。」（《藝術家》1989年一期）

按，此信《聶紺弩全集》未收。

1979年 七十七歲

（己未）

1月5日 樓適夷致信黃源，云：「關於五七年錯案改正問題，我社的情況是共十三人，已討論了十二人，像雪峰、紺弩等是全社群眾討論的，對馮幾乎百分百的人同意改正。」（《黃源樓適夷通信集》下，第142頁）

1月11日 舒蕪致信荒蕪：「紺弩翁詩草二冊，囑代寄上。他的地址是：東外左家莊新源里西九樓三單元三十三號。」（《碧空樓書簡》，第1頁）

同日 四川省公安廳派員到監獄口頭宣佈，遵照公安部電話通知，把胡風釋放出獄，結束了長達二十四年的囹圄生活。2月，四川省公安廳宣佈原四川省革委會人保組所判的無期徒刑被撤銷。6月，公佈其為四川省政協委員。

1月 廣州友人馮伯恆囑夫人張志永晉京看望先生夫婦，並協助解決平反事宜。

2月1日 蕭軍夫婦和朱靜芳等人到家中看望先生夫婦，並合影留念。

2月5日 人民文學出版社做出〈關於馮雪峰同志右派問題的改正決定〉。

2月17日 中共中央宣佈撤銷〈公安六條〉。

3月10日 北京市高級人民法院刑事審判庭到先生家中做出再審判決：「聶紺弩一案反革命罪不成立，宣佈無罪。」並送達判決書。北京市高級人民法院宣判筆錄：

> 本院刑事審判庭於1979年3月10日由許□唐□擔任審判長，在東直門外新源里西9樓3單元32號對聶紺弩一案公開宣判，由書記員羅□擔任記錄，政協石□同志也參加。
>
> 審判長宣讀判決：聶紺弩一案反革命罪不成立，宣佈無罪。
>
> 當事人對判決的意見：我沒什麼意見，抄我的東西就無所謂了，主要是一些稿件、資料我想要，還有在山西監獄也寫了一些東西，不知道他們留下沒有。我非常感謝。
>
> 收到判決一份，聶紺弩（簽字）1979年3月10日。

（《聶紺弩刑事檔案》，第229頁）

3月27日 致信高旅：「今日接到你轉關於蕭君文及談龍公人羊城事，大樂。因為我原以為你未收到談電腦之信及他信，今日始知不然。前幾天我曾有信給曾敏之，告訴他：我的案子已由高級法院宣佈平反，並叫他設法通知你。現已成多餘。那麼，想你能設法通知音兄，此公至今杳無消息，不知何故。廿年前，我投詩給你，你見我牢騷滿紙，曾勸我看開些；現在一兩年中看你的詩，除了別的，所發牢騷似不減我之當年。到啥地步說啥話，你我實皆然也。」（《聶紺弩全集》第九卷，第305頁）

3月30日 鄧小平在理論務虛會上講話，強調必須堅持四項基本原則。

3月 人民文學出版社為孟超平反昭雪。

4月4日 中共中央批准〈關於馮雪峰同志「右派」問題的改正決定〉，恢復馮雪峰了黨籍和政治名譽。

4月7日 人民文學出版社做出關於先生「右派」問題的改正決定，恢復黨籍，恢復名譽，恢復其原文藝二級工資級別。

4月11日 致信上海謝蔚明：「四月五日信收到已久，因法院發還一大批亂七八糟的拙稿，稍為弄清一下，也費了很久的時間，近日周婆（即夫人周穎）患重感冒發燒，我的病體也未好轉，故遲回信。在反右以前，經過你手，我在《文匯》副刊發表了些短小文章，同時還在《新民報》副刊發表過同類的東西，我現在想搜來看看，不知你有法找到兩報合訂本（五七年）以及部分影印一份寄我否？聽說有專門替人影印的，價很廉，所需費用，請你通知，我定匯上。此事可與鄭拾風、唐海、劉火子、蔣文傑諸兄商之。我案已於上月十日經京高院宣判：撤銷原判，宣告無罪，改正事已有眉目，尚未實現，因須上級批准也。特此奉告。」（《聶紺弩全集》第九卷，第440-441頁）

4月14日 香港《文匯報》刊發張友鸞〈聶紺弩詩贈周婆〉。文章說：「詩人聶紺弩，一繫十載，去年才回到北京。為什麼遭到這場禍事？有人說，他最早揭發了狄克就是張春橋；又有人說他得罪了江青。真相究竟如何，自己也有些莫名其妙。然而以詩獲譴，這卻是事實。一貶東北，再禁山西，而今竟然回來了，真不免有『種桃道士歸何處，前度劉郎今又來』之感。」（《鬎子的災難歷程：張友鸞隨筆選》，第144頁）

按，此文向讀者介紹了先生十年浩劫中的遭遇和他的一些詩，還介紹了他的近況，又附了一張先生夫婦的近照。

4月16日　樓適夷致信黃源：「這裡馮雪峰已經中央批准，全部改正，恢復黨籍，恢復名譽，擬再次舉行追悼會，登報，正在請示中。又聶紺弩的問題已平反昭雪，右派問題也最後改正，並恢復組織生活，正在安排工作。他是在『文化大革命』初聽人閒談江青與林彪搞鬼，隨便說了出去，以反革命被捕，判了無期徒刑，整整坐了十年牢，可見『西太后』威權之可怕。」（《黃源樓適夷通信集》下，第156頁）

4月23日　致信彭燕郊：「信收到，因湘沄的沄字認不得，致稽作答。瞿公詩注是你作的麼？無聞和彭岩石都是你麼？我的詩是野狐禪，不值一提，偶印幾本分贈友人，以免抄寫，談不上注。我以為詩不必注，也不必懂透，懂透了反如嚼蠟。常看外國電影，看其男女交談，心羨不已，及看譯製片，則覺得不過如此。伍禾生平有兩件事難忘，一、抄某書目錄，投現代派詩刊發表；二、說《金瓶梅》節本比全本更淫。照其金論說，詩不注比注本更詩。何況我詩本不求人懂，看不懂正合孤意，正中下懷。但我想在你那裡印一個第三小本，名曰《南山草》，要和前兩本格式和大小一樣（相近）。約七十首詩，印一百本。你願意代效此勞再好沒有。需款多少，先核算一下，免臨時慌張。我現在頗有幾文，決不會賴皮或半賴皮。」

按，據彭燕郊說：「我把湘潭的潭字寫成『沄』，不是我愛自創簡體字，我確有這毛病，但這個『沄』是湖南的『土簡體』，自然出了湖南就難懂。瞿公，夏承燾先生，號瞿髯；無聞，吳無聞，夏先生夫人。彭岩石，彭靖，時在長沙一中任教，精研詩詞。夏先生把他的詞集送給我，我轉送給紺弩。」（《新文學史料》2012年第2期）又，《聶紺弩全集》第九卷中此信殘缺不全。

4月24日　致信彭燕郊：「我把您的湘潭地址忘了，今試寫此，收到後請回一信。既然你下月就要來京，等你來面談印詩事亦可。反正非急事，不必忙。謝您關懷！我的女兒叫吳丹丹，卅二歲。您的女兒想是叫彭或陳丹丹，吳丹丹囑候彭叔父叔母尤其問丹丹（姊或妹）。敬禮！你在『文革』中未坐牢吧，如其是，我比你幸運，我坐了十年牢，平反後，補發了部分工資，生活上要寬裕些。」（《聶紺弩全集》第九卷，第361頁）

按，彭燕郊女兒隨母姓張名丹丹，先生養女名吳丹丹。

春　《新文學史料》雜誌主編牛漢與編輯岳洪治到家中拜訪並組稿。

5月24日　致信伍禾夫人聶碧蓮：「收到你的信，高興極了，但也不高興，

因為證明伍禾早去世了。我在六七年一月二十五日被捕，關了十年欠四個月，現已改正平反。伍禾去世，久已聽說，但未得確息。去年我曾作三首七絕懷念他。……這詩未能發表，伍禾和我都是小人物，自當如此。關於五五年事，也許也能改正，有人說，伍禾的同宗某，已經放了，甚至說已到了北京，不過是傳說而已，無法證明。同伍禾同命運的人多得很，許多人和胡某毫無關係，現在也無法解決。等些時再看吧。」「我們家現在只剩兩個老人了，我七十七，周婆七十二。海燕在我被釋前一個月自裁了。生活很簡單，但周婆已老，照應不來，我又氣管炎甚重，走不動，都很苦。你兒女多，都快成立，你年也不老，將越來越比我們過得好。駱賓基中了風，行動比我還差，但兒女都進了大學。」（《聶紺弩全集》第九卷，第200-201頁）

5月24日　致信高旅：「兄前自寄《杜秋》一本，龍公寄《二鴉雜文》一本，不知寄與何人，均未收到。近作打油一首，詠超霸二公者，呈笑……[筆者略]。」（《聶紺弩全集》第九卷，第306頁）

5月下旬　北大荒勞改時的難友黨沛家偕全家來看望先生。

6月　周健強在北京人民醫院一間簡陋的「高幹」病房裡，第一次見到先生。

6月7日　致信高旅：「前幾天給你一信，沒什麼事。大概說《二鴉雜文》、《秋娘》、電腦均未收到，亦無消息。今得廣州來信說，有人碰見三流。他說，收到《秋娘》二本，一本是給他的，另一本是給丹丹的。他不知丹丹何人，現已知道。他即將來京開會，那時他會帶來給我。但《二鴉》則絕未收到。《二鴉》，還有《海外奇談》，不知龍公尚有法找得否？請將龍公地址見告，我自和他通通信。以後寄書，直寄北京東黃城根民革中央辦公處吳丹丹收。三公眼不好，腦也清醒時少，不可靠。」（《聶紺弩全集》第九卷，第306頁）

同日　致信邵荃麟之女邵濟安（小琴）：「昨日周伯母送我為你父親寫的挽詩六首（七律，前有小引）到你母親家，交給你母親了，想會看見。但稿未署名，恐怕弄錯，故寫此信。我現在想知道幾件事：……[筆者略]。周伯母或周姨回來說，你母親的病情比以前好得多，已知道你父親逝世的事，並開了許多好友的名單，腦子很清醒。這是好事。我的身體如舊，也許少為好一些。」（《聶紺弩全集》第九卷，第165頁）

6月19日　致信高旅：「信收到幾天，身體不適，稽覆。我已改正（恢復黨籍、級別待遇和名譽）平反（補發工資二萬，可惜無用，買不到什麼如意的東

西），工作安在哪裡尚未確定，但在我都一樣，反正在家裡，工資自送來。」
「你認識陳文統麼？他寫了幾十部武俠小說，發了財，可惜我一本也未見過。你
見過麼？三流來開會了，未見著。大概周婆和丹丹會找著他，周婆開政協會，
丹丹在會場服務。彭燕郊現在湘潭大學中文系任教。羅高很闊，似乎任商務印書
館領導之一。秦似在南寧任《詞源》增訂工作。荃麟、雪峰追悼會短期內可望舉
行，聞須等周揚（訪日去了）回來後決定。」（《聶紺弩全集》第九卷，第307頁）

　　按，「陳文統」即香港武俠小說家梁羽生。

　　同日　致信彭燕郊：「今寄上《南山草》草稿，請設法印出一百本，格式開
本，須與前二草相近，至於三草合訂，如何印法，以後再說。此草內容須仔細推
敲，務請細讀一遍，以合乎政治標準為佳。此意兄定領會，不必多談。〈失題〉
諸首，尤覺費心。今刪。」「丹丹姑娘好，我家丹丹姓吳，已過卅矣！」（《聶
紺弩全集》第九卷，第362頁）

　　6月29日　致信彭燕郊，囑將七律〈挽雲彬〉編入《南山草》最後一篇。

　　6月30日　臨汾時期同號監友「老楊同志」在周健強陪同下到醫院訪先生，
兩人相談甚歡。

　　6月　王任叔平反，恢復政治名譽。

　　7月17日　致信高旅：「關於音兄的信收到。最近廿多天我因心臟問題進了
一回醫院，前兩天出來了。在院中接到信，未立答，甚歉。音兄的事，知之甚有
意思。這樣的事到處都有，無話可說。龍公寄的《二鴉雜文》，寄了沒有？寄給
誰了？另有《海外奇談》一部，不知可找得否？」（《聶紺弩全集》第九卷，第307-
308頁）

　　7月18日　致信彭燕郊：「我在醫院住了廿多天，前天才出院。沒有大病，
心胸尚可，體衰而已。在醫院曾囑老伴寄五十元給你作印寫紙張之用，不足再
補。我無錢，自會揩油，今無須此，是我比你有錢時，故用不著客氣。《北荒
草》已罄，《贈答》亦剩無幾，看來《南[山]草》可印一百二十乃至一百三十
本，文代會延至十月開，印事進行不必太快。」（《聶紺弩全集》第九卷，第363頁）

　　同日　蕭軍自北京致信胡風：「昨日收到轉來的信，當夜我即去紺弩處，把
信給他和周穎看了，這種悲、歡的心情你們會理解的！……[筆者略]。紺弩兩年
前由山西獄中被釋回京後，精神雖尚佳，而身體頗虛弱，每天只能仰臥床頭，不
動不行。於他被釋前月餘，海燕夫婦竟先後自殺，這當然對他們是一個很大的打

擊！自殺問題很複雜，這裡也不必述說它了，總之這孩子是個弱者、愚者……，不能夠跳出自己狹隘的生活問題的圈子而已。」（《蕭軍全集》第16冊，第154頁）

7月19日　致信胡風：「三郎父女賣夜專送尊函來看，可謂熱心矣！關於兄事早略有所聞，大致近真，不必細說。說說我吧，1967.1.25被捕，兩年後解山西某縣寄押，前後約八年被判無期，解臨汾服刑，前後十年欠四個[月]，1976年9月25[日]，被寬大釋放。今年三月平反，補發工資。四月改正三恢復。我家人口減百分之五十，即海燕同三妹已故；其半尚存：愚夫婦。我現在身體很壞，前兩天才從醫院出來。病屬於冠心病、老年性血管硬化之類，據說要多活動，但我懶了一輩子，一下子勤快不起來。又說要吃得好，我食欲差，也不知什麼好吃，知道也買不著，買到了也無人會弄。只好由它。近來忽然被稱為舊詩好，《人民文學》和《詩刊》都亮了相。但吹捧得最熱鬧的是香港。不光詩，舊著也被盜印。有人譽我為這個那個，有的也是好意，但恐也有別有用心者。由他，反正管不著。只說這點點吧！」（《聶紺弩全集》第九卷，第183-184頁）

按，「三郎」即蕭軍。

7月22日　致信羅孚：「久未奉候，甚歉。半月前有一信寄文統兄，囑其將所著寄或帶幾本來讀讀，由《大公》編輯部轉不知能轉到否。這且不說，我已於三月十號由京高等法院徹底平反，四月七日由文學出版社完全改正，恢復黨籍、級別及名譽。這樣一來，補發了工資，也恢復了原薪，口袋麥克麥克，非復舊時窮措大矣。但有一恨事，錢不少了，卻買不到東西。比如說，我現急需一答錄機，對我暮年寫作極有幫助，卻不知怎樣才能買到。有人說，只要有人從港帶來，連原價帶稅款，均可以用人民幣付。我不知何人可帶，我想你、費公或者別人均可做此事。故此只要專託你由你在必要時轉託費公，定可帶到。只要帶到京，寫一信給我，我便可派人去取。問題是中國風習，愛講客氣，或以為我沒錢，或講面子不肯談錢，這就反而誤了大事。你想，當我窮時，你屢次送我錢，我不推辭。我現手裡有幾萬塊人民幣，一個答錄機聽說所需甚至不到你送我的一次那麼多，用得著什麼客氣？即使兩三個那麼多，也不嫌貴。專於九月下半月以前盼你來信。九月下旬盼你帶東西來。」（《聶紺弩全集》第九卷，第174頁）

7月　七月派詩人、「歷史反革命分子」莊湧的侄女莊淑奎到北京為叔叔討「說法」，寄居先生家中，得到同情、關心和幫助。（《莊湧和他的詩·莊湧年譜》，第258頁）

8月3日 致信彭燕郊：「現在暑假，你在忙些什麼？何以好久不見來信？託印之事，有無進展？若干日前曾寄小款伍拾元以為紙張費用，亦不知收到否？並曾去信詢問，亦未見答，均不知何故。見信後務請賜覆，以免懸念。」（《聶紺弩全集》第九卷，第363-364頁）

8月6日 致信彭燕郊：「你的高足來，帶來了茶葉。他說曾帶有一信，一到京就投郵了，但我未收到。我怕你身體不健康，正又發了一封信給你，並託別[人]打聽。他一來才放心了。因他說你並無不健康或別事。他說你說收到五十元感到不好處理，因為刻字不需花錢。但我想不通，難道紙張蠟紙之類，也不要花錢嗎？他說你說要印《三草》，我意只印《南山》，《三草》等過些時咱們見面，商談一下，不必忙。說不定還會有印《第四草》的希望哩。怕《三草》已付印，趕寫此信，不及多談。專候刻安！」（《聶紺弩全集》第九卷，第364頁）

8月11日 致信彭燕郊：「信和印品均收到，謝謝！原稿變成印品，這就進了一大步。以後會被百多人看見，為害百多倍，奈何！有些錯字，是原稿之過，無關工作者，工作者都是應該致謝的，而尊夫人的精裝，尤當叩頭，因為太精美了。」「文代會不知幾時開，想在本月末下月初，那時天氣冷了，於我很不利，我最怕冷。吳良泉來信說你問他應帶點什麼給我們，周大姐說千萬叫你不要帶。她正要寫信，可又忙著開會去了（民主黨派會），我現代她寫這幾句話，我是完全同意的。人之相知，貴相知心，不在物也。」「我現住在郵電醫院已廿多天，沒有什麼嚴重病，年老的病有幾種，無關緊要，血壓低，瘦，這都是有利條件。打算還住些時，說不定住到開會。祝好！全家（有多少人？）都好！」（《聶紺弩全集》第九卷，第364-365頁）

8月16日 胡風自成都致信牛漢夫人吳平：「前此從三耳兄信中知道與汀兄見過，也與原兄見過，能無恙到今天，實為幸事。」（《胡風全集》第九卷，第449頁）

按，「汀兄」即牛漢（牛汀），「原兄」即綠原。

8月29日 致信彭燕郊：「我把令戚給我抄的〈陽光的蹤跡〉舊文弄丟了，出於何刊，以及令戚的名字及住址也忘了。只好請你再囑託他替我再抄一份。十分麻煩，歉歉。茲趁翅翔兄回湘之便，致此數行。前似曾上一信，未得回示，甚盼。」（《聶紺弩全集》第九卷，第365頁）

8月 廣州《花城》雜誌以迎春為題索稿，作詩曰：「鳥啼山客睡初醒，雨

雨風風昨夜驚。萬紫千紅猶似夢，落花流水偶牽情。文章報國談何易？思想憂天老或曾。道是迎春春早到，春江花月漾春城。」（《聶紺弩全集》第五卷，第109頁）

9月7日　周健強訪先生，談及臨汾獄中往事。

9月8日　致信胡風：「1.信收到。見信知兄精力充沛，可羨，我則老矣。2.三郎見示之信，極簡，無詩，他亦未言非全部。我們看了一點點，已很滿足，未想到其他。3.口號問題記得你曾說，魯託茅公和你各寫一篇，茅在《文學》，你在《叢報》同日刊出，及期茅文未見。不知果否如此。4.這個問題及魯迅研究問題，有人想統一起來成為一個組織。不知道你還聽到些什麼。但這似不以某些人的意志為轉移。據我所知，魯迅研究室李何林派與文研所沙荒派一直對立，魯研室擁某種不利於文研所的材料，《現代文學史料》牛汀也不同意沙荒，也擁某些材料，奚如寫的就在牛手。沙荒等人起初想擁周公再起，活動了一陣後，見形勢不甚理想，似有倦意。聽說有所謂『凡是』派，林默涵、田間、胡繩等屬之，周公說林是根棍子，專門打人，到現在還未打夠。足見周、林之間有矛盾。5.口號問題起自教學。大學教現代文學史交代不了這個問題，於是追究這個問題。有人回答：我們起初不知是魯迅提的，所以反對，後來知道了，就不反對了。這顯然不解決問題，因為沒有理論。人們要知道的是誰對，而不是誰提。誰提就反對，誰提就不反對，是建立於『國防』正確基礎上的。如果人們以為『國防』正確，這問題早就消滅了。……[筆者略]。以上係三次寫成，寫得很吃力，而所說恐早已知道。暫止於此。此次奉二七絕，不值一笑。不過，絕句我是害怕的，不敢常作。……[筆者略]。我毫無舊詩造詣，關於此事現在不談。三郎說等你來，咱三人合照一張相，於願足矣，就不知你幾時來！小谷長成了，小三也很不錯，只恨小谷和姑娘（小風）多年未見矣！腦裡記憶的還是兒童！」（《聶紺弩全集》第九卷，第185-187頁）

9月12日　致信舒蕪：「茲託周四姑娘送上拙著抄稿〈論《水滸》繁簡本〉，不知可以找人複印一份否（墨水藍色恐不容易）？如可，請兄收下去辦。又〈《水滸》五論〉都想複印，則請來取去。但此稿應從速，因上海方面有信來催也。又很想見紹良兄一次，將談《聊》文收回，請兄轉告，如也能複印，尤佳。因作挽荃麟一聯費腦，病似轉劇。」（《聶紺弩全集》第九卷，第412頁）

按，「周四姑娘」指北京三聯出版社編輯周健強。

9月13日　胡風自成都致信樓適夷談馮雪峰事：「我覺得你應該通盤考慮，

起草一個底稿，再找對黨的事業有責任心的好人（如聶紺弩、李何林等）看看，給參考意見，定稿後送胡耀邦政委審閱。不能讓官們傷害死者，因為這是對內傷太重的文藝事業再造內傷。這個工作（鬥爭）現在只有你一個人能做了。」（《胡風全集》第九卷，第169頁）

9月15日　致信邵濟安，囑將邵荃麟挽聯改為：「一鳥高騫，俯瞰天地古今，邦家宵小；眾聲同悼，不再心胸肝膽，錦繡文章。」此前先生手書挽聯已經送達，原聯云：「一鳥高騫，俯瞰天地古今，萬邦英雄人物；眾聲同悼，不再心胸肝膽，半字錦繡文章。」（《聶紺弩集》下，第343頁）

9月17日　黃昏時分，周健強如約訪先生。之前，周受先生之託校正〈《水滸》的繁本和簡本〉一文。

9月20日　邵荃麟追悼會在京舉行，王震、余秋里、胡耀邦等參加追悼會，胡喬木主持，周揚致悼詞。

9月　中共中央決定對被劃為右派分子的人進行全面覆查，把錯劃為右派分子的同志的錯誤結論改正過來。

同月　受聘擔任人民文學出版社顧問。

10月11日至22日　中國國民黨革命委員會第五次中國代表大會在北京舉行。會議期間，民革代表馮伯恆看望先生夫婦，「自五七年以來相隔二十載，老朋友初見彼此思緒萬千，良久無言，相望均已老矣，唯慶幸能夠活著再相見，亦算是一種莫大的安慰。聶老身體欠佳，但見了老朋友，精神分外振奮愉快。只奈會務忙碌，只能匆匆告別」[1]。

10月12日　人民文學出版社為孟超在北京八寶山公墓禮堂舉行追悼會。

10月28日　於郵電醫院致信朱正：「信和書都收到，謝謝！挽荃麟詩六首，改了三個錯字，添了一首，共七首，隨您怎樣處理都可以。其中有三首曾在《上海文學》十期上發表。大概是荃麟追悼會的人抄寄去的。為何只發表三首，不知其故。或因有何違礙之處。奉告以供參考。我現在有點小病，住在醫院裡，無力與您多敘，就此為止。」（《新文學史料》2012年第2期）

按，《聶紺弩全集》未收。

10月30日至11月16日　中國文學藝術工作者第四次中國代表大會在北京舉

---

[1]　張誌永：〈墨寫的歷史〉，《聶紺弩還活著》，第416頁。

行。鄧小平代表中共中央、國務院致祝詞，指出：新時期我國文藝工作的任務是
要提高全民族的科學文化水準，發展高尚的豐富多彩的文化生活，建設高度的社
會主義精神文明。茅盾致開幕詞，周揚作題為〈繼往開來，繁榮社會主義新時期
的文藝〉的報告，夏衍致閉幕詞。

　　在四次文代會上被選為中國委員會委員。因腿腳不便，會議期間住在西苑賓
館，「幾乎整天躺在床上」[2]，會見了許多文藝界朋友如羅孚、潔泯等人。

　　文代會期間，與吳奚如、李何林等請求已出獄的胡風與會，在周揚的勸阻下
未果。

　　11月4日至16日　中國作家協會第三次會員代表大會，選舉出「文革」後新
的領導機構，即第三屆理事會一百四十二名。先生當選為常務理事。

　　11月5日　吳奚如於文代會間隙致信胡風：「今天，周揚找我和老聶談了整
個上午的話，說你的問題要在今年年底由中央專門解決，可能要找你到北京，甚
至可能找我們參加。劉少奇同志、瞿秋白同志的問題也將在年底作出結論。周的
態度較誠懇，自認過去有宗派主義。我和老聶也說我們亦然。……[筆者略]。總
之，你的問題解決時間不遠了。望冷靜對待，不可急躁，更不應偏激。從團結出
發，通過彼此的批評，達到新的團結。會議開到十五、六號閉幕，我的問題解決
後即返漢。」（〈傳奇老作家吳奚如〉，《新文學史料》2013年第3期）

　　11月8日　胡風日記：「得奚如信，告訴周揚對他和聶紺弩的談話，中央要
年底專門解決我的問題。即覆。」（〈傳奇老作家吳奚如〉，《新文學史料》2013年第
3期）

　　11月12日　中國作協第三屆理事會第一次會議選舉出新的中國作家協會領導
機構：主席茅盾，第一副主席巴金，丁玲等十二人為副主席。

　　11月16日　胡風自成都致信田一文：「聶兄詩有素養，我是野狐禪，勉強達
意而已。」（《胡風全集》第九卷，第551頁）

　　11月17日　馮雪峰追悼會再次舉行，胡耀邦親臨追悼會，中宣部副部長朱穆
之致悼詞，對馮雪峰的一生做出了高度評價。

　　11月20日　胡風自成都致信李何林，云「聶已通信」（《胡風全集》第九卷，
第149頁）。

2　羅海雷：〈聶紺弩的詩與黃苗子的書法〉，《我的父親羅孚》（香港：天地圖書，2011年），第
　304頁。

11月23日 胡風自成都致信小兒子張曉山，云：「可看看聶伯伯，聽他告訴你關於我的情況。」（《胡風家書》，第484頁）

11月26日 胡風致信賈植芳、何滿子、耿庸：「耳兄和何兄詩，懷念之情太深了。超過懷念的意思，則不符實際了。『哀莫大於心不死，名曾羞與鬼爭光』，實大出意外，十四個字，幾乎代表了我們的精神狀態和命運。前一句簡直可以和『於無聲處聽驚雷』一併烙上記憶神經矣。」（《梅志彭燕郊來往書信全編》，第213頁）

按，「耳兄和何兄」，指先生和何滿子。

11月27日 胡風自成都致信小兒子張曉山，云：「附給聶伯伯一信，去看徐叔叔之前是否有時間先去看看他。可以從他瞭解一些情況轉和徐叔叔談談的。」（《胡風家書》，第485頁）

按，「徐叔叔」即徐嗣興，路翎本名。

同日 胡風致信李何林，云「聶早通信」（《胡風全集》第九卷，第151頁）。

11月 《紅樓夢研究集刊》第一輯發表〈略談《紅樓夢》的幾個人物〉，署聶紺弩。初收初版《中國古典小說論集》。

12月1日 致信梅朵、謝蔚明、姚芳藻，云：「奉上拙稿〈《聊齋志異》……〉。其實早已搞好，擱了多天，及取蔚明兄信一看，已過了時，真是時也命也運也，時運不佳，坐失機宜，無話可說，隨兄處理。」（《聶紺弩全集》第九卷，第444頁）

12月7日 致信高旅：「荃麟追悼會大門橫額為邵家[天]詩，極醒目，弔者紛紛問為何人。龍公見賜之電算機日前才收到，由三公託人轉到者。請為代謝龍公。斯福兄此次來，送了一分厚禮（答錄機），品質不壞。他有意為我出版《三草》合刊。正通訊商量中，因開會時各住一處，相見時難談更難。我想封面二字由你寫，甚至由你寫一小序，但能辦到否，未卜。他處境難，別人說陳凡要殺他，可見內部矛盾亦不簡單。那麼我將把一切拜託給他，而又儘量提意見，能辦到如何就如何吧。因此，《贈答草》已罄，只好等新本子了。」「不知何人曾說費公去年年底就要給你落實政策，我曾囑周婆向李子誦仔細詢問、懇切商談。但周婆是粗枝大葉有腿無腦之人，似未談出結果。我與李公關係不夠，又未與會（民革），自然談不上。我與斯福談到你，他對你的態度是很好的，但也似不知底蘊，故亦無結果。此事何以如此困難，我亦茫然。」（《聶紺弩全集》第九卷，第

308頁）

同日　致信胡風：「小三、小風夫婦均曾來過。三郎處之詩也送來了。贈君詩至少有廿餘首，為拙作中之差強者，因無法拿出去，有的忘了，有的移作他用，有的自用了。但總還有無法挪用的，如上海某君抄去者即是。君言恐有訛字，今重抄奉。……周公說年內要解決某種問題而至今未見徵象，此非一時緩兵。周曾在大會上談過，所談非此一事，尚有其他三事，此四事至今均寂然。公眾之事，非一人所能轉移，周公之力也只有這般大小，不必把他想得太怎麼的。但此次會議人多大笑，一為尊茅公為名譽而自為實際，二為在民間文藝方面硬踢鍾老而自居之。自己在各方面都拿不出一本書來，一部《安娜》，大半是別人幹的。人生幾何，笑話太多。……[筆者略]。」（《聶紺弩全集》第九卷，第188頁）

12月21日　致信梅朵、謝蔚明：「兩信都接到。我的稿子因有出版社等著付排，來不及等你們如何如何處理，所以原稿退還給我，最為省事，亦為上策。我本無意發表，皆因謝兄殷勤拉稿，梅兄又說寫什麼發表什麼，盛情難卻，以致耽擱時日，一切不必說了。」（《聶紺弩全集》第九卷，第442頁）

12月25日　致信高旅：「忽然想起，你曾寄給我一張李審言遺作的原稿目錄之類，已經很久未給辦這件事，經過兩次出進醫院和開文代會，現在回來，怎樣也找不到那張目錄了。現在我寫一張介紹信給你，介紹你直接寫信給上海古籍出版社編輯部陳落，他會直接回信給你的。他原在上海中華書局搞《辭海》廿幾年，現是古籍的第一或第幾把手，總之是有地位的。至於他對古籍博學多聞，強我十百倍就不必談了。」（《聶紺弩全集》第九卷，第309頁）

同日　致信彭燕郊：「信收到，奚如早已回武漢去了。關於某公說某某問題年內一定解決，杳無消息，連帶說的其他問題亦然。有人說，文代會結果，上面不很滿意，發言太多太隨便，但下面也似不很滿意。文聯尊茅公為名譽主席，實際則歸周公；又民間硬排鍾公而硬抬周公，周公與民間無關，因此嘖有煩言。但周公兵多將廣，背有靠山，縱有煩言，何足掛齒！」「長沙鄭公題《南山草》詩甚佳，惜我愧不敢當，有機會替我道謝。人有說我非唐非宋者，鄭公獨說亦唐亦宋。其實我知唐宋為何物？又買這買那，想是口袋過於麥克，有些東西，在長沙買恐亦不賤，再加寄費，豆腐變成肉價錢了。以後不必如此，寧可在有需要時向你去討，比較實際。」（《聶紺弩全集》第九卷，第366頁）

12月27日　致信梅朵、謝蔚明：「信收到。同意你們分三期發表。但尚未

到發表之兩篇,請給一副本給我(請人抄或影印,費用稿費內扣除),因我要向出版社交稿,只能叫它等你們一期,不能等三期也。何況你們的刊物,多少時一期,我還不知道。」「再來信時請將『增刊』一期多少字、幾時出一期、有什麼特點[告我]。每篇文章不能超過一萬字,看來這刊物是很小的。芳藻同志見著時代致意問好。」(《聶紺弩全集》第九卷,第442-443頁)

12月29日   周健強訪先生,恰遇周穎(時任民革中央組織部副部長)自天津回來,談起當地百姓住房問題,一頓牢騷。飯後,周健強給二老講起新華社名記者戴煌和夫人潘雪媛的故事,引起周穎談她與先生「幾起幾落」的感情問題。

是年   為照顧先生飲食起居,戴浩之女戴行健住進聶家。

1980年

七十八歲
（庚申）

1月21日　作〈《中國古典小說論集》自序〉，載上海古籍出版社1981年1月初版《中國古典小說論集》。

2月7日　致信高旅：「詩信收到。你的詩是你心裡淤積的消極方面的情緒的發抒，與時人同病者，時人與你同病者不知凡幾，無話可說。多看與病體不宜，多作與老景亦似不洽。然不看不作，又實難得，真無法之事也。把詩信放在案上，值一名林希翎³者來看見，她不懂詩，連聲讚字寫得好，同時也讚詩好，說是很有學問。隨即與我談你，問你先作何事，我實難以回答。她亦文學中人，而在別方面，廿年前就比我在中外有名得多。而其人實有可取處。我曾贈詩二首，似曾抄給你看，似亦未抄，記不清楚。現在她非常需要在港的物質援助，需要量又很大，所以到處奔走。有幾個朋友為了援助，竭力向港投稿。原來她帽子摘了，但未予改正。所以處境非常困難。父親程某在港任某大（我不知港有幾大）教授多年，又娶了一妻，生有兒女。其原配林靜枝率外孫（五歲）往投，其人避而不見。『母孫二人』都無工作能力，靠幾個熟人維持。翎來和我談及此事，我曾為寫信給費公和斯福，請其予以援助。事過多日，未見回信。且我將《三草》寄給斯福還有別的稿件，亦未來信說收到否？不知是否受罷工影響，想請余公去問問斯福，因其事尤重要也。這是若干時日以前的事（寄深圳○一九信箱轉《新晚報》羅孚）。現在情況有點變化：三聯書店要重印全部《野草》，並為夏、宋、孟、秦和我各出文集一冊，可多至四五十萬字。夏公的編好了，我的正在編中，本年上半年可付印，我則可得四千元人民幣稿費。在編好後，即可向其預支若干，且以港幣在港付出。我想即使以全數援助林君，亦所不辭。但察其情，似尚不止此。我現非無錢，但無港幣，故只能想此辦法。不過遠水不救近火。所以特向你呼籲，假如可能，先送數百元港幣到白沙灣第五村安置區四十一座十九號林靜枝（翎母），倘能向余公借得若干更好。慎兄慎兄，人之相知貴相知心。我

---

³　林希翎（1935-2009），原名程海果。上世紀五十年代被定成「極右分子」，文革時期又被作為「反革命」逮捕入獄。1979年向鄧小平上書申訴，同年秋召開第四次中國文藝工作者代表大會，特邀其參加。隨後調人民文學出版社任特約編輯，不久又被清出北京。其父程逸品，其母林靜枝。

知你心，但實不知你生活情況，向你呼籲，不過因你昔曾說想寄點錢我，推知你有時可能有小充裕。此款有的款可還。所以談還，亦不過念你定常窘迫，非敢自外也。林靜枝與我不相識，你如有暇，親去探望一次，並將會見後情況見告。關於此事，我曾函費公，請其借千元，彼時情況不同，故未談還款事。費公與我關係本不到向其開口程度，實因迫不得已。余公我亦不應開口，因你曾謂他想替我印詩冊，竊以為小款或可一商，此事請你酌為之……。龍公贈給我的電子電腦，一個月前才收到，恐怕已隔一年多了。我想找一本《兩條路》，請託龍公找找。又，《三草》可否直接請龍公辦？」（《聶紺弩全集》第九卷，第309-311頁）

同日　在高旅信中轉余鴻翔信：「忙中不能多敘。有幾件事煩兄相助。如次：1.有一件小經濟問題，由慎之兄與兄面商，如愛莫能助，儘管置之不理，不必強為。2.我曾將詩稿《三草》及別人的小說一篇用刷掛號寄『深圳五九信箱轉新晚報羅孚收』，至今多日，未得到回信，不知收到與否。如未收到，我可另想辦法，或將稿寄廣州你報轉你代印，但代印事我本將一切託之羅兄，他如何打算也可問問他。我只想將幾十本送人，假如可以發行，收回點成本，則由他或兄或兩人商同辦理，我不過問（此事我已寫信到廣州貴報轉你）。3.我想有一二本我的小說集《兩條路》（香港影印的），請轉託羊璧、宗乃、敏之諸兄代為搜尋一下，國內可能有人要印我這本書。」（《聶紺弩全集》第九卷，第158頁）

2月17日　致信鄒荻帆、邵燕祥：「承下訪，感極，惜未多談。茲送上《南山草》目錄一份，其中黑△者為已發表的，紅○者為未發表的。兩種俱無者為雖未發表，亦可當已發表的看。發表與否，均由鈞裁。我詩乃打油也，野狐禪也，不必重視。發表一兩首，聊資鼓勵則可，多發表則為識者所笑矣！」（《聶紺弩全集》第九卷，第160頁）

春　作〈七十年前的開筆〉，載3月20日《文匯增刊》第三期。初收人民文學出版社1986年3月版《腳印》。

3月　再次入北京郵電醫院就醫。此次入院延續至次年。病床上與人談話，仍精神高昂，並奮力寫作不輟。

同月　湖南人民出版社《魯迅研究文叢》第一輯，發表〈用《野草》意境挽荃麟七首〉，署聶紺弩。

3月8日　致信高旅：「信收到了幾天。跑安置區結果很好，不必再多事。此事由我一時熱心過度，對林女給以多方援助，現略有理解，枉受損失，正應就

此收手。你說余公願在《文匯》為印《三草》，我已寫信給斯福，請他如無暇及此，可將稿轉余公。」（《聶紺弩全集》第九卷，第311-312頁）

3月30日　胡風回到北京，住進友誼醫院。

4月1日　於郵電醫院致信舒蕪：「周婆說，曾寫信給你，請你來談，如太忙，就不必來。……[筆者略]。張先疇下落還是請你打聽，結果不要當周婆說。她說她去打聽，是氣話。專此，頌安。忘記問你，茂華公是否在京。你的乘龍，似曾來看我一次，但我將其人其事其名全忘了。」（《聶紺弩全集》第九卷，第413頁）

4月10日　蕭軍致信先生：「紺弩兄：黑龍江省人民出版社擬出一大型、綜合性刊物，您有什麼可發表的東西，或準備發表的什麼，請和謝樹、蕭沉、雷雯三同志談談為盼。」（《蕭軍全集》第16卷，第384頁）

4月20日　於北京郵電醫院作〈《紺弩小說集》序〉，載湖南人民出版社1981年1月初版《紺弩小說集》。

4月22日　於北京作〈《聶紺弩雜文集》序〉，載北京生活‧讀書‧新知三聯書店1981年3月初版《聶紺弩雜文集》。

4月26日　致信湖南人民出版社編輯張翅翔[4]：「《龍膽紫集》，讀過。我雖然偶謅幾句詩，但對詩其實是不懂行的。所以說不出什麼道理來。我覺得《龍膽紫集》，正如詩人自己說的一樣，不夠十分成熟。應該找個懂行的人給他選選。例如夏承燾、程千帆、趙樸初、鍾敬文、陳邇冬都算是懂行的，可以找找他們。關於拙集中文章找全了沒有，還需要什麼。目前風行筆跡、照片，此乃俗套，切不可學。專此順頌編安並詢朱正同志好。其餘兩同志姓名忘記了，很不對，請告訴我，並將此事不要告訴他們。芙蓉尚未收到。」信末附言：「附上龍膽紫原稿。又周健強，《小熊哥》作者近將寄另一稿給你，看後，直接與之通訊，不用時，請將原稿退回給她。」（《新文學史料》2012年第2期）

按，「拙集」指編輯中的《紺弩小說集》；「芙蓉」指湖南文藝出版社主辦的文藝雙月刊《芙蓉》。此信《聶紺弩全集》未收。

4月30日　致信彭燕郊：「請將《元旦》掛號寄來，切盼。何時君再來？」（《聶紺弩全集》第九卷，第367頁）

4月　朱靜芳完婚。新婚丈夫乃先生夫婦介紹的北京礦務局高級工程師鳳震

---

[4]　張翅翔（1922-2003），湖南寧鄉人。抗戰期間在桂林，先生介紹其進《力報》社做校對。

東。先生特贈〈朱鳳二友吉席〉詩一首：「笄年弱冠易情癡，世事鹹酸苦未知。四海歸來偏晚日，一生最解用情時。乾柴烈火無完了，才子佳人信有之。春滿今宵同恨恨，相逢誰遣卅年遲？」（《聶紺弩全集》第五卷，第240頁）

5月8日　中央平反右派的工作告一段落，曾經被劃為右派的五十五萬人幾乎全部平反，但是仍有極少的一部分人「只摘帽子，維持右派原案，不予改正」，其中包括中央認定的五名右派分子章伯鈞、羅隆基、彭文應、儲安平、陳仁炳以及由各地方認定的九十餘名右派分子，總計不足百人。

5月13日　致信高旅：「記得羅高吧，現在相當大的人物了，大概是中華的第一二把手，在李侃之上。你似和他關係很好，可以直接寫信給他（北京王府井大街三十六號中華書局張先疇）。不要提我，一提就會失敗的。他我之間有過不去的事。說句廢話：羅高、林潤青、黎澍蒼這些人都很闊，可是我覺得他們都沒學問。」（《聶紺弩全集》第九卷，第312頁）

5月29日　於北京郵電醫院三一六房致信高旅，云：「序，讀過數次，極佳。但刪去『顯者』二字，此為必要。否則可涉及其他問題。添『文學』二字，我現仍掛在人民文學出版社，非人民出版社也。末八個字一句請改為他語。傳否問題，關係多種條件，不僅作品本身；即本身事，亦不以你我意志為轉移。序者與作者兩人自身相去萬里，讀者視之，近在咫尺，且為雙簧，序者之言即作者自言之另一形式。正因如此，八字必須刪或改掉。因我從無此想且未以為我詩真即詩，何況意及其傳否？老來始知謙受益，見人之自詡或受人之諛若無愧色者甚為可笑可哂可噱。若受兄所云之八字，是自笑自哂自噱也！原件退回，務請重視。餘不糾纏。」「我病即所謂肺心病（肺氣腫迫及心臟）再加氣管炎。此皆老人慢性病，恐非一二十付中藥能效，我也吃過不止此數。我妄想必有較好西藥，惜我與大夫均不知其名耳。京中西醫大夫多不知現有何種療效較好之西藥。別的不多說，因涉面廣也。」（《聶紺弩全集》第九卷，第312-313頁）

6月10日　於郵電醫院致信高旅：「序文航掛寄出想收到。『可以不朽』，『浪漫蒂克革命家所不喜』，『投置閒散』，三語均需刪改。用別種話說。」「我不認識廖公，一時也託不著人。但已託與連貫同志有關的人去找連公，尚無回信。前夏公說對有關人說過，想是金公，又聽說費公要替你落實，想是館中有相當阻力，故未實現。這回看連公有無辦法。我又曾囑周婆致書誦公懇談，周婆恐不足重。」「我決不是投閒置散，真是這樣倒是殷望。現在是老了，十幾年

前，是我有只會作文不會辦事之譽，馮公不瞭解我，我本與他無甚接觸。他以為巴人、適夷比我強，及至明白過來，悔之晚矣！他我都誤落人之手，而巴人也落到自己之手，殊可歎也。適夷與我似未死，幸矣。總之投閒置散當是組織把我如此，決非事實，字面當為組織所不喜。我以散才享天年，倒是事實。若馮公當時知我，我也許天年不了了。故尊論四字於公於私均不合適，須改去。」（《聶紺弩全集》第九卷，第313-314頁）

同日　致信舒蕪：「好！久不見，念念。魯迅文：我覺得我國國民如西方各國之猶太人，雖處某國，心中實有另一國度在，我覺國民……。如是云云好幾句，不知出於何書，似何遴選本中有之，則大概出於《熱風》、《墳》中。兄記性好，當能記之，請見告。我仍在郵醫三一六號。祝安！有暇來談談。下午三時起，適時。」又附言：「海果又來要錢，已拒之，適曲波來看我，他們初見，彼此均高興。想可從他那裡搞點什麼。再，我在四九年由上海學習出版社出版過一本名叫《巨像》的散文集，現遍覓不獲，不知兄有辦法否？」（《聶紺弩全集》第九卷，第413-414頁）

6月21日　於郵電醫院致信牛漢：「許久未見，你好！聽說拙作《巨像》已由你從文研借出，現正排隊影印。現有兩事相求，1.把目錄抄一個給我。2.如排隊尚需時日，可先交范用印出，當較快，此書散文多，范用所用的皆雜文，彼此矛盾很小，且他的已編好付排，無需此書也。你也可選一部分作禁臠。專此敬頌編安！早日回信。」（《聶紺弩集》下，第344頁）

按，此信《聶紺弩全集》未收。

6月28日　彭柏山追悼會在上海龍華革命公墓大廳舉行。追悼會由中共上海市委書記夏徵農主持，市委副書記、宣傳部長陳沂致悼詞。

6月　《文學遺產》季刊（中國社科院文學研究所主辦、中華書局出版）復刊號第一期，發表〈略談《聊齋志異》的反封建反科舉精神〉（又作為〈《聊齋志異》三論〉第一、二節），署聶紺弩。初收初版《中國古典小說論集》。

7月8日　作〈從男性紅娘說到挽陳帥詩〉，載8月6日香港《大公報‧大公園》，署聶紺弩，並署「特約稿」。

同日　致信潘際坰：「從副刊上讀到陳大姐（鳳兮）寫的〈聶紺弩傳書遞簡〉，說多少年前我在陳帥和張茜同志之間，作過一點『男性紅娘』的事。男性紅娘，似乎是幾十年前的一部電影，未曾看過。這是說我做這事是自通的，並

無師承。一笑。但我卻從陳大姐的文章，想起〈挽陳帥〉詩：『東風暮雨周郎便，打打吹吹娶小喬。』由我提及，似最合適。說起〈挽陳帥〉詩，本是三首，不知何故，《人民文學》發表出來的，只有一首，因為不是我投稿的，不知是誰抄投的。是本只抄投一首，還是編者選擇的？光就發表出來的那一首說，只能是『贈』詩，不能說是『挽』詩。曾想寫信去更正一下，因老懶多病，未果。現在既提起來了，爽性就把三首抄奉，請兄刊出，以當更正。」（《聶紺弩全集》第九卷，第451頁）

8月　《蒲松齡研究集刊》第一輯（山東大學蒲松齡研究室編，齊魯書社出版），發表〈《聊齋志異》關於婦女的解放思想及其矛盾〉（又作為〈《聊齋志異》三論〉第三節），署聶紺弩。初收初版《中國古典小說論集》。

8月3日　致信湖南吳良泉：「請打聽一下彭燕郊同志近況，他的住處是湖南省博物館宿舍西三樓二號，他的愛人姓張。此地名是否還有東風路（街）之類，不記得了。如果身體健康或有別情，請告知。因很久未得到他的信也。他還在湘潭大學教書。」並附言：「上月我住廿幾天醫院，現在周老師還在住醫院，但無甚大病，不必懸念。」（《聶紺弩全集》第九卷，第144頁）

按，吳良泉原為重慶慈幼院難童，與先生夫婦熟識，後為湖南瀏陽某礦工人。

8月10日　於郵電醫院致信牛漢：「蕭選序寫好了。希望你自己來拿去，因為能用與否要當面商量一下。來時同勞季芳同志一同來更好，因為多年不見，想見見她。」（《聶紺弩集》下，第345頁）

按，「蕭選」，指「《蕭紅選集》」。勞季芳，人民文學出版社編輯。此信《聶紺弩全集》未收。

8月15日　修改定稿〈我和蕭紅的一次談話——序《蕭紅選集》〉，首刊於《新文學史料》1981年第1期，後載人民文學出版社1981年版《蕭紅選集》。初收《高山仰止》。

8月21日　於醫院致信高旅：「許久未給你寫信，甚歉。你的事，很難辦。關於落實政策事，曾找人去找連貫，因我不認識廖公，亦不知何人與之交厚，故無法。但找連貫亦頗勉強，他說管不著此事，往夏公身上推。夏公一年前就說對人講過（大概是金公），無效。現夏公在《文學評論》的文章發表，可看出其門戶之見甚深。我求他的事，真管了沒有，殆未知數。且《文匯》方面，阻力似很大，你的位置已為曾公占去，想無法令其退去也。此其一。」「令妹探親事，

曾寫信去求陳沂，迄無回信。此事，如你仍報館工作，想當極易。今則非政府幹部，則甚難矣！我夫婦與陳關係淺，曾知宋之的與之交深，但宋公作古久矣。我自入京以來，一直被壓至今，即兄所謂投閒置散者，曾與邵、馮較好，亦皆故去。故冠蓋滿京華，破帽遮顏過鬧市而已。對兄事非常抱歉。」「《三草》事據潘公來信，說格式已劃好，即將付印，但羅公訪英去了，本月十一日可歸，歸則可印矣。請打探一下，果否如此。凡我所遇之事，均有意外倒楣處，兄所算之命似未算出。一笑。我將出院，並已搬家，新址為北京垂楊柳勁松一區111樓五門三層302號。魯迅說你們將住在最不適於居住的地方，其他不知但更遠矣。」
（《聶紺弩全集》第九卷，第314-315頁）

8月25日　政協第五屆中國委員會常務委員會第十一次會議通過〈中國人民政治協商會議第五屆全國委員會增補委員名單（九十七名）〉，先生名列其中。

8月28日至9月12日　政協第五屆中國委員會第三次會議在北京舉行，先生夫婦雙雙與會，住雅賓路空軍招待所。先生笑稱他們夫婦是國共合作的楷模。

9月12日　羅孚、周健強先後往空軍招待所探望先生夫婦，閒聊梁漱溟，又談胡風。

9月22日　高旅收到先生未署日期信簡，信云：「兄事關於落實者，因開會，與夏公相遇，曾與談過一下，答允與他們相遇時與之懇談，但今已散會，卻未再遇夏公，亦不知夏公遇見『他們』否？探親事未談。但在會曾遇見朱公。朱公說他已遇見榮公，榮公說管不著，因屬公安部門，他是閒官，啥也管不上。此事我曾思之，兄云之某女士事，一定有人居間，否則此女士與某君當直接有親友之類關係，否則，兩邊俱不能開口或行動乃至辦理，因為只要一邊翻臉，則小事變成大事，誰方吃虧，不可言喻。我有線，一口也不多，但無法交給令妹而說清此事。尤不能在信上說之。總之，我等均無辦法人也。前幾天斯福來看我，我把兩事都提到，他滿口答應，似兩事均有辦法，定去辦理。昨日起，老伴要與誦公一同開會，她說一定要與之談，結果如何未知，因渠還未打道回府也。斯福云《三草》即可付印，再遲也出不過今年，書名要我自寫，我說請你寫，他不贊成。我今天寫了，太不成話，因無國紙，其他條件也不成，想不到的困難！我已給信他（其實還在京）說寫者可變成三人，一你，二他，三謝加因。不知後事如何，小孫女來胡鬧，此信成曹公給韓遂書矣。」（《聶紺弩全集》第九卷，第315-316頁）

9月29日　中共中央發出七十六號文件，指出：「『胡風反革命集團』一案，是當時的歷史條件下，混淆了兩類不同性質的矛盾，將有錯誤言論、宗派活動的一些同志定為反革命分子、反革命集團的錯案。中央決定，予以平反。」而對諸如「胡風的文藝思想和主張有許多是錯誤的，是小資產階級的個人主義和唯心主義世界觀的表現」；「胡風等少數同志的結合帶有小集團性質，進行過抵制黨對文藝工作的領導，損害革命文藝界團結的宗派活動」，還有胡風在二十年代擔任所謂「反動職務」，寫過「反共文章」，「進行反革命宣傳鼓動」等政治歷史「問題」則予以保留。

9月　由中國社會科學院文學研究所現代文學研究室主持的《中國現代文學史資料彙編》乙種《現代作家作品研究資料叢書》編選工作會議，在安徽黃山召開。先生列入選題名單，但其研究資料似未見出版。

秋　胡風夫婦自四川歸京，與先生、蕭軍及其家人聚會、合影於北京郵電醫院。先生在合影上題詩云：「近態狂奴未易摩，仙人島上借吟哦。孫行者出火雲洞，豬八戒過子母河。天上星辰曾電擊，人間歲月已硼磨。三人同照一張相，所失文章共幾多？」（《聶紺弩全集》第五卷，第217頁）

10月25日　致信高旅：「我又在住醫院。怕你吃驚，未告訴你。以致吳公到家去撲了空，回來後又來醫院相見。不過他有汽車，耽擱不大。他說你不願回《文匯》，我說這是黨要落實政策，工作者要落實黨的政策的問題，與誰的態度問題無關。他說他將與莊明理說，叫莊明理找廖連諸公。我看吳公本人言過其實，只好成否由他。探親事亦如此。四維公返港後曾來信，未談及兄事。他曾面說，『兩事均可辦』……[筆者略]。四維公又要寫書名，其實我早就寫寄了。這回我請你寫『三草』兩個較大的，『聶紺弩（著，詩集，舊詩集）』等字樣，寫信封和寫信那樣就好。寫了連序一齊交給他，我將寫信告知此事。」（《聶紺弩全集》第九卷，第316-317頁）

秋冬間　公安部胡風專案組兩人在人文社古典室編輯劉文忠陪同下，到郵電醫院找先生瞭解胡風三十年代初期在日本的情況。

11月8日　《人民日報》發表祖慰報告文學〈啊，父老兄弟！〉，引起先生關注。

12月　《長江》叢刊（季刊）發表第四期〈悼伍禾同志〉（七絕三首），署聶紺弩。

　　12月5日　於北京作〈從〈狂人日記〉談到天門縣的人民——為魯迅先生百年誕辰作〉（原題作〈讀〈啊，父老兄弟〉〉），載團結出版社1998年版《聶紺弩自敘》。

　　12月16日　致信牛漢：「友人高旅的雜文集稿託朱正兄送上一閱。我以為是很好的，可與周老二並美。你看看，可用則用之，否則退回，送到三聯去碰碰，我想它會要的。」（《聶紺弩全集》第九卷，第129頁）

1981年 七十九歲

（辛酉）

1月 《中國古典小說論集》由上海古籍出版社初版，內收關於《水滸》、《聊齋志異》、《紅樓夢》的論文五篇。先生〈自序〉說：「這集子一共談了三部小說，最少的只是一篇，便侈稱為《中國古典小說論集》，是很不配的。從開始寫第一篇到搜輯成集，將近三十年。」

同月 《紺弩小說集》由湖南人民出版社初版，內收〈姐姐〉、〈鹽〉、〈兩條路〉等文十四篇。先生在〈序〉中說：「這是我寫的一般叫做『短篇小說』的集子」，「我的小說，其實都不是小說，而是回憶、遊記、散文之類。不過在我寫的東西中，比較可說是小說的。」

2月上中旬（春節） 向思賡、周健強先後到郵電醫院探望先生，詢問當年創辦《動向》副刊的往事。後周健強根據此次訪談整理成〈聶紺弩談《動向》和《海燕》〉，載1981年第四期《新文學史料》，署名季強。

2月14日 致信高旅：「信收到。藥先已收到，是羅公託人帶的，他未說是誰買的，我們還以為是他買的，心想他這回辦事真快。且不說這些，只說藥不是這種……[筆者略]。我不過照一個大夫寫的依樣葫蘆，雖不好殆近之矣。現在專談藥的用途，起初周婆以為我已入險境，而此藥有起死回生之力，所以手忙腳亂加心慌，寫信要兄買之。現在回想，病未入險，藥亦很平常之物，而且有國產品，可以不再買矣。我的病情，有個中醫說脈有意想不到之好轉；西醫說我血沉由七十降到二三，內部炎症減少了。近來忽然聽勸戒了煙（一月左右）並每日下午走幾百步，或作點別的活動。再好一點、再暖一點打算出院了。」（《聶紺弩全集》第九卷，第317-318頁）

2月20日 致信高旅：「元宵前收到你買了託斯福兄託人帶來的藥。前信曾說斯福帶來的那種是斯福兄買來的。兩種有一共同點：都非要買之物。關於《三草》，近來想通了一點，斯福兄是謹小慎微、循規蹈矩的人。一方面，對我的文字之類有興趣，和我私人關係也好，在什麼上都願出力幫忙。但他又有公的責任，責任甚至很重，多知道一些文字嚴寬的內情，而這又是一時這樣、一時那樣的。出了問題，對我和他都不好。這是《三草》頓挫的原因，我想他考慮得對，

所以就不必去管它了。我也不盼望了，自己再來一份存底吧。但你寫的序，本來也留了一份的，現在卻沒有，可否請你再抄一份給我。這幾天讀你過去給我的信，覺得頗有趣味，可惜倖存的不多了。你是那樣有條有理，能把拙稿和信件都保存幾十年。我可亂七八糟，一塌糊塗，不堪設想。誰知舊友之信，也可溫故而知新，有味得很。我沒用你的偏方，京港生活大異，蘿蔔、豆腐也大不同，如我在港，或先就無病，或有病亦易治。」（《聶紺弩全集》第九卷，第318-319頁）

2月28日　作〈故鄉・故鄉的語言・兒歌之類〉。

3月　《聶紺弩雜文集》由北京生活・讀書・新知三聯書店初版，內收〈談雜文〉、〈「愛智廬」〉、〈蛇與塔〉等雜文一百二十一篇。先生在〈序〉中說：「不管我的雜文與魯迅的雜文相去怎麼遠，但也還是雜文，別人也說它們是雜文，和魯迅的雜文一樣被稱為雜文。那麼我就總算有一點（不管怎麼小）和魯迅近似的地方（這是我最大的光榮）；他寫了許多輝煌的雜文，我也寫了一些雜文，雖然並不輝煌。有書為證，就是這本集子。」

又，先生為該書編輯常君實簽贈道：「君實為此劣書流汗不少。」[5]

同月　詩人伍禾骨灰安放儀式舉行。

3月19日　下午，徐鑄成來訪。

3月26日　致信高旅：「想你盼煞了。十九日（不是十七日）派丹丹去浦悼會迎余徐二公，及至，無余公（另一高天），余公留穗未來。許多事無從談起。鑄公云，自與廖甚熟，且將於後日（二十一日）與之晤面，屆時定談兄事（政策與探母），談後，將結果分別告兄與我，但至今音信杳然，想非佳兆（我致信令妹，囑其訪鑄一次）。在接兄函後，我曾託人找夏公，會見亦不易。夏公云，最簡法是由令妹寫一函立致夏公，敘自為何人之妹及申請探母經過，請夏公轉求廖公將伯。夏公自備一致廖公信，請其直批有關單位或個人辦理，或當有效。我已函令妹告知此事並告以夏公住處。夏公又云，前曾接我一信後，立接與滬公安局管此事人商談，至今無消息。又云，此事極難，因申請者多，無不理由充分，云云。嗟呼！人事甚難，鬼事詩兩首附呈可乎？」（《聶紺弩全集》第九卷，第319-320頁）

同日　致信高旅之妹邵敏之：「三月十九日下午，上海《文匯報》顧問（？）徐鑄成來我處，說將一二日內將會見與僑務有關的廖承志同志，將與之談

---

[5]　亦清：〈默默的奉獻——記老編輯常君實先生〉，《中國當代出版史料》第五卷（鄭州：大象出版社，1999年），第354頁。

批准您出國事，成否，將分別通知我與慎兄。但事過多日，我處音信杳然。請您自到《文匯報》去找他詢問。他與慎兄很有交情，不必介紹，自稱慎兄之妹，必會接見。在近數日間，我曾託人訪夏衍同志，請其與廖公一談（關於慎兄事，我曾多次託夏公，他也曾做了一些）。夏公說，最簡單的辦法，是由您以前《文匯報》主筆慎兄之妹名義或資格，寫一信給夏公，敘明經過（要去港探母），請其向廖公求助。夏公接信後，自寫一信並您信一同寄給廖公，請其批示有關單位辦理，或可有效。謹此奉聞，並候時安！另紙亂七八糟，附供參考。」（《聶紺弩全集》第九卷，第166頁）

3月30日　致信朱正：「前些時接到您一信，是談魯迅與天門的文章事，要我發表。因病，久未奉答至歉。此文決不發表。天門事比浩劫，太小，不足見魯之大，如改浩劫，材料難得，病力不支，其他問題繁多。我已改作詩十一首，覺該[概]括魯公較完，比天門一文好得多。匆匆由翅翔轉呈一書。」（《新文學史料》2012年第2期）

按，此信《聶紺弩全集》未收。

3月末　作〈《紺弩散文》序〉，載人民文學出版社1981年版《紺弩散文》。

4月27日　簽《中國古典小說論集》贈謝蔚明。

4月　於醫院簽《中國古典小說論集》贈劉晴波。

5月19日　《羊城晚報》發表〈《北大荒》又七首〉。

5月27日　於北京郵電醫院簽《聶紺弩雜文集》贈「北山先生」。

6月9日　致信高旅：「接函後，即派蝦兵蟹將，四出搜購，今將各路回音，總括如次：1.夏季無貨，秋後再生產。2.此物中有活菌，須溫度二至四，始得存活。否則於病人有害無益。據說可存於冰箱，則二度以下亦可。故惟冬季方可郵寄。寄港則恐四季不宜。3.胸腔注射，想即直達肺葉，故危險很大，非技高大夫不可，因易刺心也。有用過大夫說，療效甚微。故不知真有效否。其意若曰無效。這些都使人失望。可想見兄閱後心情。父母之年本可喜懼，令慈高壽，喜已在前。人必須經此，人子尤須經此『大事』方好。但亦決難坦然，望好自寬解。非他人所能喻慰也。令妹到港否？先後寄拙書三冊，小說知已收到。餘想同。令慈長壽，闔宅安好！弟病狀如常，老伴往雲南視察未歸。」（《聶紺弩全集》第九卷，第320-321頁）

6月12日　陳子善拜訪先生，獲贈《聶紺弩雜文集》。

6月17日　致信高旅：「藥，製藥廠只有五盒，作樣品，不賣。靠關係買了一盒。由辦事處的人用保暖瓶盛了，放在冰箱。昨天又託班機上的人放在飛機的冰箱裡帶港，並電兄到機場找那個人去取。承辦人在機場碰見周穎由昆回京下機同坐一車回家。說承辦經過如此，想均屬實。至是否會出別的問題，不得而知。惟用過的醫生云，似無顯著療效。以後有便，當再買帶。」（《聶紺弩全集》第九卷，第321頁）

6月　舊體詩集《三草》由香港野草出版社（託名，實為同人集資）初版。是第一個變油印為鉛印的版本，收詩詞一百九十八首。分《北荒草》、《贈答草》、《南山草》三輯，故名。

高旅在〈序言〉中說：「不聞『生活為文學藝術之源泉』乎？詩人以刑獄流放，頗歷坎坷，豈非『這也是生活』（魯迅語）？於是有此詩、有此集，在此作證。」「三草」指《北荒草》、《南山草》和《贈答草》，先是分別以油印本在朋友間流傳。其中詩作大半是從友人處搜集和自己回憶的舊作，其中高旅從香港抄寄回者貢獻最大，高旅曾比之於孫盛之《晉陽秋》；也有出獄後的新作。先生在自注中云：「我詩曾全失去，若干年後始陸續搜得其小半，除極少數外，均忘其作年，故其次序無意義。」是以先生詩集分類編輯而不繫年。

羅孚之子羅海雷回憶：「四次文代會期間在西苑賓館裡……，就是這次看到他油印了送人的舊詩小冊子，父親就說，『這種東西在港複製只需幾分鐘』，他就請父親拿去複製或印刷，沒想到卻費了兩三年的功夫，才印成《三草》。」[6]羅孚回憶這是為先生八十壽辰出版的[7]。

7月3日　致信雲南作家馬子華：「你寄給我的詩、書幅和信都讀到了，謝謝！我們幾十年沒有見過面，懷念殷切。聽老向說你準備來京一趟，為什麼遲遲未到呢？我病在醫院很久，年老八十，衰邁得很。茲寄贈給一本舊詩集《三草》，從中可以看出我近些年的遭遇。」（《聶紺弩全集》第九卷，第124-125頁）

按，「老向」即向思賡。

---

[6]　羅海雷：〈聶紺弩的詩與黃苗子的書法〉，《我的父親羅孚》（香港：天地圖書，2011年），第304頁。

[7]　羅孚：〈九年辛苦出奇書〉，轉引自日影書坊編《註聶之道》（香港：中國文化教育出版社，2010年），第50頁。原載香港《開卷有益》1997年第一期。

7月　穰山獄友李世強看望先生，談在監獄裡學習的往事。

同月　作〈懷監獄〉，香港《大公報・大公園》8月17日至20日分四次連載，署聶紺弩。並署「特約稿」。初收人民文學出版社1986年3月版《腳印》。

8月1日　病癒出院。

8月初　作〈和二十年前〈贈高抗〉舊詩〉：「夢裡相見幾多回，詩情畫意溢滿杯。臨江坡陡來複去，漢宮消夏去又來。風雲突變無寧息，水流花落何須裁。但等喪歌一聲唱，攜手同登野埒臺。」高抗，即女作家呆向真。

9月1日　致信高旅：「久未函候。因令慈之喪，兄過於哀毀，無詞可解。且令慈之病情，就兄之言觀之，與我病實相近，我亦憮然，更無話說。現時隔許久，兄悲已稍殺乎？」「《三草》已印出，兄見及否？想寫一後記，在國內印出，已三易稿，均未成。因想談談舊詩抬頭問題，總談不好，擬不談了。兄對此問題，有何見解，請見告。我已出院一月，除藥誤以外，無他。」（《聶紺弩全集》第九卷，第322頁）

同日　致信吳祖光：「詩及函均收到，詩極好，可冶文白、中外、新舊於一爐，當為我詩之前途。《三草》為三年前羅承勳兄將原稿取去，云代設法出版，故有此冊。其餘一切，他都未告我，我亦不知，函詢不答，來京亦不下顧。除此以外，我亦無法告兄，歉甚！」（《聶紺弩全集》第九卷，第145頁）

9月3日　陳子善拜訪先生，獲贈《紺弩小說集》、《中國古典小說論集》和《三草》。

9月15日　於北京作〈關於魯迅先生百歲誕辰〉。

9月26日　《中國青年報》發表〈題魯迅先生作品〈藥〉〉，署聶紺弩。

同日　魯迅誕辰百年紀念大會在京舉行，本擬將上年底應北京魯迅研究室之邀寫成的雜文〈讀〈呵，父老兄弟〉〉更名為〈從〈狂人日記〉談到天門縣的人民——為魯迅先生百年誕辰作〉發表，但因怕再惹「文禍」，被親朋勸阻而撤回。遂於醫院病床上集新、舊作，成〈為魯迅先生百歲誕辰而歌〉二十二首。

9月27日　舒蕪致信荒蕪：「昨奉《紙壁齋集》……，紺弩、千帆處，最好各贈一本，如何？」（《碧空樓書簡》，第6頁）

9月30日　致信高旅：「前幾天苗子來，他說你給寫的《三草》序很好，他沒說如何好法，我也沒問。這之類的事，出乎我的知識之外，我說我不懂詩，不會看詩，更不會談，人多不信。我亦無法，有人懷詩不恥下問而來，要求面

談，真窘死我了！我對我詩也不知好否，別人說好，而那好的程度，均出乎想像之外，比如你就說『可以不朽矣』，這是真的嗎？我何以一下子能到此境？你未詳說，我亦不好意思明言強求詳說。我不過胡作瞎作，少依古法，亦不知何謂古法，也就是變體、獨特、別裁！此書文學出版社要給我在國內出版，我添了一自序，主要是談這一點。有人說是謙虛，真乃無話可說！港版印了幾冊，是一件值得關心的事。前幾天，潘際坰來，問他說不知道。更前幾天斯福來，卻未來看我，更無從問。出版後，他只來信說了句：他出力最多。但這是不問可知的。從別人口中知道此書出版是要有人拿一筆錢的，起初無人拿出此款。後來有人（不知是誰）了，才能付印，但後來又未完全擔負此款，不免由斯福自己墊，印得慢之類的問題就包含在此中。我希望有一定的印數，而且有一定的銷路，可使出錢人的負擔減輕一點……。」「敏公來，帶來兄賜之藥，並謂《三草》根本未賣出一本……[筆者略]。」「京中現搞特異功能和以氣功為人治病之類，甚囂。有謂看人名字即能知其生何病，似此，恐將與看相算命、鬼神之說聯繫起來。兄其可以子平大行其道乎？《自然辯證法》曾有一文涉及類似事，似恩公亦未作切實結論，有科學家不相信辯證法，是要受懲罰的。末尾引赫胥黎說：與其死了如何如何，不如生前作清道夫。手頭無書，不能復按，暫止於此。」（《聶紺弩全集》第九卷，第323-324頁）

10月15日　簽《三草》贈「白華宗匠前輩詩家」。

10月16日　於北京作〈《散宜生詩》自序〉（又題作〈我與詩〉）。

10月26日　丁聰在勁松先生家中為先生畫像。

11月1日　胡風在新居過八十壽辰，作〈胡風八十〉詩曰：「不解垂綸渭水邊，頭亡身在老形天。無端狂笑無端哭，三十萬言三十年。便住華居醫啥病，但招明月伴無眠。奇詩何止三千首，定不隨君到九泉。」（《聶紺弩全集》第五卷，第81頁）

11月15日　致信高旅：「久未致公書，連公何時曾給我書，亦已忘之。但記有一書，謂拙作以〈夜讀〉一首為最，且前後連得兩書，並謂令妹赴港問題已解決，並寄補藥一瓶等等。」「《三草》據曾敏公云，印三千，一本未銷。正式書店均不售，出錢老闆大蝕其本，斯福亦墊款者之一，只有浩歎。但一好處，即舊詩終究不行了。國內情況有不然者：人民文學出版社要出版，已發稿。我只於高序之後添一自序，其他無什變動，明年第一季至遲上半年可出。又，《讀書》將

於明年第一期談《三草》，文為子岡作，未見，據說寫得很好。子岡於舊詩非裡手，想為讀後感之類。所聞如是，見到始真。然如此一來，未免助舊詩張目，不利於新文學矣。賤體如恆，不必遠念。」（《聶紺弩全集》第九卷，第324-325頁）

11月　致信楊玉清：「您給穎姊信我看到了，您責我對尊詩不發一言，在您是理直氣壯，我則理屈詞窮，俯首認罪。我是失學的小學生，僥倖到莫斯科走了一趟，因無基礎，沒學好俄文，至今連字母也忘了。又僥倖到過日本，如今連假名也忘了。更僥倖在文壇混了幾十年，混了個空頭文學家。這之外還作過新聞內勤、副刊編者，其實是既不讀書，又不看報，毫無學問。這一切當為您所深知。近六十時，在北大荒勞動，一切行動聽指揮，領導說要人人做詩，我也只好硬做。乃塞責交差，非自願也。回京後不免寫幾首向人求教，不料居然被認為詩，且有一二人大加獎飾，甚至謂和古詩人有何淵源。其實，我何嘗學詩？何嘗懂詩？……[筆者略]。不料竟有人出詩登門求正者，我兄亦其中之一，真苦且窘，將我之軍，已至最後一著，夫復何言？！」「尊詩和平中正而素樸多感，甚為拜服。然亦有病。昔人謂詩有別才，非關學也。有人詩乃學人之詩，非詩人之詩。尊詩近之。何以校之，曰求通俗，上口，少小離家老大回，姑蘇城外寒山寺，人生七十古來稀。口邊自有詩，他人口邊亦有詩，我能將其寫出即行。至於典雅之類，自己會來，不必求也。且我輩做詩，旨在自娛，非想爬入詩史，比肩李杜，則好不好，何必關心？我寫我詩，我行我素，胸懷如此，詩境自佳。人談弈謂勝固欣然，敗亦可喜，好讀書不求甚解，得意忘言，以期青年，當為大誤，但在我輩則為良言，且亦實境，何必斤斤求他人之唾餘哉！」（《聶紺弩全集》第九卷，第139-140頁）

同月　受贈曹辛之簽贈《九葉集》。

11月28日至12月14日　中國人民政治協商會議第五屆中國委員會第四次會議在北京舉行，先生與會。廖沫沙說：「一九八一年十二月，全國政協開會，他和我不住同一賓館，因此沒有相見；但是收到他贈給我的一本詩集——《三草》。」（〈共有靈犀一點通〉，《聶紺弩還活著》，第55頁）

12月　《紺弩散文》由北京人民文學出版初版，分四輯：《蛇與塔》、《狗道主義舉隅》、《殘缺國》、《第一把火》，共收文四十八篇。先生在〈序〉中說：「一九八〇年某月，三聯書店盡出其所藏雜文，除他人所作外，幾乎擁有拙作全部，謂將繼他人之後，為出一小集。時逢我社亦將重排若干年前所出之《紺

弩雜文選》，但因時世變遷，應有所刪汰，徵我同意……。但刪汰之後，薄不成冊，乃商將上述小品移而充之，命曰：《紺弩散文》，聊以別於三聯之雜文集。其實，何謂雜文，何為散文，我實不知，亦不知有知者否？」

12月9日　給周健強講贈羅孚詩。當晚，周作〈三耳伯《三草》與羅孚〉一文。

12月下旬　收到鍾敬文所寄賀年片，正面是山水畫，反面是一首七絕：「雪虐霜欺萬卉凋，劫餘扶植費焦勞。敢辭神竭青燈下，學徑文風係此遭。」（《京西賓館雜詩》之一）

12月23日　京山縣人民政府（京政文[1981]三十二號）通知，城關鎮更名為新市鎮。城關為先生故居所在地。

12月31日　致信朱正：「尊函及《百題》（按，指《魯迅研究百題》一書）一書均收到，謝謝！別人記我的談話，本非訪問之類。平常隨便所談，拉雜凌亂，且毫無意義與價值。一旦被寫出，經過寫者一番思考與原話有距離，又未經我看過。天下有人寫這種文章，也有報刊登載，我也無法。既問到我，我的回答是：『不管！』請您不必用心思去弄他。假如要弄，您的所改所說都是對的，照你的辦。但（二三事）之類不可說是我的文章。我只負我自寫文字的責任，有時連自寫的也不敢負責，如魯公百年誕辰之文，終於撤回可為例。且把別人所記改為我文，一則偷取別人著作權，二則紀念魯公我只談那幾點瑣事，也覺可笑。所以原件不審不退。千萬俯宥！」（《新文學史料》2012年第2期）

按，此信《聶紺弩全集》未收。

是年　為羅孚作詩：「浮雲天際任群鳥，咄咄書空小豎儒。半世新聞編日晚，忽焉文字愛之乎。能三句話賅一切，不七尺軀輕萬夫。惜墨如金金似水，我行我素我羅孚。」羅孚之子羅海雷回憶：「他（按，指先生）在談笑中說過，不知道為甚麼，見了父親就一點詩意也沒有，寫不成詩。實際上，他在一九八一年作了一首〈紺弩贈羅孚詩〉，開始只有前四句，在父親提醒以後，他才湊足八句，成為七律，他再請黃苗子，把他這首七律寫成條幅贈與父親。」黃苗子此條幅落款：「紺翁贈羅孚兄一律囑苗子書之時辛酉冬日。」（《我的父親羅孚》，第304-305頁）

按，「〈紺弩贈羅孚詩〉」即〈戲贈史復〉。史復，羅孚在香港所用筆名。辛酉，即1981年。

1982年 八十歲

（壬戌）

1月16日　舒蕪致信荒蕪：「紺弩翁叫人傳話了，說他已經看到傾蓋印成之本，向我要書。我這裡毫無所聞，奇甚。尊處有消息否？」（《碧空樓書簡》，第7頁）

1月18日　致信高旅：「寄件及手教均收到多日，兄與令妹對我如此關心，深愧我對兄未曾如此也。兄著作等身，又成新書百萬言，可喜可賀。前政協會時，愚夫婦又曾與誦公及斯福談兄事，甚蒙懇答，兄來示未及，想又擱置。我但愁兄一枝管城，果能糊口否耳！我現狀較可，又無法助君。斯福為印《三草》二千冊，花去萬餘港幣，我以國幣還之，渠云，無法帶出，帶出亦無用。無可奈何，徒增心債。兄慮之事，我想無關緊要，港刊在內地不能左右什麼。作如彼之談錄，時有所聞，想非有人暗算某某一二人也。請勿置念！兄之子平興趣近尚有否？曾謂我將得若干年，今以事實證其不準矣。一笑。」（《聶紺弩全集》第九卷，第325-326頁）

同日　致信何滿子：「接到你的信。你詩很好，而且有趣，出我意外。但溢美過當，愧不敢當。……[筆者略]。我現正從事作〈故鄉的語言〉一文，至少當有幾萬字，寫成時，想與前呈之〈語文問題與運動〉中之較可者匯為一書，當較有分量。故前稿雖已呈兄轉貴社，請萬勿發刊。最好能暫退回，收據我已遺失，忘記號碼，還請兄代向貴社查得寄還。年衰寫作，不能預定日程，故未敢告兄何時脫稿（現已搜得千餘條與他處語言不同者，現初稿不過寫了幾十條），日寫十條，需百餘日，懶且多病，全稿當需時半至一年。且寫的過程中間定會有新發現。今年能寫完已為萬幸，不能望其年內出版。故有上述不情之求。退稿時請附審查意見：分個優劣，供我成書時參考。忝屬相知，特此麻煩，罪甚罪甚！」（《聶紺弩全集》第九卷，第146-147頁）

1月21日　下午，人民文學出版社總編輯屠岸與杜維沫、樓適夷一同看望先生。恰逢先生慶壽，家中賓客盈門，有鍾敬文等人。

1月23日　於北京作〈鍾敬文·《三朵花》·《傾蓋》及其他〉，載《新文學史料》第3期，署聶紺弩。初收人民文學出版社1986年3月版《腳印》。

1月24日（陰曆除夕）　八十大壽，黎丁、李健生、朱靜芳等友人前往先生寓所祝壽。

作自壽詩曰：「飲馬長城東北東，牽牛七夕亂山中。小園枯樹悲風勁，下里巴人楚客工。十載班房《資本論》，一朝秦鏡白頭翁。居家不在垂楊柳，暮色蒼茫立勁松。」（《聶紺弩全集》第五卷，第110頁）

程千帆集杜句為聯祝先生八十大壽：「忍能對面作盜賊，但覺高歌有鬼神。」跋曰：「刀鋸鼎鑊之命，八旬尚在；宋雅唐風之外，三草挺生。酒懷容減，詩興猶濃。杜句遙呈。周婆共賞。」

2月9日　致信何滿子：「賜詩及盧公詩並拙稿均收到。詩奉和一首另抄呈，盧公處不另，請傳閱。關於此道，我但知打油，不知其他。想久蒙察及，無須贅談。小冊問題，一時尚難確告。尊處如能以所見見示，我當遵循取捨，以後諸稿何先何後，方便實多。今竟惜墨，甚感遺憾，不知有法補救否？拙作《古典小說論集》不知有再版機會否？如有，當在何時？擬有改動也。請向有關諸公詢之。」（《聶紺弩全集》第九卷，第147頁）

2月10日　大連牟曉朋訪問先生，後整理成〈同紺弩先生談話紀要〉，載牟曉朋編《舊人舊書：紺弩文萃》，大連出版社1996年版。

2月11日　致信高旅：「今年信收到，去年底之信亦收到，並已回答，說關於我的話，不要緊。不會影響什麼，也非有人暗算。見怪不怪可也。令妹母女到港，自必增加負擔，但也增加知識。否則你對『國是』將仍是隔靴搔癢也。你說的各項，我看都可以是好事，至少不壞。大學畢業後當副食店服務員的很多，一過多年也沒有變動。大學畢業了賣菜，何如中學，中學何如小學，省事得多。此處高中不及彼處高小，實極自然。莊子說名者實之賓也；王安石曰：吾儒所爭在名實。高中者，名也，不及高小者，實也。難道這不是在反覆證明，還需什麼齊物論麼？比紀獻唐還大的人和事都是如此！泡一杯茶，吸幾口煙，從容逸豫，慢條斯理地勞動，無論遲早，終會成世界勞動界的軌則。生產越發展得快，這個軌則也越達到得快。現在某些國家一週休息幾天，一天勞五六小時，不就是達到這種軌則的一種過程中的表現麼？所以我說都不壞。你能寫小說，動輒十百萬言，真可羨慕。我還一點不明白可得到多少稿費，可不可以生活。……[筆者略]。」（《聶紺弩全集》第九卷，第326-327頁）

2月13日　致信高旅：「前天奉上一函，今補說幾點：一、《新晚》連載名

啥，寫啥公主事，因把你幾次信都弄丟了，怎麼也記不起了（只記得『玉葉』二字）。真慚愧！二、有一人名張翅翔，曾在桂林《力報》當過校對，認識彭燕郊（彭說他原名什麼，忘了），現在在湖南人民出版社當編輯，我的短篇集是他來要去出版的。你說該社黎公曾向你接洽出版小說事，我想他可能認識你，自然也認識黎公，所以寫了一信給他，從旁瞭解瞭解。湖南是省出版社名譽較好的之一，出的書都不錯，如來接洽，不妨答應。三、關於兩篇事，我也去信人民文學出版社編輯部。四、小說連載如影印太麻煩，不必寄我。我反正也很外行。但又想，如果碰到出版界的人要看，則又較簡便，不知怎麼才好。五、最近看了兩本新詩集，也看過幾期《詩刊》，覺得新詩一般都很難懂（彭燕郊的就難懂），比舊詩難懂得多，這又是新詩難發揚光大之一因，也是新舊詩為截然兩道之一證。舊詩太通俗不成其為舊詩，新詩太通俗恐也不成為新詩。六、畫、雕塑，固須像其所擬之物，但更要像藝術。神像若真像人，和活人一樣，就是活人，那是很可怕的，舞臺上的人如忽在家裡出現，不管是羅米歐、朱力葉或梁山伯、祝英臺，都是不可想像的。其間有何道理？」（《聶紺弩全集》第九卷，第327-328頁）

同日　致信牛漢：「周健強說拙作幾段關於鍾敬文者已交給你，不知可採用否？她建議把洗澡一段刪去。我覺得留下幾行也可以。尊見如何？如不好辦，交還我刪改後再奉上。如何，希見覆。又《紺弩散文》周說已看見樣書，何以不也給一本我看看，如不可給，請將其目錄抄一份給我，使我知其中有些什麼文章也好。高旅這人你大概不認識，他寫的歷史小說很好，有篇《杜秋娘》大有名，現又著一長篇，名《玉葉》什麼，寫唐某公主事，在港《新晚報》連載，全部將刊四百日。我社誰管這之類事，你能否問？可否給他出單行本（兩書均可，他還有別的短篇）。如有可能，我可請他把稿寄來一閱。《白色花》翻過一遍，還翻過一本《九葉集》，無所獲，等以後再說。現在才知，新詩比舊詩難懂得多。胡風特別懂新詩，所以偉大。」（《聶紺弩集》下，第345-346頁）

按，「鍾敬文者」，指〈鍾敬文・《三朵花》・《傾蓋》及其他〉一文；「《玉葉》什麼」，即《玉葉冠》，由湖南文藝出版社1986年出版。《聶紺弩全集》未收。

2月25日　致信高旅：「《金剃刀》及兩信都收到。我覺得《金剃刀》很有趣，也很緊張，可一直看下去。想少年兒童也會有同感，是可以出版的，已交人民文學出版社有關方面去了。本想交給另一與兒童文學[有關]的地方，因有些

問題還未弄清楚，未果。先談談我對這書的幾點看法……[筆者略]。」「前提及之張翅翔來信說認識你，你的《杜秋》他已讀過兩遍，湖南人民出版社可接受出版。前段所提之與兒童文學有關地方，乃指羅高之愛人呆向真。她曾與我有較密切關係，現似已與羅離居，與另一較高地位者同居。因此之故（是否因此之故）她已出版了幾本兒童文學，名列作家字典。但我覺得文章並不如昔時有兒童氣味。在醫院時，她曾去看我兩次，均值人多，未獲多談，為憾。我現在仍在打探中，希於兄事有所臂助也。羅高前曾與兄談及，在中華作副總編。呆是右派，羅不是，想是兩人分開之由。而呆有文學氣質，羅則無有，結合本甚勉強也。」

（《聶紺弩全集》第九卷，第328-329頁）

3月14日　致信何滿子：「曾寫一首詩作為『墨寶』給你，作為何府之光，不料許久未得回教，想是未收到。我想出一書曰雜集，除了給你看過的，還有多篇，有的實與古籍無關。所以也不想在你社出，且有些還未寫出。不知是你處出書快還是北京快，年逾八十，更想快出。我贈過你、曹白、耿庸、拾風……等人以《散宜生詩》否？其實未寄亦無憾，只是《三草》，僅多胡序和自序而已。還能買幾本拙作《古典小說論集》麼？頂多十分[本]，附帶買一本孫遜的《紅樓脂評初探》否？翹企之至。」（《聶紺弩全集》第九卷，第147-148頁）

3月　致信高旅：「《花城》（？）聽說是個好地方。我只向它的刊物投過一次稿，一首七律，稿費二十元人民幣，為此種稿費之最大者。《秋娘》交之很好。《金剃刀》交人民文學出版社，至今無消息。此社名氣大，派頭大，但自十年什麼以來，舊朋雲散盡，新友水準低，架子大，難相與。《玉葉冠》方看完（兄言載四百日，現有似僅百餘日），餘稿《新晚》上未見。此稿我擬寄湖南，叫張翅翔兄直與兄打交道，因交一部分稿定還有交道也。此稿我覺很好，首先樸素無華，是中國民族形式，二也很有寓意。關於則天，若在某人以前，我會以為過火；今則覺尚可。我很不喜《控鶴監祕記》，恨死作者。也不喜《秦本紀》中的對始皇母的寫法，這種事完全可以是事實，但於政治關係太少：始皇滅六國或焚坑與其母如何，並無關係。中國所謂名教、禮教之類酷於天下，特別對於女子苛求。止此。你來京如恐床頭乏金，我可助二三千元人民幣。」（《聶紺弩全集》第九卷，第329-330頁）

4月7日　《人民日報》發表〈八十虛度二首〉，署聶紺弩。

4月10日　致信高旅：「書印十萬冊，不要稿費也可幹，我的書，頂多三

萬，頂少的七千五（雜文集）。《剃刀》要我作前言，不倫不類。不知是否序之
類。我看還是用你的名字由你寫，庸俗之見，不可從。湖南有信給你否？我處無
消息。你什麼時候來呢？要無更好住處，我家可住。」（《聶紺弩全集》第九卷，第
330頁）

4月12日 致信高旅：「前言事依兄辦理，甚妥，我即通知人文，順便還擬
將尊址告訴他們，以便直截通函。人文通訊處為北京朝內大街人民文學出版社編
輯部朝花組崔坪同志收。有些信可直談免耽誤。《花城》為廣州出版之刊物，非
《花地》，據說銷六十萬冊，與兄所談，似非一事。《三草》中有有關花城詩一
首，我所得稿費以《花城》最高，以湖南人民為最低，魯迅百年誕辰索去詩廿一
首，稿費四十二元，恰為《花城》之十[分之]一。大概各人所得稿費不盡相同，
有人多有人少，等級制之必然結果。《雜文集》千字八元，云與夏公同價，但夏
公印二萬，我則七千五；如此說來，我的稿費高多了，但我想以高換低而不可
得。此事到此為止，說不完也慪不完也。《玉葉冠》之樸質，我實愛之，我以為
這才是民族形式。民族形式當以此為起點而發展之，而不是只取歐化形態，或死
抱著張恨水式，此式我最不喜。十年前，有人拿著《啼笑因[姻]緣》一直笑個不
休，我則連一頁也看不下去，至今也不知何故。」（《聶紺弩全集》第九卷，第330-
331頁）

4月16日 舒蕪致信程千帆：「昨奉寄示《倪文貞公詩集》一種，胡適自傳
暨雜憶各一種，奇書祕笈，珍逾球琳，拭目靜觀，心神俱遠。前讀尊句『因憶倪
文貞，翁殆繼其軌』云云，亦曾翻檢明詩選本數種，苦無所獲。今讀斯集，深佩
品鑑不虛，已撮鈔數首寄紺翁，似與不似，請其自鏡矣。前代紺翁寄上《中國古
典小說論集》一部，想已得達。另紙錄其近作四首共賞。」（《碧空樓書簡》，第
44-45頁）

4月17日 致信高旅，「轉上出版社來函一紙」（《聶紺弩全集》第九卷，第332
頁）。

4月18日 舒蕪六十二歲壽辰，致信舒蕪：「北山先生與兄對拙作之謬獎，
我無所覺。我從來就不懂詩也。既兩家所見相同，蒙昧愧當而已。壽君詩兩首之
二，重複而且矛盾，自己亦覺察。我本好冒昧抄句示人，又屢加更改，兄所知
者。今二首末聯改為：『費爾巴哈唯物論，偶因一挫展難開。』此句本我久想贈
兄之意，我覺兄有大悲，以致我把慶詩寫成弔詩以及以前題天問樓等均此意。蓋

兄應有極大成就，偶因一挫而毀，真我輩之不幸也。意本平凡，可甚難表達，乃至不宜直截語兄。今斗膽出之，真晉人書札中之『死罪死罪』也。不知兄能曲諒否？壽詩謄正並呈，敬祝壽安！」（《聶紺弩全集》第九卷，第414頁）

5月3日　致信程千帆：「舒兄轉達尊書聯跋，讀之惶悚萬狀。唐宋之外，《三草》挺生，事所絕無，惟存先生寵跋中耳！但先生給舒兄函云：《北荒》少可，餘則均遜，實獲我心。作《荒草》時，覺事景俱新；且微現勞動者身，少為新鮮，餘者仍為知識分子濫調，自不能佳也。老病在榻，筆墨不備，錯落處處，竟成『抹書』，千乞海諒。」（《聶紺弩全集》第九卷，第368頁）

5月8日　致信何滿子：「信及十本論集均收到。此次所寄之書，曾付款否？似未付款，對麼？你到江蘇去走了一趟，何不將經過告我？這事與我有關，亟盼知道。廿幾年前，曾到施公『墓』前，多人主張發掘，我覺證據不足，未果。此事頗得中宣部嘉許。現在出土之物，不知出自何處，又為何物？怎不縈念！務請詳示，開我茅塞！或已見報紙，能借一觀尤佳。……[筆者略]。」（《聶紺弩全集》第九卷，第148-149頁）

5月9日　作〈俠女‧十三妹‧水冰心〉，載《讀書》第八期，署聶紺弩。初收重編本《蛇與塔》。

5月15日　《紅樓夢學刊》（季刊）第二期發表舊體詩〈《紅樓夢》人物七首〉。

5月　胡繩向胡喬木推薦先生《三草》，喬木大為稱讚，說其雖經二十多年的磨難，卻能寫出如此樂觀、詼諧的詩篇，實在難得。李慎之將胡的話傳給了先生。

6月8日　致信胡喬木：「綸音霄降，非想所及。人情所榮，我何能外？惡詩臆造，不堪寓目。竟遭青賞，自是異數。至云欲覓暇下顧，聞之甚駭，豈中有非所宜言，欲加面誡乎？然近來腦力大減，不耐思索，知所止矣。偶聞江蘇地方復鬧施耐庵問題，甚至欲建館紀念，所據仍皆風影之談，以訛傳訛，為研究文學史者增一疑難。事屬社科範圍，想必會通過您而您又有以處之也。下情小節，千頭萬緒，不足縷陳。」（《聶紺弩全集》第九卷，第191-192頁）隨信另贈《三草》一冊。

6月16日　上海《新民晚報》發表〈自壽新增一章〉。

6月19日　致信何滿子：「收到你的信，快慰。你的關於施耐庵材料的見

解，極是。望堅持，並設法將短文索回發表。世多妄人，趁隊起鬨，爭說某人為我地出生，以為光榮，不管真做學問、真思考問題者如何想法。徒亂人意，可恨！有權者胸無點墨，隨人俯仰，以為歷[史]可以權力製造，令人哭笑不得！前要回之語文問題小冊，尊處尚肯出否？我看無甚價值，要出，擬刪去幾萬字，作一序後寄回。如無意出，也就罷了，或再作別論。」（《聶紺弩全集》第九卷，第149頁）

同日　給江蘇鹽城地委覆信：「接到來信已久，因病遲覆，甚歉。周夢莊先生說，有什麼關於施耐庵稿件交我，絕無此事。我約三十年前奉中央宣傳部令赴蘇北調查施耐庵材料，乃與謝興堯、徐放、錢鋒等人同行，乃一集體行動。有無此事，他們必能證明。惜現除徐放在《人民日報》工作外，餘皆不知在何處工作。周先生所說之件，如為施耐庵手跡，誠為至寶，周先生果從何處得來？如象[像]抄件，周先生當能記得其原本，再抄一次即得，何必小題大做，好象[像]我犯了什麼錯誤似的。我等調查所得材料，均已由錢鋒同志經手，交與文化部，由文化部辦公廳主任趙渢同志點收。以後又由我向中宣部付[副]部長胡喬木同志一再作了經過彙報。形諸筆墨者，喬木同志認為均是風影之談，無可依據，不發表了事。謹此奉覆，諸希亮察！」

按，《聶紺弩全集》未收。初收花城出版社2016年2月版《聶紺弩集》下。

6月20日　致信江蘇省社會科學院文學研究所負責人劉冬：「收到您的信及拓件。周夢莊先生所說之事絕無。卅年前我奉中宣部令到蘇北調查施公材料乃與謝興堯、徐放、錢鋒諸人同行，為集體行動，如有此事，他們沒有不知之理。徐放現在《人民日報》工作。施公贈魯劉元曲〈秋江送別〉[8]一首，不解為何物。詩？詞？曲？墨蹟？書本？抄件？如係墨蹟，誠為國寶，周先生從何得來？又豈肯輕易給人『攜去』？如係抄件之類，則必有所本，再從原本抄一次，並不費事。魯淵劉亮〈秋江送別〉均聞所未聞，惟從尊函初次得見。不解周先生說此何意。至所謂施公四世孫云云，事不干己，不贅。專覆。敬請署安！」

按，此信據歐陽健的和訊博客所刊先生手跡謄錄，《聶紺弩全集》未收。

6月25日（陰曆五月初五）　端午節，作〈《散宜生詩》後記〉，載人民文學出版社1982年8月版《散宜生詩》。

---

[8]　實為施耐庵遺曲〈秋江送別即贈魯淵道原劉亮明甫〉，參見《新發現的施耐庵文物史料》，載王同書《施耐庵之謎新解》（北京：中國文聯出版公司，1989年），第333-335頁。

　　端午期間又應《團結報》之請作七絕一首，曰：「鍾馗啖鬼事荒唐，我卻時思捉鬼嘗。鬼混人間卻不捉，君何能度好端陽。」

　　6月29日　病中致信何滿子：「你的繁簡本《水滸》各自完成是個好想法，如有材料證實，可說這問題解決了。繁本從簡本來，本無問題，但兩本終是相去太遠，應當還有中間本子。而此本至今未發現，亦未見人談及，終是憾事。你說一出，就把這問題推進一大步。可喜可喜。六元收到了，但我應寄還你的錢，恐還未寄出。等我問問。人老腦衰，易忘事，可歎！」附言：「喬木同志已電[江]蘇省委宣傳部，將施耐庵材料移社科院文學研究所討論。七月七日（長生庚）又及」（《聶紺弩全集》第九卷，第150頁）。

　　6月　上海《文匯月刊》第六期發表〈我與詩〉（又作〈《散宜生詩》自序〉），署聶紺弩。

　　同月　上海文藝出版社建社三十週年。為此，該社決定在影印出版《中國新文學大系》第一個十年的基礎上，續編《中國新文學大系（1927-1937）》（即第二個十年）二十卷本，包括文學理論、小說、散文、雜文等九大類。

　　7月2日　舒蕪六十歲壽辰，作〈重禹六十〉二律相贈，其一：「夢中說夢幾多回，不獨悲君亦自悲。君已三千餘弟子，我知七十九年非。黑龍江畔尋殘菊，黃鶴樓中賞落梅。果否人才皆碌碌，始終天網欠恢恢。」另一首有聯云：「錯從耶弟方猶大，何不紂廷咒惡來。」舒蕪不懂，去信討教。

　　7月4日　下午，胡喬木在祕書黎虹的陪同下看望先生夫婦，並贈詩三首。詩的下邊還寫著「紺弩、周穎同志留念。胡喬木一九八二年七月四日」。稍後，劉再復訪先生。

　　7月上旬　胡喬木向人民文學出版社社長韋君宜要來《散宜生詩》清樣。

　　7月14日　胡喬木為《散宜生詩》作序，說是「作者以熱血和微笑留給我們的一株奇花——它的特色也許是過去、現在、將來的詩史上獨一無二的」。

　　7月21日　致信胡喬木：「頃聞人民文學出版社人言，您要為拙詩寫一序，該集正候尊序排印，想係真事，不圖暮年打油，竟逢此殊遇，真放翁所謂『丈夫不死誰能料』也。惟年事既高，且復多病，朝不慮夕，深以能親見此序為快耳。……[筆者略]。」（《聶紺弩全集》第九卷，第192頁）

　　7月下旬　胡喬木收到先生信後，將已寫好之序文初稿稍加修改後送人民文學出版社，並同時送《人民日報》。

7月25日　太原《晉陽學刊》第四期發表季強（周健強）〈聶紺弩傳略〉。

8月2日　致信高旅：「久久未得來書，我亦未致兄一字，不知何故如此。兄書《金剃刀》，人民文學出版社云將在《朝華》八月（？）先發表，然後出單行本，可望得兩次報酬。《秋娘》為花城，《玉葉》為湖南，想均無改變。」「兄之落實政策事，近已向胡喬木同志提出，請他向有關方面瞭解，並促成之。此公做事負責，近對我頗好感，曾見訪一次，並自動為《三草》作序，謂其特色也許為過去、現在、將來詩史上獨一無二的。溢美不論，對我有此興趣，故趁其詢我有無問題要解決時，專函提兄一筆，想會有下落也。我亦提兄小說等等，惜手頭無書可給。想他亦無暇讀書。」（《聶紺弩全集》第九卷，第332頁）

8月6日　《人民日報》副刊主編袁鷹，將胡喬木為先生所寫序文清樣請胡過目。

8月10日　致信胡喬木：「尊函讀過。國事鞅掌中有此逸豫，所謂指揮若定者非耶。似此，以後還可向您談些閒天。高旅事，想不易。因年多，當時負責或有關之人多離休，新人又不知究竟，此亦一礙。」「碧桃仙，我久知此藥。有人由穗來電說，此物副作用大，不可輕用，並有用之而致不良後果者。我亦慮此，且恨其譯名之庸俗（似為BITOSON之類），故未購服。我病雜，發展似亦不甚速，任之亦可。友人中有體健於我，反先我下世者，理不可解，我因之也不汲汲於治療。」（《聶紺弩全集》第九卷，第193頁）

同日　致信高旅：「不知何故，我想起寫信給你時，恰是你寫信給我時。因之你我幾乎同時各得一信，與子平之類有關不？前信說，你事已向某公提出。現已得回信云：高旅同志事，已在辦，頗多周折，難期速成，一有結果，即當奉告。這是我現所得結果，敬以奉告。你來想是在『十一』之前。照目前狀況，可住在我家，這是就包括余公而論，若你個人，怎麼也可住下去。惟伙食不會滿意，地僻市遠，不易買菜，尤其是自三表妹死後，無人會做，想你亦不會以此在意。來時帶幾本你的著作和我的雜文集（聞香港有售，一兩本即得）來。匆匆即頌安好，現京天氣熱甚。蚊子總比羊城好，我家久無蚊帳。」（《聶紺弩全集》第九卷，第333頁）

8月16日　致信高旅：「日來京中奇熱，室內達卅度，外面恐近四十。聞哈爾濱更熱，真奇事也。雖熱，蚊蠅不多，無需帳子，亦不聞蛙聲。街車自響，我耳幸能不聞。你來，我說給預備3000[元]人民幣，想用不完，因無物可買。洋

貨非你所需，恐亦需僑匯，那就成笑話了。我家在廣渠門外，與垂楊柳相接。我不能越雷池一步，他人都不認識，只好由你自來。倘余公同來，當較便，因渠來頻，至少略知方向，勁松一區在市東南方。」「雜文集已買得十本，不用帶來。」（《聶紺弩全集》第九卷，第333-334頁）

同日　《人民日報》發表胡喬木〈《散宜生詩》序〉，文末附言：「為了幫助青年的讀者理解這些詩作，我盼望人民文學出版社能在再版這部詩集的時候加上一些必要的注解。我沒有能夠早日提出這個建議，因為我一知道這部詩集將要在北京出版，它已經排好了，我僅僅來得及寫這篇短序。《人民日報》副刊希望轉載這篇短文，我因此就加上了這個序文中所沒有的注解。我祝願這本詩集的北京初版能早日銷完，以便出版社能早日出一種加注的新版。」

8月25日　作七律〈高旅枉顧〉。友人高旅自香港赴京探視，卅載暌隔，一朝相見，彼此甚為珍重。高旅一直為香港《文匯報》主筆，對報紙建設有重要功績，因不滿「文革」中的一些錯誤做法而於1968年憤然擲筆，之後卻一直未得落實政策，經先生夫婦多方努力，終於爭取到胡耀邦的專門批示。高旅離去後，先生復作此詩。

8月26日　京山縣委黨史辦公室人員左其義為搜集地方史料，在荊州地區計委副主任張先浩帶領下，上北京先生家中訪問。

8月　舊體詩集《散宜生詩》由人民文學出版社出版。是以香港《三草》為底本而略有增刪變易，而多分出一輯「第四草」，共收詩詞二百二十首。目錄內只有〈高序〉、〈自序〉，〈胡序〉訂在目錄頁之前。

9月3日　致信舒蕪：「信及文章都收到。信很意外，要解釋！我看見過忘記了名字的人寫的文章，說舒蕪這猶大，以出賣耶穌為進身之階。我非常憤恨。為什麼舒蕪是猶大，為什麼是胡風的門徒呢？這比喻是不對的。一個卅來歲的青年，面前擺著一架天平，一邊是中共和毛公，一邊是胡風，會看[不]出誰輕誰重？我那時已五十多了，我是以為胡風這邊輕的。至於後果，胡風上了十字架。幾千幾萬，幾十萬，各以不同的程度上了十字架，你是否預見到，不得而知，我是一點未想到的。正和當了幾十年黨員，根本未想到十年浩劫一樣。我說兩小不忍亂大謀，也是胡說。然而人們恨猶大，不恨送人上十字架的總督之類，真是怪事。我以猶大故事是某種人捏造的，使人轉移目標，恨猶大而輕恕某種人。」「舒蕪交出胡風的信，其初是洩憤，隨即是箭在弦上，其中大展鴻圖的是林某，

我以為是此公。因此我說：『錯從耶弟方猶大，何不紂廷咒惡來。』至於惡來是否幹過林某的事不得而知，大概未幹過好事。至於夢中說夢，不過就舊有兩句改得更絕望，與你的文章無關。文章看過，現在不談。」「我很不喜胡風。自以為高人一等，自以為萬物皆備於我，以氣勢凌人，以為青年某某等是門徒，是口袋中物，薄某些工作而不為，時窮勢蹙，又沒口子呼思想界的巨人不止！他的全部思想除了精神奴役一點以外，無甚可取。與題材搏鬥說尤謬，不過要人寫非生活經驗的東西而已。他現在不能寫、說了，於他有利，就此成為默默的偶像。」（《聶紺弩全集》第九卷，第416-417頁）

9月5日　致信高旅：「想已回家，俚句博笑。近日想到：唐朝貶官，孫不能代取經之類文章，似可多寫，易成，易發表，且似無他人能此。回想知堂老人（啟明）文多類此，很耐尋味，讀時常不忍釋卷，故為勸進。」（《聶紺弩全集》第九卷，第334頁）

9月7日　張友鸞夫婦和陳鳳兮等看望先生，中午在聶家小酌。

9月15日　致信高旅：「兩信均收到。無話可說，早知如此，何必惹此麻煩。主要的在我看你幾次來信，以為你無法生活，現在看來，你自可生活，而且不會生活得很壞，那就算了，一切置之度外。你說浩劫中對於誰加的罪是真實的？何獨今日之金公。我親見王公回喬公信，云你如何有才，且在『本報』（？）寫文章。他將找你談話，交接你有何要求云云，現王公不找你談話，想別有原因，也不必追究。只怪我自尋煩惱，也給你以煩惱。一場夏夢！」「文學出版社曾寄來《金剃刀》預支稿費五百元，我因不知是你的意思，又無法變成外幣寄給你，故未收，並囑其設法給你本人。自得你信後，又曾去信囑其重寄給我，至今一週未得消息。不管這樣那樣總會有下落吧。五百元預支是稿費全部抑部分，未知，匯款單上無一字也。」（《聶紺弩全集》第九卷，第335頁）

9月21日　舒蕪致信荒蕪：「示悉。《傾蓋二集》事，當遵命轉致聶、啟、陳三公。但總編人選，似應先定。是否仍由以鑄兄蟬聯？鄙見以為吾兄接任為便。人選確定後，才好告訴聶公等與誰聯繫也。一集九人，亦難照舊。如弟已輟吟，自動消失。又宋謀瑒兄似乎年來只作應酬之詩，不知他還拿得出真東西不？此外新約何人，容俟考慮。」（《碧空樓書簡》，第9頁）

9月23日　致信高旅：「三信四詩一剪報二藥均收到。懶散遲答。落實事我看無望了，我把你給我的那些東西，寄給喬公，他看出你的情況與我說的不符，

我說你是個窮書生，他看出[你]是個也會做生意的人。因之改變看法，也通知王
公甚至另有指示了。至於金公，那是他們本來如此，恐與王公無涉。欲益反損，
此行太虛！」「文學出版社財務科給匯五百元，說是《剃刀》稿的預支稿費。那
時未接到你信，以為是社方圖省事，適有社的行政方面的人來，我交她帶去，叫
由社自想辦法直接交你。接你信後，我又通知財務科給我，至今無信，且由他
去，給你給我其揆一也。花城之款，不必寄來，何必拘拘！」「藥，似均無甚
力，喘藥本難效，下藥則每次二丸，日至八丸，猶乾。但只正式用過一次。」
（《聶紺弩全集》第九卷，第336頁）

9月25日　於北京作〈編第一個日報副刊〉，載1983年1月《新聞研究資料》
第十七輯，署聶紺弩。初收人民文學出版社1986年3月版《腳印》。

9月27日　舒蕪致信荒蕪：「示悉。請以鑄兄任總編事，最好由兄去說，因
為黑龍江社的關係，反正須由兄介紹也。總編定後，一切可由總編去聯繫，你我
都不必在中間轉一手。邇冬、元白二兄處，以鑄兄都可以直接去找。聶翁處，
我已提過此事，以鑄兄去找時我再介紹一下就行了。如此似比較便捷，尊意何
如？」（《碧空樓書簡》，第10頁）

10月1日　致信高旅：「你的《持故》小品，恐怕三聯和文學都可出，屆時
再說。」「詞賦而今須少作，留取心魂相守，胡希公早就以此見教了。假如你說
的事成功，則大有收穫，對小本經營說：此行大實。」「關於稿費之事，事在情
誼不在物質，你從前寄我之物，其價位豈物質所能表，月月寄物，記得寄，情斯
厚矣！」（《聶紺弩全集》第九卷，第337頁）

10月5日　作〈《詩刊》的幾首詩〉，載1983年第一期《讀書》，署聶紺弩。

10月8日　在家接待家鄉（京山）黨史辦工作人員張任偉、程義浩到訪。
程義浩日記：

> 午後與張任偉老師（聶紺弩世交，湖北京山一中老教師，縣黨史辦同事）
> 去勁松一區一一一號樓五門三〇二號聶紺弩家拜望。聶老為京山城人，
> 故鄉文壇前輩大家，現代中國大難不死的劫餘老者，八十歲整。仰慕久
> 之。張老師敲門後得到應允，我們推門進去，家人囑我們談話不要超過一
> 小時。見老人斜靠床頭，凝神看書，身浴下午的陽光中。我們說了來意，
> 老人微露喜色，兩眼放出炯炯光彩，欠身而迎，讓坐。我交給他故鄉編著

的《京山古今》和《京山革命鬥爭史大事記》初稿，要求他能為京山革命史題辭，還希望能寫些史料。老人看上去臉色尚好，不見憔悴，但氣喘可聞。身不由己，竟日躺臥度日。我等問候他精神身體，老人說身體好不了了，但能睡，每天可達十多小時。此時，他詼諧本色又露出來了，說：「大概因為我活了八十歲，睡的時候多。」他是幾入幾出囹圄之人，尤其是在文革浩劫中有上十年牢獄歲月。我看室內陳設較樸素，有立櫃、小床、小方桌、茶几和幾把椅子。床頭的書櫥頂頭對著聶老床頭這邊，掛有魯迅先生瓷像，下面有個溫度計，櫃頂上放有線裝書若干冊，成套包裝。床邊小桌上有《詳注聊齋志異》等古書。床裡側散放有書、報、本、紙、筆之類。他說，夜裡也不看電視，睡在床上，想起什麼問題，或寫點東西。我問他，現在寫些什麼？他說寫些小文章，一天二三千字。大概是回憶錄之類。張老師說：您是我們故鄉人心中的北斗。他真誠道：什麼北斗？……這輩子成績小，唯讀了小學，沒有大的作為，很慚愧。他談起京山的老前輩文人三四人，說他有不敬之言，認為他們沒有從外面把時代好的東西帶進京山去，屬於封建文人。話間亦談到京山歷史上的文人李維楨、郝敬等人，還認為陸羽是京山人。李維楨在京山城東門內鳳凰坡有舊居。還談及其他人事，談及他的著作及稿費事，告訴我們他的一本詩集《散宜生詩》本月可出版。言談中，他認為國家前幾年對畫家的稿費制太低，要改進，不可剝削太多等，認為一個畫家的修養是很不容易的，並把1982年9期《詩刊》上封三、封四兩幅國畫示出，讚賞不已。我們想，不能讓他太累，造訪從三時到四時後，我倆欲告辭，他執意要送我們，我們攔不住他，他艱難起床，步履蹣跚，扶物而行，至自家正門口送別我們。這讓我們無比感動。據說，他是不拘禮儀的。今日看來，他精神好，談興濃，且如此熱情對待家鄉人，以八十高齡病體，厚待後生，令我感動得一時說不出什麼感謝話來。我想這是第一次，也恐怕是最後一次見他了。

（未刊稿，作者提供）

10月17日　舒蕪來訪，聊談胡風往事。隨後，京山黨史辦副主任左其義及張任偉、程義浩一行三人到訪，並合影留念。

程義浩日記：

上午同張任偉和左其義（縣黨史辦副主任）同去勁松一區轟紺弩老人家告辭。見有老作家舒蕪在此，與轟老談所謂胡風集團往事。還有四五個京山人在此。我們說明是來告辭，提出與轟老合影留念，恰好當天家人都在，還有京山親友孫希曙等鄉親在此，他很高興答應了。於是家人為轟老換了一件黑呢中山服上裝來拍照。當時小房內上午陽光特別充足耀眼，狹小的房間內人多，選擇角度沒有迴旋餘地，加上我是初學攝影，心裡惴惴不安，生怕拍不好。我分別為轟老個人、轟老與夫人周穎、轟夫婦與養女吳丹丹和周姓侄女（兼保姆）、轟家人和一眾京山鄉親拍了照。之後，我還向轟老請教了詩集書名《散宜生詩》的原因，他為我們講了歷史人物散宜生的故事。

（未刊稿，作者提供）

10月25日　致信舒蕪：「讀到來信。律詩這東西，是個小而簡單的文學形式，發揮一點小感情、小心理狀態及物理狀態的小文字遊戲，對於曲折深微的東西，就很難表達。灰韻詩懷之已久，終搞不好，就是一證。但『世人難與談今古（原『天下』），跳入黃河濯酒杯』，我還覺得對的，既然難談，就把酒杯洗濯了喝酒吧。至於林某聯上惡來與否，我不考慮。魯迅說的以鳴鞭為得意的奴隸總管、白衣秀士王倫等等我能說說，心裡舒服。而且頂好聯不上，聯上了又怎樣？現在常見紀念巴人的文章，我一篇也未看！」「喬序說對我生平不熟，其意極明：『此人如有歷史問題，我不負責！』否則何必提此？喬公是注解專家，我早就不贊成。對《水滸》之類，我就主張不注，他硬要注，我要注少，他要注多，誰聽我的？尤其是詩，有一兩個真正讀者，能看懂了，會心一笑，已為極境，何必硬要人懂，硬要人讀？[曾]有什麼詩什麼會之類來要詩，並要交代清楚，我實感做詩就是犯案，注詩就是破案或揭發什麼的。世人以紗帽為馬首，周汝昌先生已有詩來述讀《三草》後如何如何了。像你舉的幾個喬序讀者，我還未見。另外，《三草》是青年必讀書麼？」「魯迅說，口號是我提的，文章是我叫胡風寫的。胡公說：當日失察云云，這正是兩人的分別處。他的自傳我未看，在桂林時，彭燕郊對我說，有一華僑有意辦出版社，問我，肯不肯與之合作？我無此遠

志，叫他去找胡公，不知是否因此而搞起《南天》來了。搞《南天》時，在重慶把伍禾剝削壓迫得哭，而且不以人齒。並且說，你現在想我五萬塊一月的職業是不可能的。我聽見了，介紹伍禾到《客觀》當校對，月入五萬！至對於我且不說。我本在重慶末期就不和他講話，解放後開文代會時才由駱賓基拉線，重新交談〔伍禾說我曾說胡有一個智者頭腦和庸人的心。後來我曾對人說他也是王倫（白衣秀士）〕！一交談，把以前的事也忘了。……[筆者略]。」（《聶紺弩全集》第九卷，第418-419頁）

10月26日　《人民日報》發表七律〈王瑩遺著《寶姑》問世〉，署聶紺弩。

10月29日　致信黎丁：「寄上〈《水滸》人物五題〉，投《文學遺產》。今有事相煩：還是巴波編副刊時，『十一』第一個週年後幾日，曾有拙作小說〈三嫂子〉一篇；紀念哥戈里多少年時曾有拙文一篇；陳翔鶴編《文學遺產》時（反右前）有拙作〈《水滸》三十六人名單的形成〉一篇；反右後有〈林嗣環偷金聖歎的文章〉一篇。此數文均為時過久，請費心找找，複製見賜，不勝感禱之至！」（《聶紺弩全集》第九卷，第448頁）

10月30日　致信黎丁：「昨投一稿請暫不發表，因〈魯智深〉一首尚未妥也。舊文請費心！」（《聶紺弩全集》第九卷，第448頁）

10、11月間　劇作家鄭拾風與張友鸞之女張鈺相約一同看望先生。張鈺奉父命送南京鹹水鴨一隻。

11月2日　《光明日報》發表〈我愛金聖歎〉，署聶紺弩。

11月5日　致信黎丁：「〈《水滸》人物〉重抄奉上。信及複製品均如數收到，謝謝！刊物已看到。我很喜歡。因別的刊物，投一稿去，至少三四個月才得發表。你刊快得多。以後凡與《遺產》有關之短文，將均投你刊。但聞《讀書》之類銷幾十萬份，不知印多少，有便告知為盼。〈三嫂子〉本在香港《文匯》發表，確為『十一』週年那天，巴波轉載，恐在十月之後，也許不在副刊版，我實未見，聽說而已。『gogor』文在紀念他的幾週年之日，我早已忘記。本為《人民日報》約稿，及交稿後，彼報收到大作家沙汀之稿轉《光明》。《人民》發表之稿，每次必有一頭等作者在我前面，這回有人投我一詩，彼又用林涵老爺壓在我前，這種狗眼編輯，實深恨之。卅餘年只投過三次稿，每次如此，並隨意刪削，當非偶然事。」（《聶紺弩全集》第九卷，第449頁）

11月上旬　致信黎丁，謂「今接七日晚[信]及清樣。清樣已改了，奉上」云

云。（《聶紺弩全集》第九卷，第449頁）

11月17日　致信舒蕪：「《說夢》出版了沒有？白盾的書出版了沒有？我很想看，卻未見消息，渴盼之至。《光明日報》有篇何滿子公的談突破文，與你和白公有涉否？」「榮府由赦公襲爵，是老大，似應以赦公為主，稱為老爺，邢夫人稱太太。何以書中一開頭就以政公為老爺，王夫人為太太。鳳姐為郝、邢兒媳，正應掌榮府大權。何以不稟承邢而稟承王？我總覺此事彆扭，你知其故否？近作兩詩，一〈魯智深〉，二〈壽人八十〉……[筆者略]。」又附言：「近閱《紅樓》乃文學三冊之合校本，獨無坊本，何處可致？脂批及王雪香本一閱，我覺王本頗有不同處。」（《聶紺弩全集》第九卷，第419-420頁）

11月21日　致信舒蕪，談《紅樓夢》。

11月22日　致信高旅：「收到你的一萬封信，一千年未給你寫信，現在寫來不知從何說起。先說藥罷，喘藥倫敦產品，日吃二片，已吃了個多星期吧，也不見得就怎麼好，嗓子也未亮，『中氣』似也未見足。中氣為何物，我也不知。但也未見壞。病是各人的，各人具體情況不同，不能說他人吃了有效，我也會有效。相隔幾千里，甚至隔著國界，請醫開藥，理亦未當。我已八十，奇書算命似可再活五年，既然命定，藥就不是要緊的了。你似為我對此藥抱有大希望，那就信任它吃下去吧。我則不但自吃還要勸周婆吃，她病較輕，不常吃藥，又常鍛鍊，想必易見效。等吃了後再告情況。又大便藥近來試得較好。」「《秋娘》四十本，丹丹似均收到，給你辦什麼，我還一本未見。得到了，擬送一本給喬公。《持故》俟收到後，有兩處可探試：一、文學，二、三聯。我想會要，倘均不要，再作別圖。京中出版太慢，《散宜生》久已印好，但裝訂耽閣[擱]，至今未出……[筆者略]。《杜秋》你託丹丹給你辦，辦得怎樣，她會直告你，我亦不知，也未見到書。彼此忘性大，她現去開政協會（當招待員）去了，我請假，周婆會去的。看見《秋娘》，其在明年乎？《散宜生詩》還未出版，《金剃刀》恐也未出版，聽說出了點什麼印刷事故，不知究竟。」「你來京一趟，最大錯事是把你的董事一片，由我轉呈給喬公。從那以後他就未寫信給我，我也未寫信給他。現在你那方面連張樨公也勸你不管某事，可見這事是管不得的，不過我們不知其所以然耳。又可見與你有點關係，知道的人確不算少。你我老不更事，合該此報，未免自以為欲益反損，好心變成驢肺耳。丹丹問你要這個那個，不要理她。她貪心不足，將來還會要什麼，不說別的，哪有這些精力替她辦事？我現正

看《紅樓》，你對此書及所謂紅學有何高見？能啟發我一點否？」（《聶紺弩全集》第九卷，第338-340頁）

11月　與周健強談「聶畸」等筆名的來歷。

12月1日　於北京作〈華民政務司〉，載人民文學出版社1986年3月版《腳印》。

12月2日　致信高旅：「電示收到，盛意極感。現已停服，改服上次寄來的，那我也一樣，一個公司出品……[筆者略]。去年八月一日出院至今年餘，除血壓和心臟（無恙）外，均未檢查。我是肺心病，肺氣腫如發展到壓迫心臟厲害時，即歸天之日。看來十餘年中之肺氣腫和氣管炎都不算發展得太快，所以至今心臟還好。一年多來，也未感冒，睡好，吃一般，大便乾，非藥不下。喘病，恐有人告一千種『偏方』，無一不費事，未用。吃什麼藥都不見顯著效果，不更壞便是好事，但不變壞，不過漸變得不很感覺，其實在變壞。前兩次人民政協會都出席，這回覺得不如不去，故請假，此亦越來越壞之徵證。據你看，我應信命抑應信藥？信命，還有五年，醫藥無關；信藥則命說不足以加強『信心』。我都不信，說不定五年之後，你又得『奇書』，算出奇壽。這樣信心似更強也。總之，我病不似余公病，彼病當較輕，時較短，故藥易見效。我病已有十餘年，係獄中超重負載和冬日露天幹活所致。有人說，要多動，我則一動就喘，寧可少活幾年，求其呼吸平靜些。既已八十，焉問其他？」「《金剃刀》至今尚未付排，須明年四月出版，可恨！《散宜生詩》因未印作者姓名而耽擱，不幸之笑話也。《秋娘》尚未收到。丹丹參與全國政協服務，會後方歸，老伴也出席去了。」
（《聶紺弩全集》第九卷，第340-341頁）

12月11日　致信高旅：「信、文等均收到。文看完了。《持故》最好。《山鄉》亦佳，有沈從文風味，大概都寫湘地之故。……[筆者略]。」「《持故》好，博學卓識有知堂風味，但知堂抄書多，你不抄，勝他。海內以博學知名者為錢鍾書，他只談文藝，你比他天地闊。總之，讀書多、記性好，其用無窮。我就不行，十目一行，過目即忘，學外文就差，起初學不好文法，後來記不住生字，跑了幾國，以外盲終。恨也無益！」（《聶紺弩全集》第九卷，第342-343頁）

12月16日　簽《散宜生詩》贈屠岸。

12月18日　陳子善拜訪先生，獲贈《散宜生詩》。

12月25日　《光明日報・文學遺產》發表〈《水滸》人物五題〉（舊詩），

署聶紺弩。

　　冬　耿庸、黎丁同去看望先生。

　　年底　周健強完成二十萬的《聶紺弩傳》初稿給先生過目。「他看到厚厚的一疊稿紙，眉心打結，不滿地說：『怎麼寫了這麼多？我又不是什麼大人物！』見我滿臉失望，又緩和了：『先放這兒，慢慢看。』」（周健強《聶紺弩傳》，第252頁）

　　是年底至下年初　上海文藝出版社《中國新文學大系（1927-1937）》編輯組，在北京先後訪問夏衍、葉聖陶、周揚、吳組緗、聶紺弩和艾青等前輩作家，得到支援和鼓勵。夏衍推薦先生為雜文卷寫序。

1983年 八十一歲

（癸亥）

1月29日　致信朱正：「您好！好多人買不到《散詩》，請你向社裡打聽一下是否社裡壓下未發到書店去？因我不相信它賣得這麼快。究竟印了幾本？聽說劉嵐山同志病倒了。關於詩現在什麼人負責？如果有事找誰接頭？如果《散詩》真有錯誤，我倒想注釋本。至少，負責人、你、我，可在一塊商量一下。」（《新文學史料》2012年第2期）

按，「散詩」，指《散宜生詩》。劉嵐山，時為人民文學出版社編輯，《散宜生詩》的責任編輯。他生病期間，相關工作由季滌塵負責。此信《聶紺弩全集》未收。

1月30日　向胡喬木贈送《散宜生詩》，並由周穎代寫感謝信，說：「送去《散宜生詩》集，想您已經看到了。由於上面有您寫的序言，出售很快，現在很難買到了。您寫的序給老聶很大的鼓勵。我覺得您把他的詩說得太好了。」「我侄女周巧順的戶口，已於本月28日從家鄉遷移到北京入戶了，想不到我們還有這大的幸運，無比激動！老聶的身體狀況，越來越離不開這位侄女的照料，而我也日益自顧不暇，現在好了，消除了我們生活上的最大困難，讓我們可以安心、無憂地活著。這真是我們晚年難得的幸福！」「黎虹同志送來給老聶的藥，除碧桃仙因禁忌太多，恐吃了不適宜，沒有吃，別的藥吃了都見好。……今年，老聶滿八十歲了。這在他是很滿意的，他老家就沒有人活到這大歲數。」「不知怎樣才能表達感激您對我們的關懷和幫助。除受之有愧，還好說什麼呢！」（黎虹〈也談胡喬木為聶紺弩《散宜生詩》作序〉，《新文學史料》2004年第3期）

1月　簽贈《散宜生詩》與宋之的遺孀王蘋。

2月3日　致信高旅：「久未給你信，甚歉。因《持故》未得結果，不能慰你懸盼，又未想到一遲至今也。現三聯已決定出版，並已交周四姑娘為責任編輯。據她說，書店將以公函形式通知你，並商除去三篇事，想她已與你通信，並詳告。惟她說，僅十萬字左右，太薄。厚薄本無關，想你近來又寫了幾萬字，不妨寄她補入，可厚些。除三篇就除吧，事不大，我想請你將詩四首也去掉，以後再作他用。《金剃刀》本說四月出書，但又說現還未付排，四月或可付排。在京出

書，遲之有故，受氣甚多，無法。今已定奪，其他聽之。三聯如真有公函給你，你直接與談稿費由港發給事。我將也向之提出。現惟小說無法介紹，《湘西》一篇太少，餘兩篇絕無人要，不必找釘子碰。……[筆者略]。《秋娘》贈送名單中有查九，其人下世久矣，書已另處。幾本書出版後，情況當較好，此時國內尚無人識你真價。又，在國內出幾本書，在港的情況也當較好。」「我病猶昔，夜渴或更甚，也問過熟點的醫生，據說同病者多，乃京天旱氣燥之故，無須驗血。你說的醫生，始終未說何以口渴，不驗血將得何結果，令人摩頭不著。你給的大便藥，周婆也要，不過不必太急。又一種『可立治』也要，治感冒的。」（《聶紺弩全集》第九卷，第343-344頁）

2月6日　致信舒蕪：「許久不見，甚念。會昌先生曾偕靜聞同來看我，因耳聾，未聽清靜公介紹，不知為誰，頗失禮。他們去後才明白過來，後悔無及矣！他來京何事，何時來去，想兄知之，乞告我一點。我只知他曾有想來看我之意，也是從兄處得知的。人有失之交臂者，今失之見教，較交臂更甚矣。昨看尊點《飲冰詩話》後記，覺甚中肯，獲益不淺。關於《紅樓》，兄有何近作，甚願先睹。」「關於《散詩》作注事，兄有無高見？我本不想有注，今社方大概因胡公之意，故意少印，以求已銷罄後早出注本，以致到處買不著，增加我許多麻煩！欲其增印，只好同意加注。但關於此事，很想聽您（兄）意見，請兄春節前後光降一下，作一暢談。但不可於舊曆除夕，因恐是日有起鬨而來者，人多口雜，反不易談清什麼問題也。紹良兄能不來亦佳，去年（前年？）他空跑一趟，頗覺無趣，至今猶歉，但亦只好由兄通知他。」信末周穎附言：「老聶的心意，是要您和紹良同志約著一同來，這樣，老聶和你們二人好說話。除夕那天來的人多，他不好和您倆說話。告訴紹良同志，我們有好酒菜等他。」（《聶紺弩全集》第九卷，第421-422頁）

　　按，「會昌先生」即程千帆；「靜聞」為鍾敬文；「紹良」指周紹良。

2月7日　下午，人民文學出版社總編輯屠岸慰問先生。

2月9日　人民文學出版社古典室編輯林東海和同事到勁松寓所，「去祝壽兼拜年」。

3月4日　屠岸作七絕〈讀《散宜生詩》呈聶紺弩先生〉寄先生，詩曰：「詩壇怪傑唱新歌，啟後空前越劫波。煉獄天堂唯一笑，人間不覺淚痕多。」

3月14日　致信舒蕪：「你看過胡風的文章沒有？你有何種脂評本，有孫遜

的《脂評初探》（古籍出版）沒有？你的《紅樓夢》女兒都通過寶玉之目，說極精，實為獨特之見，未經道過。你說紅學都有突破，現在的學刊實已突破。多少人都談《紅樓》本身，哪怕微瑣，卻非曹學和猜謎學了（臺灣出一書，名《猜夢》，書名極有趣）……[筆者略]。你有孫遜、白盾的書或其他寶請借一看，感盼之至。」（《聶紺弩全集》第九卷，第422頁）

同日 為朱正毛筆書寫贈詩，正文：「朱衣皂帽戟髯雷，聲徹九幽萬鬼靡。八大山人一張紙，飛檄蘸海畫鍾馗。」落款：「一九八三年三月十四日題朱正仁兄大著魯迅傳略 聶紺弩學詩」

3月16日 致信高旅：「某日信收到，六十有五食指忽動頗意外。看來對方給了你不少可能性，不知是何打算，此人想寫作，想與作者為緣，恐非一日（年齡頂多四十而不幾）。可惜並非單身，且有子十來歲。我只告訴此事，不表贊反，周婆很不贊成。」「關於病，還是每晚喝很多涼水，也無別事，你給的下藥，每晚一粒，每日大便很好。魯翁從前論京與海，說京近官，海近商。我看現在醫似亦如此，京中或有名醫，非小民所可延致。有幾位熟者又非名醫，都說無驗血必要，且不知何故要驗。住院則折騰太大，於我貴體不適……[筆者略]。姚琦夫婦前月來看過我，我亦不便問其夫姓名，或說焉不詳，隨即忘記。」（《聶紺弩全集》第九卷，第344-345頁）

同日 致信舒蕪談其紅學專著《說夢錄》。該書由上海古籍出版社1982年9月出版。

3月24日 作〈語文七札〉，載廣西《語文園地》二、三合期，署聶紺弩。

3月 上海書店影印出版《海燕》一、二期。

春 作〈文理十斠〉，載廣西《語文園地》第四期，署聶紺弩。

4月1日 錄〈為〈誰解其中味〉一文贈重禹〉致信舒蕪，信末附言：「周婆在念方管兒不來了！」（《聶紺弩全集》第九卷，第424頁）

4月3日 何滿子偕黎丁同訪先生，獲簽贈本《散宜生詩》。何見書前有胡喬木序言，「口沒遮攔」地說：「何必請他作序呢？莫非要他來增光麼？」先生「搖頭否認，不再作聲，話就說到這裡為止」。何又與先生展開了一場爭執，關於舒蕪在胡風案中的道德責任問題。（《三五成群集》，第27、37頁）

4月上旬 致信舒蕪：「信及附件之類均收到。我近患感冒似屬，精神憊罷之至，某公一定要來看我，我也無法。私心則以不來為禱。人之相知貴相知

心，不在見也，乞兄為婉謝。」「讀《散詩》意見，不一而一，以為如何如何，我仍不解，仍只解我詩非正宗一事，而此一事說來說去，亦乏味矣。……[筆者略]。」（《聶紺弩全集》第九卷，第424頁）

4月7日　致信舒蕪：「『類庶古夫』即『類鷓鴣天』也，宛央、嬰武均可如此寫，不想寶公竟不識，只學了些精緻的淘氣！」「南行何處？廣東？糟白魚或臘鴨帶少許。寫信給程公時，他如來，帶隻鹽水鴨或板鴨均可，自不能動，又好吃，只好敲槓，不管顏之厚也。曾竊作程公一詩，與弔沈有關，並以雙溪牽到『千帆』二字，那時還未見過程公，不免勉強，故未示人，且不成詩，今已全忘。『類庶古夫』是四姑娘給你的吧？庶古夫為仄起，我為平起，名曰類，實不類也。」（《聶紺弩全集》第九卷，第425頁）

同日　致信何滿子：「收到十一本書後，曾命丹丹匯款十元，又寄去《散詩》三本，想均收到。我似乎和過你和盧鴻基先生一詩，也許還寄給你別的詩，和詩是專作，一句也不記得了，你曾保存麼？請抄給我，我就是這樣糊裡糊塗的人兒，勿笑。」（《聶紺弩全集》第九卷，第150-151頁）

4月10日　致信高旅：「《持故小集》需要有文章介紹一下。我家客人孫君，沒口稱讚，叫他介紹，他未寫過文章，煩難！等找到人了再講吧。你能找到人更好！」（《聶紺弩全集》第九卷，第345頁）

4月12日　晚上致信舒蕪：「信收到，一切由兄。我覺文字尚有未洽，抄時隨改之。此復祝好！此時為京最冷季節，最好南遊，『我欲隨行攜一帚，為君紙上拂塵煙』！」（《聶紺弩全集》第九卷，第426頁）

4月16日　致信黎丁：「寄上〈懷或本《水滸》〉一文，不知《文學遺產》可用否？」（《聶紺弩全集》第九卷，第450頁）

4月26日　為《北大荒歌》加寫後記，說：「我說過，我作舊詩是從所謂古體開始的，稿均失去。現無意中找出一看，可以作證。」

4月30日　致信《詩刊》主編鄒荻帆：「呈上四詩請正。如不合用，不可強用。事從大處著眼，我不會小性見怪。此意想邀亮察。前三詩已收到稿費通知單（四月廿二發），但匯款單至今未見，曾派人往郵局查問，亦無結果。請問有關同志，是否匯出？」（《聶紺弩全集》第九卷，第159頁）

5月　劉再復散文詩集《深海的追尋》由湖南人民出版社出版。先生作七律〈新芽——讀劉再復散文詩集《深海的追尋》〉：「春愁鬱鬱走龍蛇，一度沉思

一朵花。天地古今失綿邈，雷霆風雨悔喧嘩。我詩常恨無佳句，君卷何言不作家。深海料難尋野草，彼誅陳腐此新芽。」載1984年8月13日《北京日報・五色土》。

按，劉再復時任中國社會科學院文學研究所長，亦居勁松區，常登門向先生求教。

5月3日　致信高旅：「《金剃刀》和《持故》都已發稿。想湘累已告兄了。湘累去長沙，我以為主要是與兄謀面，看來不是，大概是為乃父昭雪事。湘累去湘前曾向我打聽你可靠否，我說六十幾歲老鰥，還問此事，未免可笑。肯輕易結婚，早已兒女成群了！我又告她，兄於夫婦生活須十日來復。她聞之大喜過望，說她就討厭此事頻煩（這早已說過）。又說，對你初無意，因看你諸種著作（主要為《持故》和《杜秋》），覺你學問太淵博，不免由敬而愛，越來越深，現在她只覺得『那一口子』可憐，雖已生子已盡妻道，但捨之而去，使成鰥夫，實非彼過。此種情緒（還有母愛）與愛情鬥爭，結果如何，非我可斷。但小妮子春心動矣，則是事實。」「陳凡公罵徐羅，我還不知徐公有什事故，只見記者協會委員之類無徐公名字，當有是事。滬《文匯》銷路全國第一（第二為《羊晚》），數以百萬計，不意竟與徐公無關乎？又你為某公算命，今年三月可解，今何如矣？如徐公有事，則凡公罵之，並非神經，表示彼等與己無關，術語謂之表態，神經健康之至。」（《聶紺弩全集》第九卷，第345-346頁）

按，「湘累」指周健強。

同日　《光明日報・文學遺產》發表〈懷或本《水滸》〉，署聶紺弩。

同日　彭燕郊致信梅志：「我這回從北京回來後，又和出版社的同志談到胡先生詩集出版[的]事，談得比較具體，總的看他們還是要等等『文集』出了再說，雖然他們還是想出的。胡先生的〈《石頭記》交響曲〉真好（老聶也說非常好），如能連同其他關於《紅樓夢》的文章一起印一本，就太好了……[筆者略]。」（《梅志彭燕郊來往書信全編》，第11-12頁）

5月5日　於北京作〈神仙也封建〉。

同日　致信高旅：「昨發一信給你，今又得卅日來信。……[筆者略]。生意洗手，不解何意，無法插言，總以為港地專靠寫作太苦。君之小說，似以《困》最佳，寫自己易得同感。《秋》、《玉》次之，亦佳作，反映港市民的皮匠、賭吃的館東、限期結婚等使我想到友人中能專憑虛構成說者，推兄第一，但無回

味，不及《持故》之為正式文章也。《河店》之類，實為惡趣，希不再寫。這與你愛算命之類恐亦有關。哦，你算的某公之命，靈到何程度了？」「前函謂湘累來打聽你，其實不是打聽，不過藉此向我表示對你之意……[筆者略]。她去長沙是因為母校校慶，想她已告訴你了。恐她短時不回，要等你一面，篤定問題。她家從此多事矣。也許。」「胡公自由周婆送去關於你的那封，他叫人來勸我不要管後，我再沒有寫信給他，他也未寫信來，叫匡公在港給我買藥事也不提了，不知何故。我總以為兄事本已略只眉目，自那之後，他又函知匡公，才變了卦。不知是否？」「前信曾請帶點大便藥，因周婆也用，不免多費。李子誦或別的代表或政協代表五六月間來京時帶來甚便。」（《聶紺弩全集》第九卷，第346-347頁）

5月8日 《人民日報》公佈中國人民政治協商會議第六屆中國委員會委員名單，先生列為新聞出版界三十五名委員之一，周穎列為中國國民黨革命委員會五十名委員之一。

5月9日 致信人民文學出版社總編輯屠岸。《聶紺弩全集》未收。

屠岸同志，你好！

你曾說要為我出一本新詩集，是麼？開國時，我曾出版過一本《元旦》（在香港），知者極少。我手邊現有的一冊是向社資料室借來的。看了看，自謂是盡情歌頌了新中國的誕生的，裡面的幾首曾合為一首，題作「山呼」，發表於開國時的《光明日報》。詩不好，但是很熱情，因此很願意重印（就《元旦》本）。但有幾點小意見：

一、須將《紺弩散文》中的〈一九四九、四、二一夜〉一篇歌頌渡江的文章附在後面。或改題為渡江，是我寫的熱情散文最自信的一篇。

二、《元旦》內有〈答謝〉一節：一、贈克列姆宮紅旗，二、贈毛主席，三、贈先烈。我想將此題取消，只剩贈先烈，改為「人民英雄紀念碑前」。只因克列姆宮恐與目前國策有關。而贈毛主席一節，我受了許多氣，先後被李××、嚴××、賈×等人指為「侮辱毛」，是「思想問題」，要寫「檢討」。另一篇散文〈毛××先生與魚肝油丸〉在文化大革命中被認為反動證據。出獄後曾有一文說毛草書為一絕，也有人寫信來罵我胡說。因此我想若留此

不知更有何種麻煩，不如刪之乾脆。

以上如得你同意，咱們就印，似還拿得出去，只是單薄些，有幾首正託人找中，如找得可補入。

……

敬候德音。

此致敬禮！

聶紺弩上　五、九、1983

按，據屠岸回憶：「聶老信來後，我很重視。但覺得《元旦》分量輕，最好聶老能補入其他詩作（白話詩），或者新寫的詩作增補，我請示了韋君宜。君宜同意，於是把意見告知周穎轉達聶老，估計聶老年事已高，不可能有新作，此事遂寢。」（〈人文社的領導和朋友〉，《新文學史料》2009年第1期）

5月11日　原中共中央統戰部副部長，中國政協副祕書長張執一病逝。根據其遺願和家屬意見，骨灰將分別撒在他家鄉和戰鬥過的地方，其中包括京山縣石龍鄉。

5月13日　致信舒蕪，謂「拙文撿出奉上」云云。

5月18日　於北京作〈王安石的兩句詩〉。

5月20日　致信高旅：「我同華公寫給耀公的信，已轉到誦公處了，因先一天到，他第二天就來京，無暇辦。會後回去即辦。據誦公說如此。是否還有變化？……無論怎麼老、窮，筆不可擱，此筆非匆促可致，能寫一個字也是好的！！！說你日子可過的不止一人。龍良公夫婦來看我了。他似乎發了不小的財……，書店門面有兩電話，另有自己住宅。送我將近百元的東西，中有555二條。他說他要去看你。」同日下午，周穎附信高旅云：「今天（20日），我才看見李子誦兄，上面老聶寫關於您的問題，是他今天上午對我說的，他說了回港就解決您的問題，本月27日他回去。我準備打電話告知顧老。但願這次能成功！」（《聶紺弩全集》第九卷，第348頁）

5月28日　致信高旅：「作日周婆同代[戴]浩去訪了唐瑜，主要是他認得廖公。訪際，他說廖、邵無直接關係，反多煩絮，不如放棄。同時他後悔自己不知道你，也無人向他談及，他還要問鐵公何故不同意，因他在鐵處極有力。周婆只好阻止他千萬莫問，以免另生枝節。今日周婆走訪夏公，夏公說與你有一面緣，

又說此事紺幾年前已向我說過，我已向鐵說過。周婆聽了哭笑不得！只得告夏公，正是此人作梗。天下事真有如此差誤者！周問他認識許祁否。他說二公均不值與語者，中宣[部]正有人驚異何以出現此二公，或總社方面的力量。於是夏、周商定：1.先由周與誦公懇談商定具體辦法，由夏寫信，由我或我與徐鑄公同寫。2.夏、誦懇談，不用寫信形式，由夏撐誦腰，誦會硬起來。到此為止。事先周婆決與誦長商懇議，並擬由朱範公寫信給誦，這是他們民革關係，準可辦到，只是與新聞出版事隔一層，不如夏公。眼觀開會矣，耳聽好消息！」（《聶紺弩全集》第九卷，第349頁）

夏　羅孚於北京寄信三聯書店編輯周健強轉先生，「這回是收到回信了，從此開始了和他生命中最後幾年的往來。他和他的老闆周穎，被他在詩中稱為『周婆』的，決定要接濟我，叫那位女編輯帶了兩千元給我，那時兩千元還值錢，等於我兩年有多的生活費了。我很感激，但還是還給了他。」（《北京十年》，第76頁）

5、6月間　致信舒蕪：「兩信收到，跑了這久這遠，沒帶點東西接我麼？胡公的詩果真如你所說麼？發表出來，太多事了！……[筆者略]。我本智慮不周，時出病語，時弊之語實信筆所之。其時已知文集要全，而社又不讓，故一散一雜以解之，致成此病。……[筆者略]。」（《聶紺弩全集》第九卷，第426-427頁）

6月4日至22日　中國人民政治協商會議第六屆中國委員會第一次會議在北京召開，鄧穎超致開幕詞和閉幕詞。

6月9日　致信舒蕪：「信收到，接儀戲語，何必當真。余論亦無不同之見。記得曾送你一本書，是柳亞老的，名《樂國》或《樂園吟》。是他嫖了一個詩妓的成就，似乎還有那姑娘的名字、作品、照片或畫像。我現急需此一用，請你找出還我，用後仍可歸你。千萬千萬！費心一找！迫切！越快越好，餘……敬頌安好！」（《聶紺弩全集》第九卷，第428頁）

6月13日　回函上海書店出版部：「《海燕》複印本收到，謝謝。承詢史青文是否健在，奉答：1.他根本沒健在過，也未不健而在過，因為世上並無此人。2.他還在，但不很健了。地址和我的相同，因為他就是我。匆覆，一笑。祝事業發展！」（龔明德〈主編《海燕》的史青文〉，《今晚報》2020年6月23日）

按，此信《聶紺弩全集》未收。

6月15日　端午節，作〈《散宜生詩（增訂、注釋本）》後記〉，說：「多

謝朱正同志勤奮地找書，認真地作注，很快就把工作完成了。錯漏如果不免，我看也是很少的。這點工作要我自作，一年兩年也未必能完成。而最可感的，不是我或出版社請他，而是他自告奮勇作的。」

6月17日　政協第六屆中國委員會第一次會議上，周穎當選為常務委員。

同日　致信高旅：「周婆昨從會場歸來，談及尊事：已會見了誦、彝、匡、屯諸公，都談了，都表示願出力，彝公尤熱情，說老聶是我好友，他叫我做什麼我都做，又說和你也是朋友。匡公說他不是在做生意麼？婆告訴他：現已不做生意。他表示幫忙，並談及喬公寫信給他事。惟屯公初見未深談，將由彝公去談。誦公將於星[期]日請衍公吃飯，周婆也去，屆時當要談一番。看來表面上還和諧，裡面如何，也難摸準。其中問題：一是你自拂袖；二是老了，現在老了不值錢；三是回社後，要算給一筆錢……。我還擔心一事，承公逝去，恐鐵公會顯神通不走！走著瞧吧！」「我現患精索靜脈曲張，有點發炎，不重，正在熱敷中，港有治此病藥不？」（《聶紺弩全集》第九卷，第349-350頁）

6月18日　作〈《吳奚如小說集》序言〉，初載長江文藝出版社1984年3月版《吳奚如小說集》，又載人民文學出版社1986年3月版《腳印》。

6月22日　致信高旅：「誦公請客有夏公、鑄成、冠華……，周婆未及參與，因將時間由下午改為上午，無法通知周婆。周婆乃問誦公，有何難處，叫夏公和我各給他一信，他認為好。周婆陪誦公應鐵公召宴，回途又訪夏公，夏公云：已與誦公談過。要寫信，他可以直接寫給誦公。宴會提前時間，恐非故意避免周婆。鐵公請誦公，也未知談一些什麼。誦公答應回去商量，夏公說寫信，亦不知真寫否，他眼不行，寫字不易。我寫一信曾舉出一節，十餘年來，堅持在港寫作，未作它計，風骨可見。總之，凡此均不能算確定成績。我意廖公之逝，鐵恐要活動。誦公一直並無慷慨擔承表示。我又託地質學家朱夏向屯公打敲邊鼓（朱、許皆蘇代表）。此則見縫插針，難期有效。人事已盡，天命如何？且聽下回分解。」「我現在患精索靜脈曲張，也不太苦，但總是有點不舒服，國內只有夫南坦丁和新諾明兩種藥物，效力似不甚佳。」（《聶紺弩全集》第九卷，第350-351頁）

6月　將〈北大荒歌〉投寄《北大荒文藝》編輯部，並附短簡：「三王兄，此詩是舊作，如發表，可留紀念。聶紺弩1983年6月。」（鄭加真《聶紺弩與〈北大荒歌〉》）

　　按，「三王」是指《北大荒文藝》編輯部三個姓王的編輯，他們都是1958年從北京轉業來的軍官，曾與先生在編輯部共事，後都保持聯繫。一個叫王其几，原《人民空軍》雜誌社通聯助理員，來北大荒任編輯部通聯編輯；第二個叫王觀泉，原訓練總監部助理員，編輯部評論組編輯；第三個叫王宗瑜，原《人民空軍》雜誌社記者，來編輯部任詩歌組組長。

　　同月　託彭燕郊帶簽名本《散宜生詩》贈歐陽敏訥。

　　7月10日　致信高旅：「藥收到，尚未服用，因病輕，未到曲張程度，須與大夫商好才用。但藥名遺失，無法商量，能再找一次配方，至少找一藥名來，上次藥名太草，懂英語者亦不識，當然也因不懂行。」「你來信未談某事，當係無消息，我已囑婆去信詢問。我看誦公誠意不大，肩膊又窄，恐難望成。我本已託夏訪廖，不意結果……，我兄真命途多舛也。近來少談湘累，或意倦歟？湘累說：也許你嫌她濫談現代派《變形記》之故。……[筆者略]。」（《聶紺弩全集》第九卷，第351-352頁）

　　同日　致信中央黨校教師唐天然：「得到你的信，歡喜欲狂！1.〈讀〈在酒樓上〉的時候〉，你只告訴在什麼時候、什麼刊物某期就行。現知期刊在北大就解決問題一半了（我記得是重慶《文藝××》第二期，在四十年代初）。2.拙作〈城下後〉（不是《城下集》）一詩刊在二十年代上海出版汪馥泉編的《椰子集》。您前曾說，此書《椰子集》在何處有。現只要找到這地方。3.〈一隻腿〉就複印吧！其餘不管它！」「杜冰坡老先生，我和周穎都不知其人，周答去民革向別人訪問。鉗耳，我不記得用過此筆名，你抄點文題來看吧！祝你好，不要忙壞了！」（《聶紺弩集》下，第348頁）

　　7月24日　《北京日報》第一版發表專訪〈關心婦女問題的老作家——訪聶紺弩〉，由周健強和該報記者韓天雨採寫。

　　7月25日　致信邵濟安：「許久不見，我連你的名字、在北大做何工作、通訊處等等都忘了。你不會生氣吧！北大圖書館舊期刊室藏有1945年7月重慶出版的《文藝雜誌》新一卷二號（目錄為3-745），載有我的〈讀〈在酒樓上〉的時候〉一文，長近萬字，請你去找找看。找出了，如果是土紙，恐怕連照相或複印都不可能，就只好請人抄，抄好了，給點微酬（比如一千字一元）。這些（聯繫照相、複印、抄寫）都由你去辦，費用，也由你先墊。文件送或掛號寄到後，補還。希望這不是你不樂意的事，雖然想你總是很忙的。這事本身也麻煩。祝你媽

媽好，你好，你愛人好，弟弟們都好！你們都有孩子了吧，自然都好！立候回音！」附言：「不知為什麼，我想起你來，總想哭，這信是含淚（不多）寫的。為你父母麼？為我自己老了麼？說不清。」（《聶紺弩全集》第九卷，第164-165頁）

7月29日 致信黎丁：「1949.9.26、27日《山呼》複印事！章、史二公沒有回音您也沒有消息，不知何故？我則急於星火！」（《聶紺弩全集》第九卷，第450頁）

7、8月間 致信高旅：「誦公已回去了。臨行，周婆說大權在你，拿出點肩膊來，他也答應。夏公已寫信給他了，我也寫信給他了。只怕頑鐵又有什麼活動。政協常[委]會鄧穎超主席講話，頭一件就是要抓緊落實知識分子政策。湘累回來後，未深談，似較冷淡，不知寫給你的信，還是甜且熱否？」（《聶紺弩全集》第九卷，第352頁）

8月11日 致信清華大學王存誠：「接到你信，想不到你對舊詩還有如此造詣，如此見識，佩服之至。惟說諾貝爾獎似應給我，則誇飾太過了。關於這些暫止於此。有人要知道你岳母的身世及任何材料，尤其關於婚姻之類。我已盡我所知告之矣，可惜太少。你如有所知請你寫一信告知上海徐家匯藏書樓張偉。這事恐有些重要。我知道張天翼、駱耕漠知道她的一些事，但聽說張天翼健康情況很壞，駱公則久矣不知消息。你還知道什麼老一輩的人可以詢問的麼？都請告知張偉，叫他去打聽！祝好！濟安回未？濟安即唐太宗，他說要濟世安民所以名世民，其實當名濟安！」（《聶紺弩全集》第九卷，第126頁）

按，王存誠為邵荃麟葛琴夫婦的女婿、邵濟安的丈夫。

8月23日 致信高旅：「八月十五信收到。關於斯兄我早已奉告所知，已不止一月……。你與湘累似兩方俱淡，豈更深乎，不解。《文匯》紀念民革將去一代表團，周婆未入選，有張克明、方少逸均與誦公、周婆熟，但我看希望不大，不知張楫、費夷兩公有辦法否？方蒙來信為《文匯》紀念徵一詩並墨蹟，未應。我想說卅餘年來《文匯》最大功勞，在造成了一高旅。或有暇則寫之，何處發表，不知矣。」（《聶紺弩全集》第九卷，第353頁）

9月 《讀書》第九期發表〈從《吳虞文錄》說到《花月痕》〉，署聶紺弩。初收1986年2月北京三聯重排版《蛇與塔》。

9月6日 於北京作〈《山呼》自序〉，載學林版《聶紺弩詩全編‧山呼》。

9月30日 致信聶碧蓮：「信收到許多天，因懶遲回。文章就是那樣了，隨你怎麼辦。只是原稿請退回。那不是我的筆跡，真的原稿亂作一團，這是請人抄

的，我還要作為自傳性文中的一篇，又急於交稿，所以必須請你退回，越快越好！曾卓碰見未？見時替我問好！《詩選》何時出版？祝好，十一事多，不多寫了。祝好，晚景多厚福，亦是人生一樂。」信末附言：「胡堅的棋比伍禾下得好。」（《聶紺弩全集》第九卷，第201頁）

10月上中旬　中華書局《文史知識》編輯部致電人文社古典室編輯林東海，要他代該刊約先生寫一篇文章，題目自由擬定。林東海向先生轉達約稿之意，「他當時雖未立即答應下來，但心下卻接受了。」（〈人間怪傑──記聶紺弩先生〉，《大師趣聞》，第94頁）

10月16日　致信林東海：「擬寫一篇〈漫談《三國演義》〉，可如期交稿。生病則說不了。」（《大師趣聞》，第94頁）

10月20日　致信林東海：「〈且說《三國演義》〉稿就。因改來改去，致成孤本，深恐失去。想複印一份，不知你處可複印否？（總以在你手完成為要）否則，我找人印好後送上。此稿寫得很苦，所談似無人談過，務須有一份在手始放心也。最好是中華書局已不要此稿或不合用，不知前途如何。我又不能直接找他（已忘其名），所以很窘。」（《大師趣聞》，第94頁）

按，《聶紺弩全集》第九卷將時間誤為1984年。

10月　朱正作〈《散宜生詩（增訂、注釋本）》附記〉，說：「正如紺弩同志在後記裡說的，我是自告奮勇來作注的。其實我也並不怎麼有閒。主動攬回這一任務，只是因為我愛讀這些詩。從傳抄的一些篇什開始，接著是油印本，接著是香港版，我都讀過。」

11月15日　寫一信託周健強捎給林東海，信曰：「拙作〈且說《三國演義》〉一篇，約五千字，正抄寫中，二十（日）以前可寄奉，聽候處理。倘不合用，原稿退還，能提意見更佳！不要勉強用。不合用者與中華所需處不合身，作為一小文，他處可發表。決不埋怨。」（《大師趣聞》，第94頁）

按，《聶紺弩全集》未收。

同日　致信上海謝蔚明：「幾月前，曾投一短文於《文匯》副刊筆會，曾蒙寄清樣要減短一些，我遵命減短了，還回信說，我的文章從頭到尾，無一處不可刪去，要刪編者自便，不少寄來寄去費時費事，信和清樣一齊寄回去了，但至今無消息，請你打聽一下，已發請給剪報，不發請破例退稿，不退也可。月刊辦得好，有時一期看幾遍，唯魯班子孫一篇似不佳耳，與你意見不合吧。」（《那些

人那些事》，第25-26頁）

　　按，「魯班子孫一篇」指《文匯月刊》1983年六月號所載徐進〈魯班、華佗、張衡三位同志，你們三位沒有學歷和文憑，行嗎？〉一文。此信《聶紺弩全集》未收。

　　11月18日　華中工學院中文系教師王文英登門拜訪，先生為其題字：「我還有多少時間。」（〈霜欺雪侮骨嶙峋〉，《聶紺弩還活著》第306頁）

　　11月19日　完成約稿〈且說《三國演義》〉，載《文史知識》1984年第三期，署聶紺弩；又載嶽麓出版社2001年9月版《三國演義》。

　　12月4日　朱正於北京作〈《高山仰止》編後記〉，載人民文學出版社1984年7月版《高山仰止》（聶紺弩著）。

　　是年　作〈「日」音〉（殘稿）。

1984年

八十二歲

（甲子）

1月4日　梅志致信彭燕郊：「……[筆者略]。周大姐忙於開會，在電視上看到，身體好，富態多了。你們全家都好吧？我們還好。」（《梅志彭燕郊來往書信全編》，第22頁）

1月9日　致信程千帆：「承賜《詩選》、《光宣詩旁記》等書均收到，感極。……[筆者略]。人生快事，讀書快事，究有多少？而此一樂則賢儷仉所賜，能不感極？我不學詩，對賢儷仉及辟疆先生均早無所聞，今日思之，幾無面見天下士。……[筆者略]。《涉江集》久已失去，忘記被誰騙去，今排印本既出，倘賜一部，望亦似不甚奢，較油印自費者當易舉也。難則不必，我於詩詞終門外漢，不會因涉江而遂採得芙蓉也。」（《聶紺弩全集》第九卷，第369頁）

1月10日　作〈「板」琴〉，載上海《文匯月刊》第七期。初收人民文學出版社1986年版3月版《腳印》。

1月27日　致信何滿子：「久不通候，至歉。前些時，曹白兄給我一信說我的詩少味，韻也押得不好，我正打算給他一信，說我詩本來如此，他說得很對。時無英雄，豎子成名。（其實何嘗成名！）不料找不到通信處，一時也忘了叫別人（你）轉，他必以為說我不好，我不高興，無法可辯。關於《水滸》，學者們已定為施作，施的四世孫墓的發現，可以證明，據《水滸新議》說。又有學者說《水滸》是先有七十一回本，後有百回、百廿回之類。百家爭鳴！我的語文問題集，改題為《語言、文字、經歷》，這有點不倫不類。稿已搜齊，古籍[出版社]還要否？如要，即日即可寄，請先和社商好後，通知我！兄曾云，我之此類文集，隨時加一序後可付排。不知近來情況如何，如無改變，等作序後擬即寄出。倘有改變，則請告知。」又附言：「曹白兄其實來看過我，自云劉某，與耿庸兄同來京開人代[會]，雖少談話，亦坐過幾十分鐘。近始悟其為曹公，真笑話也。我的笑話本多，此其又一，不僅失之交臂而且失之晤對矣。不但此也，耿庸姓甚名誰，何滿子姓甚名誰，我亦不知，或曾知而復忘之。」（《聶紺弩全集》第九卷，第151頁）

同日　致信程千帆：「惠書及《涉江詞》均拜讀。黃裳所論，竊有不滿，

僅以清代女詞人相比，其實何必女家，何必清代？且還兩者之不同，在其生活，前人為生活所限，只能爾爾，設林瀟湘作詞曰『有暇[斜]陽處有春愁』，恐將天下大嘩，且不知作何解！黃公似以涉江為放（比之清女家），我則以為以《涉江詞》之生活加其才力，尚可大放大展，可驚天地泣鬼神矣。我妄言，公姑妄聽，請不計較。強不知為知，我其仲由乎？」（《聶紺弩全集》第九卷，第369-370頁）

同日 致信舒蕪：「亟思一晤，然又不欲這幾日內相見，因為這幾天是賤降，年年如此，反為包袱。不欲兄來，且請通知二編諸舊友一齊不來為感。」（《聶紺弩全集》第九卷，第428頁）

2月1日 文學叢刊《長江》（季刊）第一期發表〈我與伍禾〉，署聶紺弩。又載長江文藝出版社1984年12月版《行列》（伍禾）。初收人民文學出版社1986年3月版《腳印》。

2月6日 致信王存誠、邵濟安夫婦：「把你們的號碼忘了，不知能收到否。請查圖書室有拙集《血書》，其中有無〈山城的五四〉、〈《女神》的邂逅〉。如有，請示知或逕為複製一份。」（《聶紺弩全集》第九卷，第127頁）

2月10日 作〈談《金瓶梅》〉，載《讀書》第四期，署聶紺弩。初收重編本《蛇與塔》。

同日 致信高旅：「一千年未給你寫信了！韶兄有言，『無話可說』，我也覺得這樣。一件事，託張託李，東說西說，怎說怎不就，使人提起就頭痛，不如不提。丈夫餓死尋常事，要是江南有此人，似是放翁句，即以相贈……[筆者略]。書生幹事，不知青紅皂白，全憑熱心，以至此極！弄得我也不跟某公寫信了，其實某些事說說還有效的，今見大著出版，足見人我腦中，不是一事，只好罷了。……[筆者略]。」「湘累給我寫傳寫得不好，卻要發表出版，是否要你替她看稿，她曾給斯公看過，斯公未表示，此事很麻煩，還須做些不愉快的談話。……[筆者略]。斯公春節前來過一次，人多，未多坐，只算半次，連前次共一次半。夫人仍舊，但公子已易人矣。」（《聶紺弩集》下，第349-350頁）

按，「斯公」指羅孚。

同日 致信趙則誠：「多年不見，你好！接到你的信非常高興，尤其高興你翻了身，兒女到外國留學，有的在國內進大學，想來夫人不過五十，人生幸福被享盡了。我們首先夫婦都七八十歲了，只有一個女兒，死了。兩老作了二十幾年右派，我還坐了十年牢，現在平反了，改正了，可是太老了，腦子退化了，渾

身都是病，長年在病中，下一步就不必講了。記得莊湧吧，其實我也不知他什麼底細，五四年，從東北大學寫信給我，要我介紹他進人民文學出版社工作，我就介紹了，誰知他工作了兩個月就被捕了。說是反革命，組織叫我去罵了一頓，問為何介紹反革命，我只好低頭認錯。莊在牢裡關了二十年也判了廿年，後放回原籍勞動。誰知現在一說，所謂反革命全屬子虛。法院撤銷原判，不予刑事處分。而莊本人則在蘇北某縣勞動，人老了，成了神經病，無處吃住，苦不堪言，這從何說起！你能有法援他一把麼？他的姪女住在我家，如有法盼早來信。急疾如敕令！你是否獨當一面？與第一把手關係如何？我還有事要託你。誠兄誠兄，人之相知貴在知心，我等此時，毫無力量，然有許多人須要援助，此意想你定洞察也……。」（《聶紺弩全集》第九卷，第194-195頁）

2月18日　致信聶碧蓮：「〈我與伍禾〉一文稿費早已收到，說在一期發表，今二月已過2/3尚未見刊物寄來。如它不送，請你買一本寄來何如？」（《聶紺弩全集》第九卷，第202頁）

2月　《中國青年》第二期發表〈讀書篇〉（又題作〈談讀書〉），署聶紺弩。

同月　高旅《持故小集》由北京三聯書店初版，內收〈聶紺弩舊詩集《三草》序〉、〈訪葛琴〉等文。

3月1日　於北京作〈《語文半世紀》序〉。

3月2日　致信何滿子：「現將拙著命名為《語文半世紀》，共三十四篇，寫了序，一併寄奉。可不可出版，請早示知。」附言：「我記得有一個姓劉名平什麼的，同另一個來看我，似是耿庸，都是代表（劉）或委員（耿）。事後想到劉就是曹白。現在你說兩公並未看我，足見我的記性之壞，可笑。其實，我謬託知己，亂說瞎話，更可笑。」（《聶紺弩全集》第九卷，第152頁）

3月初　致信舒蕪：「收到信。贈呂劍詩胡抄一首，今呈上，請轉。我與呂公向無交往，不知其任何行事，這詩如何做法，只好空而不靈。似也不錯。……[筆者略]。我曾聞呂公早在背地誦我詩，竊以其其中郎乎？今我更比子之，實亦僭妄。我何嘗如董、子諸公鬧過一天！負我中郎矣。我曾約請你替我為十年雜文作序，今時已迫，謹將有關文件寄上。我實不知此序如何作法，所選我文，全無……，只好請槍手於行班之門，製一文壇笑柄。」（《聶紺弩全集》第九卷，第428-429頁）

3月6日　致信舒蕪:「呂劍公已有信來,云兄云弔子之之詩絕妙,他亦以為絕妙,並如何如何措施,何故如此以肉麻為有趣!我的理解:絕妙者非好詞也。一笑。我想借三《禮》看看(周、儀、記),皆我未讀者。因我想寫《紅》與《禮》一文而想起何處有『禮者,男女之大防』之類的話……[筆者略]。兄如無工夫,只告訴我你記得的有關條文幾條恐怕就行了。借書倒是可以找別人的。」「雜文序事本已向出版社推掉。不意有劉再復者認為此事乃我的光榮,又給我攔回,慨允替我寫。這倒把兄解放出來也好。他認為他人絕不可寫此文,與周揚(理論)、巴金(小說)、艾青(詩)、夏衍(影劇)……同起座為光榮,且為永久之事,皆非我腦中事,想一定弄得一塌糊塗!我已輕舟……何堪重載!」(《聶紺弩全集》第九卷,第429-430頁)

3月13日　致信舒蕪,謂「《十三經》已借到了」,「現在又想[寫]一短自傳或短文」云云。(《聶紺弩全集》第九卷,第430頁)

3月下旬　《北京晚報》記者李輝訪先生,採訪記刊登在該報文體版「作家近況」欄。

4月1日　於北京作〈曹操形象〉。中國現代文學館藏稿。

4月4日　於北京作〈懷孟超——作為《水泊梁山英雄譜》的序〉,載第七期《讀書》,署聶紺弩;又載生活・讀書・新知三聯書店1985年10月版《水泊梁山英雄譜》(孟超文、張光宇畫)。初收人民文學出版社1986年3月版《腳印》。

4月7日　致信舒蕪:「送上劉再復替我寫的『雜文集序』,我覺得虛浮一點,你把它改一下就成了,別的不管,比較省事。我關於《涉江》的意見,寫給你的已超過給程公的,尚有何『其詳』可聞。」(《聶紺弩全集》第九卷,第431頁)

4月14日　湖北省京山縣志辦、黨史辦黃述振、顧方旭、方文林、李甫清一行四人,由張文秋的姨侄曾令佐領路,到先生住所拜訪。

4月30日　在家中照相。

5月12日　作〈小紅論〉,載《讀書》第八期,署聶紺弩。初收北京三聯出版社1986年2月重排版《蛇與塔》。

5月29日　致信舒蕪:「久不見!近寫成一篇〈《禮》與《紅樓》〉,一萬字,是前說之萬餘字的改、縮,中間隔時一年,不知所措。又寫了一篇〈小紅論〉,以小紅為書中惟一敢於戀愛的成功者而引起,約五六千字。還想寫一篇關於丫頭的。現正寫一篇〈懷胡惠乾〉,恐你不知何事,也暫不說。希望你來看

看，現在請孫公抄寫中。……[筆者略]。」（《聶紺弩全集》第九卷，第431頁）

6月5日 致信舒蕪，謂開始寫一篇〈高鶚論〉。

6月 九人舊詩合集《傾蓋集》由福建人民出版社初版，其中《咄堂詩》係先生自選舊體詩集，選編時間與《三草》大致相同，共收詩詞八十首。

其他八人詩詞包括：王以鑄《城西詩草》、呂劍《青萍結綠軒詩存》、宋謀瑒《柳條春半樓詩稿》、荒蕪《紙壁齋詩選》、孫玄常《瓠落齋詩詞鈔》、陳次園《朝徹樓詩詞稿》、陳邇冬《十步廊韻語》、舒蕪《天問樓詩》。

該書〈出版說明〉：「古諺云：『白頭如新，傾蓋如故。』本集九位作者之間，有的是時相過從的朋友，有的是朋友的朋友；他們的年齡、經歷、工作雖各不相同，但是在過去的動盪的年代中，有過共同的憂慮和喜悅，這正是他們把他們近年的若干詩作編成合集，並取名《傾蓋集》的原因。」

同月 高旅《金剃刀》由人民文學出版社出版。隨後，該書責任編輯汪兆騫到先生家詢問高的通訊位址，擬寄樣書和稿費。

7月 論及魯迅的詩文合集《高山仰止》，由人民文學出版社初版。朱正在〈編後記〉中說：「編輯這本書的最初動議是林辰同志提出來的。一天他提到紺弩同志寫的幾篇有關魯迅的文章，以為可以出個集子。我為此事拜訪了作者，又承他提出在舊雜誌上還有幾篇。我把這些文章一一找齊，大體上按寫作先後排列，請作者自定了書名，算是把這集子編起來了。」

7月27日 以舒蕪名義給自己寫信一封，曰：「久疏候謁，溽暑中更以遠途奔走為畏。因憶三十八年前火城重慶識荊之始，亦在盛夏……[筆者略]。」（《聶紺弩全集》第九卷，第433頁）

7月29日 致信何滿子：「曾屢接信及文章，讀之甚快。關於《水滸》金聖歎及小說選均極佩工夫，且曾讀到關於詩詞欣賞文章。兄當盛年，好學深思，理應大成，不足怪也。……[筆者略]。」「另有一事，上海圖書館徐家匯藏書樓藏有1933年的上海《中華日報》，其中有一副刊叫《十日文學》，其中的四月23（日）及前後期（每隔十日左右），共有拙作新詩二首：（1）〈有一個乞丐〉、（2）〈床上的故事〉，不知道有法去查得否？若是認識其中人，此事極易。專此敬頌暑安。北京熱得難過，上海想好些！」（《聶紺弩全集》第九卷，第152-153頁）

8月1日 石聯星因患癌症醫治無效逝世，享年七十歲。

8月7日　致信何滿子：「兩札均悉，大著尚未細讀，但見滿紙諛金文句，此公生前身後，確有一班望之如神仙者，惜多以意虛構，不足信耳。……[筆者略]。關於金、《水》、施公案，我與兄並無不同意見，以為不同者，亦小節也，不足道也……[筆者略]。問題是無知無聊甚至卑鄙如王利器之類的人多，何滿子少，一時似有說不清者，然學術界決非無知者之天下，此又大可高枕也。」「曹白兄處，千萬不要說他什麼。他對我說他所要說的真話且亦中肯，怎可駁之？夏衍公也說我的舊詩不如雜文，與曹見一致。且亦未見人說舊詩超過我的其他文章。我想出一新詩集。參加左聯後，很少作新詩，胡材裁很少，且忘其為何處發表，而記得者，其報刊又不易得。現在最難者為一種《椰子集》，汪馥泉編的一種多人合集，廿年代上海（有人說是真美善）出版，大概以短篇小說為多，其中有我的新詩一首〈城下後〉，是一首值得一提的，可是到處無此書，真苦死人！」（《聶紺弩全集》第九卷，第153-154頁）

8月11日　致信何滿子：「前日曾上一函，今又補此。徐家匯藏書樓已有信來，結果意外圓滿，您可完全不必管了。〈文字與腳跡〉（未定）尚欠八月份《語文園地》一篇，九月份《讀書》一篇，俟到齊即直寄您。」（《聶紺弩全集》第九卷，第155頁）

8月15日　致信舒蕪，談舊作〈懷監獄〉。

8月　劉再復散文詩集《太陽‧土地‧人》由百花文藝出版社出版。先生〈讀劉再復《太陽‧土地‧人》漫為三絕〉排印在「序」的位置。又應《醜小鴨》雜誌編輯索稿，以〈論詩絕句三首〉為題載該刊第十一期。

9月18日　致信何滿子：「拙作《語文半世紀》如尚未付印，當可還加點稿，究可否，請速示知。代贈高旅雜文集一冊，乞正介。」（《聶紺弩全集》第九卷，第155頁）

9月19日　致信舒蕪：「信及抄件均收到。散文序重讀三遍，未解兄之所謂，只好不求甚解。《傾蓋》及新詩拱手讓賢。抄件所云，皆蓄意而為。我似無此闊氣，招忌至此！但拙詩加注，本無此意。能有一二讀者真能會心一笑，且非初望所及。何必為青年必讀書或某種教科書，硬塞與人，惟恐其不解乎？且有這一面必有那一面，本來與世無爭，是後世將與我爭矣，前途茫茫！喬序發表後，已有朱正和郭俊傑先後來請任是事，郭且云有靠山，即冬郎與君，是亦可怕，竟結黨營詩矣！此事可有兩種作法：1.我的書，再版時請人略注；2.注釋家自注此

書，與我無涉，連我原作稿費也拱手讓之，如從來箋注之例。我將採後一辦法。但將儘量往後拖，拖過一兩年再說。喬公本云要等印出者賣完。編副刊之拙文後段全改，自覺還不錯，多謝指教！」（《聶紺弩全集》第九卷，第435-436頁）

按，郭俊傑為陳邇冬之女婿，「冬郎」即陳邇冬。

9月23日 致信舒蕪：「譚優學教授《龍門陣》中之文，辱承捧諛，實不敢當。然其題目〈新題材與新思想〉云云，謂為我自稱所作，則為誤會。……[筆者略]。譚公似曾以梁、黃二公見比，似亦過諛，梁、黃工力，終不敢望。北山先生，累以詩見示，我不解詩，無話可說，故久不至矣。慚甚慚甚！」另附言：「你有無域外關係，能將《散詩》送幾本給其漢學家乎？」「又：《傾蓋》還傾蓋否？這事似已成笑談了。」（《聶紺弩全集》第九卷，第436-437頁）

9月30日 致信高旅：「11日信收到，賈公曾打電話給周婆，說事在辦，大概如兄所云。我想，兄運極乖，恐未自算。所遇如誦、鐵之類俱是一般惡棍，很難對付。但一般落實問題，均障礙重重，賈公說已與許、李諸公談好，月給港幣二千，為研究員，請你接受，不提異議，發表文章另酬。」「《又集》收到看過一遍，不易釋手，等湘累來拿去三聯，想無問題。我忽然想起，不知龍公還願出版書否？如仍搞出版，請你當編輯，出你的書，都很方便，尤其是稿費用幣問題，可免麻煩。他曾寄物給我，我忘其書店之街名，今將回信寄你，請你加封後寄給他，等他回信來再商別事。」「表已遵囑填後掛號寄出，不知這幾天郵局是否休息也。」（《聶紺弩全集》第九卷，第353-354頁）

10月6日 致信舒蕪：「節前之函，未登未覽，所談何事？我在家何幹？讀〈誰解其中味〉——自有紅學以來，唯此一文始為精闢，非昌輩所能望其項背。邇冬乃隨人言，謂葬花為埋私子，人之相去，何限道里？《傾蓋》買多少，我實無定見。《三草》、《散生》明年將出注本，贈送已不少了。況還有贈送餘物，故此物多少，由你代決即可。魯迅論《紅》之透，實可驚人。我亦曾讀之，竟如未讀，更可驚人，並可驚我！我蓋孔乙己之類讀書人乎！」（《聶紺弩全集》第九卷，第437頁）

同日 周穎為介紹高旅加入中國作協事，給丁玲寫信求助，先生附上簡短話語：「今送上所著書小說和雜文各一冊。祝兩好！老丁，我們都老了，從何說起！紺弩。」《聶紺弩全集》未收。

10月 致信何滿子：「收到來信，無任雀躍。高旅尚有別種書，得暇找出

奉贈。永玉也和我很熟，有機會可為兄介紹。今奉上〈談《金瓶梅》〉增加的一節，及〈小紅論〉剪稿一份。《金》的原次序不動。〈小紅論〉則放在兩篇談《紅》文之後。與〈小紅論〉同時寫了一篇〈三上《紅樓》〉，今呈原稿請先讀，發稿前當奉上較為清楚的別種稿子或剪稿。另有一篇題為〈《禮》與《紅樓》〉，《讀書》說將刊於明年第一期，想能趕上尊處發稿也。如此麻煩，不當之至！我至今不信你姓何名滿子。但真名為誰則不知道。十一月份《詩刊》將有我四首詩。」（《聶紺弩全集》第九卷，第155-156頁）

同月　作〈《腳印》序〉（又題作〈我的「自學」〉），載人民文學出版社1986年3月版《腳印》。

11月7日　《醜小鴨》文學月刊第十一期發表新詩〈帆與帆〉，署聶紺弩。

按，此詩並非先生所作，或為他人冒名，或為編輯誤植。

11月25日　太原《晉陽學刊》（雙月刊）第六期發表〈《禮》與《紅樓》〉，署聶紺弩。

11月28日　下午，《中國文學》創刊招待會在北京新僑飯店舉行，左聯時期的老戰士樓適夷、胡風、艾青、蕭軍、聶紺弩、李何林、葛琴、駱賓基等，中國作協的領導張光年、馮牧、唐達成、朱子奇，以及一大批老中青作家到會。劉紹棠主持，丁玲講話〈五世同堂，團結興旺〉。

11、12月間　致信何滿子，介紹牢中獄友、北京都樂書店經理李四。

12月18日　致信朱正：「昨晚你匆匆走掉，我卻忘了要事。有一個劇本《小鬼鳳兒》，解放前幾天讓出版，忘記了地點和單位，找來作為《腳印》的最後一篇，就寫作體裁而言也算一種『腳印』，它是我寫的唯一的正式劇本和最長的文章（五萬），只此一篇則足印到廿萬字，當然，序還要改一下。」「我還要社資料室借金批《西廂記》，借到了託三聯讀書編輯室吳彬同志帶來。又煩你通知劉再復：找一本《醜小鴨》來看看。」（《新文學史料》2012年第2期）

按，此信《聶紺弩全集》未收。

1985年　　　　　　　　　八十三歲

（乙丑）

1月1日　拍了張瞪著大眼的照片，因攝影師嫌先生眼睛小。

年初　人民文學出版社籌備建社三十五週年慶祝活動，決定設立「人民文學獎」，聘樓適夷、聶紺弩、蕭乾為顧問，嚴文井為主任，屠岸、李曙光為副主任，韋君宜、牛汀、秦兆陽、綠原、孟偉哉等十七人為評委會委員。

1月8日　上海《書林》第一期發表〈雜文：侵入高尚的文學樓臺——《中國新文學大系（1927-1937）·雜文卷》序〉，署聶紺弩。

姜牙子：「他（按，指先生）說，他早與雜文絕緣，他無能為力，不要掛這種虛名和空名。他告訴我，那個什麼《新文學大系·雜文卷》的序文是別人捉刀的。此調不彈久矣，還談什麼雜文。」（〈祭紺弩〉，《聶紺弩還活著》，第323頁）

同日　致信朱正：「1.〈三上《紅樓》〉草稿請退還給我。我有急用。2.《腳印》請收入1949年某月某日夜〈渡江〉一文，《小鬼鳳兒》不要了。」（《新文學史料》2012年第2期）

按，此信《聶紺弩全集》未收。

1月10日　《讀書》第一期發表〈我的「自學」〉（又題作〈《腳印》序〉），署聶紺弩。

同日　廣西《語文園地》第一期發表〈三上《紅樓》〉，署聶紺弩。

同日　梅志致信彭燕郊：「……最近得知老聶病在家中，他不肯住院治療，曾高燒到39℃，幸好已退。不過不能下地了，大小便都不能自理，老周很是辛苦。我去了電話問候他們，還抽不出時間去看他們呢。」（《梅志彭燕郊來往書信全編》，第61頁）

按，「老周」即周穎。

1月14日　致信舒蕪：「關於周作人的大作，讀過，很好。我幾乎把他的某些事都忘記了，經一提，又記起來了。但你原說，作過壞事的人，經過批判，不再詭辯推脫，也則罷了。否則才必須更嚴批判。此意甚佳，今文中無有，可惜。不知在什麼文章裡吳稚暉說，共產黨員被反動派捕得後，叩頭如搗蒜地求活。周作人又不知在什麼文章裡說，共產黨員臨刑高呼黨與主義萬歲者到處皆是。吳某

卻誣為叩頭求活。如真有此事，亦世道人心之大變；吳某怎如不覺？我覺得比魯迅說吳某『什麼馬克思牛克思聞者大服』更好，惜不知在何文中，如找到有機會當表彰一下。蔣統中國一廿年，說此話者，周作人一人而已！《毛選》一卷有一篇短文，談開明紳士的，不知何題，如記得請告知。」又附言：「周最醜處就在在回憶錄中為自己辯護！」（《聶紺弩全集》第九卷，第438-439頁）

　　1月17日　致信朱正：「腳印應有〈《彭燕郊詩集》序〉，不知是否已交代了。又應有〈《吳奚如小說集》序〉今奉上。《紅樓夢》舊版借到沒有？」（《新文學史料》2012年第2期）

　　按，「腳印」，即先生回憶文集《腳印》。此信《聶紺弩全集》未收。

　　1月27日　致信高旅：「不知多久未給你寫信。雖因病情，也因有所憤恨。你的事拉到二胡還不能解決，這是一般惡鬼，天高帝遠無人管著。國內諸如此類翻翻滾滾，對此有無窮感慨，卻又無話可說，無處可說。介紹你的書，徐鑄成比馮英子更有用，惜我不知他在何處。包、曹、葉三人本人均不吃香，越題越壞。剪報交湘累，《金剃刀》、《持故》及其他書手頭已無存者。前幾天有個都樂書店與我有點小關係（難友），想把書送到那裡賣，才知都沒有了。適其主持人李四來，我跟他講，他說《持故》已販賣了，銷路不錯，賣了幾十本。他書因不知未要，我叫他向人文要《金剃刀》（某兒童文學家處已送書去，並告以兄意），《花城》要《杜秋》，湖南要《玉葉》，他記下了，會辦的。鐵飯碗使書店什麼也不動，也可恨！」「上海古籍出版社何滿子給我信說，生平未識高旅、黃永玉二人為憾，這是明要我介紹的意思。我已打過招呼，你可和他通信，地址上海市上海古籍……即得。你不是手裡有些寶麼？如李審言（？）書之類，可與他商量，我想比陳落有用。」（《聶紺弩全集》第九卷，第354-355頁）

　　1月30日　致信何滿子：「我曾介紹李四給你，不知他已有信給你否？忘記了請你將拙作《古典小說論集》給幾本給他的書店去賣。又曾寫信給高旅，介紹你給他，叫他和你通訊，你也不妨和他通一下。……[筆者略]。他寫的《杜秋娘》、《玉葉冠》、《彩鳳》及《持故小集》，前二者為歷史小說，三為短篇，最後為雜文。兄如看過一種，尤其是《持故小集》是很好的雜文。如看過請作點短介。他現最需此。但他不要我寫，因曾給拙作《三草》作序，避免互相吹捧。《持故二集》已齊稿，約廿萬字，你社可出版麼？」「現在談我本人給你的一件不愉快的事，所謂《語文半世紀》（書號之類遺失了）還沒有發稿吧。我現想將

原稿收回了，原因是湖×出版社有人要替我編一部文集，未出版的最好不出，給他去編，以免囉嗦。因此，請你將原稿從早退還給我，因無副稿也。你我認識一場，總是我在麻煩你，總是你在為我服務。真是抱歉。你說何時要來京的，想是沒來。文代會會來吧，務必到寒居一次。老兄，我滿八十二歲了！也許活著就是為等你。」（《聶紺弩全集》第九卷，第157頁）

2月4日　致信高旅：「忽然想起，你的著作應以一部分送到戲劇電影界，可惜手頭無書了。不知待問湘累還有沒有。你在港和這種人接觸一下。我在此認識王平（宋之的夫人，北影導演）、周偉（曾是周鋼鳴夫人）、許之喬（電影學院教授）等等，有無成就不可知，我覺得是個好想法。我叫都樂書屋向花城和湖南去要《杜秋》、《玉葉》，要多少由他決定。我手頭幾本《持故》和《采鳳》也拿去了。儘量向各方擴大影響，能多少是多少，我已寫信給鑄成、滿子叫他們介紹。」（《聶紺弩全集》第九卷，第355-356頁）

2月27日　吳奚如在武昌逝世，終年七十九歲。湖北省文聯黨組書記周韶華題寫挽聯：「北伐南征，肝膽照日月，馳騁疆場垂千古；東聯西合，文章感天地，風流藝壇載史冊。」

3月3日　黃苗子、郁風夫婦和吳祖光同訪。郁風見先生雖整日臥病在床，但依然讀寫不廢，就隨手拿過一張紙，為其勾了一幅畫像，並云：「冷眼對窗看世界。」黃苗子馬上對曰：「熱腸倚枕寫文章。」夫婦倆竟湊成了一聯。先生看了一眼，回過頭來，笑了。（《在朝內166號與前輩魂靈相遇》，第51頁）

3月13日　致信朱正：「〈編第一個日報附刊〉在《新聞研究資料》第十七輯。」附言：「又《散》集付排否？請問一下。給林東海同志信一張，請轉達。祝好！《腳印》還打算寫幾條。」（《新文學史料》2012年第2期）

按，此信《聶紺弩全集》未收。

3月15日　《中國社會科學院研究生院學報》第二期發表〈讀《孟嘗君傳》〉，署聶紺弩。

5月15日　彭燕郊致信梅志：「我下旬可能再出去走走，當然希望能來看看胡先生和你及曉山他們。還有老聶，聽說已不能下床了，我想趁能跑動時多跑跑。」（《梅志彭燕郊來往書信全編》，第70頁）

初夏　梅志和長子張曉谷看望先生夫婦。

6月8日　下午四點，胡風逝世。由於胡風家人對文化部擬定的悼詞表示異

議，追悼會不得不無限期推延，而胡風遺體也不得不冷藏在友誼醫院太平間裡等待。

6月10日 晚上，為胡風寫就悼詩，並加按語：「倉卒湊句，未拘格律，亦僅一首。餘均平日贈君者，體皆七律，錄以為弔。」

6月11日 舒蕪致信荒蕪：「六月十日示悉。關於聶紺弩翁之文，我不是推脫，確實很難著筆。我出來混飯吃很年輕，於是結交的多半年長於我，最長的大我二十歲，律以古人『十年以長則兄事之』之例，他們加了一倍，無論如何我不敢再妄攀同輩了。我在心裡把他們尊為前輩，可是如果『前輩』、『前輩』地形之於文字，我寫不出來，寫了出來他們自己看了也不會舒服。所以我從來不寫關於他們的文章，只有雪峰已逝、靜農隔海，這兩個是例外……。紺翁知交遍天下，這裡的分寸更要斟酌，不知怎樣才合適。所以我還是建議，是否請苗子兄來寫，更為合適？他文章好，認識紺翁遠遠地早於我，又為北大荒同難，這些條件都是我沒有的，請你考慮。再說一遍，實在不是有意推脫，伏祈見諒。」（《碧空樓書簡》，第31頁）

6月15日 舒蕪致信荒蕪：「關於紺翁之文，我實在為難。信上講不清，希望有機會面談。」（《碧空樓書簡》，第32頁）

6月24日 《人民日報》發表〈悼胡風〉。投稿後先生曾三送修改稿，報社抽排多次，最後終於刊出：「精神界人非驕子，淪落坎坷以憂死。千萬字文萬首詩，得問世者能有幾。死無青蠅為弔客，屍藏太平冰箱裡。心胸肝膽齊堅冰，從此天風呼不起。昨夢君立海邊山，蒼蒼者天茫茫水。」《文匯報》予以轉載。

6月25日 致信朱正：「1.〈板琴〉將在七月份《文匯》發表。2.將寫一篇考黃埔的文章。3.請將〈華民政務司〉一稿給我一用。用後奉還。〈在新加坡上岸〉，如已有抄件，也請給我一用。有《華聲報》者，要我找憶南洋的文章（交吳彬同志帶回）。4.還將寫一篇母親，請將母親的書等小文也退給我再說。5.序文未寫，反正不急。6.屠岸說詩注這幾天就發稿了。」（《新文學史料》2012年第2期）

按，此信《聶紺弩全集》未收。

下半年 先生「身體狀況越來越糟：腿部肌肉日漸萎縮，發展到手臂也不聽使喚，一條腿已經不能伸直，直至自己一點也動彈不得，連腦袋從枕頭上抬起來的力氣都沒有了。每天只能靜靜地躺在床上，一動不動」（《在朝內166號與前輩魂靈相遇》，第51頁）。

7月3日　樓適夷到家中看望先生夫婦。

7月　《散宜生詩》（增補、注釋本）由人民文學出版社二版，共收詩詞二百六十二首。另增先生自注四十餘條、朱正注三百九十條。先生很高興，其心情正如該詩〈後記〉所說：「古人哪怕是李白、杜甫，他們的詩都是身後別人替他們搜集的，都是抄本；印刷、箋注就更後了。時代多少不同呵，我的這幾首歪詩，談得上什麼呢，卻讓我及身看到它們的印本、注本，甚至還是『朱注』。」

舒蕪1990年11月16日致信程千帆：「聶詩朱注，確如來示所料，純是敷衍某公，紺翁當時有信痛論之。朱注不注今典，只注古典，略之又略，皆紺翁規定體例，朱不能不遵。此本可觀者，惟在有增加，且有紺翁後記耳。」（《碧空樓書簡》，第48頁）

8月初　偶然得知老友馮伯恆已於3月逝世，即作詩悼念，詩曰：「一劍隨身天下巡，昂頭四顧我何存。衰年痛飲拚裘馬，劫後高歌泣鬼神。死以青蠅為弔客，生逢白虎入喪門。介推死際凌煙笑，狐偃趙衰皆幸臣。」載8月6日《羊城晚報》。

8月3日　胡風遺體火化，未開追悼會，周穎等少數友人到場。

8月30日　詩人田間在北京去世，終年六十九歲。

秋　病情持續惡化，但拒絕住院，準備寫〈賈寶玉論〉而未能完成。

10、11月間　人民文學出版社編輯林海東和陳早春同去勁松訪先生。林海東為古典文學編輯室事，陳早春想請先生寫一篇馮雪峰逝世十週年的紀念文章或詩歌。

11月10日　周健強遵先生之囑將兩首絕句〈雪峰十年祭〉送到林東海辦公室，詩曰：

其一

月白風清身酒店，山遙路遠手仇頭。識知這個雪峰後，人不言愁我自愁。

其二

幹校曾經天地秋，脫離幹校病添愁。相逢地下章夫子，知爾乾坤第幾頭。

林東海接詩稿後，當日即轉交陳早春，由他去安排。「這兩首紺翁的絕筆詩，就是這樣作出來留下的。」（《大師趣聞》，第97頁）

11月15日　西寧《現代人》雙月刊第三期發表周健強〈聶紺弩傳〉，係將由四川人民出版社出版的《聶紺弩傳》節選。先生看了之後說：「印出來看好像還不錯……。」（周健強《聶紺弩傳·寫在後面》，第256頁）

12月8日　作〈《徐冬冬詩畫集》跋〉，載中國文聯出版公司1986年12月版《徐冬冬詩畫集》，署聶紺弩。

12月22日　致信舒蕪：「信看到。我這回出院後，已根本不能下床了。學問文章，都沒有了。其實本來如此。聽說有人寫了《紅樓》後卅回出版，頗得好評。不知有無此事，請告知一二。除夕賤降，今年不必提起，倘冬、悠、良諸公提及，請阻止之。大家都老了，相聚僅一二小時，地狹人多，談飲都無豪興，不足樂也。頡、易諸公本來勉強，更可不談。……天稍暖，請來一晤，似未收到《傾蓋》。」（《聶紺弩全集》第九卷，第438頁）

按，《聶紺弩全集》第九卷標注此信寫作年份為1984年，而舒蕪〈聶紺弩晚年想些什麼〉說：「1985年12月22日他（按，指先生）給我的最後一信，一開頭說：『我這回出院後，已根本不能下床了。學問文章，都沒有了。其實本來如此。』令人酸鼻。」（《大家文叢：舒蕪》）據此，將此信寫作年份編入1985年。

12月26日　梅志致信彭燕郊：「告訴你一個不好的消息。周穎病了，已住院十多天了，是突然發生的心肌梗塞。幸好是白天，急送醫院搶救，當時脫險，但一直不能正常進飲食，靠點滴維持，不過，危險期已過。我因老患傷風感冒，不敢去醫院看她，只曉山去過，但去電話。老聶倒還好，仍躺在床上。這一對患難夫妻誰也不能離開誰，現在處境真使我酸心！希望老周快好，回家過新年就好了！但此後再也不能讓她興奮過度、操心過度了！」（《梅志彭燕郊來往書信全編》，第83-84頁）

是年　以周穎名義為余所亞寫陳訴信（文革期間住房被侵占、參加革命工齡等問題），致北京市委統戰部部長高戈。

1986年

八十四歲

（丙寅）

1月初　中共中央公開撤銷對胡風的政治歷史結論。1988年6月18日，中共中央發佈〈關於為胡風同志進一步平反的補充通知〉，正式撤銷其個人主義、宗派主義、唯心主義等罪名，「胡風反革命集團」案才被徹底平反。

1月15日　胡風追悼會在北京舉行。追悼會由中國政協副主席楊靜仁主持。文化部部長朱穆之致悼詞，悼詞中對胡風給予充分肯定。習仲勳參加了追悼會，鄧穎超贈送了花圈。

羅孚說：「新華社和多數報導把不應該遺漏的遺漏了（按，指胡風追悼會報導中沒有提到周揚和夏衍），卻把不應該寫上的寫上了，都說到場的有聶紺弩，只有《光明日報》獨家正確。聶紺弩這幾年一直纏綿病榻，雖然躺在床上幹活——寫作，但早就足不出戶，年來更是連下床走動都不大可能了，又如何能到遙遠的八寶山去？」（〈從俞平伯到胡風〉，載《燕山詩話》，第19頁）

胡風追悼會期間，友人們推何滿子「與耿庸至聶宅存問。上年曾約定他與我合作，由他口述往事，由我筆錄。其時聶已困瘁，敲定夏間我去京辦此事」[9]。何滿子又回憶，先生此時「已非常萎頓，手抖索得寫字也不能成形了」。在何滿子與先生的這最後一次會面中，先生說的一句話給何「留下深刻的印象」，先生說：「詩集的胡序確實是他主動寫的，我並不希望（稀罕）他寫。」[10]

同日　下午三時，周而復參加胡風追悼會後，和向思賡同往勁松看望先生。

1月　應邀口述〈我與雜文〉，由何滿子整理成文。載上海古籍出版社1990年版《青年文學手冊》。

同月　劉雪葦將其兩份歷史材料影本放在先生病床上，並說：「你有力氣時就看看吧，這些是過去沒有對你講過的，讓你明白：你信任我、喜愛我沒有錯，我沒有辜負你的信任和愛。」（〈不能補償的悲哀〉，載《聶紺弩還活著》，第135頁）

1月28日　梅志致信彭燕郊：「周婆病已痊癒早出院了，但就是太早了點，

9　何滿子：〈聶紺弩誄詞〉，《一統樓打油詩鈔》（武漢：湖北美術出版社，2001年），第34頁。

10　何滿子：〈聶紺弩壹百歲瑣憶〉，《三五成群集》（銀川：寧夏人民出版社，2007年），第27頁。

身體還不太好，現在家療養，哪兒也不敢去了。老聶仍昏睡，精神不佳，吃得也少，可說身體衰竭之至。幸好沒有感冒發燒，過了冬可能好些吧！」（《梅志彭燕郊來往書信全編》，第92頁）

1月31日　馮雪峰逝世十週年忌日。

1、2月間　人民文學出版社汪兆騫等同事看望先生，並送其去醫院。

2月2日　彭燕郊致信梅志：「……計畫五月間到京，住個時期。我現在不但擔心老聶，也擔心周大姐，她這人太要強了，不肯休息，還在搞許多事情。他們沒有海燕，我能感到他們內心的痛苦，外孫只叫他們頭痛。一天，周大姐對我說『她（指他們雇的小保姆）比（吳）丹丹還靠得住』，我聽了真為她難過。這一點你比她幸福多了。」（《梅志彭燕郊來往書信全編》，第96頁）

2月8日（陰曆除夕）　生日。羅孚拿了一冊精裝《散宜生詩》（增訂注釋本）請先生簽名，「一枝筆在顫巍巍的手裡已經不聽使喚，只是勉強寫了一個『作』字，就叫人不忍要他再寫『者』字了，而那『作』字其實也不大成字。後來他的家人說，那可能是他最後寫下的一個字」，「就在那最後一筆簽寫『作』字的前後，他和往常一樣閉目不語，只是在我臨走時說了一聲，『帶點吃的東西來』，經過周穎的傳譯，知道他想吃南安板鴨和香港的糟白鹹魚」（史復〈《聶紺弩傳》序〉）。

2月　婦女問題論集《蛇與塔》（重編本）由北京三聯書店初版。

3月　回憶專集《腳印》，列為《新文學史料叢書》之一，由人民文學出版社初版。

3月初　病情漸重，但頭腦清楚，拒不吃藥。

3月4日　丁玲在北京多福巷家中逝世，享年八十二歲。

姜牙子〈祭紺弩〉說：「丁玲死，你（按，指先生）已昏昏沉沉，起初不敢讓你知道，也沒有讓你寫文章，但你是滿意的。人家對她誹謗造謠的事，你始終不理睬，她從魍魎世界奔向解放區，是你送她去的。」（《聶紺弩還活著》，第322頁）

3月7日　上午，中國作家協會、人民文學出版社聯合舉行的馮雪峰同志逝世十週年紀念座談會在政協禮堂召開。王蒙、林默涵等以及各界人士近四百人出席會議，胡喬木到會並講話。

3月8日　梅志致信彭燕郊：「老聶仍然是沒精神，老昏睡，好在還能吃。周

大姐已康復了。」（《梅志彭燕郊來往書信全編》，第98頁）

　　3月12日至17日　中國作協、人民文學出版社、中國社科院文學所、魯迅博物館等十六個單位聯合召開馮雪峰學術討論會。

　　3月16日　朱正往舒蕪家中轉贈先生《散宜生詩（增訂、注釋本）》，內封上面題有「舒蕪兄　紺弩」五個字；並說：「你可得謝謝我。書是我送的，寶貴的是我替你找了聶老親筆題贈。恐怕這是他最後的題贈了。」（舒蕪〈記聶紺弩談詩遺札〉）1990年6月24日，舒蕪致信程千帆：「《散宜生詩（增訂、注釋本）》，當遵命於秋後寄奉複印，此本有紺翁逝世前十餘日題贈字，手戰不復成字形，彌益可寶重，每一展對，不禁人琴之痛也。」（《碧空樓書簡》，第46頁）

　　3月21日　舒蕪參加一個雜文座談會發言，說：「中國雜文在發展。聶紺弩同志原是魯迅以後第一流的雜文家，近十年來，他又以雜文入詩，創造了雜文的詩，或者詩體的雜文，開前人未有之境；同時如荒蕪、邵燕祥、黃苗子、吳祖光等，都能以雜文入詩，而聶紺弩的成就最為卓著。」（舒蕪〈記聶紺弩談詩遺札〉，《聶紺弩還活著》，第421頁）

　　3月23日至4月11日　中國人民政治協商會議第六屆中國委員會第四次會議在北京舉行。先生已無法開會，周穎間或與會。

　　3月24日　入住北京協和醫院。

　　3月25日　周穎看望與先生同住一院的劉雪葦。

　　3月26日　下午四時二十五分，先生「油乾燈盡，生命由極度衰竭而平靜地完全結束」[11]了，享年八十三歲。

　　樓適夷〈說紺弩〉：「當我得到電話趕去唁問周大姐的時候，周大姐說『他從從容容地走了』，伸出一隻手掌翻了一翻：『十年，整整的十年，就這麼躺在床上。一輩子總是天南地北，過著兩地的生活，只這一回卻一起待了十年！』我沒有話可說，只悄然地說：『十年，有你在一起的十年，他是幸福的。』是的，紺弩是幸福的，他在床上躺了十年，就寫了十年。」（《懷念集》，第134頁）

　　牛漢回憶：「1986年，聶紺弩臨死的時候，在協和醫院與艾青住斜對面，想吃個橘子。吃了，就安靜地死了。」「1987年3月27日艾青生日那天，我去協和醫院看艾青。艾青對我哀傷地講述了聶紺弩臨死前想吃蜜橘的事。最後艾青感歎

---

[11] 羅孚：〈空前絕後聶紺弩〉，《燕山詩話》（北京：中央編譯出版社，2011年），第37頁。

地說：『紺弩的病房就在我的對面，他走得安詳，他的死是仙逝。』艾青說老聶是『仙逝』，『仙』字用得很神。這許多年來，我的許多朋友先後去世，數來數去，只有紺弩死後配稱為仙。他自嘲『我算什麼東西』，是說世俗的什麼名分或榮辱都與他無關。」（《我仍在苦苦跋涉》，第255頁）

訃　告

　　著名作家、詩人、古典文學研究專家、全國政協委員、中國作家協會顧問、中國文字改革委員會委員、人民文學出版社原顧問聶紺弩同志因病醫治無效，於三月二十六日下午四時二十五分在北京協和醫院逝世，享年八十四歲。

　　向聶紺弩同志遺體告別儀式訂於四月七日下午三時在八寶山革命公墓禮堂舉行。請屆時參加。

聶紺弩同志治喪辦公室

如送花圈挽聯請和人民文學出版社聯繫

聯繫電話：（略）　　　連絡人：絳雲、宋紅

3月28日　《人民日報》刊發消息〈作家聶紺弩逝世〉。同日，上海《文匯報》刊發北京27日電訊〈著名作家聶紺弩同志逝世〉。

3月底　人民文學出版社總編輯韋君宜請劉再復為先生撰寫悼詞。

4月初　習仲勳祕書致電人民文學出版社（古典文學編輯室劉文忠接聽），告知習仲勳同志要為先生送花圈，請治喪小組代為辦理。

4月4日　樓適夷致信黃源，說：「自你走後，紺弩終告奄忽，現在真是『友人散盡我亦等輕塵』了，定七日舉行遺體告別，昨去探唁周穎，送弔紺弩一詩：『君為一鶴雲中舞，內藏錦繡外糊塗。秋水文章清入骨，奇言妙語世間無。有人愛你有人恨，胸中人民不在乎。北大荒原多好句，讀書不怕無期徒。歸來十年臥床第，身如槁木心如爐。爐火熊熊燒不盡，寒灰入地化沃土。』他躺了十年，寫的比不躺的人還多，實不可及。」（《黃源樓適夷通信集》下，第316頁）

4月7日　下午，先生遺體告別儀式在八寶山革命公墓禮堂舉行。徐向前、烏蘭夫、習仲勳、胡喬木、鄧力群、朱學範、屈武等獻了花圈。中國政協、民革中央、中組部、中宣部、文化部、中國僑聯、中國作協、黃埔軍官學校同學會、

國家出版局，以及湖北省京山縣委和縣人民政府也獻了花圈。在哀樂聲中，習仲勳、鄧力群、朱學範、楊靜仁、屈武等和首都文化藝術、新聞出版界人士六百多人，向安臥在鮮花叢中的這位無產階級文藝運動的老戰士作最後告別，並向他的夫人周穎表示親切慰問。[12]

　　周穎在送給弔客的小小謝帖上印了一句話——「紺弩是從容地走的。朋友，謝謝您來向他告別。」

沉痛悼念聶紺弩同志（悼詞）

　　我國無產階級文藝運動的老戰士，傑出的文學家、詩人，著名的中國文學研究家，革命的社會批判家，中國共產黨的優秀黨員聶紺弩同志，因病久醫治無效，不幸於一九八六年三月二十六日四時二十五分逝世，終年八十四歲。

　　聶紺弩同志歷盡艱辛，光榮地走過了漫長的荊棘之路，終於離開我們而走了。他走的時候，沒有留下遺言，但他卻為我們留下光輝的戰鬥足跡，留下崇高的人格與熱血凝成的文字。「自古風流誰無死，痛徹乾坤此一悲」，今天，我們懷著深深的悲痛和無限的哀思，來和他告別。

　　聶紺弩同志於一九〇三年一月二十八日出生於湖北省京山縣。他自幼聰敏過人，酷愛我國古代的文學作品。但因家貧，十五歲時在縣立高小畢業後就失學了。他十八歲時離開家庭，到福建泉州國民革命軍「東路討賊軍」（討伐北洋軍閥）前敵總指揮部當司書。半年後，到馬來西亞吉隆坡運懷小學當教員。一九二三年秋冬之際，他在緬甸仰光《覺民日報》、《緬甸晨報》作編輯，在這裡他閱讀了《新青年》合訂本，接觸新文化，並從此毅然地站到新文化運動之中，在作這次歷史選擇之後，他一生便堅貞不渝，始終為反對封建主義的舊文化，提倡社會主義的新文化而鬥爭。

　　一九二四年，聶紺弩考入廣州中央陸軍軍官學校（黃埔軍校）第二期，不久即參加國共合作的第一次「東征」。東征途中留海豐縣工作，並在彭湃同志主辦的「海豐縣農民運動講習所」任教官。東征勝利後在廣州又考入莫斯科中山大學學習。一九二八年，在南京中央通訊社任副主任。

---

[12] 〈聶紺弩遺體告別儀式在京舉行〉，《人民日報》1986年4月8日。

一九三一年「九・一八」事變後，他利用副刊《雨花》和《什麼詩社》，組織了「文藝青年反日會」，並在報上發表抗日文章和散發反日傳單，被反動當局通緝，逃往上海。從此，他便走上中國共產黨直接領導的無產階級革命道路。

聶紺弩經上海逃亡東京後，結識了胡風、何定華等，並於一九三二年二月由胡風介紹加入「左聯」，隨即與胡風、何定華、王達夫、樓憲（尹庚）、周穎等組織「新興文化研究會」，出版反日刊物《文化鬥爭》，並因此被逐出境。他被押送回上海以後，便全身心地投入反帝愛國鬥爭，同時成為「左聯」理論研究委員會主要成員。一九三四年三月，他受聘於上海《中華日報》，創辦了著名的文學副刊《動向》，為左翼作家從事文化鬥爭提供了重要陣地。由於和《動向》的關係，他結識了魯迅、茅盾、丁玲等著名作家。《動向》自始至終得到魯迅先生的支持贊助，發表過魯迅先生的二十幾篇文章。聶紺弩一面追隨魯迅參加了語文改革運動，成為新文字運動的一員闖將，一面又在魯迅的旗幟下，以筆為武器，面對黑暗勢力嬉笑怒罵，無情地揭露反動派的嘴臉，在反文化圍剿的鬥爭中作出了自己的貢獻。一九三四[五]年他在戰鬥中加入了中國共產黨。一九三六年春，在魯迅先生的倡議和支持下，與胡風、蕭軍、蕭紅、吳奚如、周文等編輯出版《海燕》，由於旗幟極其鮮明，戰鬥氣息極濃，僅辦兩期就被反動當局所扼殺。這年六月初，胡風同志發表了〈人民大眾向文學要求什麼？〉，提出了由魯迅先生擬定的「民族革命戰爭的大眾文學」的口號，紺弩支持魯迅先生的主張，力主團結抗敵。一九三八年與艾青、田間、蕭軍、蕭紅、李又然等去山西臨汾，準備在「民族革命大學」任教，尚未開課，戰火已延燒到臨汾，他又隨丁玲率領的八路軍「西北戰地服務團」到西安，後又到延安，隨即被周恩來同志派遣到皖南新四軍任文化委員會委員，負責編輯軍部刊物《抗敵》文藝部分，次年冬天離開新四軍到金華中共浙江省委刊物《文化戰士》任主編。

一九四〇年四、五月間聶紺弩到桂林任《力報》副刊《新墾地》編輯，和夏衍、孟超、宋雲彬、秦似共同創辦並編輯《野草》雜誌。他一開始編《力報》副刊，就發動一場關於女權問題的辯論。在兩個月內，發表了他自己和另外幾十位作者寫的七十萬字左右的雜文，駁斥假道學家

們阻擋婦女解放的種種謬論。聶紺弩還為這些文章的結集《女權論辯》作了〈題記〉，這篇題記被稱為五四以來散文中難得的佳作。而在《野草》上，他則發表許多重要的雜文作品，討伐大漢奸，討伐日本帝國主義，討伐反動文人，敢說，敢寫，敢罵，喊出了中國人民心中的憤怒和抗議。四十年代初期的兩年中，聶紺弩的雜文進入了高潮，並一發而不可收。他的雜文的戰鬥力量，使反動派感到害怕。聶紺弩的雜文師法魯迅，學習魯迅對社會的穿透力和鞭撻力，得其魯迅的精神。他是以魯迅為首的左翼戰鬥雜文家隊伍中的重要一員，又是魯迅逝世之後，我國最傑出的雜文家之一。

　　一九四五年至一九四六年，聶紺弩又任重慶《商務日報》和《新民報》副刊編輯、西南學院教授。在重慶期間，他發表了無情地揭露國民黨反動當局的雜文，並被反動當局所注意。黨為了他的安全，讓他撤退到香港。他在香港一面為在香港復刊的《野草》等寫稿，呼喚新中國的誕生，一面又埋頭鑽研馬列著作，準備為社會主義文藝工作作出新的貢獻。

　　一九四九年，聶紺弩回北京參加第一次全國文代會和開國大典。不久，又回香港任《文匯報》總主筆，並任中國中南區文教委員會委員，夜以繼日地為抗美援朝和國內民主改革大聲吶喊。在香港度過近三年的戰鬥歲月後，他回到北京，自一九五一年春至一九五八年初，歷任中國作家協會理事兼古典文學研究部副部長，人民文學出版社副總編輯兼古典部主任，中國文字改革委員會委員等職。解放後，他把全副身心奉獻給社會主義文化的創業工作，不畏艱辛地忘我勞動。在人民文學出版社工作期間，他與古典部的同志們一起，把編輯工作與研究工作結合起來，以極其嚴謹的治學態度，整理出版了《紅樓夢》、《水滸傳》等中國古典小說名著和各種文學作品的選本。出版後還繼續研究《水滸傳》和其他古典名著，並寫出一系列具有真知卓識的論文，成為一個堅實的古典小說研究家。

　　聶紺弩同志解放後的道路是十分坎坷的，一九五八年初他被錯劃為「右派」，並被送往北大荒勞改。「文化大革命」中又因他有不滿林彪、江青的言論而以「現行反革命」之罪被捕，送往山西臨汾第三監獄，被判無期徒刑。直到一九七六年十一月才被釋放回到北京。儘管他屢遭冤屈和打擊，但他從來沒有被不幸的遭遇所擊倒，也從來沒有因命運的艱難而

放棄真理。他一直堅強地站立著，在任何艱難的環境中都保持著強大的精神力量，保持著對黨和人民的堅定信念，保持著一個共產黨員和作家的高貴人格和情操，時時與人民的心靈相通。他在鐵窗下，仍然不顧自己的生死安危，繼續學習，繼續思索，把《資本論》細細地讀了四遍，有些篇章讀了十幾遍、幾十遍，並在書頁上貼了幾千張小字條，記下要點和心得。他不僅自己讀，還勸同監的年輕人讀。就在他被宣判「無期徒刑」的第二天，他還擬了三個有關《資本論》的問題，與同監的年輕人共同商討。他在嚴酷的逆境中仍然不失對真理的崇仰之心和對於未來的信心。一九七九年三月十日，北京高級人民法院撤銷原判，宣告他無罪，四月七日由人民文學出版社改正錯劃右派，恢復黨籍，並擔任該社顧問。這一年冬天，他參加第四屆文代會被選為中國作家協會常務理事。一九八〇年又被補選為全國政協委員。他是在黨的十一屆三中全會之後贏得了政治上的解放的。不管是從個人的感受著眼，還是從國家的命運著眼，他都從心靈深處感到黨的三中全會的路線的正確，他衷心地擁護這一路線。政治上獲得解放後，他帶著從煉獄中昇華了的不屈的靈魂和久存於胸中的凜然之氣，一面與疾病作鬥爭，一面重新拿起筆，重新開展對古典小說的研究和雜文及舊體詩詞的寫作。他雖然躺臥在床，但仍以超常的意志力量，不屈不撓地奮鬥，寫出了許多令人振聲發聵的精彩文章。這些文章，兼天寫地，情思奇絕，在國內外引起有識之士的驚歎和欽佩。他一生著作甚多，從抗戰前開始，先後出版有：小說集《邂逅》、《兩條路》、《紺弩小說集》，散文集《沉吟》、《嬋娟》、《巨像》、《紺弩散文》、《高山仰止》，雜文集《歷史的奧妙》、《蛇與塔》、《早醒記》、《關於知識份子》、《血書》、《二鴉雜文》、《天亮了》、《海外奇談》、《寸磔紙老虎》、《紺弩雜文選》、《聶紺弩雜文集》，詩集《元旦》、《山呼》、《三草》、《散宜生詩》，劇作《小鬼鳳兒》，語言、文字、古典文學論集《從白話文到新文字》、《中國古典文學論集》和即將出版的回憶錄《腳印》等，共有二十七種。近幾年來，他在病中，還寫出了許多生氣勃勃的各種文章，在各地報刊上發表，但尚未結集出版。

　　無論是他的小說、散文、雜文、論文還是新詩及舊體詩詞，都包含著從他心底湧流出來的熱血和眼淚，都有一種雄奇的非凡的境界。他的古典

文學研究文章，處處可見卓越的見識和精闢的分析，並化入自己崇高的精神追求，獨樹一格，常令人歎為觀止。聶紺弩的詩詞，形式上雖屬舊體，而其精神內涵卻是全新的。這裡洋溢著新時代知識分子的至情至性，展示著全新的超越世俗的崇高人生境界。在這些詩詞中我們看到一個不被苦難所壓倒反而壓倒了苦難的高潔的靈魂，看到了一個洞察了社會人生之後反而自由地駕馭著社會人生的大寫的哲人與詩人的形象。他把文學事業作為自己人生的第一要義，全神貫注，以至不顧死亡的威脅。去年秋天，有一次他病得很重，但是拒絕住院，他預感到醫治已經無法奏效，應當用最後一點生命力，在家裡寫完〈賈寶玉論〉，因此，在昏迷中他對家人和朋友說，只要讓我寫完〈賈寶玉論〉，你們讓我到哪裡去都可以，對我怎麼處置都行。去年十一月間，他自己已經病得精疲力盡，但仍顫抖著手，寫了兩首感情至深的、懷念馮雪峰同志的詩，交給雪峰逝世十週年紀念會，留下他的珍貴的絕筆。他真是至死都忠誠於自己所酷愛的文學事業。

尤其可貴的是，他在最後的十年歲月中，對祖國的命運表現出一種感人肺腑的關切。他深深地感到，黨中央為我們的民族所選擇的歷史方向是非常正確的，他衷心地擁護我們的國家從農村到城市的改革，衷心地擁護我們民族生活重心的轉移。他常對朋友說，十一屆三中全會之後我們黨所取得的成就是很了不起的，現在所達到的一切，就是希望。他通過自己的文章，批評封建主義宗法思想和小生產的眼光，為祖國的改革開拓道路。他是文字改革委員會委員，他覺得自己可以在文字改革中盡一點力量，因此，他總是念念不忘文字改革的事業。他說，二億文盲是現代化最大的文化障礙，一定要加以解決，臨終前幾個月，他還不斷地牽掛著此事。他早已以身許國，儘管自己體力已經衰退，但仍為黨和國家分憂，為祖國的振興而高興，為祖國的困難而操心，鞠躬盡瘁，死而後已。

聶紺弩同志的一生，是革命的一生，戰鬥的一生，是追求真理和為真理而奮鬥的一生，是辛勤勞動和辛勤創造的一生。他所選擇的道路和我們的祖國和人民所選擇的歷史方向是完全一致的。因此，他的一生都貢獻給黨所領導的中國人民的解放事業和建設事業，成為黨和人民的忠誠戰士。他的貢獻是非常具體的，他以自己思想深刻、藝術精湛的作品，以自己在文化戰線上的戰鬥業績，豐富了我國新文學的寶庫，體現了我們黨的戰鬥

方向，給中國人民留下十分寶貴的精神財富，並在國內外文壇贏得盛譽。
他的一生是光榮的。他的逝世是我們黨和人民以及我國文學事業的重大損
失。我們要永遠緬懷他一生崇仰真理，獻身於共產主義事業，擁護黨的領
導，堅持社會主義文藝方向的革命精神；緬懷他熱愛人民，關心人民的疾
苦，任何時候都和人民的心靈相通，全心全意為人民服務的崇高品質；緬
懷他在任何環境中都關心著祖國的命運，關心著祖國的進步，支援黨和祖
國變革的愛國情懷；緬懷他熱愛文化事業，一生以堅韌的精神戰勝艱難險
阻為祖國的文化事業而奮鬥的頑強意志；緬懷他大公無私、不圖名利、富
貴不能淫、威武不能屈、貧窮不能移的中國優秀知識分子的高貴品行。我
們要學習他這一切，化悲痛為力量，為實現社會主義四個現代化而同心同
德地奮鬥。

　　聶紺弩同志離開我們而默默地走了，他為我們留下了一顆不死的心
靈，一份極有價值的文學遺產，還為我們留下一個中國優秀知識分子的高
貴的品格和英傑之氣。這些著作和精神，將澤溉後人，教育新的一代。
「奇詩何止三千首，定不隨君到九泉。」聶紺弩同志是不朽的，他的名字
和他的創造將永久地留在我國文學史上和我國人民的心中。

　　聶紺弩同志安息吧！願一生勞動不息的戰士，在地母懷中永安他的高
尚的靈魂！[13]

　　先生去世不久，周穎致信趙則誠，說：「他的骨灰要放在八寶山骨灰寄存處
一室，和老胡（指胡風）、田間、丁玲都在一起，他們可開小組會了。」[14]

---

[13] 據聶紺弩追悼會印發之悼詞謄錄。另見劉再復《論中國文學》（北京：作家出版社，1988年），
　　字句略有改動。
[14] 趙則誠：〈頌紺弩〉，《聶紺弩還活著》，第234頁。

後記——三十萬言三十年

在我的藏書中有一本只區區四十多頁的聶紺弩《散宜生詩·拾遺草》（史林安、侯井天編，京山縣誌辦公室1990年印），與二十年後山西出版的皇皇三卷本《聶紺弩舊體詩全編注解集評》（侯井天注解集評）完全不可同日而語，卻是我收藏的第一本聶紺弩的書。

翻開這本小冊子的扉頁，有我購買後寫下的一行文字：「辛未春日，於京山一中文具商店。」辛未，是1991年，我高中的最後一年。

為什麼要買這本詩集呢？並不是我多麼喜歡聶紺弩的詩，當年對聶紺弩一無所知。真正的答案是：純屬好奇好玩，何況工本費才一塊錢。那時的一塊錢不算多，十塊錢才叫值錢。所以半年後，我在縣城新華書店看到一本厚厚的《聶紺弩還活著》，需要八九塊錢的時候，拿起又放下，放下又拿起。反反復復，猶猶豫豫，讓女營業員盯得我很不好意思。最後才痛下決心咬咬牙，買！就是這麼一念之間，讓我踏上了一條不歸之路。

在我看來，聶紺弩是家鄉京山的一座文筆峰，是楚天的一顆文曲星。當別人追歌星影星的時候，我追聶紺弩這顆文曲星、這顆天外彗星。

三十年來，在大江南北東奔走西走為稻粱謀之餘，我以購置聶的書籍視為人生一大樂事。為求一本聶紺弩傳記，哪怕生性靦腆也厚著臉皮聯係作者。為買一些民國版本，多次參加網上競拍活動，哪怕阮囊羞澀也一擲千金。所以，寒齋與聶紺弩相關的各種書籍資料，吹點牛就是「后宮佳麗三千人」。

一邊搜羅有關聶的書籍資料，一邊蠢蠢欲動寫點啥。偶爾在博客或報紙發發千字文，小打小鬧一下，總覺得沒啥意思。這好比梁山好漢，只是在村子裡偷雞摸狗，江湖上誰認你是個角兒？要幹就得幹一票大的。2004年底，我在給家鄉的一位老領導（前不久去世，嗚呼哀哉）的信中說：「您正在籌畫寫作研究著作《聶紺弩評傳》，我舉雙手贊成，並祝願您能早日完成。其實，我也有個夢，花一輩子的時間，為聶紺弩編幾部研究文集，建一個網站，編一部年譜、寫一部傳記。」那時我已過而立之年，還一事無成，做點白日夢也無可厚非。

嘴上在說大話，手中還是寫小文章，各種時評雜文隨筆散文一籮筐，並以「張弩弓」為筆名出了幾本集子，不值一提。

　　忽然有一天看到韓石山的創作經驗談,大意是說要寫人物傳記最好先編年譜,並以《徐志摩傳》為例。我頓時靈光一現,決定上馬聶紺弩年譜編撰工程。這大概是2008年的事。當時我在西蜀樂山工作。

　　滿懷信心卷起袖子加油幹,幹了一兩年還是多久,幹不下去了。困難太大,預計不足。不過我明白了,這是個馬拉松工程,也許三年五年,也許十年八年。反正不是資助專案,不必趕著結項評審。恰好這時,我又鬼使神差地踏進了另一個全新領域,開始抗戰時期的大學研究。這一踏進去就是十年。十年間,我基本上放棄了先前的雜文隨筆寫作,全心致力於抗戰文化研究,從西南(武漢大學)寫到東北(東北大學),從西北(西北聯大)寫到東南(永安抗戰),大有寫遍中國之勢。儘管如此,我卻時刻不忘初心,隔三差五地把年譜稿拿出來修修補補。至於何時完工,只有天知道。

　　轉眼庚子來臨,這可是我的本命年呵。新春佳節,舉國抗疫,我等良民閉門不出。忽聞某網絡資料庫免費開放,有如天下大赦,令人狂喜不已,遂全力以赴地完善年譜。

　　春去春又回,工程終於告竣。追聶三十年,總算幹了一件像樣的事情。

　　出版交稿之際,基於多方考慮,刪除若干內容,如〈譜後餘編1986—2020〉、〈聶紺弩一生足跡〉、〈聶紺弩名號考錄〉、〈周穎年表簡編〉等,俟機再以單篇發表。

　　愚以為,年譜尚有較大空間繼續深入,無奈學力不逮、精力不濟、財力不夠,目前這「三十萬言」只能算是「初編」。姑且作為紺翁一百二十週年誕辰的小小禮物吧。

辛丑暮春,羊城尋漁樓

主要參考資料

一、1920-1940年代報紙

《新國民日報》（新加坡），1923年
《廣州民國日報》（廣州），1924-1926年
《國民新聞》（廣州），1927年
《新蜀報》（重慶），1932年
《中華日報》（上海），1932-1934年
《申報》（上海），1933-1937年
《時事新報》（上海），1935年
《救亡日報》（廣州），1938年
《西北文化日報》（西安），1938年
《工商日報》（西安），1938年
《新華日報》（漢口、重慶），1938-1946年
《力報》（桂林），1940年
《商務日報》（重慶），1946年
《新民報》（重慶、南京），1946年
《大公報》（香港），1948-1950年
《東北日報》（瀋陽），1949年
《大剛報》（漢口），1949年
《華商報》（香港），1949年

二、1920-1940年代期刊

《政治週報》（廣州），1925年
《黎明》週刊（上海），1926年
《北新》週刊（上海），1927年
《救黨特刊》（南京），1927年
《黨基》旬刊（南京），1928年

《文藝月刊》（南京），1930年

《蘇俄評論》月刊（南京），1931-1932年

《小說月刊》（杭州），1932年

《論語》半月刊（上海），1933年

《國際每日文選》日刊（上海），1933年

《作品》月刊（上海），1934年

《民間週報》（廣州），1934年

《太白》半月刊（上海），1934-1935年

《中華月報》（上海），1934-1936年

《新社會》半月刊（上海），1935年

《文學》月刊（上海），1935年

《文學新輯》月刊（上海），1935年

《現代文學》月刊（上海），1935年

《文藝大路》月刊（上海），1935年

《木屑文叢》（上海），1935年

《讀書生活》半月刊（上海），1935年

《生活知識》半月刊（上海），1935年

《漫畫與生活》月刊（上海），1935年

《芒種》半月刊（上海），1935年

《圖畫週刊》（北京），1935年

《小說家》月刊（上海），1936年

《文學大眾》月刊（上海），1936年

《文學叢報》月刊（上海），1936年

《海燕》月刊（上海），1936年

《作家》月刊（上海），1936年

《改造》月刊（上海），1936年

《中流》半月刊（上海），1936年

《新東方》半月刊（上海），1936年

《現實文學》半月刊（上海），1936年

《禮拜六》週刊（上海），1936年

《熱風》月刊（上海），1937年

《語文》月刊（上海），1937年

《新學識》半月刊（上海），1937年

《自修大學》雙週刊（上海），1937年

《七月》月刊（上海、漢口、重慶），1937-1941年

《時論叢刊》月刊（上海），1939年

《改進》月刊（永安），1939年

《刀與筆》月刊（金華），1939年

《浙江婦女》月刊（金華），1939年

《作者通訊》月刊（金華），1939年

《文藝陣地》半月刊（上海），1939年

《青年團結》半月刊（金華），1939年

《文化戰士》半月刊（金華），1939年

《東南戰線》半月刊（金華），1939年

《抗敵》月刊（涇縣），1939年

《大風》週刊（金華），1939年

《野草》月刊（桂林），1940—1943年

《現代文藝》月刊（永安），1940年

《中蘇文化》半月刊（南京），1940年

《戰旗》週刊（紹興），1940年

《西南公路》週刊（貴陽），1940-1941年

《文化雜誌》月刊（桂林），1941-1942年

《文藝生活》月刊（桂林），1941年，1946年

《文綜》月刊（上海），1941年

《青年文藝》月刊（桂林），1942年

《世界政治》半月刊（重慶），1942年

《中山文化季刊》（重慶），1943年

《青年生活》月刊（桂林），1943-1944年

《文風雜誌》月刊（重慶），1944年

《民治》月刊（重慶），1944年

《藝文志》月刊（重慶），1945年

《文藝雜誌》月刊（重慶），1945年

《民主》週刊（上海），1945年

《客觀》週刊（重慶），1945-1946年

《文萃》週刊（上海），1945-1946年

《文選》月刊（上海），1946年

《民主生活》週刊（重慶），1946年

《現代婦女》月刊（重慶），1946年

《萌芽》月刊（重慶），1946年

《野草》（文叢、新集）（香港），1946-1949年

《文匯叢刊》（上海），1947年

《大眾文藝叢刊》雙月刊（香港），1948年

《小說》月刊（香港），1948-1949年

《時代批評》半月刊（香港），1948年

《這是一個漫畫時代》（香港），1948年

《新形勢與文藝》（香港），1949年

三、1920-1940年代書籍

《椰子集》，印尼：南洋日報館編輯部編，1927年9月版

《邂逅》，尹庚主編、聶紺弩著，上海：天馬書店，1935年9月版

《從白話文到新文字》，聶紺弩，上海：大眾文化出版社，1936年6月版

《語言‧文字‧思想》，聶紺弩，上海：大風書店，1937年6月版

《紅色中國》（又名《赤色支那》），[日]大久保弘一，東京：高山書院，1938年版

《蛇與塔》，紺弩，桂林：文獻出版社，1941年6月版

《歷史的奧祕》，紺弩，桂林：文獻出版社，1942年1月版

《早醒記》，紺弩，桂林：遠方書店，1942年11月版

《嬋娟》，紺弩，桂林：文化供應社，1943年1月版

《夜戲》，聶紺弩，永安：改進出版社，1943年2月版

《姐姐》，紺弩著、金重英譯，上海：遠方書店，1946年1月版

《關於知識份子》，聶紺弩，上海：潮鋒出版社，1948年9月版

《沉吟》，聶紺弩，桂林：文化供應社，1948年10月版

《天亮了》，紺弩，香港：人間書屋，1949年2月版

《兩條路》，聶紺弩，上海：群益出版社，1949年7月版

《元旦》，紺弩，香港：求實出版社，1949年7月版

《巨像》，蕭金主編、聶紺弩著，上海：學習出版社，1949年8月版

《血書》，聶紺弩，上海：群益出版社，1949年8月版

《二鴉雜文》，聶紺弩，香港：求實出版社，1949年8月版

四、1949年10月以來書刊

《小鬼鳳兒》，紺弩，上海：新群出版社，1949年12月版

《天亮了》，紺弩，香港：求實出版社，1950年8月版

《海外奇談》，紺弩，香港：求實出版社，1950年10月版

《寸磔紙老虎》，紺弩，香港：求實出版社，1951年3月版

《紺弩雜文選》，聶紺弩，北京：人民文學出版社，1955年4月版

《遊蹤萬里》，鄧文儀，臺北：拔提書店，1959年版

《革命軍第一次東征實戰記》，劉秉粹編，中華書局1928年版，臺北：文海出版社 1981年翻印

《魯迅日記》（兩卷），北京：人民文學出版社，1976年7月版

《新文學史料》，1978年第1期－2021年1期

《莫斯科中山大學和中國革命》（內部資料），[美]盛嶽，現代史料編刊社出版， 1980年12月印

《魯迅全集・書信》（第十二、十三卷），北京：人民文學出版社，1981年版

《莫斯科中山大學〈國際評論〉（1926-1927年）》（內部發行），中央檔案館黨史 資料研究室編，北京：中共中央黨校出版社，1981年8月版

《學府紀聞：國立政治大學》，董霈總編，臺北：南京出版公司，1981年10月版

《徐懋庸回憶錄》，徐懋庸，北京：人民文學出版社，1982年7月版

《《水滸爭鳴》特輯》，湖北省《水滸》研究會、《武漢師範學院學報》合編，武漢 師範學院學報編輯部發行，1983年6月

《持故小集》，高旅，北京：生活・讀書・新知三聯書店，1984年2月版

《我的歷程》，伍修權，北京：解放軍出版社，1984年7月版

《桂林文化城紀事》，廣西社會科學院主編，桂林：灕江出版社，1984年11月版

《陽翰笙日記選》，成都：四川文藝出版社，1985年2月版

《國統區抗戰文藝運動大事記》，文天行編，成都：四川省社會科學院出版社，1985 年6月版

《雪峰年譜》，包子衍，上海文藝出版社，1985年7月版

《新四軍在皖南（1938-1941）》，安徽省檔案館等編，內部資料，1985年8月

《耐庵學刊》第二期，江蘇省大豐縣施耐庵研究會編印，1985年11月

《海陸豐革命史料1920-1927》第一輯，中共海豐縣委黨史辦公室等編，廣州：廣東 人民出版社，1986年1月版

《桂林文化城概況》，楊益群，南寧：廣西人民出版社，1986年7月版

《書簡・序跋・雜記》，駱賓基，西寧：青海人民出版社，1986年12月版

《中共黨史大事年表》，中共中央黨史研究室，北京：人民出版社，1987年4月版

《聶紺弩傳》，周健強，成都：四川人民出版社，1987年8月版

《湖北作家論叢》（第一輯），湖北大學中文系湖北作家研究室編，武漢大學出版
　　社，1987年6月版

《中國勞動協會簡史》，陸象賢主編，上海人民出版社，1987年9月版

《徐平羽專輯》（《高郵文史資料》第七輯），政協高郵縣文史委編，內部資料，
　　1987年9月

《《新民報》春秋》，陳銘德、鄧季惺等，重慶出版社，1987年12月版

《秦似年譜》，楊東甫，桂林：廣西師範大學出版社，1988年7月版

《六十年來中國留俄學生之風霜踔歷》，中華民國留俄同學會編，（臺灣）中華文化
　　基金會，1988年7月版

《蔣經國自述》，曾景忠等選編，長沙：湖南人民出版社，1988年9月版（內部發行）

《文苑拾影》，臧雲遠，濟南：山東大學出版社，1988年10月版

《胡風書信集》，曉風編，天津：百花文藝出版社，1989年1月版

《現代作家駱賓基》，韓文敏，北京燕山出版社，1989年4月版

《中國三十年代文學研究》，「左聯」成立會址恢復辦公室編，上海社會科學院出版
　　社1989年9月版

《施耐庵之謎新解》，王同書，北京：中國文聯出版公司，1989年12月版

《旅桂作家》，廣西師範大學主編，南寧：廣西人民出版社，1989年12月版

《遲到的懷念與思考——關於巴人》，唐弢等撰，杭州：浙江文藝出版社，1990年4
　　月版

《我與民革四十年》，朱學範，北京：團結出版社，1990年7月版

《筆不花》，梁羽生，北京：中國友誼出版公司，1990年7月版

《巴人年譜》，王欣榮，全國巴人研究學會刊行，山東新聞出版局批准內部發行，
　　1990年7月

《蕭軍紀念集》，梁山丁主編，瀋陽：春風文藝出版社，1990年10月版

《京山縣志》，武漢：湖北人民出版社，1990年10月版

《聶紺弩還活著》，政協京山縣文史委編，北京：人民文學出版社，1990年12月版

《艾青研究與訪問記》，周紅興，北京：文化藝術出版社1991年7月版

《王任叔巴人論》，王欣榮，北京：文化藝術出版社，1991年7月版

《我的工運生涯》，朱學範，福州：福建人民出版社，1991年7月版

《駝鈴聲聲──新中國劇社戰鬥歷程》（《桂林文史資料》第一百八十二輯），杜宣主編，政協桂林市文史委編印，1991年9月

《巴人研究》，全國巴人學術討論會編，上海書店，1992年12月版

《我與胡風：胡風事件三十七人回憶》，曉風主編，銀川：寧夏人民出版社，1993年1月版

《海豐文史》第十輯，政協海豐縣文史委編印，1993年1月版

《海陸豐農民運動》，葉佐能、蔡福謀，北京：中共中央黨校出版社，1993年5月版

《吼獅──塞克文集》，黎舟、王昭編，北京：文化藝術出版社，1993年9月版

《中國國民黨大事典》，陳興唐主編，北京：中國華僑出版社，1993年12月版

《驛路萬里鍾敬文》，山曼，濟南：山東畫報出版社，1994年10月版

《永安抗戰進步文化活動》，邱文生主編，福州：海峽文藝出版社，1994年11月版

《左聯詞典》，姚辛編著，北京：光明日報出版社，1994年12月版

《老兵與教授》，鄧文儀，臺北：龍文出版社，1994年12月版

《桂林抗戰文化史料》第二十八輯，魏華齡主編，政協桂林市文史委編印，1995年1月版

《徐光霄（戈茅）詩文集》，徐光霄，北京：中國文聯出版公司，1995年8月版

《陳毅年譜》，劉樹發主編，北京：人民出版社，1995年12月版

《胡風自傳》，南京：江蘇文藝出版社，1996年6月版

《陳邇冬詩文選》（《桂林文史資料》第三十二輯），魏華齡、王玉梅主編，政協桂林市文史委編印，1996年7月

《不朽的豐碑》，劉林松、蔡洛主編，北京：人民出版社，1996年9月版

《抗戰時期桂林文學活動》（《桂林文史資料》第三十三輯），李建平編著，桂林：灕江出版社，1996年10月版

《共產國際、聯共（布）與中國革命文獻資料選輯（1917-1925）》，中共黨史研究室第一研究部編，北京圖書館出版社，1997年1月版

《長情讚》，張曉風選編，南京：江蘇文藝出版社，1997年6月版

《莊湧和他的詩》，程榮華編，北京：中國文聯出版公司，1997年9月版

《聶紺弩自敘》，周健強編，北京：團結出版社，1998年1月版

《殉道者──胡風及其同仁們》，萬同林，濟南：山東畫報出版社，1998年5月版

《黃埔軍校將帥錄》，陳予歡，廣州：廣州出版社，1998年9月版

《史達林年譜》，秦永立編著，北京：中央編譯出版社，1999年1月版

《胡風全集》，梅志、張曉風整理，武漢：湖北人民出版社，1999年1月版

《直上三樓》，徐城北，銀川：寧夏人民出版社，1999年1月版

《跋涉者──何滿子口述自傳》，何滿子口述、吳仲華整理，北京：北京大學出版
　　社，1999年1月版

《抗戰時期桂林出版史料》（桂林文史資料第三十八輯），龍謙、胡慶嘉編著，桂
　　林：灕江出版社，1999年1月版

《勁草──馮英子自傳》，上海：華東師範大學出版社，1999年3月版

《風雨世紀行：鍾敬文傳》，楊哲，上海：華東師範大學出版社，1999年3月版

《著名書畫家尹瘦石》（《宜興文史資料》第二十五輯），湯虎君主編，政協宜興市
　　文史委編印，1999年6月

《俞秀松紀念文集》，中共浙江省委黨史研究室編纂，北京：當代中國出版社，1999
　　年7月版

《辛勞作品集・捧血者》，陳夢熊編，珠海：珠海出版社，1999年7月版

《羅瓊訪談錄》，羅瓊談、段永強訪，北京：中國婦女出版社，2000年2月版

《西南學院校史》，林彥，西南學院校史研究會編印，2000年8月

《張友鸞紀念文集》，上海：文匯出版社，2000年10月版

《文學的日子──我與魯迅文學院》，高深主編，北京魯迅文學院編印，2000年10月

《抗戰時期文化名人在桂林》，魏華齡、李建平主編，桂林：灕江出版社，2000年11
　　月版

《一統樓打油詩鈔》，何滿子，武漢：湖北美術出版社，2001年4月版

《中國文藝副刊史》，馮並，北京：華文出版社，2001年5月版

《丁玲全集》，張炯編，石家莊：河北人民出版社，2001年12月版

《李一氓紀念文集》，中華書局編輯部編，北京：中華書局出版社，2002年5月版

《舒蕪口述自傳》，舒蕪口述、許福蘆撰寫，北京：中國社會科學出版社，2002年5
　　月版

《虎林軍墾之光》，張海明主編，虎林市革命老區建設促進會編印，2002年8月

《丁玲與文學研究所的興衰》，刑小群，濟南：山東畫報出版社，2003年1月版

《彭柏山文選》，彭柏山，上海文藝出版社，2003年2月版

《香港中央圖書館特藏文獻系列－高旅文庫目錄》，香港公共圖書館，2003年9月

《碧空樓書簡》，舒蕪，南京：鳳凰出版社，2003年10月版

《聶紺弩全集》（全十卷），武漢出版社，2004年2月版

《致胡風書信全編》，路翎著、徐紹羽整理，鄭州：大象出版社，2004年4月版

《搖籃》「抗日時期北泉慈幼院專輯」，成都：四川省戰時兒童保育歷史研究會，
　　2004年5月

《大家文叢：舒蕪》，舒蕪，蘇州：古吳軒出版社，2004年8月版

《紅樓無限情：周汝昌自傳》，北京十月文藝出版社，2005年3月版

《鬍子的災難歷程：張友鸞隨筆選》，張鈺選編，北京十月文藝出版社，2005年3月版

《葉聖陶抗戰時期文集》第三卷，商金林編，北京：人民教育出版社，2005年4月版

《北大荒日記（1958-1959）》，曾慶延，鄭州：大象出版社，2005年4月版

《儲安平與《觀察》》，謝泳，北京：中國社會出版社，2005年9月版

《吳祖光日記（1954-1957）》，吳祖光，鄭州：大象出版社，2005年11月版

《丁玲年譜長編》，王增如、李向東編著，天津人民出版社，2006年1月版

《薛暮橋回憶錄》，薛暮橋，天津人民出版社，2006年1月版

《那些人那些事》，謝蔚明，上海遠東出版社，2006年5月版

《人與人間：蕭軍回憶錄》，蕭軍，北京：中國文聯出版社，2006年6月版

《黃源樓適夷通信集》（上下），巴一熔、黃煒編，杭州：浙江人民出版社，2006年
　　8月版

《邵荃麟百年紀念集》，邵濟安、王存誠主編，北京：文化藝術出版社，2006年10
　　月版

《俞平伯年譜》，孫玉蓉編，天津人民出版社，2006年10月版

《左聯史》，姚辛，北京：光明日報出版社，2006年11月版

《中共一大黨員董鋤平》，高朗遺著、白安丹校訂，北京：中央文獻出版社，2006年
　　12月版

《我所親歷的胡風案——法官王文正口述》，沈國凡採寫，北京：中共黨史出版社，
　　2007年1月版

《在朝內166號與前輩魂靈相遇》，王培元，北京：人民文學出版社，2007年1月版

《為了民謠的旅行》，鍾敬文，瀋陽：遼寧人民出版社，2007年1月版

《三五成群集》，何滿子，銀川：寧夏人民出版社，2007年1月版

《胡風家書》，曉風選編，上海：復旦大學出版社，2007年4月版

《肝膽之剖析——楊玉清日記摘鈔1927-1949》，楊玉清著、楊天石審訂，北京：中
　　國時代經濟出版社，2007年5月版

《追憶與思考：紀念我的父母荃麟和葛琴》，小鷹，內部資料，2007年7月

《彭湃研究史料》（上），葉佐能編著，北京：中共中央黨校出版社，2007年9月版

《梅志文集》（四卷），曉風編，銀川：寧夏人民出版社，2007年12月版

《謝持日記未刊稿》第五冊，桂林：廣西師範大學出版社，2007年12月版

《蕭軍全集》，蕭耘、王建中主編，北京：華夏出版社，2008年6月版

《我仍在苦苦跋涉：牛漢自述》，牛漢口述，何啟治、李晉西採寫，北京：生活・讀
　　書・新知三聯出版社，2008年7月版

《未完的人生大雜文》，耿庸，廣州：花城出版社，2009年1月版

《名家書札與文壇風雲》，徐慶全，北京：中國文史出版社，2009年5月版

《丘東平文存》，羅風編，銀川：寧夏人民出版社，2009年5月版

《汕尾人文讀本》，李彬、劉中國主編，廣州：花城出版社，2009年5月版

《留學與革命——20世紀20年代留學蘇聯熱潮研究》，張澤宇，北京：人民出版社，
　　2009年7月版

《聶紺弩刑事檔案》，寓真，香港：明報出版社，2009年11月版

《冀汸文集・回憶錄卷》，冀汸，北京：作家出版社，2010年3月版

《南斗文星高》，羅孚，北京：中央編譯出版社，2010年10月版

《劉再復散文精編卷一：師友紀事》，白燁編，北京：生活・讀書・新知三聯出版
　　社，2011年1月版

《魯迅評傳》修訂版，曹聚仁，北京：生活・讀書・新知三聯出版社，2011年1月版

《文苑繽紛》，羅孚，北京：中央編譯出版社，2011年1月版

《燕山詩話》，羅孚，北京：中央編譯出版社，2011年1月版

《魯迅與魯門弟子》，耿傳明，鄭州：大象出版社，2011年1月版

《他們的歲月》增訂本，彭小蓮，上海：華東師範大學出版社，2011年1月版

《周文文集》第四卷，周文，北京：作家出版社，2011年2月版

《懷念集》，韋君宜等，北京：人民文學出版社，2011年3月版

《北京十年》，羅孚，香港：天地圖書有限公司，2011年3月版

《大師趣聞》，張世林編，北京聯合出版公司，2011年7月版

《丘東平研究資料》，許翼心、揭英麗主編，上海：復旦大學出版社，2011年7月版

《我的父親羅孚》，羅海雷，香港：天地圖書有限公司，2011年7月版

《澹安藏札》，陸康主編，上海錦繡文章出版社，2011年8月版

《彭拜與海陸豐根據地》，葉佐能，北京：中共中央黨校出版社，2011年9月版

《蔣介石的十三太保之一、「黨衛軍」魁首康澤自述》，康澤，北京：團結出版社，
　　2012年1月版

《《胡風家書》疏證》，吳永平，北京：中國社會科學出版社，2012年5月版

《流亡——抗戰時期東北流亡學生口述》，齊紅深編著，鄭州：大象出版社，2012年
　　8月版

《梅志彭燕郊來往書信全編》，北京魯迅博物館編，鄭州：海燕出版社，2012年11
　　月版

《烏蘭夫回憶錄》，烏蘭夫，北京：中央文獻出版社，2013年1月版

《龍套淚眼》，馮亦代，青島出版社，2013年2月版

《人有病‧天知否》[修訂版]，陳徒手，北京：生活‧讀書‧新知三聯書店，2013年5月版

《胡風全集補遺》，張曉風整理，武漢：湖北人民出版社，2014年2月版

《黃埔軍校年譜長編》，陳宇編著，北京：華文出版社，2014年12月版

《蕭紅書簡》，蕭軍編注，香港：牛津大學出版社，2014年版

《讀信札記》，韓羽，太原：北嶽文藝出版社，2015年1月版

《儲安平傳》，韓戍，香港：牛津大學出版社，2015年版

《七月派文獻彙編》，張傳敏編校，北京：高等教育出版社，2015年6月版

《廣西抗戰文化大事記》，萬憶、萬一知等編著，南寧：廣西人民出版社，2015年8月版

《聶紺弩集》（上下冊），王存誠編注，廣州：花城出版社，2016年2月版

《宋雲彬日記》，海寧市檔案局（館）整理，北京：中華書局，2016年10月版

《一份「陽謀」災難的民間檔案——中央單位「右派」流放北大荒名單》，楊崇道編著，香港五七學社，2016年版

《刀與筆：姚思銓與浙江抗日救亡》，浙江桐廬博物館編印，2017年

《故園》，查加山、查麗，上海：文匯出版社，2018年9月版

《蕭紅年譜長編》，袁培力，西安：陝西人民出版社，2019年3月版

《歐陽予倩年譜（1889-1962）》，景李斌，北京：中國戲劇出版社，2019年9月版

《周恩來年譜（1898-1949）》（修訂本），中共中央文獻研究室編，北京：中央文獻出版社，2020年2月版

《憶天涯》，舒蕪著、方竹編，北京出版社，2020年3月版

《端木蕻良年譜》，曹革成，瀋陽：春風文藝出版社，2020年3月版

《彭燕郊陳耀球往來書信集》，易彬、陳以敏整理注釋，南昌：百花洲文藝出版社，2020年7月版

《風前大樹：彭燕郊誕辰百年紀念集》，易彬、龔旭東編，北京：西苑出版社，2020年10月版

血歷史203　PC1016

新銳文創
INDEPENDENT & UNIQUE
聶紺弩先生年譜初編

編　　著	張在軍
責任編輯	孟人玉
圖文排版	蔡忠翰
封面設計	王嵩賀

出版策劃	新銳文創
發 行 人	宋政坤
法律顧問	毛國樑　律師
製作發行	秀威資訊科技股份有限公司
	114 台北市內湖區瑞光路76巷65號1樓
	電話：+886-2-2796-3638　傳真：+886-2-2796-1377
	服務信箱：service@showwe.com.tw
	http://www.showwe.com.tw
郵政劃撥	19563868　戶名：秀威資訊科技股份有限公司
展售門市	國家書店【松江門市】
	104 台北市中山區松江路209號1樓
	電話：+886-2-2518-0207　傳真：+886-2-2518-0778
網路訂購	秀威網路書店：https://store.showwe.tw
	國家網路書店：https://www.govbooks.com.tw

| 出版日期 | 2021年9月　BOD一版 |
| 定　　價 | 780元 |

讀者回函卡

國家圖書館出版品預行編目

聶紺弩先生年譜初編/張在軍編著. -- 一版. --
　臺北市：新鋭文創, 2021.09
　　面；公分. -- (血歷史；203)
　BOD版
　ISBN 978-986-5540-69-2(平裝)

　1.聶紺弩 2.年譜

782.987　　　　　　　　110012685